1841

一八四一

泰地華人

CHINESE?

施堅雅——著

1841
一八四一

目錄／

第九章　鎮壓和重新考慮：一九四八年至一九五六年鑾披汶第二次執政下的 Chinese

出版說明

二零二五年出版「新南洋史」系列，旨在介紹唐人社會在東南亞的發展歷程，及其作為東南亞各國國民在近世演成不同於「中國／中華」生活形式的過程，以在地唐人為主體，在放下政治與文化濾鏡的手法下，擺脫漢族與中國中心的觀點，重塑「唐人」在被稱為「南洋」、「努山塔拉」的舞臺上所演出的不同故事。白偉權《拜別唐山：在馬來半島異域重生》及莫家浩《臆造南洋：馬來半島的神鬼人獸》兩部作品在臺灣及海外均獲得眾多讀者注目，一八四一出版社深感榮幸。

「新南洋史」系列在東南亞研究及世界華人研究的領域蒙不同學者關注，一時引起各種討論。但誠如不少學者所留意，如果讀者從冷戰以來相關領域學術發展脈絡著眼，「新南洋」以本土為中心的討論，並非以意識型態凌駕史學的結果，而是建基於不少前人研究的基礎之上。馬新史學名家許雲樵（一九〇五－一九八一）早在名著《南洋史》（一九六一）就擬出了我們至今仍然認同的各項觀點：南洋史是對「南洋」地區歷史的研究，其核心在於探討東南亞各地的歷史、文化與社會發展。這部歷史學科涵蓋的範圍廣大，橫跨地理、政治、經濟、文化與民族等多個維度，體現出縱橫交錯的特性。「南洋」

地區橫跨赤道，地形破碎，由眾多島嶼組成，其特殊的地理環境決定了其歷史的多樣性與複雜性，最重要是使其成為了多個文明交流的重要樞紐。由於與單一國別史不同，南洋史須整合多民族、多文化的歷史發展，形成一個縱橫交融的整體，不僅需要橫向展示各地的地理與文化特徵，也需縱向探討歷史的演變過程。故此，從史前的社會形態到近代殖民地社會的建立，均在南洋史的研究範疇之內，其謂：

南洋，吾人已知其包括中印半島與馬來西亞各國，不特範圍遼闊，抑且民族龐雜，與替靡常，故吾人言南洋史，不能如國別史之單純，蓋須綜合南洋各族之史實，冶爲一爐，成一整體，有若《戰國史》、《三國志》等。顧此二者，猶為斷代史，而南洋史則爲通古之作，既已橫衍，復須縱通，故其性質尤為繁複，向為世界史、東洋史之一部份。惟時至今日，東南亞已嶄露頭角，民族均紛謀自決，且華冑生息於是者數逾千萬，而前途臲卼，殊堪警惕，南洋史之專攻，不特爲南洋各民族之急務，亦吾儕所不容忽視者。（《南洋史》第一篇第二章）

據此，我們可以看到前人著述「南洋」的重點不單在於「中華」的延伸與傳承，而是在二十世紀中葉民族情緒橫流的時代危機中，思索作為「南洋」或「東南亞」整體當中一員的「華冑／華人／唐人」如何在整體當中的角色，這一視點正類同於孔復禮

（Philip Alden Kuhn，一九三三—二〇一六）關於海外華人的名著《Chinese among others》（二〇〇九）。相對於上述視「唐人」為「南洋」一環的「南洋史」與「南洋書寫」，戰後的「華人研究」或「華人文化社會研究」的側重顯然不同。後者的主體在於「華人」、「華人性」、「華人文化」的傳承與變遷，思考移居或作為小眾的「華人」在同化、涵化、融合過程中建立新文化模式的本土化、調適程度問題。在這框架下，一般學者都將在地非華人族群、國家政策想像為外在因素（exogenous factor），集中疏理東南亞不同區域「華人社會」或「華人文化」的內部差異性，描繪著一個看似邊際界域清晰的「華人」族群與他者的互動，失落了「南洋書寫」傳統中對界域模糊性的敏感度與對「整體」的想像。

「新南洋史」與冷戰後的「南洋書寫」相異者，在《南洋史》出版後六十年間，歷史學界經歷了種種創新：國別、族群的想像在 Benedict Anderson（一九三六—二〇一五）「想像的共同體」論（imagined community）與 James Campbell Scott（一九三六—二〇二四）的「贊米亞」論（Zomia）後已不可同日而語；冷戰後史學界的全球關懷，也改變了我們對空間、概念、物質的想像。文化史、概念史、宗教史、性別史、情感史、動物史、環境史、微觀史等等不同「新興」的進路，也令傳統的地方研究、風俗研究、習俗研究添上了與全球史學連接的路由器（router）。為傳統的敘事方法賦上嶄新的關懷並非與傳統割裂，對傳統與經典的詮釋正正是創造的磐石。在戰時抵抗納粹德國國家神學與自由神學的瑞士神學家卡爾．巴特（Karl Barth，一八八六—一九六八）對當時及後世基督宗教思想的創造性破壞，就建立於其釋經作品《羅馬書釋義》（Der Römerbrief）。巴特認定「釋經就是神學思考」與朱熹（一一三〇—一二〇〇）所說「今日之看，所以為他日之用。須思量所以看者何為。非只是空就言語上理會得多而已也……須是切己用功，使將來自得之於心，則視言語誠如糟粕」類同。朱熹所說「人之為學固是欲得之於心，體之於身。但不讀書，則不知心之所得者何事」，亦是認為「讀書／釋經」與「得之於心／神學思考」為體用之別。熟識現代詮釋學觀點的讀者，自然會想到加達默（Hans-Georg Gadamer，一九〇〇—二〇〇二）關於解釋與理解不能離斷，二而為一的警示。

敝社是次譯注《何來華僑》與《泰地華人》兩部關於全球華人與東南亞研究的經典作品，匯聚了馬來西亞、泰國、香港、臺灣、日本（由南至北）學者的參與，以「新南洋」的視角結合各地近年的本土關懷與學術成果，在闡釋施堅雅（G. William Skinner，一九二五—二〇〇八）與斯波義信（一九三〇—）兩位東亞研究宗匠作品的同時，為讀者補足、發明近年相關研究的成果。《何來華僑》提出「華僑」概念作為移民史中的「變態」（abnormality）倒照出界域模糊在人口移動過程中本為「常態」；《泰地華人》則以泰國的「Chinese」為中心，引導讀者思考數百年的「同化」趨勢何以到十九世紀末而忽爾消弭，而當中譯著者觀察到的核心問題，正是施堅雅「Chinese」在二十一世紀的族群觀念下，構成了無限的想像空間。

「南洋」的所指可以具備多層的意義，作為「空間」的「南洋」、作為「知識系統」的「南洋」、作為「人口流動範式」的「南洋」：歷經「拜別」和「臆造」以後，在「異域」多元雜處的過程中，作為小眾的「重生」，體現於「此心安處是吾家」的精神。「新南洋」的討論，遊走於「空間」、「知識系統」、「人口流動範式」之間，與讀者共同探索身分想像的多重可能。

推薦序／陳琮淵

陳琮淵（淡江大學歷史學系副教授兼東南亞史研究室主持人）

從早年的海上貿易晚近的跨國移民，歷史場景的演變，為台灣與古稱南洋的東南亞賦予千絲萬縷的聯繫。華人社會的自身發展與跨國連結不僅影響了東南亞，更反映出華人移民與區域歷史間耐人尋味的連動、耦合與呼應。然而，在「中國研究」成為國際顯學的當代，近年來區域國別史研究也在中國學界異軍突起，華人移民史似乎出現再往東南亞研究邊陲淡出之勢。對此，從全球史視野、南（洋）（香）港團隊製作及在台灣出版的角度重溫這部東南亞華人史的經典之作，無疑具有特殊的意義。

台灣在東南亞華人研究領域中，擁有獨特的角色與使命。台灣因其地理位置與歷史背景，長期以來便是華人文化的傳播樞紐與文化創新的基地。在研究方面，台灣（除金門外）既非僑鄉，海外華人研究更非主流。但台灣學者投入東南亞華人研究至少擁有以下幾大優勢：首先，台灣與東南亞華人共享某些文化與族群記憶，對於多元族群的歷史及深受內外政經力量宰制驅策的經驗更能有所共鳴；其次，台灣在東南亞華人研究方面，繼受中、美、日等多重源流的研究典範及學術訓練，使我們能以更開闊視角及細膩的方法來審視東南亞華人的命運。第三，台灣學者較早投入田野調查，與東南亞當地學界展開合作，能夠充分結合台灣所藏檔案文獻及東南亞在地史料進行研究。

呈現在讀者面前的《泰地華人》（Chinese Society in Thailand: An Analytical History），便是知名學者施堅雅（G. William Skinner）代表作的最新譯註本。雖可能引起爭論，但從書名以「泰地」（Thai-Land）取代更常用的「泰國」（Thailand），也可得知譯注者對民族國家歷史的敏感度及文字巧思。必須指出的是，英文原書出版後即引起華人學界的廣泛迴響，據莊國土教授在《泰國華人社會：歷史的分析》書序所言，廈門大學南洋研究院（所）早在一九六二年三月起即著手翻譯此部著作，並於一九六二到一九六四年間將譯文陸續刊發於該機構出版的《南洋問題資料譯叢》，然因種種條件限制，這部譯著直到二〇一〇年時才重新翻譯出版。事實上，東南亞華人社群也注意到這部著作的重要性，陳銘史自一九六一年起到一九六三年間，就曾節譯書中若干章節於《南洋文摘》中發表。數十年或十數年後，《泰地華人》的面市，除了提供最新的正體字譯本，更對全書進行了詳細的註釋，除了見證經典著作的常讀常新之外，也十分樂見更多譯本來強化內容解讀的正確性及其學術影響力。

《泰地華人》經典地位無庸置疑，它以歷史的縱深與廣度，記錄並分析了泰國華人在數百年間如何適應、奮鬥與融入的種種經歷。從十七世紀的華僑移民，到現代華人、華裔對泰國經濟、文化乃至國家建設的貢獻，書中呈現了一幅充滿活力的歷史畫卷，生動描繪華人在異地追求生存的同時，如何漸次成為泰國多元文化的構成部分，而這正是理解東南亞華人歷史中不可忽視的重要面向。在施堅雅筆下，華人在逆境中求生存與發展，尤其是在政治動盪與社會壓力下，所展現的適應力與凝聚力，何嘗不是台灣與東南亞各國人民賴以面對挑戰的強大韌性？

從台灣的視角來看，本書所呈現的泰華歷史帶來多重啟發。首先，華人在泰國建立社群與跨文化網絡的過程，與台灣早期移民的經驗有著相似之處，特別是在地方經濟、族群融合以及宗教信仰方面。從組織結社到信仰空間，抑或是對傳統文化的保存與創新，皆有助於吾人深刻反思文化傳承與身份認同的議題。

其次，泰國華人的歷史經驗亦有助於台灣社會理解後疫情時代的移民及區域發展議題。早在疫情之前，全球化使得移民的文化與經濟角色不僅限於原鄉與住在國之間，他們的社會經濟能量，促進了東亞—東南亞區域間的多重聯繫，透過跨族通婚乃至於社會流動，華裔早已不再是某些人刻板印象中的弱勢族裔或可疑的「東方猶太人」。

第三，域外霸權在東南亞積極佈署區域戰略、高聲倡議基礎建設合作的同時，泰國華人透過經濟活動、文化交流以及政治參與，以靈活的方式維繫並促進了泰國與其他華人社會的互動，這對台灣南向新政的推動提供了重要的參照案例。如何以更有創意的方式連結全球華人網絡及民主社群，破解「自古以來」的想當然爾印象，剪去「都是華人」的本質論翳障，無論在台灣或東南亞，皆是有效應對外來政經文化霸權壓迫與滲透的重要法門。

我始終認為，學術研究應兼顧歷史的厚度與實用的價值。在台灣研究東南亞華人，不僅是為了獲取得歷史的經驗與參照，更是為了探討跨文化交流、身份認同與全球化下的多元共生等議題，這些對於台灣—東南亞跨國社會的發展與未來同樣至關重要。本書的出版正是這種努力的體現，在此謹向參與本書編撰的學者、編輯及出版方表達由衷的敬意與感謝。由於他們不懈的努力，讓這部東南亞華人史及泰國研究的經典能夠以更完整全面的方式再次呈現。我也誠摯邀請讀者及東南亞研究者，透過《泰地華人》，一起探索這段跨越地域與時代的歷史篇章，並從中汲取智慧與靈感。

推薦序／蔡志祥

蔡志祥（廈門大學歷史與文化遺產學院講座教授、香港中文大學歷史系客席教授）

二次大戰後的東南亞各國民族主義興起，加上新中國建立，不可能在中國進行田野調查，研究中國的人類學界，掀起一陣在中國境外尋求理解中國的風潮。除了香港和台灣外，東南亞各國的華人社會，也是他們注目的地方。在這樣的背景下，一九五〇年代初史堅雅離開了他的田野點四川，選擇有很多華僑華人聚居的泰國。在一九五七、五八兩年間，先後出版了 Chinese Society in Thailand: an Analytical History (Ithaca, N.Y.: Cornell University Press, 1957) 和 Leadership and Power in the Chinese Community of Thailand (Ithaca, N.Y.: Published for the Association of Asian Studies by Cornell University, 1958)。

這是一個海外華僑華人面對國家爲何、身份爲何以及機遇爲何的時代。因此，研究海外華僑華人各領域的研究者，一方面認識到所謂第三個中國的時代的興起，同時也注意到在中國境外生活的華僑華人如何詮釋中國、選取「中國」，從而更合理、更有效的以「顯著他者」的身份融入在地的社會。

二〇一〇年在廈門大學蘇氏東南亞研究中心的資助下，翻譯出版史堅雅一九五七年的書（《泰國華人社會：歷史的分析》，《東南亞與華僑華人研究系列》之二，廈門：廈門大學出版社二〇一〇年）。除文字外，本翻譯本和二〇一〇年的翻譯本至少有兩個差別：

一、翻譯者特意不把 "Chinese" 用單一的詞匯翻譯出來，而是從歷史的語境中，在不同的歷史現場理解史堅雅的 "Chinese" 中涵蓋的多重國家、多重身份和多重認同。

二、翻譯者為每章解題，讓讀者更能深入的瞭解史堅雅的分析和論述。

本翻譯本不僅重新提示一九五〇年代中國境外華僑華人研究的劃時代意義，更重要的是本書並非純粹的文本翻譯，而是對史堅雅研究的再讀，讓讀者回到作者史堅雅的位置來理解泰國的 Chinese。因此，特誠意推介。

誰是施堅雅？

Sittithep Eaksittipong（泰國清邁大學歷史系主任）

《泰地華人》（Chinese Society in Thailand: An Analytical History）是泰國華人研究最為重要的一本作品之一，本書的翻譯並於臺灣出版，對臺灣學界及讀者進一步認識泰國、泰國華人有重要意義。為方便讀者認識美國人類學家施堅雅（G. William Skinner）的學術生涯及本書的歷史地位。本書在冷戰時期誕生，對當時的政治環境有即時性的重要意義，本文希望向讀者說明「同化模式」觀點有其生成脈絡及限制，並簡介本書在西方、泰國和中國學術界的多重解讀和政治性應用，以此揭示「華人」（Chinese）身分在不同社會和政治環境下如何被建構和詮釋。

一．G. William Skinner 的學術背景與泰國華人研究的社會脈絡

二戰後，世界進入冷戰時期，東南亞成為美蘇兩大陣營爭奪的焦點區域。美國視東南亞華人社群為潛在的「第五縱隊」，擔心他們會受到共產主義的影響，威脅美國在該

地區的利益。為了制定有效的對華政策，美國政府積極推動對東南亞華人社群的深入研究。

與此同時，美國社會科學蓬勃發展，被視為理解世界和遏制共產主義擴張的重要工具。美國學界相信以西方發達國家作為典範的現代化方案，可以作為非西方國家的發展原型，引導他們走上「自由民主」的道路。

施堅雅在康奈爾大學攻讀人類學博士學位，最初研究興趣是中國社會。然而，一九四九年中國共產黨取得勝利，施堅雅不得不放棄在中國的研究，轉而研究東南亞華人社群。他的導師 Sharp 建議他以泰國作為研究對象，因為泰國政局相對穩定，而且康奈爾大學在泰國已經建立了研究基礎設施。

施堅雅的研究方法深受美國政治學和行為科學家 Lasswell 和 Kaplan 的著作《權力與社會》以及 White 的博士論文《紐約農村社區的領導與社會結構》的影響。這些著作都體現了美國社會科學強調量化分析和實證研究的特色。

二・「同化」作為解決「華人問題」的方案

施堅雅深受美國同化移民的經驗影響，將「同化」視為解決「華人問題」的最佳方案。他認為，文化差異是導致華人與當地社會隔閡的主要原因，而同化可以消除這些差異，使華人融入當地社會。在其一九五七年出版的著作《泰地華人》中提出了一個同化模式，試圖通過量化分析來證明泰國華人正在經歷一個從「華人性」到「泰國性」的同化過程。

為了衡量華人的同化程度，施堅雅設計了一套標準，用於評估華人領袖的「泰國性」與「華人性」。這些標準包括：世代和教育背景、是否使用泰國名字、泰語的熟練程度、國籍選擇、組織選擇、配偶選擇、子女的教育、以及與泰國政府圈子的親近程度。施堅雅認為，這些變量之間存在著相關性，並使用統計學和社會學方法來證明他的觀點。

施堅雅提出的同化模式預設了一個論點：泰國華人正在經歷一個同化過程，最終將融入泰國社會。他的論點主要基於以下幾個方面：

一、文化差異的消弭：泰國華人與泰國本土文化之間存在著顯著的文化差異，但這些差異會隨著時間推移逐漸消弭。他指出，由於華人領袖受到泰國文化的影響，他們的價值觀和行為模式越來越接近泰國人，進而帶動整個華人社群走向同化。

二、代際更替與教育：代際更替和教育是促進華人同化的重要因素。他觀察到，年輕一代的華人比老一代更傾向於接受泰國文化，並且更願意與泰國人通婚。此外，泰國政府在教育方面的政策也促使華人子女學習泰語和泰國文化，加速了他們的同化進程。

三、華人領袖的影響：華人領袖在同化過程中扮演著重要的角色。他發現，許多有影響力的華人領袖已經開始融入泰國精英階層，並且積極參與泰國政治和社會事務。這些領袖的行為為其他華人樹立了榜樣，引導他們走向同化。

四、泰國政府政策的影響：泰國政府的政策在一定程度上也促进了華人的同化。他指出，雖然泰國政府在一九五〇年代對華人採取了一些限制性政策，但這些政策反而促使華人領袖更加積極地融入泰國社會，以尋求自身的發展空間。

五、社會互動與融合：施堅雅認為，華人與泰國人之間的社會互動和融合也是促進同化的重要因素。隨著華人越來越多地參與泰國的經濟和社會生活，他們與泰國人之間的接觸和交流也越來越多，這有利於他們彼此了解和融合。然而，施堅雅的同化論點在學術界也引發了一些爭議。一些學者認為，華人並沒有完全被泰國社會同化，他們仍然保留著自身的文化特徵和身份認同。

三・冷戰背景下的學術論戰與知識生產

施堅雅的同化論點並非沒有受到批判與挑戰。他與另一位研究泰國華人的美國學者 Richard J. Coughlin 展開了激烈的學術論戰。Coughlin 認為，泰國是一個多元社會，華人會在公共領域與泰國人保持表面上的和諧關係，但在私人領域仍然保留自己的文化和身份。他預測華人社群將長期存在，並不會完全融入泰國社會。[1] 施堅雅也批評了殖民地官員背景的學者對社會科學的了解，將「華人」視為一個同質化的群體，忽略了他們內部的差異性和文化變遷。舉例說，著名的英國殖民官員、歷史學家、詩人與漢學家 Victor Purcell，對東南亞華人的研究就以其於一九二一年加入馬來亞殖民地政府，專攻華人事務，並前往中國學習語言與文化開始；並於一九三九年回到劍橋以馬來亞華人教育為題撰寫博士論文，戰後，Purcell 返回劍橋大學擔任遠東歷史講師，至一九六五年與世長辭前，研究成果對華人研究及文學的貢獻至今仍具啟發意義。[2]但對施堅雅來說，Purcell等學者的研究以觀察與資料收集為主，欠缺了當時大行其道的社會科學觸角。這種學術批評反映了冷戰時期美國社會科學與歐洲殖民參與者知識體系之間的競爭，也顯示了不同學者對「華人問題」的不同理解和應對策略。

四・冷戰時期美國對泰國華人研究的政治運用

冷戰時期，美國對泰國華人的研究並非純粹的學術探索，而是與其政治目的緊密相連。美國試圖利用這些研究來了解中國，制定對華政策，並影響泰國政府的政策，最終達到遏制共產主義擴張的目的。由於冷戰局勢的阻隔，美國學者無法進入中國大陸進行研究，因此他們將目光轉向了東南亞華人社群，希望通過研究這些海外華人來間接了解中國。泰國由於政局相對穩定，且對西方學者較為開放，成為當時美國學者研究東南亞華人的重要基地。

美國對泰國華人的研究受到美國同化移民經驗的深刻影響。美國學者將「同化」視為解決「華人問題」的最佳方案，認為只要華人能夠融入當地社會，接受美國的價值觀和生活方式，就能夠消除共產主義的威脅。施堅雅的《泰國華人社會》便是一個典型的例子，他試圖通過量化分析來證明泰國華人正在經歷一個從「華人性」到「泰國性」的同化過程。

美國政府積極介入泰國華人研究，並試圖將研究成果應用於政策制定。例如，美國國務院曾將泰國作為「試驗場」，試圖以較為溫和的方式來鼓勵泰國華人融入當地社會。一些美國學者，如施堅雅在其著作中明確建議美國政府應鼓勵東南亞華人的同化，將他們視作在泰國本土抵禦共產主義的資本主義盟友。這些研究和策略都對美國、泰國政府對華人的治理政策產生了影響。泰國政府也受到美國學術研究的影響，於一九六五年發布了一份報告，建議促進華人融入泰國社會。該報告明確提到了本書的研究成果，可見其研究成果對泰國政府政策制定的影響。總之，冷戰時期美國對泰國華人的研究是服務於其冷戰戰略的工具。美國試圖通過這些研究，將泰國華人塑造為親美反共的力量，以達到遏制共產主義在東南亞地區擴張的目的。

五・施堅雅研究的局限與延續

儘管本書在冷戰時期影響深遠，但其研究也存在一些限制。來自學術界的質疑主要圍繞「西方中心主義」（Western Centrism）的批判。前述 Victor Purcell 為例，就批評施堅雅的研究過於「西方中心主義」，將美國的種族管理經驗強加於泰國華人社群。他們認為，施堅雅忽視了泰國社會自身的特殊性和複雜性，以及華人文化與泰國文化之間的互動和融合；而 Richard Coughlin，則對「同化」概念本身提出了質疑。他們認為，華人融入泰國社會並非意味著完全放棄自身的文化特徵和身份認同，而是一種「文化調適」或「文化融合」的過程。即使是相信華人會被同化的學者，也對同化的程度和速度存在著分歧。Coughlin 認為，華人只會在公共領域與泰國人進行表面的互動，而在私人領域仍然保留著自身的文化習俗和價值觀。善於應用華語史料的華裔美國學者，例如許烺光 (Francis L.K. Hsu) 和譚金美 (Rose Hum Lee)，則憂慮施堅雅等西方學者的論述將「華人」視為「問題」(Chinese Problem)，對「華人主體性」有所忽視，亦將包括華人在內的亞洲移民／小眾人口獨立地置於其他移民（如西歐各國）所不用處理的「需否同化？」的問題。雖然二者都沒有涉足於泰國華人研究，但他們的批評都與施堅雅在本書的研究相關。許烺光等學者認為，海外華人並非被動地被包括泰國在內的不同國際社會同化，而是積極地參與了在地社會的建構，並與在地社會文化的互動中塑造了自身的文化身份，呈現了華人自身的主體性和能動性。[3]

在泰國學界，施堅雅的論述又引來不同的迴響。其中一種聲音考慮泰國未來的想像，認為處理華人事務的框架應該以「融合」（integration）取代「同化」（assimilation）。畢竟，隨著泰國政治環境的變化和泰中關係的改善，泰國學界對華人的態度逐漸轉變。例如泰國知名的歷史學家、泰國法政大學（Thammasat University）前校長 Charnvit Kasetsiri 就主張用「融合」來取代「同化」，將華人視為泰國民族「不可分割的一部分」，而非需要被同化的「他者」；同時強調華人「貢獻」的面向，重構華人對泰國近代社會成形的貢獻，以及他們在促進泰國經濟發展和文化多元性方面的積極作用。例如，Charnvit Kasetsiri 等泰國學者出版於一九八〇年代的《泰國皇家庇護下的華人兩百年》（Khonchin 200 pi tai phabarom phothi somphan）一書，就試圖通過歷史敘述來展現華人與泰國王室之間的友好關係，以及華人對泰國社會的貢獻。[4] 在華語學界，中國學者一般將施堅雅的「同化」論點重新詮釋為促進泰中友好關係的工具，在強調華人成為泰國社會一部份的事實下，中國學者往往放大他們在促進中泰文化交流和經濟合作方面的橋樑作用。然而，亦有不少中國學者並不認為華人已被泰國社會完全同化，而是以各種潛藏與隱密的方式保留了自身的文化身份。這樣的論述隱然相信「華人」與「中國」之間的文化和血緣紐帶可某些情況下可以永遠存在，亦會成為中國與在地國的外交互動的重要資源。

結論

施堅雅的《泰地華人》及其在不同歷史時期和不同國家的多重解讀，反映了「華人」身份的複雜性和流動性，以及學術研究在塑造「華人」歷史表徵中所扮演的角色。我們不應將「華人」視為一個靜態的、同質化的群體，而應關注其內部的差異性和動態變化。在未來，我們需要超越「同化」框架，以更具批判性和反思性的眼光來研究「華人」歷史和文化，並關注學者在知識生產過程中所扮演的角色和責任。只有這樣，我們才能更好地理解「華人」在世界歷史中的地位和作用，並促進不同文化和族群之間的理解和尊重。

1 Richard J. Coughlin 早期泰國華人研究，參 Richard J. Coughlin, 'The Chinese in Bangkok: A Study of Cultural Persistence' PhD dissertation of Yale University, 1953; Richard J. Coughlin, 'Review of Chinese Society in Thailand, by G. William 施堅雅' , Far Eastern Survey, Vol.27, No.1 (January 1958): 16; Richard J. Coughlin, Double Identity: The Chinese in Modern Thailand (Hong Kong: Hong Kong University Press, 1960).

2 Victor Purcell 東南亞華人研究，參 Victor Purcell, 'Scientific Analysis or Procrustean Bed? Chinese Society in Thailand by G. William 施堅雅' , Journal of Asian Studies, Vol.17, No. 2 (February 1958): 223–32. Victor Purcell, The Chinese in Malaya (New York: Oxford University Press, 1948); Victor Purcell, The Chinese in Southeast Asia (New York: Oxford University Press, 1951).

3 Morton H. Fried ed., Colloquium on Overseas Chinese (New York: International Secretariat, Institute of Pacific Relations, 1958), 68; Rose Hum Lee, The Chinese in the United States of America (Hong Kong: Hong Kong University Press, 1960); Rose Hum Lee, 'Comment on Skinner' s review' , The China Quarterly, no. 6 (April–June 1961): 170 – 73.

4 Charnvit Kasetsiri, 'Introduction' , Phannee Chatpolrak et al trans., Sangkhomchin nai prathet Thai [Chinese Society in Thailand: An Analytical History] (Bangkok: Foundation for the Promotion of Social Sciences and Humanities Textbooks Project, 1986): 18–23; Charnvit Kasetsiri, Rueang khong song nakhon [The Tale of the Two Cities] (Bangkok: Chaopraya, 1981); Charnvit Kasetsiri, 'Introduction' , Witthaya Witthaya– amnuaikun trans., Khonchin 200 pi tai phabarom phothi somphan [200 Years of Chinese Under Royal Protection], (Bangkok: Senthangsetthakit, 1983), Vol. 2.

導論／在泰地召喚「Chinese」的「真名」

莫家浩（南方大學學院華人族群與文化研究所所長暨助理教授）
陳冠妃（國立臺灣大學歷史學系助理教授）
孔德維（早稻田大學高等研究所助理教授）

在世界不同宗教中，「真名」都往往被視為通往實相的關鍵，是界定、掌控本質的符號，也是穿越世俗與神聖的中介與橋樑；「真名」遠非僅僅一個標籤，而是代表實體或神靈的本質與身份。認識並使用「真名」通常被認為賦予操控被命名者的力量，這突顯了語言的內在能量。這種信念體現了名字、本質與權威之間的象徵性連結。施堅雅（G. William Skinner）《泰地華人》一書處處透露著他為當地「Chinese」何去何從的憂患共情，敘述著「Chinese」身份的多層可能性，但其書寫的「Chinese」卻是為冷戰時期的西方知識人而劃的符文；一旦回到被凝視者的語言，讀者卻又可能失卻了「真名」。

真名與冷戰下的泰地「Chinese」書寫

早在前二世紀以前，周人就把「描述和命名鬼怪的姓名學」作為辟邪法門，秦睡虎地簡帛《日書》裡面記載著多達數十種鬼的分類，《日書》、《白澤圖》等典籍還會分門別類的敘述鬼怪之名，然後再說明如何驅逐他們的方法。中古道教符籙的傳統中，「真名」更被認為能賦予召喚者掌控「神靈」與超自然力量的能力。「真名」是理解符籙與圖像（如《三皇內文》、《五岳真形圖》）的核心所在，這些物件通常刻有晦澀的符號與天書，被視為超越世俗存在的「真名」與形象的直接表徵。其神秘難解的特質增添了其神聖性，使其成為超自然力量的真實工具。道士的符籙透過其文字刻畫了神聖的本質，並經常需要通過儀式啟用。《三皇內文》詳細記載了天書中的真名，使修行者得以召喚神祇或驅逐惡靈。這些文本如同天命的象徵，賦予使用者合法性與靈性權威。同一時代的漢傳佛教有類近「真名」的概念，例如，龍樹菩薩的《五明論》記載了利用真名進行的儀式，目的在於療癒或影響靈體。這些實踐顯示出道教與佛教思想的融合，尤其是二者對於神聖名字與符號力量的共同信念。[1]同樣地，「真名」亦見於西方的「所羅門魔法」（Solomonic Magic）。在所羅門魔法傳統中，「真名」（True Name）具有非凡的力量，代表著神聖「道」（Verb）——宇宙的創造力量的片段。這些名字通常源自希伯來文、拉丁文或希臘文，被視為神聖能量與權威的載體。修行者相信，認識並正確使用這些名字能賦予影響神靈或超自然力量的能力。所羅門魔法，又稱所羅門式魔法，是一種儀式性的魔法傳統，起源於聖經中的所羅門王形象。他以智慧著稱，據說能夠指揮靈體。該傳統的起源可追溯至經典，例如《所羅門遺訓》（Testament of Solomon），其中描述所羅門利用一枚神賜的魔法戒指控制惡靈和靈體，建造耶路撒冷聖殿。所羅門魔法的核心特徵包括使用神聖名字進行召喚、製作刻有文字的魔法工具，以及強調修行者道德與靈性純潔的重要性。該傳統亦對靈體進行階層分類，詳細記錄其能力與功能。《所羅門之鑰》（Clavicula Salomonis）及相關文本是此一傳統的典範，其記載了數百個神聖名字，如「Adonay」、「Eloy」及「Tetragrammaton」。這些名字被刻於戒指、皇冠及鈴鐺等儀式工具上，使其充滿神聖力量。召喚真名的行為通常伴隨嚴格的潔淨要求，強調修行者的身心準備。在所羅門魔法中，真名作為人神之間的媒介，其在儀式中的使用凸顯了語言作為實現神聖旨意工具的觀念，這在中古神學與神秘傳統中引起了深刻共鳴。所羅門魔法對西方神秘主義影響深遠，塑造了文藝復興魔法、赫密斯主義（Hermeticism），以及現代神秘主義運動（如黃金黎明協會（Hermetic Order of the Golden Dawn））的實踐方式。其歷史演變凸顯了人類語言在神聖權威框架內與超自然力量互動並加以掌控的永恆追求。[2]

「真名」的啟發性不僅適用於宗教領域，也可以延伸到身份認同與文化分析的場域。

對於本書所關注的「Chinese」這一詞彙，其「真名」的探尋，便是泰國「華人」歷史的核心問題，也是本書作者施堅雅帶到我們面前最為關鍵的問題。本書中譯本以「泰地華人」為名，直指泰國這一特定地理與歷史空間內的「華人」社會，但「華人」在這裏的應用，卻是令本書的譯者與編者難以釋懷的。這裏真正的困難是，在施堅雅原書中的「Chinese」或「Chinese Society」的「真名」，究竟等於華語中哪個詞彙呢？「Chinese」這一名詞在冷戰下的東南亞西方學者、戰後的泰國新一代知識人、大東亞戰爭中的日本學人，以至十九世紀末的「中華民族主義」興起的大清國志士的種種歷史語境中，本來就具有高度的複雜性與流動性。它既可以指具「中國」政治認同的「中國人」（Chinese nationals），又可能是為建構「ethnic Chinese」概念而生的「華人」、「華裔」、「華族」，也可以是大清國在一八七〇年代後忽想與海外「姦民」重修舊好的「華民」，或在一八七〇年代以前葡、西文字典用作翻譯「Chinese」的「唐人」。這些翻譯承載了不同的文化、政治與社會指涉。[3]如果我們相信「Chinese」在不同時代有不同的指涉與界限，讀者大抵可以輕易達到「中國人」、「華人」、「唐人」等等符號乃是不同事物的「真名」，而作為「Chinese」的「真名」也就可以隨著不同時代而變遷。但施堅雅英文原著的《Chinese Society in Thailand》中，「Chinese」的真名卻是一個事實判斷的問題：究竟施堅雅當時想召喚的是何方神聖？

本書試圖描述泰國華人從「華人性」到「泰國性」的同化過程，然而，施堅雅在命名與分類時的直觀假設，反映了冷戰時期社會科學對「族群」的單一化解讀。這使得「Chinese」的本質在其研究中被假定為自明的概念，掩蓋了不同歷史語境中身份轉變與多元詮釋的可能性。本書的中譯版本，透過對語詞與語境的重新解讀，試圖還原這一多層次的問題意識，在不同場境，施堅雅在本書的「Chinese」可以具有完全不同的意涵。畢竟，在冷戰背景下產出的本書，有其特定的歷史脈絡。一九五〇年代，東南亞成為冷戰的主要戰場之一，美國對該地區的華人社會投注了高度關注，將其視為潛在的「第五縱隊」，並試圖通過學術研究介入政策制定。施堅雅在這一背景下，結合人類學與社會學的方法，提出泰國華人「同化模式」的理論模型，分析他們如何在泰國社會中逐步融入。施堅雅的研究在冷戰時期的政治學術場景中具有即時性的重要意義。他以泰國華人作為研究對象，試圖證明美國式的移民同化經驗在其他地區的適用性，為美國的東南亞政策提供支持。這樣的分析，表面上是社會學的量化研究，實則帶有深刻的政治意圖。西方政府不僅資助了這類研究，還將其成果應用於政策設計，一些人更希望將「華人」社群塑造為冷戰中親美的盟友。本書就曾被泰國政府引用於政策文件之中，以說明「華人」被「同化」之可能。當然，施堅雅的同化論點也引發了諸多批評。一些學者認為，他過於依賴美國經驗，忽視了東南亞「華人」社會的多元性與在地性。他的同化模型將文化差異視為障礙，而非資產，從而忽略了泰國「華人」內部不同階層、方言群體與宗教實踐的複雜性，例如，潮州人、客家人、海南人等在泰國「華人」社會中具有顯著的區域差異，而施堅雅的研究未能充分體現這些分化特徵。更重要的是，「華人」的宗教、族群、政治認同，在單一的「Chinese」描繪中，被削成一元整體。這種冷戰時期的知識生產，有著當下急切的即時性需要，雖然為研究東南亞華人提供了新視角，但也因其當下的政治意圖而產生局限。（參本書〈誰是施堅雅？〉一節。）

「Chinese」的「真名」的再思考

施堅雅的研究集中於華人如何逐步同化為泰國人，卻很少探討「Chinese」這一詞彙本身的內在多義性。在他的分析框架中，「Chinese」似乎是一個固定的身份標籤，未能反映出華人社會的動態與多元性。然而，實際上，「Chinese」在不同的語境下，可以涵蓋文化、族群、國籍等多重層次，並因歷史與地域的變遷而不斷被重塑。譬如，在泰國，「唐人」一詞常被用來指代早期的移民，其含義更多地關聯於明清時期的貿易與移民活動。而「華人」則常與近代移民的經濟角色相關聯，強調其作為中間商人的經濟中介作用。此外，對於早期移民的後代，「華裔」、「華族」這一稱呼可能更加貼合，因為他們在文化上已經高度本地化，並不完全認同於「中國」文化或國籍。本書刻意保留作者原文的「Chinese」不做翻譯，希望讀者與我們一起思索，這些作者落筆時難以釐清，而實際上各有不同脈絡的Chinese，其「真身」究竟為何、是否有最適合的「真名」可召喚。在歷史書寫中以不同的「真名」召喚，實則上役使的就是不同的群體。這種身份的多義性，挑戰了傳統「同化」與「差異」的二元對立框架，為更全面的東南亞「華人」研究提供了可能性。

在臺灣出版《泰地華人》具有多重意義。在本書出版的時代，臺灣在「轉型正義」與身份探索的路途上穩步前行，但長期以來與東南亞及世界各地華人社會的關係卻出現各種失語的狀況。雖然不能忽略中華民國僑務委員會在冷戰時代為東南亞「華僑」帶來的優惠政策為臺灣與東南亞華人構築了特殊的連結，但馬來西亞知識人杜晉軒在二〇二〇年揭露中華民國出口的「白色恐怖」，卻又是令不少海外華人難以為「僑」。4然而，在「僑」的想像成為尷尬議題的當下，東南亞新世代的社會參與又處處與臺灣的太陽花世代、香港的雨傘、反送中世代密切互動。若即若離的海外華人關係網顯然真實存在，但其「真名」卻較鬼怪魔神更為隱蔽。

《泰地華人》與一八四一出版社同時出版、斯波義信的《何來華僑》思考的都是對歷史書寫與「身份認同」的問題。對於當代臺灣、香港與東南亞讀者來說，思考「何謂華人？」、「何謂Chinese？」等問題具有知性與生活的意義。泰國華人的歷史經驗表明，華人身份並非一成不變，而是可以通過地方化與文化融合進行重構。雖然施堅雅在本書遺下「Chinese真名」的重大問題，但他對「泰地華人」本身的分析，對於處於身份議題核心的讀者而言仍然具有重要的參考價值。如果從冷戰時期美國學術研究對「華人」社會的介入，我們可以觀察到知識生產與權力的關係；同時提醒我們，任何對族群、文化與身份的書寫，都需警惕我們自身總是受著特定世界觀的影響。本書不僅是一部關於泰國「華人」社會的經典之作，也是一個重新思考「Chinese」這一身份的契機。在電影《千與千尋》中，澡堂老闆湯婆婆就有著奪走他人名字，而束縛對方為自己打工的能力。主角之一的白龍一開始就被她奪去名字，成為了她的弟子，直至經女主角千尋提醒後，方才想起自己的本命，想起自己作為河神的身份和本我。本書的一眾譯者與編者，本書刻意地將施堅雅原書中的「Chinese」保留，以期讓讀者認識「泰地華人」的案例時，亦得以在每處得以思考「Chinese」為何？我們邀請讀者透過《泰地華人》對「Chinese」的「真名」重新探索，讓我們澄清「Chinese」身份如何在不同的歷史條件與社會脈絡中被建構、解構與再建構。

1 謝世維：〈中古道教史中的三皇文傳統研究〉，《清華學報》，第44卷，第1期，2014，頁29-60；李忠達：《道教的多重宇宙——全面解析道教世界觀與神仙位階，讓你修仙途中不迷路！》（臺北：獨立作家－秀威出版，2024），頁127-160；Dominic Steavu, 'Paratextuality, Materiality, and Corporeality in Medieval Chinese Religions: Talismans (fu) and Diagrams (tu)', Journal of Medieval Worlds (2019) 1 (4): 11–40.

2 Julien Véronèse, 'God's Names and their Uses in the Books of Magic attributed to King Solomon', Magic, Ritual, and Witchcraft, 2010, 5 (1): 30-50.

3 參本系列〈出版說明〉，見白偉權《拜別唐山：在馬來半島異域重生》（臺北：一八四一出版社，2024）；莫家浩：《臆造南洋：馬來半島的神鬼人獸》（臺北：一八四一出版社，2024）。

4 參杜晉軒：《血統的原罪：被遺忘的白色恐怖東南亞受難者》（臺北：臺灣商務印書館，2020）。

第一章

早期的古暹羅Chinese

第一節　十七世紀前的 Sino-Thai 關係

巴戎寺位於闍耶跋摩七世的城市大吳哥城的中心——其建成時間不晚於十三世紀的最初十年——在寺中可以找到高棉藝術中一些最精美的浮雕。寺廟外廊的一幅畫像精細地描繪了一艘 Chinese 帆船，而帆船上的船員顯然不是高棉人。這艘帆船幾乎在所有結構細節上都類似 Chinese 在暹羅修造的船型，這船型的帆船在近幾個世紀中被他們用於在暹羅灣的貿易活動。[1] 這項發現有力地支持了幾位德國學者的信念，[2] 即當泰國人在十三世紀到達昭披耶河三角洲和馬來半島時，Chinese 商人已經在暹羅灣的市場和港口建立了據點。

在十三世紀的最後十年，周達觀發現 Chinese 在大吳哥城經商，並報告 Chinese 不斷往來柬埔寨。[3] 根據泰國的古籍記載，馬來半島是暹羅最早吸引 Chinese 和其他外國商人的地方。那時候，每年都有來自 China 的船隊停靠半島東側的各個港口和定居點。[4] 有證據表明，在十三世紀和十四世紀，乘東北季風準備攜帶貨物前往印度和更西邊的 Chinese 商船，最遠可能只能到達春蓬、素叻他尼（即班敦）或那空是貪瑪叻（即洛坤），他們在這些地方卸下貨物，通過陸路轉運，以便及時乘著西南季風返回 China。[5]

事實上，關於 Chinese 如何發現南暹羅錫礦的最合理解釋是，Chinese 商人親自參與了這種橫貫半島的貿易。Chinese 在從暹羅灣的那空是貪瑪叻前往孟加拉灣的董里途中，很可能曾經過錫礦產區，並當場冶煉了少量錫礦供自己使用。[6] 其他冒險穿越馬六甲海峽的 Chinese 商人可能在普吉島也有類似的發現。克列德涅（Wilhelm Credner）和海壁（Karl Helbig）[7] 認為，Chinese 在十四世紀之前就已經發現並開始開採這些錫礦，而其他作者[8] 則認為是在十五世紀。無論如何，當第一批西方人進入南暹羅時，Chinese 錫礦工人已經在該地區建立據點。[9]

泰人的素可泰王國建立於十三世紀中葉，蒙古政府在十三世紀下半葉試圖將這個被 Chinese 稱為「暹」的王國冊封為藩屬國。China 分別於一二八二年、一二九三年和一二九四年派出使者，最後一次是向素可泰國王蘭甘亨大帝（Ram Kamhaeng）發出了前往政府的傳令。[10] 蘭甘亨大帝也在一二九六年、一二九七年和一二九九年派遣了朝貢使團前往上都。[11] 後來又於一三一四年、一三一九年和一三二三年派遣了三批朝貢使團，此後不再有素可泰的使團被派到北京了。[12] 儘管如此，就目前所知，Chinese 私人商人一直與泰國港口保持貿易往來，直至元朝結束為止。

然而，蒙古勢力在 China 的沒落帶來了內部混亂，使對外貿易在一三六八年後停頓了數十年，沒有證據顯示明朝初期的幾十年間，China 與暹羅的貿易有任何顯著的發展。[13] 然而，就在這一時期，大城（阿瑜陀耶）開始定期向明朝首都南京派遣使團。這可能是因為在一三六八年左右 Chinese 貿易衰退之前，泰國統治者對 Chinese 商品的興趣帶動了早期明朝時期的朝貢活動。不論如何，明朝一三七〇年派遣的使臣在暹羅受到歡迎，尤其是因為使者攜帶的諭旨稱他們為「暹羅」。由於「暹」是素可泰的 Chinese 名稱，而「羅」則是羅斛王國的 Chinese 名稱，[14] 因此 Chinese 政府使用這兩個合稱實際上是承認大城（阿瑜陀耶）是早期國家的合法繼承者，並接受了大城（阿瑜陀耶）對素可泰的統治。大城（阿瑜陀耶）國王從南京獲得「暹羅國王」的封號，這對大城（阿瑜陀耶）國王非常有利（事實上他很快就獲得了此封號）。[15] 隨後，一系列頻繁的泰國朝貢使團和國事訪問持續了很長時間，遠遠超過了鄭和於一四〇五年至一四三三年期間所進行的著名明朝海外航行時代，無法證明鄭和本人曾否去過大城（阿瑜陀耶），但可以肯定的是，他隨行的幾個重要成員，包括馬歡、洪保和費信，都曾造訪過首都和暹羅的其他地區。[16]

馬歡和費信都對暹羅婦女的獨立地位印象深刻，尤其是她們對 Chinese 男性的偏愛。

費信說：「每當暹羅女人遇到一個Chinese男性，她就會對他非常滿意，總是會備酒款待，表示對他的尊敬，歡快地唱歌，讓他通宵達旦。」[17]馬歡認為，在這種情況下，丈夫並不會感到不安，反而會為妻子的美麗足以取悅Chinese而受寵若驚。從這些充滿詩意的描述中可以看出，Chinese來到暹羅除了貿易之外，似乎還有其他原因。無論如何，探險隊回國後講述的神話般故事極大地刺激了南洋的貿易和移民。

十五世紀初出使者所描述的情況很可能導致了暹羅第一批「洛真（lukjin）」的出現，[18]即父親是Chinese而母親是泰國人的孩子。十六世紀的一份Chinese著作清楚地表明，Chinese已經定居了好幾代[19]：「在這個國家，人們沒有姓氏。Chinese起初保留自己的姓氏，但幾代之後就放棄了。」鑒於當時的Chinese女性從未移居國外，這段描述證明了Chinese與泰國女性通婚，並迅速同化了他們的洛真（lukjin）後代。同一段落還提到「Chinese居住的某條……街道」，這表明在十六世紀早期，大城（阿瑜陀耶）已經有了一個Chinese區。

早在十五世紀之前，就有間接證據表明Chinese在暹羅定居並被同化。根據泰國的傳統，一三〇〇年，蘭甘亨大帝最後一次出使China時，將中國陶工帶到了素可泰。此後不久在素可泰生產的新式陶器以及後來在宋加洛瓷窯生產的青瓷都採用了Chinese的設計和技術。[20]勒梅（Reginald S. Le May）[21]證明，在十五世紀上半葉，Chinese 對宋加洛陶器裝飾的影響已經消失，這表明當時移民陶工的後代已經被同化。Chinese 政治難民也是最早移民到暹羅的一批人。第一個實例是陳宜中，當蒙古人征服宋朝的華南時，他從廣東逃到占城，一二八三年占城首都被蒙古人攻陷後，他又逃到暹羅，後來死在那裡。[22]十五世紀初，明朝宮廷的敵人，包括何八歡，逃到了暹羅，但在永樂皇帝的要求下，他們被大城（阿瑜陀耶）國王引渡回國。[23]Chinese 正史也記載了 Chinese 成為泰國政府官員的最早例子：大約在一四八〇年前，福建汀州人謝文彬在販賣食鹽時「漂流」到暹羅，成為一名官階為岳昆（Qkkhun）級的官員。[24]

十六世紀後半葉，北大年歷史上發生了一段有趣的事件，表明在暹羅的這一地區有相當多的 Chinese 定居。在一五六〇年代至一五七〇年代期間，林道乾是廣東和福建最臭名昭著的海盜和強盜之一。多次死裡逃生後，他帶著部下逃到南洋，尋找永久的棲身之地。在崑崙島停留後，「他去了暹羅西南部的一個國家大年（Ta-nien）（大年是北大年的簡稱）。他攻打了並得到了這個國家。現在大年的國王就是他的後裔。」[25]這發生在萬歷一五七三年至一六二〇年統治初期，可能是在一五七八年至一五八〇年之間。關於林道乾本人是潮州人還是福建人，則眾說紛紜，但他顯然是從福建來到南洋的，而他的部下可能大多是福建人。據《明史》記載，跟隨他的人有兩千多人。[26]

北大年當地的 Chinese 至今仍流傳著林道乾的故事。根據他們的說法，林道乾是明朝福建的一位英雄，他率領大軍乘坐戰船來到北大年。他在一次交戰後佔領了首都，驚恐萬分的馬來王把女兒嫁給了他，並讓他成為王位繼承人。然而，《北大年紀年》寫道，林道乾只是一名福建兵工廠的工頭，娶了一名馬來女子，定居在 Kase，後來更入籍；他為北大年女王制造了三門大炮，並在試圖發射一門大炮時被炸死。這個版本接著說，Kase 的馬來人都說林道乾是他們家族的祖先。[27]林道乾的部下和他本人很可能也是他們的祖先。許雲樵認為，林道乾娶了馬來王的女兒，奪取了王位並一直統治到大炮事故發生，之後他的妻子成為了北大年的第一任女王。不過，我們沒有必要接受這種牽強附會的解釋。作為其部下和家庭的的首領，林道乾在 Kase 很可能「過著國王般的生活」，作為文化英雄，他的地位在近期的記載中被誇大了。[28]北大年府的華人還認為，林道乾的妹妹林姑娘跟隨林道乾來到北大年，並試圖勸說林道乾返回 Chinese，但徒勞無功。她至今仍受到北大年人的崇拜，被視為一位狂熱 Chinese 愛國主義的象徵。

林道乾的事跡以及北大年作為繁榮港口的地位，可能有助於解釋一六〇〇年代初作家們認為北大年有大量 Chinese 人口的原因。一六〇〇年左右在北大年擔任官員的三名 Chinese 可能就是林道乾的部下或其後裔。其中有一位姓張的漳洲人，在第一任北大年女王前後都在政府中任職；他的兒子在他去世後也被任命為官員。另外兩人是李桂和林穩麟，從日本官員分別於一五九九年和一六〇二年寫給他們的公函來看，他們顯然在北大年女王政府中身任要職。[29]

在回顧早期住在暹羅但不從事貿易的 Chinese 的訊息時，必須留意，他們之所以被官方紀年史所記載，僅僅是因為他們的特殊性。大多數 Chinese 移民肯定是匿名的 Chinese 商人。為了更清楚了解暹羅 Chinese 社會的發展情況，有必要簡單了解一下暹羅與 China 之間的貿易和朝貢模式。

在明朝最初二百五十年期間，即 China 萬歷年間和暹羅國王厄加陀沙律（Ekathotsarot）的統治時期[30]，暹羅向 China 朝貢的頻率呈現出一種重要的模式：

時期	年數	朝貢次數	朝貢的平均次數（每十年）
1368-1404	37	14	3.9
1405-1433	29	8	2.8
1434-1499	66	12	1.8
1500-1579	80	9	1.1
1580-1619	40	3	0.8
合計	**252**	**46**	**1.8**

值得注意的是，在整個兩個半世紀期間，暹羅允許朝貢使團的數量持續減少。同樣重要的是，一四〇五年至一四八三年，鄭和下西洋絲毫沒有改變這一下降趨勢；鄭和下西洋後，朝貢使團的數量比之前有所減少。另一方面，Chinese與暹羅的私人貿易在此期間穩步發展。因此，如果如費正清和鄧嗣禹所說，[31]鄭和下西洋在一定程度上是為了將中國海外貿易的源頭納入朝貢體系，那麼鄭和下西洋顯然是不成功的。

對暹羅統治者來說，朝貢體系似乎具有政治和經濟上的雙重優勢。它可以用來確認現任泰國國王或統治家族的合法性，也是獲取Chinese商品和China貿易收入的一種手段。如果這一假設是合理的，那麼有兩個論點值得注意：一、在泰國統治家族早期，暹羅朝貢使團的活動應該比政權鞏固後更為頻繁。二、在自由貿易時期，即沒有壟斷性的國家貿易，朝貢使團的頻率應與私人貿易商從China提供所需進口商品的活動成反比例，其理論依據是，如果私人貿易商提供所需商品並向皇家國庫繳納進口稅，那麼朝貢使團的經濟功能或多或少會消失。

我們所掌握的有關一六二〇年前China泰關係的資料似乎大致證實了這些關係。十四世紀初，隨著Chiense與暹羅的私人貿易增加，朝貢使團逐漸消失。一三六八年China改朝換代後，Chinese商品的供應中斷，朝貢使團以每十年朝貢三點九次的頻率恢復，在隨後的兩個世紀中，隨著 Chinese 所掌握的 Chinese 泰貿易增加，以及大城王國及其國王的地位更加穩固，朝貢使團的次數有所減少。這一切對 Chinese 移民的意義在於，Chinese 政府禁止朝貢使團攜帶 Chinese 旅客回去。例如，一四八〇年，一個暹羅使團秘密帶回了一些 Chinese 旅客，China 皇帝派遣官員前往大城嚴厲申斥。[32]因此，Chinese 的海外移民只能透過 Chinese 帆船進行，故移民數量大概會根據 Chinese 商人與暹羅的貿易量而波動。

明朝時期，在暹羅的 Chinese 商人數量以及他們在 China 和暹羅之間進行的貿易量的增長情況都不易考證，但總體趨勢是明確的。一三六八年中斷的貿易到十五世紀初肯定又恢復了。例如，馬歡曾寫道，Chinese 船隻曾前往暹羅進行貿易，一個世紀後，當亞伯奎（Albuquerque）在一五一一年希望從馬六甲派遣使節前往暹羅時，他不得不僱用一些即將前往大城的 Chinese 帆船。[33]戴・坎波士（De Campos）在調查了十六世紀葡萄牙人對暹羅的記載後，[34]提到 Chinese 商人「在泰國無處不在」，也就是說，葡萄牙人所到之處都有 Chinese 商人。十六世紀有商人的地方一般也有海盜，Chinese 的記錄提供了幾個總部設在南暹羅的 Chinese 強盜的例子。一五四〇年，聲名狼藉的許氏兄弟在北大年引誘當地的葡萄牙商人，準備搶掠福建海岸。[35]一五五四年，另外兩名可怕的海盜何亞八和鄭宗興也駐紮在北大年，他們從該港口率領海盜搶掠 China 海岸。[36]在暹羅灣從事較小規模搶掠的 Chinese 海盜沒有記載在 Chinese 歷史內。

到十七世紀初，Chinese 商人在暹羅的地位更加穩固（這些例子均取自厄加陀沙律王一六〇五年至一六二〇年的統治時期）。一六一六年，在北大年的荷蘭駐紮官寫道，Chinese 的數量遠遠超過當地居民。[37]於次年出版的一份 Chinese 文獻在詳細介紹北大年的商業情況時說：「Chinese 居民很多，他們的腳趾緊跟著腳後跟……當貨物出售時，他們當局不敢向我們徵收任何關稅。」[38]Chinese 在那空是貪瑪叻的立場同樣有利：在與泰國屬地國王討論可能簽訂的荷蘭條約時，凡．年羅德（Van Nyenrode）在一六一二年寫道，根據草案，Chinese 只需支付普通的過路費和關稅，「不允許任何人傷害他們或給他們帶來麻煩。」[39]那空是貪瑪叻的 Chinese 貿易社區非常廣泛，一六二〇年，一位英國商人曾專程前往該地，希望與之建立商業關係。[40]根據凡．弗列（Jeremias Van Vliet）的說法，當時來自福建南部的 Chinese 每年都會將「相當大批的各種 Chinese 貨物運到這個國家（暹羅），並運回大量蘇木、鉛和其他商品。」[41]在厄加陀沙律統治時期，一位 Chinese 作家寫道：「暹羅居民非常友好地接受 Chinese，比任何其他國家的當地人都要好得多，因此，暹羅是一個真正對 Chinese 友[42]好的國家。」

因此，明朝最初二百五十年的總體趨勢是顯而易見的：來自暹羅的朝貢使團不斷減少，而 Chinese 私人貿易和 Chinese 移民穩步增加。然而，在一六二〇年代，China 泰貿易和朝貢模式發生了逆轉。一六二〇年，泰國國王室利騷哇帕（Sisaowaphak）登基，凡·同年哈賽爾（van Hasell）在宋卡寫信抱怨新國王無法控制暹羅官員和貴族，而這反過來又導致了 Chinese 貿易的惡化。[43]凡·弗列進一步對此作出評論，[44]說道：「過去每年乘著帆船、帶著各種貨物到暹羅的漳州（Bay of amoy）Chinese，都被暹羅官員奸詐地扣留了，而國王顯然是知情的。」一六二〇年代，Chinese 商人也受到日本競爭的不利影響。在厄加陀沙律統治時期，日本的影響已變得十分重要，當時有相當多的日本商人在大城和其他港口定居。然而，在頌曇國王一六二〇年至一六二八年的統治時期，日本的影響力達到了前所未有的程度。國王與日本保持著非常密切的關係，多次與幕府將軍互派使節，並維持著一支私人日本保鏢，而日本冒險家山田則成為了暹羅政治中的重要力量。到一六二〇年代末，暹羅與日本之間的貿易可能比暹羅與其他國家貿易的總和還要大。在這種情況下，雖然 Chinese 商人在日本與暹羅的貿易中佔有相當大的比重，但 Chinese 所控制的 Chinese 泰貿易卻受到了很大影響——這時 Chinese 式的進口商品均來自日本。[45]

此外，一六二九年巴塞通王（Prasat Thong）就位後，開始實行皇家貿易壟斷，這嚴重損害了Chinese的既有利益。[46]前往暹羅西南部港口的Chinese和其他商人必須獲得國王的許可，而錫和鉛在出口前必須運送到國王位於大城的倉庫。[47]用凡・弗列的話來說是：

來自漳州（廈門灣）和交趾支那的Chinese以前與暹羅的貿易往來比現在更頻繁……通過這些國家與暹羅的貿易，國王的收入和人民的福利增加了，貿易也繁榮了。但由於現任國王（即巴塞通王）更喜歡用他的代理人干預市場和摩爾人（即印度人、阿拉伯人和波斯人）及Chinese等進口商品的價格，而且還對他們徵稅，不支付市場價格，因此，除非迫不得已，否則沒有人想來暹羅……

由於國王的奇怪行為和各種刁難，許多外國商人離開了這個國家；其中一些人被送走或被驅逐，所以這時暹羅只有少數富商（兩、三個富有的摩爾人和一些富有的Chinese）。[48]

巴塞通王和他的兄弟每年都會派一艘船到廣東和兩、三艘帆船到Chinese其他港口，另派一艘船到哥羅滿德海岸，偶爾也會派帆船到東南亞其他港口。[49]

因此，約在一六二〇年至一六三二年期間（即頌曇王統治時期和巴塞通王統治時期的前三年），Chinese 商人在暹羅的處境達到了低谷。從那時起，在大城王朝餘下的時期（直至一七六七年），Chinese 商人的地位穩步提高。巴塞通王在位期間，有兩項發展對 Chinese 商人有利。這位國王是一位篡奪者，他違背宮廷中日本勢力的意願而奪取了權力，於一六三二年，由於擔心有人暗算他，他屠殺了大城的日本殖民地，並將大部分日本人趕出了大城。結果，暹羅與日本的貿易幾乎完全落入 Chinese 手中，甚至國王的商品也是通過 Chinese 帆船出口到日本，因為泰國的貨運監督不允許登陸日本。一六三六年後，除了 Chinese 外，日本幾乎不對任何外國人開放。[50]

第二個發展是 Chinese 商人迅速適應了新的皇家貿易壟斷制度，而且國王意識到，如果使用 Chinese 商人，皇家貿易將獲得更大的利潤，因為 Chinese 商人是最有經驗的航海家，而且也只有他們才能進入大多數 Chinese 港口。因此，Chinese 受到了巴塞通王的賞識，其中一些人「被認為是最好的代理人、商人和航海家」，而另一些人則「被任命擔任高官要位」。[51]曼德斯羅（Mandelslo）在一六三九年的著作中明確指出，國王在海外的代理人、倉庫管理員和會計師都是 Chinese。[52]此外，Chinese 商人仍然可以開展一些自己的貿易，儘管受到巴塞通王的各種「刁難」，但每年都有兩到三艘帆船從福建南部駛往大城，同時也有一至三艘 Chinese 擁有的帆船從大城駛往交趾支那。[53]一六三八年，凡．弗列總結了當時的情況：[54]「許多 Chinese 仍然在暹羅王國生活，他們在全國各地享有合理的貿易自由……」

十七世紀初，英國人和荷蘭人都開始在暹羅從事貿易，但在巴塞通王統治時期，能真正和 Chinese 商人競爭的只有荷蘭人。[55]由於貿易競爭，荷蘭人和 Chinese 之間的矛盾在一六六三年達到了頂峰，在那萊王（Narai）統治時期，當時武裝的 Chinese 圍攻了大城的荷蘭工廠，迫使荷蘭駐紮官帶著所有人員和貨物逃走。[56]有人認為是國王的某些官員煽動 Chinese 採取這一行動。無論如何，荷蘭人以武力進行報復，並設法在一六六四年與那萊王簽訂了一份非常不公平的條約——一份嚴重損害 Chinese 利益的條約。其中一條確認了荷蘭在鹿皮和牛皮貿易中的壟斷權，而另一條則規定：

從今以後，國王陛下或其臣民，無論其地位如何，都無權將任何 Chinese……安置在他們的帆船、船隻或小船上，更無權試圖將 Chinese 引入其境內；並且如果我們在海上遇到有 Chinese 的帆船和船隻，我將扣押有關帆船和船隻作為戰利品，而荷蘭公司在任何時候都不負賠償責任。[57]

這項條約是荷蘭人的一次大膽嘗試，目的是為他們的公司獲得暹羅與 China 和日本進行的全部貿易，因為大部分貿易是由 Chinese 船員駕駛的 Chinese 或暹羅船隻進行，要招募泰國船員幾乎是不可能的。然而，這一嘗試失敗了，不僅因為它與國王和暹羅所有老牌商人的既得利益相違背，還因為荷蘭人不願與 Chinese 帝國為敵。在那萊王統治後期，泰國首都的法國遊客記錄了國王每年向日本派出幾艘由 Chinese 駕駛的船隻。[58] 事實上，一六七八年一份關於暹羅貿易的綜合報告[59]證實，國王在暹羅和國外的所有海事和商業事務都由 Chinese 管理。

在那萊王統治時期，Chinese 在大城私商中擁有至高無上的地位。日爾未斯（Nicolas Gervaise）和達查（Pere Guy Tachard）都特別指出，儘管英法兩國的入侵，Chinese 在大城與 China 和日本的貿易中佔有最大份額。[60] 那萊王的去世和一六八八年的反西方革命結束了英法在暹羅長達一個多世紀的貿易。此時，葡萄牙在暹羅的商業和政治地位也已蕩然無存，歐洲人中只有荷蘭人能從混亂中保全其壟斷地位。然而，他們在一七〇五年遇到了嚴重的麻煩，此後荷蘭很少參與暹羅的貿易。[61] 一六八八年革命的最終結果是，歐洲人在暹羅與東亞各國貿易中所佔的份額落入了 Chinese 手中，而那萊王的繼任者並沒有排斥 Chinese。

事態的總體發展有利於 Chinese。葡萄牙人、日本人、英國人、法國人和荷蘭人為了各自的利益先後增強了暹羅的貿易，但最後都被迫退出，把剩下的貿易留給了 Chinese。Chinese 的發展順利，原因很簡單，因為泰國人從不把他們視為外國人。[62] 同樣，巴塞通王、那萊王及其繼任者的皇家國營貿易也為 Chinese 提供了有利可圖的工作，包括代理人、倉庫管理員、會計師和海員，而且不排斥 Chinese 從事私人貿易。由於這些發展，儘管 Chinese 當局對海外貿易和移民施加了一些限制，[63] 但在整個十六世紀和十七世紀，越來越多 Chinese 移民被吸引到暹羅。

一六四五年後，滿清征服 south China，進一步推動了 China 的移民。福建和廣東對外來侵略者的反抗尤其強烈，眾所周知，數千人從廣東、潮州和泉州逃往台灣和南洋。[64] 今天在曼谷 Chinese 中流傳著這樣一種說法，從滿清逃到暹羅的難民主要有兩批：一批是從潮州逃到暹羅東南部（集中在萬佛歲（Bangplasoi）），另一批是從福建南部逃到暹羅南部（集中在宋卡）。

如果我們現在來看看暹羅在上述回顧時期，一六二〇年至一七〇九年，即從室利騷哇帕王統治時期至——但不包括泰沙（Thaisa）統治時期——向 China 朝貢的情況，之前假設的貿易和朝貢之間的關係似乎又得到了證實。這一時期暹羅向 China 朝貢的次數和頻率，根據泰國統治時期加以細分如下：[65]

首先要指出的是，整個時期的平均朝貢頻率低於前述時代的平均頻率（一六二〇年至一七〇九年為一點四次，而一三六八年至一六一九年為一點八次）。這種情況與本文提出的論點相符，因為總體而言，一六二〇年至一七〇九年間Chinese與暹羅的私人貿易比前一時期更為繁榮。此外，朝貢次數在一六二〇年之前的二百五十年中明顯下降，但在一六二〇年至一六五五年期間得到了扭轉（一五八〇年至一六一九年期間每十年朝貢零點八次，而一六二〇年至一六五五年期間每十年朝貢一點九次），而如上所述，正是在這一時期，Chinese商人遭受了整個大城時期最嚴重的挫折。從一六三〇年代起，隨著皇家壟斷的嚴格限制被放寬，Chinese商人被納入國家貿易體系，以及其他外國競爭者被逐一淘汰，Chinese商人在暹羅的地位穩步提高。因此，在這一時期，暹羅朝貢使團的次數逐漸減少。[66]

時期	年數	朝貢次數	朝貢的平均次數（每十年）
1620-1655	36	7	1.9
1656-1688	33	5	1.5
1689-1709	21	1	0.5
合計	**90**	**13**	**1.4**

第二節　十七世紀的 Chinese 社會

根據十七世紀訪問過暹羅的許多旅行家、商人、傳教士和外交使節的描述，我們可以重新回溯暹羅 Chinese 社會的一些情況。幸運的是，凡・弗列和戴・拉・盧貝爾（de la Loubére）提供了最詳細的描述。盧貝爾估計「在暹羅」的 Chinese 有三、四千人。不過，很明顯，他所說的「暹羅」指的是大城，因為這句話出現在描述大城的章節中，而在他作品的其他地方，他把這個首都稱為「暹羅」，例如，他說不同民族的人「居住在暹羅城內各區和其近郊」。甚至在盧貝爾繪制的湄南河下游地圖中，大城也被標注為「暹羅」。[67]此外，霍金遜（Hutchinson）[68]還提到，十七世紀的歐洲人經常將大城稱為「暹羅」。之所以在此闡明這一點，是因為此後每一位論述這一問題的作者都誤解了盧貝爾的估計，以為指的是整個國家。[69]鑒於十七世紀暹羅灣沿岸港口的 Chinese 定居點數量眾多，有些地方甚至人口眾多，[70]我們可以估計，首都以外的所有地區的 Chinese 人口至少是大城本身的兩倍。因此，我們可以假定，十七世紀後半葉，暹羅至少有一萬名 Chinese。不過，Chinese 佔全國總人口百分之一的可能性不大。[71]

大城的城內外均有 Chinese 居住。大城內四面環水。抵達首都的船隻停靠在城市東南角的 Chinese 區，位於一條被英國作家稱為「Chinese 街」的東西向街道腳下。另一條主要街道向北延伸，位於城市中心，從 Chinese 街一直延伸到皇宮。這裡有主要的公共市場以及工匠和商人的店鋪。這兩條街道是全城最好的街道；沿街有一百多幢兩層樓高的房屋，由石頭或磚塊砌成，屋頂是平瓦，屬於 Chinese 和「摩爾人」（即印度、阿拉伯和波斯商人）。除了少數歐洲人的住宅外，城裡的其他住宅都是用竹子和木板搭建的簡陋平房。[72] 在城外，Chinese 區位於運河和河流的南面和東面。[73] 值得注意的是，只有「摩爾人」和 Chinese 在城牆內有廣泛的定居點，但在一六八八年之前，法國人、英國人和荷蘭人在城內也有一些分散的住所。所有其他民族——包括葡萄牙人、日本人、交趾支那人、馬來人、望加錫人和孟族人——都被安置在城外，每個民族都有自己的居住區或營地。[74]

每個民族定居點都有自己的官員，英語稱作軍務長或隊長，泰語稱作 nai 或 amphoe。根據凡．弗列對十七世紀上半葉的描述，這些官員類似於克隆（krom）首領，在他們的領導下，暹羅人口中的自由民被安排從事徭役服務。每個外國營地的官員都有暹羅貴族頭銜，他們「從不放過任何從其臣民身上牟利的機會。」值得注意的是，當時的 Chinese

社區有兩名這樣的官員，而其他外國社區則只有一名。[75]本世紀後半期的作家指出，每個外國定居點都在國王的批准下選擇自己的首領。與其他官員一樣，Chinese官員也有一個暹羅貴族頭銜，並被視為暹羅官員，他對大城Chinese之間出現的分歧有最終決定權，但他的所有行為都要對負責外交和商業事務的泰國官員Phrakhlang負責。[76]戴·梭蒙（Alexandre, Chevalier De Chaumont）[77]指出，該官員的職責範圍涵蓋整個王國，而不僅僅是大城和周邊地區。

大城Chinese社區的主體當然是商人和貿易商，但也有從事其他職業的Chinese。從歐洲人的描述中可以清楚地看出，城市周圍有Chinese養豬戶，市場上也有各種Chinese工匠。[78]還有幾個Chinese戲班，因為Chinese戲劇非常受泰國政府歡迎，戲班甚至受僱於Phaulkon和其他西方人。[79]大城最受尊敬的醫生都來自China，其中國王的主治醫生也是Chinese。[80]而甚至在法國傳教士決定將他們的工作重點放在當地Chinese和交趾支那人之前，這座城市已有一些Chinese基督徒移民。[81]

也不乏士大夫階級的Chinese。一六一二年，凡·年羅德[82]提到兩名岳昆（Okkhun）級的Chinese，他們到北大年為國王辦事，而如上文所述，凡·弗列[83]說一些Chinese「被任命擔任高官要位」。在一六三八年寫給奧倫治（Orange）親王的信中，巴塞通王寫道：

Chinese 國王和大城國王在過去經常互送金葉書以鞏固友誼，但由於 Chinese 國王缺乏有經驗的翻譯員，無法表達他的心意，他派遣了四名博學之士前往暹羅，作為暹羅王室的永久僕人。從那時起，這些書信都得到完整的翻譯，成為了維繫這一持久友誼的最有效方法。[84]

並不知道這些學者是否永久留在暹羅，不過，在該世紀末期，巴魯（Francois Pallu）[85]提到他在大城發現了一位 Chinese，除了會說福建話和他的母語廣東話外，他還會說普通話（China 北方的宮廷語言），而福爾賓（Comte de Forbin）[86]則提到他曾與「幾位學問淵博的 Chinese」交談過。據推測，管理大城 Chinese 社區的大多數 Chinese 官員也都是受過教育的。泰國宮廷也有 Chinese 官員。一六七八年撰寫的一份關於暹羅貿易的報告[87]描述了一位「高素質」的 Chinese Phra Siwipot，他是國王的首席海事官員。一六八五年，戴·梭亞只（De Choisy）[88]提到在他離開暹羅時，國王派了兩名「Chinese 官員」來履行某些職責，坎弗爾（Kaempfer）在一六九〇年至一六九二年期間訪問大城時發現[89]，披耶·勇瑪叻（Phraya Yommarat）作為大法官和暹羅王國七大官員之一，是一名「博學的 Chinese」。在滿清勝利後逃往暹羅的 Chinese 中，很可能有很多明朝的士大夫。十七世紀晚期的作者所描述的泰國政府中的 Chinese 官員很可能就是來自這個群體。

由此可見，十七世紀大城的Chinese社區不僅包括商人和貿易商，還有士大夫、醫生、工匠、戲劇演員和養豬戶。南方Chinese幾乎總是將蔬菜種植與養豬結合經營，因此菜農也可能包括在內。至於是否有體力勞動者則不得而知。至於語言群體方面，十七世紀的資料只明確提到來自福建南部和廣東港口的Chinese，即福建人和廣東人。如上所述，潮州人很可能當時已定居在暹羅東南部。

第三節 十八世紀至大城王朝的沒落

在十八世紀的大部分時間裡，政府限制性和懲罰性法令阻礙了Chinese參與暹羅貿易和向暹羅移民。一六九〇年Chinese政府頒布的對外貿易條例相當溫和，「凡內地人（即Chinese）誤入外國，欲乘船回國者，可准其回國」。但是，他們仍然禁止在China進行貿易的外國商船載運Chinese旅客回國。[90]隨後，一七一二年的詔書明令禁止與南洋貿易，並宣布Chinese政府「將要求外國政府將在國外的Chinese遣返，以便將其處死。」[91]一七〇八年至一七二二年期間，兩國之間沒有任何正式交往的記錄，因此不可能向暹羅人提出過這樣的請求。康熙不看好南洋貿易，因為南洋貿易必然促進了Chinese殖民地成為反清份子的溫床，其中反清份子（難民及其教誨下的後代）會組成秘密會社，目的是恢復明朝。特別是在暹羅和安南，有上千名Chinese沒有放棄過反清思想。[92]

一七一七年，康熙開始實施一項新政策，旨在吸引海外Chinese回國。所有Chinese都被邀請回國，在他就位之前（即五十六年前）出國的Chinese被明確赦免。[93]在該世紀餘下的時間裡，各項法令反覆無常，有的利誘，有的懲罰。一七二九年，雍正「認為在國外經商的人通常都是不受歡迎的人，如果允許他們自由出入，他們的人數很可能會逐年增加」，因此下令「必須確定他們的回國日期，過期則不得回國。」[94]在隨後的二十年裡，曾規定了期限，然後又加以延期，也曾勸誘某些移民群體回國，以及作出了具體的威脅，並對某些歸國Chinese作出特殊處理，但儘管如此，在整個十八世紀的第二個二十五年中，「內地（即China）商人的海外流動仍如雨後春筍般不斷增加。」[95]一七五四年，福建巡撫提出了一個特別有吸引力的建議。他在奏折獲得政府批准後發出通知，允許所有在外國從事貿易的「優秀」Chinese臣民回國，條件是「他們不能在允許的時間內回國的真正原因是無法結清賬目。」他向這些海外Chinese保證，不允許原籍官吏以其過去不在家鄉為借口，勒索他們可能帶來的錢財，也允許他們攜帶外國妻子和子女回國。[96]

從十八世紀上半葉的清朝法令中，可以得出幾個與此相關的結論。第一，政府並不想停止與南洋貿易：一、因為這種貿易與朝貢體系緊密相連；二、因為政府需要某些南洋產品；三、因為south Chinese商人向廣東和福建官員施壓和行賄，以維持這種貿易。第二，清廷意識到海外僑民的反清活動對其安全構成威脅。第三，政府無力阻止越來越多的Chinese逃往南洋。第四，政府希望Chinese回國，卻受到貪婪官員的阻撓，因為他們曾根據那些限制性法律向回國者勒索錢財。滿清政府的目標是自相矛盾的，他們既在朝貢體系內擴大與南洋的貿易，但又不允許Chinese長期居住在海外。

暹羅是最有趣的例子之一。康熙在位末期，泰沙王（King Thaisa）的第一個使團報告說，暹羅的稻米又多又便宜，這引起了康熙的興趣，特別是考慮到China南方經常發生饑荒，因此於一七二二年下諭給大學士說：

暹羅人說，他們那裡盛產稻米，兩、三盎司銀子就能買一石稻米。我們已下令將大米運往福建和其他地方。這對那些地方非常有利。這三十萬石是以官方目的運輸的，不必徵稅。[97]

暹羅的泰沙王對這個新市場表示歡迎；物資繼續運送，並於一七二四年派遣一支朝貢使團到北京朝見雍正。然而，泰國朝貢船上的九十六名海員原本是Chinese，他們必須獲皇帝許可才不會被拘留在China。皇帝的詔書明確讚揚了泰國使節的服從，並允許Chinese水手「離開他們的家鄉，以顯示我們的寬宏大量。」[98]一七二九年再次派遣使團時，皇帝下詔「減免……貢品……，以示我們對遠方諸侯的仁慈……在貢品中，以下物品可以免除：刺香、安息香和平紋細布。」[99]幾十年來，兩國關係持續密切；暹羅派遣使團進貢，貿易繁榮。根據乾隆頒布的特別關稅限制[100]，大米定期運往福建。一七四七年，福建巡撫向皇帝上奏，指出福建商人到暹羅購買大米時，發現木材非常便宜，建議允許商人在暹羅造船，用船運回木材。該建議被採納。一七五一年，皇帝再次採納閩浙總督的建議下令，對於前往暹羅購買超過二千石大米的商人，獎勵以官服和官帽。[101]

因此，那些認為海外貿易「不受歡迎」，並下令將「偷偷出海貿易者」[102]斬首示眾的皇帝們，卻迫於形勢，對暹羅採取了增加和支持海外Chinese在那裡永久定居的政策，並獎勵在那裡進行貿易的Chinese。

從泰沙王統治到大城王朝末期的五十八年間（即一七一〇年至一七六七年），共記錄了十批暹羅朝貢使團，[103]造成每十年一點七次的較高頻率。然而，在此期間，Chinese

的私人貿易與泰國國王的國營貿易繼續增加。十八世紀期間，由泰國國王或Chinese私人商人擁有的船隊（均由Chinese駕駛）越來越龐大，專門從事對China貿易。[104]此外，與暹羅半島各邦的貿易也不斷擴大。一七四七年的一本Chinese著作[105]指出，自一七二九年放鬆禁運以來，福建與北大年和宋卡之間的貿易持續發展。在一七一〇年之前，朝貢與Chinese私人貿易之間存在著反比關係，但在一七一〇年至一八五五年期間，當時皇家國營貿易和朝貢使團已告結束，這種反比關係並不存在。這種關係發生變化的根本原因，在於暹羅和China就對方國家商品的需求迅速擴大，因此兩國之間的貿易量不斷增加，無論是國營貿易商還是私營貿易商都無法單獨承擔。由於歐洲人在這一時期大多被排除在暹羅貿易之外，因此貿易的增長主要由Chinese和泰國人承擔。為了滿足需求，這一貿易的所有領域，私營和國營以及朝貢體系內外都在穩步擴張。Chinese商人和航運商在暹羅的總體地位隨之提高，這不僅私人貿易增加，還因為他們在皇家貿易企業中被廣泛僱用。

由於缺乏資料，無法對十八世紀暹羅的Chinese社會進行全面的描述。據了解，一六八八年革命後，南暹羅的Chinese錫礦工人受到阻礙，他們的人數也因馬來海盜的出沒而減少。[106]十八世紀初，哈密敦上校（Captain Hamilton）訪問普吉島時，他報告說該島的總督「一般都是Chinese，他們向暹羅宮廷買下官職，並壓迫人民以補償自己的損失……」[107]到一七七九年，情況已經大為改善，當時另一位訪客柯尼博士（Dr. Koenig）發現島上有許多Chinese錫礦工人在自行冶煉，還有Chinese商人居住在繁榮的Tharuea港口。[108]

一七三三年，發生了自一六六三年反荷蘭人暴動以來的第一次Chinese暴亂。當時，國王波隆閣（Baromakot）剛剛登基，在此之前，他與另一位爭位者的僚屬爆發了數天異常激烈的戰鬥。由於某些未知原因，三百名Chinese襲擊了新國王的宮殿，他們被擊潰了，其中四十人被抓獲並處決。[109]這些Chinese可能是被爭奪皇位失敗的黨羽所煽動。

一七三〇年完成的一部China地理著作表明，Chinese在暹羅的總體地位至少與上個世紀一樣優越：「暹羅人尊敬China，他們僱用Chinese擔任官員、行政人員、財政和稅務總管。」[110]據了解，自一六八八年革命後到大城王朝末期，Chinese在首都的地位變化不大。在十八世紀的第個二十五年間，城內的Chinese區仍位於城市的東南角。我們從蒙固王（Mongkut）那裡得知，在大城王朝結束前，他曾祖父的新娘——大城最富有Chinese家庭之一的美麗女兒——就是來自該Chinese區。[111]

一七六六年緬甸人圍攻首都期間，Chinese 所扮演的角色也證明了他們的數量和重要性。在保護基督教堂的奮戰中，儘管他們失敗了，但曾發揮過相當大的作用，他們與葡萄牙人和荷蘭人一起英勇地保衛了荷蘭區。社賓（M. Turpin）稱，有六千名 Chinese 被任命保衛城墻外東南方的區域（包括荷蘭工廠），而他們獲得了一萬英鎊作為特別酬勞。[112] 雖然大城在一七六七年被緬甸人攻佔時遭到了徹底洗劫，但直到今天，該城的 Chinese 仍然居住在運河沿岸，即十七世紀和十八世紀的 China 街、荷蘭區以及古城近郊的 Chinese 營地。[113]

第四節　達信王時代和卻克里朝初期的 Chinese 情況

隨著大城落入緬甸人之手，暹羅的未來以及暹羅 Chinese 的地位都取決於披耶達信（Phraya Tak）這位傑出的人物，人們通常稱他為達信，出生於一七三四年，父親是 Chinese，母親是泰國人。他的父親是從原籍潮洲澄海縣華富里遷移到大城的，因此他是潮州人。他的父親姓鄭，他早期的名字是達和海豐，但他在暹羅的名字是鏞。他是何時移居到大城已不得而知，但他在大城發展得很好，並最終在大城擁有了賭場的承包權，因此他被賜爵為坤拍。[114]鄭鏞娶了一位名叫洛央的泰國女子，洛央是未來國王的母親。[115]他們家就住在一位泰國貴族的住宅對面，這位貴族最終收養了他。[116]孩子的泰文名字叫信（意指「富裕」），作為貴族的兒子被撫養長大，並在青少年時期被引入宮廷，成為皇家侍衛。在宮中，他有機會學習 Chinese、馬來語和安南語。一七六四年，年僅三十歲的他被任命為達府（Rahaeng）總督。就在緬甸入侵之前，他被提拔為更重要的甘烹碧府總督，但他從未擔任過這一職務，因為他被要求幫助大城抵禦緬甸人的入侵。披耶達或昭達這個名字當然是他擔任達府總督時的官銜，而泰國歷史學家經常使用的名字達信則意指「那個姓信的達府總督。」

這裡不詳述達信如何帶著追隨者逃到暹羅東南部——順帶一提，那裡是暹羅潮州 Chinese 的主要聚居地——他們在那裡團結對抗緬甸人，並在大城果斷擊敗緬甸人，其後達信被擁立為國王，最終將整個國家置於他的控制之下。不過，重要的是，這位精通泰語和 Chinese 的 Chinese 後裔統治暹羅超過十四年（一七六七年至一七八二年）。[117]達信將首都建在位於湄南河西岸的吞武里府，也就是今天的曼谷市區。

Chinese 是否在一七六七年前就在曼谷地區定居已不得而知，但很有可能早在十七世紀上半葉就有Chinese在此定居。[118]無論如何，在達信統治時期，河東岸以柴珍為中心，靠近目前皇宮所在地，逐漸形成了一個為首都服務的大型Chinese定居點和市場。在達信統治時期，Chinese的增加和繁榮也許是理所當然的。一七七〇年，根據目擊者對達信統治最初幾年的描述，[119]杜賓寫道：「從其商業範圍和享有的特權來看，Chinese民族是數量最多、最繁榮的。」克羅福（John Crawfurd）是達信統治後第一批訪問暹羅的歐洲人之一，寫道：

正是由於他（達信）對同胞給予了極大的鼓勵，才吸引了如此多的Chinese來到這個國家定居。Chinese人口的大量湧入，幾乎是數百年來王國發生的唯一重大實質性變化。[120]

同樣自然的是，達信特別照顧自己的語言群體，即潮州人。在他統治期間，他們被稱為「皇家華人」。[121]毫無疑問，達信的政策吸引了許多潮州人來到曼谷，如今他們在曼谷仍佔多數。

據當時在暹羅的一位法國天主教傳教士說，緬甸人洗劫大城府，暹羅經濟是全靠當地Chinese才得以迅速恢復。[122]在一七六八至一七六九年間，大城的Chinese在廢墟中仔細搜尋，從瓦礫和佛塔內部找回了無數的珍寶。

Chinese 讓金銀在暹羅流通，這個王國的迅速恢復要歸功於 Chinese 的勤勞。若非 Chinese 如此勤奮，今天的暹羅既不會有白銀，也不會有金錢。

達信王在位初期，促成了泰國歷史上最傑出的 Chinese 家族之一在暹羅南部長期為政府服務。[123]該家族的創始人是吳陽，是來自漳洲西興村的福建人。一七五〇年，三十四歲的他從福建乘船來到宋卡，在宋卡及其周邊地區從事蔬菜種植和捕魚工作，於一七五八年，他與來自高頭廊（Phatthalung）的泰國女子結婚，十年間為他生了五個兒子。一七六九年，達信王遠征那空是貪瑪叻和宋卡，以加強管理並鞏固其在南部的影響力。當時，吳陽向達信王詳細報告了自己的財產和家庭情況，並將自己的所有財產和五十箱煙草都獻給了國王。達信王隨即任命吳陽為兩個近海島嶼的燕窩稅務官，並賜爵為「鑾」，並把他的兒子吳文耀接回吞武里擔任王室侍衛。吳陽是一個誠實、高效和成功的稅農，每年定期向首都上繳稅款。一七七五年，當吳在吞武里繳納年度稅款時，國王為了獎勵他的忠誠和能力，任命他為宋卡太守。在一七八二年的王朝易代中，吳與拉瑪一世的兄弟建立了友好關係，從而幸免於難，他一直擔任宋卡太守，直到一七八四年去世。

吳陽的長子吳文輝在父親去世後不久前往曼谷覲見國王，並被任命以同樣的頭銜繼承吳陽的職位。一七八六年至一七八八年，吳文輝在對緬甸入侵者和馬來叛軍的戰役中大顯身手，之後他被晉升為「披耶」，他的三個兄弟也被賜爵為「佛」。一七九一年，在吳文輝與那空是貪瑪叻太守的爭論中，拉瑪一世站在了吳文輝一邊，使宋卡脫離那空是貪瑪叻的管轄，並使其成為一個一級地區城市，管轄著北大年、柿武里和丁加奴。與此同時，為了表彰吳文輝在文治武功方面的卓越表現，他的官階再次得到提升，被授予最高官職「昭披耶」。吳文輝是吳氏家族九位宋卡太守中的第二位，他對暹羅南部Chinese的歷史產生了巨大影響。

一七六九年，達信王對暹羅南部的鞏固問題十分關注，因為在這一年，Sino緬戰爭結束了，緬甸人重新開始了對暹羅的一系列進攻。一七七五年，達信向Chinese的乾隆皇帝請求供給硫磺和大炮，並表示願意協助China進攻緬甸。廣東總督的答覆傲慢而堅決，對達信來說是一種挑戰：

「您的來信……已收到。它顯示了你的謹慎和恭順。至於武器（大炮）的請求，先前已經拒絕了。目前……你可以像以前一樣購買硫磺和鐵鍋（指研缽）。至於你建議協助攻打緬甸，你的話我已經聽到了。但天朝統治著整個世界，其中所有國家都是一家人。

帝國富強，軍隊強大。我們的力量達到了頂峰⋯⋯緬甸酋長頑固愚昧，背靠大山。他們願意被文明存在所拋棄。這確實是天地所不能容忍的⋯⋯。也許一、兩年後，當士兵們稍作休息，就會組成一支大軍，一舉將緬甸夷為平地⋯⋯。這就像折斷腐木一樣。我們還需要大洋彼岸子彈大小的國家來幫助我們嗎？如果你們想為前主人報仇，想與鄰國結盟⋯⋯以徹底消滅花肚人（指緬甸人），你們可以這樣做。當你的願望得到滿足時，你將報告事實真相，我們將為你轉呈皇帝。⋯⋯他一定會看到你的忠誠和誠意，並給予應有的認可。至於 China 是否攻打緬甸，這是天朝的決定，並不屬於守土大臣的職權範圍，也不是你們應該過問的。」[124]

一七七七年，達信終於獲准派使團前往北京朝貢，但直到一七八一年與緬甸和柬埔寨的戰爭結束後，他的暹羅國王身份才得到完全承認。[125]這一年，他派出的使節送出達信引以為豪的報告：

我們已收復了緬甸強盜之前侵佔我們的土地，為自己報了仇。由於沒有王位繼承人，大臣們推舉我為首領。在此，我謹遵照先例朝貢。[126]

這一奏本得到了令人欣慰的回覆：「我們認為，您作為貴國元首，派遣使節遠渡重洋，可見你是真誠和忠誠的。」北京方面把達信記載為鄭昭。[127]

達信王在位的最後幾年明顯精神失常，並在一七八二年三月的叛亂中被廢黜，叛亂最後階段的領袖是佛爺訕加富里（Phraya Sankhaburi）。訕加富里的王室野心因其自身的無能，和昭佛爺卻克里將軍（Chao Phya Chakkri）（於四月抵達吞武里）的聲望而落空。佛爺卻克里將軍很快宣布稱王，他的黨派下令處死達信、佛爺訕加富里和他們的追隨者。昭佛爺卻克里——後世以其部分謚號「躍發」（Yotfa）或拉瑪一世（Rama I）而聞名——是當今卻克里王朝的建立者。他在曼谷建立了新首都，與達信皇宮隔河相望，即一七七〇年代發展起來的 Chinese 港口和貿易中心的原址。Chinese 市場被搬到了皇城東南門外的越三聘區。[128]這個新落成的市場被稱為三聘街（Sampheng），如今該區仍是曼谷的 Chinese 區。因此，這座注定要發展成為暹羅有史以來最大都會的新首都，從一開始就帶有濃厚的 Chinese 元素。

據 Chinese 史籍記載，一七八二年暹羅曾向 China 朝貢。該使團可能是由佛爺訕加富里在其短暫執政期間——三月和四月——派遣的。不過，鑒於暹羅使團通常是在夏季西南季候風期間派出的，因此這很有可能是拉瑪一世派出的使團，在這種情況下，他向皇帝的匯報異常迅速。可是答覆很冷淡，新國王被指示要提出詳細報告和呈送申請冊封的正式請求書。[129] 一七八四年，拉瑪一世再次派出使臣，這次附上了一份請封奏表，並請求購買兩千面銅盾，用於抵禦緬甸人。[130] 這一令人震驚的要求，因為清朝律例明令禁止外國人購買銅器[131]，顯然讓乾隆再三考慮，直到一七八六年，拉瑪一世再次派出朝貢使團時，新國王才得到冊封。

令人驚訝的是，拉瑪一世是以一個地道的中國名字「鄭華」和鄭昭（達信）之子的身份被冊封的。一七八六年給暹羅的諭旨中寫道：「我們看到，暹羅的現任元首繼承了他父親的財產和志向。他派遣使節前來朝貢，其誠意值得稱讚。」[132] 這可能是拉瑪一世在奏本中撒了謊，也可能是譯者將「兒子」錯誤譯成了「女婿」。根據鄭哲南（Cheng Tze-nan）的說法，[133] 鄭華這個名字是拉瑪一世與達信的女兒結婚時起的。而謝猶榮[134] 則認為鄭華是 Jaofa（指「世子」）的錯誤音譯。無論如何，只要暹羅朝貢，卻克里朝諸王都被北京記載為與鄭昭同姓的[135]。

前兩任卻克里朝國王，將國家貿易和皇家壟斷發展到前所未有的程度。為了提高暹羅的出口產量，並為皇家船舶提供船員，他們鼓勵 Chinese 移民。甚至國王們的船隻也會帶回 Chinese 旅客，這直接違反了滿清的朝貢和貿易法規。[136] 芬萊遜（Finlayson）在一八二二年撰文指出，由於國王及其大臣希望增加國家的生產力，「Chinese 移民受到了……前所未有的鼓勵。」[137]由此我們可以推斷，從達信王統治時期開始的 Chinese 移民上升趨勢一直持續到十九世紀。

從一七八二年卻克里朝初期，到一八五四年暹羅王室國營貿易的最後一年，暹羅共向 China 派遣了三十五個朝貢使團，平均每十年四點九個，創歷史新高。如此頻繁的貢使顯然是出於商業動機。[138]在發展國家貿易的過程中，第一代卻克里諸王充分利用了朝貢體系的商業可能性。拉瑪一世在位期間一直有效的乾隆版《大清律例》（一七五四年）包含以下條款：暹羅通常每三年經由廣州派遣使團。船隊可包含多達三艘船，每艘船最多可容納一百人，可免稅運入 China 的商品數量不受限制。這些商品可以賣給廣東的商行，也可以運到首都，在貢使館銷售。使團可以在 China 購買任何想要的東西，但可能削弱帝國防禦的物品除外，如武器、銅、硝石和歷史著作。此外，來自「海外諸國」的「蠻夷商人」每年夏天都可以來廣州貿易。[139]

當拉瑪一世利用最後一條規定時，他利用了曼谷的 Chinese 商人，在他統治末期，他被告知，如果他想與 China 進行貿易，他必須派出經過認證的暹羅代理人作為貨物管理員，[140]而不是 Chinese 商人。早期卻克里諸王遇到的主要困難是他們過於頻繁和奢侈地進貢。[141]暹羅的情況清楚地證明了費正清和鄧嗣禹的以下結論：

> 如果……我們的建議是正確的，即十九世紀初，為了促進東亞地區的全面貿易，使節往來日益頻繁，那麼，朝貢體系確實已變得腐敗，成為朝貢者及 Chinese 商人圖利的工具。[142]

一八五三年，蒙固王（Mongkut，即拉瑪四世）為感謝清朝皇帝的冊封，派出了最後一次朝貢使團。一八五五年，國家貿易被廢除，國家現代化進程開始；暹羅的朝貢任務被取消。

由於泰國王室中經常出現 Chinese 血統的神秘說法，在考慮十九世紀卻克里王統治下的 Chinese 社會發展前，不妨先說明一下這種混血說法是何時以及如何發生的。在蒙固王優美的英語著作裡，拉瑪一世的父親「在大城東南角城牆內的 Chinese 區或地方，與一個 Chinese 最富有家族的美麗女兒結婚。」[143]如果這個女人就是拉瑪一世的母親，那麼這個王朝的建立者就有一半 Chinese 血統。大多數 Chinese 資料都說拉瑪一世是達信的女婿，而一些泰國學者則認為正好相反，即達信娶了拉瑪一世的女兒。[144]但是，由於兩位國王都有龐大的後宮，而且不使用姓氏，要證明或反駁這兩種說法都是一項艱巨的任務。儘管拉瑪一世無疑有不止一位具有 Chinese 血統的妃子，但這裡姑且假設拉瑪二世的母親是「純泰國人」。在這種情況下，拉瑪二世有四分之一的 Chinese 血統，而拉瑪三世則有八分之一的Chinese血統。然而，拉瑪四世是拉瑪二世和蘇麗燕皇后的兒子，[145]而蘇麗燕皇后本身是拉瑪一世的妹妹和一位Chinese富翁所生的女兒。因此，由於蒙固王（拉瑪四世）的母親有四分之三的Chinese血統，父親有四分之一的Chinese血統，蒙固王（拉瑪四世）肯定有一半的Chinese血統。拉瑪五世是拉瑪四世與拉瑪二世的孫女所生的兒子，而拉瑪二世的孫女至少有十六分之一的Chinese血統，因此朱拉隆功王（拉瑪五世）有超過四分之一的Chinese血統。

正如麥克唐納所指出，[146]受封爵的Chinese常把女兒獻給國王作為侍女和嬪妃。其中有一名受封爵的Chinese女兒被蒙固王娶為妻子，後來又升為皇后。她生下了騷娃帕（Saowapa）公主，後來成為拉瑪五世的皇后之一，也是拉瑪六世和拉瑪七世的母親。[147]因此結論是，瓦奇拉烏地（Wachirawut，即拉瑪六世）和巴差提朴（Prachathpok，即拉瑪七世）都有一半以上的Chinese血統。

因此，僅從已知的Chinese混血情況來看，卻克里皇朝從一開始就存在著廣泛的Chinese血統，這種血統經過不斷加強，一直延續到二十世紀。這一事實的社會重要性在於國王們知道及承認事情的真相。

1 Jean Poujade, Les Jonques des Chinois du Siam (Paris: Gauthier Villars, 1946), p. 1678.

2 Hans Mosolff, Die Chinesische Auswanderung (Rostock: Carl Hinstorffs, 1932), p. 331; Wilhelm Credner, Siam, das Land der Tai (Stuttgart, J. Engelhorns, 1935), p. 360; Karl Helbig, Am Rande des Pazifik, Studien zur Landes und Kultur-Kunde Sudostasiens (Stuttgart: Kohlhammer, 1949), p. 163.

3 Lawrence Palmer Briggs, "The Ancient Khmer Empire" , Transactions of the American Philosophical Society, n. s. 41 (February 1951): 247.

4 W. A Graham, Siam, Vol. 2 (London: Alexander Moring, 1924), p. 92.

5 Williain Nunn, "Some Notes upon the Development of the Commerce of Siam", Journal of the Siam Society, No. 15 (1922): 80.

6 "Mining", Siam, Nature and Industry (Bangkok: Department of Commercial Intelligence, 1930): 107.

7 Wilhelm Credner, Siam, das Land der Tai (Stuttgart: J. Engelhorns, 1935), p. 360; Karl Helbig, Am Rande des Pazifik, Studien zur Landes und Kultur-Kunde Sudostasiens (Stuttgart: Kohlhammer, 1949), p. 163.

8 W. A. Graham, Siam, Vol 1 (London: Alexander Moring, 1924), p. 27.

9 G. E. Gerini, "Historical Retrospect of Junkceylon Island", Journal of the Siam Society, (1905); W. L. Blythe, "Historical Sketch of Chinese Labour in Malaya", Journal of the Royal Asiatic Society, Malayan Branch, No. 20 (June 1947): 65.

10 Hsieh Yu-jung, Siam Gazetteer (Bangkok: Nan-hai t'ung-hsün-she, 1949), p. 45.

11 這些十三世紀晚期使節的精確日期和其組成是值得商榷的。《泰北紀年》指出，蘭甘亨大帝曾於一二九四年和一二九九至一三〇〇年前往 China，但元史卻沒有提到暹羅王曾覲見元帝。也有人認為蘭甘亨大帝只到過廣東，但布里格斯並不相信任何關於暹羅王去過 China 的版本。詳見 Lawrence Palmer Briggs, "The Ancient Khmer Empire", Transactions of the American Philosophical Society, n. s. 41 (February 1951): 242; Hsieh Yu-jung, Siam Gazetteer, pp. 45-46; Kenneth P. Landon, The Chinese in Thailand (New York: Institute of Pacific Relations, 1941), p. 4.

12 Hsieh Yu-jung, Siam Gazetteer, 1949, pp. 45-46.

13 See Chong Su, The Foreign Trade of China (New York: Columbia University, Longmans, Green &. Co., 1919), p. 36.

14 然而，靈隆親王將羅斛等同於大城王國的前身烏銅國，而非 Louvo。見 Hsieh Yu-jung, Siam Gazetteer, 1949, pp. 45-47. 羅斛曾於一二八九年派遣一次貢使到北京。

15 暹王波隆摩羅一世 (Baromarat I，1370-1388 年) 就是這樣被明朝第一位皇帝賜封的。見 Hsieh Yu-jung, Siam Gazetteer, 1949, p. 275.

16 第二次航海（可能是一四〇七至一四〇九年）明顯延伸至暹羅，雖然沒有提到大城的名字，但馬歡的《瀛涯勝覽》中對接近「該國」的地理描述讓人毫不懷疑目的地就是大城。一四一二年，朝廷派遣太監洪保出使暹羅，推測是為了引領泰國國王之子返回大城。費信將暹羅列為他親自訪問過的國家之一，他可能是在一四一二至一四一四年或一四一五至一四一八年往返孟加拉的途中停留暹羅。大城在鄭和第六次航海（一四二一至一四二二年）回程時，派遣了使節隨他們一同前往 China，因此暹羅可能是鄭和在該次航海中親自訪問過的國家之一。在一四三三年第七次航海回程時，探險隊在暹羅灣的某個港口停留了一兩天。見 J. J. L Duyvendak, "The True Dates of the Chinese Maritime Expedition in the Early 15th century", T'oung Pao, No. 34-35 (1939): 363~366, 374, 386; Ch'en Yü-T'ai, "Cheng ho t'ung- shih t'ai-kuo k'ao", T'ai-kuo ~chiu, Vol. I (Bangkok, 1940): 57-58.

17 關於馬歡的《瀛涯勝覽》和費信的《星槎勝覽》兩節的有關引文，見 Hsieh Yu-jung, Siam Gazetteer, 1949, p. 275.

18 Lukjin, 意譯為「Chinese 的後代」。

19 「海語」，一五三七，相應引文引自 Hsieh Yu-jung, Siam Gazetteer, 1949, p. 275。必須指出，泰人是到二十世紀初期才採用姓氏的。

20 Charles Nelson Spinks, "Siam and the Pottery Trade of Asia", Journal of the Siam Society, No. 44 (1956) : 66~71. 為了解釋素可泰與宋膠洛的器皿之間的顯著差異，史品克斯假設了兩個不同的 Chinese 陶匠公司的遷移：一個在一三〇〇年左右從北京南部的蘇州移到素可泰，另一個則在五十年後從浙江的龍泉移到宋膠洛。

21 Reginald S. Le May, "A Visit to Sawankalok", Journal of the Siam Society, No. 19 (1925).

22 Hsieh Yu-jung, Siam Gazetteer, 1949, p. 275.

23 Hsieh Yu-jung, Siam Gazetteer, 1949, pp. 48.

24 Hsieh Yu-jung, Siam Gazetteer, 1949, pp. 49.

25 郁永河，《海上紀略》。Hsu Yün-ch'iao, Pei-ta-nien shih （Singapore: Nan-yang Book Company, 1946），p. 118。其他一些十七世紀的資料提到林道乾在東南海域的一個島嶼或渤泥（汶萊）稱王。但由於在 Chinese 文獻中，渤泥與大年被嚴重混淆，這些資料並沒有提供判定林道乾去了北大年以外的地方的依據，尤其是考慮到北大年民間傳說中林道乾的踪跡。Hsu Yün-ch'iao, Pei-ta-nien shih, pp. 111-120 詳細討論了這個問題。

26 該引文見於《明史》卷三二五《渤泥傳》，但據許雲樵先生（Hsü Yün-ch'iao）意見，很可能就是北大年。

27 Hsü Yün-ch'iao, Pei-ta-nien shih, 1946, p. 120.

28 有一種潮州傳說，說林道乾前往大城，娶大城王之女為妻，但此說不足為憑，見 Hsü Yün-ch'iao, Pei-ta-nien shih, 1946, p. 118.

29 Hsü Yün-ch'iao, Pei-ta-nien shih, 1946, p. 121-122.

30 貢使次數乃根據謝猶榮（Hsieh Yu-jung）從閱讀《明史》（廿四史）和《清朝文獻通考》得來的，見 Hsieh Yu-jung, Siam Gazetteer, 1949, pp. 46~50.

31 John K. Fairbank and S. Y. Teng, "On the Ch'ing Tributary System", Harvard Journal of Asiatic Studies, No. 6 (June 1941): 204.

32 Hsieh Yu-jung, Siam Gazetteer,1949, p. 49.

33 W. A. R. Wood, A History of Siam (London: Fisher Unwin, 1926), p. 97.

34 Joaquim de Campos, "Early Portuguese Accounts of Thailand", Journal of the Siam Society, No. 32 (September 1940): 22~25. 十六世紀時，葡萄牙人是 Chinese 商人的主要競爭對手。據說在十六世紀中葉，大城約有三百葡萄牙人。然而，他們的帆船將暹羅貨物運往南部和西部的那坤是貪瑪叻、北大年和馬六甲，而不是運往東部的 China。

35 Hsü Yün-ch'iao, Pei-ta-nien shih, p. 107.

36 Hsü Yün-ch'iao, Pei-ta-nien shih, p. 110.

37 John Anderson, English Intercourse With Siam in the Seventeenth Century (London: Kegan Paul, Trench, Trübner and Co., 1890), p. 80. 關於一六〇〇至一六〇五年 Chinese 在北大年及其附近的詳細記載參閱 A. Hale, The Adventures of John Smith in Malaya, 1600-1605 (Leyden, E. J. Brill, 1909), pp.197, 205, 207.

38 「東西洋考」，一六一七，見 Hsieh Yu-jung, Siam Gazetteer, 1949, p. 275. 引文。

39 Francis H. Giles, "A Critical Analysis of Van Vliet's Historical Account of Siam in the 17 Century", Journal of the Siam Society, No. 30 (1938): 277.

40 John Anderson, English Intercourse With Siam in the Seventeenth Century (London, Kegan Paul, Trench, Trübner and Co., 1890), p. 80.

41 Jeremias van Vliet, "Description of the kingdom of Siam", translated by L. F. von Ravenswaay. Journal of the Siam Society, No. 7 (1638) : 93.

42 見《東西洋考》卷之二，第二十頁。譯者注。

43 Francis H. Giles, "A Critical Analysis of Van Vliet's Historical Account of Siam in the 17 Century", Journal of the Siam Society, No. 30 (1938) : 175.

44 Jeremias van Vliet, "Description of the kingdom of Siam", translated by L. F. von Ravenswaay. Journal of the Siam Society, No. 7 (1910) : 51. 早期葡萄牙和荷蘭商人的 Chincheu、Chincheo 或偶爾的漳州人，已被 Boxer 證明在大多數情況下是指廈門灣地區，只是偶爾指漳州或泉州作為特定港口。無論如何，Chincheu 指定了福建南部福建話沿海地區的貿易區。見 C. R Boxer, ed., South China in the Sixteenth Century, Hakluyt Society Publications, 2ds. No. CVL (London, Hakluyt Society, 1953).

45 Francis H. Giles, "A Critical Analysis of Van Vliet's Historical Account of Siam in the 17 Century", Journal of the Siam Society, No. 30 (1938): 281~303.

46 John Anderson, English Intercourse With Siam in the Seventeenth Century (London: Kegan Paul, Trench, Trübner and Co., 1890), p. 253.

47 Jeremias van Vliet, "Description of the kingdom of Siam", translated by L. F. von Ravenswaay. Journal of the Siam Society, No. 7 (1638): 68.

48 Jeremias van Vliet, "Description of the kingdom of Siam", translated by L. F. von Ravenswaay. Journal of the Siam Society, No. 7 (1638), pp. 90-93.

49 Jeremias van Vliet, "Description of the kingdom of Siam", translated by L. F. von Ravenswaay. Journal of the Siam Society, No. 7 (1638), pp. 92.

50 Francis H. Giles, "A Critical Analysis of Van Vliet's Historical Account of Siam in the 17 Century", Journal of the Siam Society, No. 30 (1938): 212~221, 304; William Nunn, "Some Notes upon the Development of the Commerce of Siam", Journal of the Siam Society, No. 15 (1922): 82~83.

51 Jeremias van Vliet, "Description of the kingdom of Siam", translated by L. F. von Ravenswaay. Journal of the Siam Society, No. 7 (1910): 51.

52 John Anderson, English Intercourse With Siam in the Seventeenth Century (London: Kegan Paul, Trench, Trübner and Co., 1890), pp. 42, 426.

53 Jeremias van Vliet, "Description of the kingdom of Siam", translated by L. F. von Ravenswaay. Journal of the Siam Society, No.7 (1910): 89,92.

54 Jeremias van Vliet, "Description of the kingdom of Siam", translated by L. F. von Ravenswaay. Journal of the Siam Society, No.7 (1910): 51.

55 E. W. Hutchinson, Adventures in Siam in the Seventeenth Century (London, Royal, Asiatic Society, 1940), p. 34.

56 Francis H. Giles, "A Critical Analysis of Van Vliet's Historical Account of Siam in the 17 Century", Journal of the Siam Society, No. 30 (1938): 323.

57 Francis H. Giles, "A Critical Analysis of Van Vliet's Historical Account of Siam in the 17 Century", Journal of the Siam Society, No. 30 (1938): 324.

58 Nicolas Gervaise, The Nature and Political History of the Kingdom of Siam, A. D. 1688, translated from the French by H. S. O'Neill (Bangkok, 1928), p. 29; Père Guy Tachard, Voyage de Siam des pères Jésuites envoyés par le Roy aux Indes et à la Chine (Paris: Daniel Horthemels, 1686), p. 365.

59 John Anderson, English Intercourse With Siam in the Seventeenth Century (London: Kegan Paul, Trench, Trübner and Co., 1890), p. 426 引文。

60 Nicolas Gervaise, The Nature and Political History of the Kingdom of Siam, A. D. 1688, translated from the French by H. S. O'Neill (Bangkok, 1928), p. 29; Père Guy Tachard, Voyage de Siam des pères Jésuites envoyés par le Roy aux Indes et à la Chine (Paris: Daniel Horthemels, 1686) p. 365. 華人貿易其他詳情見 John Anderson, English Intercourse With Siam in the Seventeenth Century (London, Kegan Paul, Trench, Trübner and Co., 1890), pp. 422-423.

61 E. W. Hutchinson, Adventures in Siam in the Seventeenth Century (London, Royal, Asiatic Society, 1940), p. 191; Virginia Thompson, Thailand, the New Siam (New York, Macmillan, 1941), p. 209.

62 Phra Sarasas, My Country Thailand (Tokyo, Maruzen, 1942), p. 49.

63 因篇幅關係，這些限制不加細述，請參閱 Harley F. MacNair, The Chinese Abroad, Their Position and Protection: A Study in International Law and Relations (Shanghai, Commercial Press, 1926), p. 3; Jeremias van Vliet, "Description of the kingdom of Siam", translated by L. F. von Ravenswaay. Journal of the Siam Society, No. 7 (1910): 51.

64 Pyau ling, "Causes of Chinese Emigration", Annals of the American Academy of Political and Social Science, No. 39 (1912), 79; Karl Helbig, Am Rande des Pazifik, Studien zur Landes und Kultur-kunde Sudostasiens (Stuttgart: Kohlhammer, 1949), p. 164. 據 Sun Fang Si, Die Entwicklung der Chinesischen Kolonisation in Südasien (Nan-yang) nach Chinesischen Quellen (Jena, 1931), p. 15. 所說，於一七三〇年完成的《海國聞見錄》稱：「滿清入關後，Chinese 多相率逃往暹」，但該作者未能指出此文出自何處。

65 歷次貢使日期乃根據下面兩文推算出來：Hsieh Yu-jung, Siam Gazetteer, pp. 50-52; John K Fairbank and S. Y. Teng, "On the Ch'ing Tributary System", Harvard Journal of Asiatic Studies, No.6 (June 1941), 193~194.

66 在這段時期，皇室安全與貢使頻率的關係難以評估，因為大多數在位的泰王都是篡位者，或是透過暴力和謀殺登上王位。因此，在位初期，大部分在位國王的王位都不穩，而在整個時期，大城王朝的合法性從未受到挑戰。因此，在這段期間，皇室的安全因素可被視為大致不變。

67 Simon de la Loubere, A New Historical Relation of the Kingdom of Siam, translated from the French by S. P. Gen. R. S. S., Vol. 1 (London, Theodore Horne, 1693), pp. 11, 112.

68 E. W. Hutchinson, Adventures in Siam in the Seventeenth Century (London, Royal, Asiatic Society, 1940), pp.12, 181.

69 例如：John Crawfurd, "Report to George Swinton, Esq. April 3, 1823", The Crawfurd Papers (Bangkok, Vajiranana National Library, 1915), 104; The Rev. Howard Malcom, Travels in South Eastern Asia, Embracing Hindustan, Malaya, Siam, and China, With Notices of Numerous Missionary Stations, and a Full Account of the Burman Empire, Vol. 1 (London, Charles Tilt, 1839), p.139; D. E. Malloch, Siam, Same General Remarks on Its Productions (Calcutta, Baptist Mission Press, 1852), p. 9; Friedrich Ratzel, Die Chinesische Auswanderung (Breslau: I. U. Kern's, 1876), p. 161; H. Gottwaldt, Die Uberseeische Auswanderung der Chinesen und ihre Einwirknug auf die weisse und gelbe Rasse (Bremen, 1903), p. 75; O. Frankfurter, "King Mongkut", Journal of the Siam Society, No. 1 (1904), 9; Hans Mosolff, Die Chinesische Auswanderung (Rostock, 1932), p. 331; Virginia Thompson, Thailand, the New Siam (New York, Macmillan, 1941), p.104; Hsieh Yu-jung, Siam Gazetteer, p. 279; Victor Purcell, The Chinese in Southeast Asia (London, Oxford University Press, 1951), p. 112.

70 十七世紀時，暹羅境內的主要 Chinese 聚居地包括大城、北欖坡、萬佛歲、北柳府、柴真（字面意思為「Chinese 碼頭」）、萬倫、那坤是貪瑪叻、宋卡、北大年和普吉島。儘管沒有具體的文件記錄，但 Chinese 很可能也曾在尖竹汶、曼谷、美功、佛丕、叻丕、猜耶、廊菅和董里定居。

71 Sun Fang Si, Die Entwicklung der Chinesischen Kolonisation in Südasien (Nan-yang) nach Chinesischen Quellen (Jena, 1931), p. 15. 該書中引自現代日本資料說，十七世紀的暹羅 Chinese 數為 140 萬人。此一荒唐數字可能是為了誇張其「很多」而採用的，也可能是一萬四千人之誤印。Simon de la Loubère, A New Historical Relation of the Kingdom of Siam, translated from the French by S. P. Gen. R. S. S., Vol. 1 (London, Theodore Home, 1693), p. 11. 該書估計暹羅當時總人口數為一百九十萬。Victor Purcell, The Chinese in Southeast Asia (London, Oxford University Press, 1951), p. 115. 該書中所說的是九十萬人。Captain H. Burney, The Burney Papers, Vol. 2 (Bangkok, Vajiranana National Library, 1826), p. 51. 該書卻指出，Loubère 的估計數可能包括某些馬來邦和老撾邦，即使按 Loubère 的數目接受，那麼 Chinese 將為一萬九千人，而佔總人口的百分之一了。

72 Alexandre, Chevalier de Chaumont, Relation de l'ambassade de Monsieur le Chevalier de Chaumont à la Gour du Roy (Amsterdam, Pierre Mortier, 1686), p. 109; E. W. Hutchinson, Adventures in Siam in the Seventeenth Century (London: Royal, Asiatic Society, 1940), p. 14; Francois T. albé de choisy, Journal du Voyage de Siam Fait en 1685 et 1686 (Paris: Chez Sebastien Mabre-Cramoisy, 1687), p. 217; Engelbert Kaempfer, The History of Japan, Together with a Description of the Kingdom of Siam, 1690-1692, translated by J. G. Scheuchzer, F. R S. First published as translated from the original manuscript in 1727 (Glasgow, James MacLehose and Sons, 1906), p. 42.

73 見下書中所附的地圖：Simon de la Loubere, A New Historical Relation of the Kingdom of Siam, translated from the French by S. P. Gen. R. S. S., Vol. 1 (London, Theodore Home, 1693); Engelbert Kaempfer, The History of Japan, Together with a Description of the Kingdom of Siam, 1690-1692, translated by J. G. Scheuchzer, F. R S., First published as translated from the original manuscript in 1727 (Glasgow, James MacLehose and Sons, 1906).

74 Alexandre, Chevalier de Chaumont, Relation de l'ambassade de Monsieur le Chevalier de Chaumont à la Cour du Roy (Amsterdam, Pierre Mortier, 1686), p. 190; Simon de la Loubère, A New Historical Relation of the Kingdom of Siam, translated from the French by S. P. Gen. R. S. S., Vol. 1 (London, Theodore Horne, 1693), p. 112 and map

75 Jeremias van Vliet, "Description of the kingdom of Siam", translated by L. F. von Ravenswaay, Journal of the Siam Society, No. 7 (1910): 66.

76 Simon de la Loubère, A New Historical Relation of the Kingdom of Siam, translated from the French by S. P. Gen. R. S. S., Vol. 1 (London, Theodore Horne, 1693), p. 112; Eldon R James, "Jurisdiction over Foreigners in Siam", American Journal of International Law, No. 16 (October 1922): 587.

77 Alexandre, Chevalier de Chaumont, Relation de l'ambassade de Monsieur le Chevalier de Chaumont à la Cour du Roy (Amsterdam, Pierre Mortier, 1686), p. 80.

78 Jeremias van Vliet, "Description of the kingdom of Siam", translated by L. F. von Ravenswaay, Journal of the Siam Society, No. 7 (1910): 103.

79 Francois T. albé de choisy, Journal du Voyage de Siam Fait en 1685 et 1686 (Paris: Chez Sebastien Mabre-Cramoisy, 1687), p. 241; Simon de la Loubere, A New Historical Relation of the Kingdom of Siam, translated from the French by S. P. Gen. R. S. S., Vol. 1 (London, Theodore Home, 1693), p.47.

80 Simon de la Loubere, A New Historical Relation of the Kingdom of Siam, translated from the French by S. P. Gen. R. S. S., Vol. 1 (London, Theodore Home, 1693), p.62.

81 Francois Pallu, Rela ti on abrégée des missions et des voyages des éveques français, envoyez aux royaumes de la Chine, Cochinchine, Tonquin et Siam (Paris, Denys Bechet, 1668), p. 121; John Anderson, English Intercourse With Siam in the Seventeenth Century (London: Kegan Paul, Trench, Trübner and Co., 1890), p. 228-229.

82 Letter quoted in Francis H. Giles, "A Critical Analysis of Van Vliet's Historical Account of Siam in the 17 Century", Journal of the Siam Society, No. 30 (1938): 276-277.

83 Jeremias van Vliet, "Description of the kingdom of Siam", translated by L. F. von Ravenswaay, Journal of the Siam Society, No. 7 (1910): 51.

84 Francis H. Giles, "A Critical Analysis of Van Vliet's Historical Account of Siam in the 17 Century", Journal of the Siam Society, No. 30 (1938): 316.

85 Francois Pallu, Relation abrégée des missions et des voyages des éveques français, envoyez aux royaumes de la Chine, Cochinchine, Tonquin et Siam (Paris, Denys Bechet, 1668), p. 126.

86 Comte de Forbin, Mémoires de Comte de Forbin, Première Patie, 1675-1689 (Paris, 1839), p. 508.

87 John Anderson, English Intercourse With Siam in the Seventeenth Century, p.426. 此處稱為「Vphrah Sivepott」。

88 Francois T. albé de choisy, Journal du Voyage de Siam Fait en 1685 et 1686 (Paris: Chez Sebastien Mabre-Cramoisy, 1687), p. 316.

89 Engelbert Kaempfer, The History of Japan, Together with a Description of the Kingdom of Siam, 1690-1692, translated by J. G. Scheuchzer, F. R S. First published as translated from the original manuscript in 1727 (Glasgow, James MacLehose and Sons, 1906), p. 38. 此處稱為「Peja Jummeraad」。

90 John K. Fairbank and S. Y. Teng, "On the Ch'ing Tributary System", Harvard Journal of Asiatic Studies, No. 6 (June 1941): 168.

91 Chen Ta, Emigrant Communities in South China (New York: Institute of Pacific Relations, 1940), p. 51.

92 Friedrich Ratzel, Die Chinesische Auswanderung (Breslau: I. U. Kern's, 1876), p. 64.

93 Chen Ta, Emigrant Communities in South China (New York: Institute of Pacific Relations, 1940), p. 51; Hsüeh Fu-ch'eng, "Chinese Emigrants Abroad", Memorial to the Emperor, translated from the Shen Pao China Review, No. 21 (1894), p. 138; Harley F. MacNair, The Chinese Abroad, Their Position and Protection: A Study in International Law and Relations (Shanghai, Commercial Press, 1926), p. 4.

94 Chen Ta, Emigrant Communities in South China (New York: Institute of Pacific Relations, 1940), p. 57.

95 Ch'en Hung-mou, "Notice Reminding Merchants Trading Overseas that they are free to return Home, 1754", in Thomas F. Wade, Wen Chien Tzu Erh Chi, a Series of Papers Selected as

Specimens of Documentary Chinese, and Key to the Tzy Erh Chi (London, Trübner, 1867), p.128.

96 Ch'en Hung-mou, "Notice Reminding Merchants Trading Overseas that they are free to return Home, 1754", in Thomas F. Wade, Wen Chien Tzu Erh Chi, a Series of Papers Selected as Specimens of Documentary Chinese, and Key to the Tzy Erh Chi (London, Trübner, 1867), p.129-130.

97 Hsieh Yu-jung, Siam Gazetteer, 1949, p. 51.

98 Hsieh Yu-jung, Siam Gazetteer, 1949, p. 51; Sir John Bowring, The Kingdom and People of Siam, with a Narrative of the Mission to that Country in 1855, Vol. 1 (London, John W. Parker and Son, 1857), pp. 77-78.

99 Hsieh Yu-jung, Siam Gazetteer, 1949, p. 51.

100 Sir John Bowring, The Kingdom and People of Siam, with a Narrative of the Mission to that Country in 1855, Vol. 1 (London, John W. Parker and Son, 1857), pp. 78; Hsieh Yu-jung, Siam Gazetteer, 1949, p. 52.

101 Hsieh Yu-jung, Siam Gazetteer, 1949, p. 52.

102 見 George Thomas Staunton 所稱《大清律例》三三五條，倫敦，一八一〇年，第五四三頁。

103 John K. Fairbank and S. Y. Teng, "On the Ch'ing Tributary System", Harvard Journal of Asiatic Studies, No. 6 (June 1941): 194-195. 此書未曾把一七三三、一七三九、一七六二、一七六五和一七六六等年貢使列入其表中。該等貢使列入於 Hsieh Yu-jung, Siam Gazetteer, 1949, p. 52。

104 W. A Graham, Siam, Vol. 2 (London: Alexander Moring, 1924), p. 94-95.

105 Huang-ch'ing wen-hsien t'ung-k'ao, Vol. 297, p. 1747. 引自 Hsü Yün-ch' iao, Pei-ta-nien shih (Singapore: Nan-yang Book Company, 1946), p. 105.

106 G. E. Gerini, "Historical Retrospect of Junkceylon Island", Journal of the Siam Society, (1905), p. 32.

107 G. E. Gerini, "Historical Retrospect of Junkceylon Island", Journal of the Siam Society, (1905), p. 31-32.

108 G. E. Gerini, "Historical Retrospect of Junkceylon Island", Journal of the Siam Society, (1905), p. 39-41.

109 W. A. R. Wood, A History of Siam (London: Fisher Unwin, 1926), p. 232.

110 Hsieh Yu-jung, Siam Gazetteer, 1949, p. 276. 摘錄自《海國聞見錄》。

111 Sir John Bowring, The Kingdom and People of Siam, with a Narrative of the Mission to that Country in 1855, Vol. 1 (London, John W. Parker and Son, 1857), pp. 65-66.

112 M. Turpin, History of the Kingdom of Siam, published originally at Paris in 1771 and translated from the French by B. O. Cartwright (Bangkok, American Mission Press, 1908), pp. 64, 161.

113 E. W. Hutchinson, Adventures in Siam in the Seventeenth Century (London, Royal, Asiatic Society, 1940), p. 14, 273.

114 有關披耶達的論據和說法載列於以下西方文獻：M. Turpin, History of the Kingdom of Siam, published originally at Paris in 1771 and translated from the French by B. O. Cartwright (Bangkok, American Mission Press, 1908), p. 117. 蒙谷王評論披耶達的手稿，部份被翻譯成英文並發表於 Siam Repository (Bangkok: S. J. Smith's office, 1869), p. 258; Bangkok Calendar (Bangkok: Press of the American Missionary Association, 1871), p. 86; S. H. Parker, "Siam", Imperial and Asiatic Quarterly Review, No. 4 (July 1897): 117~118; G. E. Gerini, "Historical Retrospect of Junkceylon Island", Journal of the Siam Society, (1905): 158-159; Kenneth P. Landon, The Chinese in Thailand (New York: Institute of Pacific Relations, 1941), pp. 6 ~7. 蘭登 (Landon) 所說的「Hai-hong」和支里尼 (Gerini) 所說的「Yong」是泰文的音譯，分別基於潮州語的海豐 (Hai-feng) 和鏞 (Yung) 發音。許多只根據泰文資料得出結論的作者，將「海豐」這個人名誤解為達信的父親來自 China 的某個地方。然而，Chinese 的資料卻非常清楚地指出，鄭達的故鄉是澄海，而非海豐。請參閱 Ch'en Yü-t'ai, "Cheng wang tsu-hsi", T'ai-kuo yen-chiu, No.3 (Bangkok, 1941): 269. 根據蒙谷王的說法，披耶達出生在達府，但沒有其他

文獻支持這個觀點。

115 任何資料中都沒有提及達信父親的下落，但他很可能在一七六七年之前就已去世或返回 China，因為資料中沒有提及他曾被賜予皇室爵位。其妻洛央在一七六八年被賜封，於一七七四年去世。

116 根據支里尼的說法，披耶達出生幾天後出現了不祥的預兆，導致他的父親想棄養這個孩子，而母親反對這樣做；由此引起的爭吵引起了一名貴族的注意，他把孩子收為己有，解決了一切問題。根據蘭敦的說法，這個孩子很早就展現出不尋常的潛能，因此吸引了貴族的注意。

117 Phra Sarasas, My Country Thailand (Tokyo, Maruzen, 1942), p. 100. 作者以一種只能被認為是超民族主義的立場，堅持認為達信是純正的泰國人，而相反的「過分斷言」是政治捏造，因為達信小時候生活在 Chinese 殖民地。

118 Wilhelm Credner, Siam, das Land der Tai (Stuttgart, J. Engelhorns, 1935), p. 361.

119 M. Turpin, History of the Kingdom of Siam, published originally at Paris in 1771 and translated from the French by B. O. Cartwright (Bangkok, American Mission Press, 1908), p. 9.

120 John Crawfurd, "Report to George Swinton, Esq. April 3, 1823", The Crawfurd Papers (Bangkok, Vajiranana National Library, 1915), 103.

121 Bangkok Calendar (Bangkok: Press of the American Missionary Association, 1871), p. 86.

122 Adrien Launay, Documents Historiques, 2 Vols. (Paris, P. Tequi, 1920), pp.

267-269. 此段譯文出自一七九七年十一月一日 M. Corre 先生致馬六甲財政官的信。

123 本資料取自 Hsia Ting-hsün 整理分析的《宋卡年鑑》。Hsia Ting-hsün, "Min-ch'iao wu yang chi ch'I tzu-sun", Hua-ch'iao Hsin-yü, No. 11-12 (Bangkok, 1953): 40-51.

124 翻譯自 Hsieh Yu-jung, Siam Gazetteer, 1949, p. 53. 中的引文。

125 據說，達信完全墨守官場的傳統規矩，對其朝廷官員很苛求，見 Y. H. Tran, "Chinese in Siam", Chinese Press Weekly, No. 5 (1 September 1935): 12.

126 翻譯自 Hsieh Yu-jung, Siam Gazetteer, 1949, p. 53. 中的引文。

127 「昭」可能源自達信使用的泰文稱謂「Jao」。在暹羅，達信的 Chinese 姓氏通常根據潮州的發音拼成 Tae 或 Tay（「鄭」），因此，Kenne P. Landon, The Chinese in Thailand (New York: Institute of Pacific Relations, 1941), p. 6. 稱為「Tay Cheow」（即「鄭昭」）。

128 Erik Seidenfaden, Guide to Bangkok, with Notes on Siam (Bangkok: Royal state Railways of Siam, 1928), p. 67.

129 S. H. Parker, "Siam", Imperial and Asiatic Quarterly Review, No. 4 (July 1897): 118

130 S. H. Parker, "Siam", Imperial and Asiatic Quarterly Review, No. 4 (July 1897): 118

131 John K. Fairbank and S. Y. Teng, "On the Ch'ing Tributary System", Harvard Journal of Asiatic Studies, No. 6 (June 1941): 172.

132 翻譯自 Hsieh Yu-jung, Siam Gazetteer, 1949, p. 54. 中的引文。

133 China and Siam，一份未發表的手稿，請參閱 Kenneth P. Landon, The Chinese in Thailand (New York, Institute of Pacific Relations, 1941), p. 7.

134 Hsieh Yu-jung, Siam Gazetteer, 1949, p. 54.

135 Hsieh Yu-jung, Siam Gazetteer, 1949, p. 54-56. 拉瑪二世稱為鄭佛，拉瑪三世稱為鄭福，而拉瑪四世稱為鄭明。

136 蒙谷王的記述發表於 Siam Repository, 1869, pp. 66-67, 111.

137 George Finlayson, The Mission to Siam and Hué, the Capital of Cochin China, in the Years 1821-1822 (London: John Murray, 1826), p. 16.

138 John K. Fairbank and S. Y. Teng, "On the Ch'ing Tributary System", Harvard Journal of Asiatic Studies, No. 6 (June 1941): 199.

139 John K. Fairbank and S. Y. Teng, "On the Ch'ing Tributary System", Harvard Journal of Asiatic Studies, No. 6 (June 1941): 170-173.

140 S. H. Parker, "Siam", Imperial and Asiatic Quarterly Review, No. 4 (July 1897): 118.

141 各種事例見 Hsieh Yu-jung, Siam Gazetteer (Bangkok, Nan-hai t'ung-hsün-she, 1949), pp.54~56.

142 John K. Fairbank and S. Y. Teng, "On the Ch'ing Tributary System", Harvard Journal of Asiatic Studies, No. 6 (June 1941): 206.

143 Sir John Bowring, The Kingdom and People of Siam, with a Narrative of the Mission to that Country in 1855, Vol. 1 (London, John W. Parker and Son, 1857), pp. 65-66.

144 拉瑪一世在達信國王被處死後，取消了達信皇后的崇高王室稱號，只留下 Mom Suan 這個名字。她似乎不太可能是拉瑪一世的女兒，因為他不太可能將自己的孩子和第一代公主貶低到如此卑微的地位。見 Ch'en Yü-t'ai, "Cheng wang tsu-hsi", T'ai-kuo yen-chiu, No. 3 (Bangkok, 1941): 270.

145 泰國皇室的家譜詳見 Malcolm Smith, "The Families of the Kings of Siam of the House of Chakri", Annals of Eugenics, No. 12 (1944).

146 Mrs. Noah A MacDonald, "The Chinese in Siam" , Siam and Laos as Seen by Our American Missionaries (Philadelphia: Presbyterian Board of Publications, 1884), p.146.

147 Malcolm Smith, "The Families of the Kings of Siam of the House of Chakri", Annals of Eugenics, No. 12 (1944), p. 152; Malcolm Smith, A Physician at the Court of Siam (London: Century Life, 1947), p. 51.

第二章

開放港口與貿易：

一九一七年以前的Chinese移民及其人口增長

第一節　移民背景

Chinese 移民到暹羅乃源自於 Chinese 與南洋的帆船貿易。因此，移民到暹羅的 Chinese 幾乎全部來自福建和廣東的原因，可以通過以下問題來探究：為什麼特別是福建和廣東的當地人發展了航海技術並與南洋建立了商業關係？

答案自然是多方面的。這些沿海省份的現代「Chinese」是來自長江流域和更北方的移民的後代。在漢代，south China 的移民和漢化過程已經開始。當這些「Chinese」人口在福建和廣東的沿海河谷發展和成長時，有幾個令人原因迫使他們轉向海洋。透過海路與 China 中部和北部河谷地區的民族基地接觸是容易的，但透過陸路則極為困難。south China 的山脈使陸上運輸變得艱難，而北方的內河運輸則是不可能的。正如拉鐵摩爾（Lattimore）所言，[1]大運河無法向南延伸，迫使南方各省發展沿海航運。事實上，與南洋的帆船貿易只是沿海航運向南的延伸。（Chinese 航海家可以在不失去陸地視線的情況下航行到暹羅，而那些駕駛小型帆船的海員通常也這樣做。）早期來到廣東以及後來來到泉州的阿拉伯和馬來商人，使南方 Chinese 認識到海外貿易的可能性。由於外國商人來自南方，故他們選擇這些港口是很自然的，而後來帝國政府將貿易限制在特定的南方港口。

Chinese 南下廣東和福建的遷徙並不止於海上。漁民和沿海商人帶路，由於政治或自然災害，Chinese 人口繼續向海外遷移，先到海南，後到台灣。到了明代，廣東和福建的人口絕大多數都已漢化，但在十八世紀末或十九世紀初之前，海南和台灣的情況卻並非如此。海南的「Chinese」從一開始就是一個航海民族；他們從海路來到此地，面對著荒涼的內陸山區和充滿敵意的原住民，他們保持著航海的志向。到了十九世紀，穩定與經濟發展成為南洋的主流，南遷的人口自然而然地繼續向東南亞遷移。考慮到氣候和文化上的相似性，對部分移民而言，移向暹羅並不足為奇；暹羅是一個以米和魚為主食的佛教國家，對 Chinese 來說很容易適應。

當然，人口過多和人口不足，本身並不是離開祖國及移民的原因。然而，在這方面，簡單回顧一下 south China 和暹羅的近代人口史是具有啟發性的。[2] 早期 Chinese 與歐洲人在 south China 的接觸，使甘薯和花生在十七世紀初傳入了 China。[3] 這些營養豐富的農作物可以在廣東和福建一般不適合種植稻米的，大片貧瘠的土地上種植。滿清勝利鞏固後的和平與秩序，加上新農作物提供的額外生產力，導致人口快速增加，一直持續到十九世紀初。當時，甘薯已是僅次於稻米的主要食糧；幾乎所有適合耕種的土地——即使是美洲大陸農作物的土地——都已被開墾；而廣東和福建的人口已接近現今的數字。在這種情況下，該地區幾個世紀以來反覆發生的洪水和旱災自然地造成飢荒和死亡，並強烈推動向外移民。

另一方面，暹羅的經驗則明顯不同。暹羅與西方的接觸同樣很早，但泰國人沒有接受美洲大陸的農作物，他們在個人或集體層面上都很少經歷真正的饑餓或饑荒，沒有動機接受這些新的農作物。由於戰爭或被俘後被迫遷到國外，泰國的人口相對於農業生產力而言已經很低。一六八二年，國姓爺勢力終結之後，south China 地區經歷了一百五十多年的和平與穩定，而暹羅則繼續與緬甸、柬埔寨和其他鄰國進行連綿不斷的血戰，僅在國王波隆閣（King Baromakot）十八世紀統治期間有過短暫的喘息。從一七五九年到十九世紀，暹羅與緬甸的破壞性戰爭使其人口大量減少：一七六七年大城失守時，該城的大部分人口被遷回緬甸，而在十九世紀初緬甸對暹羅半島的攻擊中，整個城鎮被洗劫一空，居民被迫遷走。因此，暹羅在進入十九世紀時人口不超過四百五十萬人。[4]暹羅與緬甸的戰爭因英國介入緬甸而結束，而拉瑪三世在位期間與柬埔寨和老撾進行的幾場戰爭，因法國介入中印半島而不再繼續。拉瑪三世的繼任者能夠完全避免「真槍實彈」戰爭。

因此，當 south China 地區在人口過剩的狀態下結束和平與繁榮的時期，並開始一系列的對外戰爭和內部叛亂時，暹羅卻在人口不足的狀態下結束持續的戰爭，並進入和平與繁榮的時期。在這種大環境下，從福建和廣東移民到暹羅的人數幾乎肯定會增加。增加的數量和移民過程中的具體起伏可以用以下趨勢和事件來解釋：一、China 的情況使當地人口或多或少排斥福建和廣東省；二、暹羅的情況增加了當地的機會和整體吸引力；三、移民程序增加或減少了移民的成本、安全性或合法性。在稍後的章節中，我們將嘗試追溯一些與移民到暹羅有關的具體事件。在此，我們只需要說明這三方面的總趨勢都有利於移民。

西方對 south China 的侵略，可以說是開啟了 Chinese 歷史的近代革命時期。一八三九年至一八四二年和一八五六年至一八五八年的戰爭中，英國在廣州、廈門和其他沿海港口的海軍行動直接破壞了社會秩序。然而，對移民來說，更重要的是一八四二年割讓香港、開放廣州和廈門為通商口岸，以及一八五八年開放汕頭（見下文第二節）。一八四八年至一八六五年的太平天國起義從幾個方面刺激了移民。在晚年，「起義者」進入廣東和福建的移民區，導致饑荒和疾病。太平天國運動結束後，一些地區（特別是潮州）[5]的無政府狀態和混亂情況持續多年，而恢復秩序的方法本身又是如此殘酷，以致助長了人民逃離該地區的動機。隨著太平天國運動的瓦解，成千上萬的太平天國信徒逃到國外避難。[6]然而，太平天國的起義並沒有使廣東和福建移民區的人口壓力減輕到接近長江下游人口的程度；每一次妨礙農業生產、摧毀糧食和財產的自然災害，都因沉重的人口資源壓力而惡化。在這種情況下，Chinese 人口中語言族群之間的衝突達到了血腥戰爭的程度。例如，在一八六四年至一八六六年，廣東西南部的客家人和廣東人之間的爭鬥，據說導致超過十萬人死亡。政府不得不出面干預，將部分客家人遷移到其他地方。[7]在辛亥革命前後的十年間，海南和廣府的廣東、客家和潮州移民地區，經常發生盜劫、叛亂和軍閥混戰。

另一方面，在暹羅，從一八五五年到第一次世界大戰期間，不僅是和平的時期，也是經濟無比繁榮和發展的時期。《寶寧條約》所引進的自由貿易時代為 Chinese 和歐洲人提供了新的機會。在這段時期，雖然泰國經濟發展的最基本方面——水稻種植的巨大擴張——是由泰國人民承擔的，但他們卻不願意（原因將在後面討論）提供對這段時期的經濟發展同樣重要的其他勞動力和服務。因此，南暹羅興旺的錫礦，不斷擴展的蒸氣碾米廠和電力鋸木廠，曼谷港口蓬勃發展的駁船和碼頭，以及運河和鐵路建設，都需要大量勞動力；曼谷的工資比遠東任何其他地區都要高。Chinese 人口的增長，一八五〇年至一九一七年間從五百多萬人增加到九百多萬人，意味對 Chinese 所能提供的服務的需求不斷增加，包括豬肉和蔬菜的生產、工匠和個人服務的提供，以及零售和中介商的職能。貿易的發展為航運和批發開創了新的機會，對 Chinese 商人、買辦和文員的需求也與日俱增。在一八五〇年一九一七年間，暹羅進入了現代世界貿易的洪流；事實上，她進入了現代世界。暹羅的發展吸引了來自 south China 的移民，而在很大程度上也是 south China 移民促成了暹羅的發展。

此外，在這段期間，移民的過程變得大為方便。一八六五至一八八六年間，輪船逐漸取代了 south China 與暹羅之間的大部分客運。安全性大大提高，票價也大為降低。這一發展是移民增加的關鍵轉折點，這一點在接下來的章節中將變得更為明顯。此外，在一八八〇年代，與暹羅代理行合作在 China 招募移民的過程在一八八〇年代開始正規化，而 China 各港口在客運方面的不當行為從一八八〇年代末開始逐漸得到改革。滿清政府對移民的禁令在這段期間逐漸撤銷，第一步是在歐洲人的主持下簽訂了一八六〇年的《北京條約》，使移民合法化，最後一步是一九一〇年頒布了新的、無禁令的《大清律例》。[8]

當移民南洋（Nan-yang）的各種「理由」與特別移民暹羅的「理由」並列在一起時，

人們不禁要問，為什麼沒有更早出現一場真正的大型移動——為什麼泰國人沒有被成群飢餓的 Chinese 移民徹底淹沒。在這方面，重要的是不要忽略有意移民者的文化。一般 Chinese 對故土和鄉村的依戀、強烈的親屬關係、對祖先崇拜的責任，構成了移民的巨大障礙。畢竟，正如一句 Chinese 諺語所說：「離家一里，不如在家好。」[9]

第二節　語言族群、航運和移民模式

暹羅百分之九十五以上的 Chinese 是來自廣東省和福建省。然而，無論是在國內還是在暹羅，Chinese 都是一個多元化的族群，暹羅 Chinese 中各細分族群的相對實力是影響其歷史和現狀的重要因素。海外 Chinese 中最重要和最普遍的分化是語言族群之間的分化；其中有五個語言族群在暹羅具有壓倒性的重要性。本節的目的是嘗試釐定，一九一七年以前移居暹羅的這五個 Chinese 語言族群的相對實力，並指出決定這些比例的因素。

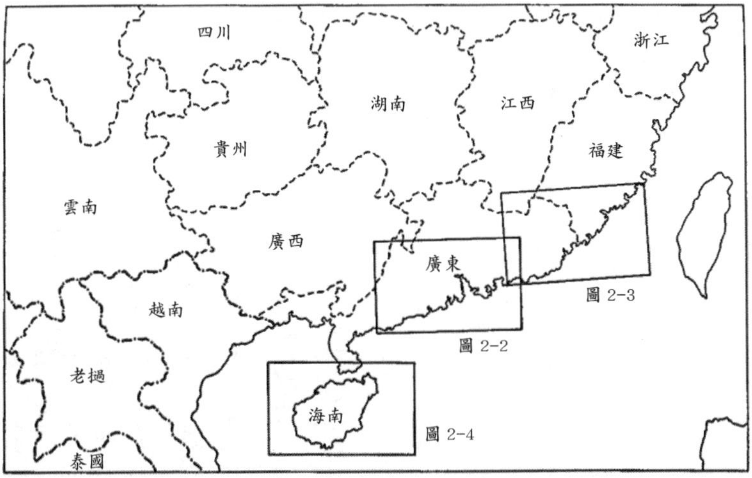

圖 2-1 中國東南部僑鄉位置圖

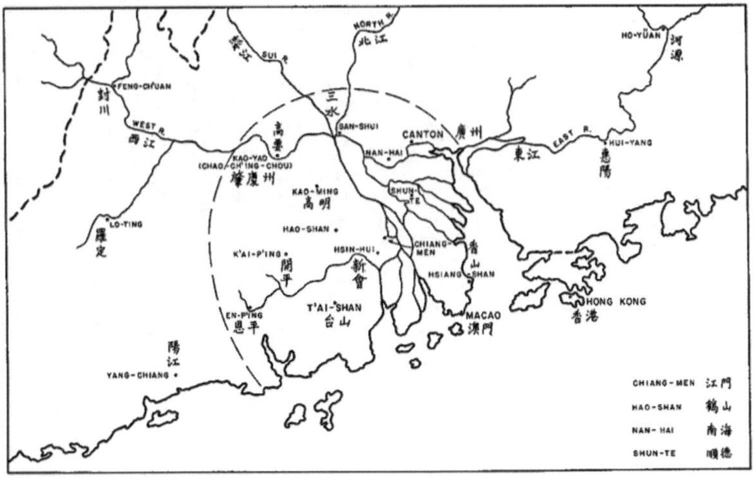

圖 2-2 廣東人僑鄉圖
幾乎所有海外廣東人的原居地都在虛線所包圍的珠江三角洲地區內

這些不同的 Chinese 族群通常使用的術語是「部落」（tribe）、「幫」（congregation）和「方言族群」（dialect group）。「部落」在馬來亞和英國作家中很流行，但似乎特別不合適，因為無論是從人類學上的意義還是通俗的意義來看，都很不貼切。法國人在中印半島使用的「幫」，意味不一定存在的正式組織。「方言族群」也不適合，因為在大多數情況下，決定族群的語言差異不只是方言。語言學家對方言和語言的區分非常簡單：如果來自一個（語言）社群的人能夠在沒有太大困難的情況下理解來自另一個（語言）社群的人，那麼這兩個社群的說話形式就構成了同一種語言的方言；反之，如果這兩種語言無法相互理解，那麼這兩個社群說的就是兩種不同的語言。[10]在這個基礎上，廣東話、客家話、海南話和福建話、潮州話都是語言；在這裡考慮的五個語言族群中，只有福建人和潮州人說的是同一種語言的方言。[11]因此，作者偏好「語言族群」，因為就目前情況而言，「語言族群」一詞是準確的。

在廣東的所有「漢族」或 Chinese groups 中，廣東人可能是在 south China 地區中擁有最悠久的歷史。據說他們的語言是「最能保存古代漢語基本特徵的形式」。[12]他們今天無疑是 south China 地區中最大的語言族群，人數可能超過二千五百萬名；在分佈上，他們集中在西江和珠江三角洲。廣東人的移民社群集中七個縣份，[13]都是屬於舊府治廣州府（Kuang-chou-fu）（見圖 2-2）內，但廣東移民也有來自廣州府的其他縣份，也有來自肇慶府（Chao-ching-fu），而極少數是來自該省的其他地區。在現今的暹羅，廣東人自稱為「廣府人」（kuang-fu-jen）或「廣東人」（kuang-tung-jen），此外，潮州人偶爾也稱他們為「廣州人」（Kuang-chou-jen）。儘管「廣府」（Kwong-fu）和「本地」（Punti）在西方文獻中也有一定的流傳度，但我們將稱他們為廣東人。

福建人居住在福建省閩北語言區以南、客家語言區以東的地區。福建話（Hokkien, Hokkian）這個名稱只是福建省在該方言中的發音，而福建人（Fu-chien-jen，即 Fukienese[14]）的發音在所有其他語言族群中則有所不同。福建移民族群主要集中在原泉州府和漳州府（見圖 2-3）。

潮州人（Teochius）位於廣東東北部韓江三角洲一帶。他們在九世紀至十五世紀之間，可能分幾波從福建南部遷入此地，其他語言族群仍常稱他們為福佬（Fu-lao、Hok-lao、Hokklo、Hoklo、Holo），即「福建人」。[15]潮州（Teochiu、Tiechiu、Tiochiu、Tewchew、Taechew、Tiotsjoe、Tia-chu、Ta-chu 等）這個名稱，代表了 China 大部分潮州人所居住地的府名潮州（Chao-chou）[16]，是該方言的發音。潮州移民社區主要集中在六個縣份，[17]尤其是沿海地區和韓江三角洲一帶（見圖 2-3）。

客家人數百年來一直是一個遷徙民族。他們似乎起源於黃河流域的一個獨立族群，從五世紀開始分幾個階段向南遷徙。到了十三世紀，一大群客家人定居在廣東潮州西北方的嘉應州。他們其後佔據了一個相連各地的地區，從福建的西南端，橫跨廣東北部潮州話區以西，到廣西東部，包括江西和湖南的最南端。除了在這個區域擴張之外，客家人在十九世紀時已經在廣東省各地建立了「殖民地」，最遠的西至四川，甚至在離岸的台灣和海南島。目前，客家人在China的分佈非常複雜：在廣東省的某些地區，客家人佔據了鄉區，而廣東人則在主要城鎮佔據主導地位；在其他地區，客家人在高地佔據主導地位，而低地則多數留給潮州人、海南人或西南部普通話人士居住；在少數地區，客家人似乎隨機散佈在其他語言族群中，但卻有職業專業化。客家人的移民社群散佈在south China各地；然而，他們主要集中在韓江及其支流的上游：即潮州的大埔縣和豐順縣、嘉應州的大部分和汀州（福建西南部）的部分，向西南延伸到潮州的惠來和揭陽縣，以及惠州的陸豐和海豐縣（圖2-3）。其他則在香港腹地和廣東西南部。儘管客家這個名稱的最終起源尚不確定，但很可能並非源自任何地區。「客家」是廣東話客家（K’e-chia）的發音，意思是「客人的家族」；而潮州人、福建人和海南人都稱客家人為「客」（K’e），就是「客人」的意思。客家人在南洋的俗稱「客」（Kheh（Kih、Khe、Ke））便是從福建人和潮州人的發音而來。如此看來，客家人之所以如此命名，是因為他們是後來才聚居在目前的居住地。然而，客家人也自稱為客人（K'e-jen），這多少削弱了這個理論。正如福勒斯特（R. A. D. Forrest）所說[18]，「客家人」自己的名字聽起來可能就像「客人」這個詞，所以在書寫這個名稱時，「客人」這個詞就被借用了。

海南人居住在海南島的平原和沿海地區。自漢朝以來，島上慢慢地有了Chinese移民，最終各種原住民被趕入中部山區。在這裡，原住民不被視為海南人。島上的客家人也不屬於海南人，他們保留了自己的語言。海南島語言族群應該是起源於大陸的福建語系分支，也就是說，最早的移民大多數應該來自福建南部，而不是鄰近的廣東。海南人自己和所有其他語言族群都稱他們為海南人（Hai-nan-jen），因此他們的名字有多種羅馬拼音：Hailam 或 Hylam（福建話）、Hainam（海南話和潮州話），以及 Hoinam（客家話和廣東話）。海南移民社群主要集中在海南島東北部的文昌和瓊山兩縣（見圖 2-4）。

這五個語言族群一直各自移民到東南亞，至少已有兩個世紀。早在明朝之前，泉州和廣東已經是重要的港口，直到十八世紀中葉，南洋移民中主要是福建人和廣東人。此外，福建人移民的數目似乎遠遠超過廣東人。[19]矛盾的是，福建人佔大多數的原因是由於外國人貿易經常限制在廣東一帶。外國人從來不被允許任意在 China 進行貿易，一般只限於南方港口。在清朝之前，福建的泉洲、漳洲、廈門等一個或多個港口經常開放給

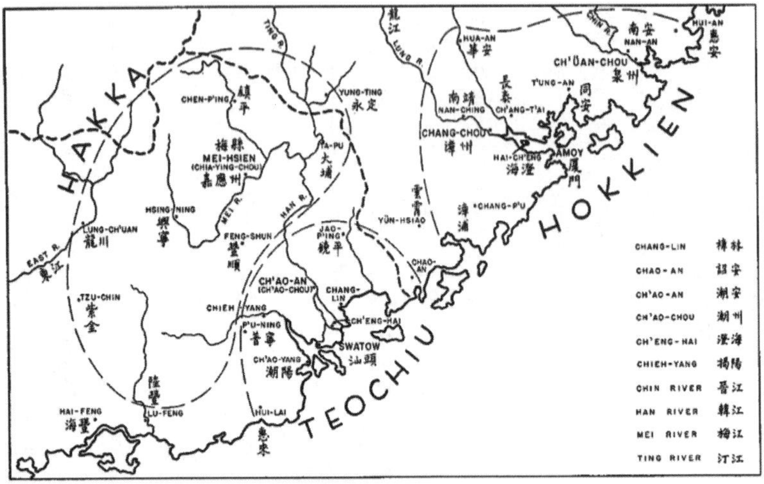

圖 2-3 潮州人、客家人和福建人的僑鄉圖

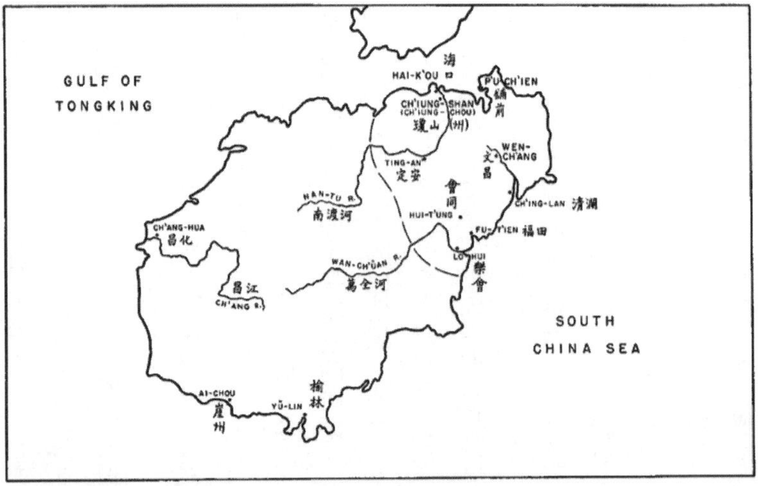

圖 2-4 海南人僑鄉圖

幾乎所有海外海南人的原居地，都在虛線所包圍的海南島東北部地區內

外國人貿易，而在明朝時，如果有任何港口開放給外國人貿易的話，廣東總會跟隨。儘管廣東在清朝一六四四年之前，是最持續「開放」的港口，但直至清朝時期的一八四二年，它通常是唯一對外國人開放的港口，也是南洋朝貢使團首先落腳的港口。這裡提出的假設是，當 Chinese 商人乘坐 Chinese 帆船與南洋進行貿易時，在廣東港口經歷的繁榮不如福建港口的。外國船隻——阿拉伯、馬來、暹羅、歐洲和其他國家的船隻——經常來到廣東，因此廣東商人並不特別熱衷於擴大與 Chinese 相關的所有貿易。另一方面，在福建港口，外國人有時可以進行貿易，有時卻不能，因此福建人的商業野心受到激發，但卻不能經常得到滿足。滿清掌權後，外國人受到阻力，通常被禁止在福建進行貿易，因此所有的福建貿易都是由 Chinese 進行的，大部分都是用他們自己的帆船。[20]在十九世紀以前，來自 China 的移民幾乎都是乘坐 Chinese 帆船，而且通常都是先到南洋從事與母港貿易有關的商業活動。福建人經營的 Chinese 貿易，相對於外國人貿易增加，廣東人經營的貿易卻相對減少——特別是在十七和十八世紀——基於上述原因，福建移民的比例自然增加。無論如何，在十八世紀，福建人毫無疑問是暹羅的主要語言族群。[21]

然而，大城淪陷之後的一個世紀，暹羅 Chinese 人口的規模和組成都發生了翻天覆地的變化。到了十九世紀末，除了暹羅南部外，在暹羅各地的 Chinese 語言族群中，福建人和廣東人分別退居第四和第五位。在以曼谷為主要入境口岸的泰國中部和內陸地區，從一七六七年到十九世紀，潮州人的比例顯著增加，海南人和客家人的比例也大幅增加，與此同時，福建人的比例急劇下降，廣東人的比例則相對地溫和下降。新的模式在一八八〇年代之前就已確立，並在一八八〇年代確定為暹羅的未來模式。十九世紀新移民模式的發展，產生了現今 Chinese 人口的語言族群組成。

在追溯這些變化，並指出其中的一些主要決定因素之前，可先回顧 south China 各港口的興衰，以及輪船在移民運輸中取代帆船的過程，將會有所幫助。十九世紀上半葉，暹羅在「商人國王」的刺激下，貿易蓬勃發展，主要是與 China 的貿易，並由 Chinese 經營。根據郭實獵（Charles Gutzlaff）在一八三〇年代初的描述，「在 China 以南，沒有一個地方像暹羅一樣，有如此多的 Chinese 帆船在此集結」。[22]事實上，曼谷是 China 東南亞貿易的轉口港。南亞貨物和歐洲產品都在曼谷集運，不僅從暹羅灣的港口，還從孟加拉灣、馬來亞和印尼的港口集運，以便運往 China，而 Chinese 貨物則從曼谷分銷到這些港口。[23]直到一八三〇年代，無論是否由 Chinese 擁有，這一貿易幾乎完全是由 Chinese 式帆船進行。這種貿易中使用的帆船有時是在 China 建造的，但通常是在下暹羅的昭披耶河河岸建造的。[24]

在帆船的全盛時期，south China 地區的主要港口往往位於內陸。[25]河流下遊的航道對於吃水淺的帆船來說幾乎沒有問題，而內陸的停泊處可以更好地抵禦海盜和惡劣天氣。當然，即使在一八〇〇年以前也有例外（例如廈門），而在十九世紀，大多數內陸港口的重要性下降了。然而，一八二五年前後，在主要港口轉移前，廣東和福建與暹羅進行貿易的主要港口（見圖 2-2、2-3、2-4）是：一、位於廣東移民區的廣州和江門，其次為澳門、香山和三水；二、位於海南的鋪前、海口、清瀾，其次為榆林、福田等；三、位於潮州人地區的潮州、澄海、樟林，其次為揭陽和饒平；四、位於福建人區的漳州、廈門和泉州，其次為海澄和同安。最小少於二十噸的帆船由海南人擁有及操作，並與海南進行貿易；而最大多達三百噸的帆船，即所謂的潮州商船，通常由泰國國王和貴族以及 Chinese 商人擁有，並由潮州人駕駛。[26]早在汕頭興起之前，潮州人就以進取和優秀的水手著稱。[27]一八三〇年代，羅斯陳柏格（W. S. W. Ruschenberger）[28]指出，抵達曼谷的大多數帆船的船員都是潮州人。

在十九世紀中葉前，Chinese 帆船已經開始失去在暹羅—China 貿易中的主導地位。最初的競爭不是來自輪船，而是來自方帆裝置的大船（三桅縱帆帆船、二桅方帆帆船和二桅縱帆帆船）。當然，在曼谷進行貿易的少數西方人都是乘坐這樣的船隻。但重要的變化發生在泰國國營貿易企業採用方帆裝置的大船時，一八三五年，暹羅製造並擁有的第一艘這種大船被呈獻給國王，其他人迅速根據西方模型建造，並為此購買了幾艘歐洲和美國船隻。[29]

十九世紀二十年代至四十年代間，方帆裝置大船完全應用在China貿易上，導致內陸帆船港口相對衰落。隨著一八四二年香港的成立和首批五個通商口岸的開放，這些帆船口岸的衰退變得更為明顯。廈門完全取代了漳州和其他鄰近的口岸——泉州是最後一個屈服的——甚至廣州的顯著地位也被香港取代了。一八五八年，汕頭作為通商口岸開放給外國航運，使所有以前的潮州口岸都變得黯然失色。樟林是最後一個能夠保留其重要性的舊口岸。

South China深水海港興起後不久，輪船開始與方帆裝置大船和帆船進行競爭。輪船首先在世界主要航線上使用，包括香港和新加坡之間的航線；South China各港口、暹羅和馬來亞之間其後引入定期輪船的時間順序，在Chinese移民到暹羅的歷史上極為重要。在亞洲鄰國中，暹羅人本身在航運方面是先進的，暹羅建造的第一艘輪船於一八五五年完工，[30]而到一八六〇年代早期，泰國商船除了七十六艘方帆裝置大船外，還擁有二十三艘輪船。[31]

到了一八六〇年代，香港與south China三大港口（廣東、汕頭和廈門）之間已經有定期的輪船往來。這意味從這些港口來的移民，可以乘坐輪船經香港前往新加坡和檳城。這特別方便了移民到南暹羅的人，但只有在一八六〇年代末，當曼谷和新加坡之間開始有定期的輪船運輸時，從south China港口一路乘搭輪船前往暹羅其他地區才真正變得可行。[32]在一八六〇年代末和一八七〇年代初，不定期的輪船在曼谷和香港之間的航運越來越頻繁，而直接來往於曼谷和south China通商口岸之間的航運則比較少。[33]然而，直到一八七三年，曼谷與香港才開始有定期輪船運輸；到了一八七六年，這條航線上已有兩艘輪船，都是用來運送Chinese移民的。[34]瓊州及其港口海口被開放為通商口岸，並開始了與香港的定期輪船運輸。因此，在這年來自五個移民語言族群地區的Chinese移民都可以乘搭定期輪船經香港到曼谷。

然而，在此之前的十多年，從廈門到馬尼拉和新加坡，以及從汕頭到新加坡[35]的直接客運已開始使用輪船，到了一八七〇年，這種航運已被定期進行和正規化。客運由帆船轉為輪船的主要轉變，廈門多少比汕頭更早實行。到一八七二年，一半以上的廈門移民前往目的地使用輪船，到一八七五年，約百分之九十五的移民使用輪船。但在汕頭，一八七二年只有百分之二十二的移民乘坐輪船，一八七五年才是大部分移民乘坐輪船的第一年。[36]在一八七〇年代，菲律賓、馬來亞以及（通過新加坡）爪哇、蘇門答臘和緬甸都與 mainland China 的口岸有直接和定期的輪船客運，但在一八八二年之前，暹羅並未開始這種服務。

一八八二年年初，一家新成立的英國公司，曼谷客運輪船公司，開始定期從汕頭直航至曼谷，再經香港返回汕頭。這是暹羅 Chinese 移民史上最重要的投資之一，立即獲得了成功，因為在一眾重要移民港口中，曼谷多年來是唯一一個沒有來自 China 港口的直達輪船服務。在開業的頭兩年，平均每週有一班輪船從汕頭駛往曼谷；每年有上萬人乘輪船移民曼谷。[37]

航運也是海南人移民暹羅，及其在暹羅實際地位的重要決定因素。海南人與暹羅的貿易肯定是在十八世紀發展起來的。在十九世紀初前，有關暹羅的文獻中幾乎沒有提及海南島或其居民，而在十九世紀，幾位作家描述了海南與曼谷的全面貿易，每年有四十到五十艘帆船。[38]海南的貿易帆船比其他 Chinese 港口的海外航運船隻細小。因此，海南海員很少能冒險橫渡公海前往菲律賓或馬來亞等地[39]，更不用說前往南洋更遙遠的地方。他們的主要貿易，除了與鄰近的廣東和東京沿岸的貿易外，還與海灣上游的交趾支那、柬埔寨和暹羅港口發展。事實上，曼谷貿易對海南帆船來說是一件很自然的事。由於海南島的位置偏南，它們可以在東北季風的早期離港，每年都比來自 China 其他地區的帆船更早抵達曼谷。[40]這段距離對於每年往返一次來說恰到好處，使它們有充裕的時間在曼谷進行貿易。此外，海南水手沿著暹羅東南海岸航行時，可以很容易地採集木材，並在兩個月內建造一艘帆船，同時在曼谷處理其餘的貨物。由於海南的農業發展不佳，除了木材，泰國的稻米、原棉花、肥料用的骨頭也是特別受歡迎的回程貨物。[41]隨著泰國內陸開始開放，曼谷對體力勞動和家庭傭人的需求增加，海南和曼谷之間形成了定期的移民帆船航運。當時瓊州的海口開放為通商口岸，海口以外的海南港口在一八七六年以後開始失去地位。然而，就移民而言，在建立直達曼谷的輪船服務之前，只有經香港的間接航線到達海口。一八七〇年代，曼谷貿易和移民的主要港口是位於海口以東三十英里的鋪前。[42]

曼谷的同一家英國船務公司（即開辦了直達汕頭輪船航運的公司）[43]，出於類似的動機和壓力，於一八八六年開始了直達海口的航務。[44]隨著海南的開放，海南人證明是移民人力的寶貴來源，他們與曼谷的聯繫就像與南洋任何其他地方的聯繫一樣密切。這種服務一直持續到我們所評述的時期，對刺激海南人移民到暹羅起了關鍵作用，並確保了他們在暹羅 Chinese 語言族群中的重要地位。

儘管曼谷與海口之間有了直達的輪船服務，但海南與暹羅的帆船貿易並沒有立即消失。據報導，在十九世紀之後，仍有大量移民搭乘帆船，而英國駐瓊洲領事在一九〇九年時表示，移民搭乘帆船返回海口以外的海南港口。[45]一位海南人寫道，即使在一九〇九年後的好幾年，仍然有船隻從清瀾前往南洋。[46]當然，這意味官方海關從海口到曼谷的移民數據，大大低估了整個回顧期間海南與暹羅之間的交通總量。

與 mainland Chinese 港口的帆船運輸也從未完全消失。到了一九〇七年，方帆裝置大船幾乎從曼谷消失，[47]而泰國一度引以為傲的商船隊也早已解體，[48]但直到第一次世界大戰時，Chinese 的遠洋貿易帆船仍然是曼谷港的一個顯著特色。儘管如此，從各方面來看，在十九世紀末二十世紀初，除了海南人之外，只有極少量的 Chinese 乘搭帆船移民。

上述對十九世紀航運模式變化的探討，使我們現在能夠有系統地闡述徹底改變暹羅移民中語言族群相對比例的發展：

一、一七六七至一七八二年間，暹羅國王是潮州人。他對其語言族群的仁慈態度刺激了潮州人移民到暹羅。此外，由於他是第一位在曼谷附近的首都統治的國王，他的鼓勵為潮州人在泰國歷史上的現代「曼谷時代」提供了有利的開端。曼谷隨後成為泰國的主要入境口岸，在達信統治期間定居於此的潮州人也是最具策略意義的核心，以刺激更多潮州人移民到暹羅。

二、在卻克里（Jakkri）統治初期，泰國精英與Chinese貨運商和貿易商的商業合作，實際上主要是潮州人與泰人的合作。上述第一點可以部分解釋這種情況，因為貴族階級的貿易業務都集中在曼谷，而潮州人在曼谷的勢力最大。在達信王朝時期，與其他語言族群相比，潮州人在與泰國貴族結識和合作方面處於更有利的位置。最後，泰國的國王和貴族相對不受資本的限制，他們有能力也喜歡購買和操作最大的帆船。在廣東和福建的所有帆船類型中，由潮州人建造並操作的潮州商船是最大、最堅固的，也是泰國商人最常擁有的類型。[49]潮泰在China貿易上的合作一直持續到第三代，這使得潮州商人有更多的資金可以支配，自然也有利於曼谷與潮州港口貿易的發展。

三、傳統的潮州人專門從事種植園農業，這無疑是他們在暹羅迅速崛起的另一個因素。十九世紀初，世界市場對糖、胡椒和其他農產品的需求不斷增長，導致東南和下暹羅的種植園農業得到發展。一八一〇年左右，甘蔗由Chinese移民引入暹羅，[50]並在幾年內成為最重要的出口農作物之一，直到一八六〇年左右，甘蔗的數量和價值都在不斷增加。[51]在十九世紀的頭六十至七十年中，胡椒種植也是Chinese日益重要的事業，尤其是在暹羅東南部。正如郭實獵告訴我們，[52]一八三〇年代居住在暹羅的潮州人「大多是農民」，而根據東南亞其他地區的報告，潮州人是優秀的農民和種植園工人。舉例來說，在一八四〇年代的新加坡，絕大多數的一般農民和檳榔及胡椒種植者都是潮州人。[53]此外，在十九世紀，China 的潮州地區以生產糖出口而聞名。[54]因此，我們似乎可以假設，十九世紀上半葉，糖、胡椒以及 Chinese 在暹羅中部種植的其他農產品的產量大幅擴張，吸引了越來越多且超出比例的潮州人來到曼谷和暹羅灣上游附近地區。在十九世紀的稍後時期，[55]由於海南人一直專門在海南和南洋種植棉花，暹羅棉花栽培的發展也吸引了他們。

四、一八四二年香港的成立，意味來自所有廣東港口的長途航運減少，而轉移到此殖民地。香港擁有遙遠的貿易聯繫，把廣東人引向最遙遠的移民地區——西半球、澳洲和新西蘭，從而減少了廣東人移民到暹羅的數量。

五、在一八四二至一八五八年間，廈門和廣州是開放給外國船隊的通商口岸，而汕頭和海南口岸則不是，這意味在潮州人、客家人和海南人能夠移居到歐洲控制區域前，從福建和廣東地區移居到東南亞歐洲殖民地的模式已經確立。因此，除了暹羅和柬埔寨，福建人或廣東人或兩者在東南亞的普遍優勢在其他地方得以延續和加強。

六、就在汕頭開放為通商口岸的同時，泰國的商船已經現代化，並接近全盛時期。暹羅的商船隊在一八五八年剛開始建立，並在一八六〇年代達到最大規模；泰國與China航運的高峰期在一八六八年。因此，嶄新而強大的泰國商船正式進入China貿易的時間很遲，以至於汕頭——潮州和客家移民的來源地——在泰國與China航運的發展中，不能與廈門和廣東處於同等的地位。

七、暹王蒙固（Mongkut）即位後，泰國經由廣州頻繁向China進貢及進行貿易的使團，於一八五三年停止了。江門等口岸的海外帆船貿易的衰落，迫使移居暹羅的廣東人越來越依賴從廣東朝貢和貿易使團返回的暹羅船隻。因此，這些貿易使團的消失導致移居暹羅的廣東人進一步減少。根據當時曼谷廣東同鄉會的統計記錄，一八七七年曼谷及周邊地區的廣東人總數只有二千人。[56]

八、十九世紀的頭七十五年，海南不對外國航運開放，這有利於海南人移民到那些小型帆船可以抵達的國家。因此，海南技術的一個特殊方面（非常小的帆船類型），加上地理位置（海南與曼谷的距離恰好適合這種小帆船），以及西方在China的擴張歷史（外國勢力較晚才對海南島進行活動），共同加強了海南船主和商人與曼谷的聯繫，並使暹羅在一八七六年前成為海南移民的主要目的地。

九、客家人移居暹羅的直接原因是，汕頭是大多數客家人最近的出發港。上述第二、三及六項因素均有利於汕頭與曼谷之間發展密切的貿易及航運聯繫。從十九世紀六十年代到十九世紀末，汕頭對暹羅的出口呈現增加趨勢，相反，廈門對暹羅的出口則穩步下降。[57]這反映了汕頭作為一個港口的重要性日益增加，尤其是前往曼谷的船隻越來越喜歡把汕頭作為最後一個停靠港。隨著客家移民湧入汕頭，他們在南洋的目的地選擇自然受制於可用的航運和對東南亞各港口的認識，而在這兩方面，曼谷在汕頭都具有優勢。一八七九年的一份 Chinese 海關報告[58]提供了該年從汕頭移居的一萬七千二百一十五名，按原籍縣分類移民的完整資料。有關資料指出了潮州人和客家人各自居住的縣份，以及兩者合住的縣份和其比例，因此，可以計算得出，客家人一定佔移民總數的百分之二十七至百分之二十九。[59]

十、到了一八七〇年，從廈門到新加坡和馬尼拉的定期和直接客運輪船運輸已經開始，但卻沒有從廈門到曼谷的直接路線，這意味福建移民再次超出比例地流向菲律賓和新加坡所服務的地區（馬來亞和南暹羅、爪哇、蘇門答臘和緬甸）。

十一、廈門、汕頭和海口三個港口由帆船轉為輪船的時機，也有利於潮州人、客家人和海南人移居曼谷，而非福建人。移民交通的主要轉變，從帆船轉為輪船，發生在一八七〇年前的廈門，即在曼谷與香港設有定期輪船航班之前。而汕頭和海口的轉變，分別為一八七五年和一八七六年，則剛好發生在曼谷與香港之間開始有兩艘輪船定期航行時。因此，當大部分移民從汕頭和海南乘搭輪船離開，他們並沒有遭受早期福建人所面對的阻礙，能夠全程乘坐輪船經香港到達暹羅。

上述提到的幾個因素加起來，似乎早在一八七六年之前就已經改變了暹羅（南部除外）的廈門和汕頭移民之間的平衡。在一八七七年至一八七九年和一八八一年這四年間，從這兩個港口直接到曼谷的外國客運量都有可靠的統計資料。[60]這些數據顯示，從廈門出發前往曼谷的旅客僅佔從汕頭出發前往曼谷的旅客的百分之五十。此外，這些年來，從曼谷直接抵達廈門的旅客佔離境旅客的百分之五十二，而直接抵達汕頭的旅客只佔離境旅客的百分之十二。部分原因可解釋為從曼谷前往 China 的船隻較多先停靠廈門，然後才停靠汕頭，但這些數字也可解釋為福建人移居暹羅的比例已從之前的較高水平下降。從曼谷返回廈門的比例相對較高，顯示福建人已偏好居住在南洋其他地方，而非暹羅。

十二、潮州人、客家人和海南人在移居暹羅的 Chinese 中佔優勢的最後決定性因素是，分別在一八八二年和一八八六年建立了從曼谷到汕頭，以及從曼谷到到海口的定期和頻繁的客輪運輸。非常重要的是，曼谷與 Chinese 移民地區的任何港口之間的第一條定期客運直航航線是在汕頭，第二條航線是在海口，而且在之後的半個多世紀中，只有這些港口與曼谷有這樣的聯繫。然而，如果上述分析是正確的話，那麼在曼谷的英國航運公司在選擇與汕頭和海南建立定期航線時，已考慮到既有的模式並做出了唯一明智的決定。因此，一八八〇年代開始的定期輪船客運服務，在一定程度上是對一八七五年在暹羅已經形成的語言族群移民模式的回應，而這些輪船客運服務又確認和加強了這些模式。只有當這些模式在某一特定時期得到證明，有關文獻中經常出現的「Chinese 移民到他們親友所在的地方去」的陳述，才能有助於解釋移民趨勢。

一八八〇年代後，汕頭和海口繼續為曼谷提供越來越多的移民。表 2-1 列出了從汕頭和海口直接移民到曼谷的統計數字。一八八二年至一八九二年的平均移民率，與一九〇六至一九一七年的平均移民率相比，汕頭的直接移民增加了五點七倍，海南的直接移民增加了七點四倍。另一方面，與同期所有 Chinese 移民的估計年均抵達暹羅人數相比，則只增加了四點二倍（見下表 2-2）。儘管這個比較沒有考慮間接航運和回國比率的差異，但它證明了一八八二年以後來到暹羅的所有 Chinese 移民中，來自汕頭和海南的移民比例不斷增加。從作者對一八七四年以後的汕頭總客運量的列表中可以清楚地看出，從汕頭出發前往所有東南亞目的地的總客運量中，前往暹羅的比例越來越高。在一八七四至一八八一年間，所有汕頭移民中約有百分之十五前往暹羅，一八八二至一八九二年間約有百分之二十，一八九三至一九〇五年間約有百分之八十三，一九〇六至一九一七年間約有百分之五十。潮州人和客家人移居暹羅的趨勢穩定增長，直到大約一半的汕頭移民都移居暹羅。

在十九世紀末期，廣東人移民到暹羅的情況顯然有所復甦。當經由香港和澳門移居秘魯、古巴、美國、夏威夷群島、澳洲和其他遠方國家的移民受到嚴格限制或停止時，其影響從一八八二年起最為強烈，廣東人移民潮在很大程度上被引向東南亞。[61] 在香港的一般交通數據中，要分辨廣東移民是非常困難的，因此無法記錄任何趨勢。然而，根據曼谷方面的報

表 2-1 1882 年 -1917 年 Chinese 海關記錄的由汕頭和海口直接前往曼谷的人數

期間	從汕頭前往曼谷		從海口前往曼谷	
	每年平均人數	總計	每年平均人數	總計
1882 年 -1892 年	8,381	92,196	1,186	13,047
1893 年 -1905 年	20,483	266,278	4,979	64,724
1906 年 -1917 年	48,538	582,456	8,796	105,548
總計		**940,930**		**183,319**

* 資料來源：《中國貿易報告》（China Trade Returns）1882 年 -1917 年；《中國海關十年報告》（Chinese Customs Decennial Reports） 1892 年 -1901 年、1902 年 -1911 年、1912 年 -1921 年。

導，在十九世紀末二十世紀初，移居曼谷的廣東人數量不斷增加，至少在最初的十年中保持在相當高的水平。

一八七五年以後，福建人移居曼谷的趨勢持續下降。事實上，從未建立從廈門到曼谷的定期輪船運輸，而當有了從廈門到曼谷的不定期客運輪船時，福建人實際上對直接移民到暹羅中部沒有興趣。[62]

然而，福建人移民到南暹羅的情況一直穩定維持到二十世紀。在曼谷與南暹羅之間建立良好的陸路交通之前，移民到南部半島的 Chinese 不是直接到宋卡等南部港口，就是間接經由新加坡和檳城。所謂的南暹羅 Chinese 羅闍（宋卡的吳陽及其後裔只是其中一個較為突出的例子）幾乎都是福建人，因此傾向於鼓勵福建人移民，而非其他語言族群。從 China 到南暹羅的直接航運顯然一直持續到二十世紀，主要是依序來自福建、海南和廣東港口的帆船。[63]特別是在一八九〇年之前的幾十年間，移民到南暹羅的人數非常多。敍述到這段時期時，斯邁斯（H. Warington Smyth）指出，「暹羅的半島地區每年都會接收數以千計的 Chinese，東邊方面是直接乘坐帆船來的，西邊方面則是通過馬六甲海峽來的」。[64]在一九一七年之前的大部分時間，福建人是海峽殖民地移民的主要語言族群，這反映在普吉、董里、拉廊和半島暹羅部分其他中心的移民人口中。[65]然而，正如海峽殖民地因其早期與所有 south China 港口的輪船聯繫而構成一種非常複雜的 Chinese 人口一樣，南暹羅的 Chinese 人口在一八八〇年代後也開始包括越來越多非福建人的少數民族。一八八一年至一九一五年間，移居檳城的 Chinese 相當穩定，平均每年約有四萬七千七百人[66]，其中可能至少有百分之五，甚至可能有百分之十的 Chinese 最終移居暹羅境內。

由於涉及許多變數，而且資料不完整，因此無法確實計算出一九一七年前移民到暹羅的各種語言族群所佔的比例。文獻中唯一的估計是來自拉克茲（A. Raquez），他的結論是在暹羅居住的 Chinese 總數中，約百分之五十是潮州人和客家人，約百分之十四是海南人，其餘是福建人和廣東人。[67]然而，如果福建人和廣東人合計佔人口的三分之一，那麼其中之一或兩者的人數必定超過海南人，但事實並非如此。一九〇八年廣東人在曼谷所立的石碑上的碑文更清楚地描述了其他 Chinese 的相對實力（不包括福建人）[68]：「暹羅的 Chinese 大部分來自潮州和瓊州海南。暹羅第三大的 Chinese 族群來自客家地區。廣東人的數目遠少於上述三個族群。」在回顧期間結束時，作者估計全國的比例如下：潮州人佔百分之四十，海南人佔百分之十八，客家人和福建人各佔百分之十六，以及廣東人佔百分之九。

第三節　移民常規和程序

在十九世紀上半葉，暹羅的移民是季節性的。帆船在一月至四月的東北季候風期間抵達，在六月和七月的西南季候風期間離開。[69]隨著 Chinese 移民流量的增長，特殊的客運帆船不斷發展，[70]據克勞福所述，在一八二〇年代，其中一艘帆船曾運送一千二百名移民到曼谷。[71]然而，大部分的移民可能是搭乘一般的貿易帆船（移民被視為額外的貨物）。郭實獵對當時情況的描述特別生動：

> 大量載運他們（Chinese 移民）的帆船讓人想起非洲的奴隸船。甲板上裝滿了人，這些可憐的傢伙暴露在惡劣的天氣下，沒有任何蔽身之所，因為船的下層裝滿了貨物。他們的食物是乾米和少量的水；但當航程很長時，糧水往往都很缺乏，而許多人實際上是餓死的。[72]從廈門到曼谷的船費是八元（西班牙元），從樟林（潮州府屬）到曼谷的船費是六元。[73]

十九世紀的 Chinese 移民通常被分類為「合約」或「契约」移民、「賒單」移民和「自由」移民。就目前所知，合約移民在暹羅從未存在過；這種制度尤其與十九世紀前往西印度和秘魯的「苦力販賣」有關，亦與荷屬東印度和馬來亞的歐洲人種植園經濟地區的「苦力販賣」有關。這只是一種幾乎不加掩飾的奴隸貿易；暹羅很幸運，避免了導致契約勞工普遍存在的經濟發展。然而，在十九世紀的大部分時間，賒單制在暹羅相當普遍。顧名思義，移民是以賒單方式搭船，抵達暹羅後由移民的親友或僱主向船長償還，而新客（hsin-ke：「新移民」）則必須為他們工作，直到還清債務。正如葛茲洛夫的描述的所示，這個制度早在一八三〇年就出現了弊端：

移民的處境一般非常悲慘，沒有衣服穿，也沒有足夠維持一日生活的生活費。有時候，他們沒有足夠的錢支付離家旅費……他們就成為任何為他們支付這筆旅費的人的奴隸，或者成為勒索者的獵物，需要為他們服務一年以上。[74]

一八六〇年代以後，南洋各地（尤其是暹羅）對Chinese勞動力的需求大增，有組織的移民招募在大陸移民區成為普遍現象。不幸的是，有組織的勒索也很普遍，尤其是在潮州。首先，Chinese官員甚至對批准敲詐移民，因為實際上移民是違法的；賄賂在汕頭變得恆常化，每艘客船受賄約五百至六百銀元。[75]然後，在汕頭附近的某些民族鄉村中，出現了敲詐勒索的現象。每位Chinese乘客僅僅上岸，就要支付十元的費用。「一八六四年，在汕頭擁有勒索權力的慾望高漲，周圍的村莊為了達到這個目的，整年都在爭鬥。

當載有 Chinese 乘客的輪船或帆船抵達，這些乘客在離開船隻時，港內小船爭奪轉載這些客人，而且動不動就開槍。」[76]這種情況直到一八六九年或一八七〇年才得到控制。當時有一位特別無情的潮州將軍方將軍，強行結束了當地的無政府狀態。[77]

禁止移民直到一九一〇年，這種敲詐在此期間理應持續下去，但在一八七〇年以後的三十年，汕頭的濫用招募和私人勒索，可能比大多數其他移民港口要少。休伯爾(Huber)於一八七一年所撰寫有關汕頭招工制度的記載，全面描述了從汕頭移民到曼谷的情況：

> 在潮州和嘉應兩府……的幾乎所有城鎮裡，都有移民經紀人，Chinese 稱為「客頭」(k'e-t'ou)，字面意思是移民的頭人，他們每年在夏末季風轉換時，到附近的村莊招攬乘客。他們一般都是帶著一點錢回來的老移民，在鄰近的城鎮做小生意。他們與……曼谷商業機構在汕頭的經紀人有聯繫，……並授權承諾移民，在抵達目的地後立即僱用他們。由於大家都是熟悉的人，附近的窮人和流浪漢都會毫不猶豫地接近他們，並對其承諾深信不疑……移民可以選擇在村子裡等待，直到經紀人告訴他們船隻啟航的日期，或者在那之前住在經紀人那裡，他們的房子裡一般都有幾間專為此用的空房間……

當這些經紀人聚集了三、四十名自由移民後，他們會通知與他們有聯繫的商行經紀人。他們（汕頭經紀人）然後租一艘船，當貨物上船後……他們通知經紀人，經紀人帶著他們招募的乘客到達汕頭。經紀人向船主支付全部費用，並收到每名移民的船票，然後他們就可以登船了。票價平均為……六點五元。如果乘客或移民在出發前無法籌集到所需的款項支付船票，經紀人一般會為他預支，而這筆錢會在移民抵達目的地後，加上百分之二十的利息，由僱用他的包稅商或企業家償還。如果經紀人不能墊付，船主通常會自己墊付…… 墊付的款項必須在移民登岸前支付，而包稅商則對其工資有留置權。船主會向經紀人返還他所招募移民船費的百分之三作為酬勞。這是經紀人辛苦賺來的報酬……尤其是在城鎮的流浪者、失業者和貧窮者，經常自己去找經紀人或商業機構的代理人，要求在目的地償付旅費……

移民的運輸只在東北季風期間進行，即從十月到四月。在這段期間，渡海通常比較容易，平均只需……十五至二十五天便可到達曼谷（這很可能是指方帆裝置大船，而非帆船）。

一般來說，自由移民是抱著回國的念頭出發的。他們的目的是到海外謀生，賺了錢後再回國。……在曼谷……的第一年，他們每月的薪水……從三元到四元不等。從這筆款項中必須扣除包稅商已墊付的旅費。[78]

在對休伯爾描述中的某些方面進一步探討之前，他在汕頭看到的頗為美好的移民景象，應該由有關航行情況本身的描述來平衡。陳達在一九四〇年從一位八十三歲的汕頭老人口中獲得第一手資料，此也與一八七〇年左右的情況有關：

我小時候，我們村子裡有八艘出海的帆船……它們南下時通常會到曼谷，主要運送豆子、茶葉和絲綢。最大的帆船載有二百多名乘客。乘客通常會隨身攜帶一個當地陶器製成的水罐、兩套夏裝、一頂圓草帽和一張草席。從汕頭到曼谷的航程通常需要一個月。當我們踏上這艘船之後……我們只能祈求上天會保佑我們在航程中平安無事。[79]

一八七〇年的《暹羅文庫》（Siam Repository）記錄了一艘從汕頭駛來的暹羅船，船上有一千多名 Chinese 乘客：

他們一定沒有足夠的糧水。我們聽說，當一群移民被送往柔佛號小拖輪轉運往曼谷時，整群移民都飢渴難耐。當船艙服務員把一盤洗臉水端到船艙時，移民們都搶著要喝洗臉盆內的水。輪船船長一直把水供應給這些可憐的傢伙，直到拖輪沒有水為止。[80]

曼谷資料多次記載到，帆船、方帆大船、輪船、Chinese船、英國船、德國船和暹羅船在抵達時都擠滿了移民。「一八七三年一批移民說，他們來的船上有八百多位乘客，一路上得不到糧水，飽受飢餓之苦」。[81]曾在暹羅傳教的美國傳教士斯密士（Samuel J. Smith）經常就這個問題發表社論，他認為：

一艘無法容納乘客的船隻是沒有資格載客的，或至少在沒有作出必要的安排下（即為乘客提供健康和足夠的食物，以及為他們的清潔和健康作出保障），是不應該載客的。他們應該有足夠的睡眠空間。船上應該有一名醫生在旁照料病人，並提供有助於一大群人健康的條件……暹羅船隻要遵守暹羅人的法律。現在是暹羅人制定相關法律的時候了。[82]

然而，他的熱忱徒勞無功，因為暹羅從來沒有在一八八二年前，這段最需要管制的時期，管制移民運輸。一八五五年，英國首先根據船隻噸位限制乘客人數，後來又加強了這些規定。德國人最終在一八七六年也這樣做了，由於英國和德國在曼谷的客運量中所佔的比例穩步增加，移民船上的條件也有了一些改善。[83]然而，只有在引入直接的定期輪船運輸時，這種情況才得到改善。一八八二年後，英國駐汕頭領事寫道「乘客得到了很好的照顧，提供服務的輪船也是世界上最好的」。[84]

回到上文休伯爾所描述的賖單制，所提到的「包稅商和企業家」幾乎都是Chinese，即碾米廠和鋸木廠的經營者，或是需要體力勞動的種植園經營者。包稅商是指那些從王國購買了專利權的人，即有權經營賭場、進口鴉片、收取特定進口稅、徵收各種稅項等等。這些包稅商幾乎都是Chinese，他們通常必須僱用大量員工，以經營他們的專利事業。

英國駐曼谷領事於一八八四年的一份報告中，進一步闡明了該制度：

> Chinese 公司在 south China 港口的經紀人四處尋找他們認為合適的移民，支付旅費和膳食費用後，將他們交給曼谷的經紀人。如果移民在曼谷有親戚朋友，親戚朋友會把錢還給經紀人，再加上百分之五十的酬勞金，一般是十五元左右，之後移民就自由了。如果他沒有朋友願意幫助他，Chinese 的甘蔗或檳榔種植者會付給經紀人一筆錢，大約是移民花費的兩倍，然後把他帶走，以償還欠種植園的債務。在這些種植園裡，這些苦力似乎受到很好的對待，沒有聽過任何抱怨。[85]

值得注意的是，休伯爾於一八七〇年將賖單制視為一種偶然的手段，而這篇在汕頭開始定期輪運後寫成的報導，則將其視為常規程序。事實上，為了確保每趟船都滿載，輪船公司誘使他們在China的經紀人不惜一切代價爭取乘客；招募工作變得更加積極，賒單制也更加普及。這也導致了其他形式的綁架和非自願移民。

最後，潮州軍閥方將軍鎮壓了此事。一八八八年一月，他下令禁止賒單制，並在同年稍後時候公開審訊、折磨和斬首一名被指控綁架移民的經紀人，以強化他對不合規行為的反對。該事件在移民經紀人中引起恐慌，而為了維持其國民利潤豐厚的客運貿易利益，外國領事與 Chinese 行政當局共同制定了一套終止各種非自願移民的法規。[86] 賒單制被禁止了幾年，但在一八九〇年，有報導說「地方官員為了金錢而允許使用這種賒單。」[87] 然而，在整個回顧期間，這些規定仍然有效。儘管執法有時有些鬆懈，但一九〇八年的一項法令加強了這些規定，重申移民必須完全自行支付旅費。[88]

隨著移民的持續增長，移民公司和經紀人也不斷增加和擴大。在第一次世界大戰前的時期，汕頭的每一個主要代理處都與幾間分理處（即所謂的「苦力行」）有聯繫，這些分理處名義上是獨立的，但實際上受總代理處的買辦指揮。負責移民的 Chinese 官員在一間「苦力行」成立之初就會得到一定的報酬，而總代理處實際上負責使其「苦力行」遵守法律。與大型苦力行相連的是等待出發的移民的旅館。苦力行行主和客頭與曼谷的通信員保持密切聯繫，不時獲知所需工人的數量。苦力行行主隨後會向他們的總代理處訂購相應數量的船票，並派他們的經紀人去召集相應數量的移民。根據移民的健康狀況，行主可以從每個移民身上得到二十元到五十元不等的佣金，但行主通常還要向移民的家人饋贈金錢，並為移民提供食物，直他們上船為止。[89]

這是一門利潤豐厚的生意。在二十世紀的頭十年，航運本身的利潤非常可觀，以至於主導曼谷航線的公司北德魯意輪船公司（Nord-Deutscher Lloyd）（該公司在三十世紀初收購了英國輪船公司）願意以幾乎不收費的方式運送乘客，以趕走可能的競爭對手。[90]一九〇八年，北德魯意輪船公司壟斷了曼谷航線，單從汕頭就運送了七萬四千五百七十四名移民，每人的純利超過五元。[91]

斯邁斯以其諷刺的筆調捕捉到了移民航運的商業味道：「在暹羅的原材料進口中，Chinaman 無疑名列前茅。」[92]

第四節　Chinese 移民的規模

要估計十九世紀最後二十五年前 Chinese 移民的規模並不容易。根據克勞福在一八三〇年的統計，[93]旅客是「從 China 進口到暹羅最有價值的貨物」，每年移民數約為七千人。然而，大約在同一時期（一八二五至一八三〇年），本尼（Captain H. Burney）估計每年的 Chinese 移民為二千到三千人[94]，而馬洛克（D. E. Malloch）在一份文件中稱其略高於二千人，[95]在另一份文件中卻估計為一萬二千人[96]。對本文作者來說，在拉瑪三世統治的初期，六千至八千人似乎是最有可能的移民範圍。

在一八三九年，馬可姆（The Rev. Howard Malcom）[97]引用一千人作為每年的移民率，這個數字顯然太小，甚至不足以包含曼谷在 China 出生的 Chinese 人口（所有觀察家都同意有增長的趨勢）。另一方面，馬洛克在一八五〇年年代的估計為一萬五千人，[98]從數十年後更可靠的數字來看，這個數字似乎高了一些。在一八八二年之前，south China 各港口零散的移民統計數字，對於估計移民到暹羅的總人數幾乎沒有任何依據。在一八八二至一八九二年期間，根據汕頭、海口和廈門口岸的移民統計數字估計，每年到達暹羅的 Chinese 移民略高於一萬六千人。根據對現有資料的研究，本文作者相信在一八八二年之前，每年的數字不會高達一萬六千人，而在一八三〇年代，Chinese 移民的比率從每年約七千人逐漸增加，直到一八七〇年左右增加一倍，之後則略有下降，直到一八八二年再次激增。

從人口統計的角度來看，我們不可能準確地確定這些早期移民的命運。幾位十九世紀的作家估計了移民到暹羅的 Chinese 最終返回 China 的比例，但這些猜測從「不超過百分之十」到「幾乎全部」不等。本作者對一八七四年以後不同時期往返汕頭的客運量編制了一個列表，當中顯示在整個一八七四年至一九一七年期間，從東南亞回國人數與前往東南亞人數的比例呈上升趨勢（即移民回流的比例越來越大）。一八七四至一八八一年間，該比例平均約為百分之五十一。移民到暹羅的最大群體來自汕頭地區，因此將汕頭的研究結果向後推算並應用於暹羅移民並非不合理。如果這樣做，那麼假設在十九世紀中期，從暹羅返回 China 的比率低於抵達率的一半，到一八七四至一八八一年期間，才增加到略高於百分之五十。這樣推理得出的結論是，在一八二〇年代，Chinese 移民每年的超額人數可能略高於三千人，到一八七〇年左右逐漸增加到約七千人。

從一八八二年開始，移民數量的計算有了更堅實的基礎。早年，Chinese 海關的移民統計資料主要是局限於外國（即非 Chinese）底艙的載客量。自一八八二年起，絕大多數前往暹羅的乘客開始乘坐懸掛歐洲旗幟的輪船。這發展意味 south China 各港口的 Chinese 海關申報表在當時變得更加完整。一八八〇年代後期，曼谷港口開始記錄移民數字。一八九九年以後，曼谷與東方港口之間的船艙乘客總流量報表已被定期上報。根據這些不同的統計資料，以及與曼谷以外的暹羅移民有關的文獻陳述，本文作者對一八八二年開始的暹羅 Chinese 每年入境和出境人數進行了估算，有關資料載於表 2-2。入境暹羅的估計數字比離開暹羅的數字更準確。我們相信，每年入境暹羅人數的最大可能誤差如下：一八八二至一八九二年年約為百分之十，一八九三至一九〇五年約為 百分之七點五，一九〇六至一九一七年約為百分之五；而每年出境暹羅人數的最大可能誤差則是：一八八二至一八九二年約為百分之十八，一八九三至一九〇五年約為百分之十三，一九〇六至一九一七年約為百分之九。然而，各時期入境和出境總人數的最大可能誤差則低得多，在下文的簡要分析中將提及這些數字。

首先要注意的是，這些數字包括所有 Chinese，包括在暹羅出生的 Chinese。如果一個在暹羅出生的 Chinese 回到 China，並在 China 度過了他的餘生（這種情況很少發生），那麼他只會在數字中出現一次，作為離境。更重要的是要知道，不同人士抵達暹羅的數量少於抵達的總人數，離境的情況也是如此，因為同一個人有時會在十年或十五年間往返數次。然而，我們可以有把握地假設，一八八二至一八九二年間抵達暹羅的十七萬七千人中，絕大多數都是初次入境者，即使到了一九〇六至一九一七年，也有一半以上的移民是初次入境者。

總括而言，表 2-2 顯示入境與離境的平均人數有明顯的增加。然而，在接下來的每個時期，離境人數的增加速度比入境人數的增加速度更快。造成這種現象的主要原因，也許在於入境移民中勞動者所佔的比例越來越大，而與商人相比，更多的勞動者一般在逗留短期後，便返回 China 永居。在這三個移民時期，Chinese 政府也逐漸放寬了對移民的限制。矛盾的是，與移民出國相比，這種合法化更能促進移民回國（即移民回流）。畢竟，出國的移民在犯罪時逃離了 Chinese 政府的管轄範圍，而回流者事實上是罪犯，常受敲詐勒索。由於回流的比例較高，在接下來的每個時期，暹羅的 Chinese 移民平均每年超額人數的增加速度遠低於移民總數的增加速度。

我們應弄清楚入境人數超額總數的重要性。每個時期的總數是因移民（死亡除外）而增加到 Chinese 人口的實際數字。無論入境和出境的總數因個人往返而被抬高了多少，兩者之間的差額，或稱超額，代表的是個別的人士。雖然有些在暹羅出生的 Chinese 回到 China，但絕大多數最終也回到暹羅，因此不列入超額人數之內。因此，就所有目的

表 2-2 1882-1917 年泰國各地 Chinese 出入境總人數估計（按年和時期統計）

年份	入境人數	出境人數	年份	入境人數	出境人數	年份	入境人數	出境人數
1882	17.3	9.3	1893	27.7	11.2	1906 (1/4 年)	13.1	10.6
1883	18.0	9.9	1894	33.8	16.1	1906/07	68.0	38.9
1884	13.1	8.4	1895	29.0	17.3	1907/08	90.3	53.0
1885	13.9	7.8	1896	27.8	18.2	1908/09	61.6	49.2
1886	14.2	7.9	1897	31.0	18.6	1909/10	66.8	57.4
1887	15.0	9.2	1898	33.6	19.1	1910/11	80.8	73.0
1888	15.7	7.9	1899	33.7	20.7	1911/12	76.7	63.9
1889	18.3	10.1	1900	27.3	19.0	1912/13	72.8	60.5
1890	18.9	10.4	1901	30.4	19.3	1913/14	73.3	57.2
1891	16.0	9.1	1902	36.5	18.8	1914/15	60.1	56.8
1892	17.1	9.4	1903	54.5	29.9	1915/16	69.2	47.1
			1904	44.0	23.7	1916/17	53.4	40.3
			1905	45.8	30.0	1917 (3/4 年)	29.6	27.6
合計	**177.5**	**99.4**	合計	**455.1**	**261.9**	合計	**815.7**	**635.5**
時期		入境總數	出境總數	出境人數佔入境人數的 %	每年平均入境人數	每年平均出境人數	入境人數總超額	入境人數的年平均超額
1882-1892 年		**177.5**	**99.4**	**56**	**16.1**	**9.0**	**78.1**	**7.1**
1893-1905 年		**455.1**	**261.9**	**58**	**35.0**	**20.1**	**193.2**	**14.9**
1906-1917 年		**815.7**	**635.5**	**78**	**68.0**	**53.0**	**180.2**	**15.0**

* 主要基於下列出版物中提供的統計數據：1882-1893 年《廈門領事報告》；1882-1917 年《中國貿易報告》；《中國海關十年報告》（1892-1901 年、1902-1911 年、1912-1921 年）；1872-1914 年《廣州領事年報》；1882-1913 年《暹羅領事報告》；1899-1906 年《暹羅貿易統計》；1882-1914 年《汕頭領事報告》；1906/07 年 -1917/18 年《泰國海關報告》；1916-1923 年《泰國統計年鑒》。

而言，每個時期的移民超額代表該時期暹羅在China出生的Chinese人口的淨增長（死亡除外）。

第五節　影響移民率的因素

利用有關汕頭—曼谷和海口—曼谷移民的數據，本節將嘗試解釋一八八二年至一九一七年間出入暹羅的人口比例變化。[99]除了闡明Chinese移居暹羅、留在暹羅或不留在暹羅的原因外，此簡短的調查還應表明，歸根結底，具體的歷史事件（而不是抽象的「原因」）決定了Chinese移居的具體趨勢和相對規模。前面幾節所概述的總體情況將作為假設，而不是詳細說明的。在整個過程中應參考圖2-5，該圖表顯示了在此期間暹羅Chinese抵達和離開的估計總數。

當然，一八八二年入境和離境旅客量的最初增長，是由於曼谷與汕頭之間定期客輪服務的開通以及票價的大幅下調。在一八八二至一八八三年間，各航運公司之間在從汕頭到海峽的客運方面存在競爭，結果對暹羅來說，為了搶載移民，曼谷客輪公司不得不將票價降低至一點四元。[100]然而，到了一八八三年底，競爭僅限於幾條合謀定價的定期航線，因此到了一八八四年初，汕頭至曼谷的票價漲到了六元，移民人數隨之減少。[101]一八八四年移民急劇減少的另一個重要原因是中法戰爭的爆發，這尤其妨礙了海南的移民，並導致在潮州招募軍隊以抵抗法國人。[102]與前兩年相比，一八八四至一八八八年期間的移民率偏低，部分原因是在輪船開始運往曼谷的第一波熱潮之後，勞動力市場出現了一定程度的氾濫。[103]一八八八年初，汕頭禁止使用賒單制，導致來自汕頭的移民減少，但當年通往曼谷的輪船航線正式開通，使海南移民的數量大幅增長，彌補了有關減少。[104]

一八八九年移民人數的顯著增加，反映了汕頭對賒單制禁令的執行相對寬鬆，以及海南移民的進一步增加。[105]一八九一年移民人數的急劇下降是由於曼谷的商業衰退，在這段期間，許多Chinese公司倒閉，對農業和磨坊勞動力的需求低迷。[106]

一八九三至一八九四年間，入境人數的激增是由許多因素共同作用的結果。首先，由於一八九三年的大霜凍，潮州的甘薯（貧農的主要食糧）完全失收，其他農產品的產量也很低。其次，曼谷與大城府之間的鐵路於一八九二年開始興建，在接下來的幾年間需要數以千計的勞工；在建築團隊（幾乎都是 Chinese）工作的工資很高，而且還在不斷上升。第三，一八九四年香港爆發鼠疫，導致從海南和汕頭移民到新加坡的人數急劇減少，因為衛生官員完全停止了來自 Chinese 港口的移民，達幾個月之久。然而，在曼谷，只有例行的體格檢驗，所以許多想移民到馬來亞的人都改去曼谷。[107] 最後，China 在一八九三年廢除了十八世紀禁止移民和回國的法令，使詐騙移民的勒索者的處境變得更加脆弱。離境暹羅人數的急劇增加很可能歸因於這項法令的廢除，因為勒索者特別會敲詐這些回國者。[108] 一八九五年，

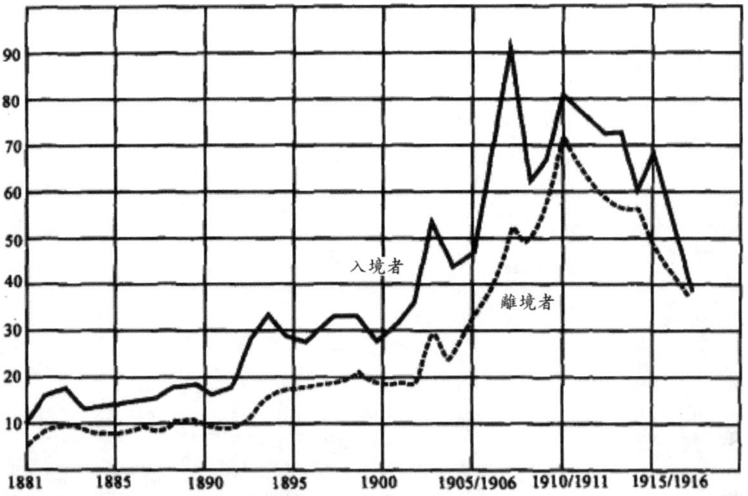

圖 2-5 1882-1917 年全泰國 ethnic Chinese 每年抵達與離境的估計數字。就 1905-1906 年度的 15 個月期間而言，年比率也以圖表表示。

隨著香港鼠疫的平息以及從China到海峽和德里全面移民的恢復，再加上潮州正值豐收之年，抵達暹羅的人數有所下降，而第二年的輕微下降也歸咎於相同的負面因素。[109]

從一八九七年開始，移民率逐漸上升，主要是由於暹羅對勞動力的需求不斷增加，包括鐵路和運河建設以及快速增長的加工廠，以及隨之而來的工資增長。[110]在一八九八至一八九九年間，由於海南農作物失收和食品價格高漲，海南移民人數大幅增加。[111]一九〇〇年，由於汕頭和海口同時發生疫症，高移民率突然出現逆轉。這一次，所有抵達曼谷的船隻都受到檢疫限制，結果從海口和汕頭直接移民到曼谷的人數分別減少了百分之五十五和百分之十九。[112]英國駐曼谷領事在其一九〇〇年的報告中說，據說暹羅的Chinese秘密會社利用他們的影響力來壓低移民勞工的數量，以維持和提高工資率，[113]但這個推測在當時也很難被證實，而且對於解釋一九〇〇年記錄的移民人數減少也屬不必要的。

隨著鼠疫得到平息，移民於一九〇一年恢復，而一九〇二年移民的急劇增加主要是由於汕頭的糧食短缺和海南的嚴峻困境。該年潮州農作物失收，大米價格達到前所未有的高度，導致汕頭大米短缺。海南整年嚴重乾旱，農作物失收迫使大量高價進口大米。結果，從海口直接移民到曼谷的人數增加了百分之五十七。值得注意的是，在一九〇一至一九〇二年間，離暹的人數並沒有類似的增長，原因似乎在於那幾年汕頭再次出現部族鬥爭和對歸僑的敲詐。[114]一九〇三年出入境人數均出現了一躍而上的增長，原因很簡單。自一八九九年蘇格蘭東方輪船公司將其輪船出售給北德魯意輪船公司後，北德魯意輪船公司一直壟斷汕頭與曼谷之間的客運。然而，在一九〇三年七月，根據英國駐汕頭領事的報告，「一支由五艘輪船組成的船隊，屬於德國不來梅的利克墨斯輪船公司（Messrs. Rickmers and Co.,）被安排在汕頭至曼谷的航線上，隨後發生了一場激烈的鬥爭。這對汕頭的苦力來說是一件好事，他們有幾個月能夠以極低的成本移民。有一段時間，我相信票價只有五角，還有免費的食物和理髮師，後者是一種非常受歡迎的奢侈品。」[115]在競爭開始的四個月後，北德魯意輪船公司併入了競爭對手的船隊，結束了這種荒謬的價格競爭。到了一九〇四年，票價接近以前的水平，移民也相應減少。

在曼谷經濟蓬勃發展的大背景下，一九〇六／七至一九〇七／八年間移民人數的突然增加，也歸因於汕頭至曼谷客運航線上的競爭。從一九〇六年六月到一九〇八年一月，日本公司日本郵船株式會社加入了這條航線，與北德魯意輪船公司在這條利潤豐厚的航線上激烈競爭。兩家公司都是在虧本的情況下運載乘客（節儉的 Chinese 最喜歡這種情況），直到虧損慘重後，雙方才達成協議，日本公司決定退出。此後，票價上升，移民率下降。一九〇八年／九年度移民率的下降尤為顯著，原因是整個潮州的稻米收成極佳。[116]

一九〇九／十年度出入境人數的強勁增長，以及一九一〇／十一年度更強勁的增長，是由於幾個相伴而生的發展而造成的。首先，一九一〇年是海南災難性的收成年，海口的直接移民隨之增加了百分之三十八，達到戰前最高的一萬二千多人。[117]然後，一九〇九年初，與北德魯意輪船公司在汕頭航線上的競爭再次展開，當時曼谷一家擁有大量Chinese利益的公司中暹輪船公司開始營運，租用了六艘輪船。隨後又發生了另一場價格戰，競爭公司之間的談判失敗，直到一九一〇年底，北德魯意輪船公司撤出了幾艘輪船，才緩和了這場戰爭。[118]一九一〇年新的大清律例完全消除了從Chinese移民的所有法律障礙，[119]這也可能是導致一九一〇／十一年離境人數大幅增加的原因。當然，對暹羅Chinese徵收一年一度而非三年一度的稅項（這項法令在一九一〇年向Chinese宣布），以及同年六月Chinese大罷工的失敗，導致許多人返回China，從而使一九一〇／十一年度的離境率達到戰前的高點。

在詮釋一九一〇／十一年度開始的幾年間，離境人數佔抵達人數的比例維持在前所未有的高水平，以及解釋一九一一年後抵達暹羅人數下降的原因時，也必須考慮到新的年稅和 Chinese 與泰人之間爆發的不和（這將在後面的章節討論）。一九一一／十二至一九一二／十三年度移民人數下降的另一個更明確原因是海南農業條件得到改善，海南島於一九一二年的稻米收成是二十年來最好的。[120]

第一次世界大戰爆發後，北德魯意輪船公司和其他德國航運公司撤出，導致一九一四／一五年度移民人數急劇下降。最終，英國公司能夠填補客船的大部分空缺，每艘返回 China 的英國船都載滿了回國的 Chinese，他們想利用這可能是最後的機會回家，這也是一九一四／一五年度離境率暫時停止下降的原因。[121] 一九一五／一六年度移民的增加有點令人驚訝，但我們應該記得，在戰爭的最初幾年，暹羅經濟的混亂程度比那些在東南亞的歐洲殖民地的要少得多。交通運輸在戰爭的最後兩年並不足夠，因為當時對英軍運兵船隻的需求增加。此外，從一九一五年五月到一九一六年三月（幾乎正好是暹羅的一九一五／一六年度），從老軍閥吳將軍去世到馬將軍經過激烈戰鬥取得最終勝利的期間，潮州和梅縣的社會秩序完全崩潰。海南也發生了規模空前的叛亂、土匪和海盜活動，並在一九一六年達到高峰。[122] 在回顧的最後兩年，移民率急劇下降，主要是因為一九一七年航運短缺。此外，不利於 Chinese 移民的匯率降低了出國的經濟優勢。[123]

由此明顯看出，首先，移民率對 China 和暹羅移民地區繁榮程度的具體變化非常敏感。在移民地區的所有條件中，主要取決於天氣的農作物狀況，似乎是最重要的單一因素，而對於暹羅來說，更普遍的經濟條件，反映在對勞動力的需求上，則是最重要的因素。其次，出入境率對票價的大幅波動特別敏感。值得注意的是，在二十世紀初，當來往暹羅的客運量開始呈現真正的大規模增長時，利潤豐厚的航運業不時競爭激烈。出入境率的三個高峰期（一九〇三、一九〇七／〇八年度和一九一〇／一一年度）都是票價最低的年份。我們可以肯定地推測，如果北德魯意輪船公司在一九〇一年至一九一〇年期間沒有任何競爭，一九一七年前遷往暹羅的總人數可能會低得多。第三，與入境率相比，離開暹羅的比率，對暹羅和 China 的具體事件與條件的反應要稍顯遲鈍。除了因廉價船票造成的三次高峰期外，出境率通常會跟隨入境率，但波動幅度較小。

頭兩項結論支持了以下概括性的說法，即移民到暹羅的大多數人都很貧窮，在 China 是農業工人或農民，來到暹羅最初都是做普通工人。這最重要是支持了以下論點：對經濟改善的渴望，是這段時期從 China 移民到暹羅的主要動機。

第六節　暹羅 Chinese 人口的增長

整體而言，對東南亞地區 Chinese 人口的估計和統計並不令人滿意。就暹羅而言，這些資料也許是極不可靠的。更糟的是，早期關於暹羅華人數量的估算中，最常被引用的數據很可能是其中最不準確的。無論如何，關於暹羅人口族群構成的文獻中充斥著各種估算，甚至在第一次世界大戰之前也有過幾次人口普查的嘗試。由於可用的數字極為分散且相互矛盾，因此如果只引用兩三個較易獲得的統計數字，並且不嘗試對它們進行調整或鑒定的話，無疑會導致誤導性結論。在此，我們嘗試根據公認的次等數據，來界定從拉瑪三世統治開始到一九一七年間暹羅 Chinese 人口的可能範圍。這項工作不僅有助於理解暹羅 Chinese 社會的成長與發展，還能提供一些必要的「一手事實」，以處理更具理論價值的問題。舉例來說，在所有有關文化適應與同化的考量中，不同接觸社會的規模，以及不同並置文化載體的相對比例，都是最重要的。

在一九一七年前對暹羅 Chinese 人口的許多估計中，任何值得參考的都載列於表 2-3。二十世紀頭十年進行的各種「人口普查」的結果並沒有載列於表中，但會在下文討論時提出。

表 2-3 1917 年以前泰國 Chinese 和泰國總人口的選擇性估計 1

大約年份	Chinese 人口數	總人口數（包括各民族）	資料來源
1822	440,000	2,790,500	Crawfurd 1830, II, 224 2
1827	800,000	3,252,650	Malloch 1852, 73 3
1835	500,000	3,620,000	Edmund Roberts, from Malcom 1839, 146
1839	450,000	3,000,000	Malcom 1889, 145
1849	1,100,000	3,653,150	Malloch 1852, 73
1854	1,500,000	6,000,000	Pallegoix 1854, I, 8
1858	-	5,000,000	Auguste Heurtier, from Girard 1860, 5
1862	1,750,000	7,000,000	Werner 1873, 259 4
1864	-	4,000,000	Siam Consular Report 1864
1878	1,750,000	7,750,000	Rousset 1878, 106 5
1885	1,500,000	5,900,000	Rosny 1885, 116
1890	3,000,000	10,000,000	Gaston Rautier, from Hallett 1890, 461
1891	500,000	-	Gorden 1891, 289
1892	1,500,000	5,900,000	Hoeylaerts 1892, 10
1894	900,000	9,000,000	Directory for Bangkok and Siam 1894, 8
1900	400,000	-	Campbell 1902, 268 6
1900	600,000	-	Raquez 1903, 434
1903	700,000	5,000,000	Little 1903, 261
1903	2,000,000	6,300,000	Mury 1908, 54
1903	2,500,000	-	Gottwaldt 1903, 75, 89
1903	480,000	5,029,000	Directory for Bangkok and Siam 1908, 119 7
1907	1,400,000	6,000,000	Siam Free Press 1907 8
1907	2,755,807	-	“Satistik der Chinesen im Auslande” 1907-1908, 277

1910	1,200,000	-	Survey of Chinese Industry and Commerce 1951 9
1912	400,000	6,020,000	Graham 1912, 109
1912	650,000	-	China Year Book 1912, 35
1916	1,500,000	-	China Year Book 1912, 37

一、這些是極端偏差的估算，例如 Bacon 的估計數不包括在內；Bacon 認為不包括屬地的暹羅人口數有三千五百萬人（George B. Bacon, Siam, Land of the White Elephant, p.15）。文獻中許多僅接受其他權威早期數字的估算也被省略。例如，寶寧的數字就屬於這一類。

二、Crawfurd 較早前的估計是總人口五百一十萬人中有七十萬名 Chinese，後來他修正為上述數字。見 John Crawfurd, "Report to George Swinton, Esq. April 3, 1823", The Crawfurd Papers（Bangkok: Vajiranana National Library, 1915）: 102-103.

三、Malloch 較早前對一八二七年做了另一個估計，在總人口五百萬人中有一百五十萬名 Chinese，但他後來捨棄了這個估計。D. E. Malloch, "Private Journal, 1827", The Burney Papers, Vol. 2（Bangkok: Vajiranana National Library, 1910）, p. 232.

四、Werner 估計全國人口有七百萬至八百萬人，其中四分之一是 Chinese。

五、Rousset 估計原住民人口為六百萬人，加上一百五十萬名 Chinese 和二十五萬名中暹混血人口。

六、四十萬這個數字是基於一九〇〇年繳納人頭稅的 Chinese 估計數目。這不是 Campbell 自己的估算，而是一位匿名權威的估算，Campbell 對他「願意默示信任」。

七、此估算僅針對某些行政區（monthon），但在不包括的行政區中，只有那空是貪瑪叻有可觀的 Chinese 人口。請參閱下文。

八、引自"L' émigration Asiatique" 1907, p. 490.

九、T' ai-kuo hua-ch' iao kung-shang-yeh ch' iian-mao 1951.

為了又快又簡單地得出暹羅的人口總數，泰國政府中央統計局根據早年重新進行的全國人口普查，計算出一九〇二年後大部分年份的估計數字。[124] 十九世紀的自然增長率低於二十世紀頭幾十年的，原因至少有兩個：一、每年因移民而增加的人口較少；二、死亡率較高，因為公共衛生，尤其是流行病的控制，在二十世紀的頭幾十年才有所進步。根據文獻中對十九世紀情況的陳述以及中央統計局對二十世紀的估計，本文作者估計暹羅的總人口大致如下：

這裡提供的三個十九世紀的數字可能被認為是過高，特別是考慮到表 2-3 所示的最早估計數字。但若要接受克勞福或馬可姆的數字，就必須承認自然增長率對於前現代的暹羅來說是完全不可能的。我們不得不作出這樣的結論：十九世紀前半期的估計數字幾乎可以肯定是太低的。另一方面，就十九世紀下半期的估計而言，除了兩個明顯的例外，其他估計數字至少是在可能範圍之內。

就當代對暹羅 Chinese 人口的估計而言，大多數觀察者都高估了有關數字。由於克勞福和馬洛克提供了最完整的數據，故研究他們的估計尤

1825 年	4,750,000	1900 年	7,320,000
1850 年	5,200,000	1910 年	8,305,000
1875 年	5,950,000	1917 年	9,232,000

其具有指導意義。克勞福認為：

在暹羅境內（不包括 Malayan States）估計須繳納人頭稅的 Chinese 總數為十萬人。如果暹羅的 Chinese 人口按正常組成情況計算的話——實際上他們的組成不是這樣——其總人數將達到約四十二萬……在 tributary Malay States 從事貿易或加工黃金和錫的 Chinese 定居者估計有兩萬人。[125]

克勞福收集到的具體數據是，Siamese Malay States 共有約兩萬名 Chinese，暹羅其他地區則有十萬名納稅的 Chinese。Chinese 的人頭稅是由所有二十歲以上留有辮子的男性繳納的，[126]也就是說，他們仍然認為自己是 Chinese。因此，我們有理由推斷，當時全暹羅在 China 出生的 Chinese 不超過十萬人。在當地出生的 Chinese（即父親是 Chinese，且仍認為自己是 Chinese 的人），在任何情況下都不可能有三十二萬人。克勞福自己也用斜體標記他的計算，承認用十萬人乘以四點二（他對暹羅平均家庭人數的猜測）是愚蠢的；但由於某種原因，他堅持暹羅 Chinese 的最終估計數為四十四萬人。當然，事實上，暹羅在 China 出生的 Chinese 婦女非常少；大約十萬名二十歲以上的 Chinese 男子大多未婚或娶了泰國婦女為妻。在中泰通婚的後代中（洛真人），大多數人當然還是 Chinese，但也有許多人剪掉辮子而成為泰國人。那些二十歲以上留著辮子的洛真男性需要繳稅，因此必須包括在最初估計的十二萬人中。因此，要獲得 Chinese 總人口，則必須在十二萬人的基礎上，再加上所有未被同化的洛真女性和二十歲以下未被同化的洛真男性。這個族群幾乎肯定是不超過八萬人的。如果考慮到逃稅和許多其他可能的錯誤，一八二二年左右暹羅的 Chinese 總人口不可能超過二十五萬人，而且可能比較接近二十萬人。

馬洛克一八四九年一百一十萬人的數字更顯得誇大。他在附錄中列出了暹羅八十多個城鎮的種族人口，這份名單包括了所有重要的城鎮。[127]根據馬洛克的說法，如果不包括現在泰國邊界以外的城鎮，即現在屬於馬來亞聯合邦、柬埔寨或寮國的地方，一八四九年暹羅的城市 Chinese 人口總數估計為十九萬九千三百四十四人。大部分遠離曼谷的內陸城鎮所提供的數字明顯被誇大了，例如，南奔的人口為四萬八千零五十人，其中六千零五十人據稱是 Chinese，但即使在今天，南奔也只是一個不到一萬人的城鎮，因此馬洛克的數字總和無疑被高估了。然而，從表面價值來看，問題是馬洛克估計的一百一十萬人中的另外九十萬名 Chinese 住在那裡。在一八五〇年的暹羅，住在城鎮的 Chinese 肯定比住在農村的多。即使考慮到暹羅灣地區還有十二萬五千名從事農業的 Chinese，一百年前的 Chinese 總人口，以現在的邊界計算，也不可能超過三十二萬五千人。我們可以看到，馬洛克的估計總數與他所包含的具體數字沒有明顯的關係。

克勞福、馬洛克和其他大多數十九世紀「權威人士」高估的原因並不難以理解。他們大部分時間都待在曼谷，即使到其他地方遊覽，也是到下暹羅和暹羅灣沿岸的城鎮。Chinese 當然集中在曼谷、下暹羅和暹羅灣沿岸的其他城鎮；對這些地區的 Chinese 比例進行相當準確的估算並應用於全國，自然會導致 Chinese 總人口的估計出現嚴重誇大。拉則爾（Friedrich Ratzel）是第一個懷疑這些估計被誇大的觀察者，他指出訪問曼谷的人可能因當地 Chinese 的數量和勤勞精神而留下了過分深刻的印象。[128] 格拉咸（W. A. Graham）在一九一二年寫下了以下一段話，對拉則爾的意見表示強烈贊同：

Chinese 的數量被誇大了很多。巴列瓜（Mgr. Pallegoix）估計有一百五十萬人，而最近的觀察家估計得更多，其中有些人毫不猶豫地說，全國人口有一半是 Chinese。然而，這樣的估計通常是基於在曼谷街上看到的 Chinese 數量——曼谷是 Chinese 最密集的地方——而人們經常理想當然地認為，由於在首都街上遇到的大多數人都留著辮子，所以 Chinese 在暹羅其他地區也一定同樣普遍。事實上，Chinese 約佔曼谷居民總數的四分之一，但隨著距離首都的距離增加，Chinese 所佔的比例也迅速下降，大多數農村地區的 Chinese 數量都是很小的，惟普吉府和北柳府等地則除外，因為錫礦業和碾米業在當地形成了獨立的 Chinese 群體。[129]

這個論點當然有些言過其實，但足以將巴列瓜、沃納（Reinhold Werner）、勞塞（Leon Rousset）、羅斯尼（Leon de Rosny）、勞卻爾（Rautier）[130]、馬里（Francis Mury）和哥德瓦爾特（H. Gottwaldt）的數據排除在值得嚴肅考慮的範圍之外。一九〇七年在德國學術期刊上嚴肅地列出的七個重要數字，只可能是一個失意學究一廂情願的幻想。

戈登（Robert Gordon）是另一位更敏銳的觀察家，他於一八九一年撰文，認為「Chinese的數量很容易被誇大。」[131]他直截了當地說：「暹羅的Chinese不可能超過五十萬人」，事實上，這個數字似乎非常有可能。坎貝爾（J. G. D. Campbell）的匿名權威人士根據一九〇〇年繳納人頭稅的Chinese數目作了估計，得出全國有四十萬人，但坎貝爾根據其經驗認為這是低估了。[132]拉則爾對同年估計的六十萬人，很可能更接近正確的數字，尤其是他在暹羅時，曾密切關注人口問題，並與Chinese領袖交談。

泰國第一次人口普查是零碎的。一九〇四年的人口普查只涵蓋十二個行政區，加上Krungthep行政區的非市區部分。一九〇九年的人口普查涵蓋Krungthep的市區部分，即曼谷。一九一九年的人口普查首次涵蓋其他行政區。然而，一九〇四年和一九〇九年的人口普查在此特別引人關注，因為它附有關於Chinese的定義：

在對人口中的 Chinese 進行普查時，所採用的辦法是根據個人的髮型和服裝類型，將所有留辮子的男性——無論程度如何——歸類為「Chinese」，而將所有穿著暹羅服裝的女性歸類為「暹羅人」，但那些來自 China、穿著 Chinese 服裝的女性則除外。[133]

因此，人口普查者嘗試將外觀上顯示他們認為是 Chinese 的人記錄為 Chinese。表 2-4 列出一九〇四年和一九〇九年人口普查記錄的十三個行政區的 Chinese 人口。幸運的是，正如我們將看到的，人口普查沒有包括的行政區是那些 Chinese 人口較少的行政區。透過估計一九一九年人口普查在這些行政區的結果，即以類似一九〇四年至一九一九年人口普查在其他行政區的發現比例來計算，我們可以得出的結論是：根據一九〇四年的人口普查，暹羅的 Chinese 總數應該略低於四十萬人（見表 2-4 第二欄數字）。

假設一九〇四年人口普查的目的是將所有自認為是 Chinese 的人都記錄為 Chinese，其結果肯定是低估的，原因有幾個。首先，上面引用的「Chinese 特徵」標準不足以決定兒童和青少年的「種族」。無論是純 Chinese 或混血兒，Chinese 兒童通常不穿戴與泰裔兒童不同的衣服或頭飾，因此在大多數情況下，他們可能被記錄為泰裔。第二，在大多數情況下，人口普查是由不懂 Chinese 的縣級官員進行，因此許多 Chinese 家庭的涵蓋範圍可能不如泰國家庭完整。第三，Chinese 傳統上迴避政府官員的習慣，很可能導致

Chinese 比泰人更迴避人口普查人員。事實上，負責徵收 Chinese 三年一度人頭稅的官員也負責人口普查，這肯定加強了 Chinese 逃避的傾向。

然而，我們沒有理由假設這些因素存在地域差異，因此 Chinese 在各區域的百分比分佈（見表 2-4 最後一欄），顯示出暹羅 Chinese 人口的區域分佈情況相當可靠。值得注意的是，一九〇四年約百分之九十四的 Chinese 居住在鄰近暹羅灣的四個地區，其中大部分在下暹羅，其次集中在南暹羅。

如果有數字的話，截至一九〇九年，Chinese 人頭稅的收入也可以提供暹羅 Chinese 人口的線索。雖然有幾年的非官方收入估算報告，但它們太不可靠，無法在這方面發揮任何作用。任何可查閱的文獻中均未報告實際收入，但有一九〇三年和一九〇九年官方預算的預期收入，數字分別為七十九萬二千四百一十一泰銖和九十八萬六百泰銖。[134]稅金為四銖，管理費為零點二十五銖。筆者的印象是，這些費用包括在各縣級機構的收入中，而不是作為人頭稅收入。如果這是真的話，則官方估計以現金繳稅的人數在一九〇三年為十九萬八千一百零二人，在一九〇九年為二十四萬五千一百五十人。只有二十歲以上的男性繳稅，其中有些人在這些年可能仍以實物繳稅；逃稅的情況也很普遍。雖然這些數字包括一些在當地出生的 Chinese 男性，但不包括所有在 China 出生的婦

表 2-4 1904 年按行政區劃分的泰國 Chinese 人口

地區與行政區 1	1904 年人口普查 2	四捨五入後的完整估計（1904 年）	每一地區的 Chinese 總數百分比
下暹羅			
坤西施	33,992	34,000	
大城	18,615	18,600	
Krungthep	197,918	185,0003	
合計		**237,600**	**59.8（下暹羅）**
中暹羅			
那空沙旺（北欖旺）	6,283	6,300	
彭世洛	4,442	4,450	
碧差汶	136	150	
合計		**10,900**	**2.7（中暹羅）**
北暹羅			
北區		5,0004	1.3（北暹羅）
東北暹			
柯叻	2,431	2,4504	
東北區	-	3,0004	
烏汶	-	1,5004	
合計		6,950	1.7（東北暹）
東南暹			
巴真武里	35,912	35,950	
尖竹汶	10,080	10,100	
合計		**46,050**	**11.6（東南暹）**

西南暹			
叻丕	38,767	38,750	9.8 （西南暹）
南暹羅			
春蓬	3,129	3,150	
六坤	9,303	9,300	
普吉	32,408	32,400	
柿武里（部分）		7,0004	
合計		**51,850**	**13.1 （南暹羅）**
全暹羅總數（1907 年後的邊界）		**397,100**	**100.0**

一、大部分於一九〇七年割讓給法國或英國的行政區不包括在內。柿武里的估算僅包括一九〇七年未割讓給英國的行政區部分。因此，一九〇四年的是指以一九〇七年後的邊界為標準的人口數。

二、資料來源：柯勒（Collet）《暹羅的政治經濟研究》，一九一一年，第六十一至六十三頁；又見《曼谷暹羅指南》，一九〇七年，第一一三頁；一九一〇年，第一五八頁。Krungthep 行政區的數字由截至一九〇九年曼谷市的人口普查結果，加上一九〇四年行政區餘下地區的人口普查結果而組成。細項資料不詳。

三、一九〇四至一九〇九年的合併人口普查數字在此經過調整，以適用於一九〇四年。

四、作者根據一九一九年按行政區劃分的人口普查結果按比例估計的其他數字。

女和兒童，也不包括逃稅的在China出生男性。因此，這些數字可視為當年在China出生的Chinese的最低數字。

我們亦要考慮移民統計數字。根據本章前面的討論，我們可以明顯地看出，Chinese出入境的超額人數，大約等於泰國人口中China出生的Chinese所增長的數字。因此，根據對一八八二年初暹羅在China出生的Chinese人口數目，其原始估計和死亡率的估計，可以估算出一八八二年後每年在China出生的Chinese數目。在China出生人口的增加只能通過入境數來計算，而其減少只能通過出境數

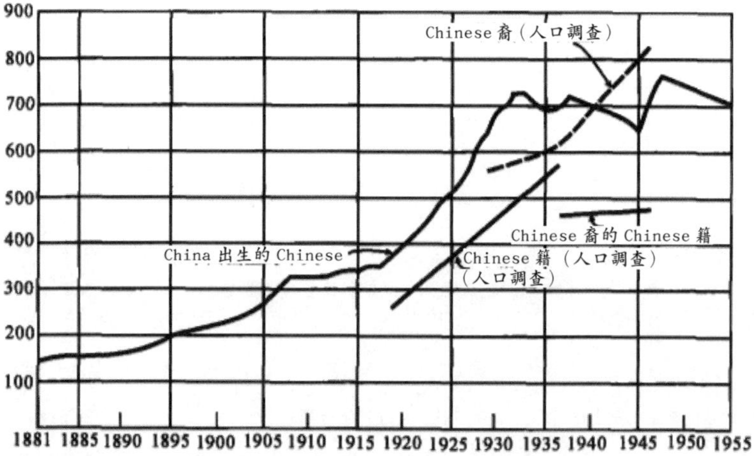

圖 2-6 1882-1955 年在China出生的泰國人口增長模型，以及 1919-1947 年的泰國人口普查結果。

1905 年前和 1940 年後的人口是以 12 月 31 日為統計基準。從 1906 年到 1940 年，人口是以 3 月 31 日（當時泰國年度的終止日期）為基準。

或死亡數來計算。本文作者嘗試對一八八二年以後暹羅在China出生的Chinese人口增長製做一個統計圖，結果如圖2-6所示。

本文沒有篇幅詳細說明建立這個模型的假設和步驟。然而，簡單來說，我們估算了各個時期可能的死亡率上下限，並假設一八二五年在China出生的人口為十萬人，在可能的範圍內使用不同的死亡率，對一八二五至一九五五年間進行了必要的計算。最符合整個時期所有可靠估計與人口普查結果調整的結果系列，被選為最可能的模型。應該指出的是，決定性的變數是入境超額數和死亡率。一八二五年在China出生的Chinese人口的精確數字對一八八二年以後的模型並不重要，因為一八二五年在China出生的Chinese絕大多數在一八八二年前已經去世了。

移民數字已經討論過了，因此我們還要談談在估計一九一七年以前的死亡率時所涉及的假設。首先，我們假設在China出生的Chinese在每個年齡組別的死亡率都高於泰國人，原因是：一、暹羅在China出生的Chinese主要居住在城市，而泰國人則多數住在農村，因此Chinese更容易受城市和城鎮疾病感染，如肺結核、霍亂、鼠疫；二、China出生的Chinese初到暹羅，對泰國常見而China罕見的疾病，如瘧疾、登革熱、霍亂，尚未產生抗體或抵抗力。毫無疑問，在這段期間發生的各種鼠疫和霍亂等傳染病，對在

China 出生的 Chinese 的打擊比在泰國出生的人口更大。[135]

另一個需要考慮的主要因素是年齡分佈。在任何時候，尤其是一九一七年以前，在 China 出生的人口大部分是二十至五十歲的男性。與一般人口相比，兒童所佔的比例極小，而由於 Chinese 有回國終老的習慣，老人的數量也相對較少。因此，最高死亡率的特定年齡組——嬰兒死亡率和老年死亡率——的影響遠小於一般人口。另一方面，兒童晚期和青少年早期的低死亡率對 China 出生人口的影響也小於對整體人口的影響。整體而言，年齡分佈似乎更有利於 China 出生的 Chinese，也就是說，儘管 China 出生人口的中位年齡較高，但其總死亡率卻低於正常分佈的人口。在平衡各種差異因素後，假設至少在一九一七年以前的死亡率，與一般人口的死亡率有很大差異的依據並不充分。一八八二至一九一七年間實際使用的死亡率為每一千人有二十八人到三十五人死亡，整體呈現下降趨勢。所使用的年平均死亡率為百分之三十一點九。

要計算在當地出生的 Chinese 人口增長是不可能的，因為所涉及的婚姻、出生、同化、死亡等許多比率都無法根據現有的數據來估計。根據本節所評估的資料，表 2-5 列出了一系列可能的估算，以完成一九一七年前泰國 Chinese 人口增長的模型。作者在此不會嘗試為這些數字辯護，只想指出：一、表中每個時期的總數，與根據前述對克勞福、馬洛克、戈登、拉則爾、李特爾，及一九〇四年人口普查所做估計的分析而得出的最有可能的總數相近；二、這些數字形成了一個合乎邏輯的數列；三、這個數列與一九一七年後的可靠估計和統計數字是一致的。

上述考慮和計算不足以「證明」任何一年Chinese人口的絕對數量。然而，表2-5所示的模型確實顯示了不同時間間隔的數字，這些數字都處於可能的範圍之內；這個範圍本身在早期較廣，而在晚期則較窄。從這個角度來看，即使是關於Chinese人口的數量，我們也可以很有信心地得出幾個結論。首先，在第一次世界大戰之前，Chinese總人口不可能達到一百萬人。第二，在暹羅出生的Chinese在一九〇〇年前不可能達到二十五萬人。

表 2-5 1825 年到 1917 年泰國 Chinese 人口增長的可能模型

單位：千人

年份	China 出生的 Chinese 總數估計	自上次日期以來的每 10 年增長率	當地出生的 Chinese 總數估計	每 10 年增長率	全部 Chinese 的總數估計	每 10 年增長率	暹羅人口的總數估計	China 出生的 Chinese 佔總人口的百分比	全部 Chinese 佔總人口的百分比
1825	100	%	130	%	230	%	4,750	2.10	4.8
1850	110	3.9	190	16.2	300	11.6	5,200	2.12	5.8
1860	118	7.3	219	15.3	337	12.3	5,450	2.17	6.2
1870	131	11.0	252	15.1	383	13.6	5,775	2.27	6.6
1880	146	11.5	289	14.7	435	13.6	6,200	2.35	7.0
1890	166	13.7	331	14.5	497	14.3	6,670	2.49	7.5
1900	222	33.7	386	16.6	608	22.3	7,320	3.03	8.3
1910	325	46.4	467	21.0	792	30.3	8,305	3.91	9.5
1917	349	10.2	557	27.4	906	20.6	9,232	3.78	9.8

1905 年前和 1940 年後的人口是以 12 月 31 日為統計基準。從 1906 年到 1940 年，人口是以 3 月 31 日（當時泰國年度的終止日期）為基準。

然而，這個模型最有用的地方在於顯示趨勢。本文作者相當有信心，任何與現有數據一致的模型（無論絕對數字有多大差異），都無法顯示出明顯不同的 Chinese 人口增長趨勢。從一八五〇年代開始到第一次世界大戰末的「自然」移民期結束期間，我們可以從暹羅 Chinese 人口的增長得出以下結論。一、在整段時期內，暹羅境內所有 Chinese 的數目穩步增加。二、在整段時期內，Chinese 人口的增長率一直高於暹羅總人口的增長率，因此 Chinese 所佔的比例穩步上升。三、在 China 出生人口的增長率逐年上升，但直到一九一〇年左右才開始下降。四、在 China 出生的 Chinese 佔總人口的比例逐年增加，直到一九一〇年左右才開始下降。五、在當地出生的 Chinese 人口的增加率，在一八八二年開始的大規模移民的效應顯現後，才開始增加，但一直持續到整段時期的末期。

第七節　Chinese 定居地的擴大

十九世紀初，暹羅的 Chinese 人口幾乎完全局限在沿海地區和主要河流的下游。從最東南部的噠叻（Trat）（當時稱為桐焱（Thungyai））一直到最南部的柿武里，暹羅灣沿岸幾乎每個城鎮都有Chinese聚居。在暹羅中部，挽巴功河沿岸直到巴真武里，昭披耶河和他真河沿岸直到北欖坡，以及在北碧（Kanjanaburi）以外的美功河沿岸都有Chinese定居地。毫無疑問，一些海外Chinese商人已經滲透到北部和東北部，並在一定程度上從事區域間的商隊貿易。但是，在泰國北面或北欖坡以東的任何地方，都沒有發現任何物質遺跡或當地文獻，[136]顯示早在拉瑪一世統治時，Chinese就已在泰國北部地區永久定居。在十九世紀，來自北方的陸上貿易由雲南人負責，他們的商隊不僅將老撾各邦與China西南部聯繫起來，還將各邦聯繫起來。[137]在泰語口語中，雲南人或「overland Chinese」有別於overseas Chinese，前者稱為「好」（Ho），後者稱為「澤」（Jek）。

在overseas Chinese定居地內，曼谷顯然是Chinese聚集的主要中心。在整個十九世紀上半葉，Chinese可能佔首都人口的一半以上。幸而，這段時期的外部觀察者對曼谷Chinese人口的規模有相當一致的看法。以下是各種不同的估計：

年份	Chinese人口數	總人口數	資料來源
1822	31,000	50,000	克勞福（1830年II，第121頁，第215頁）
1826	60,700	134,090	馬洛克（1852年，第70頁）
1828	36,000	77,300	托姆林（1844年，第184頁）
1839	60,000	100,000	馬可姆（1839年，第139頁）
1843	70,000	350,000	尼爾（1852年，第29頁）
1849	81,000	160,154	馬洛克（1852年，第70頁）
1854	200,000	404,000	巴列瓜（1854年，第60頁）
1855	200,000	300,000	寶寧（1857年，第85頁，第394頁）

托姆林提供的數字實際上是曼谷的人口總數四十萬一千三百人，其中不少於三十六萬人據說是Chinese。[138]托姆林解釋說，他得到了一份政府在一八二八年對曼谷進行的「人口普查」的副本，並表示「第一眼看到它的時候，我們感到非常驚訝」，事實上，所有後來的讀者都感到如此。他的數字摘要如下：

	托姆林所提供的數字	修正後的數字
Chinese（納稅人）	310,000	31,000
Chinese 後裔	50,000	5,000
老撾人	16,000	16,000
暹羅人	8,000	8,000
白古人	5,000	5,000
其他	12,300	12,300
總數	401,300	77,300

克勞福大約在同一時期提到曼谷有三萬一千名納稅的Chinese，[139]這明顯顯示托姆林的「驚人」數字是抄寫者的手誤所造成的，即在頭兩個數字中各多加了一個零。更正後的數字，三萬六千名Chinese，二萬四千名泰國人，一萬七千三百名其他人，是非常合理的，事實上也是十九世紀上半葉最好的細分數字。尼爾的曼谷總人口數字顯然被誇大了，巴列瓜和寶寧對Chinese和總人口的估計也是如此。儘管馬洛克在一八五二年估計一八二六年的總人口為十三萬四千零九十人，但他早些時候曾估計一八二七年的人口為十萬人，其中「大部分」為

Chinese。[140]因此可以合理認為，在十九世紀上半葉，曼谷的Chinese人口從少於二萬五千人增加到七萬人或更多。

在泰國首都，Chinese的數目超過泰國人，這似乎很奇怪，但大多數十九世紀的觀察者都證明了這一事實。在一八二〇年代，芬利遜（George Finlayson）曾寫道：「在……曼谷人口最稠密的地區，Chinese似乎至少佔總人口的四分之三……只有在極少數的曼谷地區，Chinese的數量似乎沒有超過本地人……」[141]克勞福也指出：「據普遍計算，首都人口有一半是Chinese。」根據我們自己的觀察，我認為這一說法並不誇張。」[142]馬洛克一八二六年的數字顯示曼谷人口的百分之四十五是Chinese，[143]而一八三五年駐曼谷的美國傳教士估計曼谷及附近地區的大部分人口是Chinese。[144]一八三九年，馬可姆「在曼谷人口這個問題上花了一些心思，詢問了各頭人，計算了某些地區的房子，確定了牧師的實際人數等等」，他認為曼谷及附近地區有十萬人，其中六萬人是「Chinese及其後裔」。[145]馬洛克在一八四九年的統計中顯示，Chinese佔人口的百分之五十多一點，泰人則不到百分之三十五，[146]而巴列瓜大約在同一時間的統計則顯示，Chinese佔人口的百分之四十九點五，泰人佔人口的百分之三十五點九。[147]

最初三個統治時期所有研究暹羅的作者，在這方面的共識是不容置疑的。大部分前現代的東方首都，都包括宮廷和周邊為宮廷提供各種服務的一群人。宮廷本身的成員——國王及其家屬、中央政府的貴族和官僚——以及他們的許多直屬家臣都是泰國人；但為宮廷服務的奴隸大多是非泰族的戰俘及其後裔，如緬甸人、蒙人、柬埔寨人、馬來人等。醫生、占星家、工匠和其他提供技術性服務的人主要是某一民族的外國人，其中以 Chinese 居多。此外，由於前三位卻克里王朝的國王重視經商利益，曼谷與東方各國首都相比有些特殊，其人口中經商者佔了一大部分，而大部分商人為 Chinese。當然，泰國人即使受到吸引，也不能自由遷往首都。他們絕大多數都是精英階級的保護人和主人的客戶或家臣和奴隸。即使是隸屬於那些在首都有職務的貴族的自由人，也主要留在他們主子在各地的土地上。Chinese 移民的主要入境口岸是曼谷，完全不受保護者、徭役和奴隸制度所影響，很容易滿足宮廷和首都貿易的大部分需求。

一八三〇年代的當代報導一致認為潮州人是曼谷最大的 Chinese 語言族群。一位作家稱他們「人數最多的」；[148]另一位作家說「曼谷的 Chinese 居民主要來自潮州。」[149]福建人是曼谷第二大語言族群。值得注意的是，在曼谷，第一批在 Chinese 中工作的新教傳教士浸信會選擇了潮州人，而第二批新教傳教士，即美國海外傳道委員會，選擇了福建人。[150]一八三六年，美國海外傳道委員會的約翰遜（Johnson）先生估計曼谷及附近地區的福建人有二萬至五萬人。[151]早在十九世紀上半葉，曼谷的Chinese廟宇絕大多數都是潮州人和福建人的廟宇。然而，很明顯的是，到了一八三〇年代，潮州人與福建人在城市人口中所佔的比例越來越大。葛茲洛夫指出，「從潮州府來的Chinese很多」，而「來自福建同安地區的移民很少，大多是水手或商人」。[152]在數量上，排在潮州人和福建人之後的是海南人和廣東話，客家人排在最後。在一八三五至一八三六年的十一個月期間，布勒德利（Daniel B. Bradley）醫生記錄了在曼谷一家教會醫院接受治療的九百三十四位Chinese的語言族群，其中七百十三位是潮州人，一百五十位是福建人，五十一位是海南人，十五位是廣東人，五位是客家人。[153]雖然由於顯而易見的原因，這些比例不能得出任何結論，但仍具有若干的指標性。

也許早在十九世紀的十年，潮州農民就開始在遠離海港和內河城鎮的農村地區定居。隨著種植園農業的擴展，潮州農村人口也隨之增加，但這種定居大多局限於早期Chinese traders定居地的周邊地區。最快速的農村發展是在尖竹汶河、挽巴功河、昭披耶河下游、他真河及美功河流域。

一八三十六年，布勒德利醫生到暹羅東南部旅行，在尖竹汶，他「被眾多好奇的……潮州人與福建人所包圍」，而在上游的農村地區，他發現「幾乎全被潮州人佔用，他們……主要種植甘蔗、胡椒和煙草」[154]。十九世紀暹羅灣上游地區的典型現象是，福建人大多從未遷離主要的貿易城鎮，而潮州人則居住在城鎮及其農村腹地。正如葛洛夫所指出，福建人幾乎都是商人和水手。暹羅的福建廟宇大多供奉天后聖母，她是水手的保護神。古老的福建廟宇仍然屹立在暹羅灣周圍和河流三角洲的貿易城鎮，但在暹羅大城府以北的地方卻找不到一座福建廟宇。廣東人雖然不像福建人那樣專門航海，但由於他們專門從事工匠和機械行業，因此很少在主要城鎮以外的地方定居。

事實上，在暹羅上游地區真正的先驅不是潮州人、福建人或廣東人，而是海南人。在北欖坡以及該交通中心以北和以東的各處，最古老的 Chinese 廟宇都是供奉海南人至尊的神水尾娘娘。在暹羅東北部的呵叻以及中、北暹羅的難河、容河和汪河上的許多城鎮，都有十九世紀所建供奉水尾娘娘的廟宇。曼谷最古老、規模最大的海南人古廟位於三升（Samsen），鄰近所有上游交通起點的舊碼頭。從海南島上寺廟的牌匾和碑文上的文字來看，很明顯它們都是從三升的「母」廟分支出來的。海南人定居的主要區域是北欖坡以上的容河流域和難河流域（見圖 2-7）。仍在世的老 Chinese 講述他們父母和祖父母的故事，證實了其他跡象，即從披集（Phijit）到難府的難河沿岸以及從素可泰（Sukhothai）到帕府（Phrae）的容河沿岸的每個城鎮都是海南人最早定居的，其中有些城鎮是海南拓荒者建立的全新居留地，例如空丹（Khlongtan，亦稱為 Sisamrong，位於容河沿岸的素可泰府內）和程囉（Thalo，位於難河沿岸的披集府內），而在其他許多城鎮，海南人開創了第一個永久性市場，並引進了養豬、Chinese cuisine，甚至是貨幣。當海南人在十九世紀中葉首次抵達宋膠洛（Sawankhalok）時，他們帶來了陶制賭籌，這些賭籌後來被用作貨幣。

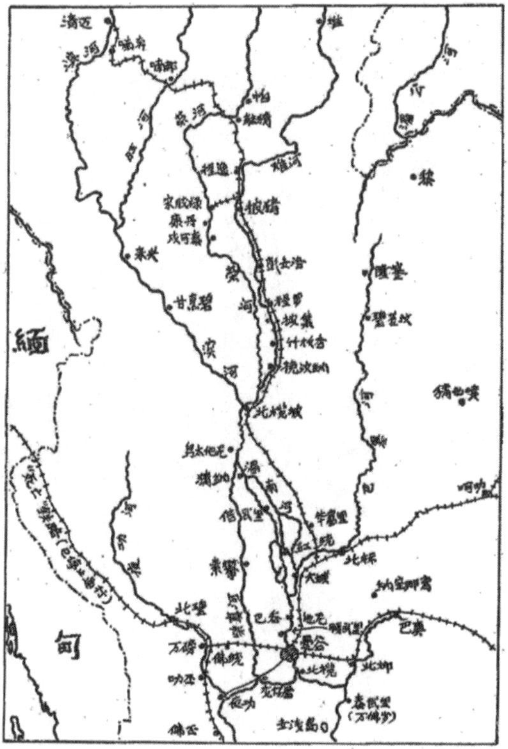

圖 2-7 泰國中部，顯示鐵路、河流系統和主要城鎮

有幾個因素有助於解釋為什麼海南人在十九世紀是暹羅的先驅者。正如葛茲洛夫所指出，在一八三〇年代，「那些來自海南的人主要是小商販和漁民，他們或許形成了最貧窮但卻最開朗的階層。」[155]貧窮和低下的社會地位使他們很難在城市中心與福建人、潮州人和廣東人競爭。另一方面，海南人在捕魚和造船方面的特殊技能將他們吸引到河邊，而他們在鋸木方面的專長又將他們吸引到北方的柚木林區。十九世紀，在北部城鎮如喃邦成立了幾家海南人的伐木商，以及在程囉和北欖坡成立了海南人的造船廠。儘管因缺乏資本，海南人無法從事曼谷進出口業務，但這並不妨礙他們收集當地產品，以出售給出口商。因此，海南人成為了昭披耶河系中較短支流的本地產品貿易商。此外，海南人也有一個優勢，就是對瘧疾和其他熱帶病的天生抵抗力。在泰國內陸地區的消息人士一再告訴作者，海南人可以到熱病流行的地區，而在那裡，潮州人則會大量死去。當然，海南所處的熱帶緯度比 China 任何其他移民地區都要高，地方性瘧疾在海南比在潮州人或廣東人的三角洲地區更加普遍。

海南人普遍在暹羅內陸地區擁有優先地位，但主要的例外是潮州人在平河上（昭披耶河最西面支流）的噠府和清邁的早期定居地。沒有跡象顯示海南人曾在這條河上佔據主導地位（除了喃奔，他們從汪河上的喃邦府經陸路接近喃奔），而那裡的潮州人定居地可追溯至十九世紀中葉。最合理的解釋似乎在於喹府（當時通常稱為來興府（Rahaeng））和清邁府相對重要的商業地位。這兩個城鎮都是連接雲南與緬甸（毛淡棉）、老撾（琅勃拉邦）和下暹羅（經河流到北欖坡）的商隊貿易的十字路口。因此，他們吸引了來自下暹羅和下緬甸的潮州和福建商人，這些商人買賣從曼谷和仰光進口外國貨物和 China 西南部的產品。這種貿易與海南人大多從事的小規模本地產品貿易截然不同。

據馬洛克報告，截至十九世紀中葉，在現今暹羅境內的六十多個城鎮中有相當多的 Chinese。[156] 其中包括沿昭披耶河直到北欖坡的十個城鎮，濱河—汪河流域的六個城鎮，容河—難河支流水系上的九個城鎮，他真河岸和美功河岸上的各三個城鎮，以及巴塞河岸上的兩個城鎮。除了東北的六個地方外，馬洛克的名單中顯示有相當多 Chinese 居住的其他城鎮都是海港。[157] 這證明了當時 Chinese 聚居在河邊的特性。

於一八五五年簽訂了寶寧條約後，泰國經濟的擴張很自然地改變了 Chinese 的定居模式。雖然曼谷本身吸收了越來越多的 Chinese，但 Chinese 在曼谷的比例卻有所下降。於一八七六年至一九〇〇年期間，泰國人逐漸擺脫了徭役、保護關係和奴隸制度，他們有了新的行動自由，遷入曼谷的人數越來越多，甚至與 Chinese 一樣。一八七五年，拉則爾估計曼谷的 Chinese 人口為八萬人到十萬人。[158] 此後，泰國人口與 Chinese 同步成長，直到第一次世界大戰，泰國人的數目與 Chinese 相等或接近。一八九三年時的培根（Bacon）、一九〇〇年時的麥卡錫（McCarthy）、一九〇七年時的《暹羅自由報》都同意 Chinese 約佔首都總人口的一半。[159]

二十世紀早期對曼谷 Chinese 比例的其他估計幾乎都太低，因為它們都是基於繳稅的 Chinese 數目，或一九〇九年的人口普查。一九〇〇年，曼谷有六萬五千三百四十五名成年 Chinese 男子繳納了人頭稅，[160] 但基於上述原因，這個數字並不能反映 Chinese 總人口的真正規模。一九〇九年的人口普查顯示，Krungthep 行政區（包括曼谷）的八十六萬七千四百五十七人中有十九萬七千九百一十八人是 Chinese，即 Chinese 佔百分之二十二點八。[161] 然而，行政區內的 Chinese 市區人口，使 Chinese 在曼谷本區的比例遠遠超過四分之一，而如上一節所述，人口普查本身嚴重低估了 Chinese 的比例。因此，如果把本地出生的 Chinese 和 China 出生的 Chinese 都計算在內的話，格拉咸和丹龍（Damrong）親王[162] 對 Chinese 比例的估計，約四分之一肯定太低了。事實上，格拉咸自己在一九一二年也承認，正如之前所引述的，「在首都的街道上經常遇到留辮子的人。」加尼爾（Charles M. Garnier）在一九一一年揶揄地抱怨說，一到曼谷，「人們的第一個願望就是看到暹羅人，而離開曼谷時最後的遺憾就是沒有找到暹羅人。」[163]曼谷有著Chinese城市的特徵。

在十九世紀後半期，泰國內陸也有越來越多的城鎮具有Chinese特色。隨著交流經濟向泰國內陸擴散，小城鎮發展成為商業中心，吸引了來自曼谷的商人和店主。十九世紀後期，喃邦府的主要街道被稱為「Chinese路」，而其他貿易中心如素可泰、程逸、彭世洛、披集和呵叻也隨著Chinese的湧入而蓬勃發展。這個新的遷移包括了更高比例的潮州人和客家人。拉則爾在一九〇三年寫道：

他們（潮州人）最早在曼谷定居，然後逐漸擴展到周邊地區，並優先選擇道路和運河的交叉口。直到最近幾年，他們才擴展到曼谷方圓一百公里以外的地方。北邊的程逸和北欖坡是他們的終點。他們從來不敢冒險進入柚木林區，那裡是第一批先驅者留下骸骨的地方。[164]

然而，當拉則爾寫這篇文章時，潮州人和客家人的大遷移運動才剛剛開始。一八九七年，隨著鐵路的完工，這一遷移開始至巴塞河岸上的景溪（Kaengkhoi），並在一九一〇年代隨著鐵路繼續向北遷移。[165]目前潮州人和客家人在暹羅內陸主要城鎮中的主導地位，在大多數情況下只能追溯到鐵路完成後的時候。東北線於一九〇〇年完工，直達呵叻。

北欖坡以北的鐵路線沿著難河而建，於一九〇八年抵達程逸。戰前，鐵路線最遠到帕府以南的能知（Denchai）（位於容河河岸上），而且還從主線修建了一條支線，直達容河上的宋膠洛。因此，北線正好經過海南人最初定居的地區。到了一九一七年，披集、彭世洛和宋膠洛已被潮州人所控制。舊的程逸被其南北兩側火車站的新貿易中心所取代（分別是程騷（Thasao）和萬坡（Banpho），後者照說就是程逸站），這些地方從一開始就是由潮州人主導。同樣地，能知縣也是潮州人和客家人創造的，在距離帕府和難府最近的火車站發展起來。在鐵路到達能知縣後的一兩年內，一條通往帕府的公路建成，潮州人和客家人的擴張也延伸到該鎮。

有幾個因素有助於解釋，海南人在最大的新鐵路城鎮失去優勢的原因。首先，這條鐵路是從曼谷開始建造的，而潮州人和客家人在曼谷佔了越來越多的大多數。其次，在春盛（在那坤素旺府內）以上的所有路段，供應石料、建造路基和鋪設枕木的承包商不是潮州人，就是客家人或廣東人，從來沒有海南人。這意味海南人在招聘勞動力時不受歡迎。因此，大多數辭去鐵路建設工作而定居於新城鎮或剛變為重要城鎮的人，都是海南人以外的語言族群。記得當年從春盛到能知的鐵路興建的老人們都明確指出，潮州人在勞動幫派中佔主導地位，其次是廣東人和客家人。舉例來說，在華隆（在披集府），客家人佔了強大的優勢，原因是在附近石礦場爆破路基岩石的特許經銷商是梅縣客家人。第三，隨著鐵路的出現，主要城鎮在商業上獲得了新的重要性，使它們在貿易量和品質方面與清邁和嵯府處於同一級別，並對潮州商人具有類似的吸引力。最後，隨著較大城鎮的發展，衛生環境得到改善，對於體質較差的潮州人和廣東人而言，衛生條件變得更為有利。而彭世洛和程逸等城鎮規模的擴大，也使得以廣東人和客家人為主的工匠專家值得開店經營。

當潮州人和其他人在較大的鐵路城鎮定居時，海南人則傾向於遷移到區內較小的地方，或遷移到新開發地區。正如披集的一位消息人士所說：「一般來說，海南人是最先到內陸地區的。然而，當潮州人來到後，他們比海南人受歡迎，因為他們願意以最低的利潤做生意。因此海南人遷往更偏遠的地區。潮州人做生意比較精明，但海南人比較喜歡冒險。因此，即使潮州人在各府的首府佔有優勢，位於程逸、彭世洛和披集之間的小城鎮仍是以海南人為主。同樣地，與難河地區相比，容河地區和喃邦地區（當時鐵路尚未通達）仍以海南人為主。在二十世紀初，海南人繼續向清萊府、難府、黎府和猜耶奔府等荒涼、瘧疾肆虐的地區推進。」

到呵叻府的鐵路線建成後，海南人很快就變成了少數。然而，由於直到第一次世界大戰後才在該地區建設新的鐵路線，因此在回顧期間，東北部的 Chinese 定居點仍然稀少，並沒有發生重大變化。第一次世界大戰前在暹羅中部和南部修建的鐵路線，也促進了 Chinese 人口在曼谷以外地區快速增長。東部鐵路線於一九〇八年完工，最遠抵達差春騷（即北柳府）；南部鐵路線於一九〇三年完工，最遠抵達碧差武里，一九〇九年後慢慢向南發展，到一九一七年延伸至馬來亞邊境。在第一次世界大戰前，南線已開始影響南部的語言族群分佈，因為潮州人、客家人和海南人南遷到以前由福建人和廣東人佔據的地區。

因此，一八九七年以後興建的新陸路交通設施，對 Chinese 定居產生了多方面的影響，在此之前，Chinese 定居主要受制於自然水道的結構。所有地區的 Chinese 人口都迅速增加，尤其是中暹羅，同時在 Chinese 從未涉足的遠北，和東北地區也有 Chinese 定居。此外，鐵路也使語言族群的分佈平均化，逐趨類似曼谷模式。到了二十世紀的二十年代，除了北部、東北部和最南邊的偏遠地區之外，潮州人在一八七〇年代已經遍及泰國各地，在移民方面取得主導地位。

1 Owen Lattimore, "The Mainsprings of Asiatic Migration", in Limits of Land Settlement, edited by Isaiah Bowman (New York: Council on Foreign Relations, 1937), p.125.

2 Wilbur Zelinsky, "The Indochinese Peninsula: A Demographic Anomaly", Far Eastern Quarterly, Vol. 9 (February 1950), p. 115~145.

3 L. Carrington Goodrich, A Short History of the Chinese People (New York: Harper, 1943), pp. 198-199. 玉米也被引入，但其種植在華南地區並不具有優勢，至少與China其他地區相比是如此。

4 自一八〇〇年以來的一百五十年裡，暹羅的人口增加了四倍，而華南地區的人口增長很可能還不到一倍。然而，時至今天，與福建和廣東相比，暹羅的人口仍然嚴重不足（就目前的生產力而言）。

5 Great Britain, Foreign Office, Annual Diplomatic and Consular Reports on the Trade of Swatow (London: Harrison and Sons, 1872).

6 Ch'en Su-ching, China and Southeastern Asia (Chungking and New York, China Institute of Pacific Relations, 1945), p. 6.

7 Louis Richard, Comprehensive Geography of the Chinese Empire and Dependencies (Shanghai: Tu-s e-wei Press, 1908), p. 344.

8 Harley F. MacNair, The Chinese Abroad, Their Position and Protection: A Study in International Law and Relations (Shanghai, Commercial Press, 1926), p. 16-17; Sun Fang Si, Die Entwicklung der Chinesischen Kolonisation in Südasien (Nan-yang) nach Chinesischen Quellen (Jena, 1931), p. 41.

9 Chen Ta, Chinese Migrations with Special Reference to Labour Conditions (Washington: U. S. Dept of Labor, Bureau of Labor Statistics, Bulletin No. 340, 1923), pp. 16-17.

10 有關Chinese方言特徵的研究，請參閱John De Francis, Nationalism and Language Reform in China (Princeton, Princeton University Press, 1950), pp. 192-198. 喬治・肯尼迪教授(George Kennedy)建議，「兩種語言的相互理解度至少達到百分之七十五，可被視為方言，而任何具有較低比例的語言，可被視為單獨的語言」（同上）。在此基礎上，海南話必須被視為一種獨立的語言，儘管John De Francis和Y. R. Chao等作家顯然認為它是福建語—潮州語（廈門—汕頭）的方言。

11 當然，這些陳述並沒有提及這些不同語言和方言之間的歷史或關係。事實上，例如，閩北語（福州）、閩南-潮州語和海南語從其產生來源上說，形成一個單一的小語系；然而，根據相互理解度的標準，它們是不同的語言。參閱R. A. D. Forrest, The Chinese Language, p. 227. 所有的Chinese和方言都可以用幾乎相同的系統書寫。

12 R. A. D. Forrest, The Chinese Language (London: Faber and Faber, 1948), p. 213.

13 所謂四邑，即新會、台山或新寧、開平和恩平；三邑即南海、番禺（包括廣州本身）和順德。（中文名稱參見地圖2-2。）這兩個流行族群的方言是完全不相同的。

14 正如這裡使用的廣東人一樣，不能按字面解釋為來自廣州市的人或來自廣東省的人（而是指珠江三角洲及其以西的某些地區的當地人，那裡是廣東人的所在地）。這裡使用的「福建人」也不能按字面解釋為來自福建省的人，因為客家人和閩北語民族與福建人一樣擁有「福建人」這一名稱的權利。

15 一些作家指出，潮州人在客家人之前就大量定居於潮州，正是潮州人將新來的客家人稱為「客」。其他人則提出相反的觀點，認為客家人首先到達那裡，並將新來的潮州人稱為「福佬」或「福建人」。透過仔細研究該地區較早的地名詞典，這個問題或許可以得到澄清。請參閱Daniel Harrison Kulp, Country Life in South China (New York, Bureau of Publications, Teachers' College, Columbia University, 1925). Kulp將福佬解釋為「富人」，這幾乎肯定是錯的，其理由是客家移民很窮，相比之下潮州人卻很富有。參閱A. D. Forrest, The Chinese Language, p. 219.

16 再次強調，這裡所使用的潮州人，不應按字面解釋為潮州府的人，因為潮州府的人口中有相當大一部分是客家人，而許多潮州人則居住在沿海的陸豐、海豐以及惠州府以南一帶。如何對福建詔安縣移民進行分類是一個問題。該縣的方言比漳州的方言更接近潮州的方言，又比廈門的更接近汕頭的，所以詔安人通常是通過潮汕口岸移民，而不是閩南口岸，儘管情況根據比較票價而有所不同。然而，曼谷的詔安移民加入了福建同鄉會，而不是潮州同鄉會。

17 即潮安（以前的海陽，清朝時稱為潮州府），潮陽，澄海，普寧，揭陽和饒平。（見地圖 2-3。）

18 R. A. D. Forrest, The Chinese Language (London: Faber and Faber, 1948), p. 219.

19 對於馬來亞，爪哇，菲律賓以及暹羅來說，情況確實如此。

20 Charles Gutzlaff, Journal of Three Voyages along the Coast of China in 1831, 1832, and 1833, with Notices of Siam, Corea, and the Loo-Choo Island, to Which is Prefixed an Introductory Essay on the Policy, Religion, etc., of China, by the Rev. W. Ellis (London: Thomas Ward and Co., 1840), pp. 173-174.

21 T. W. Freeman, "Recent and Contemporary Chinese Migrations", Comptes Rendus du XVe Congrès International de Géographie, No. 2 (1938): 15.

22 John Crawfurd, Journal of an Embassy from the Governor-General of India to the Courts of Siam and Cochin-China, Vol. 2 (London: Henry Colburn and Richard Bentley, 1830), pp. 163-165; Frederick Arthur Neale, Narrative of a Residence in Siam (London: Office of the National Illustrated Library, 1852), pp. 173~176; James C. Ingram, Economic Change in Thailand Since 1850 (Stanford, Stanford University Press, 1955), p. 26. 正如 Ingram 所說，帆船的航行範圍可能有助於曼谷轉口港角色的發展。此外，隨著澳門作為重要港口的地位下降，在香港崛起之前，沒有其他主要港口的貿易商以 Chinese 為主，且距華南港口如此之近，在一八四二年之前，只有 Chinese 可以在廣東以外的 Chinese 港口進行貿易。曼谷在香港成立後不久便失去了轉口港的功能。

23 John Crawfurd, Journal of an Embassy from the Governor General of India to the Courts of Siam and Cochin-China, Vol. 2 (London: Henry Colburn and Richard Bentley, 1830), p. 160; John Crawfurd, History of the Indian Archipelago, Containing an Account of the Manners, Arts, Languages, Religions, Institutions and Commerce of Its Inhabitants, Vol. 3 (Edinburgh: A Constable, 1820), p. 173.

24 特別注意廣州，江門，潮州，揭陽，饒平和漳州，全都位於離海岸十至三十里的內地。參見地圖 2-2 和 2-3。

25 Ivon A. Donnelly, Chinese Junks and other Native Craft (Shanghai, Kelly and Walsh, 1924), p. 115.

26 China, Inspectorate General of Customs, Trade Reports and Returns 1864-1928, Statistical Series No. 3 (Shanghai, 1879).

27 W. S. W. Ruschenberger, A Narrative of a Voyage Round the World, during the Years 1835, 1836 and 1837, including a Narrative of an Embassy to the Sultan Muscat and the King of Siam, Vol. 2 (London: Richard Bentley, 1838), p. 73.

28 Mary L. Cort, Siam, or the Heart of Father India (New York: Anson D. F. Randolph and Co., 1886), p. 34.

29 Mary L. Cort, Siam, or the Heart of Father India (New York: Anson D. F. Randolph and Co., 1886), p. 34.

30 Reinhold Werner, Die Preussische Expedition nach China, Japan und Siam 1860 -1862 (Leipzig, 1873), p. 269.

31 Carl Bock, Temples and Elephants (London: Sampson Low, Marston, Searle, and Rivington, 1884), p. 1.

32 Siam Repository (Bangkok: S. J. Smith's office, 1870).

33 Siam Repository (Bangkok: S. J. Smith's office, 1873, 1874); Great Britain, Foreign Office, Siam Consular Report (1876-1877).

34 早在一八六三年，客輪就開始在汕頭和海峽殖民地之間運作。見 Chinese Customs Decennial Report (Shanghai, 1902-1911).

35 China, Inspectorate General of Customs, Trade Reports and Returns 1864-1928, Statistical Series No. 3 (Shanghai, 1871, 1875).

36 Great Britain, Foreign Office, Annual Diplomatic and Consular Reports on the Trade of Swatow (London: Harrison and Sons, 1882, 1883).

37 D. E. Malloch, Siam, Some General Remarks on Its Productions (Calcutta, Baptist Mission Press, 1852), p. 65; John Crawfurd, "Report to George Swinton, Esq. April 3, 1823", The

Crawfurd Papers (Bangkok, Vajiranana National Library, 1915), 120.

38 海南帆船確實沿著馬來半島向南一直駛往新加坡，因為一路上都可以看到陸地。

39 John Crawfurd, Journal of an Embassy from the Governor General of India to the Courts of Siam and Cochin-China, Vol. 2, pp. 30, 155. 這通常是暹羅宮廷天文學家每年從海南獲得Chinese 曆書的第一艘船（一月）。然後他們為四月初開始的新年準備了暹羅日曆。

40 Charles Gutzlaff, Journal of Three Voyages along the Coast of China in 1831, 1832, and 1833, with Notices of Siam, Corea, and the Loo-Choo Island, to Which is Prefixed an Introductory Essay on the Policy, Religion, etc., of China, by the Rev. W. Ellis (London: Thomas Ward and Co., 1840), p. 145; Great Britain, Foreign Office, Annual Diplomatic and Consular Reports on the Trade of Kiungchow, 1876-1914 (London: Harrison and Sons, 1877).

41 Great Britain, Foreign Office, Annual Diplomatic and Consular Reports on the Trade of Kiungchow, 1876-1914 (London: Harrison and Sons, 1877).

42 然而，該名稱後來更名為蘇格蘭東方公司。

43 Great Britain, Foreign Office, Annual Diplomatic and Consular Reports on the Trade of Kiungchow, 1876-1914 (London: Harrison and Sons, 1886).

44 Great Britain, Foreign Office, Annual Diplomatic and Consular Reports on the Trade of Kiungchow, 1876-1914 (London: Harrison and Sons, 1886, 1888, 1889, 1892, 1909).

45 Ch'en Su-ching, China and Southeastern Asia (Chungking and New York, China Institute of Pacific Relations, 1945), p. 22.

46 Arnold Wright and Oliver T. Breakspear, eds., Twentieth Century Impressions of Siam: Its History, People, Commerce, Industries and Resources (London, Lloyds, 1908), p. 139.

47 Charles Stuart Leckie, "The Commerce of Siam in Relation to the Trade of the British Empire", Journal of the Royal Society of Arts, No. 42 (8 June 1894), 652. 1876 年，駛往 China 的暹羅船隻數目開始急劇下降，到一八八八年，泰國在 China 貿易中的作用已變得微不足道。C. Yang, H. B. Hau, and others, Statistics of China's Foreign Trade during the Last Sixty five years, Monograph No. 4 (National Research Institute of Social Sciences, Academia Sinica, 1931), p. 133.

48 Ivon A. Donnelly, Chinese Junks and other Native Craft (Shanghai, Kelly and Walsh, 1924), p. 115.

49 John Crawfurd, Journal of an Embassy from the Governor General of India to the Courts of Siam and Cochin-China, Vol. 2 (London: Henry Colburn and Richard Bentley, 1830), p. 177.

50 "Monograph on Sugar in Siam", The Record (Bangkok, January 1922): 6.

51 Charles Gutzlaff, Journal of Three Voyages along the Coast of China in 1831, 1832, and 1833, with Notices of Siam, Corea, and the Loo-Choo Island, to Which is Prefixed an Introductory Essay on the Policy, Religion, etc., of China, by the Rev. W. Ellis (London: Thomas Ward and Co., 1840), p. 71.

52 Siah U Chin, "The Chinese in Singapore", Journal of the Indian Archipelago and Eastern Asia, No. 2 (1848): 286.

53 Charles Gutzlaff , Journal of Three Voyages along the Coast of China in 1831, 1832, and 1833, with Notices of Siam, Corea, and the Loo-Choo Island, to Which is Prefixed an Introductory Essay on the Policy, Religion, etc., of China, by the Rev. W. Ellis, p. 163. 該書提到，糖是一八三〇年代從潮州向華北港口出口的穩定商品。另請參閱十九世紀發行的任何一期 Annual Diplomatic and Consular Reports on the Trade of Swatow 和 Trade Reports and Returns.

54 Siam Repository (Bangkok: S. J. Smith's office, 1870), p.1; Great Britain, Foreign Office, Siam Consular Report (1864).

55 C. Yang, H. B. Hau, and others, Statistics of China's Foreign Trade during the Last Sixty five years, Monograph No. 4 (National Research Institute of Social Sciences, Academia Sinica, 1931), p. 133.

56 "Hui-kuan ti-ch'an shih-lüeh", Hsien-ching kuang-chao hui-kuan ch'i-shih chou-nien chi-nien t'e k'an (Bangkok, 1947): 1.

57 China, Inspectorate General of Customs, Trade Reports and Returns 1864-1928, Statistical Series No. 3 (Shanghai, 1866-1901).

58 China, Inspectorate General of Customs, Trade Reports and Returns 1864-1928, Statistical Series No. 3 (Shanghai, 1879).

59 所提供的百分比與所有從汕頭移居到暹羅的移民有關，而不只是移居到暹羅的移民。由於客家人在西婆羅洲、邦加、勿里洞和馬來亞部分地區的根基穩固，而潮州人在曼谷的根基則比客家人穩固得多，因此，移民到印度群島和馬來亞的客家人比例可能較高，移民到曼谷的客家人比例可能較低。因此，從汕頭移居曼谷的總移民中，客家人所佔的比例可能為百分之二十五或更少。

60 China, Inspectorate General of Customs, Trade Reports and Returns 1864-1928, Statistical Series No. 3 (Shanghai, 1869-1882).

61 Leonard Unger, "The Chinese in Southeast Asia", Geographical Review, No. 34 (1944): 200.

62 一八九〇年之前，Chinese 海關只記錄了兩趟從廈門到曼谷的航班：一趟是一八八三年的，載客八十五人；另一趟是一八八九年的，載客二十人。見 China, Inspectorate General of Customs, Trade Reports and Returns 1864-1928, Statistical Series No. 3 (Shanghai, 1875-1890).

63 有趣的是，在同安縣（許多暹羅福建人來自的地方）的方言中，小蝦米以北大年府命名為大年，較大的蝦米則以宋卡府命名，從而證明了同安與暹羅各港口之間的長期貿易關係。見 Hsu Yün-ch'iao, Pei-ta-nien shih (Singapore: Nan-yang Book Company, 1946), p. 106-107.

64 H. Warington Smyth, Five Years in Siam, Vol. 1 (London: John Murray, 1898), pp.286-287.

65 Great Britain, Foreign Office, Annual Diplomatic and Consular Reports on the Trade of Amoy, 1862-1893 (London: Harrison and Sons, 1890).

66 Chen Ta, Chinese Migrations with Special Reference to Labour Conditions (Washington: U. S. Dept of Labor, Bureau of Labor Statistics, Bulletin No. 340, 1923), p. 84.

67 A. Raquez, "Comment s'est Peuplé le Siam", L'Asie Francaise, No. 31 (October 1903): 434.

68 "Hui-kuan ti-ch'an shih-lüeh", Hsien-ching kuang-chao hui-kuan ch'i-shih chou-nien chi-nien t 'e k'an (Bangkok, 1947): 2.

69 John Crawfurd, Journal of an Embassy from the Governor General of India to the Courts of Siam and Cochin-China, Vol. 2 (London: Henry Colburn and Richard Bentley, 1830), p. 155.

70 Chen Ta, Chinese Migrations with Special Reference to Labour Conditions (Washington: U. S. Dept of Labor, Bureau of Labor Statistics, Bulletin No. 340, 1923), p. 13.

71 John Crawfurd, Journal of an Embassy from the Governor General of India to the Courts of Siam and Cochin-China, Vol. 2 (London: Henry Colburn and Richard Bentley, 1830), p. 162.

72 Charles Gutzlaff, Journal of Three Voyages along the Coast of China in 1831, 1832, and 1833, with Notices of Siam, Corea, and the Loo-Choo Island, to Which is Prefixed an Introductory Essay on the Policy, Religion, etc., of China, by the Rev. W. Ellis (London: Thomas Ward and Co., 1840), pp. 146.

73 John Crawfurd, Journal of an Embassy from the Governor General of India to the Courts of Siam and Cochin-China, Vol. 2 (London: Henry Colburn and Richard Bentley, 1830), p. 161-162.

74 Charles Gutzlaff, Journal of Three Voyages along the Coast of China in 1831, 1832, and 1833, with Notices of Siam, Corea, and the Loo-Choo Island, to Which is Prefixed an Introductory Essay on the Policy, Religion, etc., of China, by the Rev. W. Ellis (London: Thomas Ward and Co., 1840), pp. 145-146.

75 China, Inspectorate General of Customs, Trade Reports and Returns 1864-1928, Statistical Series No. 3 (Shanghai, 1870); Great Britain, Foreign Office, Annual Diplomatic and Consular Reports on the Trade of Swatow (London: Harrison and Sons, 1863).

76 Great Britain, Foreign Office, Annual Diplomatic and Consular Reports on the Trade of Swatow (London: Harrison and Sons, 1864); 另請參閱一八六三年和一八七二年的報告。

77 J. Thomson, The Straits of Malacca, Indo-china, and China (New York, Harper, 1875), pp. 286-288; Great Britain, Foreign Office, Annual Diplomatic and Consular Reports on the Trade of Swatow (London: Harrison and Sons, 1872).

78 譯自法文。China, Inspectorate General of Customs, Trade Reports and Returns 1864-1928, Statistical Series No. 3 (Shanghai, 1870).

79 Chen Ta, Emigrant Communities in South China (New York: Institute of Pacific Relations, 1940), p. 261.

80 Siam Repository (Bangkok: S. J. Smith's office, 1870).

81 Siam Repository (Bangkok: S. J. Smith's office, 1873), p. 118.

82 Siam Repository (Bangkok: S. J. Smith's office, 1873), p. 118.

83 H. Gottwaldt, Die Uberseeische Auswanderung der Chinesen und ihre Einwirknug auf die weisse und gelbe Rasse (Bremen, 1903), p. 22.

84 Great Britain, Foreign Office, Annual Diplomatic and Consular Reports on the Trade of Swatow (London: Harrison and Sons, 1885), p. 99.

85 Great Britain, Foreign Office, Annual Diplomatic and Consular Reports on the Trade of Swatow (London: Harrison and Sons, 1884).

86 Great Britain, Foreign Office, Annual Diplomatic and Consular Reports on the Trade of Swatow (London: Harrison and Sons, 1888). 有關條例方面，請參閱 H. Gottwaldt, Die Uberseeische Auswanderung der Chinesen und ihre Einwirknug auf die weisse und gelbe Rasse (Bremen, 1903), 附錄。

87 Great Britain, Foreign Office, Annual Diplomatic and Consular Reports on the Trade of Swatow (London: Harrison and Sons, 1890), p. 9.

88 Hans Mosolff, Die Chinesische Auswanderung (Rostock: Carl Hinstorffs, 1932), p. 179.

89 Hans Mosolff, Die Chinesische Auswanderung (Rostock: Carl Hinstorffs, 1932), p. 189-190; Great Britain, Foreign Office, Annual Diplomatic and Consular Reports on the Trade of Swatow (London: Harrison and Sons, 1913).

90 Great Britain, Foreign Office, Annual Diplomatic and Consular Reports on the Trade of Swatow (London: Harrison and Sons, 1903).

91 Hans Mosolff, Die Chinesische Auswanderung (Rostock: Carl Hinstorffs, 1932), p. 19.

92 H. Warington Smyth, Five Years in Siam, Vol. 1 (London: John Murray, 1898), p.286.

93 John Crawfurd, Journal of an Embassy from the Governor General of India to the Courts of Siam and Cochin-China, Vol. 2 (London: Henry Colburn and Richard Bentley, 1830), pp. 162-163.

94 Captain H. Burney, The Burney Papers, Vol. 2 (Bangkok, Vajiranana National Library, 1826), p. 79.

95 D. E. Malloch, "Private Journal, 1827" , The Burney Papers, Vol. 2 (Bangkok: Vajiranana National Library, 1827), p. 223.

96 D. E. Malloch, Siam, Some General Remarks on Its Productions (Calcutta, Baptist Mission Press, 1852), p. 8. 這個數字指的是一八二〇年代末作者在曼谷的數字。

97 The Rev. Howard Malcom, Travels in South Eastern Asia, Embracing Hindustan, Malaya, Siam, and China, With Notices of Numerous Missionary Stations, and a Full Account of the Burman Empire, Vol. 1 (London, Charles Tilt, 1839), p.139.

98 D. E. Malloch, Siam, Some General Remarks on Its Productions (Calcutta: Baptist Mission Press, 1852), p. 6.

99 在這個簡短的調查中不可能提及所有相關因素。因此，如果某年海南移民因海南豐收而減少一千人，而汕頭移民因票價便宜和歉收而增加一萬五千人，則只提及後者，因為其對總移民率有著極其重要的影響。

100 Great Britain, Foreign Office, Siam Consular Report (1882).

101 China, Inspectorate General of Customs, Trade Reports and Returns 1864-1928, Statistical Series No. 3 (Shanghai, 1883, 1884).

102 Great Britain, Foreign Office, Annual Diplomatic and Consular Reports on the Trade of Kiungchow, 1876-1914; Great Britain, Foreign Office, Annual Diplomatic and Consular Reports on the Trade of Swatow (London: Harrison and Sons, 1884); Great Britain, Foreign Office, Siam Consular Report (1884).

103 Great Britain, Foreign Office, Annual Diplomatic and Consular Reports on the Trade of Swatow (London: Harrison and Sons, 1884). 這進一步證明，在一八八三年之前的幾十年中，Chinese 持續以每年一萬五千人或更多的速度移民到暹羅的估計，都是不切實際的。

104 Great Britain, Foreign Office, Annual Diplomatic and Consular Reports on the Trade of Swatow (London: Harrison and Sons, 1888); Great Britain, Foreign Office, Annual Diplomatic and Consular Reports on the Trade of Kiungchow,1876-1914.

105 Great Britain, Foreign Office, Annual Diplomatic and Consular Reports on the Trade of Swatow (London: Harrison and Sons, 1889, 1890). 海南於一八八八至一八八九年的交通相當於汕頭於一八八二至一八八三年的交通（即輪船最初的高峰時期）。

106 Great Britain, Foreign Office, Annual Diplomatic and Consular Reports on the Trade of Swatow (London: Harrison and Sons, 1891); Great Britain, Foreign Office, Siam Consular Report (1891).

107 Great Britain, Foreign Office, Annual Diplomatic and Consular Reports on the Trade of Swatow (London: Harrison and Sons, 1893, 1894); Great Britain, Foreign Office, Siam Consular Report (1893); Great Britain, Foreign Office, Annual Diplomatic and Consular Reports on the Trade of Kiungchow, 1876-1914 (London: Harrison and Sons, 1894).

108 Hans Mosolff, Die Chinesische Auswanderung (Rostock: Carl Hinstorffs, 1932), p. 171.

109 China, Inspectorate General of Customs, Trade Reports and Returns 1864-1928, Statistical Series No. 3 (Shanghai, 1883, 1896).

110 Great Britain, Foreign Office, Annual Diplomatic and Consular Reports on the Trade of Swatow (London: Harrison and Sons, 1897);Great Britain, Foreign Office, Siam Consular Report (1897, 1898, 1899).

111 Great Britain, Foreign Office, Annual Diplomatic and Consular Reports on the Trade of Kiungchow, 1876-1914 (London: Harrison and Sons, 1898, 1899).

112 Great Britain, Foreign Office, Annual Diplomatic and Consular Reports on the Trade of Swatow (London: Harrison and Sons, 1900); Chinese Customs Decennial Report (Shanghai, 1892-1901).

113 Great Britain, Foreign Office, Siam Consular Report (1900), p. 10.

114 Chinese Customs Decennial Report (Shanghai, 1892-1901, 1902-1911); Great Britain, Foreign Office, Annual Diplomatic and Consular Reports on the Trade of Swatow (London: Harrison and Sons, 1901); Great Britain, Foreign Office, Annual Diplomatic and Consular Reports on the Trade of Kiungchow, 1876-1914 (London: Harrison and Sons, 1904); Great Britain, Foreign Office, Siam Consular Report (1902).

115 Great Britain, Foreign Office, Annual Diplomatic and Consular Reports on the Trade of Swatow (London: Harrison and Sons, 1903), p. 5.

116 Great Britain, Foreign Office, Annual Diplomatic and Consular Reports on the Trade of Swatow (London: Harrison and Sons, 1906, 1908); Great Britain, Foreign Office, Siam Consular Report (1906, 1907).

117 Chinese Customs Decennial Report (Shanghai, 1902-1911).

118 Great Britain, Foreign Office, Siam Consular Report (1908-1911); Great Britain, Foreign Office, Annual Diplomatic and Consular Reports on the Trade of Swatow (London: Harrison and Sons, 1908-1911).

119 Sun Fang Si, Die Entwicklung der Chinesischen Kolonisation in Südasien (Nan-yang) nach Chinesischen Quellen (Jena, 1931), p. 41.

120 Chinese Customs Decennial Report (Shanghai, 1912-1921).

121 Great Britain, Foreign Office, Annual Diplomatic and Consular Reports on the Trade of Kiungchow, 1876-1914 (London: Harrison and Sons, 1914).

122 Chinese Customs Decennial Report (Shanghai, 1912-1921).

123 Chinese Customs Decennial Report (Shanghai, 1912-1921).

124 作者在一九五三年從中央統計局獲得了一系列估計數字，這些估計數字與 Thailand, Department of the Secretary General of the Council of Ministers, Central Service of Statistic, Thailand statistical Year Book (Bangkok, 1933/1934-1934/1935, p. 66; 1939/1940-1944, p.50.) 中的估計數字略有不同。

125 John Crawfurd, Journal of an Embassy from the Governor General of India to the Courts of Siam and Cochin-China, Vol. 2 (London: Henry Colburn and Richard Bentley, 1830), p. 221-222. 斜體由 G. W. S. 提供。

126 那些太老而不能工作的人可能是個例外。

127 D. E. Malloch, Siam, Some General Remarks on Its Productions (Calcutta: Baptist Mission Press, 1852), p. 71-72.

128 Friedrich Ratzel, Die Chinesische Auswanderung (Breslau: I. U. Kern's, 1876), p. 173.

129 W. A Graham, Siam: A Handbook of Practical, Commercial and Political Information (London: Alexander Moring, 1912), p. 110.

130 Kenneth P. Landon, The Chinese in Thailand (New York: Institute of Pacific Relations, 1941), p. 21. 該書引用了 Rautier 的三百萬 Chinese 數字，但沒有發表任何評論。Ch'en Su-ching, China and Southeastern Asia (Chungking and New York: China Institute of Pacific Relations, 1945), p. 9. 該書則隨便地使用了 Pallegoix 和 Rautier 的誇張說法。Victor Purcell, The Chinese in Southeast Asia (London: Oxford University Press, 1951), p. 107. 該書對 Rautier 的數字持懷疑態度，但仍認為 Rosny 的數字是合理的。

131 Robert Gordon, "The Economic Development of Siam", Journal of the Royal Society of Arts, Vol. 39 (March 1891): 288-298.

132 J. G. D. Campbell, Siam in the Twentieth Century (London: Edward Arnold, 1902), p. 268.

133 摘錄自有關一九〇四年人口普查的泰國官方備忘錄（於一九〇五年出版）。引自 Directory for Bangkok and Siam (Bangkok: Bangkok Times Press, 1907), p. 110.

134 A Cecil Carter, ed., The Kingdom of Siam (New York: G. P. Putnam's Sons, 1904), p. 140; Octave J. A Collet, Etude Politique et Économique Sur Le Siam Moderne (Bruxelles: Hayez, 1911), p. 84.

135 用以估計死亡率的資料來自：A Gordon Angier, The Far East Revisited (London: Witherby &. Co., 1908), p. 98; Sir Josiah Crosby, Siam, the Crossroads (London, Hollis and Carter, 1945), p. 42; Robert Gordon, "The Economic Development of Siam", Journal of the Royal Society of Arts, Vol. 39 (March 1891), 289; H. Gottwaldt, Die Uberseeische Answanderung der Chinesen und ihre Einwirkung auf die weisse und gelbe Rasse (Bremen, 1903), p. 43; Hans Mosolff, Die Chinesische Auswanderung (Rostock: Carl Hinstorffs, 1932), p. 223. Henry Norman, Peoples and Politics of the Far East (London, T. Fisher Unwin, 1907), p. 423; Karl J. Pelzer, Population and Land Utilization (Shanghai: International Secretariat, Institute of Pacific Relations, 1941), p. 35; Victor Purcell, The Chinese in Southeast Asia (London, Oxford University Press, 1951), p. 121; Malcolm Smith, A Physician at the Court of Siam (London, Century Life, 1947), pp. 15-21; H. Warington Smyth, Five Years in Siam, Vol. 1 (London: John Murray, 1898), p. 301., Vol. 2, p. 66; Peter A. Thompson, Lotus Land, Being an Account of the Country and the People of Southern Siam (London: T. Werner Laurie, 1906), p. 49; Reinhold Werner, Die Preussische Expedition nach China, Japan und Siam 1860-1862 (Leipzig, 1873), p. 259; Arnold Wright and Oliver T. Breakspear, eds., Twentieth Century Impressions of Siam: Its History, People, Commerce, Industries and Resources (London: Lloyd' s, 1908), p. 133; C. C. Wu, "Chinese Immigration in the Pacific Area", Chinese Society and Political Science Review, No. 12 (1928): 544.

136 這項說法有一個值得注意的例外，即十五世紀前暹羅北部和中部的 Chinese 陶窯。

137 據目前所知，十九世紀中葉之前，在 Maejan 和清邁建立好（Ho）村之前，雲南並沒有在暹羅建立永久的定居點。由於擔心感染瘧疾和其他熱病，好（Ho）族人不願意在泰國低海拔城鎮度過雨季。

138 Jacob Tomlin, Missionary Journal and Letters, Written during Eleven Year's Residence and Travels among the Chinese, Javanese, Khassians, and Other Eastern Nations (London: J. Nisbet, 1844), pp. 182~184.

139 John Crawfurd, "Report to George Swinton, Esq. April 3, 1823", The Crawfurd Papers (Bangkok, Vajiranana National Library, 1915), 64.

140 D. E. Malloch, "Private Journal, 1827" , The Burney Papers, Vol. 2 (Bangkok: Vajiranana National Library, 1827), p. 232.

141 George Finlayson, The Mission to Siam and Hué, the Capital of Cochin China, in the Years 1821-1822 (London: John Murray, 1826), p. 212-213.

142 John Crawfurd, Journal of an Embassy from the Governor General of India to the Courts of Siam and Cochin-China, Vol. 2 (London: Henry Colburn and Richard Bentley, 1830), p. 221.

143 D. E. Malloch, Siam, Some General Remarks on Its Productions (Calcutta, Baptist Mission Press, 1852), p. 70.

144 Bangkok Calendar (Bangkok, Press of the American Missionary Association, 1871), p. 129.

145 The Rev. Howard Malcom, Travels in South Eastern Asia, Embracing Hindustan, Malaya, Siam, and China, With Notices of Numerous Missionary Stations, and a Full Account of the Burman Empire, Vol. 1 (London, Charles Tilt, 1839), p.139.

146 D. E. Malloch, Siam, Some General Remarks on Its Productions (Calcutta, Baptist Mission Press, 1852), p. 70.

147 Mgr. Pallegoix, Déscription du Royaume Thai ou Siam, Vol. 1 (Paris, 1854), p. 60.

148 The Rev. Howard Malcom, Travels in South Eastern Asia, Embracing Hindustan, Malaya, Siam, and China, With Notices of Numerous Missionary Stations, and a Full Account of the Burman Empire, Vol. 1 (London, Charles Tilt, 1839), p.140.

149 W. S. W. Ruschenberger, A Narrative of a Voyage Round the World, during the Years 1835, 1836 and 1837, including a Narrative of an Embassy to the Sultan Muscat and the King of Siam, Vol. 2 (London: Richard Bentley, 1838), p. 7.

150 這些發展發生於一八三〇年代，見 George B. McFarland ed., Historical Sketch of Protestant Missions in Siam, 1828~1928 (Bangkok: Bangkok Times Press, 1928), p. 11.

151 Bangkok Calendar (Bangkok, Press of the American Missionary Association, 1871), p. 129.

152 Charles Gutzlaff, Journal of Three Voyages along the Coast of China in 1831, 1832, and 1833, with Notices of Siam, Corea, and the Loo-Choo Island, to Which is Prefixed an Introductory Essay on the Policy, Religion, etc., of China, by the Rev. W. Ellis (London: Thomas Ward and Co., 1840), pp. 71-72.

153 引自 Sir John Bowring, The Kingdom and People of Siam, with a Narrative of the Mission to that Country in 1855, Vol. 1 (London, John W. Parker and Son, 1857), p. 396.

154 引自 George B. Bacon, Siam, Land of the White Elephant (New York: Scribner's, 1892), pp. 162~166.

155 Charles Gutzlaff, Journal of Three Voyages along the Coast of China in 1831, 1832, and 1833, with Notices of Siam, Corea, and the Loo-Choo Island, to Which is Prefixed an Introductory Essay on the Policy, Religion, etc., of China, by the Rev. W. Ellis (London: Thomas Ward and Co., 1840), p. 72.

156 D. E. Malloch, Siam, Some General Remarks on Its Productions (Calcutta, Baptist Mission Press, 1852), p. 71-72.

157 呵叻、娘廊（Nangrong，現屬武里喃）、素輦、詘塔（Sangtha，現屬素輦）、殺吉和黎逸。

158 Friedrich Ratzel, Die Chinesische Auswanderung (Breslau: I. U. Kern's, 1876), p. 172.

159 George B. Bacon, Siam, Land of the White Elephant (New York: Scribner's, 1892), p. 290; James McCarthy, Surveying and Exploring in Siam (London: John Murra y, 1902), p. 3; Siam Free Press 引自 "L' emigration Asiatique", Revue Indo-Chinoise, No. 5 (15 April 1903): 490.

160 A Cecil Carter, ed., The Kingdom of Siam (New York: G. P. Putnam's Sons, 1904), p. 111.

161 Octave J. A Collet, Etude Politique et Économique Sur Le Siam Moderne (Bruxelles: Hayez, 1911), p. 63.

162 W. A Graham, Siam: A Handbook of Practical, Commercial and Political Information (London: Alexander Moring, 1912), p. 110; Salvatore Besso, Siam and China, translated from the Italian by C. Matthews (London: Simpkin, Marshall, Hamilton, Kent and Co., 1913), p. 45.

163 Charles M. Garnier, "Bangkok, colonie chinoise, ou le secret du colosse jaune", Revue du Mois, Vol 12 (August 1911): 232.

164 A. Raquez, "Comment s'est Peuplé le Siam", L'Asie Francaise, No. 31 (October 1903): 434.

165 L. Dudley Stamp, "Siam Before the War", Geographic Journal, No. 99 (1942): 216~217. 描述了暹羅鐵路建設的計劃和順序。

第三章

異鄉謀生：

拉瑪五世時期 Chinese 在泰國經濟中的地位

第一節　勞工種族分類的前因

十九世紀和二十世紀泰國經濟發展的最重要因素之一，是泰國經濟持續呈現出以種族劃分的專門化趨勢。與其他職業相比，泰國人一直偏好農業、政府服務和自僱，而Chinese移民及其後代則偏好各種商業活動、工業、金融業、採礦業和一般的僱傭勞動。大多關注這種勞工種族分類的十九世紀作家，都認為這與主要定居在暹羅的Chinese泰兩族的性格差異有關。中國人的特徵是極度勤勞、願意長期辛勤工作、目標堅定、有進取心、渴望財富、經濟進步、創新、敢於冒險和獨立。相較之下，泰國人一般被認為是比較懶惰，只求糊口，不願意多工作，安於現狀，對金錢或經濟發展不感興趣，保守，滿足於依附地位。只要這些對立的特徵具有任何確實性，就應該從兩個民族的獨特文化角度來考慮和解釋它們，因為這兩種文化是由兩個獨特且基本上獨立的歷史進程形成的。本章的目的是簡要概述一些文化和歷史因素，解釋暹羅按民族劃分的職業專門化發展。

暹羅Chinese和泰人的職業偏好互補尤其引人注目，因為China南方和暹羅絕大多數都是農村、農業人口，並以村莊為中心。這種情況在十九世紀早期更為明顯，當時暹羅的職業模式已經相當固定。此外，這些模式在十九世紀最後幾十年後並沒有發生重大變化，當時Chinese移民以大批農民為主。顯然，值得研究的是，China南方和暹羅在鄉村生活或文化方面有何顯著的對比。

最重要的也許是，Chinese南方的農民生活在馬爾薩斯式[1]的嚴峻環境中，節儉和勤奮是生存的必要條件。幾個世紀以來，這些特徵可能是出於需要而產生的，但隨著時間的推移，這些特徵已成為文化上的必要條件。由於前文所述的原因，泰國農民生活在一片人口稀少、土地肥沃的土地上，生存所需並不高，而且很容易獲得。此外，在近代以前，泰國農民在經濟上比Chinese農民更能自給自足。在這種情況下，節儉本身的意義有限，為工作而工作也沒有意思。在泰國人的世界裡，消費和享受是生活的本質——推遲絕不是終極目的。泰國人學會享受生活，活在當下，也沒有改變生活模式的壓力。[2]

但這只是其中的一部分，因為Chinese農民的勤勞和節儉是為了實現其文化目標，而泰國農村文化中並沒有那些目標。世俗的血統延續對Chinese農民而言有一個明確的位置。在已故、在世和即將出生的親屬群體，他們緬懷過去，也展望未來：他們不僅感謝祖先為其直系親屬所帶來的一切，他們的所作所為也要對祖先負責，並為家族帶來更多財富。因此，他們的世界觀是以歷史和親情為中心的，在這種情況下，勤勞和節儉是為了超越個人生活的目的。首要目標不是個人的救贖，而是家族的生存和發展。長期勞動和極度節儉是為了實現這些強烈認可的目標。

由於 Chinese 社會的價值觀以精英為中心，Chinese 農民對家庭地位提升的渴望尤為明顯。儒家倫理中系統化和大眾化的所有高貴目標，只有通過獲得精英地位才能完全實現。因此，只有當一個家庭從庶民地位上升到精英地位時，學術、官職、數代同堂、光宗耀祖等目標——僅列舉較重要的幾種——才有可能實現。然而，雖然上述目標只是理想，但這些價值觀滲透到整個社會，包括農民大眾。通往成功的道路很簡單：勤勞、節儉和親屬間的互助。任何地位上的提升，無論多麼微小，都是一種成功，可以自豪地告知祖先，也可以更接近上述文化理想。總有一些農民家庭通過傳統方式的犧牲而取得成功，也總有一些例外情況，優秀的農民子弟通過祖業收入接受傳統教育，為其家庭和家族進入精英士大夫階層打下基礎。雖然這種情況很少見，但足以激發普通農民及其親屬的雄心壯志。

泰國的鄉村文化形成了鮮明的對比。農民在血統的歷史延續中沒有地位；泰國人甚至不使用姓氏。直系祖先以火葬的方式來紀念，以後一般會被遺忘；沒有祖先崇拜，沒有直系或大家庭以外的親屬責任。泰國農民的宗教強調個人功德和救贖，譴責任何過分關注個人和家庭物質利益的世俗行為。此外，與Chinese相比，泰國大眾的價值觀更少以精英為中心。泰國農民可以通過加入佛門獲得聲望，這也最接近實現其精神目標。社會上大部分男性都會加入佛門，但佛門本身並不會使其社會地位向上流動。當然，辛勤勞動和勤儉節約對實現其目的並無多大幫助。與Chinese不同的是，泰國農民的親屬制度或宗教幾乎不鼓勵新教型倫理的發展。因此，小乘佛教在暹羅的盛行和大乘佛教China的盛行（加上受儒家思想影響的改變）可被視為當今泰國「Chinese問題」極其重要的歷史先因。

鑒於Chinese大眾的價值取向，以及文化理想的實現幾乎完全受貧困所限制，怪不得各種賺錢活動成為了向上流動的第二個方法。數百年來，從事國內貿易的商人和各類手工業者在Chinese社會中一直佔有重要地位.,市鎮在Chinese農村中的地位往往被低估。然而，正是Chinese南方對外貿易的發展，為該地區的亞文化賦予了重商、金錢至上和略帶城市化的獨特性。通過辛勤勞動和節儉習慣積儲蓄下來的貿易財富，與透過農業工作所聚集的財富一樣，均有助於實現文化目標。商人可以為自己的子女聘請塾師，以便他們能夠進入官場；如果他們未能通過考試，較富有的家長也可以在將來為他們購買官職。誠然，在儒家思想的職業等級制度中，[3]商人是被看不起的，但對外貿易帶來的利潤很快就導致了官商勾結。[4]至少後來對廣東和福建內的那些移民區而言，經商對確保家族生存和昌盛極其重要。

廣州、泉州和前一章討論的較小港口的對外貿易發展，導致了一種新型城市社區的興起。在此之前，一般的 Chinese 城市都是政府中心；大部分人口都是以各式各樣的身份服務官僚階級，例如侍從、僕人、工匠、商人等。另一方面，China 南方的新港口則主要以貿易為中心，大部分人成為商行的職員、會計和勞工，碼頭工人、搬運工人、工匠、其他為富商提供服務的承包商，以及大大小小的商人。周邊地區的農民被新的機遇吸引到港口城市。直至十九世紀為止，China 南方對外貿易的壟斷持續了數百年，使南方港口和鄰近的內地人民有充分的時間和機會，獲得比其他大多數遠東人民更高的商業和金融知識。

於是，第一批移民從這些港口來到了南洋。他們有 Chinese 農民的幹勁、勤勞和節儉習慣，此外，他們還有商業經驗和非常重視金錢。在關於財富的 Chinese 諺語中，最尖銳的那些很可能來自 Chinese 南方；這些諺語如今在該地區的移民中也很流行：「錢可以解決所有問題」、「財生財」、「錢可通神」、「有錢能使鬼推磨」等。對泰國人來說，這些話就是徹頭徹尾的物質主義。就財富格言而言，他們最典型的三句乃來自文化偉人帕鑾（Phra Ruang）：「不作非分之想」、「寧可犧牲財富、不可犧牲榮譽」、「應愛自己勝過愛財富」。[5]

以上分析只能間接解釋，為什麼農民移民願意在暹羅從事非農業工作，或暹羅Chinese的冒險和創新特質。在這方面，必須留意，Chinese 農民最初背井離鄉的主要動機是經濟原因。貧窮迫使他們前往沿海港口，他們願意接受任何類型的工作。無論他們是到商行或工藝鋪當學徒，或是從事體力勞動，他們的職業都從農業轉變成其他工作。正如伯爾哲（Pelzer）所指出的，在 China 南方城市成長的無產階級願意去任何能找到工作和高薪的地方[6]（這日益明顯地是指南洋）。因此，對於許多移民來說，職業城市化的最初發展過程在移民前就已在 China 發生了。

此外，移民很可能是個人選擇，而且不只跟年齡和性別有關。移民幾乎都是年輕人和男性；他們中無疑也有過多富有冒險精神的年輕人。卡爾普（Kulp）在分析潮州一個村莊的移民原因時，也正如我們在這裡所說的，首先強調了「通過改善家庭經濟狀況來獲得安全感」，但他也指出，「對於年輕人來說，對新經歷的渴望可能比對安全感的渴望更為重要。」[7]村民們根據冒險精神來標籤其他村民，他們把移民稱為「江湖好漢」，而把「沒有勇氣離開」家鄉的人稱為「王八守飯鍋」。

要全面了解民族職業專門化的情況，有必要了解前現代泰國社會的社會結構以及卻克里王朝前五個統治時期泰國政府的政策。十九世紀初，泰國社會基本上劃分為精英與平民。[8]國王和皇室貴族以及官僚貴族掌握著全部經濟和政治權力。在這些階層之下是平民，其中絕大多數是自由民（freemen）或奴隸。在這個等級制度中，每個人都有固定的地位（儘管並非永久不變），對上待下都有明確的責任和權利。理論上，每個自由民都是上層人物的被保護者（client）或家臣，而每個奴隸都是精英個人或家族的財產。絕大多數自由民都是農民，但不是農奴；他們不是附屬於土地，而是附屬於保護者（patron），在某些情況下還可以轉換保護者。被保護者與保護者之間是一種家長式的相互依存關係；自由民通過提供慣常的服務來換取安全和照顧。不過，自由民和奴隸一樣，不得逃離或離開其保護者和主人的管轄範圍。此外，所有在一定年齡範圍內的男性自由民和各級奴隸每年都必須為國王服公役四個月，[9]這項義務勞動是徭役制的基礎。各種公共工程（如寺廟、運河、防禦工事）都是由徭役勞工建造的，而軍隊則由應徵入伍者和奴隸組成。有需要時，保護者須負責提供一定數量的被保護者，以徭役的身份參與指定政府部門的工作。

上述描述雖然簡短且有些過於簡化，但足以說明泰國平民受限定的社會地位，使其失去在新經濟事業競爭中所需的個人自由和地域流動性。此外，這種制度甚至阻礙了泰國手工藝和專門技術的進一步發展。「在不利的經濟和社會條件下，人才的回報是被迫在保護者家裡服役。」[10]與工匠相比，農民承擔的義務更少，生活受到的脅迫也更少，因為技術特別好的工匠可能會被迫終身為皇家服務。在這種情況下，泰國人的主動性和創造性被扼殺了。[11]

整個十九世紀，Chinese在暹羅的地位與泰國平民的形成了鮮明對比。亞洲外僑中只有Chinese可以免於傜役，也不需要附屬於保護者或官家主人。此外，他們幾乎完全免於奴隸制度，因為沒有Chinese是作為戰俘被帶到暹羅的，而自願賣身為奴更是與其文化格格不入。Chinese還可以在暹羅境內的任何地方自由旅行和定居，不受任何限制。[12]十九世紀泰國政府對Chinese的偏袒並非無意識的。第一代卻克里國王鼓勵Chinese移民，以實現與皇家貿易有關的特定目的。Chinese可以為商業農業提供必要的勞動力，以供應可出口的產品，以及在貿易、航運和航海方面提供勞動力。因此，需要Chinese來擴大貿易，以增加政府和皇家的收入。為了達到這個目的，他們享受到當時泰國人民無法想像的自由。為了與王室目的保持一致，Chinese不用傜役，而是被徵收人頭稅，其數額足以成為可觀的收入來源，但又不至於阻礙移民。

如果說泰國文化和社會的大多數方面，都不利於大眾從事非農業活動，那麼還有一個問題，就是為什麼 Chinese 不與泰國人競爭，拒絕從事自給農業和水稻種植？上文提到，很多 Chinese 移民在離開 China 前至少已變得部分城市化和商業化。但這並不能改變這樣的一個事實，即越來越多的 Chinese 移民——尤其是在一八七〇年代招募 Chinese 工人正規化後——幾乎都是直接從農村來到暹羅的。答案似乎主要在於移民的目的和動機。他們的目的不是要在海外建立一個 Chinese 社會的翻版；他們的根還在 China，他們還把妻子和家庭留在 China，所以他們的目的是擺脫貧困，獲得金錢，以便回國後提高家庭地位。在這種動機的驅使下，他們轉而從事報酬最好的工作和職業。泰國人偏愛稻米種植和鄉村生活，這意味暹羅在整個論述期間，所有城市性質的工作以及專門化的商業農業都缺乏勞動力，從而導致工資相對較高。[13] 因此，在國內當過農民的 Chinese 移民，要麼在種植園工作，要麼在城鎮當工人，原因很簡單，因為這些工作的工資比稻米種植高。需要明確指出的是，Chinese 在獲得未開墾土地方面沒有任何限制。在從事稻米種植或自給農業方面，他們甚至比泰國人更自由。他們不這樣做，是因為可以通過其他方式更快地賺錢。

在蒙固和朱拉隆功統治時期，泰國社會和經濟發生了革命性的變化，更加強了原定的職業模式。十九世紀下半葉，通過役捐和國家僱用工資勞工，徭役逐漸被削弱，而這制度於一八九九年被正式廢除。從一八七四年開始，拉瑪五世著手廢除奴隸制，並於一九〇五年取得成功。在一八九一至一八九二年的政府改革和重組中，保護者制度也受到了沉重打擊。然而，就在泰國人民逐漸獲得自由的幾十年間，泰國市場因一八五五年的《寶寧條約》而開放自由貿易，使外國對稻米的需求日益增長。在隨後的半個世紀裡，稻米種植的巨大發展幾乎完全吸收了泰國人口的增長，以及因廢除舊的半封建制度而釋放出來的泰國勞動力。因此，泰國人並無意願脫離村莊和稻米種植，再加上世界對稻米的需求，以及他們有大量的閒置土地可供開墾，這也意味他們也沒有必要考慮改變傳統的生活方式。與此同時，正如我們在下一節將看到的，政府開始依賴 Chinese 勞動力來完成以前在徭役制度下修建的公共工程。因此，拉瑪四世和拉瑪五世統治時期的社會改革和經濟擴張的最終結果是，確認了泰國人民對稻米種植和自給農業的偏好，並加強了 Chinese 對商業、工業、採礦業和僱傭勞動的控制。

在接下來的章節中，我們將對本文中的一些概論提出具體說明、例外情況和文獻。本節的目的是將泰國和 Chinese 文化與性格、社會和歷史的某些方面與暹羅民族職業專門化的發展聯繫起來。這一發展必須加以說明，因為它對了解當代泰國具有重大意義。

第二節 Chinese 創業精神

從整體上看，泰國經濟於一八一〇年至一九一〇年期間的變化巨大，其後果也是革命性的。[14]幾乎所有這些變化都直接或間接與 Chinese 企業家有關，但在本節中，我們將只討論與私營、都市企業有關的發展（錫礦開採、種植園業和建築業將在下一節從 Chinese 勞工的角度進行討論，而 Chinese 企業家在與政府收入密切相關活動所扮演的角色，則在下文第四節中討論）。第一次世界大戰前的一個世紀中，影響城市經濟中 Chinese 私營企業的主要發展包括：一、一八四〇年前 Chinese 航運業的擴張，隨後在自由貿易的新時代迅速衰退並幾乎完全消失；二、整個世紀 Chinese 進出口業務的絕對量——即使不是比例的——增加；三、歐洲進出口商行和 Chinese 買辦制度的發展；四、電力碾米的傳入以及 Chinese 在這一領域比西方人強；五、電力鋸木的傳入及其較不明顯的後果；六、Chinese 進一步掌握零售貿易；七、Chinese 為方便內陸人口而從事的其他中介商業務擴大其重要性和範圍；及八、Chinese 進入現代銀行業。

十九世紀上半葉，Chinese 主導了暹羅的對外貿易和航運。大部分貨運都是由其帆船運載的，其中許多帆船都是由在暹羅的 Chinese 所建造。[15] Chinese 還與泰國國營貿易緊密合作。他們指揮、駕駛和操縱國王的大部分船隻，並充當皇家代理商和倉庫管理人。[16]有時，他們甚至向國王建議商業投資。[17]在帕南告昭約華（拉瑪三世）統治時期，某些皇家貿易壟斷權被轉讓給了 Chinese 商人。[18]

事實上，正是因為 Chinese 在擴大貿易方面，為泰國統治者的利益做出了令人欽佩的貢獻，他們才獲得了特殊的商業特權。[19]Chinese 擁有泰國人所缺乏的冒險精神、航海技術和經驗；他們可以在不對外國人開放的 Chinese 港口停靠；他們從不直接挑戰政府的壟斷，而是為政府提供產品，並在國王分成利潤後滿意於剩餘的貿易利潤。與西方人相比，Chinese 的優勢顯而易見。對 Chinese 帆船及其貨物徵收的關稅較少，而且普遍公平，而西方人在進口和出口方面被徵收的稅率較高，他們的方形船隻也被徵收過高的稅率。[20]Chinese 更熟悉泰國市場，於過去幾個世紀已經學會如何與泰國官員打交道。他們與當地 Chinese 零售商的關係是西方人望塵莫及的，而且 Chinese 進口商願意直接向消費者少量銷售，這對西方人來說是不可想像的。[21]Chinese 可以在沒有大量資金的情況下從事對外貿易；國王為許多大型業務提供資金，而 Chinese 帆船上的貨物則完全由官員和船員共同出資，他們各自買賣自己的部分。最後，Chinese 可以購買房地產並自由旅行，而西方人則受到嚴格限制。

由於上述原因，西方人在獲得平等的商業權利以及額外的特權和保護之前，無法與Chinese競爭。英國使者約翰・寶寧爵士（Sir John Bowring）於一八五五年簽訂的條約首次確保了上述需求，隨後暹羅與歐美所有主要貿易國之間也簽訂了類似的條約。此後，西方人享有領事保護、治外法權、在所有海港進行貿易的自由、在曼谷購買房地產和居住的自由，以及憑通行證在內陸地區旅行的自由。最重要的是，廢除了令人生厭的計量稅，並規定進口稅的上限為百分之三。

一八五五年英國外交的成功是在Chinese和泰國既得利益者的反對下取得的，這在很大程度上要歸功於蒙固王現實且有遠見的政策。一八二〇年代，英國使團遭到了Chinese的堅決反對，他們認為英國人滿口甜言蜜語，說是為了貿易而來，但實際上是在策劃侵略和謀求政治權力。[22]馬洛克說，在蒙固王掌權後，Chinese商人狡猾地偽造了一份據稱由財政大臣（Phrakhlang）撰寫的文件，旨在阻止歐洲人在暹羅發展利潤豐厚的貿易。[23]儘管如此，蒙固王還是認為有必要與英國達成和解，哪怕只是為了避免直接干預或戰爭，一八五二年，他降低了計量稅，使鴉片貿易合法化，並限制了皇家壟斷的範圍。[24]Chinese商人提出強烈反對，但無法反抗這位堅定而進步的君主的絕對權力。《寶寧條約》廢除了皇家壟斷，包括帕南告昭約華（拉瑪三世）轉讓給Chinese的壟斷，只不過是蒙固王政策的合理延伸。[25]

該條約並沒有給暹羅的 Chinese 企業帶來滅頂之災，因為 Chinese 商人仍有補救方法，並意識到自由貿易的潛力。根據寶寧的說法：

當政府向他們宣讀條約中關於廢除整個壟斷制度的部分，以及將從一八五六年四月起建立自由貿易的條款時，一位擁有巨額財富、並已晉升為貴族的 Chinese 商人——聽說他掌握著鴉片專賣權和其他九十多項專賣權——身著尊貴的官服，與貴族們跪伏在一起。當然，他低頭不語，但那傲慢、輕蔑而又無奈的表情中，彷彿凝聚著百道驚雷。在之前與主要「大臣」的會議上，他已經被告知了自己的命運，但由於最值錢、最有利可圖的鴉片專賣權仍然屬於他，所以他明智地假裝自願辭職，並表示今後將把資金用於合法貿易而非特權貿易。雖然只有少數 Chinese 從承包捐稅中獲利，但絕大多數人都對條約所帶來的解放表示非常高興。[26]

然而，英國人清楚知道 Chinese 是他們爭奪暹羅貿易的主要對手，他們特別煞費苦心地將包含條約條款的國王公告準確地翻譯成 Chinese，並在商業區廣泛散發，寶寧本人還承諾修改 Chinese 譯本，並在香港印刷。[27]

條約簽訂時，面對泰國和西方方形帆船的激烈競爭，Chinese 帆船在暹羅對外貿易中所佔的份額已經開始下降。在以後的幾十年中，Chinese 航運所佔的份額迅速下降。一八七九年，曼谷卸貨的總噸位約為四十九萬噸，其中二十四萬二千噸由英國船隻運載，只有一萬噸由帆船運載，甚至不全是 Chinese 帆船。[28] 到一八八二年，只有一百五十一艘 Chinese 帆船進入曼谷，而輪船和方形帆船分別為二百四十八艘和一百六十艘。[29] 一八九〇年，英國船隻佔曼谷外貿噸位的百分之六十七，其他西方船隻佔百分之二十七；只有一百二十八艘 Chinese 帆船進港。[30] 一八九二年，估計只有百分之二的暹羅對外貿易是由帆船進行。[31]

Chinese 航運業的迅速衰落往往使人誤會了當時的現況，即 Chinese 在對外貿易中所佔份額的下降，其實並不那麼明顯；在大幅擴張的對外貿易中，一半以上仍掌握在 Chinese 手中。例如，一八九〇年，英國領事對曼谷的關稅進行了研究，得出的結論是，在八個月的時間裡，曼谷貿易中按國籍劃分的代表比例大致如下：Chinese 佔百分之六十二，英國人佔百分之二十六，印度人佔百分之八，其他人佔百分之四。[32] 換句話說，西方自由貿易企業在特權條件下在暹羅經營了三十五年後，絕大部分外貿仍然是由 Chinese 進行的。由於無法在航運業中競爭，Chinese 商人顯然已適應自由貿易，以與西方人競爭。

他們不難做到這一點，因為他們最大的優勢——即對市場的深入了解以及與 Chinese 零售商和分銷商的聯繫——使 Chinese 實際上仍然是壟斷者。事實上，這種壟斷使 Chinese 在西方人的外貿份額中佔據了相當大的份額。與在 China 一樣，西方人發現自己無法衡量當地市場，也無法直接與零售商打交道。他們既不會說泰語，也不會說 Chinese，貿易訊息來源有限且間接。很自然，他們在暹羅引入了在 China 發展起來的買辦制度。每家西方商行都會選擇一個有一定財產、受過西方教育[33]、在 Chinese 社區有一定地位的 Chinese 商人作為商行的聯絡人。[34]這位買辦必須會說潮州話或福建話，或者兩種語言都會說，而且往往也會說其他華南語言。此外，他通常還會說泰語，並懂一些英語。由於熟悉當地市場，他能就進口商品的性質和質量向僱主提出建議，並親自透過西方公司的保證金來保證其銷售。他與當地經銷商和內陸貿易商建立銷售關係，在進口貨物抵達後進行處理，並負責收取貨款。在許多情況下，他還負責處理公司與泰國政府的日常關係。他的工資不高，但銷售佣金卻很高。他通常有權僱用和解僱當地員工，其中大多數自然是 Chinese。規模較大的西方公司的買辦成為了大權在握的人物。到拉瑪五世統治末期，他們以及最大的碾米廠主成為了曼谷主要的 Chinese 領袖。

最初受Chinese商業優勢所影響的西方商行，不得不僱用Chinese買辦。雖然這一制度的運作確保了商行主要僱用Chinese，但就算沒有此制度，西方商人還是會這樣做，因為他們更喜歡Chinese的勤勞和專業技能，而不是泰國人隨便的工作習慣。因此，西方人開始依賴他們的主要競爭對手。他們在零售業或國內貿易中的任何重要角色都被剝奪了。然而，西方商行仍可以賺取巨額利潤，而不必擔心瑣碎雜亂的細節。就Chinese而言，他們有理由對此發展感到高興。西方航運的刺激、西方資本和大規模商業效率的引入，以及西方商行遍布全球的聯繫，使得對外貿易的數量和價值大幅增加。雖然Chinese所佔的比例有所下降，但Chinese在貿易中所佔的絕對比例卻大幅增加，此外，Chinese在西方貿易中所扮演的重要角色，也為他們帶來了就業機會和收入。

碾米機械化的故事是Chinese在暹羅發展主導經濟地位的另一個重要篇章。正如英格南（Ingram）所指出，一八五五年之前，大米是暹羅的常見出口商品。[35]然而，出口產品幾乎全部來自Chinese的手工磨坊。[36]《寶寧條約》簽訂後，大米出口量大幅增長，[37]這對Chinese碾米商來說是一個千載難逢的機會，但隨之而來的幾乎是西方機械化的迅猛發展，對Chinese的利益構成了挑戰。一八五八年，一家美國公司在暹羅建造了第一家蒸汽碾米廠。到一八六四年，暹羅有三家蒸汽碾米廠，到一八六七年已有五家，全部為西方人所擁有的。[38]但西方在碾米業的擴張也隨之停止。一八七〇年，英國領事報告了一道不好的消息：Chinese托運人從英國訂購了幾台蒸汽碾米機，供其自用。[39]英國領事於一八七七年寫道：

> 直到最近，外國人一直是碾米廠的唯一擁有人，而且在不久之前，碾米廠的收入一直很高。然而現在，不屈不撓的Chinese正在建立碾米廠，由於他們不僅是歐洲碾米廠加工大米的主要貨主，而且還與運費、保險和其他事項相關的擁有人達成了協議，因此這些交易的任何變化都會給歐洲人帶來損失。[40]

到一八七九年，Chinese蒸汽碾米廠的數量已與西方的不相上下，此後曼谷及附近地區的Chinese碾米廠數量如雨後春筍般增長，一八八九年有十七家，一八九五年有二十三家，一九一二年已有超過五十家。與此同時，一些西方碾米廠賣給了Chinese碾米商，或是被燒毀後沒有人再來替代，新建的碾米廠也寥寥無幾。到一九一二年，只有三家西方碾米廠還在經營。[41]

中國人取得如此驚人的成功有很多原因。這項事業的利益太高，以致Chinese有充分的動機趕緊學習。蒸汽碾米機的優越性顯而易見，因此Chinese購買了它們，起初只是小型的，並聘請了西方工程師，通常是蘇格蘭人來操作。廣東人在機械方面的才能避免了西方人的直接幫助。十九世紀末至二十世紀初，有幾家 Chinese 碾米廠僱用了廣東工程師。[42]當今曼谷最重要的廣東碾米廠的父親就是第一批 Chinese 碾米廠工程師之一，據說他還培訓了一百多名工程師。二十世紀的最初十年中，廣東機械師根據自己的設計和從當地一家碾米廠的英國設備上繪制的粗糙手繪草圖，製造了一整套碾米機械（包括鑄件）。[43]大約在一八九〇年，一位 Chinese 首創了生產潔白大米的工藝，而不是那些不太吸引的貨運米。[44]幾年內，歐洲的碾米廠紛紛仿效 Chinese 的工藝，到一九〇五年，幾乎所有曼谷的碾米廠都配備了生產白米的設備，白米在國外市場的價格更高。[45]

同樣重要的是，整個稻米業（購買稻米、碾米和出口）是一個整體。西方人無法確保他們的稻谷來源，因為稻米的收集掌握在 Chinese 中介商手中。Chinese 碾米商可以很容易地與這些四處遊走的中介商達成協議，當競爭激烈時，還可以派遣代理商至內地，以確保持續供應。[46]此外，暹羅米的主要國外市場在新加坡、香港和 south China，這些地方的進口公司主要是 Chinese。到一八八〇年代，Chinese 碾米商開始以自己的名義，向國外的 Chinese 進口商出口大米。[47]英國領事在一八九七年提出的投訴充滿了無奈和悲哀：「在東方現有的貿易條件下，歐洲人在大米這一特定業務上無法與精明的 Chinese

競爭。」[48]一九〇九年，一家擁有先進碾米機的Sino-泰公司開始通過倫敦直接在歐洲市場上銷售大米，這給歐洲米業帶來了最後一擊。在此之前，曼谷的英國和德國大米公司獨佔了對歐洲的出口貿易。[49]

Chinese的成功還有其他因素。與歐洲人相比，他們的主要弱點是通常無法獲得那麼多的資金。Chinese掌握捐稅承包所獲得的金錢，彌補了部分不足，至於其餘部分，Chinese碾米商則轉向泰國上層社會的富人（儘管泰國出資的碾米廠總是由Chinese管理和經營）。[50]最後，在一八八〇年後形成的激烈競爭中，Chinese碾米商幾乎都願意持續經營碾米廠，以使他們的投資獲利。電燈一開始出現時，規模較大的Chinese碾米商就安裝了電燈，這樣碾米廠就可以晝夜不停地運轉，並實行兩班制。西方碾米廠被迫跟上Chinese競爭對手的步伐，否則就得關門。最終，西方先驅的碾米廠被迫放棄或落入Chinese手中。這樣，西方人就把暹羅最大的生意拱手讓給了Chinese。泰國人拒絕參與競爭。

在鋸木方面，歐洲人的情況比較好。在十九世紀八〇年代以前，柚木和其他重型建築木材完全由Chinese在工棚裡手工鋸制，主要用於國內建築和造船。特別多海南人從事這一行業，一些建築木材被出口到海南島。歐洲人在一八八三年英泰條約簽訂後才真正進入柚木行業，當暹羅北部的業務開始時，他們在曼谷建立了蒸汽機鋸木廠，以鋸切那些沿昭披耶河漂流下來的木頭。儘管海南人佔據了鋸木業的主導地位，但Chinese的第一家蒸汽機鋸木廠卻是由廣東人建造的，這大概是因為廣東人的機械技能。到一八九四年，曼谷只有三家歐洲人的蒸汽機鋸木廠和一家Chinese的蒸汽機鋸木廠；[51]到一九〇八年，有七家歐洲人的蒸汽機鋸木廠和四家Chinese的蒸汽機鋸木廠。[52]其中兩家蒸汽機鋸木廠（一家廣東的和一家客家的）至今仍在營運。一九一〇年，手工鋸木廠在北方和曼谷仍很普遍，主要是海南人經營的。歐洲人柚木鋸木業的優勢在於，他們從泰國政府獲得了大片森林的特許權，從而確保了穩定的供應來源。而Chinese鋸木廠很少有足夠的資金來購買特許權和蒸汽機鋸木設備。

在西方經濟影響衝擊之前和之後，暹羅的零售貿易都是由Chinese主導的。十九世紀上半葉，曼谷最大的進口商品市場是三聘街（Sampheng）和湄南河。大多數Chinese帆船在抵達曼谷後，都會被改裝成零售商店；甲板兩側都搭建了臨時攤位，陳列著精美的Chinese商品。十九世紀三十年代，從二月到六月，大約有七十艘帆船停泊在河中，形成兩條順流而下的航線，每條航線上都擠滿了乘船前來購物的顧客。[53]此外，曼谷河兩岸全年都有長達四英里的水上商店。這些「房子」約有三十至四十平方英尺，每八到十個一排，雖然固定在柱子上，但實際上是漂浮在水面上的。每家水上商店都有一個有頂棚的平台，上面陳列著出售的商品，既有Chinese進口商品，也有本地產品。它們實際上是商鋪，Chinese住在後面的房間，然後在船前做生意。浮屋配有小獨木舟，用於運送商人及其家人，浮屋附近的河面上通常擠滿了載有顧客的小船。[54]此外，還有許多Chinese船屋在河流和運河中穿梭，通常出售當地食品，尤其是新鮮豬肉。[55]

當時的曼谷的確是東方威尼斯。大多數零售貿易都是在水上進行的，因為人們都住在水邊的高腳式房子。王城外唯一的道路，就是穿過建於拉瑪三世時期的三聘街「大市場」的小巷。凡不居住在河邊的Chinese就住在那裡，據說在那裡可以買到任何東西。巷子兩旁是Chinese商人獨具特色的單層磚房，這些房子不像泰國人的住宅那樣建在高蹺上，而是稍稍擡高，以便避開漲潮。在該區的邊緣地帶，有一些印度工匠和零售商，尤其是布匹經銷商；在某些水道交叉口的食品市場，食販以泰國婦女居多。但是，除了這些例外情況，零售業都被Chinese壟斷了。

此後幾十年直至一九一〇年，發生的變化改變了瑣碎的情況，但並沒有改變大方向。隨著對外貿易的擴大和西方進口公司的建立，Chinese商人在他們的Chinese和本地產品庫存中增加了西方貨物。一些只經營歐洲商品的新型商店也應運而生。一八六四年，為了連接皇宮和下游的外國領事館，在皇城外修建了第一條主要街道（即石龍軍路（Jaroenkrung）或新馬路），Chinese 商店很快就排滿了整整兩英里。到一八八〇年代，城市人口逐漸從河岸和運河轉移到新鋪設的道路上。[56] 帆船市集已成為過去，而於十九世紀末二十世紀初進行的大規模道路建設計劃，意味水上商店的終結。昔日在水上居住的 Chinese 商人搬到了新街道兩旁一排排的雙層商店。[57] 通過這一切，Chinese 加強了對零售業的控制。英國領事在一八八二年寫道，「整個國家的貿易都掌握在 Chinese 手中，現在很難找到一個暹羅商人或店主。」[58] 到一八八九年，印度人的最後一個據點（即布匹業）也被 Chinese 超過了。[59]

在此期間，暹羅其他港口和海灣城鎮的情況也與此類似，Chinese 在零售業中的主導地位沒有發生根本變化。然而，在內陸鄉村地區，一八五五年以後，Chinese 的經濟角色在種類和程度上都有了明顯的擴展。《寶寧條約》簽訂後，這方面的主要變化如下：一、隨著對外貿易的快速增長，交換經濟逐漸發展，這就需要大量增加中介商的數量和種類，即從農民手中收購農產品，運到海港賣給加工商或出口商，然後再購買消費品帶回給農民。[60] 碾米業和出口業的迅猛發展尤其促使下暹羅和中暹羅出現了一種專門的商人——流動的 Chinese 稻米商，他們用船從個體農民手中收購稻谷，運往曼谷的碾米廠，然後再運回製成品賣給內陸城鎮的 Chinese 商人。二、皇室貿易的結束和《寶寧條約》中規定的百分之三進口稅上限，導致泰國政府開始徵收新的稅項，而這些新的稅項通常都是轉嫁給 Chinese 的。[61] 因此，越來越多內陸商人成為 Chinese 稅農的代理人。三、政府對收入的渴望，也體現在越來越多地採用現金支付，以免除徭役和其他傳統服務。因此，民眾需要更多的現金來支付免役和各種新稅。對非本地生產的商品的需求增長，也增加了對貨幣或信貸的需求。稻米種植的擴大也是如此，因為農民往往至少需要預支買稻種的費用。Chinese 商人開始為這些和其他需求提供信貸和現金。他們也成為了放債人。四、最後，國內貿易的迅速增長、鄉村自給經濟的相繼虧損，以及泰國農民新需求的增長，使得 Chinese 零售商值得在內地的小市鎮甚或鄉村定居。

到二十世紀初，Chinese 中介商在內地幾乎無處不在，他們的角色也變得相當複雜。他們收購稻谷和其他當地農產品，提供信貸和物資，放債，收稅，銷售進口商品，以及雙向運輸商品。正如英格南所指出的，由於這些職能混雜在一起，因此不可能估算出任何一項職能的價值。[62]

現代銀行業在暹羅的引入是 Chinese 西方利益相互作用的又一例證。隨著歐洲商業在暹羅的發展，三家歐洲銀行（香港上海滙豐銀行、印度新金山中國渣打銀行以及法國東方滙理銀行）分別於一八八八年、一八九四年及一八九七年在曼谷設立了分行。[63]這些銀行成立的目的是為西方對外貿易提供資金和外匯，但它們很快發現，與 Chinese 商人進行廣泛的交易也是有利可圖的。此外，在與西方商行開展業務時，它們還必須與 Chinese 買辦打交道，而那些 Chinese 買辦在財務上負責這些公司的大部分業務。因此，外國銀行本身不得不僱用 Chinese 買辦。這種制度與他們在新加坡、香港和 Chinese 各通商口岸等分行所採用的制度類似。買辦向 Chinese 商人，在某種程度上也向外國公司招攬銀行業務，並通過在銀行存入大筆款項來擔保他所推薦的貸款。他僱用銀行職員，對他們的誠實負責，並保證每天結賬時的現金餘額。與西方商行的同行一樣，銀行業的買辦只領取象徵性的工資，但佣金豐厚。

由於 Chinese 業務轉向西方銀行，以及新加坡的 Chinese 獨資銀行按照西方模式成功營運，使得在二十世紀的最初十年中，至少有三家 Chinese 銀行在曼谷成立。第一家是堯盛興（Yü Sheng Hsing 或 Jao Seng Heng）錢莊，大約在一九〇四年成立，並迅速在金融界佔據了重要地位。一九〇八年，該銀行重組為一家公司，當地認購資本為三百萬泰銖。[64]一九〇五年，規模較小的源發利（Yüan Fa Li 或 Guan What Lee）Chinese 銀行成立；在碾米商的大力支持下，華暹銀行於一九〇八年成立，其部分目的是為一家新的 Chinese

航運企業提供資金，並為孫中山的革命活動提供資金。[65]

這裡無法提及暹羅商業、加工業和金融業中其他類型的Chinese商人。然而，上文所討論的情況足以清楚地表明，在一九一〇年前的一百年間，Chinese商和小商人以各種形式大大加強了其地位，擴大了其範圍和職能。儘管存在，或部分由於西方國家的競爭，以及在沒有泰國人反對的情況下，他們在經濟上取得更廣泛、更強大的地位。泰國經濟的擴張首先要歸功於西方的榜樣、創新和企業精神，但總的來說，Chinese企業家在利用新機遇方面更勝西方人一籌。

第三節　勞工與工匠

在十九世紀的首六七十年間，商人企業家是Chinese移民的典型類型。然而，一八五五年後泰國經濟的擴張極大地增加了對體力勞動者的需求，最終導致暹羅招募Chinese農民做「苦力」，以及造成一八八〇年代開始的大規模移民。即使在這些發展之前，礦業和農業對體力勞動者的需求也是持續不斷的，而 Chinese 移民提供了大部分的勞動力。

整個十九世紀，南暹羅的錫礦開採幾乎被 Chinese 壟斷。他們對暹羅礦產資源的了解是無與倫比的，而且對泰國人和外來者都是保密的。[66]採礦可以單獨進行，甚至在本世紀末，斯邁斯還發現 Chinese 用撬棍開採某種類型的山丘礦藏：「冷靜地用錘子把晶體一個個敲出來。」[67]不過，含錫的泥土通常需要清洗，而沖洗所需要的水泵和其他設備則需要合作使用。Chinese 的礦場一般規模較小，但有些礦場僱用了多達九百名工人。[68]在規模較大的礦場，工人們被組織成一家或多家公司（Kongsi），[69]每一組或每家公司的勞工都住在礦場經營者提供的住房，並作為一個團隊一起採礦。Chinese 經營者由政府——通常由當地長官拉惹（rajahs）——頒發許可證，他們須繳交錫礦產的百分之十至百分之十六，作為特許權使用費。[70]在一些地方，治煉權會被轉讓給出價最高者。

在卻克里王朝最初兩個統治時期，由於緬甸人多次入侵半島西海岸，錫礦業處於低谷。在拉瑪三世的統治時期，西海岸的錫礦開採恢復緩慢，但東海岸的錫礦開採開始吸引越來越多直接來自 China 的移民。[71]錫礦開採的真正高峰出現在蒙固統治時期，當時開明的府尹在幾個重要的錫礦省份上任。最好的錫礦藏在普吉島，新上任的府尹鼓勵

Chinese 移民，主要是從檳城來的福建人採礦，提供資金讓他們開始工作。[72]每個月都有新移民到來，到一八七〇年，Chinese 人口增加到兩萬八千人，到一八八四年已超過四萬人，其中絕大多數在礦區工作。[73]

勞動條件並不好。工作非常艱苦，尤其是在洗礦之前剝離覆蓋層。礦工們還要輪流操作水泵和熔煉爐風箱，後者是在日曬雨淋下連續工作十個小時後在晚上進行的。在露天礦山上工作的礦工經常發燒，活下來的礦工則因脾臟和肝臟腫大而痛苦不堪。[74]鑒於這些條件，工資必須相對較高，因為所僱用的只是自由勞工。然而，Chinese 礦場經營者同時也是包稅商的代理人，並從附屬於各公司的賭博、鴉片和酒類商店中賺取額外利潤。據十九世紀九十年代的計算，考慮到所有的承包稅和其他稅收，政府拿走了普吉島所有礦工收入的百分之四十。[75]

由於多種原因，錫礦勞工的就業率在十九世紀八十年代末開始下降，例如錫價下跌，以及條件更好的下暹羅對體力勞動者的需求增加。但更重要的是，暹羅向普吉府——大部分採礦活動都在這裡進行——任命了一位特別專員，他顯然對 Chinese 深惡痛絕，並採取了一些政策，把礦工趕到別處去。以前的移民變成了大規模的外流，到一八九七年，普吉島上的 Chinese 人口減少到一萬二千人以下。[76]

暹羅西南部礦區的情況更為惡劣。斯邁斯在一八九八年寫出以下關於叻丕府錫礦勞工問題的敍述：

> 所有礦區的苦力（一般都是直接從海南來）的死亡率都很高，而這些礦區通常都在山區，發燒和痢疾在這些地區最為猖獗。在許多情況下，新來礦工因這些原因死亡的比例超過了百分之六十。恐慌所造成的損失更多，隨著新來礦工到內地時，他們聽到故事所產生的影響之大，以至於門閂和鐵柵欄都無法留住他們。嚴重的問題是，已經預先支付了所有這些礦工，而在抵達礦區之前，有百分之七十的已經逃跑掉，餘下的人在下一個雨季又會跑掉百分之六十……即使答應或預付最高的工資，要想讓在泰國待過一段時間的 Chinese 去礦山工作，也近乎不可能。[77]

此後不久，暹羅西南部的大部分採礦活動被放棄了，但 Chinese 在暹羅南部的採礦活動仍在繼續，只是規模大大縮小。英國和澳洲公司在二十世紀第一個十年才開始在暹羅開始營運，使用的是馬來亞開發的挖泥船和改良方法。這一發展將在後面的章節中提及。

在十九世紀的大部分時間裡，Chinese 種植園中其農業勞工具有相當重要的商業意義。從目前的記錄來看，總體發展模式如下：本世紀初，大量Chinese在暹羅東南部、下暹羅和西南部的某些農村地區定居；他們與泰國婦女結婚，在很大程度上重現了south China的農民生活。他們種植稻米、煙草、胡椒、甘蔗、絹葉、棉花、水果和蔬菜。然而，很快就發現，專門化生產具有經濟優勢；那些靠近人口中心的地區為當地市場生產絹葉和蔬菜，而其他地區則集中生產胡椒和蔗糖，以供應西方市場，部分地區則為中國市場生產棉花，以及為當地和馬來亞市場生產煙草。十九世紀初，Chinese已開始經營小型的胡椒和栳葉種植園；十九世紀二十年代開始種植商業糖種，十九世紀四十年代開始種植煙草。種植園園主大多是在當地定居的Chinese及其洛真後裔。起初，他們僱用Chinese或Sino泰工人，如果是製糖業，則僱用泰國人，但隨著種植園的繁榮，園主們越來越依賴Chinese移民從事田間勞動。一八四〇年至一八八〇年間，暹羅的Chinese種植園最為繁榮。隨著西方人在東南亞的歐洲殖民地經營種植園，以及曼谷對勞工的需求急升，導致勞動力成本上升，Chinese種植園逐漸衰落。

胡椒種植是暹羅最古老的產業之一，在本書截至一九一〇年所述期間，胡椒種植可能為Chinese農業勞動力提供了最穩定的就業機會。種植園主要集中在暹羅東南部，特別是尖竹汶府和達叻府，以及南暹羅的西海岸，尤其是董里府和沙敦府。[78]胡椒的產量在一八九〇年達到頂峰，此後出口量下降，種植受到限制，許多種植園倒閉。產量下降的原因是倫敦市場的價格低廉且波動，但勞動力成本上升也是重要原因。[79]然而，在二十世紀頭十年，胡椒仍然可以說是「少數幾種僱用大量 Chinese 勞動力種植的農產品之一」。[80]

從整個十九世紀來看，Chinese 種植園最重要的農作物是糖。顯然，一八一〇年左右，潮州定居者將糖作為一種商業農作物引入暹羅東南部，在十多年內，糖就成為泰國的主要出口產品。[81]最大的種植園位於現今的春武里府、差春騷府和佛統府。十九世紀中期，尼爾（Neale）寫道：「許多在暹羅定居和結婚的 Chinese，從他們在內陸擁有的糖種植園中獲得了巨額財富。」[82]十九世紀五十和六十年代是糖生產的高峰期，成千上萬的 Chinese 受僱於甘蔗田和煉糖廠。據巴列瓜（Pallegoix）統計，僅在佛統就有三十多家煉糖廠，每家都僱用了兩三百名 Chinese 工人。[83]世界市場的競爭，最終結束了暹羅繁榮的製糖業。由於勞工成本上升，Chinese 種植園無法與之競爭。泰國人以犧牲甘蔗為代價擴大了稻米種植，Chinese 勞工則湧向條件和工資更好的碾米廠。[84]到一八八九年，糖出口已經停止；只有少數煉糖廠仍在營運，而且主要與酒類製造有關。[85]

十九世紀泰國人也小規模種植棉花，但生產出口的人主要是海南人。[86]十九世紀上半葉，暹羅西南部是主要的棉花生產中心，[87]但在十九世紀六十和七十年代，據說海南人在暹羅中部和北部的叢林空地上廣泛種植棉花。暹羅在棉花生產方面沒有比較優勢，在自由貿易開始後的二十年內，棉花產業就逐漸衰落。因為泰國人開始喜歡外國煙草，Chinese在暹羅東南部和西南部經營的大量煙草種植園，也在一八七五年後衰落。

與出口市場不同，在本書所論述期間Chinese為本地市場生產的農業產品穩步增長。曼谷和其他重要城鎮周圍形成了菜園、絹葉、檳榔園和養豬區，隨著時間的推移，範圍越來越廣。當時的Chinese和現今的一樣，都是出色的園藝家。布勒德利（Bradley）在一八三六年對湄南河Chinese菜園的描述適用於整個世紀：

> 菜園種植得非常整齊。它們可能稱不上風雅，但很豐富……豌豆……萵苣、洋蔥、蘿蔔、絹葉和檳榔佔據了菜園的很大一部分。園丁們住在園內骯臟的小屋里，有許多狗看守著，豬圈裡散發著可怕的臭味。[88]

Chinese用液態肥料為蔬菜施肥，用腐爛的魚肉給絹葉藤施肥，從高架種植帶之間的小溝渠中不斷地為農作物澆水。養豬通常與種菜同時進行，以便同時利用糞肥和廢棄蔬菜。泰國人出於宗教忌諱，拒絕養豬和宰豬，因此把這個利潤豐厚的職業留給了

Chinese。截至一九一〇年，僅曼谷每天就屠宰約三百頭豬。[89]在一九一〇年，蔬菜和絹葉種植以及養豬業為曼谷附近的幾千名 Chinese 提供了就業機會。[90]

然而，除菜園外，種植園農業在十九世紀七十年代開始衰落，而此時曼谷和其他城鎮對非農業勞動力的需求正在強勁增長。曼谷的工資要高得多，以至於到一八七六年，「只有最貧窮的 Chinese 移民才會在逗留初期從事田間勞動和建築工作。」[91]

但事實上，直到第一次世界大戰前，公共建築工作吸收了越來越多的新移民。對於 Chinese 移民來說，修造寺廟、運河和道路並不是新的工作。一八二四年，Chinese 為拉瑪二世建造了火化亭，他們早在拉瑪三世時就建造了運河。例如，一八三七年，帕南告王「體恤地命令」一位泰國貴族「作為僱用 Chinese 苦力的監工」，挖掘一條長達從曼谷到挽巴功河五十四公里的運河，這項工程耗時三年。[92]蒙固王規範了至少是首都附近的公共工程中 Chinese 勞工的僱用，宣布不必僱用徭役勞工來從事，可能由幾乎全都是 Chinese 付費勞工完成的工作。[93]人們逐漸認識到，付費勞工比徵募勞工更有效率，蒙固王和朱拉隆功王都把使用 Chinese 勞工代替泰國勞工解釋為對本國人民的善舉。一八七三年，朱拉隆功王下令開鑿一條從曼谷通往大城的運河，他「樂意從私人財庫撥出足夠的款項來支付 Chinese 工人的工資」，以避免徵用泰國勞工所帶來的「煩惱、痛苦和強迫」。[94]在運河和道路建設中，其數量在整個十九世紀中穩步增加，泰國官僚負責僱用Chinese工頭，而Chinese工頭則僱用和監督Chinese「苦力」。[95]

泰國鐵路系統的主要線路於一八九二年開始建設，從各方面來看，沒有Chinese勞工是不可能完成這項工程的。一八九一年，人們曾希望「建設鐵路的最好結果之一是把鄉下人培養成勞動力」，[96]但這只是天方夜譚，因為泰國人最多工作幾天，然後就蹣跚著去最近的城鎮花掉他們的收入。[97]受僱的「苦力」大多是新移入的潮州人和客家人，其中一些人是專門從汕頭運來的，而大部分熟練工人則是廣東人。負責的工程師認為Chinese移民「耐用及效率高」，因為他們「往往不介意鐵路建設的短暫營地生活」，並且「期待在完成勞動合約後，能定居在一個能為具有商業頭腦的人提供機會的新國家」。[98]

鐵路的大部分Chinese勞工，都是由受僱的領班或工頭在曼谷自由承包的。在叢林地帶開始施工後，瘧疾和其他發燒引起的死亡率上升到了可怕的程度。因此，「對承包商來說，僱用足夠的苦力是一件困難的事，而對分段工程師來說，要說服他們留下來……則是一件更加困難的事，需要無限的圓滑本領。」[99]可以毫不誇張地說，在一九一〇年之前，成千上萬的Chinese在暹羅的鐵路建設中喪生。[100]據記載，在修建從沙拉武里到呵叻的路段時，僅在拍耶沛（Phrayafai）森林就埋葬了三百名因發燒而死亡的Chinese勞工。[101]在這樣的條件下，承包商不得不提供相對較高的工資，即便如此，工人們還是經常罷工以爭取更高的工資。[102]在鐵路建設的第一年（一八九二年），大約有兩千名Chinese受僱，此後到一九一〇年，這個數字從未減少過，甚至還經常增加。然而，Chinese工人的流失率很高，尤其是勞工在面臨生死攸關的情況時會逃跑。在鐵路建設的頭二十年裡，在鐵路上工作的Chinese移民肯定數以萬計。到一九〇九年，鐵路從曼谷向四面八方發展，延伸到暹羅北部、東北部、東南部和西南部，這不僅歸功於朱拉隆功王的遠大眼光和西方工程師的高超技藝，也歸功於那些建造路基、橋樑和鋪設鐵軌的Chinese「苦力」。

大約在一八七〇年以後，曼谷的私營企業對Chinese勞動力的需求最大。不斷發展的城市需要越來越多的建築工人，蓬勃發展的港口需要越來越多的碼頭工人和船員，最重要的是，如雨後春筍般出現的碾米廠和鋸木廠，需要越來越多的熟練和非熟練工人。到二十世紀初，據估計曼谷的碾米廠和鋸木廠僱用了約一萬名華工。[103]一八九〇年至一九一〇年間，曼谷從水上城市變成了陸上城市。首都建造了新的道路，還新建了數以千計的商店兼住宅、西式住宅和政府大樓。數以百計的Chinese建築公司紛紛成立，每家公司都有數十名學徒工。建築業主要掌握在廣東人手中，但一些潮州公司也佔有了重要的位置。[104]到一九一〇年，曼谷有數千名 Chinese 從事各類建築工作。

與曼谷遠洋貿易直接相關的勞動力，也變得非常龐大和重要。在 Chinese 帆船和泰國方形帆船被西方輪船取代前，單單水手就僱用了數千名 Chinese。[105]航運業革命後，暹羅 Chinese 很少受僱為西方輪船的船員，但他們成為了碼頭工人，為來往於港口和沙洲以下錨地的駁船提供人手。在十九世紀末和二十世紀初時，斯邁斯對曼谷港口做了一個有趣但帶有偏見的描述，他說港口只有一條規則：

「無論 Chinese 苦力做什麼，你都不得斥責或以任何方式給他帶來不便。」他是港口的主人。當他的駁船溯河而上，尋找停泊點時，可以將其駁船抓住輪船。他可以在船長需要更換泊位時拒絕解纜；他可以而且很可能會拒絕以自己以外的任何方式裝貨上船，即使船隻和貨物會遭到損失；他可以在船尾甲板上吐痰和抽煙，並且一般會逞威作福，但是你必須隨他的意；如果職員把他的繩子割斷，或者舵手從旁踢他一腳，就會發生總罷工，船長就會被代理人嚴厲斥責。因為 Chinaman 是特權人物，港口是隨其個人意願和享受而經營的。[106]

這段話中諷刺的情況之所以出現，是因為Chinese移民跟不上需求，從一八八〇年代起至少到一九〇三年，勞動力一直供不應求。在此值得重申的是，Chinese勞工的目的是賺錢和存錢，要麼回到China，提高家人在China的地位，要麼在暹羅小本經營，希望能夠發財。考慮到當時的工資水平和他們的生活水準，如果他們實際上不能以相對快的速度存錢，一開始就不會來暹羅。Chinese是東方最好的勞動力，他們必須得到相應的報酬。據說，早在一八七三年，「曼谷最普通的日工可以存下三分之二的收入」。[107] 1880年，英國領事注意到「勞動力價格上漲，而且往往……完全缺乏人手。」[108]幾年後的記錄顯示，在暹羅的Chinese勞工可以賺取比south China港口高一倍的工資，而且生活比在其本國更好、更便宜。[109]一八八九年的領事帶著其階層和時代特有的恐慌心情，首次記錄了為獲得更高工資而採取的一致行動：

> 如果大多數苦力要求增加工資，他們會毫不猶豫地罷工，並抵制那些繼續維持舊工資標準的人。今年就發生過一次這樣的罷工，持續了好幾天，導致生意完全停頓。一些輪船甚至因為沒有人手裝貨而被迫離港。[110]

一八九八年至一九〇二年間，勞動力長期短缺，而西方的僱主們遇到了看似最卑劣的勞工問題。[111]在一九〇〇年：

苦力們似乎認為現在是鼓動提高工資的好機會。近年來，勞動力成本一直在穩步上升，但近來工人們的要求變得過高。現在，人們感到很難找到駁船水手，給這裡的一些公司造成了相當大的不便和損失。[112]

一九〇一年，有人抱怨Chinese勞工「能夠強迫僱主接受他們的條件」，一九〇二年，有人抱怨「勞動力仍然供不應求」。[113]

一九〇三年，大量Chinese移民湧入曼谷，使僱主處於更有利的地位，此後，新移民普遍滿足了勞動力的需求。然而，曼谷的體力勞動工資仍然高於東亞其他港口。透過將一八五〇年和一八九〇年碾米廠「苦力」和一流木匠的工資進行比較，可以得出一個有趣的現象，曼谷非技術性體力勞工的相對價值上升。一八五〇年，木匠的工資是「苦力」的六倍，[114]而四十年後，他們的工資只比「苦力」高出三分之一。[115]

Chinese很早就在各種技術行業和非技術性勞動力中變得不可或缺。克勞福（Crawfurd）在一八三〇年寫道：「在暹羅，有用的技藝通常掌握在Chinese和其他外國人手中」，[116]而不久之後，「其他外國人」也就不見了。十九世紀最早訪問曼谷的人特別指出，Chinese在造船工、鐵匠、錫匠、裁縫、皮革匠和鞋匠中佔主導地位。厄爾（Earl）

在十九世紀三十年代中明確指出，Chinese「佔據了所有的機械行業」。[117]十九世紀六十年代，沃納（Werner）試圖詳盡列舉泰國人從事的商業手工業，包括製磚、製陶、製櫃、泥瓦匠、製革、染色、銅匠和製繩。他的結論是，實際上暹羅的全部工業都已落入Chinese之手。[118]到十九世紀八十年代，除了十九世紀初已經提到的工匠職業外，Chinese在木匠、家具製造匠、馬車製造匠、金銀器匠中也佔據了主導地位。泰國人只有在陶器製作中佔主導地位。[119]在這一點上，我們可以贊同勒梅（Le May）的觀點，他在後來討論Chinese在暹羅的職業時說，他「不想詳述人類已知的幾乎所有手工業，使讀者感到厭倦」。[120]Chinese工匠在暹羅的穩步發展，除了他們公認的勤勞和技能之外，還必須歸功於從China帶來的工會組織。年輕人在曼谷的工匠鋪當學徒，就像在south China的城鎮一樣。嚴密的工會組織不僅將non-Chinese拒之門外，還將某些手藝限制在不同的語言族群，甚至是更小的群體。根據今天曼谷老一輩人的描述，在十九世紀末至二十世紀初期間，按語言族群劃分的職業專門化是非常嚴格的。

Chinese因此受到了讚揚和指責，但拉則爾（Ratzel）在一八七六年的評價所指出的事實不容否認：「在其他地方，他們（Chinese）主要以經商為生，其次才是礦工和漁民，而在暹羅，他們控制了整個經濟生活，只把較原始的……農業方面留給當地人。」[121]

第四節　Chinese 和政府稅收

十九世紀，Chinese 在泰國政府所經營或授權經營的各種壟斷企業，和承包捐稅中扮演了重要而複雜的角色。簡要介紹一下卻克里王朝第二代統治時期之前存在的壟斷體系，此將為了解後來的發展提供一個基礎。皇家貿易壟斷分為進口和出口兩種。唯一重要的進口壟斷是武器和彈藥：只有國王才能進口這些物品，然後出售國家不需要的部分。由國王壟斷的出口產品要多得多，包括錫、胡椒、硝石、蘇木、熟檳榔、獸皮、豆蔻和藤黃。這些產品必須賣給國王的代理人，只有國王才能出口或賣給外國商人。在卻克里王朝第三代時，皇家的幾項出口壟斷權被轉讓給了 Chinese 商人。這意味商人向皇家支付一筆款項，獲得在當地購買和出口——如獸皮——的唯一權利；所有出口的獸皮都必須賣給 Chinese 包稅商，只有他們才能出口或賣給外國商人。一八五五年《寶寧條約》簽訂後，這些出口壟斷權，以及原先從未承包出去的武器彈藥進口壟斷權，才被放棄。

在第二世和第三世國王統治時期，即《寶寧條約》簽訂之前，還出現了其他幾種承包稅項制度。首先，某些傳統稅種的徵收被外包出去。[122] 這意味市民按照政府規定的稅率向包稅商的代理人繳稅，但包稅商在收稅前同意向政府一次性支付規定的金額。政府將每一種捐稅承包權賣給出價最高的人，而包稅商的獲利，多少取決於他們如何徹底追蹤每個納稅人，並從那裡獲得全額稅款。這種制度顯然與政府僅僅僱用 Chinese 稅吏的做法截然不同。起初，只有城市稅（如商鋪稅和船稅）被外包，但後來某些農業生產稅和土地稅也外包給了 Chinese。

其次，從事某些服務以及在當地製造和銷售某些產品的獨有權利——這些服務和產品本應由政府徵稅或在此之前已由政府徵稅——被外包出去。其中最主要的是經營彩票和賭博場所的權利，以及製造、銷售烈酒和撲克牌的權利。在每種情況下，包稅商都要向王國政府一次性支付一筆款項，以獲得在一定地區和一定時期內的經營權。這些承包稅實際上是對商品或服務的消費者，徵收的間接稅；政府保證獲得固定的收入，而包稅商則承擔風險。當然，風險是在競標前就計算好的。第三，某些進出口商品的關稅也被外包。應該指出的是，這種承包稅不同於承包貿易壟斷，因為作為協議的一部分，所承包的產品不是由包稅商購買或出售，而只是通過包稅商按照政府釐定的稅率徵收稅項。

在蒙固王統治初期，所有現有的貿易壟斷都被廢除了，但建立了一種新的壟斷，其中包括進口貿易壟斷。這就是非常重要的鴉片壟斷權，成立於一八五二年，得到了《寶寧條約》的確認。根據該條約，鴉片免稅，但必須賣給 Chinese 鴉片包稅商，後者向政府購買鴉片包稅權，實際上是向政府支付了本可以直接徵收的關稅，購買了唯一的進口權以及在當地加工和零售鴉片的權利。

皇家貿易和貿易壟斷的結束，加上百分之三的進口稅上限，給國家財政收入造成了重大損失，而此時正計劃進行大規模建設和現代化改造。為了彌補損失，政府：一、將舊的出口壟斷轉變為關稅承包權，二、將幾乎所有其他進出口產品的關稅徵收外包出去，三、將其他傳統稅種的徵收重組為壟斷，四、設立新的稅種，並把它們外包。此外，鴉片、烈酒、彩票、賭博的承包稅擴大到買賣所能承受的限度，同時還設立了新的同類稅種，如豬肉專賣權。因此，雖然 Chinese 就《寶寧條約》失去了一些貿易壟斷權，但最終他們獲得了無數總價值更大的捐稅承包權。

值得注意的是，在十九世紀下半葉的大部分時間裡，四個最賺錢的承包稅基本上都是以 Chinese 的消費為基礎，提供了國家總收入的百分之四十至百分之五十。這包括鴉片、賭博、彩票和烈酒的承包稅。可以這樣說，國家依靠 Chinese 的優良素養來擴大工商業，而政府則依靠 Chinese 的惡習來擴大公共收入。由於這四種承包稅對 Chinese 社會和政府財政十分重要性，值得在此密切關注。

鴉片的使用大概是在十九世紀初以前傳入暹羅；拉瑪二世於一八一一年頒布了第一道禁止在國內銷售和使用鴉片的法令。[123] 其後的故事與 south China 的鴉片故事並無二致，因為 Chinese 人口的需求以及當地商人和西方商人的貪婪共同加劇了走私和賄賂，而不顧禁令。一八三九年，正當林則徐在廣州採取強硬措施打擊鴉片貿易時，拉瑪三世「宣諭神諭，敕令海外，不許任何人買賣鴉片。」[124] 儘管詔書中規定了嚴厲的懲罰措施，但走私活動依然猖獗；有趣的是，一旦買賣鴉片活動被發現，當地的 Chinese 商人會被判處死刑或監禁，而外國商人通常會被無罪釋放。[125]

局勢很快失控，蒙固王於一八五二年創立了鴉片承包稅，同時採取措施限制 Chinese 吸食鴉片。他下令，任何吸食鴉片的泰國人都必須蓄辮子，並繳納三年一次的 Chinese 人頭稅，理由是一旦染上了 Chinese 的惡習，他就喪失了作為泰國人的所有良好信譽。[126] 據說，鴉片對暹羅 Chinese 工人來說實際上是一種必需品；那些從事最艱苦體力勞動的人，如碾米廠工人、碼頭工人、人力車夫等，最常吸食鴉片。泰國人——他們平時會否從事體力勞動工作具決定性的影響——從未大量染上這種習慣。隨著 Chinese 人口和勞工比例增加，鴉片承包稅的價值也在穩步上升。到一八七四年，鴉片承包稅的價格約等於十萬英鎊，到一八九一年則上升到十三點六萬英鎊。[127]

到十六世紀八十年代，鴉片承包稅的經營規模已經非常龐大，只有最富有的 Chinese 集團才能成功競標。一八九〇年，鴉片承包稅下又成立了一個由三個集團組成的集團，專門負責曼谷一千二百多家持牌商店的零售業務，每家商店的負責人都是包稅商的受薪僱員。[128]到一九〇三／四年度，鴉片承包稅的年收入超過七百萬泰銖，到一九〇五／〇六年度則超過一千萬泰銖，佔政府總收入的百分之十五到百分之二十。[129]在一九〇七／〇八年度和一九〇八／〇九年度，政府最終接管了鴉片販運的控制權並廢除了鴉片承包稅。[130]此後幾十年，鴉片收入一直居高不下，但 Chinese 企業家再分享不到這份巨額利潤。

鴉片包稅商擁有巨大的權力。為了獲得壟斷權，他們必須向其認為在政府中有重要影響力的貴族支付「驚人的佣金」。這些貴族一旦被收買，就會支持他們使用或濫用壟斷權。他們釐定鴉片的價格，無情地懲罰任何試圖逃避其承包稅的人。他們甚至讓自己的手下監視走私者，凡是被正規警察抓獲的人都要交給他們審判和懲罰。他們一直希望增加鴉片的使用量，為此，不惜使用任何詭計、伎倆或潛規則來吸引新的癮君子。[131]

Chinese 承包的賭博稅幾乎是一項更吃香的業務。這種承包稅可以追溯到大城時代，但直到十九世紀 Chinese 人口達到一定規模後，它才成為重要的收入來源。賭坊中使用的賭法最初是由Chinese定居者引進的，他們對賭博的熱愛與對鴉片的熱愛是不同的，被證明具有傳染性。[132]不過，在賭博承包稅存在的整個期間，Chinese賭客佔了大多數。包稅商擁有經營或授權經營賭場的唯一權利。根據法律規定，在Chinese新年和泰國新年各三天內，民眾可以自由賭博，包稅商不得干涉，但在其他時間，只有在賭博包稅商許可的賭場內才允許賭博。賭博承包稅的收入在拉瑪三世統治時期只有幾十萬泰銖，到一九〇三／〇四年度已增至五百七十萬泰銖。[133]

有一種賭博形式「花會」被保留為一個獨立的壟斷行業，即彩票承包稅。[134]花會起源於China，於一八三五年傳入曼谷。拉瑪三世懷疑民眾囤積錢幣，承包酒稅的Chinese則建議用彩票的方式讓錢流通起來。Chinese彩票經過一些改動，有三十四種不同的字，每種字都有獨特的圖片、漢字和泰文字母。賭注幾乎可以是任何金額；贏家可以獲得賭注的三十倍。曼谷及其附近地區被劃分為三十八個區，每個區由一名經理負責，經理的手下有跑街的人和推銷員，他們分布在所屬區內的大街小巷和所有公共場所。除了僱用大量人員外，包稅商還需要約二百名工作人員來管理彩票。每天舉行兩次抽獎活動，據說抽獎時，一般商店都會暫停，直到中彩的字在街上被傳開。最初開始承包彩票時，其價格為兩萬泰銖。不久之後，每年都進行投標，而且價格一直在上漲。於拉瑪四世統治時代，價格達到約二十萬萬銖，一九〇三／〇四年度增加到二百一十萬銖，[135]一九一一／一二年度達到歷史最高價三百八十萬銖。在彩票業存在的最後二十年裡，每天的投注額平均為四萬泰銖，儘管每年都會有幾次幸運中獎，使包稅商每日支付的金額達三萬泰銖或更多，但包稅商每天支付的獎金通常約為一萬泰銖。顯然，彩票承包稅給包稅商和政府都帶來了豐厚的利潤。

蒙固王和朱拉隆功都意識到商業化賭博的弊端，尤其是在內地各府，但在找到替代收入來源之前，不能取消這種承包稅。一九〇〇年，賭館的數量開始減少，一九〇六／〇七年度，內地各府的賭博承包稅被廢除。[136]直到一九一六／一七年度，才最終廢除了曼谷的彩票和賭博承包稅，從而結束了斯邁斯所說的「國家對具有極大毀滅性事物的幫助」。[137]

酒類壟斷權是最先承包給Chinese的壟斷權之一，當中包括蒸餾和銷售米酒的專利權；到十九世紀中葉，全國各地都有了酒類包稅商。與鴉片包稅商一樣，酒類包稅商對其產品擁有絕對的權力。如果發現未經許可的蒸餾器，酒類包稅商的報復顯然是無止境的。[138]米酒的消費主要是Chinese，但並非全都是Chinese。一九〇三／〇四年度，酒類承包稅的收入達到了驚人的四百二十萬泰銖，超過了國家總收入的百分之九。[139]一九〇九年，政府開始直接徵收本地蒸餾酒的消費稅，[140]但時至今日，暹羅各府的酒類生產壟斷權仍被拍賣給出價最高者。

在朱拉隆功統治的後期，各種關稅和捐稅的承包權逐漸被取消。到一九一〇年，只有少數承包稅經修正後被保留下來，其中最重要的是燕窩承包稅。在承包稅完全消失前，它們在北部的自治公國得到了最充分的發展；在清邁，甚至連稻田稅的徵收都承包給了一個 Chinese 集團。[141]對 Sino-Thai 關係而言，幸運的是其他地方並無採用這種制度。

對 Chinese 唯一直接徵收的稅是每三年繳納一次的人頭稅。[142]人頭稅於拉瑪三世統治時期開始徵收，最初的稅額為每年一點五泰銖。[143]從一八二八年到一九〇九年，人頭稅變為每三年徵收一次，稅額固定為四點二五泰銖。該稅款被視為豁免傜役和豁免向保護者提供個人服務的費用，繳納該稅款的 Chinese 可在國內自由行動，不受騷擾。在拉瑪四世和拉瑪五世統治時期，該稅從未提高過，這反映了他們鼓勵 Chinese 移民的既定政策。因此，儘管 Chinese 數量有所增加，但在徵稅的任何一年中，來自該稅的收入從未超過政府總收入的百分之八。有記錄的最高數字來自徵稅的最後一年（即一九〇九年），金額略低於一百萬泰銖。

在回顧 Chinese 在任何所在國經濟中的作用時，不能不提到匯款。鑒於移民的總體目標是增加家庭財富，在暹羅定居的 Chinese，甚至會在親自回國前便會設法給家人匯款，實是意料之事。照葛茲拉夫的說法：

Chinese 移民辛苦賺得的錢，有一部分是每年匯給留在家鄉的親人；令人吃驚的是，他們為了獲得這微薄的錢並把它寄回家是需要遭受各種困難的……如果一個移民只能寄出一美元，他就會寄出……事實上，除非他能夠附帶一些禮物，否則他絕不會寄信回家；他寧可完全停止寫信，也不會只寄信回家，他需要寄回更實際的東西。[144]

在帆船交通的全盛時期，信件和錢財盡可能托付給來自 China 同一地區的熟人，但更多時候是托付給每艘帆船上的代理人，他們的固定業務是收取和遞送匯款。春天，當帆船停在港口時，Chinese 很容易就能找到來自家鄉的匯款代理人，他只收取百分之十左右的佣金，就會將錢匯出。[145]

於十九世紀下半葉，曼谷的匯款商店如雨後春筍般湧現，以處理日益增長的業務；它們通過正規快遞公司寄送匯款，有些匯款商店還與 south China 港口的移民機構建立了聯繫，以方便將匯款分發給收款家庭。這些商店保證款項能準確送達，並逐步將提供送達收據作為服務的一部分。因此，他們收取的佣金略高，最高可達百分之二十。[146]

早期從暹羅匯往 China 的匯款數額無從估算。根據葛茲拉夫的說法，約在一八三〇年曾有帆船運載超過六萬元西班牙幣的匯款。而據一份 Chinese 海關報告估計，在二十世紀的頭十年，寄到汕頭轉往潮汕和客家移民區的匯款，每年總額為二千一百萬元，[147]但其中來自暹羅的匯款可能不超過三分之一。只能說來自暹羅的匯款數額巨大，而且還在不斷增長。

通過本節的論述，可以得出幾個有趣但有些推測性的結論。看來，政府在擴大承包稅和壟斷時最關心的是收入。這一制度有效地利用了 Chinese 的賺錢欲望，以增加政府收入，但必須承認，這損害了人民的福祉。不過，應該記住的是，政府受制於《寶寧條約》的關稅限制，在收入方式上沒有太多選擇。

政府的政策吸引了更多 Chinese 來到暹羅、將更多 Chinese 留在暹羅以及減少向 China 匯款。Chinese 人頭稅、壟斷行業的收入和匯款額在某種程度上是相互依存的變數。提高 Chinese 人頭稅會限制移民，減少鴉片、賭博、彩票和烈酒壟斷行業的收入，而這些行業的顧客主要是 Chinese。如果政府出於某種動機限制或禁止賭博、酒類和鴉片消費，那麼我們完全有理由相信，在暹羅永久居留的 Chinese 會減少，更多的 Chinese 會在短暫逗留後回國，匯往 China 的匯款也會增加。幾乎所有十九世紀的觀察家都注意到，Chinese 移民的積蓄不斷被賭博、飲酒和吸食鴉片的誘惑而不斷減少。一般移民都為自己設定了一定的儲蓄目標，希望在返回 China 前能夠達到這一目標；長期把金錢浪費在包稅商及其代理人，不僅意味可匯出的錢越來越少，而且意味最終回國的日期會被推遲。事實證明，十九世紀下半葉這些勢力的平衡，正是政府所期望的結果：泰國經濟擴張所需的 Chinese 商業技能和勞動力供應不斷增加，間接從 Chinese 獲得的高收入，匯往 China 的匯款下降。這結論只是事後才得出的，絕不意味泰國政府具有馬基雅弗利式（Machiavellian）的狡猾手段，在制定國家收入政策時已明確考慮到了這些相互關係。雖然沒有證據表明朱拉隆功政府真正關心曼谷 Chinese 居民的福利，但如果有其他收入來源，至少在十九世紀末至二十世紀初前，政府很可能會限制賭博。

然而，一個反常的結論依然存在：在至少五十年的時間裡——當中暹羅建立了現代政府、經濟發展蓬勃並進入了世界經濟和國際大家庭——幾乎一半的政府收入直接或間接來自人數相對較少的 Chinese。僅從財政角度來看，Chinese 對暹羅成就的貢獻就必須受到相當大的重視。

1 馬爾薩斯主義認為人口增長快於資源增長，最終導致糧食不足和人口減少，稱為馬爾薩斯災難。該理論由馬爾薩斯於《人口論》中提出，他認為技術進步雖提升資源供應，但最終被人口增長抵消。部分學者認為工業革命後已擺脫此陷阱，但貧困和資源不足問題在發展中國家仍顯著。

2 Ruth Benedict, Thai Culture and Behavior (Ithaca: Department of Far Eastern Studies, 1952), p. 34.

3 傳統上，這四個主要群體的順序是士大夫、農民、工匠和商人。

4 例如關於南宋時期，見 Wolfram Eberhard, A History of China (Berkeley: University of California Press, 1950), pp. 234~235.

5 G. E. Gerini, "On Siamese Proverbs and Idiomatic Expressions", Journal of the Siam Society, No. 1 (1904): 19.

6 Karl J. Pelzer, Die Arbeiterwanderungen in Südostasien, eine wirtschafts und bev? lkerungsgeographische Untersuchung (Hamburg, 1935), p. 58.

7 潮安縣的鳳凰村。見 Daniel Harrison Kulp, Country Life in South China (New York, Bureau of Publication, Teachers' College, Columbia University, 1925), pp. 44-50.

8 這種特徵的記述主要是根據：H. G. Quaritch Wales, Ancient Siamese Government and Administration (London: Bernard Quaritch, 1934), pp. 21~68; W. A. Graham, Siam (London: Alexander Moring, 1924), pp. 229~249.

9 在鄭昭王的統治年代以前，服徭役的期限為六個月；在十九世紀後半期期間又再度減少為三個月。見 H. G. Quaritch Wales, Ancient Siamese Government and Administration (London: Bernard Quarit ch, 1934), p. 54.

10 Virginia Thompson, Thailand, the New Siam (New York, Macmillan, 1941), p. 600.

11 見 Bruno Lasker, Human Bondage in Southeast Asia (Chapel Hill: University of North Carolina Press, 1950), pp. 102~103.

12 關於 Chinese 在暹羅有利地位的最好一份報告可能就是"Triennial Tax", Siam Repository, Vol 5 (1873), p. 330.

13 James C. Ingram, Economic Change in Thailand Since 1850 (Stanford: Stanford University Press, 1955), p. 56.

14 特別見於 James C. Ingram, Economic Change in Thailand Since 1850 (Stanford: Stanford University Press, 1955), p. 56.

15 D. E. Malloch, Siam, Some General Remarks on Its Productions (Calcutta, Baptist Mission Press, 1852); John Crawfurd, "Report to George Swinton, Esq. April 3, 1823", The Crawfurd Papers (Bangkok, Vajiranana National Library, 1915), p. 117

16 John Crawfurd, "Report to George Swinton, Esq. April 3, 1823", The Crawfurd Papers (Bangkok, Vajiranana National Library, 1915), p. 118; Mrs. Noah A MacDonald, "The Chinese in Siam", Siam and Laos as Seen by Our American Missionaries (Philadelphia: Presbyterian Board of Publications, 1884), p.147.

17 John Crawfurd, History of the Indian Archipelago, Containing an Account of the Manners, Arts, Languages, Religions, Institutions and Commerce of Its Inhabitants, Vol. 3 (Edinburgh: A Constable, 1820), p. 186.

18 例如一八四四年的糖。R. Adey Moore, "An Early British Merchant in Bangkok", Journal of the Siam Society, Vol. 2 (1914-1915): 29.

19 俞謹著：《暹羅商業史話》，見《潮州月報》，第十九期，一九五一年，第十八至十九頁。

20 Captain H. Burney, The Burney Papers, Vol. 4 (Bangkok, Vajiranana National Library, 1826), p. 177; John Crawfurd, Journal of an Embassy from the Governor General of India to the Courts of Siam and Cochin-China, Vol. 1 (London: Henry Colburn and Richard Bentley, 1830), p. 269.

21 Frederick Arthur Neale, Narrative of a Residence in Siam (London, Office of the National Illustrated Library, 1852), p. 174.

22 D. E. Malloch, "Private Journal, 1827", The Burney Papers, Vol. 2 (Bangkok: Vajiranana National Library, 1827), p. 225; John Crawfurd, Journal of an Embassy from the Governor General of India to the Courts of Siam and Cochin-China, Vol. 1 (London: Henry Colburn and Richard Bentley, 1830), p. 138.

23 D. E. Malloch, Siam, Some General Remarks on Its Productions (Calcutta: Baptist Mission Press, 1852), p. 27-29.

24 O. Frankfurter, "King Mongkut", Journal of the Siam Society, No. 1 (1904), 6.

25 見 D. E. Malloch, Siam, Some General Remarks on Its Productions (Calcutta, Baptist Mission Press, 1852), pp. 26-27.

26 Sir John Bowring, The Kingdom and People of Siam, with a Narrative of the Mission to that Country in 1855, Vol. 1 (London, John W. Parker and Son, 1857), pp. 87-88.

27 His Majesty King Mongkut, "The English Correspondence of King Mongkut", Journal of the Siam Society, Vol. 21: 28.

28 Great Britain, Foreign Office, Siam Consular Report (1879), p. 1.

29 Mary L. Cort, Siam, or the Heart of Father India (New York: Anson D. F. Randolph and Co., 1886), p. 35.

30 Mary L. Cort, Siam, or the Heart of Father India (New York: Anson D. F. Randolph and Co., 1890), p. 34.

31 Mary L. Cort, Siam, or the Heart of Father India (New York: Anson D. F. Randolph and Co., 1892), p. 2.

32 Mary L. Cort, Siam, or the Heart of Father India (New York: Anson D. F. Randolph and Co., 1890), pp. 32-33.

33 在審查期間，大部分西方公司的買辦在馬來亞或香港接受過一些西方教育。

34 Great Britain, Foreign Office, Siam Consular Report (1870), p. 2.

35 James C. Ingram, Economic Change in Thailand Since 1850 (Stanford: Stanford University Press, 1955), p. 22-24.

36 Reinhold Werner, Die Preussische Expedition nach China, Japan und Siam 1860 -1862 (Leipzig, 1873), p. 263; 有關礦米廠的描述和圖片，請參閱 Arnold Wright and Oliver T. Breakspear, eds., Twentieth Century Impressions of Siam: Its History, People, Commerce, Industries and Resources (London, Lloyd' s, 1908), p. 186.

37 James C. Ingram, Economic Change in Thailand Since 1850 (Stanford: Stanford University Press, 1955), p. 37-43.

38 Great Britain, Foreign Office, Siam Consular Report (1864), p. 217, (1867), p. 318.

39 Great Britain, Foreign Office, Siam Consular Report (1870), p. 2.

40 Great Britain, Foreign Office, Siam Consular Report (1876-1877), p. 2.

41 Charles Stuart Leckie, "The Commerce of Siam in Relation to the Trade of the British Empire", Journal of the Royal Society of Arts, No. 42 (June 1894): 651-652; Great Britain, Foreign Office, Siam Consular Report (1889), p. 3, (1895), p. 2; Directory for Bangkok and Siam (1912), pp. 280-281.

42 J. G. D. Campbell, Siam in the Twentieth Century (London: Edward Arnold, 1902), p. 284.

43 Arnold Wright and Oliver T. Breakspear, eds., Twentieth Century Impressions of Siam: Its History, People, Commerce, Industries and Resources (London: Lloyd' s, 1908), p. 187.

44 Charles Stuart Leckie, "The Commerce of Siam in Relation to the Trade of the British Empire", Journal of the Royal Society of Arts, No. 42 (June 1894): 651-652.

45 Great Britain, Foreign Office, Siam Consular Report (1905), p. 5.

46 Octave J. A Collet, Etude Politique et Économique Sur Le Siam Moderne (Bruxelles: Hayez, 1911), p. 103-104.

47 Great Britain, Foreign Office, Siam Consular Report (1885), p. 2, (1897), p. 3.

48 Great Britain, Foreign Office, Siam Consular Report (1897), p. 3.

49 Great Britain, Foreign Office, Siam Consular Report (1909), p. 13.

50 Charles Stuart Leckie, "The Commerce of Siam in Relation to the Trade of the British Empire", Journal of the Royal Society of Arts, No. 42 (June 1894): 651-652; 碾米廠的名單又見於 Directory for &n gkok and Siam (1890), pp. 200-201, (1901), pp. 175~176.

51 Charles Stuart Leckie, "The Commerce of Siam in Relation to the Trade of the British Empire", Journal of the Royal Society of Arts, No. 42 (June 1894): 653.

52 Arnold Wright and Oliver T. Breakspear, eds., Twentieth Century Impressions of Siam: Its History, People, Commerce, Industries and Resources (London: Lloyd' s, 1908), p. 171-181.

53 Daniel B. Bradley, "Daniel B. Bradley's Journal for 1836 ", The Bangkok Calendar (1871): 90, 115; Frederick Arthur Neale, Narrative of a Residence in Siam (London, Office of the National Illustrated Library, 1852), pp. 173~174.

54 George Finlayson, The Mission to Siam and Hué, the Capital of Cochin China, in the Years 1821-1822 (London: John Murray, 1826), p. 115-116; Daniel B. Bradley, "Daniel R Bradley's Journal for 1836 ", The Bangkok Calendar (1871): 111.

55 George Finlayson, The Mission to Siam and Hué, the Capital of Cochin China, in the Years 1821-1822 (London: John Murray, 1826), p. 115-116.

56 Great Britain, Foreign Office, Siam Consular Report (1883), p. 5.

57 The Bangkok Calendar (1871), pp. 150~151; Siam Consular Report (1883), p. 5, (1900), p. 13; Directory for Bangkok and Siam (1901), p. 97; Siam Repository (1872), pp. 199, 399.

58 Great Britain, Foreign Office, Siam Consular Report (1882), p. 2.

59 Great Britain, Foreign Office, Siam Consular Report (1889), p. 9.

60 James C. Ingram, Economic Change in Thailand Since 1850 (Stanford: Stanford University Press, 1955), p. 37.

61 H. G. Quaritch Wales, Ancient Siamese Government and Administration (London: Bernard Quarit ch, 1934), p. 206.

62 James C. Ingram, Economic Change in Thailand Since 1850 (Stanford: Stanford University Press, 1955), p. 72.

63 Arnold Wright and Oliver T. Breakspear, eds., Twentieth Century Impressions of Siam: Its History, People, Commerce, Industries and Resources (London: Lloyd' s, 1908), p. 118-119.

64 Arnold Wright and Oliver T. Breakspear, eds., Twentieth Century Impressions of Siam: Its History, People, Commerce, Industries and Resources (London: Lloyd' s, 1908), p. 118.

65 Arnold Wright and Oliver T. Breakspear, eds., Twentieth Century Impressions of Siam: Its History, People, Commerce, Industries and Resources (London: Lloyd' s, 1908), p. 157, 165.

66 D. E. Malloch, Siam, Some General Remarks on Its Productions (Calcutta, Baptist Mission Press, 1852), p. 22.

67 H. Warington Smyth, Five Years in Siam, Vol. 1 (London: John Murray, 1898), p. 325.

68 H. Warington Smyth, Five Years in Siam, Vol. 1 (London: John Murray, 1898), p. 323.

69 公司（Kung-szu）指「公司，公共組織，辦公室。」

70 James C. Ingram, Economic Change in Thailand Since 1850 (Stanford: Stanford University Press, 1955), p. 99.

71 H. Warington Smyth, Five Years in Siam, (London: John Murray, 1898), p. 129.

72 Daniel B. Bradley, "Daniel B. Bradley's Journal for 1836", The Bangkok Calendar (1871): pp. 44-45.

73 Daniel B. Bradley, "Daniel B. Bradley's Journal for 1836", The Bangkok Calendar (1871): p. 45; H. Warington Smyth, Five Years in Siam, (London: John Murray, 1898), pp. 317-319.

74 H. Warington Smyth, Five Years in Siam, (London: John Murray, 1898), pp. 66, 133.

75 H. Warington Smyth, Five Years in Siam, (London: John Murray, 1898), pp. 319, 328.

76 H. Warington Smyth, Five Years in Siam, (London: John Murray, 1898), pp. 317-320; G. E. Gerini, "Historical Retrospect of Junkceylon Island", Journal of the Siam Society, (1905): 52.

77 H. Warington Smyth, Five Years in Siam, (London: John Murray, 1898), p. 301.

78 W. A. Graham, Siam (London: Alexander Moring, 1924), pp. 22-24; Henri Mouhot, Travels in the Central Parts of Indo-China (Siam), Cambodia, and Laos (London, John Murray, 1864), pp. 41-42; Great Britain, Foreign Office, Siam Consular Report (1906).

79 H. Warington Smyth, Five Years in Siam, Vol. 2 (London: John Murray, 1898), pp. 176, 299.

80 A Cecil Carter, ed., The Kingdom of Siam (New York: G. P. Putnam's Sons, 1904), p. 167.

81 John Crawfurd, Journal of an Embassy from the Governor General of India to the Courts of Siam and Cochin-China, Vol. 2 (London: Henry Colburn and Richard Bentley, 1830), p. 177.

82 Frederick Arthur Neale, Narrative of a Residence in Siam (London, Office of the National Illustrated Library, 1852), p. 68-69.

83 Sir John Bowring, The Kingdom and People of Siam, with a Narrative of the Mission to that Country in 1855, Vol. 1 (London, John W. Parker and Son, 1857), pp. 203.

84 "Monograph on Sugar in Siam", The Record (Bangkok, 1922), p. 7.

85 Great Britain, Foreign Office, Siam Consular Report (1889).

86 Siam Repository (1870), p. 1; Siam Consular Report (1864).

87 George B. Bacon, Siam, Land of the White Elephant (New York: Scribner's, 1892), pp. 162~166; Dr. D. Richardson, "Journal of a Mission from the Supreme Government of India to the Court of Siam", Journal of the Asiatic Society of Bengal, Vol. 9 (1840): 5.

88 引自 Bangkok Calendar (Bangkok, Press of the American Missionary Association, 1871), p. 113.

89 J. C. Barnett, Report of the First Annual Exhibition of Agriculture and Commerce (Bangkok: Ministry of Agriculture, 1910), p. 37.

90 A Cecil Carter, ed., The Kingdom of Siam (New York: G. P. Putnam's Sons, 1904), p. 167.

91 Friedrich Ratzel, Die Chinesische Auswanderung (Breslau: I. U. Kern's, 1876), p. 171.

92 翻譯自 Chao Phya Wongsa Nuprapath, History of the Ministry of Agriculture [in Thai] (Bangkok, 1941), p. 133.

93 Virginia Thompson, Labor Problems in Southeast Asia (New Haven: Yale University Press, 1947), p. 215.

94 Siam Repository (1873), pp. 61-65.

95 Siam Repository (1870), pp. 379.

96 Robert Gordon, "The Economic Development of Siam", Journal of the Royal Society of Arts, Vol. 39 (March 1891): 298.

97 Peter A .Thompson, Lotus Land, Being an Account of the Country and the People of Southern Siam (London, T. Werner Laurie, 1906), p. 289.

98 "Some Aspects of the Situation of the Chinese Minority in Thailand", Far Eastern Economic Review, Vol. 13 (1952): 528.

99 Great Britain, Foreign Office, Siam Consular Report (1892), p. 6.

100 Great Britain, Foreign Office, Siam Consular Report (1900), p. 11.

101 James McCarthy, Surveying and Exploring in Siam (London: John Murray, 1902), p. 25.

102 Great Britain, Foreign Office, Siam Consular Report (1903), p. 9.

103 A Cecil Carter, ed., The Kingdom of Siam (New York: G. P. Putnam's Sons, 1904), p. 264.

104 "Hsien-lo kuang-chao-shu-chih chien-chu-yeh", Hsien-ching kuang-chao hui-kuan ch'i-shih chou-nien chi-nien t'e k'an (Bangkok, 1947): 12-13.

105 John Crawfurd, "Report to George Swinton, Esq. April 3, 1823", The Crawfurd Papers (Bangkok, Vajiranana National Library, 1915), p. 120. 據估計，僅與 China 的貿易就為八千名 Chinese 水手提供了就業機會。

106 H. Warington Smyth, Five Years in Siam (London: John Murray, 1898), p. 10.

107 Siam Repository (1873), p. 482.

108 Great Britain, Foreign Office, Siam Consular Report (1880), p. 1.

109 Great Britain, Foreign Office, Siam Consular Report (1883), p. 4.

110 Great Britain, Foreign Office, Siam Consular Report (1889), p. 19.

111 中國僱主的態度沒有留下任何記錄。

112 Great Britain, Foreign Office, Siam Consular Report (1900), p. 11.

113 Great Britain, Foreign Office, Siam Consular Report (1901), p. 15.; (1902), p. 11.

114 一八五〇年，木匠所得到的報酬為 15 銖，而苦力所得的報酬只有二點五銖。見 D. E. Malloch, Siam, Some General Remarks on Its Productions (Calcutta: Baptist Mission Press, 1852), p. 68.

115 他們每天的工資是二先令，而「苦力」是 1 先令六便士。見 Great Britain, Foreign Office, Siam Consular Report (1890), p. 38.

116 John Crawfurd, Journal of an Embassy from the Governor General of India to the Courts of Siam and Cochin-China, Vol. 2 (London: Henry Colburn and Richard Bentley, 1830), pp. 28-29.

117 George Windsor Earl, The Eastern Seas, or Voyages and Discoveries in the Indian Archipelago in 1832, 1833, 1834 (London, W. H. Allen, 1837), p. 169.

118 Reinhold Werner, Die Preussische Expedition nach China, Japan und Siam 1860 -1862 (Leipzig, 1873), p. 268.

119 Carl Bock, Temples and Elephants (London: Sampson Low, Marston, Searle, and Rivington, 1884), p. 41-43, 393-394; M. F. Laseur, "L'émigration Chinoise", Société de Géographie de Lille, Bulletin, Vol. 4 (1885): 67.

120 Reginald S. Le May, Siamese Tales Old and New (London: Noel Douglas, 1930), p. 166.

121 Friedrich Ratzel, Die Chinesische Auswanderung (Breslau: I. U. Kern's, 1876), p. 168.

122 據說，承包稅的想法是由一位英國使者提出的。Mgr. Pallegoix, Déscription du Royaume Thai ou Siam, Vol. 1 (Paris, 1854), p. 304.

123 Phra Sarasas, My Country Thailand (Tokyo, Maruzen, 1942), p. 110.

124 引自一八三九年的敕書，見 John Bowring, The Kingdom and People of Siam, with a Narrative of the Mission to that Country in 1855, Vol. 2 (London, John W. Parker and Son, 1857), pp. 368~369。還有一點值得注意的是，當 China 的官吏銷毀充公的鴉片時，難高王卻「恩准將被徵收的鴉片帶走，賣到其他國家。」

125 Chowe Peeah Praklang Senah Body, "Letter of S. G. Bonham, Governor of Penang, 1843" , The Burney Papers, Vol. 4 (Bangkok, Vajiranana National Library, 1910), p. 95.

126 O. Frankfurter, "King Mongkut", Journal of the Siam Society, No. 1 (1904): 14.

127 Great Britain, Foreign Office, Siam Consular Report (1874), p. 1., (1890), p. 29. 這僅是集中在曼谷的主要鴉片承包稅的成本，暹羅南部和北部有獨立的鴉片承包稅。

128 Great Britain, Foreign Office, Siam Consular Report (1890), p. 29.

129 A Cecil Carter, ed., The Kingdom of Siam (New York: G. P. Putnam's Sons, 1904), p. 140; James C. Ingram, Economic Change in Thailand Since 1850 (Stanford: Stanford University Press, 1955), p. 179.

130 Thailand, Department of the Secretary General of the Council of Ministers, Central Service of Statistic, Thailand Statistical Year Book (Bangkok, 1933-1935), pp. 298-299.

131 特別見於 Great Britain, Foreign Office, Siam Consular Report (1869), pp. 21-23 (1870), pp. 26,114.

132 據說早在一八三六年，由於賭博有傷他們的體面，泰國貴族習慣於請代理人代賭。見 Bangkok Calendar (Bangkok, Press of the American Missionary Association, 1871), p. 119.

133 John Crawfurd, Journal of an Embassy from the Governor General of India to the Courts of Siam and Cochin-China, Vol. 2 (London, Henry Colburn and Richard Bentley, 1830), p. 122; A Cecil Carter, ed., The Kingdom of Siam (New York: G. P. Putnam's Sons, 1904), p. 140.

134 除非另有說明，否則彩票承包稅的描述主要基於 B. O. Cartwright, "The Huey Lottery", Journal of the Siam Society, Vol. 18 (1924).

135 A Cecil Carter, ed., The Kingdom of Siam (New York: G. P. Putnam's Sons, 1904), p. 140.

136 Directory for Bangkok and Siam (Bangkok: Bangkok Time Press, 1901), p. 213; Thailand, Department of the Secretary General of the Council of Ministers, Central Service of Statistic, Thailand Statistical Year Book (Bangkok, 1933-1935), p. 303.

137 H. Warington Smyth, Five Years in Siam, Vol. 2 (London: John Murray, 1898), p. 256.

138 Mgr. Pallegoix, Déscription du Royaume Thai ou Siam, Vol. 1 (Paris, 1854), p. 305-306.

139 A Cecil Carter, ed., The Kingdom of Siam (New York: G. P. Putnam's Sons, 1904), p. 140.

140 Great Britain, Foreign Office, Siam Consular Report (1909), p. 13.

141 Great Britain, Foreign Office, Siam Consular Report (1892), p. 20.

142 第四章將討論三年期人頭稅的某些社會和政治面向。

143 H. G. Quaritch Wales, Ancient Siamese Government and Administration, (London, Bernard Quaritch, 1934), p. 201; John Crawfurd, "Reports to George Swinton, Esq. April 3, 1823", The Crawfurd Papers (Bangkok: Vajiranana National Library, 1915), pp. 122,132; W. S. W. Ruschenberger, A Narrative of a Voyage Round the World, during the Years 1835, 1836 and 1837, including a Narrative of an Embassy to the Sultan of Muscat and the King of Siam, Vol. 2 (London: Richard Bentley, 1838), p. 25.

144 Charles Gutzlaff, Journal of Three Voyages along the Coast of China in 1831, 1832, and 1833, with Notices of Siam, Corea, and the Loo-Choo Island, to Which is Prefixed an Introductory Essay on the Policy, Religion, etc., of China, by the Rev. W. Ellis (London: Thomas Ward and Co., 1840), p. 145.

145 Charles Gutzlaff, Journal of Three Voyages along the Coast of China in 1831, 1832, and 1833, with Notices of Siam, Corea, and the Loo-Choo Island, to Which is Prefixed an Introductory Essay on the Policy, Religion, etc., of China, by the Rev. W. Ellis (London: Thomas Ward and Co., 1840), p. 145-146; Siah U Chin, "The Chinese in Singapore", Journal of the Indian Archipelago and Eastern Asia, Vol. 2 (1848): 35~ 36.

146 Great Britain, Foreign Office, Siam Consular Report (1885), p. 4.

147 Chinese Customs Decennial Report (Shanghai, 1902-1911), pp. 130~131.

第四章

不穩定的模式：拉瑪三世至五世時期的暹羅 Chinese 社會

第一節　通婚和同化

於十九世紀的暹羅 Chinese 社會，最主要的一個社會特點或許是缺乏 Chinese 婦女。一八九三年以前，幾乎沒有 Chinese 婦女移入；[1]於一八八二至一八九二年的移民期間，女性在移民的 Chinese 中不可能超過百分之二或百分之三。[2]當時，south China 移民區的宗族社會從不允許妻子隨丈夫出國，因為擔心會失去整個家族。[3]移民被認為是在國外賺錢，以耀祖榮宗，然後回國處理家庭事務。未婚女性移民更是不可想像的，當然，那些因家庭貧困而被賣去賣淫的女孩則除外。事實上，在一九一〇年前移民到暹羅的 Chinese 婦女中，有相當一部分是被賣到妓院的。[4]對一九〇〇至一九〇六年這五年間曼谷潮州公墓的所有墓葬進行的分析表明，被埋葬的人中只有百分之三是女性。[5]女性移民的重大變化始於一八九三至一九〇五年的移民時期，但即便如此，女性在移民中所佔的比例也很難超過百分之五。在一九〇六至一九一七年期間，女性移民人數進一步增加，可能達到總人數的百分之十。這些百分比僅僅是有根據的猜測，但很明顯，在整個拉瑪五世統治時期，總體的性別比例極不平衡。

因此，在十九世紀，大多數 Chinese 移民的選擇是保持單身或與當地婦女結婚（當然，許多人在China已有妻子）。十九世紀各類資料的研究顯示了以下模式：[6]絕大多數礦工和種植園工人只要還處於這種職業地位，就不會結婚。城市打工者的情況也是如此，不過在暹羅結婚的人顯然更多一些。另一方面，作為農民或種植園主的Chinese移民幾乎都結了婚。大多數商人和工匠也與當地婦女結婚，不過店員和學徒的結婚率可能較低。富裕的商人通常有一個以上的妻子，在十九世紀末至二十世紀初期間，有些商人的妻子是來自China的。因此，在結婚率方面存在著相當大的階級差異，臨時工人階級的結婚率較低，而那些比較安定、經濟地位較高的人的結婚率則較高。在十九世紀末至二十世紀初期間，斯邁斯曾大膽猜測，在暹羅居住五年以上的Chinese移民，約有一半人會與當地婦女結婚。[7]

語言和貧窮似乎是與泰國婦女通婚的唯一障礙。除了礦工和工資勞工，從事其他職業的移民通常會出於商業原因學習一些泰語，而大多數移民在暹羅居住幾年後與大多數泰國男性一樣富裕。雙方都沒有宗教信仰上的顧忌，據說Chinese男人很容易就適應了泰國的佛教形式。事實上，有幾個正面誘因促使泰國婦女與Chinese結婚。泰國婦女——而不是泰國男人——是當地居民的商人；她們有一定的商業知識，並欣賞勤勞的Chinese丈夫所帶來的好處。「暹羅婦女十分精明和務實，她們願意把感情放在次要地位，以換取一個勤勞、不乏感情、有一點積蓄以及興旺事業的丈夫。」[8] 斯邁斯認為，[9] Chinese 可以「娶到最好的女孩，因為他們有更多的優點，而且他們對待女性的態度較泰國男子更為體貼。」此外，對 Chinese 男性來說，泰國妻子的出身能為他們帶來好處。對 Chinese 商人來說，娶一個能與泰國客戶打交道的妻子是很有幫助的，而且在奴隸制時代，據說娶了當地妻子的 Chinese 更容易獲得貸款。[10] 而且，與泰國人結婚要比在 China 結婚便宜得多。[11]

因此，在十九世紀，當職業和經濟狀況允許時，與泰國婦女結婚是 Chinese 移民的慣例。下一個問題涉及到這種婚姻的後代：是父親的影響較大，還是母親的影響較大？在試圖根據十九世紀的文獻回答這個問題前，不妨先指出一些一般的考慮因素。首先，在暹羅不存在完全同化的種族障礙。泰國人和 Chinese 在外貌上的差異並不明顯，如果說泰國人對某些外貌特徵，尤其是白皙的皮膚有偏好的話，那麼 Chinese 大多會比「血統純正」的泰國人更受歡迎。早在一八二五年，人們就注意到暹羅王公寧願娶「Chinese 的女兒或 Chinese 血統的漂亮女人……而不是本國的女人。」[12]

洛真人並不是一個獨立的階級，而是東南亞許多不同種族與 Chinese 通婚所生後裔的總稱。考慮到他們的出身，除了能說父親的語言外，他們幾乎都能說一口流利的泰語。

他們既可以同化為Chinese，也可以完全被泰國人接受，而他們並不受傳統習俗的限制，可以選擇任何一種方式。一九一〇年以前，Chinese和泰國人在服裝和髮型上的差異非常明顯。Chinese移民的兒子和孫子要麼留著辮子，要麼完全不留；女兒和孫女要不是留著泰式髮型，就是留著中式髮型。在身份認同問題上沒有中間地帶，也沒有具有獨特價值觀或外在標誌的中泰文化。政府的政策也使得Chinese移民男性後裔必須明確表明自己是Chinese還是泰國人。Chinese男子需繳納三年一次的人頭稅，並免於徭役和個人服役，而泰裔和其他亞裔男子則必須依附於保護者或政府長官。Chinese後裔不是要繳納Chinese人頭稅，就是要尋找泰國保護者；兩者都不做幾乎是不可能的。[13]由於這些原因，在兩個社會之間扮演邊緣角色是不常見的。

雖然十九世紀的暹羅沒有形成穩定的Sino-Thai文化，但當地的Chinese文化確實在泰國文化的影響下發生了一些顯著的變化，縮小了兩種生活方式之間的差距，促進了當地出生的Chinese與泰國社會的同化。正如古葛茲拉在十九世紀三十年代以其一貫的溫和語調指出，Chinese「非常渴望適應暹羅人的壞習慣」。[14]在文化的各個方面中，宗教被普遍認為是最難改變的，因此用宗教的例子來證明當地Chinese社會的文化適應性也許最有說服力。

早在一八二三年，克勞福就寫道：「Chinese……一進入泰國就自稱自己是佛教徒。」[15]這一點在他後來的著作中得到了進一步論述：「不管他們以前信奉什麼宗教，也不管他們有沒有宗教信仰，Chinese 都會接受佛教的崇拜形式，參觀暹羅的寺廟，並按照慣例向僧侶施舍。他們中的少數人甚至成為了僧侶，儘管這種生活方式與他們勤勞好動的性格絕不相稱。」[16]葛茲拉夫還說，Chinese「很容易完全遵從暹羅人的宗教儀式。」[17]

有一種泰國佛教寺廟因名字相似，而成為暹羅 Chinese 的主要崇拜場所。[18]明朝偉大的航海探險領袖鄭和有另一個名字：三保，一般稱為三保太監。佛教有「三寶」的基本概念，指的是信仰的三個基本要素：佛、法和僧。在 China 和暹羅，「三寶」的概念被直譯為「三寶」。雖然鄭和小名中的「保」（意指「保護」）是用另一個字寫成的，而且與佛教概念中的「寶」有著完全不同的含義，但這兩個字的發音卻完全相同。因此，暹羅大部分不識字的 Chinese 在民間傳說中，混淆了這兩個同音字的名字也就不足為奇了。也許早在十七世紀，鄭和就在暹羅被神化了，他的名字「三保公」更經常被寫成「三寶」，而不是「三保」。明史中有關於鄭和在暹羅建立「三寶廟」的典故，[19]種種錯誤混合在一起，表明在大城王朝時代，被神化的三寶公與佛教概念之間已經產生了混淆。

最著名的三寶佛廟位於大城，它由拉瑪一世建立的，但可能取代了一七六七年被緬甸人摧毀的早期三寶廟。無論如何，在今天的Chinese中流傳著一個傳說，三寶公本人鄭和在明朝建立了這座寺廟。在十九世紀，至少有三座三寶廟受到Chinese的特別崇拜，分別位於吞武里、大城和北柳。這三座寺廟都是泰式風格，裡面都有佛像。泰國人和Chinese都按照泰國的形式對祂們進行崇拜。三寶公是當地Chinese的主要神靈之一；以泰式佛像的形式供奉祂，無疑緩解了當地出生的Chinese向泰式佛教的過渡。

除了佛教外，大多數Chinese移民在離開China之前就已經熟悉大乘佛教，暹羅的Chinese幾乎隨時準備接受泰國人崇拜的、被認為具有地方力量的任何物品。清邁一座十九世紀的Chinese寺廟裡有一塊供奉清邁王，即古代侯國的統治者的大牌匾。在素可泰的另一座古老的Chinese式寺廟中，供奉著一尊據說是拍鑾，即古代的素可泰王藍堪亨的雕像。然而，最顯著和重要的例子是Chinese對叻勉（lak-mueang），意為國柱的崇拜。泰國的「叻勉」源自印度的濕婆神（Siva-linga），由柬埔寨傳入泰國。在古代高棉文化中，陰莖形狀的濕婆神石柱象徵著皇家主權，被供奉在首都和太府管轄的城市，包括現在泰國的許多城市。吳哥（Angkor）王朝淪陷後很長時間，幾乎每座希望獨立或自治的城市，原前隸屬於高棉帝國的地區，都在其象徵性的中心保留了石柱或柱（lak）。[20]到十九世紀，這些柱在大多數情況下都是用原木雕刻而成，並進行了風格化處理，但其陽具性質依然明顯。在泰國流行的宗教中，「叻勉」被精靈論者同化為鬼神（phi），被視為城市或國家的最高鬼神。定居在這些城鎮——如曼谷、呵叻、素輦、四剎吉、橫逸、宋卡——的 Chinese 認識到了這種地方神靈的力量，開始崇拜祂們，並最終將這種遺傳下來的陽具崇拜同化到自己的宗教觀念。「叻勉」被等同於 Chinese 的「城隍」，在 China 幾乎所有有城墻的城市都可以看到「城隍」。許多「叻勉」都被 Chinese 重新安置在新的寺廟中，Chinese 和泰國人再一次發現自己在同一座寺廟中，共同供奉著同一個神靈。

如果說 Chinese 傳統文化中有什麼是不可侵犯的，那大概就是祖先崇拜了。祖先崇拜的基本形式是土葬，以及一整套關於安墓、護理和祭祀的儀式。然而，無可爭辯的證據表明，在十九世紀的暹羅，絕大多數 Chinese 都是火葬死者的。十九世紀二十年代，有學者指出，Chinese「犧牲了埋葬死者和為其豎立昂貴紀念碑的習俗」，並「像暹羅人一樣火葬死者」。[21] 曼谷最早的 Chinese 公墓建於一八八四年，但直到一九〇〇年，五大語系的 Chinese 才各有一個公墓。這意味在此之前，貧窮的 Chinese 除了火葬外別無選擇，因為只有富人才能將遺體送回 China，或者在最近的合適山頭，暹羅東南部按照風水[22]建造墳墓。一八九二年全年，只有二百具 Chinese 屍體從曼谷運回 China。英國領事在報告此事時，指出「只有富人才能……讓其遺體獲得這種榮譽。在暹羅的普通 Chinese 是遵循死後火化的通常習俗。」[23]在曼谷以外，最古老的 Chinese 公墓最早可追溯到二十世紀頭十年。當地知情者一致認為，在第一次世界大戰之前，大多數 Chinese 都是在死後火葬的，其餘的 Chinese 則大多埋葬在泰國寺廟。

在採用火葬儀式方面，Chinese（即使是出生在 China）不僅要考慮費用，也受到泰國人觀念的影響，泰國人認為土葬只適用於非正常死亡、意外或事故死亡的人。Chinese 移民的泰國妻子無疑也主張火葬，而不是土葬去世的丈夫和子女。無論原因如何，重要的一點是，在這個 Chinese 社會的中心地帶，而不僅僅是在其最同化的邊緣地區，泰式喪事習俗得到了遵循，其中包括泰國僧侶的誦經和在泰國佛寺大院內進行火化。

這些例子說明，暹羅當地 Chinese 文化的宗教內容與傳統的 south Chinese 文化不同，其中融入了泰國元素。即使不考慮文化適應的因素，Chinese 和泰國人在暹羅佛寺和佛殿中的社會交融，也只會促進 Chinese 移民的混血後裔的同化。

Chinese 後裔與泰國生活同化的程度和速度，顯然因人而異。生活在曼谷三聘街或其他人數眾多、人口密集的 Chinese 社區的混血家庭的子女，比生活在泰式氛圍濃厚的混血家庭子女更容易成長為Chinese。Chinese混血家庭的孩子，是以泰國人還是Chinese的身份長大，在一定程度上也取決於父母的性格。許多移民結婚後最終都回到了China，通常會把泰國妻子和他們的後代——尤其是女兒——留在暹羅，在這種情況下，母親對其餘子女的影響就自動會最大。[24]無論如何，性別差異是很自然的：女孩比男孩更容易模仿母親的生活模式而成為泰國人，而兒子則更容易遵循父親的生活模式。

現在回到前面提出的關於一九一〇年以前，異族通婚子女的同化問題，作者通過閱讀當代文獻得出的結論是，洛真（lukjin）子女（即父親是China出生的Chinese、母親是泰國人的子女）通常認為自己是Chinese，而洛真父親的子女，無論其妻子是泰國人還是洛真人，通常認為自己是泰國人。然而，西方作家在這方面的觀察結果差異很大，因此，引用多個與Chinese後裔的身份選擇有關的權威說法將很有啟發性。

葛茲拉夫於十九世紀三十年代說：

洛真人（lukjin）經常剪掉自己的辮子，並在一段時間內成為暹羅僧侶。在兩、三代之內，Chinese的一切特徵都消失了，一個如此固守民族習俗的民族徹底變成了暹羅人。這些人通常會忽視自己的語言，轉而學習泰文。[25]

一八三八年，一位駐曼谷的傳教士說：

> 暹羅母親所生的 Chinese 女兒穿上暹羅人的服裝，採用暹羅人的語言、禮儀和習俗。[26]

據寶寧於一八五七年的記述：

> 雖然他們與居留地的各族通婚，但 Chinese 的生活方式仍佔主導地位，孩子們幾乎總是按照父親的模式接受教育。[27]

然而，在其他地方，寶寧卻以贊同的口氣引述道：

> 那些只會說暹羅語的 Chinese 移民子女——數量極多——的手腕上會打上暹羅人的標記。

英國領事在其一八六四年的年度報告說：

> 洛真（lukjin）女性……在穿著和外表上與暹羅人相似；男性長著 Chinese 的辮子，

服裝與他們的父親相似，不容易與土生土長的 Chinese 區分開來。[28]

一八七八年的《暹羅文庫》寫道：

如果 Chinamen 娶了暹羅婦女為妻，並生下男孩，這些孩子如果保留父系服飾，就可以像在 China 出生的人一樣申請免服傜役。有時，儘管這種情況很少發生，但他們的孫子也會要求獲得這種免役。通常，這類人更願意被視為暹羅人，而不理會祖父的服飾和習慣。[29]

霍勒特（Hallet）於一八九〇年寫道：

Chinese 移民的孫輩被歸類登記為暹羅人，只要他們的肩膀達到……五十英寸就必須服傜役，並被標記為屬於政府某一長官。[30]

斯邁斯在一八九八年寫道：

考慮到他們 Chinese 在暹羅賺到的錢，以及與本地暹羅人相比他們所享有的行動自由，難怪異族通婚的孩子儘可能也會留著辮子。[31]

安南得爾（Annandale）於一九〇〇年就南暹羅說：

> Chinese 父親和馬來人母親所生的兒子往往留著辮子，自稱為 Chinese，……Chinese 父親和暹羅人母親所生的兒子卻常常自稱為暹羅人，試圖忘記自己的父系血統。[32]

坎貝爾在一九〇二年說：

> 雖然除了暹羅語外，他（洛真人）往往不會說其他語言，但他以身為 Chinaman 而自豪，並像其他 Chinese 一樣留著辮子，繼續沿用他的宗族和姓氏…當然，到了第二代和第三代，他們可能會同當地人同化到無從分別。[33]

拉克茲（Raquez）在一九〇三年說：

> 第三代的 Chinese 泰混血兒放棄了留辮子，穿上了暹羅人的服裝，甚至拋棄了祭拜祖先的儀式。[34]

湯普遜在一九〇六年說：

這種 Chinese 泰混血兒……會說暹羅語，對辮子沒有特別的敬意，他們經常不留辮子，在情感和行為舉止方面，他們完全是暹羅人。[35]

Chinese 移民的第三代後裔在文化和身份認同上一般都是泰國人，這一結論在本文所論述期間似乎是有道理的。首先，這意味泰國人口因融入 Chinese「血統」基因而不斷增加，而且主要移民區的泰國人口在外貌上越來越像 Chinese。與暹羅北部和東北部的泰國人相比，一般在下暹羅以及一部分與海灣接壤所有地區的普通泰國人，擁有更白皙的皮膚，外貌更像 Chinese。在曼谷居住超過一代的暹羅人家庭中，很少沒有 Chinese 祖先的。

Chinese 後裔在暹羅的同化速度相對較快，這也意味 Chinese 社會的延續有賴於持續的移民。十九世紀，經常有人提到暹羅 Chinese 在文化上的頑固性，例如寶寧一針見血地指出，「Chinese……保留了自己的語言、國籍、服飾、宗教習俗、傳統、習慣和社會組織。」[36]，這些都不是證明 Chinese 特別難於改變，而是 Chinese 社會通過移民不斷強化的見證。

第二節 Chinese 社會結構

十九世紀後半葉，暹羅 Chinese 社區的社會結構是多變和無定形的。[37]社會階層劃分不明確，組織跨越階級界限，社會流動性大。儘管如此，還是有地位和聲望的區別，現有的證據似乎表明，這些區別主要來自財富，其次是對當地 Chinese 社區的承諾，而不是只面向 China。

那些擁有較大壟斷權和稅務承包權的商人，他們是社會中地位、聲望最高和最富有的人。他們在泰國經濟擁有的利益，因此對當地 Chinese 社會和暹羅的承諾最為堅定。緊隨其後的是，正在崛起的碾米業主和買辦，其對當地的忠誠度、投資同樣很高。而處於社會底層的小販、農業工人、街頭理髮師、戲子、人力車夫——他們沒有任何資本，與當地社會的聯繫也很少。地位稍為高一點的是米廠和碼頭工人，他們收入稍高，但在返回 China 或轉向更高的職業之前很少紮根下來。以下一群人介於這兩極之間：大量的商人和工匠、小包稅商、店員、手藝學徒、鴉片館員工、賭場員工、包稅商員工、西方銀行、商行的職員以及少數專業人士。在這個龐大的中產階級，其他條件相同的情況下，自營職業者的聲望更高。

不管教育在China有什麼價值，在暹羅Chinese社會，它對社會地位的釐定並不重要。早在一八三八年，一位敏銳的觀察家指出，Chinese社會「對教育的評價很低」[38]。接受教育是奢侈享受，只有在累積財富獲得較高地位後才應該追求的，絕不是向上流動的途徑。富裕的商人會聘請Chinese教師為其子女提供傳統教育，而其他富裕商人則會將子女送到一些小型私立學校，接受最多幾年的教育。真正的學者很少移民到暹羅，因為暹羅和南洋的大部分地區一樣，被視為文化荒漠。事實上，暹羅明顯缺乏任何有地位的專業人士。暹羅沒有Chinese律師，而傳統的中醫和「牙科郎中」也不太受人重視。

主要由於相當嚴格的職業專門化，各語系之間存在著重要的地位差異。潮州人和福建人的地位最高。絕大多數包稅商和碾米廠主都是潮州人，而福建人至少在包稅商中位居第二。潮洲人還主導了大部分利潤豐厚的行業，包括大米和其他本地產品、進口紡織品和西方食品，而且他們幾乎壟斷了典當業。福建人也是商人中的佼佼者，尤其在重要的茶葉生意中佔據主導地位。廣東人的地位次之，他們擁有幾家碾米廠和鋸木廠，但最重要的是，他們是工程師和機械師，經營著大多數五金和機械商店，主導建築業。他們在絲綢貿易中也佔主導地位，經營著大部分酒店和餐廳。一八七〇年《暹羅文庫》的文章揭示了潮州人和廣東人的相對地位：「潮州人熱愛萬能的金錢。他們會盡其所能賺取所有正當的金錢，因此他們經常變得富有和有影響力；而廣東人則憎恨潮州人所擁有的權力。」[39]

不過，並非這三個語系的所有成員都是上層和中層階級。大部分碼頭工人，以及運河和鐵路建設工人都是潮州人；南暹羅的大部分錫礦工人是福建人；在建築業中，廣東工人佔了主導地位。事實上，潮州人大量存在在各個階層；他們的地位普遍較高，因為主導了大多數社會經濟地位最高的職業。

另一方面，客家人和海南人幾乎完全沒有從事較高地位的職業。特別是客家人，他們是小商人，特別是經營雜貨店的小商人；較低級的工匠，包括銀匠、皮革工人、裁縫、體力勞動者、小販和理髮師。海南人則是手工鋸木工、蔬菜園丁、漁民、家庭僕人、服務生、茶鋪經營者，也不乏「苦力」、礦工和小販。他們是所有語言族群中最貧窮的，社會地位顯然普遍低下。

這個 Chinese 社會的向上流動性極高，特別是在一八八〇年至一九一〇年期間。[40]大多數移民都是帶著一卷被褥、一些現金和一份決心來到暹羅。他們通常在親戚或同鄉的幫助下，或能找到店員或學徒的工作。身體壯健的話，會找「苦力」的工作，找不到的話，會做小販、人力車夫等工作。留下來的人，地位幾乎都得到逐步提升：小販最終會建立自己的固定攤位；店員會成為店主；學徒會建立自己的機器店；工人會成為工頭，並最終建立了自己的手工鋸木廠；小商人會成為老牌商人。最初，Chinese 移民向上流動的動機是希望賺取足夠金錢，帶著積蓄回國，但幾年後，許多移民都希望出人頭地，因為他們的想法和當地社會的價值觀和結構是相符的。那些沒有出人頭地，但稍有積蓄的人通常會永遠返回 China。[41] 那些在商業和社會上取得一定成就的人很少斷絕與暹羅的聯繫；如果他們返回 China，則由兒子或侄子繼承其業務。

社會地位向上流動和取得巨大成功的例子多不勝數。在暹羅的 Chinese 中，白手起家的故事比同一時期在美國的歐洲移民更常見，而且源於類似的國民經濟擴張。[42] 十九世紀七十年代，金成利（Kim Seng Li）公司的創始人張丁從長安來到曼谷，欠下十八泰銖的旅費。他先當一名廚師，然後做碾米「苦力」。接著，他開始在曼谷河對岸經營舢板渡船，每月賺取三泰銖，之後他成為蔬菜園丁，賺取十泰銖。很快，他就有了足夠的積蓄，可以借錢給比自己更窮的人，從而增加了自己的資本，到一八八二年，他建立了小型出口企業。此時，他已經有一定的經濟基礎，可以嫁入暹羅北部的一個好家庭。他的岳母與喃邦省省長關係很好，為他爭取到一項優厚的柚木林砍伐權。在公司不斷擴大的同時，他還成為了三家賭館的二盤包稅商和酒的包稅商。到二十世紀頭十年，他的公司擁有五家碾米廠、一家鋸木廠和一家造船廠。[43]

陳慈黌是人們在曼谷獲得向上流動機會的另一個例子。他於一八六五年左右來到曼谷，當時他是一個二十歲的潮州青年，身無分文。在當過水手後，他擁有了自己的帆船，開始在曼谷和 China 之間航行，用大米換取 Chinese 產品。當與西方輪船的競爭過度激烈時，他放棄了航運，在另一家 Chinese 公司擔任會計。憑借由此獲得的經驗，慈黌成立了自己的商業公司，經營他以前用帆船運載的產品。一八七四年，他建立了公司的第一家碾米廠。在十九世紀末至二十世紀初期間，他退休回到汕頭，將大米和中西進口商品的巨大利益轉移給了其子李梅，李梅的母親是泰國人，但曾在 China 受教育。[44]

這樣的故事不勝枚舉。雖然，從身無分文的移民變成百萬富翁的人口比例很小，但這樣的事例數量之多，知名度之高，足以成為全體 Chinese 的榜樣。[45] Chinese 社會基本上不存在橫向的階級團結，因為幾乎每個人都在努力爭取更高的地位。工人沒有無產階級意識，因為他們的目光要麼是在曼谷開設自己的小店或工廠，要麼是在家鄉得到更高的地位。整個社會都堅信，任何人都可以通過勤勞工作和節儉獲得成功和地位。

這個社會的組織完全是縱向的，每個組織都包括來自不同階層的成員。各行會按職業劃分，包括僱主和僱員——這與現今的商會和工會完全不同。慈善協會、互助協會和地區協會最多只限於一個語言族群，成員資格不受階級限制。

Chinese 的廟宇往往是分裂而非統一的象徵。每個語言族群都有一個或多個受寵的神明，在某些情況下，他們的作用有點類似天主教的守護神。上文已經說過海南的水尾娘娘和福建的天后聖母。潮州人和客家人演創出一個新的神靈「本頭公」，[46]在一九一〇年之前，幾乎只有他們崇拜。本頭公很可能是以「地頭」為原型的，「地頭」是一個地方神，地位低於「城隍」，在潮州和嘉應州的大多數村莊都有。在大多數本頭崇拜者的傳說中，本頭與成為 Chinese 文化英雄的水滸強盜之一燕青有關。根據通常的說法，燕青在反抗政府失敗後逃到暹羅，向當地人傳授拳術（因此他是泰拳之父），死在暹羅，後來被奉為神。其他一些與泰國有關的版本也證明了他的當地來源。無論如何，一八五〇年以後，在暹羅中部以潮州人為主的地區，建造本頭廟的頻率越來越高。北欖坡以北最古老的本頭廟，很大可能是建於清邁；海南人最早定的地區，只有一兩座本頭廟建於一九〇〇年以後。客家人除了與潮州人一起祭祀本頭公，在暹羅 Chinese 大乘佛教寺廟的建立發揮了獨特作用，在 Chinese 佛教僧侶佔主導地位。在儒家意義上，廣東人在宗教問題一直是海外 Chinese 中最不「迷信」和最正確的，他們主要建立祠堂或家祠，在其周圍維持著宗族或世系的組織。

暹羅 Chinese 各語言族群的宗教劃分也表現在喪事。十九世紀末在曼谷興建公墓時，每個公墓都僅限於一個語言族群使用。第一個一八八四年建造的公共墓地是粵語墓地，而五個語言族群墓地中的最後一個是一八九九年由潮州人興建的。即使在幾個較大的內陸城鎮，如呵叻和喃邦，不同的語言族群也建立了各自的公墓。

十九世紀有關暹羅的文獻，充分證明了各語言族群之間的分裂和敵意。一八八七年，厄爾寫道：「不同（Chinese）省份的 Chinese 彼此強烈對立，就像屬於敵對的民族一樣。」[47]幾年後，馬可姆觀察到，「方言的多樣性促使他們結成宗族式的團體，這不僅使他們彼此保持隔膜和冷漠，還經常使他們產生有害的敵意。」[48]一八七〇年，一篇頗具洞察力的文章指出了廣東人對客家人懷著負面觀感，他們看不起並壓迫客家人，而對潮州人也懷有厭惡的情緒，憎恨其掌握的權力。[49]

重要的秘密會社也反映了海外 Chinese 社會橫向的不團結。它們的組織原則是縱向互補，上至「大哥」，下至「苦力」和職業罪犯。洪門秘密會社[50]從 China 傳入暹羅的時間可能是在十七世紀，最遲也是在十八世紀初。他們最初目的是推翻滿清王朝，恢復明朝統治，但在東南亞，就像在China的部分地區一樣，他們在當地社區的多種功能逐漸凌駕於長遠的政治目的。在暹羅，會社的真正目的是通過法外手段（或非法手段），為成員爭取保護和經濟利益。十九世紀下半葉，隨著收入承包稅務價值的增長，會社在社會上佔據了極其重要的地位。在當時幾乎全是男性的Chinese社會環境，賭博活動、吸食鴉片以及賣淫活動大行其道，使秘密會社的地下活動方式尤為合適。

各會社的結構都有嚴格的等級制度，其「等級」和繁多的名目與共濟會類似。第一輩或「老大哥」的頭銜專屬於明朝皇帝，因此掌握最高政治權力的人就是第二輩大哥，他們專門負責與外人鬥爭。第三輩大哥負責成員之間的互助和救濟，他們必然來自最富有的Chinese。任何成員都有義務在「兄弟」需要幫助或遇到困難時給予幫助；「兄弟」生病或受到攻擊時可以尋求幫助，在旅行途中可以得到照顧，在某些情況下，「兄弟」死後還可以指望得到安葬。會社的主要職能之一是保護傳統職業，防止外來者入侵；反之，只有在會社的支持下，一個語言族群才有可能擴展到新的行業或貿易。賣淫和保護費都是在會社的支持下進行。由於會社支持，「苦力」幫派的頭目能夠獲得，並保持為特定工作或某些工廠、碼頭提供勞動力的權利。反過來，勞工也必須加入會社才能找到工作。從一八九二年到一九一〇年，幾乎所有的鐵路工人都是會社成員，他們在就業前就加入了曼谷的會社。知情人士一致認為，只有那些沒有經商，或不受任何方式受僱的人才能避免加入洪門會。到一九〇二年，據說「所有Chinese都屬於眾多秘密會社中的其中一個」。[51]

大型會社的領導人主要是經營鴉片、賭博和烈酒的包稅商，或者是有足夠財力競標此類壟斷權的商人。在競標之前，他們通過威脅和恐嚇競爭對手的Chinese派系，利用會社的力量幫助獲得壟斷權；他們還通過報復「侵入者」來維護所有的包稅特權。下層的打手和職業罪犯，則聽命於他們的老大。因此，這些會社為領導人服務，同時為廣大成員提供保護，使其免受會社所助長的邪惡勢力侵害。

上至大哥，下至第十級的會員，所有人都宣誓歃血為盟，保守秘密。特定分支或公司成員[52]之間的聯繫，是通過精心設計的儀式和象徵意義來鞏固。主要的宗教象徵是關公，他是被神化為武帝（戰爭之神）的三國將軍。據了解，暹羅大多數供奉關公或協天大帝的寺廟都是由會社建立的，例如清邁、北欖坡和空丹的寺廟。暹羅幾個城鎮的水尾娘宮，和本頭廟中都有供奉關公的祭壇，這證明洪門會的活動是按語言族群劃分。無論是在特定的公司總部或寺廟，大家都要在關公面前殺一隻公雞取其血，在對明朝皇帝宣誓後喝下公雞血。儀式完成，成員門就可以與其他會社的成員展開進一步的爭鬥。

秘密會社非但沒有成為對抗泰國人或西方人的堅實陣線，反而成為Chinese社會的一股分裂力量。為了控制西方人或泰國人都不想追逐的利益，[53]他們針對其他公司進行暴亂和恐怖主義活動。到一八八九年，曼谷至少有六個不同勢力強大的會社，[54]而十年後在北欖坡有三個不同的公司，它們之間的衝突持續不斷。在披集、彭世洛、普吉、董里以及暹羅其他許多大城鎮作者雖然沒有掌握具體地點，但肯定此情況比比皆是——也至少有兩個相互競爭的公司。成員資格幾乎完全按照語言族群劃分，在一些情況下，同一語言族群的對立會社為爭奪霸主地位而大打出手。例如，一八八〇年前成立的客家「啟仙館」（Chi-hsien-kuan）最終分裂為兩派——明孫（Ming-shun）和群英（Ch' ün-ying）——他們「明爭暗鬥」，直到二十世紀頭十年才通過調解結束分裂。[55]

只有在較小的城鎮，或主要由單一語言族群主導的城鎮，才只有一家公司擁有完全的控制權。因此，在空丹和他羅（Thalo），有幾乎全是海南人的單一公司，而在清邁，一家大的公司則以潮州人為主。最小的城鎮沒有公司，但居住在那裡的Chinese往往屬於鄰近大城鎮的一個分支。

面對公司之間的爭鬥以及語言族群的敵意時，Chinese 的頭人制度在十九世紀開始衰落。在曼谷，到十九世紀九十年代，頭人職位在很大程度上已轉變為泰國外交部的司法職位，負責處理 Chinese 之間的民事案件。最後一個被曼谷 Chinese 稱為頭人的人是拍耶·初魯克·叻差色滴（Phraya Choduek Ratchasetthi），他的職責在二十世紀第一個十年結束。[56] 然而，在許多內陸城鎮，由於 Chinese 人口不斷增加，頭人的任命也隨之增加，傳統的頭人制度一直延續到十九世紀的最後十年。在清邁[57]、喃奔、喃邦、帕和難各府等北部自治侯國，Chinese 頭人都由土侯（Jao）任命和封銜，而在更南部的其他城鎮，頭人的任命和封銜則由暹羅國王通過各府尹進行。Chinese 頭人在泰語中通常被稱為華人頭目（Hua-na-fai-jin）或俗稱華人縣長（Nai-amphoe-jek），他們聽命於土侯或府尹，負責維護 Chinese 社區的和平與秩序。他們有權逮捕和執行體刑，但不能判處死刑。十九世紀末，清邁的頭人杜關勝甚至在自己的住所附設了一座監獄。土侯或府尹通常會聽信頭人的話，即 Chinese 罪犯不會再犯罪，也不會試圖逃走。

十九世紀九十年代，隨著泰國領土管理的集中化，以及曼谷的直接管轄權擴展到北部各侯國，城鎮的 Chinese 頭人都由曼谷任命，並剝奪了大部分的權力，只留下調解人和擔保人的權力。此後幾年內，這一制度自然消亡。

考慮到十九世紀 Chinese 社會的組織結構，頭人制度只能與秘密會社結合才能發揮作用。在只有一個洪門公司（其最高大哥也是頭人）以及受單一語言族群強勢統治的社會裡，這種制度最為有效。例如，在清邁，潮州人杜關勝是 Chinese 頭人和玄天（San-tien）社的首領，也是主要的包稅商之一。在宋膠洛，海南人 Chinese 頭目也是老洪（Lao-hung）公司的首領，承包賭場稅務。這種制度先在曼谷和北欖坡等城市瓦解，因為這些城市不僅僅只有一個公司掌握權力。

總括而言，十九世紀的 Chinese 社會在結構和功能上都存在嚴重的縱向分化。在曼谷及其他較大的城鎮中，沒有任何一個組織能夠涵蓋整個 Chinese 社群，甚至無法囊括其主要的幾個分支。即使是少數真正的慈善和互助會，也僅限於服務單一的方言群體。在這樣的情況下，無法形成面向整個社群的領導力量。當然，在沒有任何有組織的外部威脅下，這種領導幾乎是沒有必要的。

第三節　Chinese和泰國政府

十九世紀，泰國政府對暹羅Chinese的政策總體上是友好的。其中許多積極方面已經有提及到：不受限制的移民、完全的行動自由、直接稅率低以及導致Chinese至上的壟斷政策。其他方面則是自由放任政策，除非Chinese的活動公開妨礙暹羅主權，或威脅和平與秩序。只要Chinese繼續促進暹羅的貿易，以每年投標承包專利稅的形式，向國庫繳納越來越多的款項，政府就不會相當重視十九世紀Chinese社會的腐敗、罪惡甚至無政府狀態。困難主要與擾亂治安和Chinese尋求西方條約國保護有關。

在拉瑪三世統治期間，發生了多次Chinese叛亂和起義。大多數起義的動機鮮為人知，特別是一八二四年在尖竹汶、一八四二年在洛坤猜和一八四五年在弄旋的起義。[58]有詳細描述的最早的Chinese起義發生在拉瑪三世統治初期的萬佛歲。這場起義源於秘密會社，針對專制的地方政府。首領逃脫了，但其他叛亂者要麼被屠殺，要麼被終身監禁。[59]一八四八年，暹羅和歐洲都發生了革命。暹羅歷史上最嚴重的Chinese起義就發生在這一年，起因是對煉糖廠徵收了新的加重稅。[60]第一次起義發生在下暹羅，他真府和洛坤猜之間的制糖區。從曼谷派來鎮壓暴亂的泰國貴族和一支警察隊伍受了重傷，另一支更強大的士兵隊伍被派出，由身為外交大臣負責國內 Chinese 事務的拍卡蘭（Phrakhlang）指揮。三星期後，叛亂被平息，三百名叛亂者被處死，另有二百人被戴上鐐銬帶到國王的宮殿。此時，以北柳為中心的暹羅東南部產糖區，發生類似起義的消息傳到了首都，在拍卡蘭的指揮下，幾千名士兵被派去奪回被 Chinese 佔領的要塞以及平息混亂。要塞很容易就被奪回，但叛亂持續了一個月，而且府尹在此過程中犧牲了。據報導，整個北柳有一萬名 Chinese 被殺，最保守的估計也至少有兩千人。在起義過程中，十三家制糖廠和其他財產被毀，總價值達一百萬美元。

政府對一八四八年叛亂的無情反應，讓 Chinese 充分意識到針對地方當局的叛亂是愚蠢的。在拉瑪四世和拉瑪五世的統治期間，Chinese 騷亂主要限於秘密會社的爭鬥和騷亂，這些騷亂不針對政府，但仍對政府權威構成了挑戰。在朱拉隆功統治時期，秘密會社的活動激增，其先兆是一個過去被蒙固王放逐的主要會社創始人回到曼谷。[61] 曼谷最重要的暴亂發生在一八六九年、一八八三年、一八八九年和一八九五年，但在拉瑪五世的整個統治期間，較小的騷亂也時有發生。[62] 這裡只介紹一八八九年的騷亂。一八八九年六月，兩個會社發生爭執，[63] 顯然是為了爭奪曼谷最大的三家碾米廠提供「苦力」的權利。由此引發的騷亂，最終導致在城市主幹道上設置路障和激烈槍戰。三十六小時後，警方藉兩名丹麥軍官指揮的軍隊幫助，成功驅散了敵對雙方派別。英國領事作了以下敍述（包括一些揭露性的無端評論）：

結果非常令人滿意，暹羅人也是值得高度讚揚的。許多秘密會社的頭人被逮捕。大約九百名Chinese被送上專門為此目的而設立的法庭受審，那些證明與暴亂有牽連的人，被處以罰款或鞭刑。暹羅政府在這次事件中採取的行動，無疑給苦力階層上了永遠都不會忘記的一課；但與此同時，人們可能期望採取預防措施，防止將來再次發生此類暴亂。[64]

事實上，當時已經在考慮建立一個政府機構來控制Chinese社區，類似於海峽殖民地的Chinese護衛司。[65]然而，一八九一年按照現代方針重組政府後，卻未能建立一個Chinese保護國。一八九五年的暴亂再次凸顯了局勢的嚴重性，兩年後，政府頒布了《秘密會社法》，規定對所有會社進行強制登記和警方控制，對組織或管理非法會社的行為處以重罰。[66]秘密會社自然拒絕登記，即使是合法組織也寧願轉入地下，也不願遵守這項被認為是徵兵前奏的法律。[67]一八九七年，曼谷警察在英國專員的領導下進行重組，成立一個Chinese分局來處理Chinese問題，幾年後又成立了一個特別小組來監管Chinese當鋪。一九〇七年，警方開始採集「職業Chinese罪犯」的指紋，與海峽警察達成協議，規定交換因犯罪活動而被驅逐出境的 Chinese 資訊。[68]然而，這些措施都沒有觸及秘密組織或勢力的根源。

蒙固王與英國、法國、美國、葡萄牙和荷蘭簽訂的條約規定了治外法權，是 Chinese 與泰國政府產生糾紛的另一個主要原因。在馬來亞和香港的英國人、在東印度群島的荷蘭人以及在澳門的葡萄牙人的管轄範圍內都有 Chinese。當這些人移民到暹羅時，根據與暹羅簽訂的條約條款，他們可以要求獲得歐洲臣民的身份。一旦在曼谷的歐洲領事館辦好登記後，他們就可以享受領事管轄權和免除 Chinese 人頭稅等特權。

如果事情沒有發展到這一步，也不會出現什麼特別的問題。然而，與歐洲殖民地毫無關係的 Chinese 很快就意識到領事保護的好處，並尋求註冊。一些領事館往往在不知情的情況，根據不正當或偽造的認證簽發了註冊證書；甚至在蒙固王統治結束之前，美國和葡萄牙領事館就公開向所有來訪者出售證書。領事胡德（J. M. Hood）在一八六七年簽發的美國證書上只簡單地寫道：「知道你們，我……將本領事館的保護權授予 Chinese Empire 的臣民（某某）……（他）已向下面的署名人表明，他沒有自己國家的常駐領事能在需要時提供幫助。」[69]胡德的僭越職權導致他被匆忙召回，美國的「保護」也隨之結束。但是，在本世紀餘下的時間裡，葡萄牙人繼續向並非真正歐洲臣民的 Chinese 簽發證明書，英國人和荷蘭人也在一定程度上延續了這種做法。

然而，最慣常濫用治外法權保護Chinese的卻是法國人。他們將一八五六年條約第六條解釋為，法國人和法國公司的所有僕人和僱員都受到法國保護。[70]一八九三年法國展示武力後，法國的保護在下暹羅、東南暹羅和東北暹羅的Chinese非常流行，法國公使館和領事館在一八九三至一八九六年間將數百名Chinese登記為「受保護者」。領事授權外圍地區的法國牧師管理其附近的所有「受保護者」，因此法國傳教士在Chinese的愈來愈受歡迎。[71]此時，許多有廣泛利益需要保護、又有理由擔心暹羅法律會對其活動產生影響的上流商人，都在通過某種手段——特別是賄賂——尋求領事登記。除了其他令人嚮往的特權，註冊保證在沒有領事法院搜查令的情況，他們的住所不會被搜查。[72]上一節中提到的金正利公司老闆，作為向上流動的典範，在這個問題上表現出了典型的機會主義：他本人在英國公使館註冊，其子則註冊為法國人的「受保護者」。[73]在清邁，賭博和鴉片的包稅商，以及臭名昭著的鴉片走私販都成為了法國人的「受保護者」，硬脂西餅的壟斷商則通過持有荷蘭證書來逃避納稅；其他許多著名商人和專利包稅商都是英國臣民。到一九〇三年，重要的「少數商業精英」已在歐洲領事館和公使館註冊。[74]

同時，正如一位了解此問題的泰國學者所說：

暹羅拒絕接受各列強將這些外國人視為其臣民或受保護者的權利，並賦予他們與本國臣民平等的特殊權利和特權。除了這種差別，某些外國領事使用的招募，或接納受保護者的方法也讓暹羅政府相當擔憂和煩惱。[75]

十九世紀最後十年的司法改革，為泰國政府提供了限制並最終廢除Chinese和其他亞洲人濫用治外法權的手段。為此，泰國分別於一八九九年和一九〇九年與英國、一九〇一年與荷蘭，以及一九〇四年和一九〇七年與法國簽訂了條約。然而，因實際或據稱在澳門出生而聲稱擁有葡萄牙臣民身份的Chinese，在一九二〇年代末之前一直享有充分的領事保護。[76]

如前所述，在外國領事館登記是逃避Chinese人頭稅的可靠方法，但只是眾多方法之一。外國人的家僕只要佩戴印有僱主姓名的徽章或帽帶，通常就可以逃避人頭稅（儘管是非法的）。西方公司的僱員，以及與長老會或天主教會有關的人也可以避稅。甚至還有Chinese為了避稅而臨時受僱或假裝改信基督教。[77]許多人試圖藉退休逃避納稅，直到納稅時間過去。[78]

金錢不一定是這種逃稅的主要考慮因素，因為繳稅的程序和意義帶有一種蔑視和貶低的意味。[79]繳稅程序如下：每個 Chinese 都要找一個代理人，繳納四點二五泰銖。收到稅款後，代理人會在 Chinese 的左手腕上系一根繩子，繩子打結後用黏性物質固定，然後蓋上政府印章。同時還簽發了身份證明。[80]在這一年的其餘時間裡，只要警察或官員提出質疑，Chinese 就必須戴上手腕上的印章並出示證明。加蓋印章或隨後檢查印章都沒有任何尊嚴、禮儀可言。然而，只要多付六點二五泰銖，即可省去印章。這樣一來，任何 Chinese 都處於尷尬的境地，必須權衡自己的尊嚴和錢包。富裕的 Chinese 會利用額外付款來避免手腕上的蓋章。鑒於僅憑證明書就足以解決問題，整個程序就帶有一點蓄意蔑視的味道。

在規定的繳稅期限過後，任何 Chinese 只要在遭到查問時不能出示手腕上的印章，就會被逮捕。這時候警察非常忙碌，據說「暹羅警察最喜歡做的事情就是領著一些不幸的 Chinese 繳稅。」[81]一九〇〇年，在繳稅期結束後的三聘街，「在一名手持一根大棍的……暹羅官員的指揮下，大約二十名 Chinamen 組成的團夥，各人的手腕被一根窄繩綁在一起……，通過大街送到拘留所。」[82]他們被關押在那裡，直到繳清稅款和額外的逮捕費為止。總之，三年一次的稅項，從其徵收和執行的細節來看，都難以促進 Chinese 和泰國人的相互尊重。

Chinese與泰國政府的關係有兩個面向。Chinese不僅是政府政策的對象，在十九世紀，他們在宮廷和政府管理的參與程度也令人驚訝。這種參與的某些方面是意料之內：在蒙固王統治時期，宮廷一直保留著Chinese學者；在皇家貿易時期任命Chinese為海事和財政官員；拉瑪三世和拉瑪四世統治時期，泰國海軍使用Chinese指揮官和工匠，而在拉瑪五世統治時期，更在皇家遊艇上使用Chinese指揮官和工匠；[83]從拉瑪三世到拉瑪五世統治時期，一直使用Chinese為海關官員；[84]一八九七年後，當地出生的Chinese被編入重組後的警察部隊的Chinese分隊。[85]

似乎只有前兩個例子需要詳細說明。在拉瑪一世或拉瑪二世統治時期，到訪過暹羅的Chinese航海家謝清高在《海錄》中寫道：「他們（泰國人）非常尊重Chinese文學，每當國王聽說有人精通詩歌和文學，就會把他們留在宮廷裡。」[86]在拉瑪三世統治時期，湯姆林（Tomlin）提到「一位年長而博學的Chinese長期為國王服務，受到國王的庇護。」[87]在拉瑪四世統治時期，Chinese學者和翻譯也被僱用。但在一八五三年停止向China進貢後，宮廷對Chinese學術和文學的興趣似乎有所下降。關於其他Chinese官員，一八四二年的《海國圖志》指出，「國王還在他們（Chinese居民）中挑選聰明的人擔任官員，管理稅收和商業工作。」[88]早在拉瑪二世統治時期，一位西方作家就注意到潮州人在曼谷的商業和金融官員佔有首要地位。[89]

除了這些使用 Chinese 人才的慣常方式，政府還推行了兩項相關且相當引人注目的政策，結果是將部分 Chinese 精英吸引到泰國貴族。這些政策——在暹羅海灣地區任命 Chinese 為封疆大臣和封爵給 Chinese——在整個十九世紀都得到了貫徹執行。透過對泰國精英階層的爵位制度，進行簡要回顧，可以簡化對這些發展的討論。

這種授爵制度有兩種，一種針對皇家貴族，另一種針對官僚貴族。皇家爵位[90]受遞減規則的制約，取決於與國王的血緣關係，從不授予平民。而官僚貴族的爵位則完全獨立於皇家等級，正如我們在下文看到的那樣，授予 Chinese 的情況並不少見。這些爵位從高到低依次是昭拍耶（公爵）、拍耶（侯）、拍（伯）、鑾（子）和坤（男）。[91]每個頭銜大致對應官僚體系的等級或地位：只有極少數人擁有昭拍耶頭銜；封疆大臣、部門主管、高級法官等擁有拍耶頭銜；處長擁有拍頭銜；科長或級別較低的法官擁有鑾頭銜；擔任次要職務的人擁有坤頭銜。獲得官職頭銜的人通常也會獲得一個貴族稱謂，因此就去掉了原來的名字。頭銜通常可以終身保留，但不是世襲的。[92]

鑒於一直有說法是 Chinese 從未對東南亞的政治權力產生過任何興趣，故十九世紀

Chinese在暹羅擔任封疆大臣的幾個案例值得仔細研究。到拉瑪三世統治初年，拉廊、宋卡、那坤是貪瑪叻和尖竹汶等府的封疆大臣（當地通常稱為「拉惹」（Rajahs））都是Chinese，而普吉府的鑾·拉惹·甲必丹也是Chinese。在拉瑪五世統治期間，北大年、卓莫（Tomo）、董里、宋卡、拉廊、克拉（Kra）、弄旋和北欖（Paknam）都曾有過Chinese拉惹、封疆大臣或專員。這些官員中有許多人在當地出生，母親是泰國人，但大多數人仍然會說Chinese，還有一些人是移民。這些Chinese封疆大臣的故事已廣為人知，足以為作出有效的概括提供依據。

普吉府的「鑾·拉惹」是通過以下方式取得其地位的：[93]他是客家人，名叫林海，在十九世紀初從澳門移民到普吉，成為一名商人。一八二一年，他駕著自己的船去檳城做生意，在返回途中看到一艘緬甸帆船，這引起了他的懷疑，發起攻擊。在搜查帆船時，他發現了一封緬甸政府寫給吉打拉惹的公函。吉打當時是泰國宗主權較薄弱的一個屬地。於是他將船隻和船員帶到普吉島，移交給普吉府府尹。當這封信被認定為煽動叛亂後，林海獲得了相關任命。[94]

另一個例子之前已經敘述過（見第一章第四節），那就是福建的燕窩包稅商吳讓家族，他們被鄭昭（Taksin）王任命為宋卡府封疆大臣。吳讓的長子文輝沒有子嗣，在他於一八一二年去世後，吳讓次子（文耀）的長子吳天鐘繼承其職位。其後他的弟弟天生繼位，拉瑪二世正式任命他為封疆大臣，授予「拍耶」爵位。天生和其堂弟文爽——也是吳讓的孫子，由文臣所生——為拉瑪三世立下了汗馬功勞，其中最著名的是在一八三八年至一八三九年平定了柿武里的馬來人起義。在取得這場勝利的過程，吳文爽率領四支海外Chinese兵團參加了戰鬥——這可能是自鄭昭統治以來，Chinese軍隊唯一一次為泰國國王效力。一八四七年天生去世後，文爽繼任天生的封疆大臣一職，直至一八六五年去世為止。一八六二年，他和他的叔叔一樣提升為最高官職昭拍耶。吳文爽是宋卡府的第五任「華人拉惹」。在他之後依次是天鐘的兒子乃民（一八六五年至一八八四年），文爽的兒子乃頌（一八八四年至一八八八年）以及乃頌的兒子乃沖（一八八八年至一九〇一年）。吳讓的玄孫乃沖於一九〇一年被委任為宋卡府總巡，屬於閒散的差事，至此他的後代也得到了官方的撫恤。[95]

值得注意的是，吳讓的後代逐漸泰化。他的兒子們都會說Chinese，以Chinese式下葬。他的孫子天鐘在一八一七年被火化，但其骨灰埋在一個仿Chinese式的墳墓。吳讓的另一個孫子天生信仰小乘佛教，只視Chinese為第二語言，死後兩年火化，採用全泰式葬法。曾孫們不會說Chinese，甚至沒有Chinese名字，在家族內通婚及進行跨代通婚

（這種做法會讓曾祖父感到震驚）。[96]一九一六年，吳讓家族採用了泰名那宋卡（Na Songkhla）——姓氏中的「Na」在泰文中對應於德文中的「von」或法文中的「de」——而該家族的多位成員如今在泰國政府和商界上都是顯要的人物。

拉廊府最初的 Chinese 拉惹和宋卡的拉惹一樣，都是福建漳州人，但其家族故事卻更為傳奇。[97]他的名字叫許泗章，大約在一八一〇年移民到檳城，當時他只有一根竹竿和一身衣服。他先是做「苦力」，後來終於存夠了錢，開始在檳城以外的地方做買賣，之後擴展到南暹羅，引起了德高巴（Takuapa）拉惹的注意。在德高巴拉惹的支持下，許泗章擴大了沿海貿易，對雙方都有利。他最終在拉廊附近成立了一家錫礦開採公司——當時拉廊只是一個小村莊——從中賺了一大筆錢。按照慣例，他統治著自己創建的採礦社區，由於其卓越的管理能力，和拉廊日益增長的重要性，曼谷政府任命他為拉惹，封號為「拍」，在拉瑪三世統治時期升為「拍耶」。拉瑪五世統治期間，許泗章去世，其長子森廣封為「拍耶色滴」（Phraya Setthi），並任命為繼承人。這位傑出人物另外的三個兒子，森德、森金和森美也被朱拉隆功王冊封，任命為各府府尹，分別是弄旋、克拉和董里的府尹。

事實證明，許森廣是拉廊的開明統治者，後來任命為春蓬專員。[98]但無論是他，或其另外兩個拉惹兄弟，都無法與森美相提並論，森美作為拍耶·叻差達（Phraya Ratsada），長期而出色地統治著董里。他被稱為「泰國南部有史以來最傑出的統治者」。[99]一九〇一年，他前往曼谷，「在眾多親王和官員的見證，在內務部部長官邸進行剪辮子的儀式，正式改變了自己的國籍。」[100]值得注意的是，許泗章的孫子回到檳城仍是Chinese，而留在暹羅的孫子則都變成了泰國人。該家族採用那·拉郎（Na Ranong）這一姓氏，如今在泰國國民生活舉足輕重。

卓莫拉惹起家的方式與許泗章大致相同。他開始在陶公地區「小規模」經商，最終開始在卓莫開採金礦。他開始統治自己的礦區，「通過向暹羅的大人物提供大量資金」，獲得政府的賞識。[101]至於與其同時代的北卡廉府尹，據說他最初是英國水手的擦鞋匠，後來成為暹羅四家碾米廠的廠主，具體過程沒有詳細介紹。[102]

這個觀察涵蓋了在卻克里王朝的第三世、第四世和第五世統治期間，大部分Chinese成為府尹、拉惹，其在暹羅掌握權力的情況。最引人注目的是，這些統治家族或個人沒有一個是出身自士大夫階層，他們都出身卑微。此外，幾乎所有人都是從某種私人業務起家，由於其業務的特殊性（如南方的採礦業）、商業上的成功和卓越的才能而進入政府管理部門。顯然，他們初衷都不是進入政治生活；沒有一個人是從政府部門開始的，而這卻是泰國人追求官僚職位的道路。因此，著名的 Chinese 拉惹，似乎只是 Chinese 式向上流動的特例。重要的是，這些 Chinese 人才一旦進入泰國政府，就會對泰國政府忠心耿耿，最終融入泰國社會。

泰國政府任用 Chinese 擔任封疆大臣，可以看作是將王國內最重要的 Chinese 封為貴族的特例，以確保其效忠並能利用其才能。在卻克里王朝頭五位國王的統治時期，這種做法一直被廣泛採用，必須將其視為經過深思熟慮的政策一部分。

莫里遜（Robert Morrison）之前提到了，Chinese 在拉瑪二世統治時期擔任官員和貴族的情況。克勞福也提到了「擁有暹羅爵銜的 Chinese。」[103] 葛茲拉夫在一八三一年對此問題的意見值得引用：

對 Chinese 來說，最令他們感到榮耀的，莫過於獲得國王授予的榮譽頭銜，而這往往是在他們積累了大量財富或出賣了自己的同胞之後才會發生。自此，他們便成為國王的僕役，尤其是在被任命為官員後更是如此。無論任務多卑微、多耗費財力、多艱鉅，他們都不得不竭力完成。[104]

一八六〇年左右，曼谷最富有的 Chinese 商人拍耶披汕（Phraya Phisan）擁有非官職 Chinese 所能獲得的最高爵位，這證實了葛茲拉夫的說法，即爵位是授予非常富有的 Chinese。[105] 在當時的二十五位主要 Chinese 商，除了拍耶披汕，還有兩位擁有「坤」銜和一位「鑾」銜。[106] 甚至在瓦奇拉烏地國王即位後，暹羅內陸許多城鎮和首都的主要 Chinese 商，都被封為坤或鑾的爵位，通常是對封疆大臣服務的獎勵，或作為對皇家事業有特別大貢獻者的獎勵。又，在作者所知的一個案例，作為在官方巡遊中招待國王的獎勵。政府的另一項政策是向大多數擁有稅收專營權的 Chinese 授予爵位。在拉瑪三世統治時期，彩票和賭場的包稅商都自動獲得了坤的爵位；到拉瑪五世統治時期，賜予的爵位已提升到鑾。[107] 鴉片包稅商也被授予貴族頭銜。到二十世紀頭十年，僅 Chinese 碾米商中就有四位獲賜拍耶爵位。其中一位就是上文提到的拍耶披汕的孫子。據說當時這個家族「在暹羅社會……各界中佔據了很高的地位。」[108]

Chinese 頭人也會被國王或當地公侯封為貴族，授予特定爵位。在曼谷，頭人的級別是披耶，而在其他城鎮則是拍（如呵叻）、鑾（如清邁）或坤（如程逸）。作者有幸採訪了詹采卿，他可能是唯一一位在暹羅擔任過 Chinese 頭人的在世者。一九〇二年前後，他曾在程逸擔任過幾年這個職務，後來成為北部數府著名的鴉片和酒類包稅商，因此他至今仍使用貴族名字鑾・信那卡蘭奴坤（Luang Sinakharanukun）。他現在過著泰國紳士的生活，其大多數子女都自認為泰國人，而不是Chinese。三十多個孫子孫女，除了兩個以外，其他都以泰國人的身份長大成人。

巴斯顛（Bastian）可能是第一個指出這種政府措施真正意義的人。他認為「這政策的目的是使每一位富裕、顯要及有影響力的Chinese獲得爵位，從而使他們為泰國的利益服務。」[109]麥克唐納（McDonald）在其論述中暗示了另一個動機，她說：「富有的Chinese往往會受到統治者的青睞，獲得貴族頭銜，而這些貴族則會將女兒獻給他們的陛下。」[110]拉克茲最後補充道：「暹羅政治實踐了古老的格言：分而治之，暹羅人把貴族爵位公開贈給最幸運的Chinese。」[111]

泰國政策的成功引人注目。那些有能力強烈反對政府的Chinese至少被瓦解了。從長遠來看，家族被同化的可能性也相當大。朱拉隆功統治時期被封為貴族的Chinese後裔如今已躋身泰國主要家族之列。有一部分人經商，許多人在政府部門任職，所有人都對泰國和泰式生活完全忠誠。

政府冊封和使用有成就、有影響的Chinese對Chinese領導層也有重大意義。接受貴族爵位本身就意味對國王和政府的部分承諾，因而使他們不能全心全意地領導 Chinese 社會。在某種程度上，政府成功地榨取了 Chinese 精英的精華，為泰國服務，而非 Chinese 社會。

1 "The Second Annual Report of the Morrison Education Society", China Repository (October 1838): 309.

2 Chen Ta, Chinese Migrations with Special Reference to Labour Conditions (Washington: U. S. Dept of Labor, Bureau of Labor Statistics, Bulletin No. 340, 1923), p. 84; Great Britain, Foreign Office, Annual Diplomatic and Consular Reports on the Trade of Kiungchow, 1876-1914 (London: Harrison and Sons, 1892; H. Gottwaldt, Die Uberseeische Auswanderung der Chinesen und ihre Einwirknug auf die weisse und gelbe Rasse (Bremen, 1903), pp. 44-49.

3 Egon Freiherr Von Eickstedt, Rassendynamik Von Ostasian, China und Japan, Thai und Kmer Von der Urzeit bis Heute (Berlin, Gruyter, 1944), p. 463.

4 H. Gottwaldt, Die Uberseeische Auswanderung der Chinesen und ihre Einwirknug auf die weisse und gelbe Rasse (Bremen, 1903), pp. 44-49.

5 《義山亭史話》，《潮州日報》第十九期（一九五一年十一月），第八頁。

6 George B. Bacon, Siam, Land of the White Elephant (New York, Scribner's, 1892), p. 162; John Crawford, Journal of an Embassy from the Governor General of India to the Courts of Si am and Cochin-China, Vol. 2 (London: Henry Colburn and Richard Bentley, 1830), p. 269; Sir John Bowring, The Kingdom and People of Siam, with a Narrative of the Mission to that Country in 1855, Vol. 1 (London, John W. Parker and Son, 1857), p. 395; Jacob Tomlin, Missionary Journal and Letters, Written during Eleven Year's Residence and Travels among the Chinese, Javanese, Khassians, and Other Eastern Na ti ons (London: J. Nisbet, 1844), p.149; Hsieh Yu-jung, Siam Gazetteer, p. 276; Mrs. Noah A MacDonald, "The Chinese in Siam", Siam and Laos as Seen by Our American Missionaries (Philadelphia: Presbyterian Board of Publications, 1884), p. 146.

7 H. Warington Smyth, Five Years in Siam, Vol. 1 (London: John Murray, 1898), p. 296.

8 J. G. D. Campbell, Siam in the Twentieth Century (London: Edward Arnold, 1902), p. 274.

9 H. Warington Smyth, Five Years in Siam, Vol. 1 (London: John Murray, 1898), p. 237.

10 與單身男性相比，在暹羅有家人的 Chinese 潛逃的可能性較小。此外，如果發生違約事件，在當地有家庭的 Chinese 在迫不得已的情況下，可以將自己的妻子和孩子賣為奴隸，以償還債務。見 "Triennial Tax", Siam Repository, Vol. 5 (1873): 331.

11 Ch'en Su-ching, China and Southeastern Asia (Chungking and New York: China Institute of Pacific Relations, 1945), p. 14.

12 Captain H. Burney, "Report of the Mission to the phraya of Salang and the Chiefs on the Isthmus of Kraw", The Burney Papers, Vol. 2 (Bangkok, Vajiranana National Library, 1910), p.217.

13 Holt S. Hallett, A Thousand Miles on an Elephant in the Shan States (Edinburgh and London, William Blackwood and Sons, 1890), p. 461.

14 Charles Gutzlaff, Journal of Three Voyages along the Coast of China in 1831, 1832, and 1833, with Notices of Siam, Corea, and the Loo-Choo Island, to Which is Prefixed an Introductory Essay on the Policy, Religion, etc., of China, by the Rev. W. Ellis (London: Thomas Ward and Co., 1840), p. 72.

15 John Crawfurd, "Report to George Swinton, Esq. April 3, 1823", The Crawfurd Papers (Bangkok, Vajiranana National Library, 1915), p. 137.

16 John Crawfurd, Journal of an Embassy from the Governor General of India to the Courts of Siam and Cochin-China, Vol. 2 (London: Henry Colburn and Richard Bentley, 1830), p. 220.

17 Charles Gutzlaff, Journal of Three Voyages along the Coast of China in 1831, 1832, and 1833, with Notices of Siam, Corea, and the Loo-Choo Island, to Which is Prefixed an Introductory Essay on the Policy, Religion, etc., of China, by the Rev. W. Ellis (London: Thomas Ward and Co., 1840), p. 72.

18 見 Ch'en, Y. T., "Research on Cheng Ho's Missions to Thailand", T'a i-kuo yen-chiu, No. 1 (Bangkok, 1940): 58-59; Hua-ch'iao Hsin-yü, No. 10 (Bangkok, 1953): 20-21.

19 Ch'en, Y. T., "Research on Cheng Ho's Missions to Thailand", T'a i-kuo yen-chiu, No. 1 (Bangkok, 1940): 58.

20 W. A. Graham, Siam, Vol. 2 (London, Alexander Moring, 1924), pp. 283-284.

21 John Crawfurd, "Reports to George Swinton, Esq. April 3, 1823", The Crawfurd Papers (Bangkok, Vajiranana National Library, 1915), p. 72; John Crawfurd, Journal of an Embassy from the Governor General of India to the Court s of Siam Cochin-China, Vol. 2 (London, Henry Colburn and Richard Bentley, 1830), p. 221.

22 風水是指經占卜和計算後的墳墓和其他建築物佈局，考慮到土地的坡度和輪廓、地表和地下水流、風勢、指南針方向等。根據風水學，墳墓不可能被安置在平坦、排水不良的地方。

23 Great Britain, Foreign Office, Siam Consular Report (1892), p. 11.

24 Legatus, "Die Chinesen in Siam; ein ausschnitt aus demchinesischen Problem der Gegenwart", Preussische Jahrbucher, No. 215 (1929): 283.

25 Charles Gutzlaff, Journal of Three Voyages along the Coast of China in 1831, 1832, and 1833, with Notices of Siam, Corea, and the Loo-Choo Island, to Which is Prefixed an Introductory Essay on the Policy, Religion, etc., of China, by the Rev. W. Ellis (London: Thomas Ward and Co., 1840), p. 72.

26 "The Second Annual Report of the Morrison Education Society", (October 1838): 309.

27 Sir John Bowring, The Kingdom and People of Siam, with a Narrative of the Mission to that Country in 1855, Vol. 1 (London, John W. Parker and Son, 1857), p. 84.

28 Great Britain, Foreign Office, Siam Consular Report (1864), p. 216.

29 "Triennial Tax", Siam Repository, Vol. 5 (1873): 331.

30 Holt S. Hallett, A Thousand Miles on an Elephant in the Shan States (Edinburgh and London, William Blackwood and Sons, 1890), p. 461.

31 H. Warington Smyth, Five Years in Siam, Vol. 1 (London: John Murray, 1898), p. 285.

32 Nelson Annandale, "The Siamese Malay States", Scottish Geographical Magazine, No. 16 (1900): 517.

33 J. G. D. Campbell, Siam in the Twentieth Century (London: Edward Arnold, 1902), p. 274.

34 A. Raquez, "Comment s'est Peuplé le Siam", L'Asie Francaise, No. 31 (October 1903): 435.

35 Peter A .Thompson, Lotus Land, Being an Account of the Country and the People of Southern Siam (London, T. Werner Laurie, 1906), p. 76.

36 John Bowring, The Kingdom and People of Siam, with a Narrative of the Mission to that Country in 1855, Vol. 1 (London, John W. Parker and Son, 1857), p. 84.

37 除非另有說明，本描述主要指一八九〇年左右的曼谷。

38 一位精通 Chinese、關心曼谷 Chinese 教育的匿名西方傳教士，其報告載於 "The Second Annual Report of the Morrison Education Society", (October 1838): 308~309. 其他關於十九世紀 Chinese 教育的評論也都是基於這份報告。

39 "The Chinese", Siam Repository, Vol. 2 (1870), p. 507.

40 Wilhelm Credner, Siam, das Land der Tai (Stuttgart: J. Engelhorns 1935), p. 196.

41 Wilhelm Credner, Siam, das Land der Tai (Stuttgart: J. Engelhorns 1935), p. 196; Une grève de Chinois á Bangkok (1910): 324. 完全失敗的 Chinese 要麼無力回去，要麼在其朋友或親戚的資助下回去，也是常見的事。

42 事實上，暹羅的 Chinese 有時被比作美國人，並被稱為「東方的美國人」。參見 Siam Repository (1870), p. 423.

43 張丁的個人歷史記載於Charles M. Garnier, "Bangkok, colonie chinoise, ou le secret du colosse jaune", Revue du Mois, Vol. 12 (August 1911): 233，以及Arnold Wright and Oliver T. Breakspear, eds., Twentieth Century Impressions of Siam: Its History, People, Commerce, Industries and Resources (London, Lloyd' s, 1908), p. 161. 中描述了其業務。曼谷的知情人士已對這兩個說法進行了補充和更正。

44 陳慈黌的故事是從他的孫子和曾孫那裡得知的，他在一九〇八年的商業利益見於 Arnold Wright and Oliver T. Breakspear, eds., Twentieth Century Impressions of Siam: Its History, People, Commerce, Industries and Resources (London, Lloyd' s, 1908), p. 169.

45 Bruno Lasker, Asia on the Move (New York: Holt, 1945), p. 75.

46 本頭通常配上一個妻子，這兩位神合稱為「本頭公媽」。

47 George Windsor Earl, The Eastern Seas, or Voyages and Discoveries in the Indian Archipelago in 1832, 1833, 1834 (London, W. H. Allen, 1837), p. 170.

48 The Rev. Howard Malcolm, Travels in South Eastern Asia, Embracing Hindustan, Malaya, Siam, and China, with Notices of Numerous Missionary Stations, and a Full Account of the Burman Empire, Vol. 1 (London, Charles Tilt, 1839), p. 139.

49 "The Chinese", Siam Repository, Vol. 2 (1870), pp. 506-507.

50 反清秘密會社運動通常的名稱是「洪門」，在暹羅也使用「洪字」和「老洪」。在暹羅，「三點會」指秘密會社的一個特定分支。

51 James McCarthy, Surveying and Exploring in Siam (London: John Murray, 1902), p. 3.

52 公司（見第三章註六十八）。

53 不斷有報道稱，一些泰國人（包括政府官員在）加入了這些社團，但沒有具體細節。

54 James McCarthy, Surveying and Exploring in Siam (London: John Murray, 1902), p. 3.

55 "Pen-hui tsu-chih yen-ke", Hsien-lo hua-ch'iao k'e-shu tsung-hui erh-shih chou-nien chi-nien-k'an (Bangkok, 1947), p.1.

56 Arnold Wright and Oliver T. Breakspear, eds., Twentieth Century Impressions of Siam: Its History, People, Commerce, Industries and Resources (London, Lloyd' s, 1908), pp. 155-156.

57 值得注意的是，清邁的雲南籍 Chinese 社會有一位頭人，與清邁的 Chinese 頭人不同。

58 George B. McFarland ed., Historical Sketch of Protestant Missions in Siam, 1828~1928 (Bangkok: Bangkok Times Press, 1928), p. 37.

59 Charles Gutzlaff, Journal of Three Voyages along the Coast of China in 1831, 1832, and 1833, with Notices of Siam, Corea, and the Loo-Choo Island, to Which is Prefixed an Introductory Essay on the Policy, Religion, etc., of China, by the Rev. W. Ellis (London: Thomas Ward and Co., 1840), p. 72.

60 ir John Bowring, The Kingdom and People of Siam, with a Narrative the Mission to that Country in 1855, Vol. 1 (London: John W. Parker and Son, 1857), p. 87. 這裡所提出的描述主要是根據 "Rebellon", Bangkok Calendar (1849), reprinted in Siam Repository, Vol. 1 (1869): 336-337. 鮑林的見解似乎完全雜亂無章的。

61 Siam Repository (1869): Appendix 6.

62 Friedrich Ratzel, Die Chinesische Auswanderung (Breslau: I. U. Kern's, 1876), p. 178; Great Britain, Foreign Office, Siam Consular Report (1883), p. 1; Mrs. Noah A. MacDonald, "The Chinese in Siam", Siam and Laos as Seen by Our American Missionaries (Philadelphia: Presbyterian Board of Publications, 1884), p. 149; Virginia Thompson, Thailand, the New Siam (New York: Macmillan, 1941), pp.106-107. 湯普遜博士似乎混淆了一八八九年和一八九五年的暴動。

63 其中之一個秘密會社「義興會」，在馬來亞和美國也具有特別重要的意義。

64 Great Britain, Foreign Office, Siam Consular Report (1889), p. 18.

65 Virginia Thompson, Thailand, the New Siam (New York, Macmillan, 1941), p. 107.

66 該法案的全文載於 Directory for Bangkok and Siam (Bangkok: Bangkok Times Press, 1902), pp. 33-35.

67 J. G. D. Campbell, Siam in the Twentieth Century (London: Edward Arnold, 1902), p. 277; Virginia Thompson, Thailand, the New Siam (New York: Macmillan, 1941).

68 Arnold Wright and Oliver T. Breakspear, eds., Twentieth Century Impressions of Siam: Its History, People, Commerce, Industries and Resources (London, Lloyd' s, 1908), p. 107-110.

69 Siam Repository (1874), pp. 209~211.

70 Clément Niel, Condition des Asiatiques, Sujetset Protégés Francias au Siam (Paris, Sirey, 1907), p. 25.

71 Clément Niel, Condition des Asiatiques, Sujetset Protégés Francias au Siam (Paris, Sirey, 1907), p. 46-47; Pinya, "A History of the French Mission to Siam", Imperial and Asiatic Quarterly Review, No. 13 (1902): 97. 一八六七年也出現過同樣的現象，當時伍德領事發出的登記證「導致基督教在 Chinese 中流行了一段時期」。見 George B. McFarland ed., Historical Sketch of Protestant Missions in Siam, 1828-1928 (Bangkok: Bangkok Times Press, 1928), p. 64.

72 W. A. R. Wood, Land of Smiles (Bangkok, Krungdebarnagar Press, 1935), p. 30.

73 Charles M. Garnier, "Bangkok, colonie chinoise, ou le secret du colosse jaune", Revue du Mois, Vol 12 (August 1911): 233.

74 A. Raquez, "Comment s'est Peoplé le Siam", L'Asie Francaise, No. 31 (October 1903): 435.

75 Luang Nathabanja, Extraterritoriality in Siam (Bangkok: Bangkok Daily Mail, 1924), p. 125.

76 Eldon R James, "Jurisdiction Over Foreigners in Siam", American Journal of International Law, Vol. 16 (October 1922): pp. 595-601; Luang Nathabanja, Extraterritoriality in Siam (Bangkok: Bangkok Daily Mail, 1924), pp. 125-129; Francis Sayre, "Sam's Fight for Sovereignty", Atlantic Monthly, No. 140 (November 1927), p. 683

77 "Marking the People", Siam Repository, Vol. 2 (1870): p. 364.

78 Mrs. Noah A MacDonald, "The Chinese in Siam", Siam and Laos as Seen by Our American Missionaries (Philadelphia: Presbyterian Board of Publications, 1884), p.150.

79 O. Frankfurter, "King Mongkut", Journal of the Siam Society, Vol. 1 (1904): 14; Siam Repository, Vol. 2 (1873): 347.

80 這項記述乃根據 "Marking the People", Siam Repository, Vol. 2 (1870); "Notification on the Subject of the Triennial Taxation of the Chinese of Siam", Siam Repository, Vol. 2 (1870); Mgr. Pallegoix, Déscription du Royaume Thai ou Siam, Vol. 1 (Paris, 1854), p. 295.

81 Ernest Young, The Kingdom of the Yellow Robe (Westminster: Archibald Constable and Co., 1898), p. 10.

82 James McCarthy, Surveying and Exploring in Siam (London: John Murray, 1902), p. 3.

83 Frederick Arthur Neale, Narrative of a Residence in Siam (London, Office of the National Illustrated Library, 1852), pp. 43-45; Ludovic, marquis de Beauvoir, Java, Siam, Canton (Paris, Henri Pion, 1870), p. 286.

84 Carl Bock, Temples and Elephants (London, Sampson Low, Marston, Searle, and Rivington, 1884), p. 4; Hsü Yün-ch'iao, Pei-ta-nien shih (Singapore, Nan-yang Book Company, 1946), pp. 125-126.

85 Arnold Wright and Oliver T. Breakspear, eds., Twentieth Century Impressions of Siam: Its History, People, Commerce, Industries and Resources (London, Lloyd' s, 1908), p. 107, 284.

86 譯自 Hsieh Yu-jung, Siam Gazetteer (Bangkok, Nan-hai t'ung-hsün-she, 1949), p. 276. 所引的段落。

87 Jacob Tomlin, Missionary Journal and Letters, Written during Eleven Year's Residence and Travels among the Chinese, Javanese, Khassians, and Other Eastern Nations (London: J. Nisbet, 1844), pp. 189.

88 譯自 Hsieh Yu-jung, Siam Gazetteer (Bangkok, Nan-hai t'ung-hsün-she, 1949), p. 276. 所引的段落。

89 羅伯．莫里遜在一八一五年至一八二一年間在馬六甲出版的《中國月刊》上用中文撰文稱，「只有汕頭人（在曼谷 Chinese 中）才能成為官員和貴族、財政和稅務的管理者和審計員。譯自 Hsieh Yu-jung, Siam Gazetteer (Bangkok: Nan-hai t'ung-hsün-she, 1949), p. 276. 所引的段落。

90 皇家爵位即頌綠昭華（Somdetjaofa）、拍翁昭（Phraongjao）、蒙昭（Momjao）、蒙叻差蓊（Momratchawong）和蒙鑾（Momluang）。

91 該制度中還有另一個爵位「頌綠昭拍耶」，實際上是保留給皇室的。

92 W. D. Reeve, Public Administraion in Siam (London, Oxford University Press, 1951), p. 32; Mary R. Haas, "The Declining Descent Rule for Rank in Thailand: A Correction", American Anthropologist, Vol. 53 (December-October 1951): 585-587.

93 引自 G. E. Gerini, "Historical Retrospect of Junkceylon Island", Journal of the Siam Society, Vol. 2 (1905): 82-83.

94 大約在同一時期，那坤是貪瑪叻的拉惹是鄭昭王的遺腹子，而可能是為了補償拉瑪一世對他的家人所犯下的錯誤，他獲得了這一職位。見 Captain H. Burney, The Burney Papers, Vol. 2 (Bangkok: Vajiranana National Library, 1826), p. 143. 至於與他同時代尖竹汶的省長，人們只知道他是「Chinese 血統」。George Finlayson, The Mission to Siam and Hué, the Capital of Cochin China, in the Years 1821-1822, (London: John Murray, 1826), p. 257.

95 Hsia Ting-hsun, "Min-ch'iao,wu yang chi ch'I tzu-sun", Hua-ch' iao Hsin-yu, No.11~12 (Bangkok, 1953), 45-50. W. A. Graham, Siam, Vol. 2 (London, Alexander Moring, 1924) . 此書中的敘述被嚴重扭曲。

96 Hsia Ting-hsun, "Min-ch'iao,wu yang chi ch'I tzu-sun", Hua-ch' iao Hsin-yu, No.11~12 (Bangkok, 1953), 45-50.

97 除非另有註釋時，這種敘述乃按照 Kenneth P. Landon, The Chinese in Thailand (New York: Institute of Pacific Relations, 1941), pp. 11-15.

98 H. Warington Smyth, Five Years in Siam, Vol. 2 (London: John Murray, 1898), p. 27-28.

99 Kenneth P. Landon, The Chinese in Thailand (New York: Institute of Pacific Relations, 1941), p. 14.

100 J. G. D. Campbell, Siam in the Twentieth Century (London: Edward Arnold, 1902), p. 276.

101 Nelson Annandale, "The Siamese Malay States", Scottish Geographical Magazine, No. 16 (1900): 519.

102 Henry Norman, Peoples and Politics of the Far East (London, T. Fisher Unwin, 1907), p. 408.

103 John Crawfurd, Journal of an Embassy from the Governor General of India to the Courts of Siam and Cochin-China, Vol. 2 (London: Henry Colburn and Richard Bentley, 1830), p. 121.

104 Charles Gutzlaff, Journal of Three Voyages along the Coast of China in 1831, 1832, and 1833, with Notices of Siam, Corea, and the Loo-Choo Island, to Which is Prefixed an Introductory Essay on the Policy, Religion, etc., of China, by the Rev. W. Ellis (London: Thomas Ward and Co., 1840), p. 72.

105 披耶披（於一八六二年去世）的訃告稱他是「一位具有非凡商業實力的 Chinese，在商業事務上站在所有同胞以及暹羅人的前面，是暹羅大部分財產的唯一擁有者」。他靠海運積累了六百、七百萬美元的財富。」見 Bangkok Calendar (Bangkok: Press of the American Missionary Association, 1863), p. 111.

106 Bangkok Calendar (Bangkok, Press of the American Missionary Association, 1862), p. 39.

107 B. O. Cartwright, "The Huey Lottery", Journal of the Siam Society, Vol. 18 (1924): 222; Siam Repository (1874), p. 250.

108 請參閱 Arnold Wright and Oliver T. Breakspear, eds., Twentieth Century Impressions of Siam: Its History, People, Commerce, Industries and Resources (London, Lloyd' s, 1908), p. 151-169.，內容有關曼谷碾米廠廠主的調查。斜體由 G. W. S. 提供。

109 Die Völker des östlichen Asien, Vol. 3 (1867), p. 68. 引用自 Fredrich Ratzel, Die Chinesische Auswanderung (Breslau, I. U. Kern's, 1876), p. 176.

110 Mrs. Noah A. MacDonald, "The Chinese in Siam", Siam and Laos as Seen by Our American Missionaries (Philadelphia: Presbyterian Board of Publications, 1884), p. 146.

111 A. Raquez, "Comment s'est Peuplé le Siam", L'Asie Francaise, No. 31 (October 1903): 435.

第五章

進入新時代：

向民族主義和凝聚力的過渡

一九一〇年是暹羅Chinese歷史上的轉折點。在這一年，對Chinese友好的朱拉隆功王駕崩，兒子瓦奇拉烏地（Wachirawut）即位，他是一位浪漫的民族主義者，也是反Chinese的倡議人。這一年還發生了災難性的曼谷Chinese大罷工，實際上引發了「Chinese問題」。此外，一九一〇年標誌著大約十五年過渡期的中間點，這段時期還發生了幾件大事。引起Chinese革命的前奏、第一批Chinese報紙、社區學校的創辦、新型Chinese會社的成立、專利包稅商、廢除三年一度的人頭稅和秘密會社的衰落——上述所有事件都標誌著暹羅Chinese將轉入一個新時代。

第一節　Chinese民族主義興起

暹羅Chinese民族主義情緒高漲是不可避免的，也具有重大意義。一八九五年China被日本打敗後，Chinese民族主義浪潮迅速席卷東南亞，其具體形式——保皇黨和革命運動——在海外Chinese社會得到了反映。新加坡是南洋革命運動的中心，在孫中山於一九〇五年六月抵達新加坡之前，[1]那裡已經出版了一份宣傳革命事業的報紙。沈聯芳是新加坡最早革命運動的支持者之一，他在曼谷成立了公司分部，部分原因是為了爭取對革命事業的支持。[2]受他影響的人，有今天Chinese社區的「老前輩」之一陳繹如，他在革命前幾年就剪掉了自己的辮子，以宣示自己的立場。

不過，暹羅公認的革命領袖是蕭佛成，[3]他的背景非常適合擔任這一角色。蕭佛成的祖先在明朝滅亡後參加了反清運動，最後逃到台灣，在國姓爺的領導下繼續戰鬥。滿清控制台灣後，蕭家中佛成這一分支逃到了馬六甲，近兩個世紀後，這個家族的部分成員又來到了曼谷。蕭佛成在曼谷成為一名著名的商人和律師，當馬六甲的朋友讓他對革命運動感興趣時，他的影響力和才能全部投入到革命運動。

一九〇五年的冬天，蕭佛成、幾位追隨者與香港的一家親革命報紙《中國日報》取得聯繫，請求幫助在曼谷創辦一份革命喉舌。次年，沈荇思、陳景華與蕭佛成一起創辦了《美南日報》。主編陳景華是孫中山故鄉香山縣的廣東人，[4]在逃往暹羅之前曾任廣西地方官。[5]由於缺乏資金，該報很快就陷入困境，以相同含義但頭一個字不同的名稱進行了重組，即《湄南日報》。此後不久，一位支持康有為的廣東人來到暹羅，贏得了《湄南日報》半數理事的支持，《湄南日報》遂由親滿保皇派的《啟南日報》繼承。一九〇七年，蕭佛成和陳景華不畏艱險，創辦了一份新報紙，該報紙是曼谷早期出版企業最成功的報紙之一。該報有兩個版本，Chinese 版為《華暹日報》，泰文版為《華暹日報》（Jinno-sayam Warasap），分別由陳景華、蕭佛成及其女兒編輯。[6] 泰文版在一九〇八年被描述為「坦率和高度獨立」，[7] 而 Chinese 版則強烈地反映了支持者的革命願望。

一九〇七年，孫中山先生派汪精衛前往暹羅，按照一九〇五年在新加坡成立第一個南洋分會的方針，成立了同盟會分會。汪精衛的任務取得了成功，在成立大會上，蕭佛成、陳景華和沈荇思分別當選為會長、秘書和司庫。[8] 此後不久還成立了中華會館，作為地下組織的公共陣地。一九〇八年冬天，孫中山本人在胡漢民、胡毅生、何克夫和盧仲琳的陪同，從新加坡抵達曼谷。數百名 Chinese，包括許多著名商人，在中華會館總部舉行了慶祝活動，歡迎孫中山先生的到來。第二天，暹羅政府接到英國公使館的警告，通知孫中山先生必須在一週內離境。然而，美國公使以孫中山是夏威夷居民為由進行了干預，最後期限被推遲了一週。[9] 孫中山在暹羅逗留的十天時間裡，制定了未來戰略和籌資計劃，而這也是他唯一一次訪問暹羅。此後，大部分支援革命的資金都通過曼谷的匯款商店，匯給了在廣東的胡漢民。東盟會的組織得到加強和正規化，成為新加坡南洋總支部的一個分支。[10] 在接下來的三年中，革命小組逐步在一些內陸城鎮的私營企業周圍組織起來，加上因檳城的影響，在暹羅南部成立了第一批書報社，這些書報社成為國民黨前線組織的慣用名稱。

同盟會曼谷分支招募的許多新成員都曾是洪門成員，但還是決定不通過暹羅的秘密會社開展工作。據稱，孫中山先生對這些組織的不光彩和腐敗性質非常反感。不過，在某些情況下，有人曾試圖將某些洪門「公司」改革和重組為革命組織。本書第四章第二節提到，兩個對立的客家團體在同盟會成員余次彭的調解下聯合起來，從而在一九〇九年成立了支持革命的客家會館。[11] 同年，瓊島會所也成立了，成為同盟會及其後繼組織「中華革命黨」的外圍組織。[12] 按語言族群成立獨立組織，是遵循胡漢民一九〇九年在新加坡制定的新路線。[13] 海南人是新加坡五大語言族群中最弱的一支，在新加坡與潮州人合為一個幫，但在曼谷，海南人過於強大，無法接受這樣的安排。在暹羅，許多最早的政黨活動家都是海南人。

一九〇八年在曼谷成立的中暹銀行，似乎與革命事業不無關係。該銀行的資本主要來自當地的碾米商和商人，而他們主要出資經營香港大米貿易。該銀行也為革命提供資金，其穩定性與孫中山的成功息息相關。一九一三年，袁世凱取得勝利，孫中山逃往日本，革命者失去了信心，導致銀行徹底倒閉，這場災難損害了暹羅的革命運動，在曼谷造成了嚴重的金融危機。[14]

反革命分子一直活躍在曼谷，延續至辛亥革命以後。保皇黨的報紙《啟南日報》在創刊後不到一年就停刊了，但保皇黨的追隨者繼續反對孫中山的革命運動。一九〇九年春，《華暹日報》的主要支持者馬興順到潮州出差，在暹羅的 Chinese 保皇黨份子，向廣州總督發出了他抵達潮州的電報。馬興順被當作革命黨份子而被逮捕入獄，陳景華必須前往香港處理有關其釋放事宜。[15]一九一二年，在曼谷的 Chinese 保皇黨份子成立了《中華民報》，該報在數年中一直與蕭佛成的《中華民報》針鋒相對。

曼谷最早的 Chinese 學校，也是為了 Chinese 的國家政治利益而建立的。一九〇九年至一九一一年間，同盟會直接或通過其外圍組織中華會館，成立了多個「讀書社」和華益學堂。保皇黨份子則成立讀書社和中華學校，以與之對抗。幾所學校在一、兩年後相繼成立，但其中最重要的新民學校也是在同盟會的支持下成立。[16]

暹羅 Chinese 民族主義情緒高漲，自然也加強了與祖國的聯繫。滿清政府與時間搏鬥，終於在王朝的最後幾年採取措施，爭取海外 Chinese 的支持。一九〇七年，在兩艘巡洋艦的護衛下，[17]一個聲勢十足的 Chinese 商務使團訪問了暹羅，此後又試圖與暹羅談判締結條約。一九〇九年，滿清頒布了第一部《中國國籍法》，規定父母一方為 Chinese 的後代為 Chinese 公民，此舉旨在「防止出生 China 的 Chinese 淪為外國統治的對象」。[18]

一九一〇年新的大清律例，最終取消了移民禁令——雖然這早已成為一紙空文，卻仍是回國移民與政府官員之間摩擦不斷的根源——清朝政府這些遲來的舉動，加上孫中山對海外 Chinese 的關注，使暹羅 Chinese 希望在一九一一年後能得到民國政府的真正保護。這是他們第一次將 Chinese 政權視為本國政府。

民族主義在暹羅 Chinese 的發展，所帶來的重要影響包括：加強了與祖國的聯繫、創辦了 Chinese 報紙和學校、增加了泰國境內的 Chinese 政治活動，以及為了 Chinese 共同的事業而努力彌合當地社群內部的分歧。海外 Chinese 社群對自身的 Chinese 身份和民族認同，也逐漸有了更深刻的體會。

第二節　Chinese 問題

泰國人在二十世紀的前二十年也發展了民族主義精神。在拉瑪五世整個統治時期，越來越多的泰國青年精英在暹羅的西方學校接受教育，並送往歐洲深造留學。他們不僅了解現代民族主義的含義，還知道在西方國家民族主義與種族主義偏執的密切關係。不言而喻，在暹羅，Chinese和泰國人性格迥異，其接觸導致了刻板印象，而這兩個民族的職業專門化又加劇了這種刻板印象。Chinese往往把泰國人視為「野蠻人」，而泰國人則認為Chinese粗野。[19]然而，這些刻板印象和偏見只有在泰國精英吸收了西方的民族主義後才具有了政治意義。例如，泰國人正是從西方人那裡充分了解了自己的民族歷史：在十九世紀末二十世紀初，暹羅精英通過與西方學者接觸，了解到他們的祖先從China遷徙而來，以及更早的泰國為擺脫Chinese統治的獨立鬥爭。[20]在歐洲，他們開始認識到民族中心主義的政治層面，首次接觸到反猶太主義和黃禍（即Chinese）的理論。最重要的是，他們在暹羅感受到了歐洲人對Chinese的負面態度。

歐洲反Chinese，對泰國民族主義和種族主義發展的影響從未得到恰當評價。這裡不想分析西方人態度的起源，西方人的態度可能源於西方人與Chinese接觸的性質——無論是作為貿易競爭對手或是地位較低的僱員。[21]引用十九世紀末二十世紀初時泰國政府的兩位著名顧問的話，就能很好地說明歐洲人在暹羅的反Chinese偏見。英國皇家礦業部主任華靈頓·斯邁思（Warington Smyth）在一八九八年寫道：

> 儘管他確實具備一些優秀的品質——這些品質或許水牛也同樣擁有——但坦白說，

我對 Chinese 並無太多敬意可言。

Chinese……是暹羅的猶太人；……總的來說，他們享有不受官方干預的豁免權，但他們不值得也不感激這種豁免權。他們唯一的回報就是那種高壓粗暴行為，這是仿效其他各處 Chinese 秘密會社所採用的方法而造成……通過明智地利用其商業能力和結合能力，把暹羅人控制在自己的手掌。政府對他們的寬容被認為是出於恐懼；他們在政府面前卑躬屈膝，背後卻嘲笑權威；他們可以在一天之內洗劫半個曼谷。[22]

泰國政府教育顧問坎貝爾（J. G. D. Campbell）也將 Chinese 與猶太人相提並論，認為「愛好安靜的泰國當地人……實際上是為了小恩小惠而把自己與生俱來的權利賣給了 Chinese。」關於歐洲人的態度，他寫道：「不能說歐洲人僱用 Chinese 是出於對他們的熱愛，而只是因為迫不得已，別無選擇；……他們把這當作必須忍受的必要之惡。」[23]

在十九世紀末二十世紀初期間，Chinese 已被排斥在大多數「英語系」國家之外，「黃禍」在有遠見的西方人眼中是非常嚴重的擔憂。許多人對 Chinese 湧入暹羅感到震驚，不約而同地表達了擔憂。一九〇三年，一位西方地理學家預言：「總有一天，暹羅種族將不再存在，湄南河流域將只剩下 Chinese。」[24] 坎貝爾也警告說 Chinese「很有可能在不久內成為暹羅的主宰民族……要麼吞沒懶惰散漫的當地人，要麼通過融合和通婚來改變他們，直至認不出他們是泰國人。」[25]法國人也並非毫不在意。《印度支那雜誌》上的一篇文章預言暹羅「將被 Chinese 元素完全吞併」，[26]另一篇題為《曼谷，Chinese 殖民地，或黃種巨人的秘密》（Bangkok, colonie Chinoise, ou le secret du colosse jaune）[27]的文章則將 Chinese 移民到曼谷，描繪成帝國主義宏偉計劃的一部分。

受過歐洲教育的泰國精英很難避免這些西方的偏見和恐懼。他們曾就讀於英國、法國和美國的學校，與曼谷的西方商界、外交界人士有聯繫。他們閱讀在曼谷出版的英文報紙，而這些報紙絕非不討論當地的 Chinese。[28]最重要的是，他們作為官員受到泰國政府歐洲顧問的影響，這些顧問和斯邁斯、坎貝爾一樣，對 Chinese 有非常明確的看法，也經常同意這些看法。斯邁斯曾祝賀泰國普吉府的一位特派員，因為他採取了反 Chinese 政策，建議泰國人應像英國人在馬來亞所做的那樣，鎮壓 Chinese 秘密會社，並課以重稅。[29]

在這方面，某位在英國接受教育的律師首次表達了泰國人對 Chinese 的恐懼，這一點意義重大。十九世紀的最後十年，他創辦了一份泰文期刊，開始宣稱 Chinese 在暹羅的人數越來越多。該期刊在拉瑪五世的干預下停刊，因為他認為最好不要再討論這個問題。[30]

朱拉隆功王在一九〇七年明確表達了其態度，一直保持到統治的最後一年：

> 我的一貫政策是，暹羅的 Chinese 應享有與我國同胞一樣的就業和謀利機會。我不把他們看作外國人，而是把他們看作王國的組成部分之一，讓他們分享王國的繁榮和進步。[31]

然而，朱拉隆功王統治時期的最後一項改革嚴重動搖了這種寬容。一八九九年，傜役被每年徵收的人頭稅所取代，此後十年間，居住在暹羅的泰國人，和其他亞洲人每年要繳納四到六泰銖的傜役，而 Chinese 則繼續每三年只繳納一次四點二五泰銖的傜役。這種不公平現象一直沒有得到糾正，可能是因為對勞動力的迫切需求。然而，一九〇九年三月頒布的一項法令終止了三年一次的徵稅，規定 Chinese 必須像其他居民一樣定期繳納人頭稅。Chinese 在一九〇九年繳納的稅是三年一次的稅——剛好在這一年到期——還是一般的人頭稅，這一點並不清楚，但無論如何，徵稅是意料之事，也沒有發生什麼麻煩。但當 Chinese 在一九一〇年得知必須再次繳稅時，明顯出現了相當大的反對聲浪。[32]

當然，這一改變是公平的，Chinese 不比其他亞洲僑民享有更多的財政特權。然而，普通 Chinese 只知道他們必須繳納新稅，年稅率從不到一點五泰銖提高到六泰銖。[33] 無論如何，他們從來沒有得到過官方的解釋，[34] 而且他們提出了長期而強烈的抗議。秘密會社的領袖在緊急情況下必須為廣大會員採取行動，而面對來自 Chinese 社區外部的威脅，他們團結起來，採取一致行動。他們計劃在六月一日舉行大罷工，並在五月的最後幾天在全城散發 Chinese 標語牌，呼籲全面停工；警告商人們如果想避免搶劫和縱火，就關閉商店。在指定的日期，社會幫派在商業區重複說明，實施威脅。泰國警察和軍隊承諾保護繼續營業的店主，但所有 Chinese 商店都關門了。所有 Chinese 企業和服務業都停頓了三天，在此期間，大米和其他食物變得稀缺而昂貴，商業和航運也陷入癱瘓。只有傭人和西方商業公司的僱員沒有參加罷工。儘管如此，罷工期間並未發生嚴重暴亂。警方在軍隊的增援下，成功應對了這場危機。約四百人被捕，其中一些因參與鬥毆，而更多的是因威脅或煽動騷亂被拘留。第三天晚上，部分商店開始重新營業；到了第五天，一切恢復正常。

這次罷工是一場失敗，更是一個災難性的錯誤。對 Chinese 社群來說，它揭示了舊有秘密會社領導層的破產。罷工領導者是否曾經考慮過，如果政府拒絕撤回稅收法令，他們應該如何應對，這一點令人懷疑。罷工期間既沒有舉行公開集會，也沒有提出公開訴求，而如果領導者曾私下與政府接洽，結果也是毫無所獲。在稻米交易最為活躍的時候，稻米業者被迫停業，對此顯然頗為不滿，而買辦階層則完全未參與罷工。這場行動的全責落在秘密會社的領導者——那些舊日的壟斷農場主和非法經營者——身上。罷工的失敗表明，無論他們如何脅迫Chinese社會中的某些人，他們都無法對泰國政府施加影響。這次罷工還向Chinese展示了新重組的警察和軍隊的效率和實力，毫無疑問地表明暹羅的最終權力掌握在泰國政府手中。

整個事件給一般泰國人帶來了極大的不便，加深了他們對Chinese的偏見。此外，對於泰國民族主義者來說，這次罷工也帶來了影響深遠的教訓。[35]泰國人民對Chinese貿易和商業的依賴程度顯而易見。城市之所以沒有完全癱瘓，只是因為電車公司、發電廠的員工以及許多食品銷售商都是泰國人。其寓意顯而易見：如果Chinese進一步擴大其在泰國經濟中的作用，那麼泰國人民將完全任其擺布。這次罷工還表明，在暹羅居住的Chinese只是為了撈取好處，他們不願意貢獻自己的一份力量，把金錢看得比忠誠、服從和正義更重要。整個慘敗事件使Chinese處於極其不利的地位，和非常脆弱的境地。

瓦奇拉烏地國王（拉瑪六世）在Chinese罷工幾個月後即位。一九一一年，在國王加冕典禮上，Chinese 社區領導人齊心協力，努力消除人們對前一年六月事件的記憶。人們向國王贈送了昂貴的禮物，說服宮廷將加冕遊行隊伍安排到 Chinese 區，在那裡舉行一場表明 Chinese 忠誠的儀式。Chinese 區向國王提交的致辭中明確提到，許多 Chinese 後裔已成為泰國國民，當過僧侶和泰國公務員，然後用以下的外交辭令請求繼續執行拉瑪五世的政策：

在國王陛下的統治下，Chinese 享有與其他人民相同的特權，沒有因為他們的種族而受到任何偏見性的歧視。我們銘記這一事實，感到極度的滿意和深深的感激，因為我們都意識到，我們來到暹羅謀生，可以滿懷信心地期望得到與大泰族人民完全相同的待遇，享受同樣的特權，生活在同樣的法律之下，沒有絲毫的區別。36

當然，最後幾句話旨在表達 Chinese 社會對平等徵稅公正性的認可。

然而，新國王未曾忘記也從不原諒 Chinese 的罷工事件。他在很多方面都是泰國新民族主義的典型代表。他從小在英國接受教育，最親密的朋友中也有歐洲人。他聰慧過人，有戲劇天賦，並認為自己有責任通過寫作——這是他最喜歡的職業——喚起人民對民族命運的關注。在某種程度上，他是泰國民族主義的哲學家，利用他對西方的廣泛了解，指出泰國的缺點和潛力。據稱出自他筆下的著名文獻有一九一四年出版的《東方的猶太人》。[37] 該書以 Chinese 與反猶太分子對猶太人的諷刺作品作精心比較，成為對 Chinese 問題的經典論述，充分表達了泰國民族主義者對居住於暹羅 Chinese 的立場。對其內容的概述，可以清晰呈現四十年前泰國民族主義者眼中的「Chinese 問題」。[38]

首先，Chinese 被認為是不能同化的：由於種族忠誠和優越感，他們始終是 Chinese。他們認為在暹羅居住只是暫時的，來暹羅的唯一目的就是盡可能多地賺錢。當他們與泰國婦女結婚時，強迫妻子成為 Chinese，以 Chinese 的身份撫養子女。其次，他們被指責為機會主義和兩面派：Chinese 信佛和效忠政治只是為了從中獲利；事實上，他們不忠誠也不信佛，對泰國人的溫和態度是機會主義的欺騙。第三，Chinese 被認為缺乏公民美德：他們期望享有公民的所有特權，卻拒絕履行公民的義務。他們對國家的態度是背信棄義、神秘和叛逆。第四，據說 Chinese 把財神奉為唯一的神：為了金錢，他們不惜忍受任何苦難，做出最卑鄙的行為，欺騙、貪污、搶劫和殺人。在金錢問題上，他們不講道德，也不講仁慈。最後，他們被指責為泰國經濟的寄生蟲：Chinese 日常幾乎不買暹羅生產的東西，寧願從 China 進口衣服和食品，還以匯款的形式將泰國的財富流失到他們的祖國。

這份指控伴隨著一個隱約的威脅：「我們努力使自己成為一個有善意的人。但我們只是普通人，我們的自制力是有限的。如果再發生類似 Chinese 罷工的事件，我不願意對結果負責。」鑒於這篇文章被推測出自國王之手，以下這句話的含義尤為明確，不容忽視：「他們（所描述的 Chinese）很可能會引起那些負責政府職務的人強烈關注，因為他們的工作就是統治，使一個國家的人民能夠保持他們的民族實體。」[39] 瓦奇拉烏地王被描述為一個更傾向於哲學和戲劇性姿態而非行動的人。無論這種說法是否正確，值得注意的是，他在位期間，政府只採取了一些相對較小的反 Chinese 措施。然而，單憑他的著作，如此雄辯地表達了一種新生的沙文主義，就在很大程度上引起了 Chinese 和泰國人的恐懼和不信任。[40]《東方的猶太人》向 Chinese 宣告，泰國人決心在自己土地上擁有完全的主權和至高無上的地位，一個新時代即將到來。

在拉瑪六世統治初期（一九一三年至一九一四年），泰國政府頒佈了第一部《國籍法》，該法與一九〇九年的《Chinese 國籍法》一樣，肯定了血統原則，規定「凡泰籍父親在泰國或外國領土上所生的子女」均為泰人。然而，對 Chinese 而言更重要的是，該法還聲稱「每個在泰國領土上出生的人」都是泰國人。[41] 在暹羅出生的 Chinese 公民身份長期爭議，由此成為社會的討論。在暹羅出生、父親為 Chinese 的數十萬人成為雙重國籍的國民，要服從兩個對立的主張，要對兩個國家效忠。

第三節　Chinese 社會的演變

在二十世紀初到第一次世界大戰結束期間，也是暹羅 Chinese 社會組織轉型的時期。總言而之，主要趨勢是由地下活動走向正當化，由分化走向凝聚，由非正式組織走向正式組織，由社會無政府狀態走向社會責任。這些轉變是因應 Chinese 社會內外的新形勢而出現，但自然地，每種發展都會反過來影響其後面的發展。

其中最顯著的發展是秘密會社的影響力、權威性和組織地位的重要性逐漸衰退，加上其較為正當的功能則被新成立的語言族群協會所取代。一位現代的泰國 Chinese 對秘密會社的興衰有以下的評價：

> 當蒸汽船讓海上航行變得容易時，來的人不一定是流浪漢和無賴，但很難找到富家

子弟。壯夫、粗漢、文盲成群結隊而來，淘金熱一觸即發。他們的想法是賺一筆錢就回家，可惜大多數都是文盲，不知道有合法的組織方式。他們加入秘密會社，互相鬥爭，不利用聯合起來的力量去發展謀生手段，而用於互相殘殺，這是多麼愚蠢的事啊！生活在異國他鄉，沒有任何政治保護，生存已經夠困難了。自相殘殺簡直是自取滅亡，同時也破壞了祖先打下的基礎。一些聰明的後來者意識到了這一切，也知道秘密會社受到當地政府的憎恨。他們開始組織合法認可的會社。[42]

一九一〇年後秘密會社的迅速衰落，是由幾個因素造成的。包稅商的逐步廢除——這一過程在一九〇〇年左右開始，在一九一七年順利完成——打擊了會社領導人的經濟支柱，使賭博和吸食鴉片歸由政府管理，結束了與獲得壟斷有關的 Chinese 內部競爭。一九一一年滿清被推翻後，這些會社的政治目的也就不復存在，任何剩餘的政治熱情或愛國利他主義，都被 Chinese 民族主義運動所俘獲。前面已經提到，一九一〇年不幸的 Chinese 罷工責任落在會社身上，因為會社在罷工組織扮演了關鍵的角色。由於這次罷工，政府在瓦奇拉烏地登基後立即展開了嚴厲的鎮壓行動。無論如何，在二十世紀的頭十年，隨著警察和軍隊的現代化，傳統的秘密會社方法已變得不太有效。泰國政府的政策也有助於消除舊社會重要領袖的影響力。鄭智勇的事例提供了鮮明的說明。在二十世紀的頭十年，鄭智勇是「三點會」最重要的分會首領，會員稱他為二哥豐。他的地位透過在法國領事館註冊而得到提升。在某個時期，他同時擁有賭博和彩票的包稅權，因此他受封為鑾爵。然而，在瓦奇拉烏地統治初期，他受封為拍爵，獲得一間頤養天年的宅邸。鄭智勇欣然成為富有的泰國貴族，退出了 Chinese 社會的生活。

一九一〇年後，一些秘密會社已不再活動，有些會社則改組為合法的互助協會，還有一些主要來自相同語言族群的會社修補分歧或合併，為合法語言族群協會的成立鋪路。在一些擁有單一、根深蒂固會社的鄉鎮，其力量一直持續到一九二〇年代，而其他地方的會社也並非都完全解散。但這些會社已壽終正寢，不再是 Chinese 社會的主要勢力。

語言族群和地區協會的成立是為了滿足許多需求。它們保護會員的特殊職業利益；幫助從家鄉或僑鄉的新移民找工作和建立家園；建造和維護家鄉特有的神廟和墓地，供無法負擔把已故親人運回 China 安葬的人使用；為來自同鄉或僑區的人，提供社交聚會的場所和場合等。曼谷的第一個語言族群協會是廣肇會館，成立於一八七七年。海南會館於一九〇〇年左右成立，福建會館則在幾年後成立，而客家會館於一九〇九年成立。直到第一次世界大戰之後很久，才成立了第一個潮州協會。這個順序是很重要的：數量上最弱小的族群——廣東人——首先組織起來；三個中間的族群在十年之內相繼組織起來，而在數量上佔有優勢、處於最有權力地位的潮州人，則在二十年之後才發現組織的必要。事實上，如果我們記得海南人儘管在數量上比福建人或客家人強大，但在聲望和權力上卻較低，而地位比客家人高的福建人，在數量上卻遠遠落後於客家人。我們發現這個順序幾乎完全與每個語言族群的權力和資源成反比。這樣看來，權力和資源較少的語言族群似乎更早感受到有必要組織會館來自我保護。紀念廣肇會館成立的石碑印證了這一分析。碑文在指出其他方言團體在數量上比較強大之後，說道：

> 根據演化的法則，我們這個小群體恐怕無法生存……我們最大的弱點是缺乏組織……因此，我們十人提出成立這個別墅，消息一傳出，就獲得無數的支持者。[43]

最早的語言族群組織不稱自己為會館（即一般會社的名稱），因為所有正式成立的會社都會受到政府的懷疑。因此，廣東人使用 pich-shu（「別墅」），海南人使用 kung-so（「公所」）。一八九七年的《秘密會社法》證明無效並被遺忘後，第一批會社開始公開出現，而新成立的會社則以會館名義成為完全合法的公共組織。

在暹羅 Chinese 教育的擴展過程中，語言族群協會扮演了重要的角色。然而，在描述這個發展之前，有必要先說一下背景。西式教育是由美國新教和法國天主教傳教士引入暹羅的。[44]這些傳教士創辦的早期學校規模較小，其中一些主要由Chinese子弟就讀，但直到十九世紀末，這些傳教學校對Chinese社群的影響才開始變得重要。特別是一八八五年法國人開辦的升天節公學（Assumption College）[45]和一九〇一年美國人在曼谷開辦的曼谷基督教男校（以後改稱學院），受到希望進入西方商業機構和銀行的Chinese男孩歡迎。當時提供英語和法語作為外語，但有幾所教會學校設有Chinese部，或以潮州話教授Chinese學生。大約在一九一〇年，一所與法國天主教大教堂有關的Chinese男校成立。然而，大部分在一九一〇年前接受任何教育的男童——其數量不多——都就讀於第四章所述的傳統私塾。

同時，在二十世紀頭十年，south China移民地區正發生一場教育革命。以Chinese授課的教會學校蓬勃發展，而以「迅速獲得實用知識」為目標的西式Chinese學校也越來越多。[46]民族主義和革命熱潮的興起進一步推動了新的學校教育。

因此，暹羅Chinese通過與當地教會學校和家鄉的接觸，獲得了仍以死記硬背為基礎，但內容現代化的新型Chinese教育。提高Chinese識字能力的需求，主要源於商業規模的擴大，營運愈來愈複雜：大型企業對高效簿記和檔案管理的需求、銀行業的引入、更依賴與新加坡和香港 Chinese 企業的書信往來等。此外，這種新教育的實用內容，對以商業為導向的 Chinese 社群而言，比傳統經典更具吸引力。因此，在革命前夕，當 Chinese 民族主義者為宣傳目的在曼谷創辦了第一批新型學校時，這種新教育立刻獲得了廣泛認可。

新民學校是第一所由社區支持的 Chinese 學校，最初由所有五個語言族群贊助。但畢竟只能以一種語言授課，即潮州語，因此主要吸引潮州了學生和教師。該校的行政管理很快就由潮州的行政人員接管——負責人是第一節提到的陳繹如——因此無法滿足其他語言族群的需求。結果，每個團體都成立了自己的學校，以自己的語言授課。客屬會館於一九一三年創辦進德學校，廣肇會館於一九一四年創辦明德學校，福建會館於一九一六年創辦培元學校。第一所海南人學校育民學校，一直到一九二一年才成立。值得注意的是，這個順序幾乎與語言族群的力量和資源順序完全吻合。

因此，秘密會社的衰落和現代 Chinese 教育的引進，似乎增加了語言族群會館的重要性。儘管這種發展可被解釋為社會的分化趨勢，但更合理的觀點則認為它主要是一種趨向合法、正規和公開組織的趨勢。在秘密會社的全盛時期，語言族群之間的分化遠比四個正式語言族群會館成立之後來得嚴重。而在二十世紀的頭十年，會館成立首次明確地跨越了語言族群的界限，將整個社會納入其中。

事實上，在我們所討論的過渡時期，最重要的社會趨勢可能是橫向、社區性組織的發展。其中最重要的兩個組織，是天華醫院和中華總商會。天華醫院於一九〇四年至一九〇六年間由五個語言族群的代表組成，以滿足社區的迫切需要。曼谷的主要商人募集了十一萬五千銖的資金，建造了當時曼谷最好的醫院，病房可容納二百名病人。[47]該醫院由會員，即城中較重要且熱心公益的 Chinese 商行按月繳費維持。語言族群的第一個合作企業，其組織設計非常巧妙。成員公司由其所有者或經理代表，每年選出一個理事會，由一名主席、一名司庫和十名常任董事組成。根據章程規定，主席一職由各語言族群輪流擔任，司庫則永遠由潮州人擔任。這個制度特別重視佔優勢的團體，同時也避免了語言族群之間的競爭。

中華總商會成立於一九〇八年，在北京清朝政府註冊。在十九世紀末二十世紀初，中華總商會在官方的支持下在廈門和汕頭成立，以幫助當地政府管理移民貿易，促進 Chinese 貿易，並對抗西方貿易。[48]在暹羅，歐洲商人於一八九八年成立了曼谷商會，會員只限西方公司。在航運、進出口、碾磨和銀行等行業，西方企業的競爭日益激烈，促使這些行業的 Chinese 商摒棄歧見，為了共同利益組織商會。商會成員以公司為單位，每個公司由其所有者或經理代表。最初幾年，總商會的管理人員包括會長、副會長、十人的執行委員會，和四十人的「理事會」，但在中華民國成立後，這種臃腫的安排被三十人的董事會取代，董事會由主席和副主席領導。任期為兩年。章程沒有規定限制或按語言族群分配，但顯然各團體在董事會中的代表應與其成員大致成正比。不過，早年的主席幾乎都是潮州人，會議也是以潮州語進行。

在成立後的幾年內，中華總商會比西方國家的同名組織擁有更廣泛的權力和職能。作為曼谷最重要的 Chinese 組織，總商會很快成為代表整個 Chinese 社會的組織。一九一一年，總商會主席在拉瑪六世的加冕禮上代表整個 Chinese 社會發言。作為一個正式成立的組織，總商會只允許合法和有信用的公司加入。隨著總商會在社會上聲望的提高，總商會的管理人員成為了 Chinese 社會公認的領袖。

新領袖的經濟基礎與舊領袖不同：他們的興趣在於發展迅速的加工廠、銀行業、保險業、蒸汽船運及進出口業。他們不是代理專利商或包稅商，對秘密會社的承擔只是象徵性，甚或是零。他們大多支持革命事業。最重要的是，他們有足夠的開明，看到克服 Chinese 統一障礙的必要性。伍佐南（客家人，主要從事鋸木業）、雲竹亭（海南人，主要從事進出口和航運業）和盧毓川（潮州人，主要從事礱米業）是這些年輕領袖中的典型，他們幫助彌補了分隔語言族群的鴻溝。三人在年輕時就成為好友，在天華醫院和中華總商會等組織中密切合作，為整個社區服務。

在中華總商會成立後的數十年間，新的領導人成立了其他幾個 Chinese 商協會，其中最重要的是成立於一九一七年和一九一九年的保險業公會和米商公會，至今仍在運作。這些公會與一九二〇年代成立的眾多後繼組織一樣，都是橫向的僱主組織，與傳統的行會形成對比。

第一次世界大戰結束時，曼谷的 Chinese 社會——這一點同樣適用於暹羅的其他幾個城市——已可被稱為一個真正的社群。這個社群擁有自己的報紙，不論語言群體，所有 Chinese 都閱讀這些報紙，共同支持同一個革命事業。它還設立了福利機構，由五大語言族群共同協作營運。而最重要的是，它擁有能夠代表整個 Chinese 社群的德高望重的社區領袖，例如商會的管理層，為整體 Chinese 發聲。

1 Huang Fu-luan, Hua-ch'iao yü chung-kuo ke-ming (Hongkong, 1954), pp. 63-64.

2 本章的大部分內容都是基於仍然居住在暹羅的參與者所提供的數據。

3 西方人通常稱他為 Seow Hood Seng，這是根據福建語的發音對他的名字進行的拼音化。

4 廣東人是曼谷出版報紙的先驅。在《湄南日報》之前出版的報紙中，《漢境日報》和《同僑日報》都是廣東人創辦的。

5 Huang Fu-luan, Hua-ch'iao yü chung-kuo ke-ming (Hongkong, 1954), p. 76.

6 本敘述主要基於 Hsieh Yu-jung, Siam Gazetteer (Bangkok: Nan-hai t'ung-hsün-she, 1949), pp. 283-284, 301-302. Hsieh 關於一九一八年報紙發展的版本比以下的版本更準確：Li P'iao-p'ing, "Hsien hua hsin-wen shih-yeh Hsiao-shih", Second Anniversary Publication of the Overseas Chinese Printers Association of Siam (Bangkok, 1948) : 8; Feng Yzu-yu, Hua-ch'iao ke-ming k'ai-kuo shih (Chungking, 1946), pp. 52-53; Huang Fu-luan, Hua-ch'iao yü chung-kuo ke-ming (Hongkong, 1954), pp. 75-76. 顯然，有些作者混淆了《湄南日報》和《華暹日報》的創辦。

7 Arnold Wright and Oliver T. Breakspear, eds., Twentieth Century Impressions of Siam: Its History, People, Commerce, Industries and Resources (London, Lloyd' s, 1908), p. 295.

8 Huang Fu-luan, Hua-ch'iao yü chung-kuo ke-ming (Hongkong, 1954), pp. 75-76. 亦見 Feng Yzu-yu, Hua-ch'iao ke-ming k'ai-kuo shih (Chungking, 1946), pp. 52-53.

9 Huang Fu-luan, Hua-ch'iao yü chung-kuo ke-ming (Hongkong, 1954), pp. 75-76.

10 有些記載（例如 Feng Yzu-yu, Hua-ch'iao ke-ming k'ai-kuo shih (Chungking, 1946), pp. 52-53.）說，在一九〇八年孫中山到訪前，同盟會還未正式成立。

11 "Pen-hui tsu-chih yen-ke", Hsien-lo hua-ch'iao k'e-shu tsung-hui erh-shih chou-nien chi-nien-k'an (Bangkok, 1947), p. 1.

12 一九一〇年至一九一一年間在暹羅發行的會員證被稱為「中華國國民軍憑票」。

13 Huang Fu-luan, Hua-ch'iao yü chung-kuo ke-ming (Hongkong, 1954), pp. 69-72.

14 Arnold Wright and Oliver T. Breakspear, eds., Twentieth Century Impressions of Siam, Its History, People, Commerce, Industries and Resources (London, Lloyd' s, 1908), p.165; Great Britain, Foreign Office, Siam Consular Report (1909), p.11; W. A. Graham, Siam (London: Alexander Moring, 1924), p. 343.

15 Feng Yzu-yu, Hua-ch'iao ke-ming k'ai-kuo shih (Chungking, 1946), p. 53.

16 Hsieh Yu-jung, Siam Gazetteer (Bangkok: Nan-hai t'ung-hsün-she, 1949), p. 294.

17 Virginia Thompson, Thailand, the New Siam (New York, Macmillan, 1941), p. 108.

18 Chutung Tsai, "Chinese Nationality Law", American Journal of International Law, Vol. 4 (1910): 407.

19 見 Kenneth P. Landon, The Chinese in Thailand (New York: Institute of Pacific Relations, 1941), pp. 20-21.

20 S. H. Parker, "Siam", Imperial and Asiatic Quarterly Review, Vol. 4 (July 1897): 114-115; Phra Sarasas, My Country Thailand (Tokyo, Maruzen,1942), p. 167.

21 在暹羅的西方人中，英國人似乎對 Chinese 表現出最多的敵意，而美國人對 Chinese 表現出最少的敵意。這種差異必須在很大程度上歸因於以下事實：駐暹羅的英國人幾乎都是與 Chinese 競爭的商人，而大多數駐暹羅的美國人都是傳教士，他們的工作也許在 Chinese 中最能發揮效果。

22 H. Warington Smyth, Five Years in Siam, Vol. 1 (London: John Murray, 1898), pp. 320, 285-286.

23 J. G. D. Campbell, Siam in the Twentieth Century (London: Edward Arnold, 1902), p. 270-274.

24 Francis Mury, "Bangkok", Revue de Geographie, No. 52 (January 1903): 58.

25 J. G. D. Campbell, Siam in the Twentieth Century (London: Edward Arnold, 1902), pp. 12-13.

26 "Les Chinois au Siam", Indochina Review (January 1907): 63-64.

27 Charles M. Garnier, "Bangkok, colonie chinoise, ou le secret du colosse jaune", Revue du Mois, Vol. 12 (August 1911).

28 例如，一九〇六年九月二十七日《暹羅自由報》（Siam Free Press）上的一篇文章指責 Chinese 將泰國人排除在貿易和工業之外，以賭博使泰國人墜落，是暹羅的猶太人等。見 Virginia Thompson, Thailand, the Neu; Siam (New York, Macmillan, 1941), p. 107.

29 H. Warington Smyth, Five Years in Siam, Vol. 1 (London: John Murray, 1898), pp. 286, 321.

30 Jacob T. Child, The Pearl of Asia (Chicago, Donohue, Henneberry and Co., 1892), p. 231.

31 Bangkok Times, 21 February 1936. 引自 Virginia Thompson, Thailand, the New Siam (New York, Macmillan, 1941), p. 108.

32 Une grève de Chinois á Bangkok (1910): 324-325. 後續段落中的罷工細節也基於該目擊者的敘述。

33 內地的省份繳納四點五泰銖。

34 朱拉隆功王並沒有將他的敕令用 Chinese 發表，也沒有任何一位專制的泰國國王覺得有必要對他的敕令作出解釋，更不用說普及了。

35 Kenneth P. Landon, The Chinese in Thailand (New York: Institute of Pacific Relations, 1941), p. 33.

36 引自 "Sino-Siamese Miscellany", Standard (Bangkok), No. 145 (8 October 1949): pp. 12-13.

37 他經常以筆名發表文章。見 Kenneth P. Landon, The Chinese in Thailand (New York: Institute of Pacific Relations, 1941), p. 34.

38 蘭敦已翻譯和分析此文件。見 Kenneth P. Landon, The Chinese in Thailand (New York: Institute of Pacific Relations, 1941), pp. 34-47.

39 引自 Kenneth P. Landon, The Chinese in Thailand (New York: Institute of Pacific Relations, 1941), pp. 41-42.

40 參照 Phra Sarasas, My Country Thailand (Tokyo, Maruzen, 1942), p. 136:「正是因為他拉瑪六世，泰國人和 Chinese 才變得不團結。」

41 「佛歷二四五六年國籍法」第三節

42 翻譯自 Lan Wei-pin, "Ts'ung ch'ao-an wen-wu shuo-tao lü-hsien ch'ao-an t'ung-hsiang-hui-chih ching-shen", Lü-hsien ch'ao-an t'ung-hsiang-hui erh-shih-yi chou-nien chi-nien chi-nien t'e-k'an (Bangkok, 1949): 6.

43 "Hui-kuan ti-ch'an shih-lüeh", Hsien-ching kuang-chao hui-kuan ch'i-shih chou-nien chi-nien t 'e k'an (Bangkok, 1947): 2.

44 見 M. L. Manich Jumsai, "Compulsory Education in Thailand", UNESCO Studies on Compulsory Education, Vol. 8 (Paris: UNESCO, 1951) 17; George B. McFarland ed., Historical Sketch of Protestant Missions in Siam, 1828-1928 (Bangkok: Bangkok Times Press, 1928).

45 根據歐洲的術語，在曼谷提供小學到中學教育的教會學校，通常稱為學院。

46 Chinese Customs Decennial Report (Shanghai, 1902-1911), pp. 127-128, 246.

47 Arnold Wright and Oliver T. Breakspear, eds., Twentieth Century Impressions of Siam: Its History, People, Commerce, Industries and Resources (London, Lloyd' s, 1908), p. 186.

48 H. Gottwaldt, Die Uberseeische Auswanderung der Chinesen und ihre Einwirknug auf die weisse und gelbe Rasse (Bremen, 1903), p. 8.

第六章

移民的流入和流出：

一九一八年至一九五五年的人口趨勢

第一節　大規模移民的高峰與終結

在一九一八年至一九五五年的大部分時間內，有三個獨立收集的Chinese移民進出泰國的統計數據來源可供參考：泰國關稅署（一九一八／一九一九年度至一九五五年）、泰國移民局（一九二八／一九二九年度至一九五四年）和Chinese海關（一九一八年至一九二八年、一九三〇年至一九三九年、一九四六年）。整體來說，這三個系列的資料不僅互相配合，在很大程度上彼此印證，可以相當準確地估計這段期間的Chinese出入境總人數。表6-1和圖3-1顯示作者對Chinese移民總數的估計——全泰國，不只是曼谷——按移民時期分類，即第一次世界大戰後的繁榮時期（一九一八年至一九三一年）、大蕭條和戰爭時期（一九三二年至一九四五年），以及第二次世界大戰後的時期（一九四六年至一九五五年）。

在第一個時期，Chinese以前所未有的速度湧入暹羅。不僅抵達人數高，平均每年近九萬五千人，而且離境人數相對較低，平均為抵達人數的百分之六十二，而前一個移民時期（一九〇六年至一九一七年）為抵達人數的百分之七十八。結果，在這十四年間，移民盈餘約為五十萬名出生於China的Chinese，比前三個時期（一八八二年至一九一七年：四十五萬一千五百人）的移民盈餘還要多，也比其後二十四年（一九三二年至一九五五年：二十五萬二千四百人）的移民盈餘還要多。今天在泰國生活並出生於China的Chinese中，至少有一半是在一九一八年至一九三一年間移民到泰國。

Chinese大量湧入的原因很簡單，就是暹羅的有利條件和south China的不利條件。在一九二〇年代，南暹羅的橡膠和錫生產蓬勃發展，碾米業和鋸木業進一步擴張，對外貿易迅速發展，鐵路建設恢復，所有這些都增加了對勞動力和企業技能的需求。和戰前年代一樣，暹羅的工資水平在東方是最高的。[1]

另一方面，south China的社會秩序和農作物產量，在一九二〇年代中期達到了新的低點。這裡只需提及較突出的例子。一九二四年至一九二五年連續兩年的颱風和乾旱，使海南的水稻收成全毀。[2]據說在一九二〇年代，潮州可耕地中種植水稻的比例從百分之七十五下降到百分之四十，這主要是由於政治動亂、土匪和軍事紛爭等不穩定因素。[3]一九二五年至一九二七年間，潮州因國民黨革命的活躍階段而戰事不斷，內陸不安全的生活條件導致成千上萬的人從鄉村地區移居外地。[4]共產黨的活動，據說早在一九二五年就是導致移民增加的一個因素，在一九二七年，當國共合作嚴重破裂時，出現了新的轉機。成千上萬的左翼分子逃離了China，而在south China山區內陸形成的

表 6-1 1918 年 -1955 年全泰國 Chinese 總入境和離境估計數 *

單位：千人

年份	入境人數	離境人數	年份	入境人數	離境人數	年份	入境人數	離境人數
1918 (1/4 年)	9.8	9.1	1932 (1/4 年)	18.7	14.1	1946	86.0	5.8
1918/1919	67.9	37.0	1932/1933	59.5	44.1	1947	83.8	23.4
1919/1920	65.7	43.4	1933/1934	25.7	32.6	1948	28.5	22.3
1920/1921	70.4	36.8	1934/1935	27.0	31.1	1949	20.0	15.8
1921/1922	76.5	46.9	1935/1936	45.2	36.5	1950	7.6	7.4
1922/1923	95.4	65.2	1936/1937	48.9	28.0	1951	17.9	13.7
1923/1924	115.0	66.4	1937/1938	60.0	22.0	1952	9.8	7.3
1924/1925	92.7	66.1	1938/1939	33.5	30.0	1953	6.4	2.8
1925/1926	95.5	60.6	1939/1940	25.1	18.8	1954	4.0	4.5
1926/1927	106.4	73.7	1940 (3/4 年)	23.6	19.8	1955	3.8	4.8
1927/1928	154.6	76.9	1941	44.8	36.7			
1928/1929	101.1	72.8	1942	11.1	17.8			
1929/1930	134.1	68.2	1943	20.1	20.7			
1930/1931	86.4	62.4	1944	18.1	17.9			
1931 (3/4 年)	56.1	42.4	1945	12.4	11.2			
總計	**1,327.6**	**827.9**	總計	**473.7**	**381.3**	總計	**267.8**	**107.8**

時期	入境總數	離境總數	離境人數佔入境人數的百分比	平均每年入境人數	平均每年離境人數	總入境盈餘	平均每年入境人數的盈餘
1918-1931	1,327.6	827.9	62.4	94.8	59.1	499.7	35.7
1932-1945	473.7	381.3	80.5	33.8	27.2	92.4	6.6
1946-1955	267.8	107.8	40.3	26.8	10.8	160.0	16.0

* 基於曼谷移民局和關稅署提供的統計數據以及下列出版物中提供的統計數據：《1918-1929 年中國貿易報告及統計》、《1912-1921 年中國海關十年報告》、《1922-1931 年中國海關十年報告》、《1930-1948 年中國貿易報告》、《 1917/1918-1946 年泰國海關報告書》及《泰國統計年鑑 1924/25-1953 年》。

共產黨團體，其掠奪活動也誘使其他人移民。[5]克列德納（Credner）有充分的理由把一九二七／一九二八年度 Chinese 移民的歷史高峰，與蔣介石於一九二七年在廣東攻擊共產黨聯繫起來。[6]

一九三〇年至一九三三年間，移民到暹羅的 Chinese 迅速減少，這主要是由於暹羅本身經濟狀況的惡化。世界大蕭條的來臨，帶來了錫礦和橡膠市場的崩潰，碾米業的萎縮，以及進出口數量和價值的大幅下降。工資水平下降，而上一個十年的移民已足以滿足當地對勞動力的需求。雖然其他因素的影響相對較小，但也不可忽視，例如一九三〇年以後 south China 局勢的相對平靜[7]，以及泰國開始對移民進行管控的初步措施。

一九三二年至一九四五年的移民時期，與之前的經濟繁榮時期相反，Chinese 移民人數較少，平均每年約三萬三千八百人，而移民出境人數相對較多，約為入境人數的百分之八十。在蕭條高峰期的兩年（一九三三／一九三四年度、一九三四／一九三五年度）和戰爭期間的兩年（一九四二年至一九四三年），Chinese 出境人數超過入境人數。在這十四年期間，Chinese 移民的盈餘只有約九萬二千人，不足以將在 China 出生的暹羅人口維持在一九三二水平。在文獻中，經濟大蕭條和第二次世界大戰期間的移民波動率往往被誇大或誤解。然而，值得注意的是，任何一年離境人數超過入境人數的差距都不超過數千人。此外，從一九二七／一九二八年度至一九三四／一九三五年度經濟大蕭條期間，離境人數持續下降，其後的波動水平總是低於一九〇六年至一九三一年間的任何離境率。因此，並無統計數據支持所謂「大規模撤離」或「瘋狂逃離」的說法。[8]同樣，也不能說「暹羅的 Chinese 數量有明顯下降的趨勢」，[9]因為當地出生的 Chinese 數量的增加足以抵消因移民淨增人數低，而導致出生於 China 的 Chinese 人口少量下降。

當然，一九三二年至一九三七年間的移民人數普遍偏低，可能是

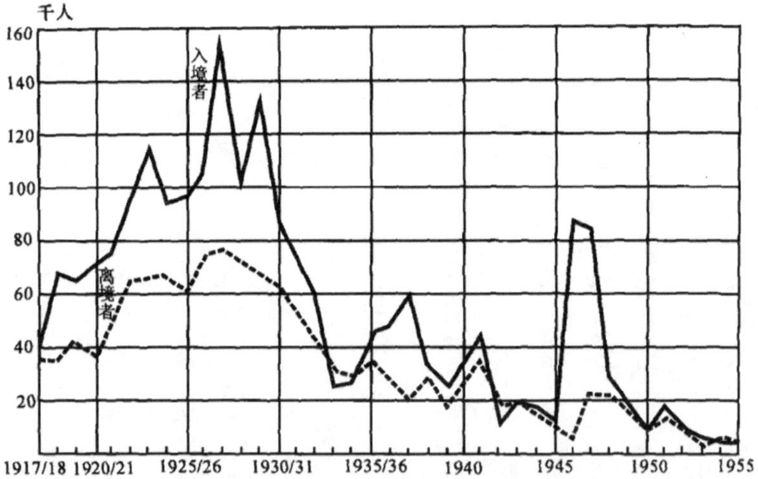

圖 6-1 1918 年 -1955 年全泰國 Chinese 每年入境與離境的估計數字。圖示 1940 年的比例是 9 個月的

由於泰國經濟蕭條所造成的影響。然而，一九三八／一九三九年度至一九四〇年間移民流量的下降，似乎在很大程度上是由於中日戰爭的影響。在一九三七年七月中日戰爭爆發後的一年內，有大量移民從 south China 港口撤往香港和東南亞，因而使一九三七／一九三八年度的暹羅移民人數增加。與一般的移民相比，這些撤離者顯得更加富裕。[10] 然而，到了一九三八／一九三九年度，south China 港口即將被佔領，較貧窮的群體因害怕永遠回不了 China 而不願出國，而基於類似考慮，離開暹羅的人數激增。一九三九年二月，日本軍隊佔領潮州；六月，日本軍隊佔領汕頭。在一九四〇年至一九四一年間，隨著西方輪船恢復在汕頭和其他一些被日軍佔領港口的營運，移民運輸逐漸恢復。[11] 一九四一年十二月八日太平洋戰爭爆發，終止了正常移民的跡象，直到一九四六年西方航運才恢復。一九四二年至一九四五年間，大部分的 Chinese 移民都是從馬來亞經陸路移入；一九四三年的小幅高峰，部分是由於為日本推動連接緬甸的「死亡鐵路」工程，而從海峽殖民地強制徵調的勞工輸入所致。

一九三〇年代 Chinese 移民率的波動，也受到泰國政府移民政策的影響。暹羅的第一部移民法於一九二七年頒布，但對移民率的實際影響不大。[12] 沒有護照的移民只需支付四泰銖便能取得身份證，一九二八／一九二九年度提高到十泰銖。一九三一年，居住證明需額外支付八十銖，回程證也需支付五銖。這些費用在第二年分別提高到一百銖和二十銖，無疑是抑制一九三二年至一九三五年移民率的重要因素。一九三七／一九三八年度，當 Chinese 移民增加到近六萬人的可觀數字時，泰國政府通過了另一項法案，將居留費提高到二百泰銖，規定移民必須有獨立收入或其他支持手段。此後，移民人數急劇下降。一九三八／一九三九年出境率的上升，也歸因於一九三七／一九三八年移民法的通過，對 Chinese 居民所灌輸的恐懼。[13]

戰後移民更清楚地反映了泰國政府的政策：二百銖的居留證費用在戰後仍然有效，但戰時的通貨膨脹意味該費用大致等同於一九三二年之前的二十銖。[14]這並沒有阻礙移民，厭戰的 Chinese 湧入泰國，因為泰國基本擺脫了戰爭的摧殘，經濟全面復甦和繁榮。一九四六年至一九四七年的移民率是自一九三一年以來最高的，而移出率仍然非常低。一九四六年和一九四七年初的移民率更高，因為有傳言說政府很快就會提高移民費或實施配額。[15]事實上，泰國政府在一九四七年五月首次實施配額制度，以應對大量 Chinese 的湧入。Chinese 移民的年度配額定為一萬人，然後於一九四九年初起降至與其他國籍相同的水平，即每年僅二百人。一九五〇年的《移民法》將任何國籍的移民配額上限定為二百人，居留費定為一千銖，嚴格限制和控制移民。移民率在一九五一年出現短暫的「調整」回升，之後入境和出境人數均持續下降，降至百多年以來的最低水平。自一九五〇年以來，大部分入境泰國的 Chinese 都是持回國許可證再次入境的舊居民、臨時訪客和過境旅客。至少在目前而言，Chinese 的大規模移民已經結束。[16]

泰國政府的移民政策，對 Chinese 移民的組成和人數都有深遠的影響。在一九一八年至一九三一年期間，大量男性移民都是各類勞工，但一九三二年以後，高昂的移民費使這一比例逆轉，商人成為移民的主力。泰國移民局記錄了一九二八年／一九二九年、一九三〇／一九三一年及一九三三年／一九三四年至一九三八／一九三九年外籍男性 Chinese 的職業。[17] 在前一個時期，即徵收高額移民費之前，只有百分之八十一的人申報其職業為經商，而在後一時期，則有百分之七十五的人申報其職業為經商。第二次世界大戰後，由於通貨膨脹，移民費用再次變為很低，勞工再次成為移民中的主力，但一九四八至一九五〇年間配額制度的實施（導致賄賂需求增加）以及費用的提高，實際上意味著近年來只有富有的 Chinese 才能作為新移民進入暹羅。

現有的統計資料無法對各語言族群在移民盈餘人口中，所佔的比例作出任何明確的結論。不過，表 6.2 主要根據汕頭和海口的 Chinese 海關統計資料，顯示潮州人和客家人相對於海南人的相對重要性。在一九一八年至一九三一年間，來自汕頭的直接移民，即潮州人和客家人，是來自海口的直接移民，即海南人的四點九五倍，而來自這兩個港口的移民合計約佔所有直接移民的百分之八十三。不過，這些數字的應用範圍有限，因為無庸置疑，不同語言族群在間接移民和回流率方面都有差異。例如，福建人相對於潮州人和海南人，更常經由馬來亞和印度支那等地間接移民至暹羅，而客家人和廣東人也有類似的情況，但比例相對較低。表 6.2 最末部分的數字似乎意味汕頭和海口移民的回流率，比福建人和廣東人的回流率總和還要高，但這可能只是意味，福建人和廣東人直接從

表 6-2 1918-1939 年曼谷與汕頭、海口之間的 Chinese 直接移民（按時期劃分）*

	1918 年 -1931 年		1932 年 -1939 年	
	汕頭	海口	汕頭	海口
直接入境曼谷人數	817,881	165,331	139,275	46,506
平均每年入境人數	58,420	11,809	17,409	5,813
經海路直接入境曼谷總人數的 %	69.5%	14.0%	51.9%	17.3%
由曼谷直接出境人數	590,650	114,940	160,328	34,453
直接入境人數超過直接出境人數	227,231	50,391	-21,053	12,053
每年平均盈餘	16,231	3,599	-2,632	1,507
直接入境總人數超過出境總人數的百分比	52.3%	11.6%	—	26.7%

* 編制自《1918 年 -1928 年中國貿易報告及統計》中的中國海關統計數據；《1929 年 -1939 年中國貿易報告》；《中國海關十年報告》1912 年 -1921 年、1922 年 -1931 年。此百分比是根據泰國海關收集的外籍 Chinese 入境和出境總數，以及 1935/1936 年度、1939/1940 年度至 1944 年的《泰國統計年鑑》（第 18-21 號）中提供的數字計算得出。1918 年 -1931 年，直接入境曼谷的總人數基數為 1,177,050 人，直接入境人數超過直接出境人數的總額為 434,550 人。1932 年 -1939 年的基數分別為 268,600 人和 45,100 人。

曼谷返回 China 的比例比直接從曼谷入境暹羅的比例要少。然而，有推定的證據顯示，一九一八年至一九三一年所有入境暹羅的 Chinese 中，原居地在汕頭的 Chinese 佔的盈餘比例在百分之五十二點三至六十九點五之間，而海南人佔的盈餘比例在百分之十一點六至十四之間。

值得注意的是，汕頭不僅為暹羅提供了大多數的移民，也吸收了大多數從汕頭移居海外的移民。根據汕頭海關申報表的計算，在一九一八年至一九三一年間從汕頭移居到東南亞各地約一百五十七萬七千名移民中，約有八十六萬八千人，或百分之五十五移居到暹羅。儘管無法計算確實數字，但從這些數據也可清楚看出，所有返回汕頭的移民中，來自暹羅的比例遠低於百分之五十五。換句話說，暹羅的潮州人和客家人的回歸率，比在東南亞其他地區的回歸率加起來還要低。反過來說，這意味所有留在東南亞的汕頭移民中，超過百分之五十五在暹羅。在一九一八年至一九三一年間，潮州人和客家人對暹羅的偏好比以往任何移民時期都更加明顯。

接下來一九三二年至一九四五年的時期，就在暹羅 Chinese 人口的語言族群組成而言，其決定性要小得多，因為這段期間的移民盈餘總數不到九萬五千人。根據表 6-2 所示的一九三二年至一九三九年的數字，如果只考慮直接移民，則潮州人和客家人的人口出現淨流失。所有移民的數字是否仍會顯示出赤字有待值得商榷，然而，結論明顯展示，在一九三二年至一九四五年間，暹羅的 China 出生人口，潮州人和客家人合計所佔的比例有所下降。另一方面，海南人的相對比例則增加了——這可能也適用於福建人和廣東人——不僅有更多的海南人移民到暹羅（一九三二年至一九三九年佔直接移民總數的百分之十七點三，而前一個時期為百分之十四），留在暹羅的海南人也更多了。因此，他們在直接入境人數與出境人數盈餘中佔四分之一以上。如果能根據間接移民和直接移民計算，表 6-2 所列的百分之二十六點七可能會降低，因為海南人直接移居曼谷的次數比從汕頭、廈門或廣東地區移居曼谷的次數還要多。儘管如此，這些統計數字顯示，到了一九三〇年代，海南人在暹羅的定居時間比以往都要長久，一九二七年以後大量海南婦女和兒童移居暹羅也證明了這一結論（見下文第三節）。

在戰後時期，汕頭人似乎重新在暹羅移民中佔有主導地位。一九四六年汕頭數據，是僅有的戰後 Chinese 海關數字，可能不完整。這些數據顯示有四萬八百七十五人直接移居曼谷，一千九十人人直接返回 China。[18] 根據泰國移民局的記錄，經海路直接入境曼谷和出境曼谷的 Chinese 分別為八萬一千九百零二人和四千五百四十六人，[19] 來自汕頭的移民至少佔總數一半，而移居汕頭的 Chinese 則不到總數的四分之一。關於其他語言族群的移民情況，沒有其他可用的戰後統計數字，但從曼谷的記載看來，海南人在一九四六年至一九四七年間保持了自己的地位，而廣東人和福建人在前一時期的移民增幅則不合比例的小。

第二節　泰國 Chinese 人口的增長

由於暹羅的 Chinese 總數沒有可靠的統計數字，我們不妨回顧一下過去三十五年來有關當局和各方面所做的估計。Chinese 政府不時對泰國的 Chinese 總數作出官方估計，但只是非常粗略的數字。從一九一六年到一九三四年，官方的估計是一百五十萬人，從一九三四年到一九四八年是二百五十萬人，從一九四八年起是三百五十萬人。[20] 戰前的 Chinese 私人資料來源也有類似估計：陳翰笙估計一九三〇年有二百五十萬人，[21] 林玉（Lin Yu）估計一九三六年有二百五十萬人，估計一九三七年有三百萬人。[22] Chinese 作家，大概出於民族主義偏見，常常做出不切實際的高估，使用不合理的計算方法。例如，孫方禧估計一九二六年暹羅純 Chinese 血統的人口為二百五十萬人，指出如果把混血兒也計算在內，Chinese 將佔總人口的三分之二。[23] 陳序經從羅基爾（Rautier）一八八八年估計的三百萬人開始，加上四百萬名移民，再忽略死亡和返回China的人口，得出一九三七年的Chinese人口為七百萬人。[24]謝猶榮估計一九四七年為三百六十九萬人，[25]單從他得出這個數字的程序而言，就更值得懷疑。在一九二九年人口普查之前，政府在一九二七年進行的初步調查顯示，百分之三點九的樣本是純Chinese，百分之十七點四是泰國（未明確說明的）混血。謝猶榮簡單地將這些百分比相加，再根據一九四七年的人口普查，得出Chinese佔泰國總人口的百分之二十一點三。

德國作家在計算華人人口時，往往也相當大膽。例如，莫索夫（Mosolff）以一九二一年的一項統計數據為依據，顯示曼谷百分三十一點六的人口是Chinese，得出了泰國百分之二十五的人口是純Chinese的結論。[26]克列德納是一位較謹慎、更有見地的學者，他估計一九三二年左右暹羅的Chinese總人口為二百萬人，做了以下假設和計算：一九〇〇年Chinese人口為二十萬人，一九〇〇年至一九三二年間移民過剩至少為八十萬人，一九三二年由Chinese出生父親所生的本地Chinese約為一百萬。他將這些數字相加，得出他認為的最高數字。[27]「近年來在文獻中出現，所有超過二百萬的估算數字都不適用」。[28]筆者同意這一說法，但基於更為可靠的計算方法。克列德納對移民過剩的估計似乎是準確（根據表6-1所列的數字，一九〇〇年至一九三二年——包括首尾兩年——移民過剩的總數為八十萬六千人），而他對一九〇〇年Chinese人口的估計，如果僅適用於在 China 出生的人——如其加總方法所暗示——也並非過於離譜，儘管確實低於真實數字。同樣，他對一九三二年本地出生 Chinese 人口的估算也在合理範圍內，但可能稍微偏高。然而，克列德納忽略了留在暹羅的移民中因死亡而減少的人數，這是一個顯著的錯誤，幾乎可以肯定使他的最終數字變得高估。

其他外國學者對泰國 Chinese 人口的估計包括：印度人基利亞尼（Kiliani）估計一九二六年有二百萬人至三百萬人；日本人立矢若（Tateyania）估計一九四一年有二百五十萬人；法國人穆蘭德（Mullender）估計一九五〇年有三百萬人至四百萬人。[29]有兩位學者長期居住在泰國，對當地的 Chinese 特別感興趣，他們的估計具有一定權威性。蘭敦（Kenneth Landon）在一九三九年和一九四八年分別估計 Chinese 人口為一百五十萬人和一百六十萬人，而賽登法登（Erik Seidenfaden）則在一九三九年對克列德納早先估計的二百萬人提出異議，認為二百五十萬人是更接近正確的數字。[30]然而，基於上述理由，筆者接受克列德納的為一九三〇年代的最高數字。克列德納和蘭敦的估計很有可能與真實的數字相去不遠。

在這一點上，最好介紹一個過去三十五年 Chinese 人口增長的可能模式（見表 6-3），類似於第二章對一九一七年以前的描述。這裡沒有篇幅，為這個模型作全面的辯護，它的優點只是在人口學上是可能的和一致的，符合現有的統計數據，並且與任何可靠的估計沒有過大矛盾。泰國總人口的數字（第七欄），是基於曼谷中央統計局提供的統計結果，調整至每年的十二月三十一日，這些數據又基於修正後的一九一九年、一九二九年、一九三七年和一九四七年的人口普查結果。China 出生人口（第一欄）數字是逐年計算的，方法是將每年的移民超額數，與年初的人口相加，將每年的死亡率套用在總數上，最後得出下一年年初的人口。一九一七年十二月三十一日的最初數字，三十四萬九千人，是早期模型的最終數字。所使用的死亡率，是根據中央統計局提供的數據或該局出版的刊物每年估算得出，[31] 嘗試考慮到移民和 Chinese 國民總人口的年齡和性別分布（一九四七年人口普查結果所示；見下文第三節）、流行病、健康和衛生設施的變化，以及戰時對死亡率的影響。實際使用的年死亡率從一九二四年最高的百分之二十八點二，到最低的一九四七年百分十四點三不等，平均為百分之十八點八。值得注意的是，自一九三七年以來的估計數字可能有些偏低，因為非法移民並未計算在內。第二章圖 2-6 也顯示了 China 出生人口的成長情況。

餘下的一組基本數字——在當地出生的 Chinese 人口（第三欄）——當然是最不令人滿意的，因為沒有對這類人口的出生率、死亡率和同化率作出合理估算的數據。所提供的數據僅是基於推測而得，考慮了育齡Chinese 人口規模和性別比例的變化，並假設其死亡率與曼谷總人口相似，同化率則呈逐漸下降的趨勢。「當地出生的Chinese」是指那些父親是 Chinese 或洛真人，他們會說 Chinese 且通常也會說泰文，而且在大多社會情況下都自認為是Chinese 而不是泰人。

在從這個模式中得出任何結論之前，應該根據泰國的人口普查結果，對其進行嚴格的審查。泰國政府進行過四次全國性的人口普查，公佈的結果分別截至一九一九年四月一日、一九二九年七月月十五日、一九三七年五月二十三日和一九四七年五月二十八日。由於訓

表 6-3 1917 年 -1955 年泰國 Chinese 人口增長的可能模型

單位：千人　　　　（截至 12 月 31 日止的估計數）

年份	1 China 出生的 Chinese 的總估計數	2 上一個日期以來 5 年間的變化比率	3 當地出生 Chinese 的總估計數	4 5 年間的增長率	5 全部 Chinese 的總估計數	6 5 年間的增長率	7 暹羅總人口的估計數	8 China 出生的 Chinese 佔暹羅總人口的 %	9 全部 Chinese 佔暹羅總人口的 %
1917	349	%	557	%	906	%	9,232	3.78	9.8
1922	445	35.3	634	13.8	1,079	19.1	10,202	4.36	10.5
1927	600	34.8	733	15.6	1,333	23.5	11,419	5.25	11.7
1932	728	21.3	864	19.2	1,592	19.4	13,087	5.56	12.2
1937	714	-1.9	1,020	18.1	1,734	8.9	14,721	4.85	11.8
1942	689	-3.5	1,187	16.4	1,876	8.2	16,066	4.29	11.7
1947	765	11.0	1,359	14.5	2,124	13.2	17,643	4.34	12.0
1952	727	-5.0	1,524	12.1	2,251	6.0	19,384	3.75	11.5
1955	696	-7.1	1,619	10.4	2,315	4.7	20,480	3.40	11.3

練人員和普查程序方面的不足，普查結果遠遠不及西方國家的普查結果可靠，甚至不如馬來亞及沙撈越的普查結果。此外，在每次人口普查中，對 Chinese 居民的統計幾乎肯定不如對人口任何其他特定群體——某些山區部落則除外——統計來得完整和準確。這有許多原因，研究 Chinese 社會的學者一再指出，Chinese 大眾喜歡避免與政府官員直接接觸。幾個世紀的慘痛經驗教導一般 Chinese，不要與地方官員發生糾紛和爭執，盡可能避開政府的收稅員和徵兵官。Chinese 傳統上對政府官員的懷疑，在暹羅更加強烈，因為暹羅還有語言障礙的問題，以及一九一四年後對政府政策歧視 Chinese 恐懼日益增加。前面的章節提到，合法的 Chinese 會社拒絕向政府登記，部分原因是他們認為這是招募 Chinese 服兵役的第一步。後來，在當地出生的 Chinese 被徵召入伍時，人們幾乎普遍懷疑人口普查的表格是提供給軍方的資訊。

不幸的巧合是，四次人口普查都緊接著政府採取的一些措施，而這些措施加劇了在暹 Chinese 群體的恐懼與疑慮。在一九一九年的人口普查時，Chinese 社區對政府首次試圖控制教育鬧得沸沸揚揚，因為政府在一月份頒佈了一項法律，規定必須學習泰語，要求 Chinese 校長和教師參加考試和接受泰語學校教育。[32] 一九二九年人口普查，則緊隨一九二八年因 Chinese 商人發動抵制日貨而引發的反 Chinese 情緒高漲之後進行，此外，一九二八／二九年間移民費用的上漲也進一步加劇了這種緊張氣氛。一九三七年人口普查之前，一九三六／一九三七年度的《外僑登記法》立即生效，要求所有十二歲以上的外僑取得證書，並規定未按要求出示證書者罰款二百銖。[33] Chinese 不願意登記，而那些未登記的 Chinese 也因為害怕被要求出示證書，並支付二百銖罰款而躲避人口普查員。在一九四七年人口普查前幾個星期，第一次對 Chinese 移民實施了配額制，這立即引起了人們的恐懼，擔心一九三九年的反Chinese措施浪潮會重演。因此，在所有的人口普查，Chinese 都沒有對人口普查員抱有合作態度。幾乎每個 Chinese 都盡可能避開普查員，而那些無法避開的 Chinese 則往往會說謊，相信這樣能避開政府的干預。

考慮到這些嚴重的限制條件，現在讓我們來看看表 6-4 A 部所列出的人口普查結果。前面已經提到，一九一三／一九一四年度的《泰國國籍法》將任何在暹羅出生的人定義為泰國國民（見第三節）。這項法律一直有效到一九五三年，因此在當地出生的 Chinese 通常被記錄為泰國國民。《國籍法》還規定（第四節），「與外國人結婚的暹羅婦女，如果根據其國家法律取得其丈夫的國籍，則喪失暹羅國籍。」Chinese 法律在這一點上似乎模棱兩可，而且在任何情況下，泰國人口統計員的做法都因人口普查而異。目前可以確定的是，在一九一九年和一九二九年的人口普查，只有少數泰國婦女與

China出生的Chinese結婚，被記錄為Chinese公民。然而，一九三七年的人口普查記錄了五萬七千六百七十四名這類婦女為Chinese國民，而一九四七年人口普查記錄的數字則微不足道。[34]因此，人口普查中的Chinese國民（第一行），大多數僅限於在China或泰國以外其他地方出生的Chinese（但不包括一九三七年的數字，其中包括了相當數量的泰籍妻子）。可喜的是一九三七年和一九四七年的人口普查也單獨記錄種族，將種族與國籍製成表格，因此第三行所提供的Chinese種族，與Chinese國籍的數字與一九一九年和一九二九年的國籍數字（第一行）大致相若。

然而，所使用Chinese種族的實際定義，甚為奇特。如果一個人的父親是Chinese，則不論該人的國籍為何，都被視為Chinese。這意味只有第一代和第二代Chinese可以被記錄為Chinese種族。此外，只有當被訪者說泰語時帶有外國口音、穿著非泰國服飾或五官不典型時，才會詢問被訪者父親的國籍問題。因此，那些父親是Chinese、母親是泰國人的Chinese泰混血兒，但語言流利且外貌與泰人相近的個體，可能不會被詢問相關問題，即便他日常使用Chinese並自認為Chinese。在暹羅南部，由於泰國人口中有很大一部分具有Chinese血統，要區分Chinese與泰人更加困難；有些「最泰國化」的家庭，其血統中高達四分之三為Chinese也並非罕見。因此，統計數據中那些「Chinese種族但擁有泰國國籍」的人口——即出生於泰國、父親為 Chinese 國籍者——的數量明顯偏低（見第四行）。第二行（「Chinese 種族」）實際上是在暹羅境外出生的 Chinese，和在泰國出生、父親為 Chinese 的 Chinese 的總數。

可以看出，人口普查對 Chinese 的定義，與表 6-3 所示模型的定義頗為不同。然而，將在 China 出生的 Chinese 人口估計總數（表 6-3 第一欄；表 6-4 B 部第三欄）與一九一九年和一九二七年的 Chinese 人

表 6-4 1919 年 -1947 年泰國人口普查總數與其他估計數比較表

人口普查總數 *

行列	以下類別的總人數	1919 年	1929 年	1937 年	1947 年
1	Chinese 籍	260,194	445,274	524,062	476,588
2	Chinese 族	—	558,324	618,791	835,915
3	Chinese 籍兼 Chinese 族	—	—	463,012	476,516
4	Chinese 族泰籍	—	113,050	154,119	358,937

估計數與人口普查總數的比較（截至各普查日止）　　單位：千人

人口普查結果			模型的估計數			從 1919 年人口普查數開始計算		
年份	總數	增長 (%)	總數	增長 (%)	人口普查低估數 (%)	總數	增長 (%)	人口普查低估數 (%)
	1	2	3	4	5	6	7	8
1919 年	260.2	—	370	—	29.7	260.2	—	—
1929 年	445.3	71.1	648	75.1	31.3	560	115.4	20.5
1937 年	463.0	4.0	696	7.4	33.5	620	10.7	25.3
1947 年	476.5	2.9	750	7.8	36.5	688	11.0	30.7

* 1919 年和 1929 年人口普查的資料來自《泰國統計年鑒》1933/1934 年度 -1934/1935 年度（第 18 期）第 77 頁；1937 年人口普查的資料來自《泰國統計年鑒》1939/1940 年度 ~1944 年（第 21 期）第 59 頁；1947 年人口普查的資料來自內政部人口普查局和曼谷中央統計局。

口統計數字，以及一九三七年和一九四七年的 Chinese 人口統計數字（表 6-4 B 部第一欄）比較是合理的，因為在這些統計數字被點算的 Chinese 人口肯定有百分之九十以上是在 China 出生。將表 6-4 B 部第一行、第二行、第三行及第四行比較，可以發現人口普查的統計數字在每一種情況下都明顯低於模型的估計數字，而且增加的速度也較低。如果假設模型是正確，那麼人口普查中出生在 China 的 Chinese，第五行所顯示的就是被低估的百分比。該百分比隨著每次人口普查而穩定增加，乍看之下顯示該模型是基於過低的死亡率，或過高的移民盈餘。然而，移民盈餘幾乎完全是根據泰國政府的記錄計算出來，很可能是過低而非過高。此外，儘管嬰兒死亡率高不屬 China 出生人口的因素，而且 Chinese 普遍有在年老時返回 China 的習慣，但計算出來的死亡率卻高於泰國整體人口的死亡率（主要是為了考慮年齡分佈的差異）。簡而言之，這個模型是以最低的可能盈餘，和最高的可能死亡率而建立的，刻意想消除這種缺陷。

在筆者看來，造成這種差異的原因，必須從 China 出生的 Chinese 尋找，他們有日益充分的理由和更強烈的動機來規避人口普查。正如我們將在後面的章節看到，泰國政府的政策在一九一八年後變得更加反 Chinese。因此，人數漏算漸趨嚴重的最合理解釋是，在每次人口普查中，越來越多的 Chinese 逃避人口普查或偽造回答。

反對模型的另一個合理原因是起始數字太高。為了進行比較，在計算 China 出生人口的增長時，假設一九一九年在 China 出生的 Chinese 數量為二十六萬一百九十四人（此數字乃來自一九一九年人口普查的 Chinese 公民人數）。人口普查日期的結果顯示在表 6-4 B 部分第六至八欄。這些數據雖然顯示出過高的人口普查期間增長率，但依然表明人口普查存在嚴重的漏算現象。

事實上，泰國政府官員認為這方面的人口普查結果完全不符合現實。一九四〇年，儘管一九三七年人口普查報告的 Chinese 人口總數為六十一萬九千人，鑾披汶估計 Chinese 人口總數「超過二百萬人」。[35] 同樣在一九五二年一月，當考慮增加外僑稅時，警察廳和財政部的官員發表聲明，表示他們認為外籍 Chinese 的數目在一百萬人左右。[36] 然而，其估算是基於保存不當的外僑登記冊。誇大預算的悲慘經驗，促使警方檢查外僑登記冊，廣泛修正，包括刪除幾十萬已死亡和離境的 Chinese。

一九五三年十二月，根據更正後的警察登記冊，外籍 Chinese 總數為七十六萬五千一百六十七人。[37] 同月，根據模型估計的 China 出生 Chinese 人口為七十一萬九千八百五十人。由於戰後在當地出生的年輕 Chinese 男性普遍登記為 Chinese 並繳交費用以逃避兵役，因此登記為外籍 Chinese 的數目可能大於在 China 出生的 Chinese 數目。無論如何，新修正的一九五三年外國人註冊數字與該年的模型估算數字非常接近，有力地支持了模型數字，而非人口普查結果。截至一九五五年十二月的外國人註冊數字顯示只減少了約四千人，為七十六萬九百八十八人，[38]而該月的模型估計數字為六十九萬六千二百九十人。差距的擴大，只表明警方仍然無法確保從外國人名冊刪除死亡的人數。

如果我們現在接受表6-3所示模型為合理的話，它所提供的最令人驚訝的結論也許是，儘管在這段期間有大量的Chinese移民，ethnic Chinese人口在一九一七年至一九五二年間的增長速度，只比泰國總人口的增長速度稍快。一九五五年的泰國人口是一九一七年的二點二二倍，而一九五五年的Chinese人口則是一九一七年的二點五六倍。由於泰國人口的快速增長——小部分原因是有「Chinese血統的人」同化到Chinese泰混合的泰國社會——Chinese所佔的比例從未超過八分之一，事實上，近年來Chinese所佔的比例呈現下降趨勢。值得注意的是，一九五五年在China出生的Chinese佔泰國總人口的比例比一九一七年的略低。在一九三〇年代和一九四〇年代，在China出生的Chinese的絕對數目（第一欄）有所波動，在一九三二年至一九三三年和一九四七年達到高峰，而他們在全國人口中所佔的比例（第三欄）則穩步上升，在一九三二年達到百分之五點五六的歷史高點，之後則持續下降至今。

當然，很明顯，在沒有進一步大量移民的情況下，China 出生人口不可避免地快速下降。儘管在未來十年，Chinese 人口的總數很可能會繼續上升，但 ethnic Chinese 人口在總人口中所佔的比例，卻可能會持續自一九四七年以來的下降趨勢。儘管泰國農村人口的死亡率，毫無疑問地高於住在城市的 Chinese，但在泰國許多人口眾多且幾乎完全是泰國人的地區（如東北部的大部分地區），生育率極高，肯定超過了大部分 Chinese 地區（如曼谷及附近地區）。這意味，只有當 Chinese 同化率接近於零時，ethnic Chinese 人口才能開始保持其在總人口中的相對地位。後面的章節將會說明，沒有理由假設同化已經開始結束。因此，對 Chinese 人口的最佳預測是，在未來幾年，Chinese 人口在總人口中所佔的比例將繼續下降。

第三節　年齡及性別的分布

過去三十五年來，Chinese 移民最重要的趨勢，也許是移民到泰國並留在泰國的婦女人數增加，因為其社會學後果是建立了越來越多的純 Chinese 家庭，與泰國人通婚的情況迅速減少。如前所述，從一八九三年至一九〇五年期間開始有一些女性移民，但受人尊敬的女性移民在一九〇六年後才達到顯著的比例。在第一次世界大戰後的移民潮前，Chinese 移民中女性的比例可能從未超過百分之十。一九一九年的人口普查顯示，在泰國的 Chinese 中有百分之二十一是婦女，但這個百分比無疑太高了，有些記錄將 Chinese 的泰籍妻子也列入其中。此外，逃避人口普查的 Chinese 男性可能比 Chinese 女性多，因為稅收只適用於成年男性，而且只有男性才會害怕服兵役。無論如何，在有按性別劃分的移民記錄的第一年，即一九二一／一九二二年度，只有百分之十五的 Chinese 移民是女性，而之後的比例則穩步上升。[39]

表 6-5 總結了第一次世界大戰後三段移民時期中每段最可靠的資料。從表中可以看出，女性在移民中所佔的比例在每個時期都穩步上升。此外，在每個時期，返回 China 的女性都比男性少，可見女性在移民盈餘中所佔的比例仍然很大。到了第二次世界大戰之後，女性佔移民盈餘的三分之一以上。

表 6-5 載有兩次世界大戰間兩個移民時期的可得到資料，列出了移民到曼谷的 Chinese 的年齡與性別分佈。首先應注意的是，這兩段期間的移民中，有一半以上是壯年男性（即十五歲至四十四歲），一九二八年至一九三一年為百分之五十六點五，而

一九三三年至一九四一年為百分之五十五點三。十五歲以下的兒童人數始終略低於百分之十九。最顯著的趨勢是十五歲以下的女孩，和二十五歲至三十四歲的婦女人數增加。中年人和老年人（即四十五歲及以上者）相對較少，兩個時期都不到百分之十。第二次世界大戰後並無移民年齡分布的統計資料，但有一些證據顯示，兒童以及女性的比例普遍比戰前增加。[40]

表 6-7 中的數據顯示，在兩次戰爭之間抵達暹羅十五歲及以上的移民，已婚移民的比例遠遠超過三分之二，而且已婚移民的比例在不斷增加。在這兩個時期，百分之九十五以上的女性移民已經結婚，這清楚地表明，獲得在 China 出生的妻子，通常方法是在 China 與她結婚。未婚婦女很少離開 China，即使在第二次世界大戰之後也是如此。因此，在移民中，每一位未婚女性就有超過二十五位未婚男性。很明顯，這些男性移民——在一九二八年至一九三二年佔所有男性移民的百分三十七點九，在一九三三年至一九四〇年佔百分之三十二點三——要麼娶當地出生的 Chinese 和泰國女性，要麼保持單身。這些未婚男子很可能大多是勞工，又沒有在暹羅結婚，大多在五年內返回 China。[41]值得注意的是，於一九二八年至一九三二年，每四百八十七名已婚男性移民中，只有二百零五名已婚女性移民，而一九三三年至一九四〇年間的相應比例（五二八比

表 6-5 1921 年 -1941 年和 1945 年 -1949 年泰國按性別劃分的 Chinese 移民表 *

單由海路（曼谷港）出入境的人數（1921年4月1日-1931年12月31日）

	男性	女性	總數	女性佔總數的 %
入境人數	765,265	201,842	967,107	20.87
離境人數	489,617	116,586	606,203	
盈餘	275,648	85,256	360,904	23.62

B. 全泰國通過各種交通方式出入境的人數（1932 年 -1941 年（包括首尾兩年））

	男性	女性	總數	女性佔總數的 %
入境人數	300,799	108,997	409,796	26.60
離境人數	232,573	77,432	310,005	
盈餘	68,226	31,565	99,791	31.63

C. 全泰國通過各種交通方式出入境的人數（1945 年 -1949 年（包括首尾兩年））

	男性	女性	總數	女性佔總數的 %
入境人數	132,337	60,704	193,041	31.45
離境人數	36,417	11,031	47,448	
盈餘	95,920	49,673	145,593	34.12

* 表 A 部分的原始資料來源為海關。資料來自《泰國統計年鑒》1938/1934 年度 -1934/1935 年度 （第 18 號）第 98 頁。B 和 C 兩部分的數據是根據移民局提供的統計資料編製而成。戰爭時期（1942 年 -1945 年）的數據被省略了。

表 6-6 1928 年 -1931 年及 1933 年 -1941 年經曼谷港入境的外籍 Chinese（按年齡及性別劃分）*

1928 年 4 月 1 日 -1931 年 3 月 31 日

	總登記人數			1,000 名 Chinese 中的性別分布		
年齡組別	男性	女性	總數	男性	女性	總數
—14	30,051	14,302	44,353	128	61	189
15-24	54,445	14,248	68,693	232	60	292
25-34	51,900	13,870	65,770	221	59	280
35-44	26,373	6,805	33,178	112	29	141
45-54	11,746	4,192	15,938	50	18	68
55-64	4,312	1,732	6,044	18	8	26
65—	752	238	990	3	1	4
總數	**179,579**	**55,387**	**234,966**	**764**	**236**	**1000**

1933 年 4 月 1 日 -1941 年 12 月 31 日

	總登記人數			1,000 名 Chinese 中的性別分布		
年齡組別	男性	女性	總數	男性	女性	總數
—14	26,032	15,686	41,718	117	71	188
15-24	49,947	12,699	62,646	225	57	282
25-34	44,834	16,892	61,726	202	76	278
35-44	27,880	6,043	33,923	126	27	153
45-54	12,681	2,957	15,638	57	13	70
55-64	3,972	1,200	5,172	18	5	23
65—	1,022	270	1,292	5	1	6
總數	**166,368**	**55,747**	**222,115**	**750**	**250**	**1000**

* 表 A 部分的資料來自《泰國統計年鑒》1929/1930 年度（第 14 期）第 53 頁；1930/1931 年度（第 15 號）第 63 頁；1931/1932 年度（第 16 號）第 64 頁。表 B 部分的資料來自《泰國統計年鑒》1933/1934 年度 -1934/1935 年度（第 18 期）第 101 頁；1935/1936 年度 -1936/1937 年度（第 19 號）第 69 頁；1937/1938 年度 -1938/1939 年度（第 20 號）第 66 頁；1939/1940 年度 -1944 年（第 21 號）第 92-93 頁。

表 6-7 1928 年 -1931 年及 1933 年 -1940 年經曼谷港入境 15 歲及以上的外籍 Chinese 的婚姻狀況表（按性別分類）*

1928 年 4 月 1 日 -1931 年 3 月 31 日

	總登記人數			1,000 名外籍 Chinese 中的性別分布		
	男性	女性	總數	男性	女性	總數
已婚	92,884	39,091	131,975	487	205	692
未婚	56,644	1,994	58,638	297	11	308
總數	**149,528**	**41,085**	**190,613**	**784**	**216**	**1000**

1933 年 4 月 1 日 -1940 年 12 月 31 日

	總登記人數			1,000 名外籍 Chinese 中的性別分布		
	男性	女性	總數	男性	女性	總數
已婚	90,339	35,832	126,171	528	210	738
未婚	43,045	1,768	44,813	252	10	262
總數	**133,384**	**37,600**	**170,984**	**780**	**220**	**1000**

* 表 A 部分的資料來自《泰國統計年鑒》1929/1930 年度（第 14 期）第 52 頁；1930/1931 年度（第 15 號）第 62 頁；1931/1932 年度（第 16 號）第 62 頁。表 B 部分的資料來自《泰國統計年鑒》1933/1934 年度 -1934/1935 年度（第 18 期）第 100 頁；1935/1936 年度 -1936/1937 年度（第 19 號）第 69 頁；1937/1938 年度 -1938/1939 年度（第 20 號）第 66 頁；1939/1940 年度 -1944 年（第 21 號）第 92-93 頁。

二一〇）更為極端。這些數字顯示出男性將妻子留在 China，移居到暹羅的頻率很高。

表 6-8 所示的泰國人口普查結果，進一步說明了 Chinese 男女比率及其婚姻選擇的相關問題。Chinese nationals 以及 Chinese nationality and race（A 欄和 C 欄）的數據，僅僅證實了已經在移民統計中顯示的趨勢。然而，應該注意的是，由於本節前面提到的原因，Chinese nationals（A 欄）的男女比率比實際情況要低；Chinese nationality and race（C 欄）的男女比率無疑更符合現實。在本地出生的第二代 Chinese（D 欄）的男女比率在人口學上是正常的，甚至女性略佔優勢。未婚男性移民越來越多地選擇這類女性（即父親為 Chinese、母親為 Chinese 或泰國人的女性）作為妻子。到一九四七年，所有 Chinese（B 欄，即 C 欄和 D 欄的總和）的男女比率已接近正常。所有 ethnic Chinese 的實際男女比率一定更低，即比一點九六和一點四五更接近正常，因為在本地出生的 Chinese，其正常比率比在 China 出生的 Chinese 被低估得更嚴重（被誤計為泰國人）。

與本節相關的最後一組可用統計資料，是根據一九四七年人口普查的 Chinese nationals 分布情況（按年齡和性別劃分），為方便說明，表 6-9 列出了一萬人的情況。四十五歲及以上年齡組別的高男女比率反映出在一九二〇年代中期以前，女性移民較少。十至十九歲年齡組別的比率偏高，是因為在一九三八年至一九四五年的危機期間，

表 6-8 1919 年 -1947 年根據泰國人口普查的 Chinese 人口（按性別分類）*

	總數	男性	女性	女性的 %	男女比率
Chinese nationality					
1919 年	260,194	205,470	54,724	21.0	3.75
1929 年	445,274	313,764	131,510	29.5	2.39
1937 年	524,062	335,524	188,538	36.0	1.78
Chinese race（即父親為 Chinese）					
1929 年	558,324	—	—	—	—
1937 年	618,791	409,652	209,135	33.8	1.96
1947 年	835,915	495,176	340,739	40.8	1.45
Chinese nationality 兼 Chinese race					
1937 年	463,012	332,471	130,541	28.2	2.55
1947 年	476,516	319,139	157,377	33.0	2.03
Chinese race 泰籍					
1929 年	113,050	—	—	—	—
1937 年	154,119	76,081	78,038	50.6	0.975
1947 年	358,937	175,773	183,164	51.0	0.960

* 1919 年和 1929 年人口普查的資料來自《泰國統計年鑒》1933/1934 年度 -1934/1935 年度（第 18 號）第 77 頁；1937 年人口普查的資料來自《泰國統計年鑒》 1939/1940 年度 -1944 年（第 21 號）第 59 頁；1947 年人口普查的資料來自內政部人口普查局和曼谷中央統計局。

女童（即家庭）很少移民，以及在第二次世界大戰後的兩年內，未婚女性的移民率偏低。比率最低的是十歲以下的兒童，這反映了戰後兩年內整個家庭的高移民率。其次最低的比率是二十至三十九歲的組別；一九四七年生育年齡婦女的高比例不僅是因為戰後整個家庭的高移民率，也是因為一九三〇年代女童的高移民率（見表6-6）。

根據這些年齡劃分的

表 6-9 1947 年泰國每 10,000 名 Chinese nationals 中的年齡和性別分布表 *

年齡組別	男性	女性	總數	男女比率
一4	80	59	139	1.36
5-9	182	115	297	1.57
10-14	316	156	472	2.02
15-19	520	195	715	2.66
20-24	503	272	775	1.85
25-29	615	378	993	1.63
30-34	784	480	1264	1.63
35-39	818	441	1259	1.86
40-44	733	350	1083	2.09
45-49	650	261	911	2.50
50-54	474	195	669	2.43
55-59	395	157	552	2.51
60-64	276	114	390	2.43
65-69	181	67	248	2.71
70-74	104	37	141	2.84
75—	65	27	92	2.43
總數	**6,696**	**3,304**	**10,000**	**2.03**

* 根據曼谷內政部人口普查局提供的 1947 年人口普查統計數據計算。計算是基於總共 475,809 人，因為沒有記錄 773 人的年齡。

男女比率，我們可以初步推斷，一九四七年，在二十至三十九歲的 China 出生男性，有少數與 China 出生的女性結婚，其餘的要麼在 China 有妻子，要麼與本地出生的女性結婚（或兩者皆有），或是單身。然而，一九四七年，在 China 出生男性（十五至十九歲）中，較大部分與 China 出生女性結婚的前景則黯淡許多（請注意男女比例為五二〇名男性比一九五名女性）。在一九四七年人口普查後的一兩年內，移民人數減少到一個微不足道的數字。從一九五〇年開始，當這些年輕男性考慮結婚時，幾乎不可能去 China 帶一個妻子回來。許多於一九四七年十五至十九歲的 Chinese nationals 男性在一九五一至一九五五年間結婚，當時作者在曼谷，而絕大多數人選擇在當地出生的 Chinese 婦女，他們往往是來自完全 Chinese 家庭的女兒。

作為總結，我們不妨追溯一下二十世紀上半葉 Chinese 在泰國的婚姻前景和可能性。一九〇五年以前，只有一些富商把妻子從 China 帶到暹羅，其他大部分 China 出生的女性都是妓女。大多數 Chinese 移民和洛真男性娶泰國或洛真女性為妻，儘管洛真女性的數量遠遠不足。在以後的幾十年，家境較好的泰國男人也尋找洛真女性，而且他們經常能如願以償。在一九〇六至一九一七年的移民期間，從 China 帶妻子來泰國的做法變得越來越少，但在第一次世界大戰後就變得普遍。到一九二〇年代末，大多數男性移民都已結婚，超過三分之一的男性移民都帶著妻子。全家移民的情況並不罕見。儘管與泰國人通婚仍然很普遍，但未婚的男性移民和洛真男性在那時比較容易找到洛真女性為妻子。當然，費用也是一個重要的考慮因素。蘭敦指出，在一九三〇年代的南暹羅，泰國農家女孩的聘金為五十至二百泰銖，洛真女性為一百至三百泰銖，Chinese 女性為三百至五百泰銖。[42]到了一九三〇年代末期，甚至有更多在 China 出生的男人，娶了在 China 出生的妻子，而那些未婚或把妻子留在 China 的移民，也越來越可能娶混血女性（即其父親在 China 出生和母親為洛真人）為妻子。與泰國女性的通婚則逐漸減少，尤其是在曼谷及其他 Chinese 聚居的城市中更為明顯。

第二次世界大戰後，約有一半的男性移民從 China 帶妻子來泰國，其他在 China 出生的居民則返回 China 娶妻，或將他們原有的妻子帶回泰國。在戰後，有很大比例的年輕第二代 Chinese 的母親是在 China 出生或在當地出生。Chinese 移民相對較少的未婚男性，傾向於從這一代的年輕女性選擇妻子，而洛真男性在大多數情況下也可以與來自完全或四分之三（即洛真母親）Chinese 家庭的第二代女性結婚。找泰國婦女做妻子的必要性已變得微乎其微。近年來，Chinese 和泰國人通婚的情況已經很少見了，尤其是在曼谷。

在結束 Chinese 的男女比例和婚姻這個主題之前，我們應該談談各語言族群在這方面的差異。一般來說，與同一語系的女性結婚是最理想的。那些在China結婚的人幾乎總是在其故鄉，或附近娶同一語言族群的妻子，儘管一些較富有的男性會在較國際化的城市娶妻，尤其是香港和廣東。因此，在精英群體中，我們偶爾會發現潮州或福建男人娶了廣東妻子。即使移民娶的是Chinese泰混血女性，他們也喜歡娶自己語言族群的後裔。當然，語言是語言族群之間通婚的主要障礙，但習俗和傳統的差異也是原因之一。

出現例外情況主要是因為各語言族群之間的性別比例不同。根據各語言族群的男性人口比例，較早來到暹羅的廣東女性較多，因此廣東男性與其他語言族群的女性結婚的情況，在過去幾十年來非常罕見。潮州婦女在一九二〇年代初才開始大量湧入暹羅，而客家婦女則在差不多同一時間開始移民，但數量相對較少。到了一九二八年，汕頭的海關關長寫道：「婦女和兒童在年初離境的旅客中佔了很大比例。」[43]海南婦女是最遲大量移民到暹羅的。根據China海關的報告，第一次明顯的海南婦女外流發生在一九二七年，當時整個家庭為了躲避共產黨的蹂躪而移民。[44]值得注意的是，出席國際聯盟關於白人奴隸和賣淫問題會議的泰國代表報告，在一九二九年至一九三六年間，暹羅註冊的Chinese妓院從一百八十七間減少到六十三間，而妓院中的人數從六百四十六人減少到三百二十六人。在解釋這一變化時，該代表指出「於過去幾年，經常光顧妓院的人大多數是來自海南的 Chinese，因為他們的妻子很少一起移民。海南女性移民的數量增加了，她們的生活習慣變得更加家庭化，相信這對妓院的人流有間接影響。」[45]

在一九二〇年代末和一九三〇年代初，廣東人的男女比例最接近正常，其次依序是潮州人、客家人和海南人。[46]海南移民是聲望、權力和財富最低的語言族群，他們在暹羅未婚的情況比其他語言族群的移民更為普遍。儘管如此，由於結婚者通常必須尋找非海南籍女性，因此最常見的跨語言族群婚姻類型是，海南籍男性與當地出生女性（其父親為潮州人）的通婚。由於廣東婦女在暹羅的領先地位，以及她們以美貌和「文化」著稱，潮州人和福建人這兩個最高聲望的方言團體經常娶廣東婦女為妻。在戰後期間，所有語言族群的男女比例都已接近正常值，尤其是當本地出生的 Chinese 也計算在內。目前，每五宗涉及 Chinese 或雙方都有部分 Chinese 血統的婚姻中，至少有四宗仍是在單一語言族群內進行。然而，選擇結婚對象的自由度增加，與其他語言族群的人有更多親密接觸的機會——特別是所有語言族群的兒童在學校的接觸——以及泰語、潮州語和普通話作為 Chinese 社區通用語言的重要性日益增加，都促使各語言族群的通婚情況越來越普遍。

第四節　地理上的分布

在第一次世界大戰之前，由於鐵路建設的推動，Chinese 定居到泰國內地的擴張情況在隨後幾十年持續加速。在這段期間，我們可以比較歷次人口普查的結果來衡量這個過程。表 6-10 根據一九一九年至一九四七年的四次人口普查，列出了 Chinese 在各區域的分布情況。表 6-11 則根據 Chinese nationals 人口的區域分佈，對每一人口普查年份在 China 出生的 Chinese 人口進行模型估算。從這些表格，不僅看到 Chinese 人口區域分佈的變化，也可以看到 Chinese 人口在各區域總人口中相對比例的變化。

首先應該注意，第一次世界大戰之後，這三個內陸地區的 Chinese 仍然非常稀少，而在兩次世界大戰之間，這些地區的 Chinese 人口增長速度遠超泰國其他地區。在一九一九年到一九三七年間，隨著陸路交通設施的快速發展，北部的 Chinese 人口增加了三倍多，其中最顯著的是一九二一年修建了穿越喃邦和喃奔到清邁的鐵路，一九二〇年代建造從喃邦到清萊的高速公路，一九三〇年左右則建設從帕府到難府的高速公路。在東北部，在 China 出生的 Chinese 人口增長更為顯著，幾乎達四倍。這也是意料之中，因為在兩次戰爭之間，暹羅政府在這一地區修建大部分鐵路。呵叻至烏汶線於一九二〇年代末期完工，呵叻至烏隆線則建於一九三〇年代。一九三〇年代，東北部的鐵路系統得到了支線公路的補充，其中最引人注目的是烏隆線上從萬沛經嗎哈沙拉堪和橫逸到烏汶的公路。在中暹羅，也有大片地區開放給現代交通使用，建築了一條重要的公路：從宋膠洛鐵路支線往南築到素可泰，再往西築到噠府；另一條公路則從北欖坡經甘烹碧到噠府。因此，在兩次戰爭之間，中暹羅的China出生人口增加了三倍多，到一九三七年達到四萬一千人。該年，在China出生的人口約佔該地區總人口的百分之四。到一九三七年，百分之十三以上的暹羅Chinese居住在這三個內陸地區，而一九一九年只有百分之七。

在四個海灣地區中，暹羅東南部的Chinese人口在兩次大戰之間增長最快。一九一九年至一九三七年間，China出生的人口增加了一倍，部分原因是東部鐵路線，從北柳延伸至東埔寨邊境的亞蘭（Aranyaprathet）。在戰爭期間，對Chinese最沒有吸引力的地區是西南部，China出生的人口在一九二〇年代有所減少，而一九三〇年代僅略有增加。這在很大程度上是因為在一九二〇年代，西南部的交通狀況沒有得到改善，這與泰國其他地區形成了對比。也許商業農業重要性的下降也是一個因素，在十九世紀末二十世紀初，商業農業是暹羅西南部Chinese的主要支柱。

第一次世界大戰後，南暹羅的Chinese人口逐漸增加，儘管南暹羅的經濟依賴錫礦和橡膠，但Chinese人口在經濟蕭條時期仍有增無減。這是因為馬來亞的經濟條件比南暹羅差，而泰國的橡膠和錫配額相對有利，因此刺激了Chinese從馬來亞移民。[47]儘管南暹羅的主要城鎮在一九一〇年至一九一七年間實現了與曼谷的鐵路交通，但它們同時也與馬來亞鐵路系統相連。因此，Chinese移民經檳城前往宋卡，甚至那空是貪瑪叻，仍然比經曼谷更為方便。

在每個人口普查年份，Chinese人口明顯大多數居住在下暹羅，但一九二九年的百分比比一九一九年和一九三七年的都高。原因很簡單，因為大量移民從曼谷進入暹羅。一九二九年的人口普查剛好是泰國歷史上最龐大Chinese移民潮的高峰期，而一九一九年

表6-10 根據1919年-1947年泰國人口普查編制的Chinese分布表（按地區劃分）*

	1919年		1929年		1937年		1947年	
地區	數量	分布的%	數量	分布的%	數量	分布的%	數量	分布的%
北部	3,626	1.4	6,989	1.6	11,625	2.3	6,179	1.3
東北部	6,226	2.4	14,933	3.4	24,457	4.9	21,535	4.5
中部	8,267	3.2	18,318	4.1	29,339	5.9	24,847	5.2
下部	152,601	58.6	289,882	65.1	280,503	56.5	310,650	65.2
東南部	21,261	8.2	36,057	8.1	43,205	8.7	34,513	7.2
西南部	30,110	11.6	25,426	5.7	37,024	7.5	28,250	5.9
南部	38,103	11.4	53,669	12.1	70,176	14.1	50,614	10.6
總數	**260,194**	**100.0**	**445,274**	**100.1**	**496,329**	**99.9**	**476,588**	**99.9**

*1919年的資料來自《泰國統計年鑒》1923/1924年度（第8號）第26頁；1929年的資料來自《泰國統計年鑒》1933/1934年度-1934/1935年度（第18號）第82-83頁；1937年的資料來自《泰國統計年鑒》1939/1940年度-1944年（第21號）第52-53頁；及1947年的資料來自曼谷中央統計局提供的統計數據。1937年的數字並不完全具有可比性，因為其中包括了57,674名Chinese的泰族妻子，但不包括27,733名10歲及以下的Chinese national兒童。然而，區域分布可能並沒有受到這種差異的太大影響。

和一九三七年的人口普查則是在第一次世界大戰和經濟蕭條，這兩個移民低潮時期之後進行。在這兩個時期，早期移民到下暹羅的人口遷移到外圍地區的速度，快於新移民填補其位置的速度。因此，在兩次人口普查之間——一九二九年至一九三七年——居住在其他地區的泰國 Chinese 人口比例增加，但下暹羅的 Chinese 人口比例則下降（見表 6-10）。

包括第二次世界大戰在內的兩次人口普查期間，顯示完全相反的趨勢。在 China 出生的 Chinese，居住在下暹羅的比例迅速增加，但在其他地區卻有所減少。很明顯，一九四六年至一九四七年的移民潮尚未開始擴散到其他地區。一九三七年到一九四七年期間，Chinese 地位下降最迅速的是北部和南部，這兩個地區離曼谷最遠，因此受一九四六年至一九四七年移民潮的影響最小。更重要的是，從一九四三年開始的一段時間內，北部的六個府中有四個府禁止外國人進入，而南部的橡膠和錫產業在戰爭期間受到嚴重影響，直到一九四七年人口普查時才開始復甦。儘管中部和東北部在戰爭期間有三個地區（烏達拉、呵叻和烏汶府哇猻參臘），在一九四一年至一九四五年間禁止外國人進入，但華人人口的減少幅度相對較小。與北部不同，暹羅中部和東北部的大部分地區並無對外國人關閉，因此大部分來自上述提及三個禁區的 Chinese 難民，都前往這些地區的鄰近城鎮。暹羅中部也是戰爭期間發展最快的地區，當時修建了從彭世洛到素可

表 6-11 根據 1919 年 -1947 年泰國人口普查中 Chinese nationals 地區分布編制的 China 出生 Chinese 人口的模型估計數（按地區劃分）

	1919 年			1929 年		
地區	總數	China 出生的 Chinese	佔總數的 %	總數	China 出生的 Chinese	佔總數的 %
北部	1,341,936	5,200	0.39	1,549,390	10,200	0.66
東北部	3,092,117	8,800	0.28	3,887,275	21,700	0.56
中部	762,245	11,800	1.55	1,089,922	26,600	2.44
下部	1,729,187	217,000	12.55	2,235,934	421,900	18.87
東南部	557,230	30,200	5.42	677,965	52,500	7.74
西南部	471,143	42,800	9.08	579,357	37,000	6.39
南部	1,253,497	54,200	4.32	1,486,364	78,100	5.25
總數	**9,207,355**	**370,000**	**4.02**	**11,506,207**	**648,000**	**5.63**
	1937 年			1947 年		
地區	總數	China 出生的 Chinese	佔總數的 %	總數	China 出生的 Chinese	佔總數的 %
北部	1,917,548	16,300	0.85	2,023,510	9,700	0.48
東北部	4,952,288	34,300	0.69	6,210,279	33,900	0.55
中部	1,457,889	41,100	3.99	1,790,163	39,100	2.18
下部	2,751,680	393,400	14.30	3,395,689	488,900	14.40
東南部	843,235	60,600	7.19	1,039,628	54,300	5.22
西南部	699,729	51,900	7.42	822,618	44,500	5.41
南部	1,841,736	98,400	5.34	2,160,800	79,600	3.68
總數	**14,464,105**	**696,000**	**4.81**	**17,442,687**	**750,000**	**4.30**

泰、從竹板杳到碧差汶的高速公路。戰時在東南部（巴真武里府和梭桃邑）和西南部（北碧府）的禁區與下暹羅接壤，比中暹羅和東北暹羅的禁區範圍更廣，因此許多 Chinese 難民離開這些地區，遷移到下暹羅。因此，這兩個地區的 Chinese 人口在一九三七年至一九四七年期間的人口普查，錄得急劇下降的情況。

截至一九四七年，泰國 Chinese 的地理分布如地圖 6-2 所示。在考慮到 Chinese 人口密度，和 Chinese 佔總人口比例的情況，我們計算出每個縣——或倘單一單位的面積太小而無法在地圖上顯示出來時，則使用聯縣——的集中指數。只要稍為看一看這地圖，就能立即看出 Chinese 主要集中在暹羅灣附近。下暹羅的其他 Chinese 聚居區集中在大城和北標府。Chinese 向北分佈到中暹羅和北暹羅，沿著容河—難河系統和鐵路，主要集中在北欖坡、彭世洛、中間的難河區域，以及喃邦和清邁。從北標往東，Chinese 的分布沿著鐵路線到呵叻，再往東到烏汶，從呵叻往北到烏隆，主要集中在東北部的呵叻和烏汶。南部半島的 Chinese 聚居模式較為複雜，但普吉、素隆他尼和哈艾的 Chinese 集中地較為明顯。其他 Chinese 聚居地可見於遠東南端的北大年、惹拉和陶公等府，以及董里、那空是貪瑪叻、拉廊、尖噴、巴蜀各府及其附近地區。

Chinese 在地理上集中於暹羅灣上部，這強調了曼谷對泰國 Chinese 的重要性。首都不僅是 Chinese 的主要入境口岸，也是全國的交通樞紐。地圖 2-5（見第二章）清楚地顯示了全國所有鐵路如何從曼谷向四周伸延，尤其是如何有效地服務於暹羅灣上部的 Chinese 聚居區。泰國龐大的運河系統也具有相同的模式，而大多數的公路不是從曼谷開始，就是從其中一條曼谷鐵路支線開始。泰國約有一半的 Chinese 居住，在距離曼谷五十英里的範圍內，其中至少有五分之一居住在首都。因此，一般而言，曼谷的 Chinese 組織在很大程度上是在全國範圍內運作，而且曼谷的 Chinese 社區領袖可以代表全國 Chinese 發言。

「曼谷」這一名稱在西方作者的描述中廣泛使用，但實際上其範圍需要更為精確的界定。曼谷的都會區包括兩個府的部分地區：河東的帕那空府和河西的吞武里府。技術上講，涉及兩個市級行政單位：位於帕那空府的曼谷本市，和位於同名府的吞武里市。將帕那空府或帕那空府與吞武里府的人口數據統稱為「曼谷」人口是一個錯誤，因為這兩個府都包含了相當大的一部分地區，這些地區既不屬於市級行政區，且在生態特徵上更接近農村地帶。

兩個市區的縣辦公室都會按國籍登記每個縣——或 khwaeng（「市區」），與縣不同——的人口。不幸的是，在國籍登記方面有很多漏洞，因為縣官員並不總是要求登

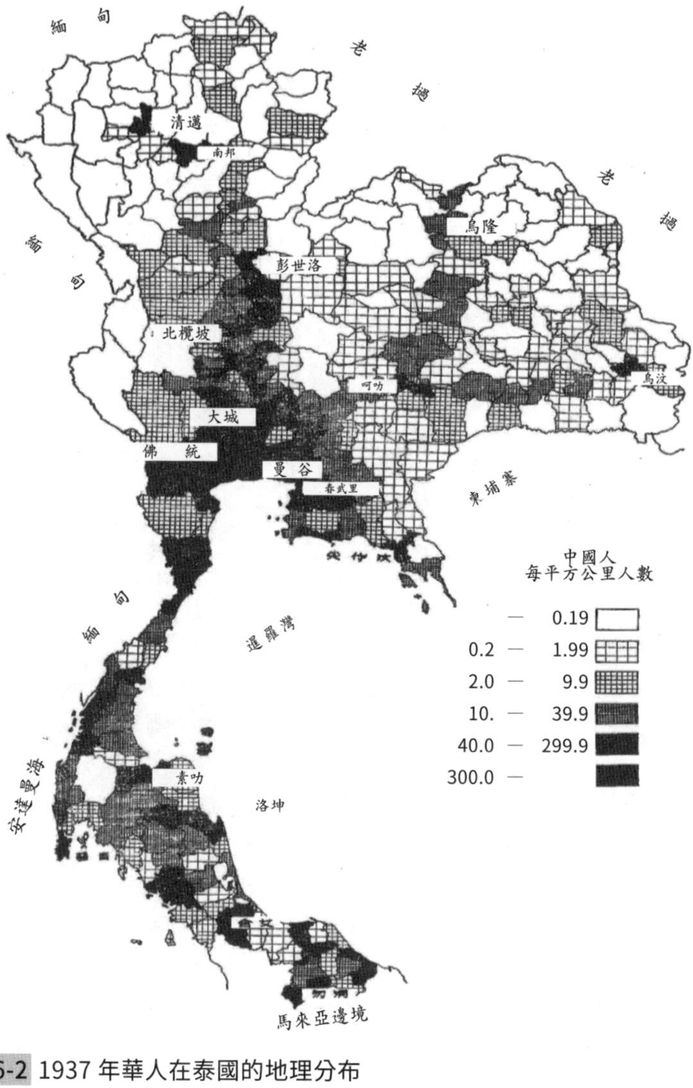

圖 6-2 1937 年華人在泰國的地理分布

記者提供公民身份證明，而且公民身份證明也易於偽造。在 China 出生的 Chinese 經常試圖登記為泰國國民，以避免支付外國人費用；在當地出生的年輕 Chinese 男子也常常試圖冒充 Chinese nationals，以避免徵召入伍。然而，由此產生的誤差往往會互相抵銷，Chinese nationals 的數字可能與泰國國民的數字一樣準確。另一個錯誤是由於缺乏良好系統，無法確保從登記名單中刪除死亡或離開城市的人。不過，這個因素對所有國民都有同樣的影響，雖然總數有些誇大，但各國籍人數的相對比例可能與真實情況相當接近。

京畿市有四年的數據，涵蓋六年的期間：

曼谷自戰後一直快速成長，但由於登記程序出現偏差（如前所述），增長率無疑低於上表所示。同樣地，一九四六年至一九四八年間，曼谷在 China 出生的 Chinese 人口無疑有所增加，但一九五〇年後卻很可能一直在減少。上面顯示的明顯增幅，只能說是登記系統的同一缺陷所造成的。然而，由於這些缺失適用於所有國民，因此可以安全地使用所提供的百分比，得出以下結論：京畿的 Chinese nationals 比例從一九四八年約百分之三十的高點下降到一九五二年的約百分之二十五，而且目前仍在持續下降。這種相當迅速的變化，是由於泰國人穩定地在國內移民到曼谷、最近的 Chinese 移民從曼谷分散到外圍地區，以及在 China 出生的 Chinese 死亡率高於從 Chinese 移民到泰國的比率。

吞武里市按國籍劃分的登記數字只有一九五四至一九五五年的數字。這些數字顯示，於一九五四年八月，百分之十七點二的人口為 Chinese nationals，而到一九五五年十二月，這個人口比例下降到百分之十六點一（即二十八萬八千四百六十七人中有四萬六千四百九十七人為 Chinese nationals）。

表 6-12 列出了兩個市鎮截至一九五四年八月的登記數字，略有改動。這些數字被分為三個區域，Chinese 在其中所佔的比例各不相同。其中第一個區域（表 6-12 的 A 欄）是城市的心臟地帶，包括泰國人、Chinese 和西方人的主要商業和購物中心。它位於京畿的河東岸。第二個區域（B 欄）幾乎完全包圍了商業中心區，包括東部和南部的所有其他市區。第三個區域（C 欄）則包括京畿北部、吞武里北部和西部的郊外區。[48] 每個區域的 Chinese 國民登記數字，以及 China 和泰國以外國家的國民登記數字總和並無變動。然而，為了估算在當地出生的泰籍 Chinese 數目，分開了泰籍 Chinese 的登記數字。根據作者在曼谷三年多的居住和研究，對三個區域進行的仔細調查，以及對登記冊進

年份	總人口數	Chinese nationals	佔總人口數的 %
1950	757,636	214,743	28.3
1952	845,374	218,288	25.8
1954	951,965	224,060	23.5
1955	1,024,502	235,227	23.0

行的幾次檢查，作者估計A區約百分之六十五的泰籍居民是ethnic Chinese——即仍然說Chinese，並在大多數社會情況下認同自己是Chinese——B區和C區的相應比例分別約為百分之三十和百分之十。因此，表6-12所示的泰籍登記居民，有適當部分為在當地出生的Chinese。為了保持原始統計資料的完整性，這些數字未做四捨五入處理。各市政府提供的泰籍登記人數，只需將第二行和第三行的數字相加，即可得到。由於China出生人口的性別比例不平衡，ethnic Chinese女性的數目及比例較男性為低。不過，為了節省篇幅，表中只列出男性的數字和兩性的總數。

在商業中心區，超過五分之二的男性是Chinese nationals，即幾乎全部是在China出生的移民。而在周邊地區，這個比例不到四分之一，在城市郊外區只有十分之一。在男女人口中，Chinese nationals的比例在各情況下都要小幾個百分點。如果將在當地出生的泰籍Chinese數目加到Chinese nationals的登記數字（見表6-12最後兩行），就會發現在商業中心區，Chinese的數目遠遠超過泰人（大約是八十比二十），而在郊外區，泰人的數目更遠遠超過Chinese。介乎這兩個地區之間的B區域，兩個族群的人口比例較為平均，但Chinese人口明顯較多。在河兩岸的整個市區（見表6-12的D欄），這些計算結果顯示ethnic Chinese人口約佔總人口的百分之四十五點七。由於上述有關China出生人口的因

表 6-12 1954 年 8 月按國籍劃分登記的曼谷人口（京畿和吞武里市的合計數字）

	商業中心區				周邊地區			
	男性		男女		男性		男女	
	數量	%	數量	%	數量	%	數量	%
Chinese nationals	77,370	42.7	130,730	38.5	60,944	23.9	104,047	21.2
當地出生的泰籍 Chinese	66,652	36.8	134,711	39.6	57,277	22.5	114,828	23.4
其他泰籍人士	35,890	19.8	72,536	21.3	133,646	52.4	267,828	54.5
其他國籍人士	1,439	0.8	2,090	0.6	2,970	1.2	267,932	0.9
總數	181,351	100.0	340,067	100.0	254,837	100.0	491,331	100.0
所有 ethnic Chinese	144,022	79.4	265,441	78.1	118,221	46.4	218,875	44.5
其他	37,329	20.6	74,626	21.9	136,616	53.6	272,456	55.5
總數	**181,351**	**100.0**	**340,067**	**100.0**	**254,837**	**100.0**	**491,331**	**100.0**
	C. 郊外區				D. 兩市的全部地區			
	男性		男女		男性		男女	
	數量	%	數量	%	數量	%	數量	%
Chinese nationals	19,820	10.0	33,229	8.8	158,134	24.9	268,006	22.2
當地出生的泰籍 Chinese	17,890	9.0	34,251	9.1	141,819	22.3	283,790	23.5
其他泰籍人士	161,014	80.9	308,260	81.9	330,550	52.0	648,728	53.7
其他國籍人士	417	0.2	619	0.2	4,826	0.8	7,233	0.6
總數	199,141	100.1	376,359	100.0	635,329	100.0	1,207,757	100.0
所有 ethnic Chinese	37,710	18.9	67,480	17.9	299,953	47.2	551,796	45.7
其他	161,431	81.1	308,879	82.1	335,376	52.8	655,961	54.3
總數	**199,141**	**100.0**	**376,359**	**100.0**	**635,329**	**100.0**	**1,207,757**	**100.0**

素，以及本地出生人口的持續同化，預計未來幾年這一比例將有所下降。[49]

一九五五年四月，在京畿和吞武里完成的一九五四年經濟與人口調查結果，顯示了城市登記數字的誇大程度。根據這項調查，京畿和吞武里的人口分別為八十二萬四千六百人和二十三萬二千六百八十人，因此兩個城市的總人口為一百零五萬七千二百八十人。[50]假設這是真實的數字，那麼登記的總人數就高估了百分之十四點二。因此，全曼谷的 Chinese 人口估計為四十八萬三千人（兩個城市總人口的百分之四十五點七）。

經濟與人口調查是根據令人讚賞的抽樣設計進行。然而，在作者看來，其執行過程中有幾個方面降低了對 Chinese 人口的準確性。首先，統計員都是泰國人，不會說 Chinese。這造成了兩個不幸的後果：一是偏向於避免訪問只說 Chinese 的家庭，二是在訪問 Chinese 戶主時失去了準確性。其次，統計員的教育背景較低，接受的訓練不足。因此，他們處理有關國籍和母語的問題的能力令人懷疑。再者，調查進行時，正值強大的壓力傾向於虛假陳述。從一九五三年一月到一九五五年八月，父親為外國人的泰國公民可免服兵役。此外，從一九五二年到一九五五年，外籍人士的年費定為四百泰銖，這是一個不合理的水平，也是有史以來最高的。一九五四年登記的 Chinese 人口（見表 6-12）中除了一小部分，其他人都在一九五二年至一九五八年前被錄入市政府名冊，即當時的外國人收費較低且當地出生的 Chinese 必須服兵役。然而，在調查期間，對徵兵的恐懼已不再是虛報資料的動機，對外國人費用的恐懼反而變得更加強烈。因此，在 China 出生的 Chinese 有強烈的動機將出生地填成泰國，將國籍填成泰籍，但在當地出生的 Chinese 卻沒有動機偽造回答，說是在 Chinese 出生或 Chinese 國籍。基於這些原因，筆者認為調查中關於國籍、出生地和母語的數字分別偏向於泰籍、泰國和泰語。

然而，這些數字顯示，在京畿，只有百分之十八點五的男性和百分之十五點九的男女擁有 Chinese 國籍，而吞武里市的相應數字分別為百分之十二和百分之九點九（出生於 China 的人口比例與國籍比例幾乎相同）。在京畿的人口中，母語為 Chinese 的男性比例為百分之三十九點二，男女比例為百分之三十七點九；在吞武里的人口中，母語為 Chinese 的男性比例為百分之二十五點八，女性比例為百分之二十三點七。調查顯示母語為 Chinese 兩個市的人口總數為三十六萬七千六百人。這個數字無論如何，都不包括許多會說兩種語言的 ethnic Chinese，而且鑒於上述情況，這個數字甚至不能視為 ethnic Chinese 人口的最低近似值。前面提到的四十八萬三千人無疑更接近曼谷 ethnic Chinese 人口的實際規模。[51]

目前仍有待界定各 Chinese 語言族群的地理分佈。泰國的人口普查與其他東南亞國家的不同，從未記錄 Chinese 居民的語言族群。就曼谷而言，作者在估算語言族群比例時採用了幾種類型的數據。這些資料包括根據 south China 各港口移民的計算、語言族群協會會員人數的比較、語言族群協會職員的官方估計、五個語言族群公墓的埋葬人數，以及各主要資料提供者的意見。就目前所知，主要族群的比例大致如下：潮州人百分之六十、客家人百分之十六、海南人百分之十一、廣東人百分之七、福建人百分之四、其他百分之二。

作者曾親自調查過泰國大部分的內陸地區，在每個城鎮調查和收集有關語言族群比例的資料。然而，就南暹羅而言，我們是根據 Chinese 報紙和其他當地刊物上對 Chinese 社區的描述，以及曾在當地旅行或居住的知情者所提供的資料來進行估算的。

東北地區的 Chinese 人口中，潮州人所佔的比例高於全國任何其他大小相當的地區。除了黎府、猜耶蓬府以及介於兩者之間的部分坤敬府外，潮州人佔 Chinese 人口的平均比例約百分之七十，客家人佔第二位（約百分之十五）。此情況與東北地區是泰國最後建築鐵路和公路的地區有關。由於沒有任何水路可從曼谷到達這裡，故在鐵路建設於一九二〇年代和一九三〇年代開始後，Chinese 才開始在此定居。因此，東北地區的

Chinese 人口大多可追溯到一九一八年至一九三一年的移民潮，這次移民潮以汕頭移民為主，規模比之前的任何移民群體都要大。

潮州人和客家人在暹羅中部和北部的湧入緊隨鐵路和公路建設的步伐，無論這些基礎設施延伸到哪裡，都會吸引這兩個族群的遷徙。舉例來說，喃邦的潮州人和客家人大多是在鐵路建設後才開始形成多數群體，難府的客家人則是在連接鐵路的公路建設完成後成為主導，素可泰的潮州人優勢則起始於素可泰與沙灣卡洛克鐵路支線之間公路的建成。由於潮州人與客家人的遷入，只有在湄南河北部支流沿岸的較小城鎮，海南人仍佔Chinese 人口的多數。在喃邦和喃奔，潮州人和客家人的數目與海南人的相若，但仍以海南人為主的最大城鎮是批猜、空丹和昔羅。在所有海南人定居的舊區域，包括農村和城鎮，海南人目前只佔 Chinese 總人口的百分之二十五至三十。在泰國內陸有一個地區，海南人佔了 Chinese 人口的大多數，那就是碧差汶府以北和以東的瘧疾肆虐且相對交通不便的地區，包括猜耶蓬府、黎府和這兩個府之間的春彭縣（坤敬府轄）。知情者表示，害怕發燒是潮州人迴避這一地區的主要原因。然而，由於一九五五年剛建成一條從隆塞到黎府的新高速公路，海南人可能很快就會失去這個地區的主導地位。

泰國內陸也有一個地區是以客家人為主要語言族群的，那就是難府和清萊府，以及帕府和喃邦府的大部分地區。客家人大量移入這個區域，也是在每個地區被鐵路或高速公路打通後才發生的，而這些工程大部分都發生在一九二〇年代。客家人在新移民中的數目遠遠超過潮州人，因為在這四個府的經濟發展，扮演領導角色的是來自豐順的客家人陳賽清。陳賽清從一九〇二年開始——在鐵路到達鈴猜之前——持續三十多年在帕府持有酒類和鴉片專利權，並在喃邦府（一九一八年）、清萊府（一九二〇年）和難府（一九二五年）取得酒類專利權；這些專利權每次都是在鐵路或公路，剛剛連接該府城或之前而獲得。他在整個地區建立了市場、碾米廠和釀酒廠。有一個時期，他在帕府和喃邦府各經營了三家釀酒廠，在清萊府和難府各經營了四家釀酒廠。在他的所有業務，他傾向於僱用來自其家鄉的人，而儘管他在一九三五年放棄了所有的專利權，豐順客家人至今仍在上述各府佔據主導地位。唯一值得注意的例外是喃邦市，即使在那裏，客家人的數目也可能比不上潮州或海南人。

除了前面提到的客家人和海南人佔優勢的地區外，潮州人是暹羅內陸各地的主要語言族群。他們整個分布的比例如下：在東北部的廊開府和膠拉信府佔百分之八十以上，在達府佔約百分之七十、在清邁佔百分之六十、在程逸府佔百分之五十、在素可泰佔百分之四十五和在彭世洛佔百分之四十。在泰國內陸的每個城鎮和地區，潮州人、客家人和海南人依次是三個主要的語言族群。廣東人在各地都排在第四位，福建人和其他語言族群的 Chinese 則零星散布在各處。

在暹羅南部，情況更為多樣和複雜。在城鎮和地區中，可以發現五個主要語言族群中的每一個都各佔多數。舉幾個例子：在惹拉府，潮州人是最大的族群，其次是客家人、福建人和海南人。[52]然而，在同樣位於惹拉府的勿洞縣，則廣東人和廣西人[53]居多，其次是福建人、潮州人和客家人。[54]往東到陶公府，海南人是主要族群，其次是客家人和福建人。[55]在北邊的北大年府，福建人是主要族群，而在宋卡府，如果有任何族群是主要族群的話，那就是客家人。在董里市，福建人佔據主導地位，但在同屬董里府的橫悅，海南人則是主要族群。[56]在西海岸的主要港口普吉島，福建人佔了大多數；事實上，那裡的語言族群模式似乎是檳城（位於同一海岸的更南面）的縮影。一般而言，從拉廊往南到董里的西海岸以福建人為主，而海南人則主要集中在東海岸的零散各地，從蘇梅島以南到陶公。潮州人和客家人遍佈整個區域，前者集中在北部和東部海岸，後者則集中在半島中部，從素叻他尼府以南到童頌和合艾。根據合理的估計，整個南暹羅有百分之三十二的福建人、百分之二十的潮州人、百分之二十的客家人、百分之十三的海南人、百分之十一的廣東人以及百分之四的其他人。這些估計數字與一九四七年人口普查，馬來亞西海岸三個州和定居點（位於泰國南方）的語言族群比例有些相似：福建人佔百分之三十七點八、潮州人佔百分之二十二點五、廣東人佔百分之二十一點八、客家人佔百分之十一點二、海南人佔百分之三點四及其他佔百分之三點四。[57]

在戰前的文獻中，對於泰國全國語言族群的順序有幾種猜測。一九三七年，林玉寫道：「汕頭人最多，接下來是廣東人，然後是客家人和寧波人（即南方普通話），最後才是福建人（他們是最早在暹羅定居的 Chinese 之一，早已被暹羅人同化）。」[58] 蘭敦在其《泰國的華人》[59] 一書中指出，潮州人是泰國的主要族群，廣東人是第二大族群，並暗示其後依次序是海南人、福建人和客家人。這兩位作家都曾在暹羅居住，除了報導潮州人佔主導地位的明顯事實，很難理解他們怎麼會如此完全錯判情況。當然，儘管暹羅沒有廣東人會堅持其語言族群在數量上比客家人或海南人優勝，但許多人都會宣稱廣東人是暹羅第二重要的 Chinese 群體。日本學者立矢若于在一九四一年的估計更接近現實：潮州人佔百分之六十，海南人、廣東人和福建人各佔百分之十，客家人佔 百分之八，其他佔百分之二。[60] 謝猶榮在其一九四九年的初版的《暹羅國志》接受了立矢若于的數字，但在一九五三年對其修訂，將客家人的佔比從百分之八改為百分之十，和福建人佔比從百分之十改為百分之八。[61] 在較早前對東南亞 Chinese 的調查中，這位作者做了以下估計：潮州人佔百分之六十、客家人佔百分之十二、海南人佔百分之十二、廣東人佔百分之十、福建人佔百分之三、其他佔百分之三。[62]

根據更詳細的研究，特別是作者對泰國內陸的調查，現在可以做出更詳細和準確的估計。根據對泰國各特殊地區或區域的語言族群比例的分別估算，再與各地區或區域的Chinese總人口比例相結合，得出一九五五年泰國全國的估算數字：

語言族群	佔 Chinese 總人口的 %	數目
潮州人	56	1,297,000
客家人	16	370,000
海南人	12	278,000
廣東人	7	162,000
福建人	7	162,000
其他	2	46,000
總數	**100**	**2,315,000**

1 Percy Cross Standing, "Progress in Siam", Contemporary Review, No. 125 (June 1924), 764-768; Mehdi Dulyachinda, "The Development of Labour Legislation in Thailand", International Labour Review, Vol. 60 (1949), p. 472.

2 Chinese Customs Decennial Report 1922-1931 (Shanghai), p. 313.

3 Chinese Customs Decennial Report 1922-1931 (Shanghai), p. 158.

4 China Trade Returns (Shanghai, 1927), p. 5; Chinese Customs Decennial Report 1922-1931 (Shanghai), p. 313.

5 China Trade Returns (Shanghai, 1928), p. 5.

6 Wilhelm Credner, Siam, das Land der Thai (Stuttgart, J. Engelhorns, 1935), p. 363.

7 Report on China Trade (Shanghai, 1930), p. 75.

8 見 Lin Yu, "The Chinese Overseas", The Chinese Year Book (1937): 1249; Kenneth P. Landon, The Chinese in Thailand (New York: Institute of Pacific Relations, 1941), p. 213; Bruno Lasker, Asia on the Move (New York: Holt, 1945), p. 74.

9 Chen Han-seng, "The Present Prospect of Chinese Emigration", Isaiah Bowman, ed, Limits of Land Settlement (New York, Council on Foreign Relations, 1937), p. 140.

10 Report on China Trade (Shanghai, 1937), p. 104; (1939), p. 125.

11 Report on China Trade (Shanghai, 1939), p. 125; (1940), p. 110.

12 一九二七／二八年法案禁止以下人士移民：患有某些疾病（特別是沙眼）的人、未接種天花疫苗的人，以及「品行不端或可能造成騷亂或危害公眾或暹羅王國安全」的人。引自 Kenneth P. Landon, The Chinese in Thailand (New York: Institute of Pacific Relations, 1941), p. 205. 另請參閱 Hans Mosolff, Die Chinesische Auswanderung (Rostock: Carl Hinstorffs, 1932), p. 338. 該法案也賦予外交部長訂定任何國籍移民的配額，以及訂定進入暹羅的外國人必須持有的金錢數額，但外交部長從未使用這些權力。

13 Kenneth P. Landon, The Chinese in Thailand (New York: Institute of Pacific Relations, 1941), p. 213.

14 以當時與美元的匯率計算，二百泰銖的費用在一九三八年相當於八十八點一美元，但在一九四七年只等於八點三美元。

15 Victor Purcell, The Chinese in Southeast Asia (London, Oxford University Press, 1951), p. 197.

16 我們無法確切估計非法移民的數量。逃避費用的非法移民問題在一九三二年後才開始出現，並在一九三八年左右得到有效控制。移民局無法告訴筆者，它是否記錄了第二次世界大戰期間所有強制入境的 Chinese 勞工；毫無疑問，移民局正確記錄了許多這類移民，儘管海關官員沒有記錄。一九四七年，非法移民問題再次變得嚴重，但在一九五〇年得到了有效遏制。筆者判斷，未登記的移民人數在任何一年都不會超過幾千人，而且自第一次世界大戰以來，未登記的 Chinese 移民人數可以忽略不計。由於作者的估計未將非法移民計算在內，因此一九三二至一九四五年和一九四六至一九五五年的盈餘可能過低，每個時期低了一萬人之多。

17 Thailand Statistical Year Book (Bangkok, 1929/1930), p. 54; (1930/1931), p. 64; (1931/1932), p. 64; (1933/1934-1934/1935), pp. 102-103; (1935/1936-1936/1937), p. 70; (1937/1938-1938/1939), p. 67.

18 Report on China Trade (Shanghai, 1946).

19 曼谷移民局所提供的數字。

20 China Year Book (London: George Routledge, 1916); Report on China Trade (Shanghai, 1934, 1945); "Chinese in South East Asia", Far Eastern Economic Review, No. 13 (July 1952): 13.

21 Chen Han-seng, "The Present Prospect of Chinese Emigration", Isaiah Bowman, ed, Limits of Land Settlement (New York, Council on Foreign Relations, 1937), p. 140.

22 Lin Yu, "Twin Loyalties in Siam", Pacific Affairs, No. 9 (June 1936), 191; Lin Yu, "The Chinese Overseas", The Chinese Year Book (1937): 1249.

23 Sun Fang Si, Die Entwicklung der Chinesischen Kolonisation in Südasien (Nan-yang) nach Chinesischen Quellen (Jena, 1931), pp. 43-44.

24 Ch'en Su-ching, China and Southeastern Asia (Chungking and New York: China Institute of Pacific Relations, 1945), p. 9.

25 Hsieh Yu-jung, Siam Gazetteer, p. 242.

26 Hans Mosolff, Die Chinesische Auswanderung, p. 332.

27 Wilhelm Credner, Siam, das Land der Thai (Stuttgart, J. Engelhorns, 1935), p. 361-362.

28 Wilhelm Credner, Siam, das Land der Thai (Stuttgart, J. Engelhorns, 1935), p. 362.

29 Richard Kiliani, "Die Ausland Chinesen in Sudostasian", Ostasiatische Rundschau, No. 7 (August 1926): 148; Y. Tateyania, "A Japanese View of Thailand's Economic Independence", Pacific Affairs, Vol. 14 (December 1941), 469; Philippe Mullender, "L'Evolution recente de la Thailande", Politique Etrangere, Vol 15 (April/ May 1950): 230.

30 Kenneth P. Landon, "Thailand", The Annals of the American Academy of Political and Social Science, No. 226 (March 1943): 112; Erik Seidenfaden, "An Analysis of 'Das Land der Tai'", Journal of the Siam Society, Vol. 31 (March 1939): 96.

31 Thailand Statistical Year Book (Bangkok, 1939/1940-1944), pp. 96-97; Thailand, National Economic Council, Central Statistical Office, Bulletin of Statistics, Vol. 1 (1952): 1-4.

32 Lin Yu, "Twin Loyalties in Siam", Pacific Affairs, No. 9 (June 1936): 194.

33 Kenneth P. Landon, The Chinese in Thailand (New York: Institute of Pacific Relations, 1941), p. 209.

34 一九三七年人口普查之後，一位泰國官員於一九三九年二月首次宣佈，與 Chinese 結婚的泰國婦女無須登記為外國人，因為「根據 Chinese 法律，她們只有向 Chinese 內政部申請才能成為 Chinese。」Kenneth P. Landon, The Chinese in Thailand (New York: Institute of Pacific Relations, 1941), p. 61.

35 Sayam-nikon, 20 January 1940. 引自 Kenneth P. Landon, The Chinese in Thailand (New York, Institute of Pacific Relations, 1941), p. 231.

36 Chung-yüan Pao, 25 January 1952; Ch'üan-min Pao, 20 January 1952. 1951 年，官方外國人登記數字顯示在泰國有 1,147,084 名 Chinese 外國人。Thailand Statistical Year Book (Bangkok, 1953), p. 135.

37 這些數字是曼谷警察局外僑科所提供的。

38 曼谷外僑科所提供的數字。

39 Thailand Statistical Year Book (Bangkok, 1933/1934-1934/1935), p. 98.

40 Victor Purcell, The Chinese in Southeast Asia (London: Oxford University Press, 1951), pp. 197-198.

41 Wilhelm Credner, Siam, das Land der Thai (Stuttgart, J. Engelhorns, 1935), p. 361.

42 Kenneth P. Landon, The Chinese in Thailand (New York: Institute of Pacific Relations, 1941), p. 55.

43 Report on China Trade (Shanghai, 1928), p. 5.

44 Report on China Trade (Shanghai, 1927), p. 1.

45 League of Nations Bulletin, July 1936. 引自 Kenneth P. Landon, Thailand in Translation (Chicago, University of Chicago Press, 1939), p. 198.

46 作者沒有關於福建女性移民的具體數據，因為早期的福建移民與泰國人通婚，所以在曼谷的福建女性移民人數從來不多。不過，福建人的比例肯定比海南人的更接近正常，也可能與潮州人的相似。

47 Kenneth P. Landon, The Chinese in Thailand (New York: Institute of Pacific Re ations, 1941), pp. 199-200.

48 A 區指三藩他旺、炮台 (Pomprap)、挽叻等區，都位於 Krungthep。B 區指吞武里所屬的吞武里和空訕兩區，以及 Krungthep 的巴吞旺、拍那空和然那哇等區。C 區指 Krungthep 的律實和披耶泰，以及吞武里的挽谷艾、挽谷蓬、挽坤天、帕是乍能和 Talingchan 等區。

49 德國作家勒加塔斯和克列德納在一九一八至一九三一年移民潮高峰期或之後不久寫到曼谷時，分別估計 Chinese 佔曼谷人口的 65% 和百分之六十。見 Legatus, "Die Chinesen in Siam; ein ausschnitt aus demchinesichen Problem der Gegenwart", Preussische Jahrbücher, No. 215 (1929): 282; Karl Helbig, Am Rande des Pazifik, Studien zur Landes und Kultur-kunde Sudostasiens (Stuttgart, Kohlhammer, 1949), p, 164. 我們可以預期，一九三二年以後 Chinese 人口比例呈現下降趨勢，一九四五年達到不足百分之五十的低點；戰後 Chinese 人口比例再次上升，一九四八至一九四九年達到約百分之五十五的高點，之後人口比例開始下降，目前仍在下降中。

50 調查中引用的所有數據均見於 Thailand, Central Statistical Office, Economic and Demographic Survey (Municipality of Bangkok, 1954,1955).

51 所提供的所有統計數字和估算值均與截至一九五四年的市政區域有關。一九五五年，Krungthep 市區面積擴大，增加了五十一點三平方公里，截至一九五五年十二月的登記數字也僅涉及前市政區域，Economic and Demographic Survey 的結果也是如此。

52 Chung-yüan pao, 25 February 1952.

53 廣西人是對廣西省移民的稱呼，通常在西江以南，他們講廣東方言，從廣東南部的北海港移民過來。

54 Chung-yüan pao, 3 March 1952.

55 Min-chu Jih-pao, 27 December 1951.

56 Kenneth P. Landon, The Chinese in Thailand (New York: Institute of Pacific Relations, 1941), p. 202.

57 M. V. Del Tufo, A Report on the 1947 Census of Population, Malaya. Comprising the Federation of Malaya and the Colony of Singapore (London, Crown Agents for the Colonies, 1949), pp. 292-295. 根據此書第三十六表的數字計算出來。

58 Lin Yu, "The Chinese Overseas", The Chinese Year Book (1937): 1250.

59 Kenneth P. Landon, The Chinese in Thailand (New York: Institute of Pacific Relations, 1941), pp. 201-202.

60 Y. Tateyania, "A Japanese View of Thailand's Economic Independence", Pacific Affairs, Vol. 14 (December 1941): 469.

61 Hsieh Yu-jung, Siam Gazetteer (Bangkok: Nan-hai t'ung-hsün-she, 1949), p. 293; Hsieh Yu-jung, Revised Siam Gazetteer (Bangkok: Yi pao-she, 1953), p. 309.

62 G. William Skinner, Report on the Chinese in Southeast Asia, December, 1950 (Ithaca: Department of Far Eastern Studies, 1951), p. 80.

第七章

利益衝突：一九三八年 Chinese 在泰國社會的生活

第一節　Chinese 與泰國經濟

稻米、木材、錫和橡膠是泰國的四大產品，在回顧一九一〇年至一九三八年期間，佔泰國出口總額的百分之八十五至九十。[1]因此，我們不妨先總結一下，Chinese 在這些主要產品的經濟過程所扮演的不同角色及其變化。

在碾米業方面，Chinese 鞏固了他們的地位。到了一九一九年，歐洲人擁有的碾米廠不是賣給了 Chinese，就是關閉了。[2]在那一年，全國六十六家大型碾米廠中，有五十六家是 Chinese 擁有的，而其餘的十家都是由 Chinese 經營的。[3]在接下來的十年間，僅曼谷的大型碾米廠就增加到七十一家，其中一些碾米廠採用電力和汽油發動機，而不再是普通的蒸汽機。[4]然而，在回顧期間，碾米業最重要的發展，也許是在曼谷以外的產米區建立的小型碾米廠。在主要商業水道未通達的地區興建鐵路和公路，促進了各府碾米業的擴展。這使得大米可以運往曼谷出口，但陸路運輸的成本較河運為高，因此在經濟上有利的做法是，於運送前在供應來源附近碾米，以減少重量和體積。這種發展因經濟蕭條而停止；其在一九三〇年代之前的規模可見於表 7-1。這些府級碾米廠大部分的日產量為三十至四十噸稻谷，而曼谷大型碾米廠的產量為一百至二百噸。它們至少有百分之八十是由Chinese所有。一九三〇年，日本方面估計Chinese在暹羅碾米業的資本投資為五千萬泰銖。[5]

即使是在一九二〇年代末碾磨能力擴張之前，碾米廠的數量相對於泰國的稻米總產量來說也是過多的。一九二九年，過度擴張導致幾家碾米廠倒閉，碾米廠代理商也採取了更積極的措施，向Chinese稻米經銷商爭取供應。出口大米的價格在一九二五年至一九二九年的五年期間平均為每擔七點二銖，在一九三〇年至一九三四年間[6]則下降至平均每擔三點五銖，使不利的情況進一步惡化。在經濟衰退期間，碾米廠經常關閉，一九三七年的總碾米能力比一九二九年低一些。由於某些原因，廣東人碾米廠受到的打

表 7-1 1919 年 -1929 年全泰國碾米廠的增長數量（不包括曼谷首都）*

地區	於 1919 年前建立	於 1919 年 - 1925 年建立	於 1926 年 - 1929 年建立	1929 年前建立的總碾米廠數量
下部	37	107	95	273
東南部	5	37	54	102
中部	2	28	49	80
西南部	3	13	57	73
南部	7	5	14	28
東北部	2	3	22	27
北部	0	5	5	10
總數	**56**	**198**	**296**	**593**

* 資料來源：1929 年的 Commercial Directory for Siam, 第 92 頁。最後一欄包括 43 家建立數據未明的碾米廠。

擊最大；到一九三七年，曼谷只剩下四家廣東人碾米廠，碾米業實際上已成為潮州人的壟斷行業。世界米價下跌也對 Chinese 稻米經銷商造成壓力，他們在一九三〇年代的複雜經濟活動，成為民眾不滿和政府的關注對象。

在木材方面，一九一〇年至一九三八年間變化不大。歐洲公司繼續控制木材業務，僱用當地的非 Chinese 勞工。一九二四年，曼谷的九家大型的現代化鋸木廠，有三家是 Chinese 公司；到一九四〇年，一家 Chinese 鋸木廠和一家歐洲鋸木廠倒閉。[7] 然而，所有鋸木廠的勞工幾乎都是 Chinese。一九二〇年代，海南人在曼谷和北暹羅經營的眾多小型鋸木廠開始引入蒸汽鋸木機。然而，到了一九三〇年代，木材零售業幾乎被潮州人壟斷，而 Chinese 所佔據了相對較小部分的柚木出口貿易則由廣東人控制。歐洲公司繼續控制西方市場的柚木出口。[8]

在南暹羅的錫礦業，引入挖泥機嚴重影響了 Chinese 在該行業的地位。普吉的一家澳洲公司於一九〇七年首先採用挖泥機；到一九二一年，共有十三架挖泥機投入使用，到一九三七年，增加至三十九架。[9] 儘管 Chinese 礦工缺乏資金購買挖泥設備，因此只能採用露天開採或礫石泵送方式，但他們在一九二〇年代和一九三〇年代仍保持或擴大了產量。一九二九年左右，西方挖採公司的產量首次超過 Chinese 小型錫礦的產量，到一九三七／一九三八年度，西方公司的產量約為Chinese非挖採方式錫礦產量的一點七倍。[10]所有錫礦，無論是由Chinese或西方人擁有，其勞動力仍然以Chinese為主。一九三七年的人口普查顯示，有七千五百五十一名Chinese和八千九百六十六名泰國人在暹羅從事採礦業，[11]但後者絕大多數幾乎肯定是ethnic Chinese。大部分的礦工是福建人和客家人，雖然在某些地方也有其他語言族群的礦工，特別是廣東人。然而，購買和出口Chinese礦場生產的礦石的商人，則完全是福建人和客家人。一九〇七年，總產量的一半左右由Chinese在當地冶煉，但十五年後，面對馬來亞冶煉廠的競爭，冶煉業幾乎癱瘓。到一九三〇年，泰國的所有出口都是以礦石形式，其中超過百分之九十直接輸往馬來亞。[12]在這段期間，西方在錫礦業的資本投入遠遠超過Chinese的資本投入，礦業經營的擴張導致Chinese勞動力就業機會增加，而Chinese錫冶煉業則完全絕跡。

橡膠於第一次世界大戰期間首次在泰國生產，到本回顧期間結束時，橡膠已經成為泰國第三大出口商品，僅次於大米和錫。[13]與同期的錫不同，橡膠產業在各個層面上都是一個以Chinese為主的行業。一九三〇年代，只有兩個種植園由西方公司控制，[14]大部分產量來自Chinese的小種植園。生產是由來自馬來亞的Chinese移民開始，那裡的橡膠工業條件較差。第一次世界大戰後，產量隨世界價格變化而下降，一九二〇年代經濟繁榮時有所回升，其後又隨著經濟蕭條的出現而下降，一九三三年後有所恢復。一九三五年至一九三九年期間，橡膠佔泰國出口總值的百分之十二點九。

一九三〇年代後期，大部分的橡膠種植者和採膠者，總人數估計為七萬人都是客家人，但潮州人和福州人——來自福州和其內地的移民——也佔了一定的數量。一九三〇年代，Chinese 持有的橡膠樹通常少於三千棵，但即使如此，Chinese 的平均持有量仍多於泰國或馬來種植者。小膠園主通常以生膠板形式將橡膠賣給橡膠商，而橡膠商則大規模地進行煙燻，但一些較大的 Chinese 種植者也會自己煙燻。橡膠商，無論是購買生膠還是煙燻膠板，也會對它們進行分類、分級、包裝和出口。從一開始，他們幾乎都是福建人。

到一九三〇年代末期，泰國四大產品的種族分工如下：泰國人幾乎生產所有的稻米，在錫礦場提供一小部分勞動力，與馬來人一起從事一些橡膠的種植和開採，以及與緬甸人和北暹羅的某些山區民族提供森林工作的勞動力。西方資本和企業技能在柚木業最為重要，西方公司擁有超過五分之四的森林採伐權，擁有大多數的大型鋸木廠；在錫業方面，西方公司擁有錫礦開採權，其產量遠超過總產量的一半。然而，在大米的運輸、加工、零售和出口；橡膠的生產、加工和出口方面，Chinese 的資本和企業技術佔了絕對優勢，而在木材的加工、零售和出口；錫的生產和出口方面也很重要。Chinese 也為以下方面提供了絕大多數的勞動力：錫的開採；橡膠的生產；大米、木材和橡膠的加工，以及在碼頭處理這四種產品的出口。

除大米之外，泰國其他幾種主要的食品，在這段期間和回顧期間前的幾十年一樣，大部分都是由 Chinese 生產和銷售的。這類產品包括豬肉、魚和魚製品、市場蔬菜和糖。豬肉是 Chinese 和泰國人的主食，在一九三八年前，幾乎都是由 Chinese 生產、屠宰和零售。泰國人厭惡殺生，阻止了他們進入豬肉行業，截至一九三八年，政府還沒有採取任何措施。到一九三〇年代，沿海捕魚業主要由 Chinese 企業家經營，他們提供船隻和設備，但僱用泰國人、馬來人以及 Chinese 船員。Chinese 商人購買這些魚，在當地新鮮售賣，或將這些魚曬乾後出口到國外銷售。在一九三〇年代末，每年的商業魚產量估計為二千五百萬泰銖，而一九三六／一九三七年度單單是鹹魚出口價值就已經超過二百萬泰銖。[15]各種魚醬和調味品也幾乎完全由 Chinese 生產。市場蔬菜仍然掌握在 Chinese 手中，繼續擴展以滿足不斷增長的城市人口需求。在回顧期間，食品生產方面最重要的發展，是第一次世界大戰後萬佛歲府製糖業的復興。一九二〇年代初，蔗糖產量接近十九世紀的最高峰一八五九年的一半。[16]一九二七年，蔗糖被徵收特定的進口稅，並在一九三一年和一九三六年提高了進口稅。新受保護的產業在一九三〇年代穩步擴張。大部分的甘蔗是在 Chinese 種植園種植，並在 Chinese 擁有的小型、簡陋的糖廠加工。[17]

在一九一〇年之後的三十年間，Chinese 提供了泰國百分之六十到七十五的技術和非技術的非農業勞動力。其餘的勞動力供應，依次序為泰國中年男性、泰國女性和泰國年輕男性（這裡不包括在森林採伐地工作的山區部落）。[18] Chinese 非技術勞工的主要類型是工廠工人（大米、木材、橡膠、糖）、碼頭工人（包括駁船船員）、礦工、建築工人（公路、鐵路、建築）、人力運輸工人（人力車、馬車夫、挑夫、河船工）和家庭傭工。大蕭條之前，非技術 Chinese 勞工每天工作八到九小時，賺取約一銖，即約四十四美分的工資，但在一九三〇年代，工資下降到零點八銖，每週工時從五十小時到五十四小時不等。在計件工作制下，Chinese「苦力」的工作時間通常更長，一個月的收入可能是日工數倍。一般而言，與鄰近國家相比，泰國的工資水平較高。[19]然而，工作非常辛苦，勞動條件非常惡劣；許多沒有技能的 Chinese 工人為了減輕疼痛和疲憊，只好吸食鴉片。

Chinese 技術勞工（機械工人、木匠、手工藝者、各類技工、工頭及辦公室文員）的一般工作時間較短——辦公室文員的工時低至每週四十四點五個小時——且工資較高。表 7-2 列出了其代表性的工資情況。

泰國只有在近代才出現勞工運動或政府勞工政策。十九世紀末二十世紀初的勞工短缺問題在一九〇三年左右得到糾正後，以及一九三〇年代初暹羅感受到經濟蕭條之前，罷工非常罕見，而且通常都是在沒有政府干預的情況下得到解決。在一九三二年君主專制政體結束前，泰國政府管理勞工的措施不多，其中一項便是於一九一三年制訂若干管制人力車伕的措施，因為人力車伕數量眾多且隨處亂跑，造成曼谷街道滋擾。人力車夫必須登記，支付零點零三泰銖的執照費，執照只發給身體健康、年齡介於十八到四十歲、懂得泰語並能聽從指示的人。[20]

鑾巴立．瑪努貪（後來稱為乃比里．拍儂榮）及其一九三二年政變的共同策動者，一執政就發現其在勞工問題上處於進退兩難的境地。在一般情況

表 7-2 1930 年 -1937 年 Chinese 技術工人的代表性工資 *

	平均每日工資（單位：銖）		
	1930/1931 年度	1933/1934 年度	1936/1937 年度
製帆匠	1.25	1.00	1.00
木匠	2.00	1.45	1.45
鐵匠	3.00	2.52	2.45
	平均每月工資（單位：銖）		
工頭	90.00	70.00	71.00
舵手	35.00	31.50	31.50
辦公室文員	95.00	71.00	64.87

* 資料來源：“Wages in Siam, 1930-31” 1933, 951; “Labor Conditions in Thailand” 1944, 1174.

下，鑾巴立領導的人民黨左翼可能會支持勞工事業。然而，人民黨的政綱之一是改善泰國人民，而不是外國人的經濟條件，而且人民黨在最初的宣言承諾要解決失業問題。失業者主要是泰國人，因為找不到工作的 Chinese 通常會返回 China。新政府希望為失業的泰國人找到工作，長遠來說，企圖在某些行業以泰國人取代 Chinese 勞工，故新政府自然不會採取行動加強 Chinese 勞工。這個問題在政變後的兩年內達到了緊要關頭，因為人民黨大肆承諾改善經濟，以及經濟狀況不斷惡化，引發了一輪包括 Chinese 勞工在內的罷工潮。

最早一次的罷工發生在一九三二年八月，當時曼谷的人力車伕聯合起來，要求人力車承包商提供更好的待遇和更低的租金。申訴雙方都是 Chinese，在中華總商會的調停下，雙方達成協議，政府只作出了象徵式干預。同月的另一場罷工是由 Chinese 染布女工引起，資方接受了勞方所提出的條件，因為繼續停工會導致用作染料的漿果變壞，造成 Chinese 僱主巨大損失。[21] 一九三二年和一九三三年的其他罷工，就像剛才提到的兩次一樣，完全是 Chinese 的事情，或者完全是泰國人的事情。然而，一九三四年初發生的兩次罷工卻迫使政府作出干預。

在泰國歷史上最大規模的碾米廠罷工，碾米廠工人要求更高的中國農曆年終花紅，要求政府干預，以愛國的陳腔濫調呼籲公眾輿論支持。政府出面干預，但行動緩慢，未能阻止暴力的爆發，而當中國農曆新年隨時間過去，才使騷亂的直接動機消除。在罷工期間，碾米廠工人中的少數泰國人向政府請願，要求保證碾米廠僱用一定比例的泰國工人。[22]最後，罷工失敗了，政府將其中七名組織者驅逐回 China。第二年，政府通過了一項法律，規定碾米廠必須僱用至少百分之五十的泰國工人。[23]

在碾米廠罷工解決之前，政府擁有鐵路公司的員工，為爭取更好的工作條件和減少管理層的專橫管理而罷工。罷工者由泰國人和 Chinese 組成，他們要求政府干預，以及披耶拍鳳總理親自提供保證。披耶拍鳳任命軍官暫時管理鐵路，成立委員會研究罷工者的不滿。工作得以恢復。罷工最重要的結果是泰國人逐漸取代了許多 Chinese 勞工，尤其是罷工領袖。另外兩次的 Chinese 罷工都以失敗告終，一次是曼谷計程車司機於一九三四年十二月要求提高工資的罷工，另一次罷工是二百名在惹拉的礦工於一九三六年八月要求恢復被削減的百分之十薪資。幾年後，政府通過了一項法律，規定只有泰籍國民才能駕駛計程車。[24]

早在一九三四年，Chinese 就清楚知道政府主要是出自民族主義才關注，導致這個結論的不僅是政府對涉及 Chinese 罷工的處理手法。當時眾所周知的是，政府長期計劃的要點，是驅逐外國人在泰國經濟中的主導地位。因此，在一九三〇年代的餘下時間，Chinese 罷工的次數很少，Chinese 工人也從未再向政府提出干預的訴求。不言而喻，政府的政策不利於成立跨種族的工會。此外，從泰國的角度來看，只要大部分勞動力是 Chinese，改善和標準化工作條件的勞動立法就幾乎沒有迫切性。一九三八年初，一項全面的勞動法提交給泰國國會，但卻以令人驚訝的六十二票對二十八票而被否決。[25]

拍鳳政府（一九三三年至一九三八年）的民族主義前提，在其對國家經濟商業方面的管理上也同樣明顯。自一九一〇年以來，Chinese 對泰國商業的控制有所加強，到一九三〇年代，Chinese 估計佔「商業階級」的百分之八十五，掌握了泰國百分之九十的商業和貿易。[26]泰國民族主義者對此情況強烈反感。事實上，他們中的許多人都有反感的原因。在一九二〇年代後期，由於他們無法在政府服務獲得晉升，或甚至在巴差提扑王經濟改革時被直接解僱，他們嘗試經商，但面對 Chinese 競爭和限制性的慣例，他們往往以失敗告終。儘管在一九三二年奪取政治權力的民族主義者團體，強烈希望泰國人能在商業領域中建立地位，但他們卻不得不慢慢進行。第一個具體的預兆是一九三四年另一個曼谷商會成立，該商會的會員資格僅向泰國公司開放。有趣的是，許多會員公司是由泰籍 Chinese 所擁有。一九三六年十一月頒佈了《商業登記條例》，旨在將商業活動納入政府管制範圍。該條例規定商業公司必須註冊，否則最高可處罰五百泰銖，並規定每個商業招牌都必須印有泰文名稱，或至少將外文名稱音譯為泰文。登記表格要求提供商人的種族和國籍資料。[27]

在泰國民族主義者的角度而言，隨著農民感受到經濟蕭條的影響，在泰國境內的Chinese商業活動變得特別重要。人們普遍認為，Chinese商人、稻米經銷商和其他中介商剝削農民，他們從內地銷售的進口商品中獲取過高的利潤，以高利率放貸，並利用農民的貧困狀況，不公平地收購稻米，總而言之，「暹羅農民和負債人的大部分麻煩都歸咎於Chinese放債人和中介商」。[28]正如雅谷比（Jacoby）所指出的，[29]關於這個問題的文獻非常矛盾。一九三〇年至一九三一年，金默曼（Zimmerman）在暹羅農村進行了廣泛的經濟調查，他對稻米銷售問題的表述如下：

當地的稻米經銷商通常擁有許多倉庫，用以存放稻米，當曼谷的市場價格上漲時，這些稻米就會賣給碾米廠或稻米經銷商。這提供了投機米價的機會。通常他們會借錢給農民，收取稻米作為利息而非金錢……一般而言，除了當地經銷商所提供的價格外，農民並不知道任何米價……由於農民不知道市場價格，中介商在遠離市場的農區經常能夠以低價收購稻米，使他們能夠獲得很高的利潤。有些農民處於長期貧困的情況，往往被迫在收成後馬上賣掉稻谷，在這種情況下，中介商往往會以低於曼谷的價格購買。農民並未想出自救的方法。

情況也有另一面。稻谷收購業的競爭非常激烈。稻谷收購商有好幾百家，他們都想盡辦法獲得更高的利潤。他們只能做的是收購大量的稻谷並以有利的價格出售。因此，他們互相競爭，壓低了業務利潤。由於營運成本非常低，普通的稻谷經銷商可以承受低利潤購買。稻谷經銷商和他們的家人一般都住在船上，所有成員都工作。經營一艘船的成本不高。稻谷經銷商一般在競標時，被迫支付相對於曼谷價格而言較高的價格。此外，經銷商可能會在價格高時買入，而在價格低時被迫賣出。他在購買稻谷時投入了資金，這筆資金的利息高昂，平均利率可能不低於百分之十至百分之十二。稻谷經銷商也沒有自救的方法。[30]

在泰國政府和哈佛大學的共同支持，安德魯斯（Andrews）於一九三三年至一九三四年進行了第二次暹羅農村經濟調查。正如所料，他發現暹羅農村的商店經營和區域貿易一般都是由 Chinese 進行。[31]他對於 Chinese 在農村信貸和稻米營銷中所扮演角色，作出了值得廣泛引述的結論：

本調查發現，Chinese 主要是商人，其次才是放債人。Chinese 似乎更喜歡完全以現金進行商業交易：但在那些慣於賒銷的地區，他們也會賒銷商品，有時候也會借錢給那些與其熟絡，而又無法從其他地方獲得資金的農民。如果農民聲譽良好，就可以向 Chinese 借錢，利率遠低於法定限額，甚至在一些農民聲譽不佳的情況，利率仍然低於法定限額。暹羅農民——特別是其妻子——比 Chinese 更熱衷於放貸，希望獲得高額利潤。當他們放債時，Chinese 認真按規則堅持訂立書面合約，載明抵押品和利息，但他們不像暹羅人那樣經常要求非法利率。另一方面，Chinese 和暹羅人都經常借錢給親戚好友而不索取任何利息。

Chinese 稻米經銷商和買家在其交易中，有時可能也會賺取一些非完全合法的利潤；但必須記住，他們的生意要求在運送稻米時付出非常辛勤的勞動，並且需要具備在缺乏曼谷米價最新資訊的情況下報價的能力，以在與其他中間商的競爭中佔據優勢，同時還能確保有利潤。這種交易有時難免會導致超過公平的利潤，但這種情況似乎並不常見。實際上，在一些案例中發現，農民甚至能在交易中占到中間商的便宜。例如，與同一位稻米收購商長期合作的農民，通常會在米價高昂時向收購商借用稻米作為糧食，而在收穫後米價較低時無息償還。[32]

雅谷比對這兩項調查的結果（如前引述）都提出了批評。關於金默曼的觀點，雅谷比認為，

「只要農民之間爭取更高現金預付款的競爭大於大米收購商的競爭，泰國農民無法利用中介商的競爭，提高大米的銷售價格。」至於安德魯斯的研究，雅谷比懷疑它是否正視了「真正的問題：Chinese 稻米經銷商向暹羅農民預付的款項和隨後對最終價格的決定」：

預售中信貸和採購相結合，通常是在收成前五個月，不利於困苦的農民生產者，顯示了真正的債務問題。這比單純的放債人業務重要得多……銷售問題與現金問題密切相關。只要農民急需現金，接著負債，他們就會受到任何中介商（不論其國籍如何）的擺佈。在暹羅，中介商碰巧是 Chinese，他們的存在只是當時條件的一種商業職能，繼續存在是受到當時條件的支持，但大眾認為這種條件已幾乎不能再容忍了。[33]

在回顧期間，泰國政府採取了合理的態度，認為只有通過長遠的經濟規劃，才能改善農村貿易和信貸中普遍存在的「無法容忍狀況」。為了打破以內陸 Chinese 貿易商和稻米經銷商為起點，以新加坡和香港的 Chinese 大米進口商為終點的貿易網絡，泰國政

府建議疏浚湄南河河口的障礙物，並開發曼谷港口，以容納大型遠洋輪船。政府認為，這將為年輕的泰國商人提供在曼谷從事大米貿易的機會，使他們最終能夠在國內擴展業務。這項工程於一九三〇年代開始動工，但在第二次世界大戰期間仍遠未完工。為了讓年輕的泰國人掌握在曼谷和各府從事貿易的技能，政府建議廣泛擴展和修訂教育體系，並將重點放在職業和商業培訓上。一九三〇年代在這些方面取得了長足的進展，但在一九三八年前，對商業領域的影響仍然甚微。

第三，為了解決農業信貸的問題，包括租賃、債務和利率，政府對合作社運動寄予厚望。[34]第一個信貸合作社成立於一九一六年，但在君主專制統治下，合作社運動的進展不大：一九三二年，全國只有一百五十個合作社。然而，在一九三二年政變後，透過政府的倡議，這個運動在一九三〇年代迅速擴展，直到一九四一年已有二千八百五十一家信貸合作社。這些信貸合作社的資金幾乎完全來自政府。順帶一提，這種安排不利於當地資本的調動。特別是，成員的精心挑選（通常僅限於自耕農）意味佃農和貧困農民普遍不能從這場運動受惠。整體而言，在第二次世界大戰前，政府改變農村貿易和信貸模式的長期措施，對 Chinese 的地位沒有什麼影響。

一九三〇年代，Chinese 匯款回 China 的問題是另一個引起泰國政府嚴重關注的經濟問題。早在十九世紀末二十世紀初前，匯款就已定期匯往 China，但直到經濟大蕭條和泰國民族主義革命政府上台後，才充分意識到匯款對泰國經濟的重要性。在這段期間，Chinese 匯款主要是透過曼谷和其他主要城鎮的專門店辦理。比方說，一個人想把錢匯給他在汕頭的家人，就把泰銖款項交到銀行或商業公司的匯款店或匯款局，並附上一封給收款人的信，信中註明匯款的數額。每隔一段時間（一週至一個月不等），匯款店會把累積的匯款信一起寄到汕頭，再將收到的款項扣除手續費後，通常以港幣或 Chinese 貨幣的形式匯到其 China 的分行。匯款店的毛利來自費用、實際匯款前託付金額的利息，有時也來自匯率的波動。[35]與進出口行有關連的匯款局經常把收到的錢轉換成商品（通常是大米），然後以這種形式把錢寄到汕頭。當曼谷匯款店的分行在汕頭收到信件、金錢或貨物後，便會派遣代理人到潮州的各個鄉鎮送信和現金。收款人隨後會寫信確認已收到款項，這封回信會由匯款公司傳送到曼谷，並交付給原匯款人。

要知道，在泰國出生、從未到過 China 的 Chinese 很少匯款。經常匯款的通常是在 China 出生的移民，他們離開故鄉的時間通常不超過十年。特別是在一九三〇年代以前，大多數在當地出生的 Chinese 都處於同化的過程中，與家鄉的聯繫非常薄弱。在回顧期間，定期匯款到 China 的人數可能從未超過十五萬人。當然，大多數的匯款都是用來供養在China的家人，如果金額較大，則用於擴大家族的土地或年幼親屬的教育。與China有商業聯繫的商人也會因各種原因進行匯款：在China進行資本投資、購買運往暹羅的貨物、作為儲蓄存款等等。[36]

Chinese戰前年代從暹羅匯出的總金額可能永遠無法準確得知。文獻中提到的最早估計是「一位在東方事務上著名的作家」對一九一二／一九一三年度的估計：二千六百萬泰銖。然而，泰國政府後來的財務顧問愛德華．庫克爵士（Sir Edward Cooke）在進行收支平衡的計算時，認為先前的估計甚至誇大了一九二五／一九二六年度的實際金額。[37]一位泰國人對一九一六年三千萬泰銖[38]的估算肯定更加誇大了。雷默估計一九三〇年的金額為二千萬港元（一千五百萬至一千六百萬泰銖），[39]這可能更能反映真正的金額。泰國一九三〇年代末的財務顧問多爾（Doll）於一九三九年寫道，[40]「考慮到其他外國利益在暹羅的重要性，以及儘管Chinese匯款在過去兩年有大幅增加的空間，但很難看到Chinese匯款如何能每年平均超過二千萬泰銖的。」

表7-3列出了一九二六年至一九三五年間，Chinese對於匯入或匯出汕頭的匯款的三組估計數字。這些數字最初來自在汕頭從事匯款或銀行業務的Chinese。[41]表7-3列出劉新華對所有東南亞匯款至汕頭的數字（最後一欄），以顯示其他數列可能被誇大的程度。

上述雷默和多爾的估算只有與劉新華的數列對比，才有意義。從暹羅匯往 China 的匯款絕大多數都經過汕頭，而現有的比較數字顯示，在匯抵汕頭的匯款總額，源自暹羅的部分從未超過百分之四十。[42]

總括而言，在回顧期間，Chinese 從暹羅匯出的款項在任何一年都不會超過二千萬泰銖至二千五百萬泰銖，而且每年平均數可能遠低於二千萬泰銖。匯款數量的趨勢比其絕對數量更為明確。第一次世界大戰之後，以泰銖計算的暹羅匯款在一九二八年至一九三〇年間逐步上升至高點，隨後在經濟衰退期間急速下降至一九三五年的低點，之後匯款量再度回升。

表 7-3 1926 年 -1935 年經過汕頭的估計匯款數 *

	由暹羅匯回汕頭的匯款（百萬）				由整個東南亞匯回汕頭的匯款（百萬）
	陳春波的估計數		謝猶榮的估計數		劉新華的估計數
	港元	泰銖	港元	泰銖	港元
1926 年	-	-	-	-	19.03
1927 年	15.5	17	-	-	19.65
1928 年	34.6	38	-	-	19.80
1929 年	34.2	34	-	-	23.04
1930 年	33.2	24	40	28	29.61
1931 年	19.9	12	35	22	17.84
1932 年	16.8	11	32	21	12.13
1933 年	14.9	11	27	20	-
1934 年	-	-	20	18	-
1935 年	-	-	15	14	-

* 資來源見附註 41。

從這裏對 Chinese 在泰國經濟地位的簡要描述可以明顯看出，Chinese 在泰國貨幣收入佔了很大的比例。Chinese 在暹羅花費、投資、貢獻泰國收入或匯出國外款項的比例是無法確定的，但有些比較數字是有啟發性。在一九一〇年至一九三八年間，政府單從鴉片專賣局賺取的收入，每年就有八百萬至二千三百萬泰銖不等，平均為一千四百九十萬泰銖。[43]這樣看來，如果把其他費用和稅收也計算在內，Chinese 對政府收入的總貢獻，至少相當於他們匯回 China 的款項。卡里斯（Callis）估計外籍 Chinese 在暹羅的投資額為一億至一點二億美元（即約二點二億至二點七億泰銖）。[44]英格南（Ingram）簡單概括此事：

> 在泰國投資的資金，大部分是來自於在泰國再投資的利潤。Chinese 擁有的資本尤其如此。匯款不能被視為淨流失，因為如果不允許匯款，也就不會有投資。[45]

到目前為止，Chinese 的大部分收入很可能仍留在泰國。

第二節 Chinese 教育

第一次世界大戰之後，新型的 Chinese 社區學校（其創辦情況敍述於第五章）越來越受歡迎。全暹羅的 Chinese 學校數目在一九二五年增至四十八所，一九二八年增至一百八十八所，一九三八年則增至二百七十一所。[46] 一九三二年，Chinese 學校共有七千七百二十六名 Chinese 學生。[47]

這種擴展雖然夠迅速，但與其他國家的 Chinese 教育相比，顯得極為遜色。一九三一年，荷屬東印度約有六百所 Chinese 學校，學生超過三萬人，一九三三年，馬來亞 Chinese 社會擁有超過三百七十所 Chinese 學校，學生近二萬五千人。[48] 根據一九三一年至一九三二年[49] 這些國家 Chinese 人口的最佳估計計算，在東印度約每四十三名 Chinese 就有一人在 Chinese 學校就讀，在馬來亞約每六十八名 Chinese 就有一人在 Chinese 學校就讀，而暹羅的相應數字僅約為每二百人中就有一人在 Chinese 學校就讀。

直到一九三〇年代早期，暹羅的 Chinese 教育發展相對較差的原因有幾個。首先，一九三一年，馬來亞大約百分之六十八的 Chinese 是在 China 出生的，而暹羅的相應數字——假設前面提出的模型是正確的話——大約是百分之四十六，[50] China出生的父母自然比本地出生的父母更希望接受Chinese教育。第二，有相當多的證據顯示，在二十世紀的前幾十年，馬來西亞的Chinese比暹羅的Chinese更進步、更有革命精神。他們生活在歐洲殖民地，受到更強大的西方影響，而正是馬來亞和東印度Chinese，為孫中山的革命運動提供了主要的海外Chinese支持。由於廣東人是卓越的革命者，普遍被認為比其他語言族群更容易接受西方方式，因此他們在馬來亞和東印度Chinese中所佔的比例比在暹羅的高得多。當然，馬來西亞Chinese開始新學校的時間較早，擴展也較快。[51] 第三，也可能是最重要的一點，泰國政府對Chinese學校的控制和限制，遠比一九三〇年代初前馬來西亞殖民政府所做的要嚴厲得多。

泰國第一部影響Chinese教育的法律，是一九一九年一月頒布的《私立學校法》。該法案及其後的部級法規規定，所有由外籍人士設立的學校必須在教育部註冊；此類學校的校長必須接受教育部規定的中學二年級標準的教育；所有外籍教師必須學習泰語，並在任教六個月和一年後通過泰語考試；每週必須至少教授三小時泰語。[52] 這些規定並沒有單獨針對Chinese學校，事實上也是針對教會學校，但這些規定仍然震驚了Chinese，在Chinese報章上引起相當大的抗議和騷動；事實上，這項法律在整個南洋都是史無前例。然而，鬆懈的監管使得憤怒情緒降溫（至少在一九二一年《義務教育法》通過之前）。這項法律要求所有七歲——某些情況下是八歲、九歲或十歲——至十四歲的兒童至少上四年小學。他們只有在官立學校或私立學校就讀，才能符合法律規定，這些學校遵循泰國的正規課程，並使用教育部認可的書籍。[53]然而，這項法律將根據政府提供的免費教育資金，逐步在各府實施。在君主專制統治下，這項法律從未在曼谷和其他一些Chinese聚居地實施，因此在一九三二年前，它的主要作用是限制Chinese教育在特定邊遠地區的發展。

一九二八年，巴差提朴王正式訪問了曼谷四大語言族群所經營的學校，[54]巡視了南暹羅，對控制Chinese學校的問題印象深刻。結果，現行的法律被更嚴格地執行，並頒布法令，規定任何未通過泰語考試的人不得任教，即使是任教六個月也不行。在此之前，當地Chinese學校的教師通常直接來自China，但這種做法在任何程度上都不再可行。正是基於這項法令，政府在一九三〇／一九三一年度關閉了幾所Chinese學校。

Chinese教育真正嚴重的困難在一九三二年革命之後出現。新政府下定決心，所有兒童都應接受泰式教育，以培養他們成為對國家有用的公民。為此，一九三三年三月頒布的《教育政策》強調國家價值觀，《義務教育法》的規定首次適用於曼谷，對Chinese

學校的檢查一夜之間變得極其嚴格和強硬。這些舉措意味全國的Chinese學校只能將Chinese作為外語教授，而且每週最多只能教授七小時。Chinese社區的反應迅速而激烈。九位社區領袖起草了一份由六千多位家長和數百間商業公司簽名的請願書，要求增加教授Chinese的時間，並在Chinese教師發證方面給予更大的寬限。[55]政府的態度依然堅定，這件事成為遠東Chinese民族主義者的焦點。回顧過去，毫無疑問，泰國政府在執行政策時過於嚴格和不妥協，某些教育官員和督察人員故意與Chinese為敵。另一方面，暹羅和China的Chinese民族主義者不負責任地誇大了所發生的不公義行為，將謠言當作事實報導，採取了使泰國政府態度更加強硬的行動。[56]

為了遵守法律，Chinese學校可以只接受十歲以下及十四歲以上的學生，並依據一九一九年法令的規定辦學，或遵守一九二一年義務教育法的嚴格限制，以一般小學的形式辦學。為了維持其學生人數，大多數學校兩者兼用，[57]在過程中嘗試迴避法律的字面意義。據報導，在一九三三年三月至一九三五年八月期間，約有七十九所Chinese學校因違法而被關閉，[58]其中許多學校是各自城鎮或社區中唯一的Chinese學校。一九三六年，法律的執行有所放寬，政府也採取了一些措施來緩和民情，使情況正常化。[59]鑾巴立在一九三六年七月發表了一份聲明，其中部分內容如下：

China與暹羅之間的任何誤解，主要是由於缺乏認識及存在偏見所造成的……暹羅的《初級教育法》是多年前制定的，但是在最近才有效執行。教育部堅持執行的是，在Chinese學校和其他外國人擁有和管理的學校中，每週必須投入一定的時間教授泰語。當Chinese移民選擇在暹羅定居時，他們的子女自然應該接受當地教育，使他們有資格取得社會和政治地位，並承擔作為當地人民的責任。[60]

一九三六／一九三七年度頒布了一項新的《私立學校法》，更一致地界定了政府的立場，但除此之外，情況並沒有惡化。從一九三六年到一九三八年，泰化Chinese教育運動處於不穩定的休戰狀態。

政府運動最顯著的結果是，Chinese學校和學生的數目在一九三年至一九三四年間急劇減少。在一九三三／一九三四年度，共有二百七十一間Chinese學校，學生超過八千人。[61]此後，根據謝猶榮的統計，[62]每年的變化如下：

年度	學校數目	教師數目	學生數目
1934/1935	193	291	4,742
1935/1936	191	311	7,562
1936/1937	224	482	9,124
1937/1938	233	492	16,711

一九三七／一九三八年度是戰前暹羅 Chinese 教育發展的高峰期。

在一九二〇年代末期前，暹羅的 Chinese 學校大多僅限於單一語言族群。在曼谷，那些不是只由某一語言族群會館開辦的 Chinese 學校，則由單一語言族群（其語言作為教學語言）的學校委員會控制。只能支持單一 Chinese 學校的城鎮，經常因為使用的語言和語言族群在校董會中的代表問題而發生爭議。例如，在北大年，一九二三年的廣東人校長在中華學校校董會偏袒其語言族群的教職員，從而引起語言族群之間的激烈情緒，導致衝突發生，政府被迫關閉學校。[63]在由單一語言族群主導的城鎮，該族群的成員通常管理學校，決定教學所使用的語言；結果，其他族群的家長往往拒絕送子女上學。

在幾個較大的城鎮，語言族群的對立導致了兩所或更多學校的成立。在清邁，華英學校成立於一九一七年，以潮州話為教學語言，但在一九二〇年代中期，在教學語言上發生爭論，最後在一九二七年，海南人與客家人決裂，成立了以國語為教學語言的華僑學校。在程逸，海南人建立了第一所學校，名為啟民學校；在一九二七年至一九二八年發生類似的爭論後，潮州人建立了自己的學校，名為崇文學校，兼用潮州語和國語為教學語言。在一九二八年之前，喃邦和彭世洛都分別成立了潮州人學校和海南人學校。在呵叻，社區學校聯華由潮州人控制，而客家人和廣東人因語言問題而感到沮喪，於是各自成立學校。

在一九二〇年代末期，學校支持者之間的分歧在某些情況下因 Chinese 國家政治而惡化。有幾個辦學團體是國民黨的支部，儘管共產黨員於一九二七年在 China 被清洗後，這些組織大多仍然效忠於蔣介石，但他們學校的教師卻不一定會跟隨。正如一位 Chinese 作家在一九二八年所說：「雖然在暹羅首都的 overseas Chinese 學校教師中有很多國民黨員，但他們當中也有共產黨員。」[64]幾乎所有 Chinese 都認為，Chinese 學校政治是愛國主義的自然伴隨物。這個問題涉及宣傳的政治立場，這方面的爭論不利於許多社區 Chinese 教育的健全發展。

早期的學校從一開始就收取學費，但學費很少高到足以應付支出。主要的財政支持來自著名的商人或贊助協會的基金。有幾個城鎮收取非正式的商業稅充作學校經費。一九二一年之後，在清邁，Chinese 商人每租用一輛火車就向學校支付一筆款項。在北大年，對 Chinese 商人的進出口徵收從價附加稅。有些學校獲得 Overseas Chinese Affairs 委員會的資助，但由於委員會的登記規定相當嚴格，因此獲資助的學校數目有限。[65]

泰國最早的 Chinese 學校只招收男生。一九一七年由廣東人創辦的坤德（K'un-te）

是第一所 Chinese 女子學校。到一九二〇年，曼谷已有六所 Chinese 女子學校，但首都以外的 Chinese 社區很少有能力設立第二所女子學校。[66]女性教育的真正發展發生在十年後，當時大眾已接受男女同校。在暹羅，很少有 Chinese 學校提供四年級或六年級以上的教育。直到一九二〇年代中期，曼谷的幾所學校才開設初中部，課程涵蓋八或九年級。

直到一九二八年，Chinese 教育的整體水平仍然很差。曼谷一所 Chinese 學校的校長在該年寫的一封信指出，幾所 Chinese 初中水準比 China 高級小學好不了多少，而暹羅的高級小學只相當於 Chinee 較好的初級小學。「由於教育水準低，教育工作者在社會上沒有地位可言。海外 Chinese 並沒有意識到教育的重要性。」[67]

一九二八年 Chinese 國民主義革命的鞏固，和一九三三年以後泰國政府的控制使學校的性質發生了很大的變化。一九二八年至一九三〇年間，在 China 舉行了數次 overseas Chinese 教育會議（其中有暹羅代表出席）。[68]隨後，民族主義的教學內容顯著增加；孫中山先生在學校受到推崇，同時從 China 引入了沙文主義教科書。泰國政府當然非常反對這種趨勢，在一九三三年後大力限制 Chinese 教育。

大約在同一時間，使用國語（以北方普通話為基礎的語言）作為教學語言的運動得到了強大的推動。幾乎在每個城鎮，都是少數語言族群施加壓力，要求在學校使用國語。一些主要語言族群的領袖也基於愛國的理由而附和（國語是 Chinese national 團結的象徵和手段）。到一九三〇年，大多數只有一所學校的社區，甚至包括烏汶、彭世洛 和北欖坡等大城鎮，都已採用國語作為教學語言。在喃邦，海南學校與潮州學校於一九三二年合併，成立新的育華學校，以國語教學，甚至在曼谷由語言族群組織建立的學校也開始教授國語。儘管並非真正使用國語教學。

一九三〇年以後，另一個明顯的趨勢是新式女子教育的接受程度日益提高。到一九三四／一九三五年度，Chinese 學校中百分之三十九的學生是女生。[69]這一進展是由於男女同校教育越來越普遍。到了一九三〇年代末，按性別限制的 Chinese 學校在暹羅已經成為一種奇特的現象。一九三〇年代，中學教育也迅速擴展。由於泰國的限制性法律主要是針對小學，其嚴格執行間接刺激了 Chinese 中學的建立。泰國各地一直都沒有建立單獨的中學，直到一九三〇年代初，曼谷開設了三所中學。其中規模最大的是中華學校，由中華總商會於一九三四年創辦。在同一時期，較大內陸城鎮的幾所 Chinese 小學開設了初中部。

由於泰國政府的限制，學校必須更依賴在當地出生的 Chinese 和泰國教師。到回顧期間結束時，大多數 Chinese 學校聘用的泰籍教師多於 Chinese 教師。民族主義的教導只好被淡化，或以小規模的方式進行。由於教學時數有限，小學四年所達到的 Chinese 水準必然降低。一九三三年之後，Chinese 學校性質的強制改變，使得它們對 Chinese 商人的吸引力大打折扣，而 Chinese 商人此後也不再那麼慷慨地提供支持 Chinese 學校。因此，許多學校發現有必要增加學費。這個因素和其他因素一樣，導致一九三〇年代 Chinese 教育的發展相對緩慢。

從 Chinese 學校的總入學人數可以看出，即使是在一九三七／一九三八年度的高峰期，也只有少數的 Chinese 兒童就讀 Chinese 學校。當然，還有其他方式可以接受 Chinese 教育。富裕的商人通常會為他們的孩子聘請家庭教師，或者送他們去小班補習。根據法律，七人以下的班級不被視為學校，許多教師因為無法滿足政府對私立學校的就業要求，轉而為小班補習。有能力負擔的 China 出生的父母經常把他們的後代（尤其是兒子）送回其 China 故鄉接受教育。在緬甸、老撾或柬埔寨，極少數較富裕的商人將子女送往相對不受管制的 Chinese 學校，而對於南暹羅的 Chinese 來說，檳城和新加坡的 Chinese 學校是主要的吸引力。特別是在一九三三年之後，越來越多的富人子女被送往馬來亞和香港的 Chinese 學校就讀。然而，暹羅的大多數 Chinese 兒童從未獲得這些機會。

在暹羅，Chinese 家長唯一考慮的其他選擇是政府學校，和泰國或教會經營的私立學校，但在一九三三年後，這些學校很少教授 Chinese，甚至沒有 Chinese 的外語課。[70] 儘管教會學校與 Chinese 學校同樣受到政府的限制，但卻受到 Chinese 家長的歡迎，因為它們提供學習西方語言的機會、高品質的教學和嚴格的紀律。此外，其中一些還提供了出色的商業課程。泰國官立學校迅速擴展，但仍無法滿足泰國人口的需求。很少有第一代父母的子女在政府學校就讀，而更多的第三代或第四代子女一般都已經認為自己是泰國人。在第二次世界大戰結束之前，大多數 Chinese 兒童可能都沒有在泰國接受過正規教育。

在所述時期，泰國 Chinese 教育的悲劇，主要體現在泰國政府無法實現其本來值得肯定的目標。政府的目標是把 Chinese 兒童當作泰人來教育，以鼓勵同化。要做到這一點，合理的做法應該是提供有吸引力、有用且廉價的教育來替代 Chinese 學校的教育，即要有足夠數量的政府學校提供 Chinese 和歷史的教學，以及一般的泰語課程。然而，由於可用於教育的財政資源有限、缺乏訓練有素的人員，以及政府內部的極端民族主義情緒，這個方案變得無法實現。相反，教育部試圖把 Chinese 自己資助的學校改造成強迫同化機構。最終的結果是，泰國精英與 Chinese 之間的敵意和猜疑強烈加劇，Chinese

的族群情緒增強，遲緩了同化，而Chinese子女的教育價值有限，甚至完全沒有教育可言。一九三〇年代，人們普遍認為，在暹羅接受教育的Chinese子女既不能成為China的好公民，也不能成為泰國的好公民。

第三節　Chinese媒體與政治活動

革命後的暹羅Chinese希望得到在北京的中華民國政府保護，但由於China內部的不和與衰弱，他們的希望落空了。在第一部《泰國私立學校法》通過後，這個問題出現了轉機。一九一九年四月，暹羅的主要Chinese人士和組織向「合法」的，由北方軍閥控制的Chinese政府總統徐世昌發出請願書。請願書控訴了高稅、缺乏泰國警察和官員的保護，以及對Chinese教育史無前例的限制；請願書要求總統與泰國政府展開談判，以處理他們的不滿。[71]自一九一二年以來，Chinese外交官曾多次嘗試與泰國駐東京及歐洲各國首都的代表進行談判，但均未成功。在一九一九至一九二〇年間，徐世昌總統的政府迅速衰弱，他甚至無力嘗試援助暹羅Chinese，他們對北京的幻想破滅，對孫中山當時仍未成功的運動卻日益支持。

當孫中山先生於一九二一年在廣東被選為南方政府主席時，他得到了曼谷所有Chinese報刊的支持，而這些報刊主要是由廣東人所控制，甚至蕭佛成的《華暹日報》也是由廣東人編輯。從那時起，報紙言論和政治組織密切地反映了China的發展。共產黨與國民黨在中國建立工作聯盟的時期，暹羅有兩份左派報紙：潮州人的《聯僑報》和廣東人的《僑聲報》。[72]到了一九二五年，國民黨在暹羅的支部組織已相當發達，據報國民黨極左派有超過四百名黨員。[73]曼谷的主要親共組織稱為「勵青書報社」。溫和派和激進派聯合起來支持一九二五年的五卅運動，該運動導致了south China地區的反英抵制行動。到一九二五年十月，暹羅的Chinese已籌集了七十萬泰銖的資金，用於賑濟廣州的罷工者，[74]據說只是由於巴差提朴王的親自介入，才阻止了正式抵制行動的宣佈。[75]正統民族主義的《華暹日報》和左派的《聯僑報》，都因為與五卅運動有關的煽動性言論而被泰國政府查封，不久之後，另一家左派報紙《僑聲報》也因為發表譴責西方帝國主義的文章而被查封。[76]泰國政府當然不會冒得罪英國人的風險。

國民黨旗幟在曼谷飄揚的比例越來越高，這顯示了南方革命者在China的成功。在一九二五年的雙十節，懸掛的旗幟中只有約五分之一是南方國民黨革命軍的旗幟，大部分是北京政權的舊五色旗。一年後，比例發生了逆轉，到了一九二七年新年，曼谷只看見幾面五色旗。當國民黨軍隊攻陷漢口和上海的消息傳來時，新國旗便四處飄揚。[77]

暹羅Chinese分別於一九二四年和一九二六年派代表出席國民黨第一和第二次全國代表大會。這些代表中最著名的是林伯歧和蕭佛成。後者於一九二六年一月當選為國民黨的中央執行委員會委員，他在會上力主推行積極的僑務政策。

在China勝利的浪潮下，一份新的強烈親國民黨的曼谷報紙《國民日報》於一九二七年創刊，該報紙立即抨擊中華總商會在法律上堅持懸掛舊的五色旗。與此同時，《華暹日報》和《聯僑報》均獲準重新開業，而《僑聲報》則由一張採取類似政策的報紙《勵青報》繼承。共產黨與國民黨在China分裂之後，曼谷的新聞戰爭也隨之激烈起來，《勵青報》和《聯僑日報》支持共產黨，反對其他報紙的親蔣介石政策。就像在China一樣，國民黨的觀點佔了上風。正如一位Chinese作家微妙的指出，《勵青報》的發行量下降了，「因為它的社論與時代脫節」，[78]它的編輯在一九二八年被泰國政府以政治罪名驅逐。不久之後，《聯僑報》也倒閉了。

國民黨成為Chinese社會中最強大的力量。國民黨的運作並不公開，而是利用現有的組織和地下分支。中華會館和瓊南會所（海南會館）是曼谷的主要前線組織，這兩個組織都是在 Chinese 革命之前由同盟會創立的。到了一九二八年初，國民黨的正式黨員人數估計約有二萬人，在曼谷分為三十八個「小組」，在全國其他地區則約有一百多個小組。[79]國民黨組織內的派系是一個大問題。有幾個派系仍然由共產黨人控制，甚至在被肅清後，黨內的進步派和正統派之間也長期存在分裂。同樣棘手的是語言族群的分歧，而當他們的意識形態出現差異時，其分歧就變得更嚴重。此時，中華會館意識到，胡漢民為各語言族群設立「商會」的組織模式具有潛在危險，而國民黨也在盡一切努力將各語言族群統一在同一個組織內。例如，在披集，由瓊僑書報社牽頭的國民黨小組與鎮上的潮州派對立，潮州派因而與國民黨疏離。一九二五年，蕭佛成派了一位廣東人前往披集，以調停分歧。他成功地創立了一個得到所有人支持的新組織——勤勉書報社，不久之後，勤勉書報社建立了一個社區學校，以國語授課。在一九三九年的危機和鎮壓，少數 Chinese 社區仍然分裂：例如，在清邁的國民黨支持者分為兩個對立的團體，一個支部幾乎完全是潮州人，而另一個支部則包括來自其他語言群體的人。但到了一九二八年，大多數內陸地區都有了一個單一的、統一的國民黨組織，以書報社的名義為掩護。曼谷的國民黨主要支部在政治事務上的權力得到全國大多數 Chinese 會社的承認。

一九二〇年代後期 Chinese 社會的政治發展，很自然地引起了泰國政府圈子的警覺。暹羅地下黨的組織，一九二五至一九二七年左翼分子力量的增強，一九二七至一九二八年共產黨員從 China 的湧入，針對英國人的有組織運動，孫中山先生的極端民族主義和反西方學說被引入 Chinese 學校——上述所有因素都促使泰國精英中的 anti-Chinese 情緒爆發。一九二七年八月和九月，有傳言說 Chinese 計劃在暹羅某些地方發生暴動。[80] 如前所述，政府對這一切的反應是更嚴格地執行教育法，並通過移民法，明確排除那些「品行不端或可能製造騷亂或危及公眾或暹羅王國安全的人。」[81] 一九二七年，叛國罪和暴亂法的適用範圍擴大，頒布了更嚴格的新聞法。後者規定，沒有在泰國長期居住的人不能獲得經營報紙的執照，而且可以在任何時候以公共安全，或以出版文章破壞暹羅與各締約國政府間關係為由吊銷執照。[82]

泰國政府最擔心的事情在一九二八年的反日抵制行動出現了，這也給了最近被清黨和重組的國民黨一個機會，以證明其愛國主義、戰斗精神和能力。自第一次世界大戰以來，日本與暹羅的貿易穩步增長，在很大程度上由曼谷的 Chinese merchants 處理。China 曾多次將抵制日貨作為國際政治的一種武器，但曼谷 Chinese 早先談論的抵制從未得到有效實施。然而，中日事件於一九二八年五月在濟南發生後，[83] 國民黨在暹羅的主要支部宣佈抵制日貨，並成立了一個委員會來執行。[84]販賣日貨的商人被通告和罰款，但對於那些不願合作、專門販賣日本商品的進口商和零售商，有必要採取更嚴厲的措施。六月，鐵血團開始恐嚇違反抵制的日本商人和Chinese。鐵血團的標誌是一顆被兩把匕首刺穿的紅心，這些恐嚇信被隨意派發，有幾個人被暴徒襲擊、綁架或射殺。Chinese碼頭工人拒絕處理來往日本的貨物，當泰國當局詢問他們時，他們說生命受到威脅。七月下旬，有人指出：「一般日本商店的處境已變得非常嚴峻。」[85]不久之後，日本三井企業的曼谷經理聲稱，大多數著名的Chinese merchants都與鐵血團有聯繫，感嘆鐵血團「對所有Chinese merchants的控制是如此強大，以至於幾乎沒有人敢與我們做任何生意。」[86]儘管蕭佛成公開否認「商人階級」與抵制行動有任何關係，但內政部長在八月成立了一個委員會，調查對蕭佛成和其他十一位國民黨員的指控，內容有關他們組成了一個執行抵制行動的委員會。[87]政府也採取了其他措施。政府把《中華民報》停刊兩週，理由是它助長了Chinese和日本人之間的仇恨——這對其他Chinese新聞界是一個明確的警告。政府逮捕並驅逐了幾名恐怖份子，並在九月判定參與了最轟動的暗殺企圖案的槍手有罪，判處他終身監禁。早在八月，泰國工人就在警察的保護下在碼頭工作，抵制行動最終在一九二八年十月結束。於這一年，暹羅Chinese募集了六十萬美元的基金，用以援助濟南事件中的Chinese受害者。[88]

一九二八年至一九三二年間，政府偶爾會對Chinese編輯和出版商採取法律行動，但根據一九二七年新聞法吊銷Chinese報紙執照的情況，只是在一九三一年九月日本入侵滿洲後才變得頻繁。當時，主要的Chinese報紙有《華暹日報》、《中華民報》、《國民日報》、《華僑日報》和《晨鐘日報》，最後兩家成立於一九二八年。所有這些組織都親國民黨，其中《晨鐘日報》代表國民黨的進步派。客家人、廣東人、潮州人和福建人都是出版商和編輯，只有海南人沒有參與Chinese報業。在一九三一至一九三二年間，所有Chinese報紙都大力抨擊日本。為了逃避泰國政府的查封，報紙們採用了雙重註冊的方式。因此，當《國民日報》被勒令停刊時，它幾乎毫無障礙地以另一個註冊名稱《民國日報》繼續出版。然而，政府永久關閉了幾家規模較小的報紙，其中歷史最悠久的《華暹日報》於一九三二年停刊。[89]

一九三一年至一九三三年間，暹羅Chinese社會對日本的民憤不亞於一九二八年。當地Chinese非常渴望好消息，以至於一九三二年三月六日，當曼谷傳來一名日本將軍在上海被俘的消息時，Chinese區自發地舉行了慶祝活動。三月七日的下午和晚上發生了另一宗衝突事件，標誌著Sino-Thai關係持續惡化。[90]泰國警察試圖制止暴亂示威，但遭到公然抵抗，暴徒轉而攻擊一家日本藥店。日本大使館要求保護，增援的警察逮捕了約一百七十人。於是，超過二千名抗議的Chinese聚集在三角路警察局。高級警官的懇求無效，最終在晚上九點運來消防設備，用水驅散人群，以便泰王可以在附近指揮一場戲劇表演。中華總商會主席第二天試圖作出補償，結果只有五名被捕的Chinese被驅逐出境。

暹羅的Chinese不知何故無法將這種熾熱的激情，轉化為有效幫助China事業的能量。經濟蕭條使它無法提供一九二八年規模的經濟援助：當中華總商會組織一個委員會以救助上海的戰爭難民時，它只募集到二萬一千泰銖。[91]直到一九三三年初，某些Chinese團體一直半心半意地維持著反日抵制行動，但在一九三一年至一九三三年間，日本與暹羅的貿易實際上有了顯著的增長。[92]

反日怒潮剛一平息，政府對Chinese教育的行動又引發了新的政治危機。Chinese社會在如何應對新的緊急情況上出現了分歧。最激進的Chinese民族主義者要求直接報復泰國政府，但絕大多數人則採取了較為溫和的做法，即由商會進行請願和勸說。這一方針最終未能達成一個令Chinese滿意的解決方案，使得激進分子的力量更加強大，他們在一九三四年還爭取到了China公眾輿論的支持。極端民族主義者最後制定了一個計劃，要求China禁止進口泰國大米。他們爭取到了廣州、汕頭和上海的民間組織、商會的支持，暹羅當局關閉 Chinese 學校的行動一直持續到一九三五年，而上海華僑協會則於五月正式向 Chinese 外交部請願，要求對泰國大米實施禁運。[93] 不言而喻，Chinese 碾米廠和出口商對這一建議並不熱衷，而 Chinese 政府一部分由於考慮到在泰國大米業工作的數千名 Chinese 的生計，拒絕宣布禁令。然而，Chinese 一些民間組織支持禁運，主要港口城市的輿論也普遍支持。[94] 一些 Chinese 作家聲稱，一九三五年的抵制行動使 China 在泰國大米出口中所佔的份額減少了約百分之十五，而這種經濟壓力是暹羅放寬執行教育法的原因。[95] 然而，在如此複雜的事件中，要釐定因果關係是十分困難的。

在所有這些發展過程中，南京政府並非不關心暹羅 Chinese 的問題。南京政府的主要工作是爭取與泰國政府簽訂條約，建立外交關係。國民黨政府的四位主要官員相繼負責與暹羅談判：一九二八年的程寅生、一九二九年的蕭佛成本人、一九三〇年的伍朝樞博士以及一九三二年的朱鶴翔。他們都被泰方以不同的理由推辭了。[96] 最後，Chinese 駐東京公使成功地與泰國代表達成協議，在曼谷派駐一名官方的 Chinese 商務專員。泰國外交部在確認這項安排時指出：

但必須明白的是，China 政府派駐暹羅首都的特使只有簽署領事發票的權力，而沒有任何外交或領事代表的權力。[97]

China 政府任命中華總商會主席陳守明為駐曼谷的商務專員。[98]

一九三三年秋，Chinese 政府再次派遣代表團前往暹羅，其中包括蕭佛成，目的是緩和 Chinese 泰關係，同時收集有關海外 Chinese 現況的資料。[99] 南京政府沒有什麼法律依據向泰國政府投訴，因為泰國政府對 Chinese 採取的措施在技術上是一視同仁的，適用於所有外國人。面對泰國在外交關係問題上的頑固態度，以及 Chinese 在一九三五至一九三六年間，對訂立 Chinese 泰條約的要求日益增長，南京政府只好在一九三六年六月，向暹羅派遣一隊由政府高層和國民黨官員組成的友好代表團。這時，泰國當局急於平息緊張局勢，他們熱情接待了友好代表團，甚至泰國商會也招待了代表團。代表團提出了建立外交關係的問題，但泰國政府指出泰國正在全面修訂對外條約，而暫緩簽訂「不可避免的」Chinese 泰條約會產生更好的效果。[100] 代表團還調查了 Chinese 教育問題，但顯然沒有就此提出具體建議。它的主要討論內容是經濟方面的——發展 Chinese 泰貿易，建立 Chinese 泰銀行和輪船航線；但在這方面，代表團也沒有取得什麼實質成果。[101] 然而，代表團成功令泰國 Chinese 感到鼓舞——他們對代表團成員的職位以及他們在暹羅進行的全面調查感到滿意——並提供了充分的機會讓泰國人和 Chinese 相互表達友好。代表團團長凌冰博士的公開聲明向當地 Chinese 指出，他們的處境並不像他們想像的那麼糟糕，同時也向泰國民族主義者表明了Chinese政府的合理態度。在代表團的建議下，兩國隨後成立了Chinese泰友好協會，總部分別設在曼谷和上海。[102]在一年多的時間裡（一九三六至一九三七），Chinese泰關係達到了自二十年代中期以來最融洽的程度。

與此同時，暹羅自一九三二年革命以來已踏上議會民主的道路。三十年代舉行了數次地方選舉，以及國民議會（非委任半數）的府代表選舉，值得注意的是影響Chinese政治權利的法律規定。一九三二／三三年度的《選舉法》規定，在區代表選舉中，對選民和候選人有以下要求：

（1）他必須依法擁有泰國國籍；但

（a）如果他的父親是外國人，不論父母是否合法結婚，他必須學習泰語，直到取得初中三年級的證書，或必須根據《兵役法》服完兵役，或從受薪文員以上職位在政府長期服務不少於五年。

（b）如果他屬於歸化的泰國人，則必須具備（a）項所規定的任何一項資格，或自歸化之日起已在暹羅王國連續居住不少於十年。[103]

根據一九三六／三七年的選舉條例，府代表的選舉幾乎原封不動地重複了這些規定。[104]第二代 Chinese 因此成為了二等公民。很少有人能符合選舉權或候選人的資格，但更重要的是，很少 Chinese 在乎。Chinese 社會從未對這些限制感到憤怒，Chinese 政府或其代表也從未向泰國政府提出此事。在三十年代，當地的 Chinese 並不希望參與泰國的民主進程。他們的政治興趣集中在 China。

到一九三六年，暹羅的國民黨已是一個根基穩固、秩序井然的組織，其存在雖然是非法的，但卻得到泰國政府的默許。《晨鐘日報》於一九三五年被迫關閉後，《民國日報》成為國民黨的官方機關報。《華僑日報》和《中華日報》各有自己的姊妹報，只是對正統的國民黨政策稍有批判。一九三六年，《華僑日報》成為當時曼谷新聞業最優秀的典範，引發了 Chinese 報紙之間的激烈競爭。訂費減半，改進當地和 Chinese 的報導，並增加了特刊和圖片增刊。一九三七年六月，在 Chinese 商務專員陳守明的調停下，這些競爭行為得以結束。[105]中日戰爭前夕，暹羅 Chinese 社會相對穩定，政治上團結一致。

China 戰爭於一九三七年七月爆發，激發了暹羅的 Chinese 民族主義者。他們以三種形式援助祖國：在泰國進行宣傳、為 China 戰爭籌款，以及執行另一輪抗日抵制行動。

戰爭爆發時，泰國報紙僅依靠日本和德國的新聞服務，以及英國和意大利的電台廣播，獲取外國新聞。為了抗衡這些消息來源的影響，《華僑日報》要求政府允許泰國報紙提供中國中央通訊社的翻譯報導。然而，十月，泰國副警察局長在一次非正式的記者會上表示，這計劃可能會破壞泰國的國際關係。在這方面受挫後，《華僑日報》推動了一項計劃，派遣中泰混合記者前往 China 戰線；三家泰國報館合作執行這項計劃，這是泰國新聞業的一次新嘗試。[106] 一九三八年十月，由曼谷四位最活躍的潮州人領袖（包括中華總商會主席蟻光炎）資助成立的《中國日報》進一步壯大了激進的抗日事業。該報紙因其激進的立場而被政府查封，但仍以《中原報》的名義繼續發行（《中原報》是出版商為了應付這種緊急情況而註冊的另一份報紙）。

一九三七年頒佈的法律明確禁止戰爭募捐，這使 Chinese 在募捐方面受到限制。[107] 一九三七年十月，捐款已達六十萬美元，但遠低於馬來亞 Chinese（六百萬美元）、菲律賓 Chinese（三百六十萬美元）和東印度 Chinese（一百二十萬美元）所籌得的款項。[108] 到了一九三八年年中，幾位 Chinese 領袖由於為 China 籌款而被監禁。

暹羅 Chinese 宣佈的抗日抵制行動極為有效。日本與暹羅的貿易價值從一九三七年九月的六百三十萬日圓下降到一九三八年四月的二百七十萬日圓。與一九二八年的抵制行動一樣，國民黨組織了一個委員會來管理抵制行動，組織了一個負責執行的強大地下組織。這個組織被稱為「華抗」，[109]其活動在多個方面都是非法的，它與幾個最有聲望的 Chinese 社區領袖有著密切的聯繫，並直接受中華總商會的控制。

援 Chinese 抗日運動在暹羅是一項危險而不穩定的事業。一九三八年底，任何事情都可能發生，而在其後一年，果然一切事情都發生了。

第四節　泰國對 Chinese 的政策

任何人試圖評估第一次世界大戰後泰國政府對華政策的動機，都會遇到一個自相矛盾的事實，那就是許多最 anti-Chinese 的政府官員都是 Chinese 裔。鑾巴立瑪奴貪（Pridi Phanomyong）是一九三二年政變的領導人物，也是「泰國人的泰國」經濟政策的主要負責人，他的父親是潮州澄海人，鑾巴立的 Chinese 名字是陳家樂。[110]鑾巴立的弟弟淚·帕儂榮（Lui Phanomyong），在一九三三年擔任教育部部門主管時，熱心支持 Chinese 學校的泰國化，他自己小時候也是在China故鄉接受教育。一九三三年至一九三八年的暹羅總理披耶拍鳳・拍拉拍裕（Phraya Phahon Phalaphayu）的父親也是Chinese，[111]泰國革命的文化領袖鑾威集・哇他干（Luang Wijit Wathakan）也是如此，他在一九三八年公開地說，暹羅的Chinese問題與德國的猶太人問題不相上下。但這一點無須深究。一九二八年，泰王巴差提朴王在進德學校的一次演講指出：「泰國的高級官員，無論是過去還是現在，大多數都是Chinese的後代。」[112]如果這在一九三二年前是真實的話，那麼革命在這方面所帶來的唯一變化，就是增加了這些Chinese精英的anti-Chinese情緒。[113]

在China出生的Chinese和Chinese民族主義者，普遍對那些反對「其自身血脈的聲音」的人充滿怨恨。在三十年代，一位Chinese作家[114]痛心疾首地斷言：「我們可以毫不猶豫地認為，他們（泰國Chinese裔）至少要對最近在Chinese中引起恐慌的措施負部分責任。」另一個人甚至說：「（暹羅）最激烈的反Chinese分子與Chinese有最密切的血統關係」，並談到「暹羅化的Chinese與仍然是Chinese的Chinese」之間的「仇恨」。[115]曾氏（Tsan）認為，一位在一九二〇年代末期，被任命為警察總監的Chinese是直接導致Chinese泰衝突日益嚴重的「偶然因素」：

正是這位Chinese，並非無意識地、但不是明確地或有意地，將暹羅Chinese的民族感情暗流，轉化為對暹羅人（即暹羅政府）的怨恨、懷疑、恐懼和幾乎憎恨的浪潮。

雖然這個人的母親可能有暹羅人的血統，但…其父親是純正的 Chinese。他看起來完全是個 Chinese。他過去用 Chinese 名字，而且他說的 Chinese 很標準，就像真正的 Chinese 一樣……

他是一個白手興家的人，……野心勃勃，……精明、勇敢、目標明確。……他具有專制者的特質，並為此感到自豪。因此……他喜歡讓人害怕或恭維他，而他也非常注意 Chinese 是否害怕或恭維他。……有特權的少數人確實恭維了他，但其餘的 Chinese 卻害怕和憎恨他，在害怕和憎恨他的同時，他們也害怕和憎恨暹羅政府。[116]

尤其令 Chinese 民族主義者感到憤怒的是，政府發言人在解釋 Chinese 所反對的措施時，常常採用以下的陳腔濫調：「Chinese 和泰國人是血親兄弟。大多數政府官員都是 Chinese 裔。我本人也是 Chinese 裔。因此，當我說……時，不能指責我是 anti-Sinicism。」

要解釋這種矛盾並不困難。二十年代初以前，各社會階層的 Chinese（在當地出生）都可以自由，而政府賦予 Chinese 精英泰國貴族頭銜的做法，促進了上層階級的同化過程。由於他們的經濟利益主要在暹羅，許多人認為通往更高聲望、地位和權力的道路需要泰國精英的認同。正因為他們的血統，展示完全同化是有利的。在許多多元社會都可以觀察到，個人在建立新的族群認同時，會強調那些新族群與舊族群最明顯不同的價值觀與偏見，以彌補其背景的不足。以西方社會最極端的例子來說，在希特拉時代的德國，許多有猶太血統的官員比他們的「雅利安人」同僚更反猶太人。同樣，皈依天主教的猶太人對猶太教的態度，往往比長期信奉天主教的教徒更加嚴苛。第一次世界大戰之後，泰國的精英階層越來越堅持民族主義的價值觀，而這種價值觀在泰國不可避免地帶有anti-Sinitic的色彩。因此，如果一位泰國精英本身，或其父親最近被認為屬於Chinese社會，他一般會比許多「純泰國人」的同僚更anti-Chinese。這並不意味這類人都有意識地決定anti-Chinese；相反，在大多數情況下，這些人都是通過泰國精英的眼光來看待Chinese，認為他們粗俗、自私和物質主義，因此，anti-Chinese的偏見不會顯得有意識地虛偽。畢竟，大多數同化到泰國上流社會的富裕Chinese，只接受過較低程度的Chinese教育，他們從未進入過Chinese精英圈。一旦他們打破了Chinese對泰國人是「野蠻人」的定義，就極有理由將泰國的上流社會與暹羅的一般Chinese社會相比較，扭轉這種刻板印象。

此外，在許多情況下，Chinese盲目的民族中心主義優越感，強烈激怒了出生於暹羅、渴望地位和聲望的 Chinese。三十年代中期，林錫春（Lin Hsi-ch'un）寫了一篇富有洞察力的文章：

> 由於舊有的道德教化，那些留在 China 的人常常看不起那些為了「微薄利益」而離開祖先墳墓的人。他們的後代往往被視為「野種」或「野蠻人的兒子」。因此，當 oversea Chinese 在晚年把他們的家人帶回來時，他們往往受到虐待和凌辱。他們在外地所生的兒子，在還沒有被宗族承認之前，不能參加祭祀的筵席或分到祭肉，甚至不准他們進入祠堂。宗族復位儀式包括宴請宗族成員，並向宗族贈送五十至五百元不等的金錢，這些金錢將在宴會商定。經過這些儀式後，這些國外出生的兒子名義上成為宗族成員，但實際上仍然存在不平等。由於他們在宗族中的地位較低，其他女性不願意嫁給他們，除非他們能夠向其父母送上比平常多一倍的錢。因此，除非他們受過良好的教育，否則他們回到其出生地時，通常會對在 China 出生的 Chinese 帶著根深蒂固的仇恨。[117]

作為一般性的陳述，這個版本可能有些誇張，但有許多實例顯示了這些經驗在 China 的重要性。其中最有啟發性的是 anti-Sinitic 的小冊子《東方的猶太人》（我們已在第五章概括論述了這小冊子）。作者重複了一個洛真人告訴他的故事（奇怪的是，此洛真人討厭 Chinese）：

他告訴我，當他還很年輕的時候，他和他的父親一起去了 China，他的父親是 Chinese。有一天，一位 Chinese 貴族到他父親家中拜訪。貴族對他父親說：「既然你在泰國已經賺到了一大筆錢，為什麼不回 China 生活呢？」他的父親回答說，留在泰國是因為他在那裏已有家庭。貴族就說：「那又如何呢？你有必要為野蠻人妻子設想嗎？把她帶來，讓她當你 Chinese 妻子的奴隸。你的野蠻孩子可以當家裡的家僕。」Chinese 貴族的這些話是當著我朋友的面說的，而我的朋友並沒有多看他一眼。當然，在聽了這些話後，他心裡就下定決心，從那一天起，他要成為一個泰國人，一個真正的泰國人。[118]

在這一點上，我們不妨簡要地總結一下在回顧期間的事件和發展，這些事件和發展促成了泰國民族主義精英針對 Chinese 的措施。首先，一九一八至一九三一年間 Chinese 以空前規模移入，在很大程度上引起了泰國人的恐懼，擔心他們會在自己的國家被「淹沒」。政府針對 Chinese 的首次全面措施出現在一九二七／二八年度，這一年度有超過十五萬 Chinese 湧入暹羅，而在一九三二／三三年度，泰國政府加強了這些措施，當時在 China 出生的 Chinese 人口，達到第二次世界大戰前的最高峰。在理解泰國政府對 Chinese 採取的行動時，對國際勢力的考慮也很重要。在整個回顧期間，China 相對弱小，而英國在二十年代是東南亞的霸主（儘管在三十年代受到日本日益壯大的挑戰）。於一九二五年至一九二八年間，Chinese 民族主義處於反西方（特別是反英國）階段的最高峰，而且國民黨黨義當時正在暹羅大肆傳播，這時也正是泰國人最關心英國人的時候。當反日活動在三十年代支配了暹羅的 Chinese 政治，日本的勢力卻正迅速崛起，泰國人，不論是否因為仰慕日本人，都必須特別小心，以免得罪大日本。

在國內事件上，最令泰國人反感的發展是國民黨機構的傳入，以及通過 Chinese 組織和學校宣揚 Chinese 民族主義的教條。一九二八年由 Chinese 民族主義者執行的抵制行動，使泰國精英強烈地注意到 Chinese 在某些行業幾乎擁有絕對的經濟力量，以及他們構成了國中之國的程度。激進主義、目無法紀和有害的民族主義——在一九二七／二八年度的 Chinese 社會中表現得非常明顯——迫使泰國與 Chinese 打交道時，結束了某名觀察家所稱的「放任政策」。[119]在一九三二年政變前的五年左右，受過教育的年輕泰國人在嘗試進入商業世界時遇到挫敗，使一九三二年掌權的泰國民族主義者決意結束 Chinese 對暹羅經濟的控制。

在新政府上台後的幾年內，另一個因素開始發揮作用。人民黨左翼的早期宣言鼓勵經濟迅速改善的遠景，但鑾巴立全面的經濟計劃卻被政變黨中較保守的成員反對，認為有關計劃不切實際和激進，而且必須依靠長期計劃來徹底解決租務和農業信貸等農村問題。雖然Chinese中間商只是整個經濟體系的一部分或一種職能，但卻是造成泰國農民痛苦和負債的最明顯原因。[120]因此，泰國政府自然地將農村問題的成因指向Chinese中間商，從而轉移人們對其低效經濟政策的注意力。Chinese作為沒有政治權利的少數群體，非常適合扮演代罪羔羊的角色。

最後，應該注意的是，在這方面，英國意見在回顧期間對泰國民族主義者的影響，並不比世界大戰前的遜色。例如，在一九三二年革命之前，海峽殖民地總督休．克利福爵士（Sir Hugh Clifford）作為泰國政府的嘉賓，對曼谷進行了正式訪問：

結束對泰國的訪問後，克利福爵士對泰國的政治和經濟狀況作出了以下評論：「這個國家的一切都很好。食物充足，國家和平。唯一的缺點是Chinese的生活過於富足。如果暹羅政府不採取任何限制措施，將來一定會遇到麻煩。」[121]

這句話至今仍是泰國民族主義者的武器；事實上，這段引文乃摘錄自最近泰國報紙上一篇關於「Chinese問題」的社論。另一個更重要的例子發生在一九三七年。[122]一九三五年，泰國政府的英國財政顧問憤然辭職，因為他拒絕縱容財政部官員所牽涉其中的龐大走私鴉片交易。當時，英國急於維持與泰國的關係，因此對鴉片交易置之不理，任命威廉．多爾（William Doll）擔任新的顧問，而且發出了「完全可以想像」的指示（如蘭敦所說）。多爾在一九三七年發表的第一份年度報告，正中泰國極端分子下懷。報告指出，「幾乎所有的國內貿易利潤都被匯出，而不是留在國內」，一位 Chinese 銀行家在一九三二年估計的三千七百萬泰銖的 Chinese 匯款「可能與事實相差不遠」，並建議「採取任何措施或一系列措施，旨在保留更大比例的國家收益。」兩年後，多爾實際上承認有關估計（三千七百萬泰銖）過高了約百分之一百，但他在一九三八／三九年度報告中的撤回、警告和懇求緩慢的內容，是在泰國經濟民族主義開始損害英國利益之後發表的，對泰國人已不怎麼重要。

在這段期間，泰國政府政策的目標是什麼呢？最明顯的是鼓勵同化，以及逐漸擺脫 Chinese 對泰國經濟的控制。毫無疑問，同化是政府教育政策背後的主要動機。例如，在一九二九年，一位著名的泰國作家寫道：

> 毫無疑問，在大多數 Chinese 聚居的曼谷，強迫教育是同化的一種手段。在強迫教育中，有一種工具對我們的目的是無限有用的。……它將確保第二代 Chinese 實際上成為暹羅人。[123]

同樣地，對移民的限制在很大程度上也是為了促進最終的同化，政府在三十年代實施了識字要求，希望減少婦女的比例，從而扭轉全Chinese家庭的趨勢。[124]為了達到這個目的，泰國政府還採取了措施來削弱Chinese與China的聯繫。泰國之所以不願意與Chinese政府建立外交關係，很大程度上是因為擔心來自南京的公使會幫助當地社會永久Chineseness，可能嘗試以國民黨的模式重組當地的Chinese社會。同樣重要的是，在同化方面，早期的歸化和國籍法在回顧期間沒有改變。因此，在當地出生的Chinese自動成為泰國公民，而在暹羅居住滿五年、「品行端正且有足夠經濟能力」的Chinese可以申請歸化。Chinese在暹羅旅行、居住或擁有或租賃土地的自由不受任何形式的限制。至少在理論上，Chinese在法律及其執法人員面前與泰人平等。

這些都是泰國同化Chinese政策的主要方面。有關泰國政府旨在削弱Chinese對泰國經濟的控制而採取的措施，已在第一節討論過，在此不需要進一步闡述，不過要指出的是，政府對罷工的處理方式，以及對移民施加的識字和財產要求，在一定程度上是使泰國人取代Chinese勞工。

有充分理由認為，泰國對Chinese政策的另一個主要目的是維持和增加政府收入。在回顧期間，泰國政府並沒有認真努力減少Chinese對鴉片的消費，而這項消極政策的背後是收入考量。從一八二七／二八年度到一九三三／三四年度，鴉片專賣局的收入逐漸下降，主要是由於世界鴉片價格下跌，以及 Chinese 越來越沒有財力購買鴉片，而不是政府有意造成的。在一定程度上，移民政策也是基於收入的考量。在一九二八／二九年度，即收取移民費的第一個完整年度，來自這方面的收入為十一萬四千一百一十九銖，不到政府總收入的百分之零點四。但在三十年代，移民費的增加使政府從這一來源的收入穩定增加到一九三七／三八年度的二百九十三萬一千八百二十五銖，約佔政府總收入的百分之二點七。[125]

由於必須考慮眾多因素，期望任何政府的政策完全一致是不切實際的。儘管如此，還是值得指出三十年代泰國對 Chinese 政策中的幾個主要矛盾，這並不是為了批評，而是希望大家能夠理解政府行動的基礎在不斷變化。上述三個主要目標本身在邏輯上是不一致的。例如，在移民政策中，同化目標要求按性別的配額來限制移民，經濟上的泰國化目標要求按特定職業配額來限制移民，而收入目標則要求僅以收費金額來限制移民。在鴉片管制方面，同化目標建議減少 Chinese 吸食鴉片（根據文化定義，好的泰國人不會沉溺於鴉片），而收入目標則主張無限制消費，只管制生產和走私。在商業政策方面，同化目標建議採取措施，使 Chinese 商人、中間商和企業家成為泰國人；經濟泰國化目標則呼籲逐步以泰國人取代這些Chinese，而收入目標則建議除了徵收重稅和商業費用外，不對他們施加任何影響。在教育政策方面，如第二節所述，同化目標要求提供一個學校制度，但收入的限制又使它不能實現。

因此，在這些政策和其他政策問題上，泰國政府就不同目標（有時甚至是相互衝突的目標）作出折衷。此外，在一九三八年之前，已經有跡象顯示政策的一個更負面的方面，即本身帶有遏制或限制的性質。這種政策的基礎是泰國人對Chinese的各種偏見和成見，尤其是《東方的猶太人》作者簡明扼要地陳述的信念：「無論他們住在何處，擁有何種國籍，Chinese在本質上仍然是Chinese。」[126]由於缺乏信心任何複雜的政策會導致Chinese最終被同化，遏制政策的支持者願意限制任何在泰國人眼中令人反感的Chinese活動，而沒有考慮社會學或心理學上的後果。在一九三八年之前，這裡所說的遏制政策主要體現在某些官員控制教育的方法上，照蘭敦的說法「整個變革過程很難用一種更有意對抗的方式來處理」[127]，在較小程度上也體現在移民和商業方面。然而，在接下來的時期，這項政策注定會更加突出。

最後，應該指出的是，至少在一九三八年以前，暹羅Chinese與泰國民眾之間的關係，遠沒有這份精英態度與政府政策調查所暗示的那麼敵對。當泰國人與Chinese之間發生摩擦時，往往可以追溯到政府和知識份子的態度。一九二八至一九三四年間，曼谷泰國勞工與 Chinese 勞工之間的差異最為明顯，這顯然是由於一九二八年抵制行動期間的政府政策，以及一九三二年革命後的罷工浪潮所致。在三十年代，與泰國農民相比，曼谷精英階級更關注 Chinese 中間商在暹羅內陸的剝削行為，而如果泰國農民失去了 Chinese 商的服務，他們會感到非常懊惱。在這段期間，Chinese 與泰人之間唯一嚴重的暴力事件發生在一九三三年十月的勿洞（南暹羅），起因是警察與一名 Chinese 鞋匠發生誤會而引起的。該 Chinese 及其兒子因不明原因被捕，鎮上其他 Chinese 居民聚集在警察局抗議。警方以為警局遭到圍攻，經過一番爭吵後，開槍打死了幾名 Chinese。六名少年被捕，剩餘的 Chinese 大多逃往馬來亞。值得注意的是，非 Chinese 裔居民沒有介入，被捕的 Chinese 受到公平審判；在向更高級法院上訴後，除一人外，其餘十五人均被釋放。[128]

也許值得注意的是，在所述時期，Chinese 社區的領袖不放過任何機會，表達他們對皇室和當權政府的忠誠。[129] Chinese 團體在瓦奇拉烏地王的火葬儀式和巴差提朴王的加冕儀式上都表現突出。一九二七年至一九二八年間，巴差提朴王出訪暹羅內陸地區和南部時，受到 Chinese 代表團和會社的熱情接待和款待。一九三二年革命後，在一九三二年十二月頒佈新憲法的慶典上，Chinese 社區的善意得到了體現：

遊行隊伍包括曼谷的主要商人、中華總商會的領導人、各 Chinese 會社的領導人，以及幾所 Chinese 學校的師生。他們手持刻有漢字的標語，在街上遊行了五個小時，以表達他們對泰國（特別是新憲政政府）的善意。遊行隊伍在人民黨俱樂部前停下來，聽取一些主要政府官員的演講。Chinese 社區隨後提供了娛樂節目，並向泰國事業捐款。[130]

此後，在一年一度的憲法日慶祝活動中，以及在 Chinese 和泰國上流人士的宴會上（這種宴會通常是爭取 Chinese 支持泰國事務的場合），雙方都試圖消除分歧。這些陳腔濫調至少在某種程度上表達了以下的觀點：「我們兩民族是意氣相投、仁慈、慷慨的……這也許就是我們兩民族在社會上和商業上和睦相處的原因。」[131] 這反映了雙方和睦共處、和平相處的真摯願望。

第五節　一九一八至一九三八年的社會變革

第一次世界大戰後的幾十年間，泰國政府的政策所造成的影響之一，是強化了

Chinese 的族群感，也就是藉由內部團結以尋求力量。據此，Chinese 社會在兩次世界大戰之間出現了兩個主要趨勢：同化緩慢和組織活動增加。

同化速度減慢有幾個原因。在一九一八至一九三二年間，大量的 Chinese 移民意味泰國各地的 Chinese 社區變得更大，同時也意味在 China 出生的 Chinese 在社區中所佔的比例和影響力也更大。更重要的是，在入境移民中，Chinese 婦女和整個家庭移入的數量不斷增加，而 Chinese 與泰人通婚的情況也隨之減少。由於第六章所記載的該等發展，新一代在當地出生的 Chinese 中，較少是由泰籍母親所生的，他們也很少有其他親近的泰族親戚。家庭內的同化主義影響也隨之減少。

與此同時，Chinese 學校在這段期間的發展，意味在當地出生的兒童接受 Chinese 教育的人數迅速增加。在一九一七年至一九三七年間，當地出生的 Chinese 數目增加了不到一倍，但 Chinese 教育機構卻增加了兩倍多。從一九一八年到一九三七年中日戰爭爆發時，來往 China 的旅行既沒有因為戰爭、高昂的票價或航運短缺而受到阻礙，也沒有對居住在暹羅的人施加任何例行以外的限制。因此，Chinese 家長很容易將子女送回 China 讀書，而且這種做法比以往更加普遍，因為這樣的做法可以使男孩避免泰國兵役。

China 的統一和日本侵略所帶來的民族主義熱情和愛國主義，也促使在當地出生的 Chinese 更接近 Chinese 社會。在此背景下，偏見的加劇和泰國政府的政策——特別是那些歧視泰國國民（其父親為外國人）的政策——進一步減少了完全認同為泰國人的比例。

儘管 Chinese 同化的速度減慢了，但卻沒有停止。可以肯定的是，較少的 Chinese 移民孩子的母親是泰國人，但許多孩子的母親是洛真人，她們對 Chinese 生活方式和 Chinese 社會的承諾往往是有限的。儘管教育有所進步，但可能大多數在當地出生的 Chinese 兒童都沒有機會接受正規的 Chinese 學校教育。尤其是一九三三年以後，越來越少在當地出生的孩子回到他們祖先的故鄉。

此外，一九一〇年以後，不再需要有意識地選擇對 Chinese 或泰國社會的認同。由於取消了三年一次的人頭稅（因為 Chinese 不再需要佩戴腕帶標籤），Chinese 革命後廢除了辮子，以及在一九二〇年代，Chinese 和泰國的男性，特別是上流社會的，逐漸採用西式髮型和服裝，自認為 Chinese 的 Chinese 減少了。婦女在衣著方面較為保守，但到了三十年代後期，兩族較年輕的女性都開始採用燙髮和改良的衣著。因此，儘管新的壓力多半是針對認同 Chinese 社會的人，但很少有當地出生的 Chinese 被迫有意識地拒絕泰國社會。無論如何，Chinese 保持 Chinese 身份的趨勢與在暹羅永久定居的趨勢是相輔相成的。

Chinese 對經濟蕭條和政府的經濟泰國化政策的反應，涉及到對社會結構具有重要意義的兩項發展。一方面，艱難時期促使幾乎所有行業的店主和商人組織起來。「同業會」成為最普遍的 Chinese 正式組織。透過同業會，同業商人可以交換資訊，在面對政府管制時制定一致行動，避免過度競爭，並限制新企業家進入行業。另一種 Chinese 的反應則採取了更險惡的形式，他們恢復舊洪門傳統的秘密會社，充滿了宗教色彩和宣誓的兄弟情誼。這些秘密會社以語言族群為基礎，主要目的是維護每個族群在迅速減少的經濟成果中的份額。合法的商會幾乎都設在曼谷的，而截至一九三七年，秘密會社的活動都主要局限在內地各府，尤其是南暹羅。[132]

在暹羅南部外，內地各府的 Chinese 社會很少能夠按照語言系統劃分會社。只有在清邁和呵叻，曼谷以外最大的兩個城市，正式的 Chinese 組織才反映出語言族群的分裂。在其他地方，團結是基於對 Chinese 民族主義事業的奉獻，和共同認知到泰國政府政策所帶來的危險。在許多內陸鄉鎮，唯一正式成立的 Chinese 組織是國民黨的書報社，負責管理 Chinese 學校、廟宇和公墓。這說明了在三十年代建立的所有 Chinese 的鄉鎮公墓，都是得到所有語言族群支持的社區事業。

在語言族群的權力和聲望方面，大體上與第一次世界大戰前的情況相似。在三十年代末期，潮州人仍然是曼谷、暹羅北部最有聲望和最有權力的族群，而在暹羅南部的大部分地區，福建人則擁有最高的地位。在一九二〇年代初，廣東人的社會和職業地位僅次於潮州人，但他們的地位在二十年代末和三十年代開始下降，因為他們在碾米、銀行和保險等高級職業方面失去了相當大的優勢。客家人和海南人的地位則穩步上升。到了一九三〇年代，曼谷的社區領袖中有幾位傑出而富有的客家人和海南人。當時的總趨勢是，語言族群之間的聲望差距逐漸拉平。

在回顧期間，Chinese 正式組織最顯著的發展之一，是迅速增加互助福利團體的數量和範圍。即使在一九三二年革命之後，泰國政府在擴展公共社會福利設施方面也是緩慢的，其活動主要局限於在曼谷和較大的城鎮提供一般衛生措施，以及在設備有限的醫院和診所提供免費醫療服務。政府沒有採取任何可以說是保障社會的措施，而勞工福利的立法一直被否決，正因為大部分非農業勞動力都是 Chinese。在這種情況下，Chinese 社會利用自己的資源來提供這些服務，而在第一次世界大戰之後，人們對這些服務的需求日益增加。當然，即使在 China，傳統上資助和組織福利活動的也不是政府，而是私人組織和慈善家。

事實上，當地 Chinese 社會的本質促進了社區內的自助。貧窮的 Chinese 仍然指望提高自己的職業地位；直到經濟蕭條時期，向上流動的機會仍然相對較高，而一般勞工的社會價值觀與精英的並沒有根本的差異。他的僱主往往是他的模範，而同事則是在奮鬥中的競爭對手。這絕非發展有階級意識勞工運動（即以激進的手段取得福利措施）的有利條件。儘管如此，窮人仍然是窮人，而且得不到充分的保障。精英階層則只能透過慷慨的慈善事業，和道德動機來得到 Chinese 價值觀的全部聲望。僑領或海外 Chinese 領袖被定義為富裕的人，他們將其財富的一部分用於公共服務。一個 Chinese 碾米匠，一想到他的碾米廠「苦力」的日薪要增加二士丁，就可能感到非常氣憤，但他會很樂意把每年增加的工資總額捐給 Chinese 醫院或慈善機構。Chinese 社會熱衷於獎勵慈善事業，但鄙視商業上的軟弱，或在其他時間和地方被稱為「開明」。這種特殊的家長主義和高度認可的慈善事業，構成了二十年代和三十年代成立或擴展的大多數 Chinese 協會的基礎。

曼谷有幾個較小的組織是根據姓氏而建立的。與 China 有組織的宗族不同，實際的血統關係並不重要，而在選擇領袖時，輩分和年齡等考慮因素完全次於財富和當地社會的地位。然而，大多數的宗親會只限於來自 China 某一縣或甚至某一鄉的成員，而且沒有一個宗親會會跨越語言族群的界限。其中一個主要功能通常是為貧窮的會員提供殯葬費用，以及為較顯赫的會員提供追悼儀式。其他互助會也是以鄉或縣為基礎而成立的，其會員資格只開放給 China 某一特定地區的本地人。其中最重要的是於一九二七年成立的潮安互助會。

在回顧期間，另一種在曼谷重要的福利組織是善堂——這種組織在 China 各地都有，在潮州的發展尤其充分。在十九世紀，有幾個小型的善堂是嚴格按語言族群的基礎而成立的，但到了一九二〇年代初期，其中一家善堂（報德善堂）成為曼谷公認的善堂。報德善堂是以非常折衷地承認各種宗教（儒家、佛教和道教）的基礎而成立的，其主要活動是收集和埋葬在街上發現的屍體以及天華醫院無人認領的屍體，為貧困家庭提供免費棺木和埋葬，組織救助火災和水災的災民。它還在市郊擁有一個免費公墓。

另一種真正的互助組織是佛教會。其中最重要的有中華、龍華和義和，分別成立於一九三〇年、一九三二年和一九三五年。除了富裕會員的捐獻外，這些佛教會依賴每月或每年定期繳納的會費。當會員去世時，佛教會會為其提供大部分的喪葬費用，並舉辦宗教儀式，以確保其靈魂早日超渡。

天華醫院一直是曼谷 Chinese 社區醫療服務的中流砥柱。該醫院最初以提供中醫治療為主，在一九三〇年代透過最著名的客家領袖吳佐南的慷慨捐助，[133] 而增設了現代化的西醫治療部門。潮州領袖於一九二一年成立了另一個醫療機構中華慈善診所，以補充天華醫院的服務。它是一家門診診所，一直提供免費中醫治療，亦提供免費藥物（除了最初幾年和經濟蕭條時期外）。它的運作是基於三十多位中醫師的服務和贊助會員的定期捐助。[134]

在回顧期內，各語言族群也擴展了福利活動。廣肇會館在這方面是最領先的。它在一八八四年建立了一個公墓，在一九〇三年建立了一個診所。由於舊墳場已滿位，它在一九三一年至一九三四年間購置並興建了一個新的廣肇公墓，差不多在同一時期，舊的廣肇診所改建為醫院，並設有門診部和住院部。[135] 一九二八年，客屬公館接管了始建於一八九〇年的客屬公墓。然而，海南公墓和潮州公墓則繼續在不同的贊助下繼續營運。隨著越來越多 Chinese 長期定居於泰國，當地的 Chinese 公墓普遍變得更加重要。由於空間不足，每隔幾年便需要將遺骸從「無主墓」挖出，然後集中火化，這在 China 是無法想像的。

一九二七年至一九三八年間，Chinese 正式組織的另一個重要趨勢是加強和重組主要會社，即中華總商會和各屬會館。這段時期密集的重組活動，是為了回應泰國政府日益對Chinese施加的壓力。Chinese社會認為需要有更有效，且已向政府正式註冊的組織，並需要擁有堅實組織支持的領導人，能夠與泰國官員直接交涉。防止政府所採取的極端行動，成為Chinese領袖最重要的職責之一。

客屬會館率先進行重組。一九二七年，客屬會館制制定了新章程，會員資格規範化，向泰國政府進行註冊。一九三二年開始了一連串的進一步改革，以委員會制度取代經理制度。到了三十年代中期，執行委員會和監督委員會由全體會員定期選舉產生，而教育、宣傳、體育等其他委員會則由執行委員會主席（即客屬會館的主要負責人）委任。[136]

在這段期間，中華總商會也經歷了重大的變化。在二十年代末的蓬勃發展時期，會員人數增加，並開始興建一座堂皇的新總部。一九三〇年啟用的新大樓並不是位於Chinese區，而是位於公使館和領事區。事實上，這時的總商會已經成為非官方的Chinese公使館，代表當地Chinese與泰國政府交涉。當Chinese政府任命總商會主席為新任的Chinese商務專員時，總商會的角色得到了加強，在社會上的地位也得到了提高。此後，總商會在遠東各地發行領事發票。中華總商會改組期間的法律顧問曾氏（Y. H. Tsan），甚至把中華總商會比作China的裁判司署：

> 以前，汕頭的每個「衙門」的大門兩側都掛有官府告示牌。一塊寫著「立即逮捕」，另一塊寫著「嚴厲懲罰。」……兩塊告示板旁邊都掛著一根像耳朵一樣的竹棍，用來敲擊臀部。現在，在中華總商會大門的兩側懸掛著官府告示牌和竹棍——這是暹羅常見的 Chinese「衙門」。[137]

顯然，這番話的用意是要把狂妄的野心歸咎於曼谷中華總商會的領導人，而曾氏曾與他不和。

事實上，中華總商會進行林林總總的活動。例如，在一九三二至一九三三年間，中華總商會組織了對上海戰爭難民的救助，安排在曼谷舉辦 Chinese 產品展覽會，調停人力車夫的罷工，安排被誘拐到曼谷從事不道德活動的女孩返回 China，向泰國政府承擔因不符合移民要求而被拘留的幾百名 Chinese 移民的全部責任，最終使他們合法入境，以及創辦和經營全國最大和最好的 Chinese 中學。[138]一九三三年，總商會根據新章程收緊組織，規定由全體會員選出一個由十五人組成的執行委員會和一個由七人組成的監督委員會，並規定由委員會成員選出主席、秘書和司庫。

一九三〇年之後，廣肇會館進行了全面的改組。當時仍稱為廣肇別墅，其營運開支完全依賴捐款。由於財政困難，起初需要成立一個常務委員會，為醫院、學校和公墓籌募經費，在招募到一千多名固定贊助人後，於一九三二年決定改組為廣肇總辦事處，每兩年由贊助人選舉執行和監督委員會。最後，在一九三六年，廣肇總辦事處成功地在泰國政府註冊為會館，並在此之後以定期會費的方式接受會員。[139]

直到一九三六年，曼谷才開始組織潮州會館。在此之前，當地潮州人的非官方總部設在潮屬學校內，稱為潮州公所。潮州會館的官方歷史顯示，當年五十五位著名的潮州人聚首一堂成立籌備委員會，其主要動機是為了更有效地應對泰國政府的不利措施：「當時，海外 Chinese 在其僑居國的生活條件越來越艱苦，……如果他們不組成一個強大的團體，他們的生存將會受到威脅。」[140] 籌備委員會主席是中華總商會主席蟻光炎，他是強烈反日分子的總領袖。中日戰爭爆發後，籌備工作加快進行，到一九三八年二月，潮州會館正式註冊，並按照當時 Chinese 會館的標準制度組織起來：一個由活躍領袖組成的執行委員會，從中選出主席、秘書和司庫，並由年長且經驗豐富的領袖組成一個監督委員會。潮州會館在成立後的幾個月內，其重要性就被認為僅次於中華總商會。隨著潮州會館的成立，曼谷 Chinese 社區在一九三八年，開始徹底而有效地按照現代方式組織起來。

1 James C. Ingram, Economic Change in Thailand Since 1850 (Stanford: Stanford University Press, 1955), p. 94.

2 Great Britain, Foreign Office, Report on the Commercial Situation in Siam at the Close of the Year 1919 (London, 1920), pp. 18-19. 引自 James C. Ingram, Economic Change in Thailand Since 1850 (Stanford: Stanford University Press, 1955), p. 71.

3 Harley F. MacNair, The Chinese Abroad, Their Position and Protection: A Study in International Law and Relations (Shanghai, Commercial Press, 1926), p. 48.

4 Thailand, Ministry of Commerce and Communications, Commercial Directory for Siam (Bangkok, 1929), pp. 90-115.V

5 引自 Hsieh Yu-jung, Siam Gazetteer (Bangkok, 1949), p. 26.

6 James C. Ingram, Economic Change in Thailand Since 1850 (Stanford: Stanford University Press, 1955), p. 38.

7 W. A. Graham, Siam, Vol. 2 (London: Alexander Moring, 1924), pp. 89-90; Helmut G. Callis, Foreign Capital in Southeast Asia (New York: Institute of Pacific Relations, 1942), p. 66.

8 James C. Ingram, Economic Change in Thailand Since 1850 (Stanford: Stanford University Press, 1955), pp. 107-108.

9 James C. Ingram, Economic Change in Thailand Since 1850 (Stanford: Stanford University Press, 1955), p. 100; Kenneth P. Landon, The Chinese in Thailand (New York: Institute of Pacific Relations, 1941), p. 254.

10 Thailand, Department of the Secretary General of the Council of Ministers, Central Service of Statistic, Thailand Statistical Year Book, Vol. 19 (Bangkok, 1935/1936-1936/1937), p. 488.

11 Thailand, Department of the Secretary General of the Council of Ministers, Central Service of Statistic, Thailand Statistical Year Book, Vol. 21 (Bangkok, 1939/1940-1944), p. 75.

12 James C. Ingram, Economic Change in Thailand Since 1850 (Stanford: Stanford University Press, 1955), pp. 101-102; "Ming", in Siam, Nature and Industry (Bangkok: Department of Commercial Intelligence, 1930), p. 115; Y. Tateyania, "A Japanese View of Thailand's Economic Independence", Pacific Affairs, No. 14 (December 1941): 470-471.

13 James C. Ingram, Economic Change in Thailand Since 1850 (Stanford: Stanford University Press, 1955), p. 105. 對橡膠的討論主要基於該書第一〇一至一〇五頁。

14 Kenneth P. Landon, The Chinese in Thailand (New York: Institute of Pacific Relations, 1941), pp. 256-257.

15 Kenneth P. Landon, The Chinese in Thailand (New York: Institute of Pacific Relations, 1941), p. 236.

16 James C. Ingram, Economic Change in Thailand Since 1850 (Stanford: Stanford University Press, 1955), pp. 125-126.

17 James C. Ingram, Economic Change in Thailand Since 1850 (Stanford: Stanford University Press, 1955), p. 126.

18 見 James M. Andrews, Siam; 2nd Rural Economic Survey, 1934-1935 (Bangkok: Bangkok Times Press, 1935), p. 187; Thuan Kanchananaga, Comp., Report on Commercial Economic Progress of Thailand, 1939-1940 (Bangkok: Sataman Publishing House, 1941), p. 104; Virginia Thompson, Labour Problems in Southeast Asia (New Haven, Yale University Press, 1947), p. 228.

19 "Labor Condition in Thailand", Monthly Labor Review, No. 58 (June 1944): 1173-1175; "Wages in Siam, 1930-1931", Monthly Labor Review, No. 37 (October 1933): 950-951; Virginia Thompson, Labour Problems in Southeast Asia (New Haven: Yale University Press, 1947), pp. 231-234.

20 Virginia Thompson, Labour Problems in Southeast Asia, p. 229.

21 見 Virginia Thompson, Labour Problems in Southeast Asia, p. 239.

22 Lin Yu, "Twin Loyalties in Siam", Pacific Affairs, No. 9 (June 1936) :196.

23 "Labor Condition in Thailand", Monthly Labor Review, No. 58 (June 1944): 1176 ; Virginia Thompson, Labour Problems in Southeast Asia, pp. 240-242; Virginia Thompson, Thailand, the New Siam (New York: Macmillan, 1941), p. 115.

24 Virginia Thompson, Labour Problems in Southeast Asia, p. 240; Kenneth P. Landon, The Chinese in Thailand (New York: Institute of Pacific Relations, 1941), p. 231.

25 P. S. Narasimham, "A Review of Labour Legislation in South East Asia", India Quarterly, No. 4 (1948): 174.

26 Thuan Kanchananaga, Comp., Report on Commercial and Economic Progress of Thailand, 1939-1940 (Bangkok: Sataman Publishing House, 1941), p. 82; Kenneth P. Landon, The Chinese in Thailand (New York: Institute of Pacific Relations, 1941), p. 144.

27 "Business Registration Act of B.E. 2479", Section 6, 7, 10, 13, 22.

28 James M. Andrews, Siam; 2nd Rural Economic Survey, 1934-1935 (Bangkok: Bangkok Times Press, 1935), p. 311.

29 Erich H. Jacoby, Agrarian Unrest in Southeast Asia (New York: Columbia University Press, 1949), p. 238 (footnote).

30 Carle C. Zimmerman, Siam, Rural Economic Survey 1930-1931 (Bangkok, Bangkok Times Press, 1931), pp. 176-177.

31 James M. Andrews, Siam; 2nd Rural Economic Survey, 1934-1935 (Bangkok: Bangkok Times Press, 1935), pp. 167-175.

32 James M. Andrews, Siam; 2nd Rural Economic Survey, 1934-1935 (Bangkok: Bangkok Times Press, 1935), pp. 332-333.

33 Erich H. Jacoby, Agrarian Unrest in Southeast Asia (New York: Columbia University Press, 1949), pp. 237-239.

34 James C. Ingram, Economic Change in Thailand Since 1850 (Stanford: Stanford University Press, 1955), pp. 68-69. 以下對合作社的說明也是按照 Ingram 的說法。

35 Chen Ta, Emigrant Communities in South China (New York: Institute of Pacific Relations, 1940), p. 79.

36 Chen Ta, Emigrant Communities in South China (New York: Institute of Pacific Relations, 1940), p. 81.

37 "Report of the Financial Adviser 1938/1939", pp. 39-40. 引自 Kenneth P. Landon, The Chinese in Thailand (New York, Institute of Pacific Relations, 1941), p. 166.

38 James C. Ingram, Economic Change in Thailand Since 1850 (Stanford: Stanford University Press, 1955), p. 204. (footnote).

39 Helmut G. Callis, Foreign Capital in Southeast Asia (New York: Institute of Pacific Relations, 1942), p. 69.

40 "Report of the Financial Adviser 1938/1939", p. 40. 引自 Kenneth P. Landon, The Chinese in Thailand (New York, Institute of Pacific Relations, 1941), p. 167.

41 第1組數字取自 Chen Chun Po, "Chinese Overseas", The Chinese Year Book (1935): 442、第二組來自 Hsieh Yu-jung, Siam Gazetteer (Bangkok: Nan-hai t'ung-hsün-she, 1949), p. 291、第三組來自 Liu Hsing Hua, "The Importance of the Overseas Chinese to China", China Critic (July 1935): 86. 兌換成泰銖的金額僅為近似值，乃根據當時匯率換算。

42 China Critic (6 June 1935): 236.

43 Thailand, Department of the Secretary General of the Council of Ministers, Central Service of Statistic, Thailand Statistical Year Book, Vol. 20 (Bangkok, 1937/1938-1938/1939), p. 277.

44 Helmut G. Callis, Foreign Capital in Southeast Asia (New York: Institute of Pacific Relations, 1942), p. 70.

45 James C. Ingram, Economic Change in Thailand, 1850-1950 (Ithaca, Cornell University, 1952), p. 461.

46 Hsieh Yu-jung, Siam Gazetteer (Bangkok, 1949), p. 298; Thailand, Department of the Secretary General of the Council of Ministers, Central Service of Statistic, Thailand Statistical Year Book,

Vol. 18 (Bangkok, 1933/1934-1934/1935), p. 418.

47 Chen Ta, Emigrant Communities in South China (New York: Institute of Pacific Relations, 1940), p. 276.

48 Chen Ta, Emigrant Communities in South China (New York: Institute of Pacific Relations, 1940), pp. 275-276.

49 即東印度群島為一百三十萬人，暹羅為一百六十萬人，馬來亞為一百七十萬人。一九三一年馬來亞人口普查顯示有一百七十萬四千四百五十二名 Chinese (M. V. Del Tufo, A Report on the 1947 Census of Population: Malaya. Comprising the Federation of Malaya and the Colony of Singapore, p. 75.)，一九三〇年印尼人口普查顯示有一百二十三萬三千名 Chinese (Victor Purcell, The Chinese in Southeast Asia, p. 443.)，而第六章中提出的暹羅 Chinese 人口模型在一九三二年得出了一百五十九萬二千人。

50 參見 M. V. Del Tufo, A Report on the 1947 Census of Population: Malaya. Comprising the Federation of Malaya and the Colony of Singapore (London: Crown Agents for the Colonies, 1949), p. 85. 另一方面，在 China 出生的印尼 Chinese 比例比暹羅的低約百分之三十四。

51 一九〇八年，印度群島已經有七十五所 Chinese 學校，共有五千五百名學生 (Chen Ta, Emigrant Communities in South China, p. 276)，而同時，暹羅只有幾所小型的老式 Chinese 學校。

52 Hsieh Yu-jung, Siam Gazetteer (Bangkok, 1949), p. 299.

53 Kenneth P. Landon, The Chinese in Thailand (New York: Institute of Pacific Relations, 1941), pp. 265-266; Hsieh Yu-jung, Siam Gazetteer (Bangkok, 1949), p. 299.

54 "Hsien-wang ts'an-kuan hua-ch'iao hsüen-hsiao chih ching-kuo yü so-yin", Nan-yang yen-chiu, No. 2 (Shanghai, December 1928): 109-202.

55 Kenneth P. Landon, The Chinese in Thailand (New York: Institute of Pacific Relations, 1941), p. 271; Hsieh Yu-jung, Siam Gazetteer (Bangkok, 1949), p. 299.

56 一九三三年至一九三六年間，上海 Chinese 出版了一份高度民族主義的刊物《中國評論》（China Critic），其中經常刊登有關海外 Chinese 教育的文章。

57 Hsieh Yu-jung, Siam Gazetteer (Bangkok, 1949), p. 300.

58 Chen Chun Po, "Chinese Overseas", The Chinese Year Book (1935): 438.

59 以北大年的中華學校為例，該校曾於一九三四年十一月被教育部關閉，但在泰國府尹的倡議下於一九三六年七月復辦。見 Hsü Yün-ch'iao, Pei-ta-nien shih (Singapore: Nan-yang Book Company, 1946), pp. 127-128.

60 Siam Today, July 1936. 引自 Victor Purcell, The Chinese in Southeast Asia (London, Oxford University Press, 1951), p. 187.

61 Thailand, Department of the Secretary General of the Council of Ministers, Central Service of Statistic, Thailand Statistical Year Book, Vol. 18 (Bangkok, 1933/1934-1934/1935), p. 418.

62 Hsieh Yu-jung, Siam Gazetteer (Bangkok, 1949), p. 299.

63 Hsü Yün-ch'iao, Pei-ta-nien shih (Singapore: Nan-yang Book Company, 1946), p. 127.

64 "Hsien-wang ts'an-kuan hua-ch'iao hsüen-hsiao chih ching-kuo yü so-yin", Nan-yang yen-chiu, No. 2 (Shanghai, December 1928): 200-201.

65 Hsü Yün-ch'iao, Pei-ta-nien shih (Singapore: Nan-yang Book Company, 1946), p. 128.

66 Hsieh Yu-jung, Siam Gazetteer (Bangkok, 1949), p. 294.

67 "Kuan- yü nan-yang hua-ch'iao chiao-yü ti t'ao-lun", Nan-yang yen-chiu, No. 1 (Shanghai, June 1928): 77-78.

68 Chen Chun Po, "Chinese Overseas", The Chinese Year Book (1935): 435.

69 Thailand, Department of the Secretary General of the Council of Ministers, Central Service of Statistic, Thailand Statistical Year Book, Vol. 18 (Bangkok, 1933/1934-1934/1935), pp. 420-421.

70 Kenneth P. Landon, The Chinese in Thailand (New York: Institute of Pacific Relations, 1941), p. 277.

71 C. C. Chang, "Anti-Chinese Campaign in Thai", China Weekly Review, No. 92 (30 March 1940): 154.

72 Hsieh Yu-jung, Siam Gazetteer (Bangkok, 1949), p. 303.

73 Legatus, "Die Chinesen in Siam; ein ausschnitt aus demchinesichen Problem der Gegenwart", Preussische Jahrbücher, No. 215 (1929): 287.

74 這筆資金由曼谷著名潮州人領袖林伯歧帶到 China，直到他在一九五六年去世。

75 Legatus, "Die Chinesen in Siam; ein ausschnitt aus demchinesichen Problem der Gegenwart", Preussische Jahrbücher, No. 215 (1929): 287-289.

76 Hsieh Yu-jung, Siam Gazetteer (Bangkok, 1949), p. 303.

77 Legatus, "Die Chinesen in Siam; ein ausschnitt aus demchinesichen Problem der Gegenwart", Preussische Jahrbücher, No. 215 (1929): 287-289.

78 Hsieh Yu-jung, Siam Gazetteer (Bangkok, 1949), p. 303.

79 Legatus, "Die Chinesen in Siam; ein ausschnitt aus demchinesichen Problem der Gegenwart", Preussische Jahrbücher, No. 215 (1929): 287-292.

80 Legatus, "Die Chinesen in Siam; ein ausschnitt aus demchinesichen Problem der Gegenwart", Preussische Jahrbücher, No. 215 (1929): 289.

81 Kenneth P. Landon, The Chinese in Thailand (New York: Institute of Pacific Relations, 1941), p. 205.

82 Legatus, "Die Chinesen in Siam; ein ausschnitt aus demchinesichen Problem der Gegenwart", Preussische Jahrbücher, No. 215 (1929): 292.

83 一九二八年五月初，被派往山東保護其國民利益的日本軍隊，在濟南與前往北京的國民黨軍隊發生了血腥且持久的戰爭。在華南，抵制行動在一九二八年秋天達到頂峰，直到一九二九年五月才結束，濟南事件最終由中日兩國政府協商解決。見 C. F. Remer, A Study of Chinese Boycotts (Baltimore: Johns Hopkins Press, 1933), pp. 137-154.

84 這項論述主要基於 Kan-mueang, 5 July-24 August 1928. 並見於 Hans Mosolff, Die Chinesische Auswanderung (Rostock: Carl Hinstorffs, 1932), pp. 335-336; Wilhelm Credner, Siam, das Land der Tai (Stuttgart: J. Engelhorns, 1935), p. 364; Virginia Thompson, Thailand, the New Siam (New York: Macmillan, 1941).

85 Kan-mueang, 21 July 1928.

86 Kan-mueang, 31 July 1928.

87 Kan-mueang, 22 August 1928.

88 Lin Yu, "The Chinese Overseas", The Chinese Year Book (1937): 1258.

89 Hsieh Yu-jung, Siam Gazetteer (Bangkok: Nan-hai t'ung-hsün-she, 1949), pp. 303-304.

90 This account follows that in Hua-chiao Jih-pao March 7-8, 1932, March 27, 1932.

91 China Critic, 27 October 1932, p.1130.

92 Virginia Thompson, Thailand, the New Siam (New York: Macmillan, 1941), p. 129.

93 "Les négociations entre la chine et la Siam", Revue Nationale Chinoise, No. 22 (14 June 1935): 40.

94 S. G. Ong, "Sino Siamese Problem and its Solution", China Weekly Review, No. 74 (9 Novembre 1935): 356; "Les négociations entre la chine et la Siam", Revue Nationale Chinoise, No. 22 (14 June 1935): 328.

95 例如 Yang Hsin, "Siam's Anti-Chinese Measures and China's Boycott", China Critic, No. 12 (2 January 1936): 12.

96 "Les négociations entre la chine et la Siam", Revue Nationale Chinoise, No. 22 (14 June 1935): 38-39.

97 China Critic, 27 October 1932, p.1130.

98 Hsieh Yu-jung, Siam Gazetteer (Bangkok, 1949), p. 285.

99 China Critic, 5 January 1933, p.13.

100 Hsieh Yu-jung, Siam Gazetteer (Bangkok, 1949), p. 286.

101 China Critic, 11 November 1937, p. 73.

102 China Critic, 12 November 1936, p. 162; "Sino-Siamese Relations", China Critic, No. 17 (1 April 1937):4. 在曼谷的主席是一位泰人，副主席是陳守明。

103 Electoral Law of B. E. 2475, Sections 4.

104 Amendment Act (No. 3) of B. E. 2479 relative to the Electoral Law of B. E. 2475, Sections 13, 14, 16.

105 Hsieh Yu-jung, Siam Gazetteer (Bangkok, 1949), p. 304.

106 Hsieh Yu-jung, Siam Gazetteer (Bangkok, 1949), pp. 304-305.

107 Kenneth P. Landon, The Chinese in Thailand (New York: Institute of Pacific Relations, 1941), p. 31.

108 China Critic, 11 November 1937, p. 73.

109 「華抗」是「華僑抗日聯合會」的簡稱。

110 Lin His-Chun, "Causes of Anti-Chinese Movement in Siam", China Critic, No. 12 (2 January 1936): 8; China Critic, 23 April 1936, p. 90.

111 Lin His-Chun, "Causes of Anti-Chinese Movement in Siam", China Critic, No. 12 (2 January 1936): 8.

112 "Pen-shu hsüeh-hsiao yen-ke", Hsien-lo hua-ch'iao k'e-shu tsung-hui erh-shih chou-nien chi-nien-k'an (Bangkok, 1947), p. 13.

113 Baron de Lapomarède, "The Setting of the Siamese Revolution", Pacific Affairs, Vol. 7 (September 1934): 256. 此作者甚至說，革命「在很大程度上要歸功於 Sino-暹羅的官員、律師和軍官，是他們給予了革命最初的政治方向」。他還發現，一九三四年泰國參議院五十七名已知出身的議員中，有二十一名擁有 Chinese 血統。然而，他將革命者的「Chinese 種族血統」與人民黨的黨綱和孫中山主義的相似性聯繫起來，大大地使人誤解。他錯誤地暗示鑾巴立是海南人的兒子。

114 "Les négociations entre la chine et la Siam", Revue Nationale Chinoise, No. 22 (14 June 1935): 335.

115 Lin His-Chun, "Causes of Anti-Chinese Movement in Siam", China Critic, No. 12 (2 January 1936): 8.

116 Y. H. Tsan, "Chinese in Siam", China Press Weekly, Vol. 1, No. 4 (25 April 1935): 13.

117 Lin His-Chun, "Causes of Anti-Chinese Movement in Siam", China Critic, No. 12 (2 January 1936): 9.

118 引自 Kenneth P. Landon, The Chinese in Thailand (New York: Institute of Pacific Relations, 1941), p. 38.

119 Legatus, "Die Chinesen in Siam; ein ausschnitt aus demchinesichen Problem der Gegenwart", Preussische Jahrbücher, No. 215 (1929): 290.

120 見 Erich H. Jacoby, Agrarian Unrest in Southeast Asia (New York: Columbia University Press, 1949), pp. 24, 247-248, 257.

121 譯自 Thammathipat, 7 February 1950.

122 這項報道是根據蘭敦的說法，見 Kenneth P. Landon, The Chinese in Thailand (New York: Institute of Pacific Relations, 1941), pp. 164-167.

123 So Sreshthaputra, "Assimilation", Bangkok Daily Mail (17 September 1929). Reprinted in So Sreshthaputra, Retrospect (Bangkok, Krungdeb Barnagar Press, 1939), pp. 120~121.

124 見 Kenneth P. Landon, The Chinese in Thailand (New York: Institute of Pacific Relations, 1941), p. 207.

125 Thailand, Department of the Secretary General of the Council of Ministers, Central Service of Statistic, Thailand Statistical Year Book, Vol. 20 (Bangkok, 1937/1938-1938/1939), p. 280.

126 引自 Kenneth P. Landon, The Chinese in Thailand (New York: Institute of Pacific Relations, 1941), p. 35.

127 Kenneth P. Landon, The Chinese in Thailand (New York: Institute of Pacific Relations, 1941), p. 279.

128 China Critic, 3 October 1935, p. 18. 這雜誌較早前在同一期刊上以挑釁性標題「暹羅屠殺 Chinese」(China Critic, 1 March 1934, p.208.) 發表的誇張版本也很有趣。

129 Legatus, "Die Chinesen in Siam; ein ausschnitt aus demchinesichen Problem der Gegenwart", Preussische Jahrbücher, No. 215 (1929): 286; Kenneth P. Landon, The Chinese in Thailand (New York: Institute of Pacific Relations, 1941), p. 268.

130 Kenneth P. Landon, The Chinese in Thailand (New York: Institute of Pacific Relations, 1941), p. 108.

131 泰國經濟部部長於一九三六年六月三日的演說詞。引自 "The Chinese Goodwill Mission in Siam", China Critic, No. 14 (9 July 1936): 42.

132 Kenneth P. Landon, The Chinese in Thailand (New York: Institute of Pacific Relations, 1941), pp. 150, 153.

133 Hsiao Sung-ch'in, "Ti-szu-shih-yi-chieh tung-shih-hui kung-tso chien-t'ao", T'ai-ching t'ien-hua Hospital of Bangkok (Bangkok, 1950): 10.

134 Chou Hong-chün, "Pen-so--chih hui-ku yü chan-wang", T'ai-ching chung-hua tseng-yi-so san-shih-liu chih san-shih-chiu nien-tu pao-kao-shu (Bangkok, 1950): 1-3.

135 T'an Chin-hung, "Kuang-chao yi-yüan chi fen-ch'ang", Hsien-ching Kuang-chao hui-kuan liu-shih chou-nien chi-nien-k'an (Bangkok, 1937).

136 "Pen-hui tsu-chih yen-ke", Hsien-lo hua-ch'iao k'e-shu tsung-hui erh-shih chou-nien chi-nien-k'an (Bangkok, 1947), pp. 1-2.

137 Y. H. Tsan, "Chinese in Siam", China Press Weekly, Vol. 1, No. 4 (25 April 1935): 14.

138 China Critic, 27 October 1932, p. 1130; 18 May 1933, p. 502.

139 Feng Shao-wen, "Liu-shih-nien-lai-chih Kuang-chao hui-kuan yü ch'I shih-yeh", Hsien-ching kuang-chao hui-kuan liu-shih chou-nien chi-nien-k'an (Bangkok, 1937).

140 "Pen-hui-kuan shih-lüeh", Ch'ao-chou Yüeh-pao, No. 10 (February 1951): 6.

第八章

危機、戰爭和暫緩：

第二次世界大戰及其餘波

第一節　鑾披汶的第一次執政時代

於一九三八年十二月，披耶帕鳳政府因議會的不信任投票而被迫辭職，其總理職位被原來人民黨右派軍國主義分子的領袖，和典型的民族至上主義者鑾披汶頌堪（Luang Phibun Songkhram）取代。鑾披汶兼任內務部部長一職，任命鑾巴立（Luang Pradit）為財政部部長。此結合容許了在國民生活領域實行對 Chinese 影響最大的急進改革。事實上，當年稍早發生的一件與政府改組不無關係的事情，已讓 Chinese 預知將會發生什麼事。藝術廳廳長鑾威集・哇他干（Luang Wijit Wathakan）於七月發表了一篇演說，其中他比較了德國的猶太人問題與泰國的 Chinese 問題，暗示納粹的解決方式可能適用。這次具有試探性質的演說引起了激烈政治爭論，在爭論過程，右派的委任議員為鑾威集辯護。整個事件導致委任議員與選任議員間的分裂，造成了帕鳳內閣的倒台[1]。

新政府在執政的第一年中，大力實施經濟泰化計劃，在與 Chinese 貿易時堅決奉行牽制政策。

新政府對經濟泰化計劃的決心立即顯現出來。於一九三八年十二月，政府收購了曼谷的幾家Chinese碾米廠[2]，成立泰米公司。泰米公司由政府持有百分之五一十的股份，獲得了國營鐵路運輸稻米的優惠費率，不久後即收到了大量日本和德國的訂單。大米銷售合作社在五個地區成立，隨後幾年，泰米公司與合作社建立了密切合作關係，能夠直接購買稻米。泰米公司的目標是讓泰國米業擺脫Chinese的控制[3]。

於一九三九年一月，政府頒布了一項法律，將原先給予Chinese公司的燕窩經營權收歸政府所有。同月，教育部命令所有政府學校和與教育部有關的辦事處，只允許泰裔食品小販在其場所內營業，而大多數其他政府部門在幾個月內也發布了類似的命令。數以千計的Chinese小販在毫無通知的情況下被剝奪賴以維生的謀生手段。[4]

三、四月一連串立法的出台，似乎要將Chinese的經濟支柱徹底擊垮。《食鹽條例》於三月二十二日在秘密會議上通過，於八天後實施，確立了政府對食鹽生產的嚴格控制，對食鹽徵收重稅。泰國的食鹽生產商大多是Chinese，而從事食鹽出口的五家主要公司也是Chinese公司。該條例的執行如此突然且效率低下，以至於許多公司被迫破產。[5]同時，在同一情況下通過的《煙草條例》也對煙草生產和製造實施了類似的管制和消費稅。三家Chinese香煙廠賣給了政府。[6]（兩年後，泰國煙草專賣局成立，擁有維吉尼亞煙草和現代型香煙製造的專營權）。這兩項條例通過幾天後，又頒布了《食用牲畜屠宰條例》，其主要目的是使泰國人取代 Chinese 成為生豬屠宰商和豬肉批發商。在這項新條例的規定，泰國男性於一九三九年十一月歷史上首次開始從事豬肉屠宰業。[7]

議會於三月二十九日通過的新《國稅法》旨在透過對商業階層徵收更重的稅，使政府收入增加百分之四十。新《國稅法》特別許可所得稅和店鋪稅（這兩項稅收主要由外籍商人承擔），增加了賭博、鴉片館和其他經營許可證的費用。修訂後的法律受到了泰國輿論的好評，被認為是扶助貧苦泰人的舉措，因為其將國家的財政負擔轉嫁給富人，尤其是 Chinese。為了防止商家將新的負擔轉嫁給消費者，政府嚴格執行去年十二月頒布的《反暴利法》。[8]

另一項於三月通過、並於四月一日泰國新年開始生效的法案嚴重打擊了 Chinese 商的尊嚴，甚至是他們的收入。該法案為《招牌條例》，規定按照招牌面積徵稅，但其中對使用非泰文文字超過一半面積的招牌徵收高出十倍的稅率。一夕之間，大部分又大又漂亮的 Chinese 招牌都被寫上泰文和 Chinese 的小招牌所取代。[9]

泰化運動的下一步是針對計程車的 Chinese 司機。根據於四月十日生效的《車輛法》修正案，非泰籍人士不再有資格獲得計程車營運執照。[10] 另一項法律《泰國船舶條例》

於同一天頒布，這對更多 Chinese 的就業情況產生了不利影響，根據該條例，所有在泰國領海內作業，達到特定總噸數的漁船和商船都必須在十月前登記為泰籍國民的財產或公司財產，其中泰籍股東所佔的股份須達百分之七十。[11] 而甚至在《泰國船舶條例》生效前，就已經通過了一項禁止向外國人發放捕魚許可證的法律。[12]

一九三九年三月至四月間，通過了最後一項影響深遠的泰化法律《液體燃料條例》，間接對 Chinese 帶來最災難性的後果之一。該條例嚴格監管石油的進口、蒸餾和銷售，而在通過該條例時，政府已正在建造一座煉油廠，其汽油產量超過了國家的正常需求。先前一直供應所有石油產品的兩家西方公司無法接受新條款，於八月撤出泰國。這兩家公司的員工（大部分是 Chinese）在收到一個月的通知後便被解僱了。更重要的是，隨著石油工業轉移到泰國人手中，Chinese 代理商和分包商的整個分銷網絡在很大程度上被繞過了。[13]

五月，政府宣布不久將在南暹羅開始採礦作業，一年內成功在蘇梅島和帕岸島使用泰國勞工試驗性採礦[14]。於一九三九年的秋天，政府頒布了法規，要求公營和私營企業須僱用至少百分之七十五的泰國勞工[15]，但由於沒有足夠的泰國勞工代替 Chinese 勞工，政府並無認真執行這些法規。十一月一日，鑾披汶親自頒布了第五份《唯國信條》

（Ratthaniyom，即國家文化訓令），以愛國主義為基礎，日益積極嘗試將泰國人帶入商業和工業界。此訓令呼籲泰國愛國者只食泰國生產的泰國食品，只穿泰國人製造的衣服（最好是用泰國布料），互相幫助進入貿易和工業領域。[16]

從一九三八年十二月算起之後的一整年，政府大力推行的經濟泰化計劃徹底震驚了 Chinese 社區。經過幾次抗議和請願後，Chinese 另闢新徑，試圖想出應對急劇惡化局勢的辦法。所有的限制都是以國籍為基礎，而非種族，因此並沒有直接影響到絕大多數在當地出生的 Chinese。然而，對於 China 出生的 Chinese 而言，其經濟活動於一九三九年底所受限制達到前所未有的程度，而且對他們而言也是不公平。必須指出的是，上述立法都謹慎地避免只針對 Chinese，有關限制適用於任何國籍的外國人，而且在執行時一般都不偏袒任何一方。

在同一時期，泰國政府也採取了一系列措施，將 Chinese 民族主義分子和社區活動嚴格控制在泰國政府規定的範圍內，從而體現了泰國民族主義的新重點。如前一章所述，早在鑾披汶上台之前，Chinese 在政治和經濟方面的非法活動已開始增加。一九三八至一九三九年嚴厲的經濟限制措施主要影響了 Chinese，這不可避免地助長了走私、包庇、敲詐勒索和其他非法賺錢活動，這些犯罪行為大多是復興的秘密會社所為，其利用愛國主義在中日戰爭爆發後變得更為強大。鑾披汶執政後，曼谷出現了幾家新的「公司」，但它們的活動僅限於互相爭斗及支援 China 事業。在綁架勒索和包庇賣淫的同時，它們也暴力打壓那些從事可能幫助日本人的商業活動的人。[17]

然而，比秘密會社更重要的是一九三七年至一九三八年，為援助 China 抗戰而成立的政治行動組織。它們具體的目標是進行抗日抵制活動，以及為 China 抗戰基金募集和匯寄資金。這兩項活動都是非法的。泰國政府急於安撫日本勢力，禁止為戰爭目的籌集資金，將抵制活動視為限制貿易的陰謀。因此，Chinese 愛國組織只能進行地下活動，或以隱密方式行動。主要的政治行動團體是由中華總商會所組織的「華抗」，其符合 China 的統一戰線政策，得到國民黨和共產黨的支持。在遊說華商捐款和不要買賣日貨的過程，「華抗」越來越訴諸武力。一九三八年秋天後，炸彈襲擊、槍擊和綁架事件日益頻繁。

在政府變更後的數週內，泰國警方嚴厲打擊了所有非法 Chinese 活動。一九三九年一月初，泰國警方加大了對 Chinese 領袖和政治工作者的逮捕力度，而當 Chinese 忙於農曆新年慶祝活動時，警方對非法 Chinese 會社的總部進行了一系列突擊搜查。[18]「華抗」的兩個中心被破獲，搜出反日傳單，其中一個秘密會社在舉行入會儀式時遭到突襲。泰國報紙詳細報導了這些事件，而當一名華抗成員（曾炸毀一家售賣日貨的 Chinese 商店）被警方逮捕並「供認不諱」時，泰國的公眾輿論更大肆播揚。

儘管政府禁止為 China 抗戰而募集資金，但 Chinese 社會仍採取大規模的偽裝手段暗地進行。潮州會館成立了潮州管理米價公司，以捐贈大米的形式向汕頭提供援助。潮安互助會在潮安舉辦了一場飢荒賑災募捐活動。許多募捐也是秘密進行的。在清邁，救國後援會每月秘密向幾乎所有華商收取捐款。然而，於一九三九年，由於警方的行動，泰國 Chinese 對 China 的經濟援助大大減少。潮安互助會的負責人——曼谷 Chinese 社區的兩位主要領袖——被捕入獄，理由是對戰亂國家進行任何出於戰爭目的的救濟。清邁有三十多名 Chinese 領袖和商人，因警方發現當地的捐款制度而被捕。而沒有出現大規模驅逐出境的原因是，一位領袖承擔了這場運動的全部責任，說服了法院：非法與否，一個人的行動不能當為一個社會的行動，而且所募集的款項是用於黃河水災救援。一九三九年六月，汕頭淪陷，潮州會館計劃不得不終止。

同時，新政府加強了對 Chinese 學校和報紙的控制。一九三九年三月，在當時議會正在審議針對 Chinese 的法案時，議會主席警告，「如果報紙刊載錯誤的報導，或以可能造成任何傷害的方式解釋重要新聞，他將不得不撤銷發給有關報紙的新聞許可證」。[19]

於四月，教育部發布新命令，規定義務教育年齡層（七至十四歲）的學生，每週只能上兩小時的 Chinese 課，而其他所有科目必須以泰語教授。當局恢復了嚴格的檢查，於四月至七月期間，當局關閉了二十五所華校。[20]

在同一時期，政府採取了一些有關人頭稅的措施，使這一徵稅的曲折歷史又回到了原點。值得注意的是，在一八九九年至一九一〇年期間，Chinese 繳納三年一次的人頭稅，但對泰國人則免徵數額較大的人頭稅。一九一〇年，糾正了此不公現象，取消三年繳納一次的人頭稅，將人頭稅的徵收範圍擴展到任何國籍的人。然而，於一九三九年三月，人頭稅因新《國稅法》通過而廢除，同時又以「外國人登記費」的形式向非泰籍人士徵收類似數額的稅款。到七月七日，所有 China 籍人士都必須繳納第一筆每年四銖的費用，不然就有被逮捕的風險[21]。現在輪到 Chinese 抱怨須繳納一項泰國人不必繳納的稅項。

從七月的第三個星期起至八月[22]，警方展開一系列突襲搜查，將政府的限制政策推向最高峰。學校、印刷廠、報社和 Chinese 協會總部遭到搜查，小冊子和文件被沒收，逮捕數百人。收集到的證據表明，Chinese 學校、報社和銀行與地下會社緊密合作。例如，Chinese 銀行被發現擁有偽裝為商人和會社的存款八十萬泰銖，據推測這些存款將用於 China 作戰經費；出版《國民日報》的印刷廠被發現是國民黨的會議地點；還有幾所Chinese學校被發現在積極分發「華抗」和國民黨書報。[23]八月底的突擊搜查發現了一份國民黨黨員名單，內含一萬多名黨員的名字。[24]曼谷報紙在八月披露，泰國Chinese在一九三八年十一月至一九三九年四月期間，為China的抗戰事業捐獻了二百四十萬美元。[25]大部分的被捕人士被判處監禁，而一些最重要的人物，包括廣東銀行和Chinese銀行的經理以及數十名非法會社領袖，則被驅逐出境。

突擊搜查造成的更不幸後果是，除《中原報》，所有大大小小的Chinese報紙於七月至八月期間都永久關閉，而所有較重要的華校於八月至九月期間也被關閉。[26]這些嚴厲措施使Chinese社會震驚不已。正如一位泰國Chinese作家後來所說：「暹羅的Chinese陷入絕境。他們的文化成就幾乎毀於一旦，經濟地位也搖搖欲墜。」[27]

在鑾披汶政府執政的第一年，Chinese還遭受了另一次打擊。十一月二十八日，中華總商會主席兼潮州會館司庫蟻光炎遭暗殺，此大膽的犯罪引起了全國關注。警方逮捕兩名Chinese，他們其後承認了這次暗殺行為，警方解釋被暗殺者是「華抗」領袖，查明了該組織以前進行的謀殺和恐怖行動。[28]這次事件使泰國政府對China總商會，和其他主要合法Chinese會社產生了毫不掩飾的懷疑，在最需要Chinese社區領袖提供服務的時候，削弱其地位和威信。

一九三九年發生的這些事件，引起了東南亞其他地區和 China 越來越多的關注。於四月，China 第一屆人民代表大會通過一項決議案，要求外交部「開始與暹羅進行條約談判，以改善中暹關係和保護暹羅 Chinese」。[29] 面對國外越來越多的批評，泰國政府於一九三九年八月向各國政府發出官方公報，指出最近針對 Chinese 的行動完全是為了維護公共秩序，且絕不損害泰國平等友好的傳統外交政策。隨後，政府廣播電台有史以首次用 Chinese 廣播，為政府的行動辯解，這不僅有利於當地 Chinese，也有利於馬來亞、香港和 China 的 Chinese。[30] 九月，Chinese 領袖應邀出席了泰國官員隆重招待的宴會，再次互相發表友好講話。[31] 十一月，鑾披汶總理親自向當地 Chinese 廣播，詳細解釋政府政策。

於十一月底，當重慶方面在研究之前八月事件的詳細報告後，蔣介石總統向鑾披汶總理發出電報請求：

> 對於居住在貴國的 China 公民，泰國政府全面保護其生命和財產，並允許他們在沒有先前干擾的情況下，從事合法活動。在我國遭到考驗時，China 政府和人民將感謝貴政府對 Chinese 的保護措施，這也將符合泰中兩國的共同利益。[32]

這份電報得到鑾披汶的迅速回復，部分內容如下：

> 泰國政府全面保護居住在本國的所有外國人的生命和財產，允許他們在平等的基礎上從事合法的活動。Chinese 與泰國人民有著長期的傳統友誼，與我們產生了兄弟般的友好情誼，因此，我可以向閣下保證，泰國國王陛下的政府將一如既往地保護，我國 Chinese 的生命和財產，並允許他們在整個泰國從事合法活動。[33]

若干 China 作家提出了一些合理的觀點，認為泰國政府在一九三九年九月緩和了對 Chinese 政策，原因在於 China 出乎意料的頑強抵抗，和對歐洲軸心國的宣戰充分展示了民主盟國的力量和決心。[34]此外，這也可能與政府近期的一些政策過於激進有關，甚至讓執政團隊中一些較為自由派的泰國民族主義者感到難以接受。

無論如何，排 Chinese 運動最活躍的時期暫時結束了。儘管如此，政府仍堅決執行其牽制政策。一九四〇年一月，鑾披汶在記者會上表示，Chinese 社區有一份報紙就足夠了，因為西方社區也只有一份西方語言報紙，而且泰國有一半以上的 Chinese 能夠閱讀泰語。[35]在同一個記者會上，總理表示政府放棄把 Chinese 同化作為泰國政策的目標，指出如果泰國官員不與外國人結婚，對國家更有好處；對於「居住在 Chinese 區附近的一般公民」而言，他建議泰國人應與泰國人結婚，這對他們而言會更幸福。[36]一九四〇年二月，蕭佛成的一位兄弟於重慶以泰語廣播，敦促泰國同意與China建立外交關係，但泰國政府對此置之不理。[37]三月，鑾披汶發布了第七份「唯國信條」，敦促每個身體健全的泰國人「在某種形式的經濟活動中穩固自己的地位」，[38]試圖讓泰國人填補因一九三九年的立法而空缺的Chinese職業。

在教育方面，政府也堅守其立場。於一九三九年八月和九月期間，關閉的幾所Chinese學校獲准以義務私立學校的方式復辦，每星期只上幾小時的Chinese課，其餘課程均以泰語教授。然而，許多曼谷最大的學校被拒絕註冊為Chinese學校；有的換了校名，並註冊為正式的泰國私立學校，不再教授Chinese。[39]一九四〇年六月，鑾披汶宣布了第九份「唯國信條」，將泰國文化計劃擴展到語言使用領域，實質上是要求所有泰國國民掌握並使用泰語，[40]當中特別針對那些從未學過或不習慣使用泰語，且在當地出生的Chinese和馬來人。第九份「唯國信條」是以各種藉口大規模關閉全國Chinese學校的一個信號。於一九四〇年底，曼谷以外的地區已經沒有開辦Chinese學校。於一九四一年，曼谷的Chinese學校數量已減少至只剩兩所。[41]

政治領域方面也保持了警惕。新一輪的逮捕行動於一九四〇年二月開始。[42]然而，當地Chinese並非完全屈服，繼續支援China事業和抵抗日本的侵略活動。日本商人的不斷滲透遭受到Chinese的對抗，有時甚至演變成暴力事件。曼谷的Chinese醫院繼續培訓護士，把他們送往China為軍隊服務，但這種做法於一九四〇年被迫停止，而Chinese醫院院長[43]和天華醫院主席都被遣返China。資金仍透過香港和馬來亞轉匯到重慶。於一九四一年的春天，泰國幾個Chinese會社的代表出席了在新加坡舉行的南洋Chinese會議。會議向重慶發出的電報，對泰國Chinese起到了極大的鼓舞作用。其部分內容如下：

包括菲律賓、馬來亞、荷屬東印度、泰國和中南半島等南洋Chinese代表的會議於三月二十九日在新加坡舉行。……我們謹此保證全力支持國民政府、我們的總司令蔣介石，以及抗戰和重建的國家政策。此堅定決心不會妥協或改變，並將繼續堅定下去。我們將帶領所有海外Chinese繼續努力。[44]

於一九四一年期間，隨著泰國與日本的關係日益密切，以反日活動為由逮捕和驅逐Chinese的數量也日益增加。太平洋戰爭爆發後，幾千名Chinese——包括各種政治色彩的民族主義者——被鑾披汶政權視為不受歡迎的外國人及被驅逐出境。[45]

早在太平洋戰爭開始之前，鑾披汶已感到無需履行早期向蔣總司令所作出的保證，即泰國政府將允許 Chinese 居民「在整個泰國從事合法活動」。於一九四一年五月二十三日，政府頒布了一項法令，將華富里府、巴真武里府和萬佛歲府的梭桃邑縣列為戰略「禁區」。此後，外國人被禁止進入，而原來居住在這些地區的外國人被迫在九十天內遷出。[46]根據鑾披汶的總體規劃，華富里和梭桃邑將分別發展成為泰國的主要軍事基地和海軍基地，而位於柬埔寨邊境的巴真武里則是泰國與中南半島唯一的鐵路連接。當議會內有人對這項法令表示反對時，鑾披汶政府於七月又通過了一項授權法案，批准通過法令指定外國人禁區。[47]於一九四一年九月十九日，包括呵叻、烏汶和瓦林昌拉縣（位於烏汶對岸）在內的三個行政區也被列為禁區，可能因為上述地區設有軍事基地。所有外國人必須在十二月十七日前撤離這些地區。[48]

Chinese 在一九四一年劃分的六個禁區內遭受到了極大困難。[49]有時候拖延了幾星期後當地政府才正式接到通知，而在當地 Chinese 還不知道政策的全部細節之前，九十天的寬限期已過了一大部分。有些 Chinese 在當地出生的子女，或親戚可以替他們看管商店和財產，但大多數 Chinese 在撤離前都必須賣掉或至少關閉商店。在大多數情況下，Chinese 能帶走的東西很少，因為政府拒絕向禁區增派貨運車輛。數百家商店須以低廉的價格將全部存貨出售給泰國人。呵叻廣肇會館被迫以極低價格出賣其學校明義的校舍。

雖然上述情況屢見不鮮，但禁區內大部分 Chinese 學校和協會，都勸說第二代 Chinese 留下及看管他們的不動產。任何想在九十天期限前進入禁區處理個人或商業事務的外國人，都必須獲得內務部的書面許可。那些不知道禁令而進入禁區的人往往會被忠於職守的警察逮捕。於一九四一年期間，數以百計的難民抵達曼谷，但大多數撤離的外國人都定居在附近府城或縣城，這些地方沒有任何設施來處理湧入的難民。

一九四一年的各項禁令本來可以更糟——如果這些禁令同時適用於外僑及外僑後裔的泰國公民，其後果將會是無法估量的。從這個意義上來說，影響暹羅 Chinese 的法規，比珍珠港事件發生不久後適用於留美日僑的法規公正得多。然而，一九四一年 Chinese 所受到的待遇「與泰國人傳統的寬容和仁慈相去甚遠」。[50] 事實上，有大量證據表明，泰國政府在一九三八至一九四一年間對 Chinese 採取極端措施之前，有意識地先準備公眾輿論，而泰國人對政府政策的反對聲音相對較小，只是因為執政的軍國主義集團，能迎合國家和軍事緊急狀態的情緒。一位於一九三九年六月訪問過暹羅的 Chinese 商人寫道，泰國的整個排 Chinese 運動「似乎是人為造成的，缺乏一種普遍的反 Chinese 情緒」。[51] 然而，對 Chinese 的反感迅速從精英階層蔓延至一般民眾。一九四〇年，據報導曼谷發生了多宗 Chinese 與泰國人因種族仇恨而引起的暴力事件。[52]

第二節　日本的佔領

一九四一年十二月八日，日本軍隊登陸泰國，在這種情況下，政府決定與日本軍隊合作，隔天就開始逮捕與重慶政府有任何關係的 Chinese。曼谷重要 Chinese 領袖的命運各異，有些人逃離首都，經陸路前往緬甸和 China；有些人則躲藏在內陸地區。然而，大多數人仍留在曼谷；其中逮捕公開親蔣人士，誘使其他許多人合作，追求「共榮」。

於一九四二年一月底，老一輩 Chinese 領袖的隊伍已所剩無幾。戰前最著名的潮州人領袖蟻光炎已被暗殺，另有三位最高領導人在日本佔領前被逮捕或驅逐出境。於一九四一年十二月至一九四二年一月期間，潮州會館主席和三名執行委員會成員因拒絕合作而被逮捕，並以各種不同的罪名判處長期監禁。至少，還有三位知名的潮州人領袖為了躲避逮捕而逃至內陸地區。海南人也同樣失去了他們的最高領導層，其最重要的三位領袖在一九四一年十二月前被驅逐出境，同月，瓊島會所（海南會館）主席被日本人逮捕。其他語言團體的領導層也遭到削弱，但程度較輕。

大多數規模較小的 Chinese 會社在日本佔領期間停止了活動，但中華總商會和主要的各會館選擇以任何可能的方式繼續活動。這些決定是希望避免會社財產被沒收或徵用，繼續努力保護 Chinese 利益。因此，一些會社在一九四二年舉行了新選舉，以取代逮捕或「妥協」的成員；在某些情況下，一些被認為能夠與日本當局有效打交道的人會特意推選出來。一九四一年十二月十日，Chinese 的銀行存款凍結，加劇了 Chinese 會社的困難，例如，廣肇會館由於缺乏資金，只好放棄其醫院的西醫和產科部。[53]

日本人最初試圖透過以下方式贏得 Chinese 的支持：不對 Chinese 採取歧視性行動，採取象徵 China 日友好的行動，控制 Chinese 報刊，以及為那些願意合作的商人提供經濟利益。在馬來亞發生的集體屠殺 Chinese 事件並沒有在泰國發生。日本司令官抵達曼谷後，拜會了各主要 Chinese 會社的主席。他在報德善堂時，禮拜該堂所供奉的神明，並捐贈了一千泰銖。日本人在逮捕了《中原報》的大部分理事，以十萬泰銖懸賞通緝在逃編輯後，接管了《中原報》（泰國唯一授權的 Chinese 報紙），在佔領期間將其用作政治宣傳工具。在一名 Chinese 編輯的領導下，該報紙獲得了一定的聲譽，因其商業和地方新聞而被廣泛閱讀，跟日本佔領前相比，其仍有一定的影響力。很少 Chinese 能完全公開地拒絕日本的商業利益，因為這樣做即使不被關進監獄，也會造成嚴重的經濟損失。一些全心全意投靠日本的商人在戰爭期間發了大財。

然而，因日本人在泰國的國防和通訊項目中強迫 Chinese 勞動，其對當地 Chinese 所偽裝的仁慈態度被揭破了。其中最大的工程是建造從萬鎊（Banpong）到緬甸邊境的鐵路，該工程於一九四二年季風結束時動工，並於一九四三年十月竣工。一九四二年十二月，大部分鐵路要經過的北碧府被劃為禁區，但這一次外國人只有七天的遷離時間。在佔領期間，日本人比泰國人更照顧 Chinese，日本人向 Chinese 提供卡車和船隻，幫助他們遷移家屬和財產。為了與「亞洲是亞洲人的亞洲」宣傳路線保持一致，日本人在修建鐵路的最初幾個月只用西方戰俘作為勞工。[54]但在一九四三年初，當日本變得迫切需要額外勞動力時，她在馬來亞、印尼和南暹羅招募了好幾萬名亞洲勞工，並把他們送到萬鎊的鐵路線上工作。大部分人被每天三美元的工資所吸引，簽訂了一份為期三個月的「工程工作」合約，但也有許多人是遭強行招募。數萬名受僱的 Chinese 勞工，大部分是來自馬來亞的福建人，而其他亞洲勞工則主要是泰米爾人、馬來人和爪哇人。根據盟軍人員保守估計，其中百分之五十的勞工不到一年便死去。亞洲勞工的工作條件「可怕得難以形容」，醫療當局認為，如果藥品和食品的支出稍微增加一點，有一半以上的生命是可以挽救。正如約翰．科斯特（John Coast）所總結的那樣，日本人「將他們的亞洲同胞視為純粹的機器，完全沒有將他們視為人—人類」。[55]當霍亂在亞洲勞工的營地肆虐時，歐洲醫療官員被指浪費時間而被禁止進行治療。除霍亂外，痢疾、瘧疾、飲食不足和熱帶潰瘍也是主要殺手。各國語言均把這個項目稱為「死亡鐵路」。日本在暹羅的其他設施也使用了徵召的勞工，其中一部分是來自 China 南方和馬來亞的 Chinese。在鑾披汶把碧差汶選為戰時首都後，Chinese 也參與了碧差汶的建設計劃。

出於與日本在緬甸作戰有關的國防考慮，泰國政府於一九四三年一月下旬在北部實施了禁區政策。清邁、南奔、南邦、清萊、帕府和程逸六個府被宣佈為外國人禁區，數以千計的 Chinese 不得不在四月前撤離，其中一些府只給了 Chinese 七個星期的有效通知期。東北 Chinese 不僅再度遭遇到一九四一年困難，而且如此廣大和相連接的地區同時禁止，使情況雪上加霜。住在南邦以南火車站地區 Chinese，總是發現所有車廂都被北方的難民擠得水泄不通，幾乎不可能找到貨車。而在四月最後期限之前，一個廣泛傳播且一些地方政府從未正式否認過的謠言加劇了恐慌，即外國人的妻子，即使是泰國公民也必須與丈夫一起撤離。為了保住財產及避免被迫出售商店存貨，一些 Chinese 依法與泰籍妻子離婚。不過，需要指出的是，若干府的府尹在執行有關法規時非常仁慈，例如，清邁的府尹對孕婦、殘疾人士、老年人以及其子女在泰國軍隊或政府部門服務的人都給予通融免遷。

一些從柏府撤出的人去了難府——難府和湄宏順府都是偏遠且欠發達的地區，不在禁區之列——但大部分人繼續南下，主要遷到彭世洛、素可泰和曼谷。許多於一九四三年四月湧入曼谷的難民被誘騙簽訂了在死亡鐵路上工作的合約。招募工作是由日本和泰國當局透過中華總商會進行。

一九四一年，Chinese 被驅逐出華富里、呵叻和烏汶後，這些城鎮便遭遇經濟癱瘓及糧食嚴重短缺問題。為了防止這種情況再次發生，北部大多數禁止外僑的分府當局在四月最後期限前，或之後的兩個月內，豁免了碾米廠主、鋸木廠主和製冰廠主等外僑工業家，以及市場蔬菜生產者、生豬屠宰者和養鴨户等主要糧食生產者。即使是商人，也可以透過成為日本軍隊的供應商或在當時正在擴大業務的日本商業公司就職而重返家園。其他人則獲准短期返回，以處置不動產或處理緊急事務。到了年中，已經明確規定，申請入籍的外國人即使在申請待批期間也可以在禁區居住。五千多名 Chinese 透過這種方式返回了北方的家園。在一九三五年至一九四二年的六年間，Chinese 申請入籍的人數平均每年不到一百七十人，但在一九四三年，至少有六千零八十六名 Chinese 遞交了申請，其中二千七百六十一人被批准入籍）。[56] 到一九四三年底，已經有很多人獲得了豁免，以至於禁令實際上已經失效。事後看來，許多泰國北部的 Chinese 認為，軍事安全只是禁止北部各府外僑的表面原因，真正的目的是實現經濟泰化。如果這是真的話，則日本人和泰國人都獲得了同樣多的利益，因為Chinese於一九四三年在北部失去的較大經濟利益，大部分都落到了日本公司，而非泰國企業。

在日本佔領期間，泰國也沒有忽視對經濟泰化的直接措施。一九四二年，泰國加強了價格管制措施，對牟取暴利和囤積居奇的行為處以重罰，結果，隨著通脹不斷加劇，華商經歷了嚴重的成本價格擠壓。[57]根據一九四二年六月頒布的一項皇家法令，泰國政府為泰國國民保留二十七種不同職業和專業，[58]限定外國人在三個月內停止製造——在少數情況下停止銷售——漆器和黑金嵌鑲物、洋娃娃、玩具、雨傘、婦女衣帽、裙子、煙火、某些種類的柳條製品、磚塊、木柴、木炭和火把。給予他們一年的時間停止進行理髮和法律工作。其中兩項被保留的職業具有特殊的民族主義色彩：禁止外國人製造或出售佛像，或從事使用泰文字母的排字工作。一九四二年，政府還通過了《職業及專業援助條例》，規定可透過皇家法令要求工廠僱用一定比例的泰國公民。[59]然而，新成立的工業部始終無法應付這項法令所帶來的混亂。事實上，政府很難找到泰國人來填補因當時和早期保留職業而空缺的職位。一九四三年四月，曼谷廣播電台抱怨道：「政府竭盡全力敦促泰國人出售大米和豬，但他們拒絕了，因而Chinese仍控制了整個行業。政府亦開設學校教授泰國人理髮技術，但是招不到學生」。[60]

對 Chinese 來說，比保留職業更具有長期影響的是一九四八年通過的法案，該法案實際上禁止 Chinese 在暹羅購買土地。一九四三年《外僑土地條例》沒有要求不受特別條約保護的外僑出售已經擁有的土地，但卻剝奪了他們購買不動產的權利。因此，傳統上泰國 Chinese 同化的兩項基本經濟自由權——即在暹羅任何地方居住的權利和不受限制地擁有不動產的權利——在戰爭年代受到嚴重損害。

到一九四三年，泰國有幾個組織嚴密的地下抗日組織。由泰國攝政鑾巴立領導的自由泰國運動是其中最重要的運動，幾個 Chinese 地下組織與這個運動都有不同程度的合作。一九四一年，重慶政府因預料到日本將進軍泰國而派遣特務進入泰國，[61]當地國民黨領袖與自由 China 之間很快就建立了間諜聯繫。國民黨地下組織在日本佔領期間出版了幾份小報紙，其中最有影響力的可能是《警報》，該報從一九四二年起一直定期發行，直至戰勝日本時為止。China 共產黨人——他們與國民黨的統一戰線聯盟在日本登陸前已中止——組織了自己的地下組織，由邱及少校領導。在部分佔領期間，他們在曼谷出版了名為《真話報》的報紙。[62]這兩個團體都依賴當地 Chinese 商的捐款和資金。戰爭時期最奇特的企業之一是《泰華商報》，這是一份大型的 Chinese 報，一九四三年初開始半秘密地出版。它與一家泰國報紙共同出版，該報的負責人是鑾披汶的女婿拍耶比差（Phraya Pricha）。該報為泰國人所有，但它得到了自由泰國領袖鑾亞倫綠差叻（Luang Adun Detcharat）等人的支持，並僱用了幾名最反日的 Chinese 新聞記者，據說它的運作是在鑾披汶本人完全知情的情況下進行。《泰華商報》一直定期出版，直到一九四六年初。

我們無法估計有多少泰國 Chinese 領袖「通敵」或其程度，更無法宣告判罪。許多與日本人「經常往來」的 Chinese 為地下組織提供了源源不絕的資金。此外，如果沒有他們的領導和支持，那些在戰爭期間為當地 Chinese 紓解困境的 Chinese 會社也會陷入困境。以客家人為例，他們的主要領袖繼續經營其廣泛的生意，但同時也是重慶特工的「司庫」。另一位公開為日本人工作的著名客家人捐出了七萬五千泰銖，由自由泰國和國民黨地下組織平分，而另一位不太公開親日的客家人也捐贈了大筆資金。一位客家商人在一九四二年至一九四三年期間，靠經營日本紡織品發家致富，但最後卻為重慶事業募集資金，並為地下部隊制服提供卡其布。所有這些人都在戰爭期間維持了客家會館的運作，其中一人擔任主席，另外兩人擔任執行委員會成員。他們幫助維持會館的免費診所、墓地甚至學校（純泰語）服務，在緊急情況下組織救援。

總體而言，各主要 Chinese 會社在日本佔領期間，為社區提供了良好的服務。一九四二年秋天，曼谷遭受了歷史上最嚴重的洪災之一，中華總商會和主要 Chinese 語言族群，以及慈善會社組織了最有效的賑災活動。超過十六萬泰國人和 Chinese 分配到白米。一九四三年初，當來自泰國北部「禁區」的 Chinese 抵達曼谷時，潮州會館在幾個月的時間裡集中其精力和資金，協助他們安頓。[63] 一九四三年下半年，同盟國對曼谷的轟炸變得更加猛烈，Chinese 會社成立了一個常設委員會，負責組織急救和救災工作。報德善堂在空襲期間表現出色，負責收集曼谷 Chinese 區的傷者和死者，治療或安葬。[64]

在日本佔領的最後一年，泰國政府對 Chinese 的壓力減輕，但同時日本人的迫害卻變得更加殘酷。一九四四年七月，鑾披汶政府被議會推翻，自由泰國的領袖在日本人監管下接管了政府。自由泰國和重慶的高層關係得到了加強，[65] 在地下，國民黨、自由泰國和同盟國三方面的特工密切合作。於一九四四至一九四五年期間，曼谷的一位國民黨領袖為寬阿派旺（Khuang Aphaiwong）政府工作，就準備供同盟國使用的秘密機場問題，擔任與 China 方面的聯絡負責人，甚至還保護了兩名同盟國飛行員免遭日軍的注意。一九四四年十一月，新的寬阿派旺政府將泰國人的保留職業數量從二十七種減少到四種，並把鑾披汶所遺留下來的其他反 Chinese 政策軟化。日本投降一週後，政府發出一項皇家法令，重新向外國人開放了所有禁區。[66] 泰國 Chinese 有理由相信，戰後會有一個友好的政府掌權，能夠並願意永遠取消令人痛恨的牽制政策。

第三節　一九四五年至一九四八年的 Chinese 泰關係

在戰勝日本後的一兩個月內，和平對 Chinese 泰關係的破壞似乎與戰爭一樣。作為五大國之一的 Chinese 和自由泰人，都習慣於誇大他們在同盟國戰勝日本中的作用。八月和九月期間，泰國人和 Chinese 舉行了多次慶祝活動，引發了持續不斷的糾紛，其中經常涉及泰國警方。糾紛的其中一個原因是，儘管泰國人堅持在暹羅懸掛任何外國國旗時，都必須同時懸掛泰國國旗，但 Chinese 傾向於只懸掛 China 國旗和其他五大國的國旗。九月二十一日，在 Chinese 聚居區中心的耀華力路上，Chinese 和泰國人——包括警察和武裝平民——發生了嚴重衝突。[67] 當晚，Chinese 會社領袖應盟軍當局的邀請，出席了在耀華力路主要影院舉行的特別軍事電影放映會。在電影播放之前，外面街道上的槍聲就打亂了聚會，他們最先看到的不是軍事新聞片，而是親眼目睹了戰時難以見到的泰國軍事力量。

泰國警方一度試圖用刺刀衝鋒和機槍掃射，驅散敵對的 Chinese 示威者，同時全副武裝的泰國軍隊趕赴現場。戰鬥和狙擊持續到下一天（二十二日），共造成七人死亡。此時，泰國軍事當局封鎖了整個 Chinese 區，並宣布晚上七點實施宵禁。武裝汽車和坦克在街上巡邏，士兵、警察，甚至還有手持步槍和機關槍的軍校學生，佔據了兼作碉堡的防空洞。Chinese 狙擊手在街道兩旁的 Chinese 房屋樓上和屋頂上活動。在隨後三天的混亂和無政府狀態中，多家商店和住宅被洗劫一空，武裝搶劫也屢見不鮮。

耀華力路事件的責任誰屬從未正式釐清，但顯然雙方的極端分子都難辭其咎。有大量證據表明，國民黨中的極端分子支持 Chinese 槍手，[68] 而泰國軍國主義者在鎮壓騷亂時所使用的手段，比政府負責領導人所授權的更為殘暴。戰時在美國的自由泰國領袖蒙鑾社尼巴莫（M. R. Seni Pramot）在事件發生前的三天才擔任總理，他對這次事件的控制難免不夠全面。

八月，五大 Chinese 會館和江浙會館組成了聯合組織，負責戰後的全面領導工作。[69] 九月二十三日上午，該組織的代表設法繞過封鎖線及召開會議，尋求解決這個危機的方法。他們成立了一個跨會管的公共關係委員會，著手與泰國和盟軍軍事當局聯繫。九月二十四日，委員會受到了社尼巴莫總理的接見，他向 Chinese 代表表明，這次事件出乎意料，令人遺憾。委員會要求解除軍事封鎖，撤出軍隊和特警，以避免再發生流血事件。總理應其要求，恢復了交通，一些商店也重新營業。於二十五日晚，搶劫和洗劫 Chinese 商店和住宅的事件有增無減，幾乎所有 Chinese 商店都再次關門歇業，Chinese 委員會於是決定拜訪鑾巴立。他當時是泰國人心目中的英雄，但在政府中沒有實際職位，只能答應將委員會的願望轉達予有關當局。於九月二十六日，委員會代表拜見泰國宣傳部部長——他曾在戰爭期間以自由泰國特使的身份來過 China，受到泰國流亡 Chinese 的善待——希望他能安撫泰國媒體。部長承諾會嚴格審查所有新聞稿，避免煽動性言論。但事件仍在發酵，商業活動仍處於停滯狀態，因此委員會於二十七日拜見負責盟軍的英國少將，請求他提供保護。少將解釋，他無權干涉泰國政府，並說除非 China 政府說服麥克阿瑟將軍下達特別命令，否則他也無能為力。很難知道 Chinese 委員會的這些活動，對九月二十七日後局勢的明顯改善有何貢獻，但無論如何，到九月二十九日，泰國警方已經把搶劫行為鎮壓下去，Chinese 區的商業活動於九月三十日也恢復正常。

在接下來的幾周，泰國政府和 Chinese 社會的領袖，一致同意應採取合作措施，防止此類不幸事件再次發生，在政府的建議下於十月成立了 Chinese 泰治安團以維持「和平」。各主要 Chinese 會社代表舉行了會議，並選出了十六人組成治安團委員會。十六人大部分是民間商界領袖，但也包括在戰爭期間曾在 China 軍隊服役的劉焜上校，和 China 共產黨的戰時領袖邱及少校。一名泰國海軍少將擔任治安團團長，劉焜上校擔任他的副手。治安團的其他軍官由泰國憲兵，和 Chinese 委員會各提供一半。雙方招募了數百名治安團成員，其中Chinese和泰國人各佔一半，為他們提供了特定的制服。四個多月來，治安團的總部設在嵩越路潮州會館內，他們在Chinese主要地區巡邏和站崗，有權逮捕其他軍人、警察和平民。治安團成功處理了數百件案件，這是泰國有史以來最令人信服的Chinese泰合作之一。治安團中Chinese部分的開支超過十萬泰銖，全部由Chinese會社承擔。

同時，重慶方面對耀華力路事件的反應勢將加劇曼谷的困難局面，為泰國政府帶來棘手的問題。在戰爭期間，自由China的許多國民黨民族主義者將泰國視為敵國。一九四三年，Chinese民政治協商委員會的成員袁震教授為西方的立場寫道：「在有限的幾年內，泰國的事務應該受到一些國際監督。」[70]一九四五年，昆明的西南聯合大學的陳序經更全面地闡述了Chinese的態度：

> 毫無疑問，泰國的罪行太明顯了，不容原諒。……雖然泰國可以保留其領土權利，但其不應被允許做那些在日本入侵前可以自由做的事情。換這之，戰後，至少在一定時間內，泰國在外交事務和內部事務上都需要若干外部指導。……
>
> 就Chinese泰關係而言，首先似乎理所當然的是，泰國應取消一切針對Chinese的

限制或歧視，至少應恢復一九三〇年之前的 Chinese 地位。由於這些限制或歧視而對 Chinese 造成的任何錯誤……都應得到糾正。毋庸置疑，對這些行為負有責任的人應該受到嚴厲的懲罰，因為他們的罪行不亞於德國或日本的戰犯。

此外，泰國不應再拒絕與 China 互派外交使節。……在日本的控制下，…… 泰國被迫接受 China 傀儡政府的外交代表。既然如此，泰國就沒有理由在戰後拒絕 China 的外交代表。

每個 Chinese 無論他是否出生在泰國，都應有自由選擇自己國籍的權利……並且 Chinese 應該在泰國政治中擁有發言權，這樣至少可以保障他們的經濟和其他利益。[71]

鑒於這種態度和期望，即使是最溫和的 China 民族主義者，也對泰國軍隊坦克在沒有盟軍當局干涉的情況，在曼谷對 Chinese 採取的行動感到憤怒。China 要求強迫泰國政府投降，以及 China 軍隊佔領泰國等。[72]從重慶的輿論看來，China 政府的抗議確實很溫和。China 駐華盛頓大使受命向泰國駐華公使提出質問，要求採取措施防止事件再次發生，同時對 Chinese 受害者作出賠償。[73]

China 外交部對泰國的保證並不滿意，但還是決定在沒有解決耀華力路事件，和其他重要問題的情況，繼續推動 Chinese 泰建交。泰國政府四十年來一直設法避免與 China 簽訂條約，而 China 方面也無意在細節問題上爭論不休，以致錯失良機。就杜尼巴莫政府而言，它需要與 China 保持正常關係，以防止 China 可能否決暹羅加入聯合國的申請。因此，於一九四五年的最後幾個月，兩國政府都試圖緩和國內民眾的情緒，同時努力達成協議。客家總會主席熊均靈根據杜尼巴莫總理和 Chinese 各屬會館聯合機構的指示前往重慶。他隨 China 官方代表團回來，與泰方進行了談判。一九四六年一月二十三日，雙方簽署了《中暹親善條約》，規定互派外交和領事代表，確認兩國和兩國人民之間「永久和平與永恆友好」。[74]

負責條約談判的 China 代表團團長李鐵錚被任命為首位 China 駐泰國大使，於九月六日抵達曼谷。在隨後的一年，China 領事館正式在曼谷、清邁（北部）、北欖坡（中部）、呵叻（東北部）和宋卡（南部）成立。李大使和其工作人員需要與泰國政府解決一系列問題，其中最棘手的是移民和教育問題。

李大使抵達曼谷時，移民問題正成為民眾最關心的問題。儘管移民被稱為「入侵」，泰國人不僅憂慮移民潮的規模，還擔心移民船上的狀況和乘客的健康：

嚴重超載的移民船上沒有適當的食物、水和衛生設施，但許多Chinese並不因此惡劣環境而退縮。數千人受疾病折磨，半死不活，在經歷了噩夢般的旅程後，期間還發生了幾起騷動，被隔離下船。曼谷民眾對這些虐待表示強烈抗議。[75]

政府向公眾發表了安撫聲明，但已經開始考慮移民配額問題。[76]在Chinese泰條約談判期間，李鐵錚和蒙鑾社尼巴莫曾詳細討論移民問題。條約第四條規定：

> 締約雙方的國民應依照締約方適用於所有外國人的法律和法規，在與任何第三國國民相同的條件下，自由進入或離開對方領土。

蒙鑾社尼巴莫以外交部長的身份，就條約所發表的聲明中包括以下闡述：

> 為了避免在移民問題上產生任何誤解，暹羅王國政府希望表明其意圖。
>
> （a）若任一締約方為管理移民而實施配額制度，其釐定另一締約方國民的年度移民配額的基礎，將是其他國家為同一目的而通常採用的基礎，例如，考慮到另一締約方國民在有關國家所構成的人口規模。

（b）移民繳納的入境費是真正意義上的費用。它既不是一種實質的稅收，也不允許成為禁止稅。倘另一締約方的國民（非移民）進入該國但無意在該國定居，則無須繳納入境費。

（c）任一締約方的政府均不打算對另一方領土上的移民進行教育或識字測試。

這些保證雖然沒有正式寫入條約，但對李鐵錚來說卻是外交上的一次勝利，他作為大使在這方面的作用僅限於就China配額，和其生效日期向泰國政府提出交涉，敦促其國內政府更嚴格地控制前往暹羅的移民品質。一九四七年四月，泰國政府正式宣布，追溯至一九四七年初開始計算，China每年的移民配額為一萬人，十一月，China政府華僑事務委員會頒布條例，要求所有移居暹羅的Chinese必須能夠閱讀Chinese，沒有毒癮和傳染病，並有謀生能力。總體而言，泰國政府在一九四七年和一九四八年期間的移民管制寬鬆公平。十五歲以上在認可學校就讀的Chinese學生、教師及其家屬，以及以前曾以移民身分入境的Chinese，均不受配額制度限制。[77]

在教育方面，一九四六年一月《親善條約》只規定「各締約方的國民……有自由依照所在國的法律和法規建立學校教育其子女（第六條）」。然而，蒙鑾社尼巴莫以外交大臣的身份，「為澄清暹羅王國政府就有關《條約》適用的某些問題上的意向」，發表了以下聲明：

> 暹羅的 Chinese 學校，同樣將得到不低於其他外僑學校的待遇。在暹羅實行義務教育的初等教育學校，所有兒童都必須學習暹羅語；不過，王國政府打算在這些學校，提供教授外語的適當機會和必要的課時。王國政府無意對中學的外語教學施加限制。

然而，當地 Chinese 希望徹底修訂小學法規，在一九四六年四月四日兒童節之際，抗議泰國教育法。當月，曼谷也組織了一個 Chinese 學生聯合會，「以鼓勵暹羅 Chinese 學生之間的聯繫，促進團結和統一」。[78] 六月，據報導，曼谷 Chinese 社區正在籌集一百萬泰銖的資金，以幫助當地學校恢復辦學。同時，政府於五月宣布，在時隔八年之後，Chinese 將再次作為選修課在公立學校教授，這表明政府在教育方面的遏制政策有所放鬆。

在戰勝日本後的十個月內，泰國 Chinese 學校重新開學的數量超過了戰前的高峰。在新定居的內陸地區，Chinese 學校的數量成長最為驚人。例如，清萊府戰前只有一所學校，於一九四六年，分別在 Maejan、Chiangkham、Phayao 和 Phan 等小城鎮增設了四所學校。

一九四五至一九四六年間，大部分Chinese學校都只教Chinese，這違反了戰前的教育法。儘管這些法律沒有得到執行，但仍然保留在法典。一九四六年十一月，李鐵錚大使啟動了一項計劃，以進一步擴大Chinese教育，並在大使館文化官員的管理下，在泰國組織一個Chinese學校系統。但同時，泰國政府開始執行現有的私立學校條例，包括限制Chinese教學時間，和要求在教育部註冊的規定。[79]為了展現民族自豪感，許多最大的Chinese學校拒絕註冊，一些學生罷課，有人提議要關閉Chinese商店以示抗議。當政府關閉三所Chinese學校時，李鐵錚大使出面干涉，獲得教育部長的承諾，將在三個月內修改影響Chinese學校的法律。在一九四七年春季進行的談判中，李鐵錚大使在Chinese教師的泰國考試、教科書的選擇、在地理和歷史教學中使用Chinese等方面爭取到了多項讓步。但政府嚴格堅持全民義務教育，和私立學校教師資格的原則。[80]

四月，南京政府向九名泰國學生提供了在Chinese大學學習的獎學金，為暹羅的Chinese教育撥款三十多萬美元（但這筆錢實際上從未兌現）。到一九四七年底，即使沒有大使館的真正援助，暹羅的Chinese學校也已超過四百所。一九四八年一月，教育部長致函李鐵錚大使，確認政府在一九四七年十一月政變前，所作出的讓步仍然會獲履行。[81]然而，政府於同月開始嚴格執行一項規定，全國學校每天早上必須懸掛泰國國旗和高唱泰國國歌，這引起了Chinese的不滿。

李鐵錚大使在Chinese泰關係領域的另外兩個重要議題，涉及對耀華力街事件中Chinese nationals傷亡的賠償，以及當地Chinese參加China全國大選。這兩個問題都沒有嚴重影響與泰國政府的關係。一九四七年十月，關於賠償問題的談判日益順利，[82]但談判因十一月八日的政變而中斷，從此再未認真提起。一九四七年九月，China駐暹羅領事館著手規劃，監督將於十月舉行的Chinese大選中當地Chinese的投票。[83]泰國外交部長譴責這項投票計劃為「直接侵犯了暹羅的主權」，十月十五日，李鐵錚大使正式通知泰國外交部長，Chinese政府出於善意已撤回在暹羅的投票授權。[84]

兩國人民之間的友誼是大使館堅持不懈的課題，事實上，一九四七年期間Chinese泰關係異常友好。四月，Chinese泰友好協會成立，泰方成員有著名的比里，Chinese成員有中華總商會理事。[85]該協會實際上進行了一些聯合活動，包括慈善表演和講座，增進了兩國精英之間的合作與了解。八月，李鐵錚大使從南京帶回了蔣介石授予泰國顯要官員的勳章。[86]一九四七年「雙十節」之際，China泰兩國的媒體都對Chinese泰友誼作出了達到新高峰的表示。

從兩國人民關係的角度來看，勞工方面於一九四五年至一九四七年的發展也令人鼓舞。在一九四六年的五一勞動節，曼谷工人不分民族以階級利益為重，舉行了第一次集會。在蒙昭沙功哇拉旺（M.C. Sakon Worawan）作為親比里的職聯黨（Sahachip Party）顧問，以及去年八月中泰文化協會組織人的主持，Chinese 和泰國工人都參加了這次旨在促進勞工權利的會議。[87] 一九四六年秋，有證據證明 Chinese 泰工人合作罷工，一九四七年一月一日，泰國歷史上第一個勞工聯合會正式註冊成立。Saha Achiwa Kamakon 的英文名稱通常為 Central Labor Union（中央勞工聯合會），到年中時已擁有五十多個工會，會員人數達數萬名。領導人物大部分是泰國人，主要由親比里的自由派人士擔任，起初時只有五分之二的成員是 Chinese，但隨著組織的發展，Chinese 的比例也不斷增加。[88] 到一九四八年，絕大多數有組織的 Chinese 工人，都加入了跨民族的中央勞工聯合會。

從一九四五年至一九四八年政府對罷工的處理來看，沒有證據顯示政府有意破壞泰 Chinese 勞工關係；泰方幾乎沒有破壞 Chinese 罷工，也沒有驅逐 Chinese 勞工領袖。然而，這段時期罷工的性質表明，Chinese 勞工更關心的是 China 政治鬥爭，而不是與泰國人的聯合勞工運動。一九四六年至一九四七年期間，暹羅共發生了一百七十三次罷工，其中二十八次是大型罷工。[89] 其中最重大的一次可能是 Chinese 碾米廠工人發動的罷工。[90]

第一次罷工發生在一九四五年十一月，當時工人要求提高薪資，最高峰時約有四千人參加。工人、碾米廠負責人和政府代表達成妥協，最終解決了罷工。據稱，Chinese 的政治動機是十一月罷工的一個因素，而隨後在一九四六年四月和六月開始的兩次大罷工，Chinese 的政治動機更加明顯。在四月的罷工，工人們要求保證將他們裝船運往 China 的大米，如實分配給遭受飢荒的平民，而不是分配予國民黨軍隊。六月，罷工工人提出的復工條件是，今後運往 China 的大米只能由暹羅 Chinese 救災總會處理（詳見下文第四節）。

從泰國人的角度來看，整個大米事件可能是 Chinese 泰關係中最傷腦筋的問題。Chinese「苦力」的罷工、Chinese 米商的走私、囤積和行賄都被認為特別損害泰國經濟的復甦和國際地位。一九四六年一月，暹羅同意向同盟國免費供應一百五十萬噸大米，作為其戰時角色的補償。[91] 泰國政府開出的低價以及當地的通脹問題，導致稻米被大量囤積。五月的《大米協議》修改了一月份的承諾，要求以平均低於每噸十六英鎊的價格交付一百二十萬噸大米（而當時全球的市價約為每噸四十英鎊）。一九四六年的下半年，馬來亞不受管制的大米價格高達五百英鎊，因此，雖然官方價格已根據《大米協議》進行調整，但與黑市價格相比，仍是不合理。

面對這樣的價格和鄰國馬來亞的巨大需求，大米商人更有動機走私大米，而不是公開出售大米。平均每走私一噸大米，走私者就能多獲利二百英鎊。走私者有能力也確實支付了巨額賄賂，以至於那些收入微薄的行政、警察和海關官員很少能夠抗拒與他們合作。根據有能力的觀察家估計，一九四六年至一九四七年走私大米的出口量，至少與合法出口量相當；暹羅大米商人獲得一億英鎊的巨額利潤，而這些利潤有部分被用作賄賂暹羅和馬來亞的官員。[92]

遺憾的是，泰國政府採取的補救措施造成了 Chinese 和泰人的隔閡，也未能有效獲得履行國際承諾所需的大米出口量。《大米協議》——即使在一九四七年八月終止後——對經濟造成的不利影響，以及該協議助長的走私和貪污現象，是導致一九四七年十一月政變的主要因素。由於 Chinese 商人助長了貪污和通脹，他們對當屆泰國政府的垮台也負有責任。而當屆泰國政府是自一九三二年政變以來，持續對 Chinese 最為友好的一屆。

十一月八日的政變是由鑾披汶軍事集團，和若干保守派文官所策動，政變後五個月內重新建立民主形式，得到各國承認。Chinese 大使公開警告在暹羅的 Chinese 公民，政變是內政問題，故他們不應參與任何有損 China 暹友好關係的政治活動。[93]事實上，乃寬阿派旺政府的對 Chinese 政策並沒有發生重大變化。然而，一九四八年四月的第一周，陸軍（其總司令為鑾披汶）向乃寬總理發出最後通牒，表示如果他想重新獲得陸軍的信任，就必須組建一個新內閣，其中包括「對在暹羅的外國人（意指 Chinese）實施更嚴密的控制」。[94]乃寬內閣辭職，鑾披汶重新擔任總理。當地 Chinese 對此大為震驚。

第四節　一九四五年至一九四八年的 Chinese 會社組織

一九四五年八月十六日，即戰勝日本後兩天，中華總商會會長陳守明被不明人士暗殺。[95]人們普遍認為，兇手是左翼 Chinese 地下組織的成員，他們對陳守明在日本佔領時期的領導能力感到不滿。這次暗殺明顯象徵了整個戰後時期困擾 Chinese 社區的政治爭論。其破壞性的後果幾乎立即顯現：中華總商會陷入癱瘓；其他與陳守明有類似背景的領袖拒絕擔任要職；幾個重要組織完全停止活動。在這種無政府狀態下，為了提供緊急領導，五大會館和江浙會館的代表於八月二十三日舉行會議，正式組成了六會館臨時聯合辦事處，主席一職由六會館每週輪流擔任。[96]

在一九四五年餘下的時間，此聯合組織主要負責 Chinese 社區的所有迫切關注問題。它在曼谷接待了盟軍當局，迅速處理了耀華力路事件的談判，負責援助和遣返被徵召的 Chinese 勞工，並對 China 的飢荒進行救濟。最後兩項活動值得詳細介紹。

八月底，幾百名在戰爭期間被帶到暹羅的 Chinese 勞工抵達曼谷，他們身無分文，很多人生病或挨餓。[97] 廣肇會館立即調動人員和設備處理這些難民，把他們安置在會館的房屋，在其醫院接受治療。到九月的第一個星期，需要幫助的難民人數已超過七百人，聯合辦事處接手了照顧他們的工作。在幾位廣東人的出色領導下——其中要提到的是梁任信和利華輝——這項計劃得以順利進行到最後階段。泰國政府、國際紅十字會和盟軍當局，就食物和住房供應方面提供了幫助。但是，這個大型救濟計劃的大部分開支，和所有行政工作都由 Chinese 社區承擔。從八月到十一月，共收容了兩千多名難民。報德善堂在最初階段提供稀飯，Chinese 商人捐贈衣物和臥具，Chinese 醫生和牙醫自願提供服務，Chinese 理髮師免費理髮，Chinese 出版商免費提供報紙，Chinese 劇院老闆免費提供電影等。由六個會館各派一名代表所組成的常務委員會，每天都巡視主要的難民營。

同時，廣肇會館的執委與英國當局安排遣返從馬來亞來泰的 Chinese，將部分 Chinese 軍隊調回當時駐紮在 Indochina 的師。從十月下旬開始，一千二百名難民被遣返回鄰國。

一九四六年三月，幾百名來自南暹羅的難民，獲得泰國政府的允許返回家園，他們得到火車票，並由聯合常務委員會的福建人員陪同回家。五月，部隊的其餘人員被送往China與他們的師會合，六月，大約二百名希望返回China的難民，乘船前往廣州和汕頭。他們的全部費用由當地Chinese承擔；由聯合委員會成員陪同；主席本人事先飛往China安排接待事宜。許多從China帶來的俘虜勞工選擇留在泰國，有些甚至透過廣肇會館的婚姻服務而結婚。

泰國Chinese進行了另一項同樣周到、甚至更為廣泛的人道主義工作，即為south China地區提供飢荒救濟。這項工作的執行人員主要是潮洲人。經一九四五年十月召開的初步會議後，一個賑災委員會在聯合辦公室的主持下於十一月正式成立。泰國政府被說服允許進行募款活動，最終募集到二千多萬泰銖。這筆款項幾乎全部用於購買大米；委員會設法通過聯合國善後，救濟總署得到必需的麻袋和運輸。然而，救濟大米在China的分發情況卻不能令人滿意。有關違規行為的報告幾乎立即傳到了曼谷，一九四六年初，委員會主席鄭午樓前往China監督分配情況。結果發現，某些官員謀取私利，私下賣出一大部分大米，或者轉交給並非分配對象的部隊，甚至一些熱心公益的汕頭官員也提議出售部分大米，以便為救災項目建造紀念碑。在計劃結束之前，曼谷的十多位領袖分別都在 China 待了幾個月，力圖確保救災米得到免費和公平的分配。

有關 Chinese 某些國民黨官員在救災方面貪污腐敗的消息，給暹羅 Chinese 社區內的政治爭論火上澆油。戰後不久，Chinese 地下組織立即公開出現，積極組織合法協會，以實現他們的目標。教育和報紙自然受到特別關注。據說，Chinese 共產黨透過向那些因與日本人合作，而在戰時留下污點記錄的中國商人索取巨額資金，獲得了良好的財政資源。一九四六年和一九四七年創辦的許多學校，都受到共產黨的影響。戰時的《真話報》在邱及管理下繼續以週刊形式營運，一九四五年十月十日，共產黨日報《全民報》創刊。[98]暹羅 Chinese 共產黨也積極參與勞工組織，合作建立了中央勞工聯合會。邱及在接受維吉尼亞．湯普森（Virginia Thompson）和理查德．阿德洛夫（Richard Adloff）的採訪時表示，該黨唯一關心的是 China 國內的局勢，但泰國共產黨在泰國的計劃卻明顯要求政府採取極端親 Chinese 的政策。[99]Chinese 共產黨以激進的國內計劃——即廢除選舉限制、外國人登記費、移民費和對私立學校的所有限制——吸引當地 Chinese，而鑒於國民黨政府大使必須顧及現實情況，故國民黨無法以同樣的熱情支持這些計劃。

然而，直到一九四八年，國民黨仍然是 Chinese 社區的主要政治力量。中華會館恢復工作，來自 China 的政治工作者前來協助重組地下黨，一個三民主義青年團的分部，和幾所學校也相繼成立。在五個 China 領事館的推動與指導下，內陸的組織迅速向前發展。例如，在坤敬、披集、挽汶納（挽集府）等城鎮中，書報社作為國民黨的組織恢復運作，而在清邁和廊開等其他地方，則成立了中華會館分館。不過，只要有可能，國民黨的路線都是要求成立統一的 Chinese 協會，致力於支持南京政府。在內陸許多鄉鎮中，國民黨都取得了成功。

戰後，國民黨率先在市場上推出一份完整的日報《Chung-kuo-jen Pao》，於一九四五年九月二十一日創刊。一九四六年一月一日，由三民主義青年團主辦的《民聲日報》創刊，而於同日創刊的《正言日報》最終歸國民黨控制。[100] China 大使館的設立自然促進了國民黨在暹羅活動，因為可以在大使館內舉行國民黨的活動，也可以組織和資助地下活動而不受懲罰。據報導，China 駐曼谷的軍官領導國民黨在暹羅的特務機構。[101]

對國民黨的幻想破滅是一九四六年初 China 民主同盟暹羅分部成立的部分原因。同年五月，其第一份報刊《民主新聞》開始以週刊形式出版。在接下來的一年裡，民主同盟增加了對《民主新聞》的支持，主要是因為《民主新聞》當時在 China 的勇敢記錄。到一九四七年四月，《民主新聞》的幾位重要成員有能力出資創辦《曼谷商報》，該日報成為了曼谷最有聲譽的報紙之一。[102]

然而，曼谷的 Chinese 報刊絕不只限於黨報。一九四五年至一九四八年期間，暹羅 Chinese 新聞業達到歷史高峰，有十幾家獨立報紙成立，其中最重要的可能是兩份戰前報紙的復刊。一九四五年十月，《中原報》在戰前編輯的主持下復刊，半年後，《華僑日報》帶著戰前的熱情再次出現。上述報紙，尤其是一九四五年十月創刊的《光華報》，代表了一大批中立或以暹羅為中心的意見，他們最關心的是 China 的和平，和當地 Chinese 社區的福祉。絕大多數暹羅 Chinese 支持一九四六年 China 的停戰努力，並對內戰重燃表示遺憾。一九四七年一月，約三百四十六個暹羅 Chinese 會社聯合作出一項決議，要求 China 停戰，向蔣介石和毛澤東發出了相關電報。[103] 然而，正如 China 一樣，暹羅 Chinese 報界也發生了內戰，而且筆戰有時會演變成肢體暴力。[104]

在某些情況下，政治操縱使戰後 Chinese 會社的重組工作變得非常複雜，其中最明顯的例子如下，自一九〇九年以來，海南出現了兩個地方組織：一、「瓊島會所」，由孫逸仙出於特定政治目的而創立；及二、「瓊州公所」，其組織形式更像是一般的會館組織，並管理育民學校（海南人的主要學校）。前者由一名國民黨地方官員領導，在佔領期間得以繼續運作，一九四五年參加了六會館臨時聯合辦事處。一九四五年秋，一群海南左派人士和非國民黨商人成立了「瓊崖同鄉會」，並獲得泰國政府批准註冊，甚至得到李鐵錚，當時在曼谷談判《中泰條約》，為新會題書寫牌匾。然而，歲末年初，一位國民黨特派員抵達China，經過一番調查後，將瓊崖同鄉會貼上親共的標籤，堅持要求重組瓊島會作為唯一的海南會社。這項建議並未得到瓊州公所的積極回應，該公所的主席也是一位著名的國民黨領袖，但該公所從未向泰國政府登記。作為暹羅歷史最悠久的海南人組織，瓊州公所拒絕讓出優先權。因此，一個新的組織——海南會館——於一九四六年成立，該組織由瓊州公所和瓊島會所組成，按照Chinese政府的規定進行運作。該組織接管了育民學校的行政管理，聲稱擁有完全的合法性。同時，瓊崖同鄉會的溫和份子因害怕而離開，而瓊崖同鄉會於一九四六年組織了一所競爭對手啟光學校，並任命了一名共產黨員擔任校長。海南社區因而分成兩個部分，其後幾年的大部分精力都耗費在政治爭鬥。一九四六年後，瓊崖同鄉會的重要性下降，但海南會館在社區事務，卻從未負擔起曼谷許多海南人所委托的責任。

戰後，其他會館設法避免在政治立場上出現任何公開衝突。廣肇會館最成功的是在日本佔領期間保持了一個有效的組織，沒有重大的通敵行為，而它在戰後成為所有社區組織中最強大、最有影響力的組織。客屬會館在這些方面稍遜一籌，直到一九四六年初重新選舉後才能充分發揮作用。潮州會館在戰後因缺乏積極和有能力的領袖而受到阻礙。一九三九年和一九四五年被暗殺的兩位前中華總商會主席都是潮州人，而大多數戰時被囚禁的戰前會館領袖，都不願意重新擔任高層職務。一九四五年，陳守明八月遇刺後，會館的主要負責人都忙於改組中華總商會。不過，到了歲末年初，在兩位對救災運動作出主要貢獻的年輕人領導，潮州會館變得穩固。然而，在一九四六年至一九四七年間，潮州會館對國民黨採取了冷淡的態度，部分是由於與 China 國民黨官員相處的經歷，國民黨積極協助潮州幾個主要縣份的人組織四、五個同鄉會，以對抗大潮州會館的勢力。一九四五年十月，台灣會館正式成立，儘管曼谷只有少量台灣人，但它很快就獲得了正式地位，與五大會館和江浙會館並列一起。此舉構成了當地政府認可 China 戰後重新併入台灣。

戰後，內陸各大城鎮對建立各自語言族群的會館表現出了一定的興趣。一九四五年，一個實力雄厚的海南會館在彭世洛成立，一個實力較弱的客家人互助會在呵叻成立。在清邁，三個語言族群會館（海南、客家和廣東會館）和兩個潮汕縣協會（澄海和潮陽協會）曾籌備成立，但最終都沒有獲得政府批准或永久保留。然而，由於反對中華會館的親共組織，即新生互助會註冊成立，清邁 Chinese 在政治路線上正式分裂。不過，除了學校董事會，親共產黨份子在曼谷以外的地區大多沒有成功或沒有興趣建立正式組織。事實上，在戰後不久的時期，泰國各省最明顯出現的模式，是一個社區組織得到了所有語言族群的支持，而該社區組織要麼由國民黨主導，要麼名義上忠於南京政府。這些組織名稱各異，但在結構和功能上卻大同小異。截至一九四六年至一九四七年，東北部的廊開、烏隆、坤敬、色軍、洛神拍儂、素輦和武里喃各府都有Chinese商會，橫逸和沙拉堪各也有Chinese公所。在中暹羅的另一個地區，程逸有一個Chinese公會（協會），彭世洛、碧差汶、隆塞（屬碧差汶府）、程囉和竹板杏（同屬披集府）有Chinese協會。

然而，曼谷中華總商會始終未能實現China大使館所希望的團結，更不用說政治上的一致了。由於主席被暗殺，中華總商會在一九四五年的最後幾個月基本處於停滯狀態，它首先推選了一位海南人為領導人（China國民黨的「元老」之一）。這位先生於一九四六年五月辭職，以暹羅海外主要代表的身份，出席在南京召開的China國民參政會，而他的職位由另一位德高望重的老領導林伯歧接任。然而，在年底前，內部政治紛爭導致林伯歧先生辭職，選出了一批新官員。新當選的十五名執行委員會成員中有八名是潮州人，主要成員與上一屆潮州會館的成員幾乎完全相同。當選的成員包括各種政治色彩的人，從共產黨到民主同盟以至國民黨。然而，實際控制權仍掌握在潮州中間派（獨立人士和民主同盟成員）手中。

一九四七年年底出現了一個問題，顯示了中華總商會內部的政治分歧，強烈地引起了人們對 China 國民黨大使館的質疑，不知其在當地社區事務中究竟扮演著什麼角色。105南京政府華僑事務委員會為了控制海外 Chinese 會社，認為海外 Chinese 的各種組織，應在當地條件允許的情況，盡量遵守有關商會、人民團體、學校等的 Chinese 規定。Chinese 駐暹羅大使館和領使館的職責之一，就是使協調 Chinese 會社，而就各會館會社以及在戰後新成立的組織而言，中國外交官取得了很大的成功。然而，在中華總商會方面，大使館遇上不少挫折。

中華總商會已根據一九三〇年代修訂的章程，向泰國政府和 Chinese 政府註冊。該章程規定，商會成員不僅包括商業公司和貿易協會，還包括個人和各會館會社。一九四七年，後一類別的成員約有三千名。這種安排被認為是理所當然的，因為中華總商會的職責實際上並不局限於商業事務，而是涵蓋整個 Chinese 社區事務。一九四七年十一月二十一日，中華總商會發出了一項公告，稱將於十二月四日舉行例行會員大會，以選舉一九四八年至一九四九年任期的新負責人員。但十一月二十八日，China 駐曼谷總領事孫秉乾命令中華總商會在選舉前，根據南京政府的《商業組織修訂條例》修改章程。該等條例規定，商業組織的正式成員僅限於商業公司和商業團體。

總領事在十二月三日向新聞界發表的聲明中表明了動機：「為了名副其實，中華總商會應由Chinese商業團體和商店組成，這樣組織成員不會太複雜，也可以避免政治糾紛。」[106]孫秉乾顯然希望清除中華總商會內反國民黨的成員，而這些成員大多是個人而非公司。然而，大多數中華總商會的成員都不贊成其強硬手段。會議如期舉行，在熱烈討論章程修訂問題後，與會成員通過了一項決議案，確認中華總商會章程合法，並要求立即舉行選舉（事實上選舉也很快舉行了）。隔日，孫秉乾總領事再次發表聲明，指責選舉違規，直接指出：

顯然，所謂的選舉是由China共產黨和民主同盟份子操縱的。為了愚弄正當商人，他們利用一些德高望重的海外Chinese領袖，並刻意安排他們參加選舉。但是，我相信這些領袖是不願意被利用。既然這種選舉的目的是無視政府命令，愚弄海外Chinese商人，那麼其結果……將不會被承認。

孫秉乾也親自寫信給大多數當選者，詢問他們對「令人不快的違法選舉」的看法，詢問他們是否願意就職。

這場爭端持續了四個月。實際上，孫秉乾的不妥協態度促成了中華總商會內的共產黨、民主同盟和獨立份子組成工作聯盟。中華總商會官方上保持緘默，而華人事務委員會則試圖找出事實及調解。李鐵錚大使親自介入了這場爭端。同時，民主同盟和共產黨的報紙，大肆鼓吹當地組織脫離南京政府，而國民黨的機關報則從合法性和效忠祖國政府的角度爭論此事。民主同盟的機關報《曼谷商報》在這場新聞戰中採取攻勢，公開攻擊總領事，而總領事則透過國民黨報刊做出同樣有力的回應。

直到一九四八年三月底，才達成了解決爭端的方案。根據華僑事務委員會的建議，大使館同意中華總商會根據十二月的選舉結果行事。為了為總領事保留面子，中華總商會請求總領事批准先選舉主席和其他管理人員，然後再著手修改章程。得到批准後，委員會於四月十日召開會議並選出了新的管理人員。前任主席、司庫和秘書再次當選。新當選的常務委員會成員均為潮州人，其中一人為共產黨員。修訂章程的問題自然而然地消失了。整個事件不僅肯定了地方自治權，也打擊了國民黨在當地的威望和China大使館的社會地位（其此後都無法完全恢復）。

就在鑾披汶重新擔任泰國總理的那一週，中華總商會的爭端得到了解決。Chinese社群在進入第二個鑾披汶時代後，表面上團結一致，但卻難以掩蓋政治摩擦的暗流。

1 Virginia Thompson, Thailand, the New Siam (New York, Macmillan, 1941), pp. 98-99; Kenneth P. Landon, The Chinese in Thailand (New York, Institute of Pacific Relations, 1941), pp. 167-168.

2 由於泰國人沒有碾米經驗，因此新公司的經理必須由 Chinese 擔任。被選中的人是主要的廣東碾米商，他曾是中華總商會的主席，他把自己的三家碾米廠賣給了公司（價值一千萬泰銖），並迅速獲得了歸化。

3 Kenneth P. Landon, The Chinese in Thailand (New York, Institute of Pacific Relations, 1941), pp. 244-250.

4 Kenneth P. Landon, The Chinese in Thailand (New York, Institute of Pacific Relations, 1941), pp. 219-223.

5 Kenneth P. Landon, The Chinese in Thailand (New York, Institute of Pacific Relations, 1941), pp. 224-227.

6 Kenneth P. Landon, The Chinese in Thailand (New York, Institute of Pacific Relations, 1941), pp. 227-229.

7 Kenneth P. Landon, The Chinese in Thailand (New York, Institute of Pacific Relations, 1941), pp. 231-232.

8 Kenneth P. Landon, The Chinese in Thailand (New York, Institute of Pacific Relations, 1941), pp. 146-147, 182-185.

9 Kenneth P. Landon, The Chinese in Thailand (New York, Institute of Pacific Relations, 1941), pp. 229-230.

10 Kenneth P. Landon, The Chinese in Thailand (New York, Institute of Pacific Relations, 1941), pp. 230-231.

11 Kenneth P. Landon, The Chinese in Thailand (New York, Institute of Pacific Relations, 1941), pp. 232-235.

12 Kenneth P. Landon, The Chinese in Thailand (New York, Institute of Pacific Relations, 1941), p. 237.

13 Kenneth P. Landon, The Chinese in Thailand (New York, Institute of Pacific Relations, 1941), pp. 237-241.

14 Kenneth P. Landon, The Chinese in Thailand (New York, Institute of Pacific Relations, 1941), p. 255.

15 Kenneth P. Landon, The Chinese in Thailand (New York, Institute of Pacific Relations, 1941), pp. 242, 255.

16 Prince Wan Waithayakon, "Thai Culture", Journal of the Siam Society, Vol. 35 (September 1944): p. 137; Kenneth P. Landon, The Chinese in Thailand (New York, Institute of Pacific Relations, 1941), p. 181.

17 Kenneth P. Landon, The Chinese in Thailand (New York, Institute of Pacific Relations, 1941), pp. 150-153.

18 Si-krung, 24-27 January 1939; Prachamit, 26-27 January 1939.

19 Siam Chronicle, 15 March 1939. 引自 Kenneth P. Landon, The Chinese in Thailand (New York: Institute of Pacific Relations, 1941), p. 286.

20 Kenneth P. Landon, The Chinese in Thailand (New York, Institute of Pacific Relations, 1941), p. 227.

21 Kenneth P. Landon, The Chinese in Thailand (New York, Institute of Pacific Relations, 1941), p. 185.

22 在八月十三日午夜開始的最大一次襲擊中，三十隊乘坐卡車和計程車的警察同時襲擊了 Chinese 總部。Si-krung, 13 August, 29 August, 1 September 1939. 另見 Kenneth P. Landon, The Chinese in Thailand (New York, Institute of Pacific Relations, 1941), pp. 277-278.

23 Kenneth P. Landon, The Chinese in Thailand (New York, Institute of Pacific Relations, 1941), pp. 278, 228; Virginia Thompson, Thailand, the Siam (New York, Macmillan, 1941), p. 122.

24 Si-krung, 27 January 1939.

25 Kenneth P. Landon, The Chinese in Thailand (New York: Institute of Pacific Relations, 1941), p. 288.

26 Hsieh Yu-jung, Siam Gazetteer (Bangkok, Nan-hai t'ung-hsün-she, 1949), pp. 300, 306; Kenneth P. Landon, The Chinese in Thailand (New York, Institute of Pacific Relations, 1941), pp. 278, 285-286.

27 Hsieh Yu-jung, Siam Gazetteer (Bangkok, Nan-hai t'ung-hsün-she, 1949), p. 286.

28 Kenneth P. Landon, The Chinese in Thailand (New York, Institute of Pacific Relations, 1941), p. 153.

29 引自 Hsieh Yu-jung, Siam Gazetteer (Bangkok, Nan-hai t'ung-hsün-she, 1949), p. 228.

30 Kenneth P. Landon, The Chinese in Thailand (New York, Institute of Pacific Relations, 1941), p. 208.

31 Cheng Tze-Nan, "Chinese Want Thai Friendship", Asia, Vol. 40 (April 1940), 208.

32 引自 Kenneth P. Landon, The Chinese in Thailand (New York, Institute of Pacific Relations, 1941), p. 193.

33 引自 Kenneth P. Landon, The Chinese in Thailand (New York, Institute of Pacific Relations, 1941), p. 194.

34 例如 Cheng Tze-Nan, "Chinese Want Thai Friendship", Asia, Vol. 40 (April 1940), 208.

35 Kenneth P. Landon, The Chinese in Thailand (New York, Institute of Pacific Relations, 1941), p. 286.

36 Kenneth P. Landon, The Chinese in Thailand (New York, Institute of Pacific Relations, 1941), pp. 64-65.

37 見 Kenneth P. Landon, The Chinese in Thailand (New York, Institute of Pacific Relations, 1941), p. 194.

38 引自 Kenneth P. Landon, The Chinese in Thailand (New York, Institute of Pacific Relations, 1941), p. 181; 亦見 Prince Wan Waithayakon, "Thai Culture", Journal of the Siam Society, Vol. 35 (September 1944): 137.

39 "Pen-shu hsüeh-hsiao yen-ke", Hsien-lo hua-ch'iao k'e-shu tsung-hui erh-shih chou-nien chi-nien-k'an (Bangkok, 1947), pp. 14-15.

40 Prince Wan Waithayakon, "Thai Culture", Journal of the Siam Society, Vol. 35 (September 1944): p. 137; Kenneth P. Landon, The Chinese in Thailand (New York, Institute of Pacific Relations, 1941), p. 194.

41 Thailand, Department of the Secretary General of the Council of Ministers, Central Service of Statistic, Thailand Statistical Year Book, Vol. 21 (Bangkok, 1937/1938-1944), p. 127.

42 C. C. Chang, "Anti-Chinese Campaign in Thai", China Weekly Review, No. 92 (30 March 1940): 154.

43 成立於一九三八年的西式 Chinese 社區醫院。

44 "Chinese in the South Area Pledge Support in War of Resistance", China Weekly Review, No. 96 (19 April 1941), 223.

45 Virginia Thompson and Richard Adloff, The Left-Wing in the Southeast Asia (New York: Sloane, 1950), p. 58.

46 Government Gazette, 23 May 1944.

47 批准佛歷二四八四年由命令指定外僑禁區的法案，見 Governmen Gazatte, 8 July 1941.

48 Government Gazette, 19 September 1941.

49 這項記述主要是根據熟悉這個地區的 Chinese，但也根據 Chung-yüan Pao, 23 May, 30 May, 7 June, 15 June, 16 June, 20 June, 19 August, 21 September, 11 October, 13 October, 20 October 1941. 並見於 Kenneth P. Landon, "Thailand", The Annals of the American Academy of Political and Social Science, No. 226 (March 1943): 116.

50 Kenneth P. Landon, "Thailand", The Annals of the American Academy of Political and Social Science, No. 226 (March 1943): 116.

51 C. C. Chang, "Anti-Chinese Campaign in Thai", China Weekly Review, No. 92 (30 March 1940): 154.

52 Kenneth P. Landon, The Chinese in Thailand (New York, Institute of Pacific Relations, 1941), pp. 46-47.

53 "Shih-nien-lai-chih hui-kuan shih-lüeh", Hsien-ching kuang-chao hui-kuan ch'i-shih chou-nien t'e-k'an (Bangkok, 1947): 2.

54 這項描述乃主要根據 Charles A Fisher, "The Thailand-Burma Railway", Economic Geography, Vol. 23 (April 1947); John Coast, Railroad of Death (London, Commodore Press, 1946), pp. 127, 129-130, 147, 163.

55 John Coast, Railroad of Death (London: Commodore Press, 1946), p. 130.

56 曼谷外交部所提供的統計資料。

57 "Labor Condition in Thailand", Monthly Labor Review, No. 58 (June 1944), 1177.

58 Government Gazette, 2 June 1942.

59 Occupational and Professional Assistance Act No. 2 of B. E. 2485, Section 4.

60 引自 M. R. Seni Pramoj, "Thailand and Japan", Far Eastern Survey, No. 12 (20 October 1943), 207.

61 "Chuangking's Fifth Columnists Arrive in Thailand", Far Eastern Survey, No. 10 (2 June 1941): 120.

62 Virginia Thompson and Richard Adloff, The Left-Wing in the Southeast Asia (New York: Sloane, 1950), p. 58; Hsieh Yu-jung, Siam Gazetteer, p. 306.

63 Su Tsung-tse, "Pen-hui-kuan shih-lüeh", Hsien-lo ch'ao-chou hui-kuan ch'eng-li shih-chou-nien chi-nien t'e-k'an (Bangkok, 1948): 9.

64 Nicol Smith and Black Clark, Into Siam, Underground Kingdom (Indianapolis and New York: Bobbs-Merrill, 1946), p. 281. 該書對 Chinese 在逆境中的商業精神進行了有趣的評論，他們引述了泰國刑事部部長鑾亞倫在一九四五年的話：「大量 Chinese 在各次空襲中喪生，……但我們在總部發現，很少有人按照法律規定上交死者的身份證。我們進行了調查，現在發現那些遇難者的家屬一直在賺錢，把他們的身份證賣給日本人……他們用這些證件作為護照，把它們帶到暹羅的其他地區，在那裡他們把自己當成 Chinese。」

65 一九四四年十一月，鑾巴立的特別代表抵達重慶。見 Nicol Smith and Black Clark, Into Siam, Underground Kingdom (Indianapolis and New York: Bobbs-Merrill, 1946), p. 193.

66 Government Gazette, 22 August 1945.

67 這段記載是根據線人提供的資料和 Liang Jen-hsin, "Ts'an-ch ia liu-shu hui-kuan lin-shih lien-ho pan-sh ih-ch'u ching-kuo", Hsien-ching kuang-chao hui-kuan ch'i-shih chou-nien chi-nien t'e-k'an (Bangkok, 1947). 其他記載可參閱 Alexander Mac Donold, Bangkok Editor (New York: Macmillan, 1949), pp. 202-203; Victor Purcell, The Chinese in Southeast Asia (London: Oxford University Press, 1951), pp. 190-191.

68 Virginia Thompson and Richard Adloff, The Left-Wing in the Southeast Asia (New York: Sloane, 1950), p. 58.

69 這個描述大部分來自 Liang Jen-hsin, "Ts'an-ch ia liu-shu hui-kuan lin-shih lien-ho pan-sh ih-ch'u ching-kuo", Hsien-ching kuang-chao hui-kuan ch'i-shih chou-nien chi-nien t'e-k'an (Bangkok, 1947): 5-9.

70 "What the Chinese Think about Postwar Reconstruction", Foreign Policy Reports, No. 19 (1943), 225.

71 Ch'en Su-ching, China and Southeastern Asia (Chungking and New York, China Institute of Pacific Relations, 1945), pp. 51-52.

72 New York Times, 25 Septerriber, 30 September, 20 October 1945; Victor Purcell, The Chinese in Southeast Asia (London, Oxford University Press, 1951), p. 190.

73 New York Times, 29 September 1945.

74 第一條，本節引用的條約和附加議定書的文本見於 Siam Dictionary (Bangkok, The Thai Company, 1948), pp. B93~97.

75 "The Economic and Political Position of Siam", Far Eastern Economic Review, No. 2 (23 April 1947): 195.

76 Alexander MacDonald 是曼谷的一位美國編輯，他寫道，在一九六四年八月前不久，他向比里建議為所有外國人設定配額，為了避免攻擊，對 Chinese 的配額應更為寬鬆，而這項提議得到了比里的熱烈歡迎（見 Alexander Mac Donold, Bangkok Editor (New York: Macmillan, 1949), p. 204）。

77 Emigration of Chinese Nationals to Siam", International Labour Review, VoL. 58 (July 1948): 91.

78 Democracy April 13, 1946. 引自 Virginia Thompson and Richard Adloff, The Left-Wing in the Southeast Asia (New York: Sloane, 1950), p. 41. 本文其餘關於一九四六至一九四八年 Chinese 教育的敘述主要基於 Virginia Thompson and Richard Adloff, The Left-Wing in the Southeast Asia (New York: Sloane, 1950), pp. 41-42.

79 Hsieh Yu-jung, Siam Gazetteer (Bangkok, Nan-hai t'ung-hsün-she, 1949), p. 300. Thompson 和 Adloff 認為，一九四六年底泰國政策的強化與泰國成功加入聯合國不是沒有關係的，消除了泰國對 Chinese 否決權的恐懼。

80 Hsieh Yu-jung, Siam Gazetteer, p. 300.

81 Standard, 10 January 1948.

82 Siam Dictionary, p. B174.

83 Standard, 13 September 1947.

84 Victor Purcell, The Chinese in Southeast Asia (London, Oxford University Press, 1951), pp. 200-201.

85 Siam Dictionary (Bangkok: The Thai Company, 1948), p. B156.

86 Standard, 16 August 1947.

87 Virginia Thompson, Labor Problems in Southeast Asia (New Haven: Yale University Press, 1947), p. 248; Virginia Thompson and Richard Adloff, The Left-Wing in the Southeast Asia, p. 240.

88 Virginia Thompson, Labor Problems in Southeast Asia (New Haven: Yale University Press, 1947), pp. 247, 261-262.

89 "Business Information on Thailand", Far Eastern Economic Review, No. 9 (31 August 1950): 262.

90 本段的其餘部分，乃根據 Virginia Thompson, Labor Problems in Southeast Asia (New Haven: Yale University Press, 1947), pp. 245-248.

91 此討論乃根據 W. Q. Reeve, Public Administration in Siam (London, Oxford University Press, 1951), pp. 69-72, 75-77; James C. Ingram, Economic Change in Thailand Since 1850 (Stanford: Stanford University Press, 1955), pp. 87-90.

92 W. Q. Reeve, Public Administration in Siam (London, Oxford University Press, 1951), p. 70. 里弗的數字一億英鎊大概是誇張的。

93 Standard, 6 December 1947.

94 Standard, 1 May 1948.

95 兩年半後，即一九四八年三月十七日，警察局宣佈逮捕了幾名涉嫌暗殺的男子 (Standard, 20 March 1948) 。至於他們是否真的被判謀殺罪，本文作者不得而知。

96 Liang Jen-hsin, "Ts'an-ch ia liu-shu hui-kuan lin-shih lien-ho pan-sh ih-ch'u ching-kuo", Hsien-ching kuang-chao hui-kuan ch'i-shih chou-nien chi-nien t'e-k'an (Bangkok, 1947): pp. 5-6.

97 此描述乃根據 "Shou-jung pei-fu t'ung-pao chi-hsing" , Hsien-ching kuang-chao hui-kuan ch'i-shih chou-nien chi-nien t'e-k'an (Bangkok, 1947).

98 Hsieh Yu-jung, Siam Gazetteer, p. 306; Li P'iao-p'ing, "Hsien hua hsin-wen shih-yeh Hsiao-shih", Hsien-lo hua-ch'iao yin-shua t'ung-yeh kung-hui ch'eng-li erh-chou-nien chi-nien t'e- k'an (Bangkok, 1948): 9.

99 Virginia Thompson and Richard Adloff, The Left-Wing in the Southeast Asia (New York: Sloane, 1950), pp. 60-62.

100 Hsieh Yu-jung, Siam Gazetteer, p. 306.

101 "The Economic and Political Position of Siam", Far Eastern Economic Review, No. 2 (23 April 1947): 195.

102 Hsieh Yu-jung, Siam Gazetteer, p. 307.

103 Siam Dictionary (Bangkok, The Thai Company, 1948), p. B151.

104 見 "The Economic and Political Position of Siam", Far Eastern Economic Review, No. 2 (23 April 1947): 195.

105 此描述乃主要根據 "Ts'ung kai-hsüan tao chiu-chih", Hua-shang (Bangkok: Hsien-lo chung-hua tsung-shang-hui, 1947): 111-135.

106 Chung-yüan Pao, 4 December 1947.

第九章

鎮壓和重新考慮：一九四八年至一九五六年鑾披汶第二次執政下的Chinese

第一節 Chinese社會的結構

在過去的半個世紀，暹羅Chinese社會與泰國社會的差異變得越來越小。皇室主持下的社會改革消除了Chinese和泰國人之間的基本行政區別，到一九五〇年為止已經過去了四十年。在此期間，Chinese的社會知名度相對於泰國人有所下降，當地出生的Chinese對身份的選擇也變得相對和視情況而定。在十九世紀末二十世紀初，Chinese必須做出明確的選擇：要麼留著辮子，承認Chinese首領的管轄權，繳納三年一次的稅款，並在手腕上打上標記；要麼剪掉頭髮，繳納年度人頭稅，與泰國保護人建立保護關係。當這些選擇條件被消除後，就不再受迫要做出明確的決定，可以探索介乎Chinese移民社會和泰國社會核心的中間位置，而不需要以最終位置作為目標。如前所述，在二十世紀二十年代和三十年代，Chinese和泰國人的公共服裝已改為西式服裝。於第二次世界大戰期間，鑾披汶下令在全國範圍內全面採用西式服飾，而他從未在其「文化運動」取消此措施。在泰國，中式長衫和泰式「帕農」傳統下裝對男性來說都不合時宜，他們更喜歡在公共場合穿西式服裝。兩個民族的婦女都以同樣的熱情和決心接受了燙髮，而注重聲譽的上層階級越來越喜歡西式服裝。

隨著強迫明確民族身份的社會壓力消除或減弱，暹羅有可能發展出一個在當地出生的Chinese社會，其文化介於Chinese移民社會和泰國社會。然而，就作者所能看到的各種情況來說，這種發展，至少客觀情況允許，實際上並未發生。有很多中間份子在某些社交場合自認為是Chinese，而在其他社交場合則自認為是泰國人，他們有中國名字，也有泰國名字，視乎情況使用其中一個名字，而且能同樣流利地說泰語和Chinese。這些中間份子發展的關係，並不比與那些明確屬於Chinese社會，或泰國社會的人社會互動更頻繁、更持久。他們的私人關係可能主要與Chinese有關，而公共關係則主要與泰國人有關，也就是說，他們的長輩可能大部分是Chinese，而同儕和晚輩則主要是泰國人。但是，即使是這些概括性的說法也比任何特定個人的特徵描述，提供了一種更為清晰的模式。泰國城鎮的大社會仍然是兩極化，泰國人和Chinese的核心是分開的。沒有一個社會是由ethnic Chinese組成，他們不認同任何一個核心，彼此較常互動，與「真正的」泰國人或「真正的」Chinese的互動則較少。

之所以要強調這一點，是因為在其他一些東南亞國家，社會結構的發展最終形成了中間社會，例如新加坡和檳城的海峽Chinese（Straits Chinese），以及爪哇的土生Chinese（Peranakan Chinese）。在這些社會，Chinese的互動比與移民Chinese的互動更為頻繁，他們的確擁有另一套深受西方影響的價值觀，拒絕認同或與本土社會融合。泰國社會發展不同的主要決定因素，或許在於暹羅的精英階層一直是泰國人。與其他主要群體相比，這群本土精英一直有資格擁有更高的權力、聲望、文化和財富。各殖民社會的情況顯然不是這樣。在爪哇，社會地位向上流動——在此假定所有 Chinese 後裔都渴望向上流動——意味向荷蘭和歐亞社會的方向流動，不是向地位較低的當地社會流動，而在海峽地區，則是向英國社會的方向流動。然而，由於殖民者的態度和明顯的外觀差異，完全同化是不可能。另一方面，在泰國，Chinese 的社會地位向上流動是趨向泰國社會，Chinese 和泰國人在外觀上沒有明顯的差異，文化表面上又近似，掩蓋了兩族的差別，使完全同化變得有可能。然而，無論泰國社會的發展在二十年代、三十年代和四十年代有多緩慢，都從未遇過死胡同。泰國人在泰國社會中仍然擁有最高地位，他們的成就對 Chinese 後代而言從來都不是遙不可及的。

因此，簡單回顧戰後泰國的整個社會，對描述 Chinese 在其中地位是有幫助的。這種描述最好能以 Chinese 和泰國的核心群體為基礎，認識到介乎他們中間的，並非社會群體，而是各個個體份子。

關於 Chinese 和泰國人相對社會地位，最可靠的線索來自於現有的職業分佈統計數據。表 9-1 試圖從一一九四七年人口普查數據得出社會學意義，這些數據涉及了帕那空府（Phranakhon）就業勞動力的職業分佈。這些數據經過調整，僅適用於 Krungthep，與截至一九五二年底的登記人口相符。選擇曼谷市區進行分析的原因是，作為 Chinese 和泰國人的主要聚居地，它能聚焦研究這兩個民族的職業分工。假設在曼谷市區的泰籍人口中，有三分之一實際上是在當地出生的 ethnic Chinese。這部分人口在各職業類別分配，是根據一個公式計算出來，該公式反映了泰籍 ethnic Chinese 與 Chinese nationals 一樣，往往集中在相同的職業。[1] 職業類別分為四大地位類別，大致反映了曼谷對這些職業的普遍評價（根據聲望、收入和技能）。不過，這也只是粗略的歸類，因為根據這些價值進行排名時，每個職業類別或多或少都包含了廣泛的個體。值得注意的是，表 9-1 是將泰國人和 ethnic Chinese 進行比較，當中並沒有考慮西方人和其他亞洲人。

表 9-1 1952 年 Krungthep 的職業階層（只包括泰族和 Chinese ethnic group）*

職業類別	估計就業人口					
	男		女		總數	
	Ethnic Chinese	泰族	Ethnic Chinese	泰族	Ethnic Chinese	泰族
地位最高						
高級官員	0	6,080	0	50	0	6,130
大企業擁有人和經理	2,890	470	1,500	1,340	4,390	1,810
高級職業人士	280	1,020	10	110	290	1,130
辦公室高級職員	620	860	30	180	650	1,040
合計	3,790	8,430	1,540	1,680	5,330	10,110
地位中上						
低級官員	10	18,220	0	150	10	18,370
小商店擁有人和經理	54,900	8,980	28,560	25,500	83,460	34,480
半職業人士	2,340	4,040	530	3,590	2,870	7,630
政府文員	20	16,290	0	2,840	20	19,130
商業文員	5,070	1,920	310	910	5,380	2,830
高級工業人員	380	720	20	50	400	770
合計	**62,720**	**50,170**	**29,420**	**33,040**	**92,140**	**83,210**
地位中下						
木匠和家具製造者	7,230	1,160	80	10	7,310	1,170
維修人員、機器人員等	4,050	2,880	30	10	4,080	2,890
汽車、公交車和卡車司機	1,380	4,330	0	10	1,380	4,340
金屬工人（普通金屬）	3,060	440	110	80	3,170	520
各類技術人員	3,620	1,550	1,810	740	5,430	2,290
裁縫師	1,850	70	2,130	2,550	3,980	2,620
珠寶工人	2,880	220	480	270	3,360	490
各類手藝人工	2,170	340	530	610	2,700	950
廚師、麵包師、食品製造工人	1,720	130	1,280	2,610	3,000	2,740

市場攤販	4,390	290	400	450	4,790	740
織染工人	2,420	30	6,070	250	8,490	280
理髮師	0	0	50	1,20	50	1,120
鞋匠	1,640	30	240	50	1,880	80
旅館和餐廳員工	3,210	150	420	330	3,630	480
建築工人	1,140	180	30	70	1,170	250
合計	40,760	11,800	13,660	9,160	54,420	20,960
地位最低						
農民及漁民	10	2,120	0	1,950	10	4,070
菜農	1,300	920	1,040	1,720	2,340	2,640
演員	1,830	100	100	310	1,930	410
海員及水手	460	190	0	0	460	190
低級家務及服務業	2,830	5,110	1,490	7,390	4,320	12,500
髮型師	1,020	330	0	0	1,020	330
小販	1,880	120	170	230	2,050	360
非技術勞工	30,200	20,240	3,900	7,370	34,100	27,600
合計	**39,530**	**29,130**	**6,700**	**18,970**	**46,230**	**48,100**

* 本表所依據的數據是 1947 年人口普查的統計數字「拍那空按國籍劃分的職業分類」（由曼谷中央統計局提供），以及截至 1952 年 12 月 31 日 Krungthep 各區的登記數字（由 Krungthep 市政廳提供）。本表的製作過程請參閱第九章的附註 1。

摘要

	估計就業人數							
	男性				兩性			
職業地位	Ethnic Chinese		泰族		Ethnic Chinese		泰族	
	人數	%	人數	%	人數	%	人數	%
地位最高	3,790	2.6	8,430	8.5	5,330	2.7	10,110	6.2
地位中上	62,720	42.7	50,170	50.4	92,140	46.5	83,210	51.3
地位中下	40,760	27.8	11,800	11.8	54,420	27.5	20,960	12.9
地位最低	39,530	26.9	29,130	29.3	46,230	23.3	48,100	29.6
總計	**146,800**	**100.0**	**99,530**	**100.0**	**198,120**	**100.0**	**162,380**	**100.0**

在對表 9-1 進行分析前，最好以稍微不同的形式呈現其中若干數據。如果將表 9-1 中的職業類別（不包括社會職業地位）重新組合成廣泛的職業類別，其結果便如表 9-2 所示。這種分組方式最廣泛地反映了當時的民族職業劃分：泰國人偏向、主要從事政府、專業和農業工作，而 Chinese 偏向、主要從事商業和金融，以及工業和技工工作。

然而，表 9-3 中更具體的清單指出了，使用極度籠統類別所帶來的危險。從表中可以看出，在一般由一個種族主導的大類別，另一個種族卻在某些小類別有很強的代表性。因此，大多數商業文員都是 Chinese，但大多數女性商業文員都是泰國人，而且大多數辦公室高級職員都是泰國人。雖然農業方面一般以泰國人為主，大多數男性菜農是 Chinese。理髮師主要是泰國人，而髮型師則主要是 Chinese。絕大多數汽

表 9-2 1952 年 Krungthep 按主要類別的種族職業劃分

職業類別	Ethnic Chinese		泰族	
	人數	%	人數	%
政府工作	30	0.02	43,630	26.87
職業人士	3,160	1.59	8,760	5.39
商業和金融	100,720	50.84	41,260	25.41
工業和技工	38,450	19.41	9,880	6.08
家務和服務業	19,310	9.75	24,540	15.11
農業	2,350	1.19	6,710	4.13
非技術勞工	34,100	17.21	27,600	17.00
總數	**198,120**	**100.01**	**162,380**	**99.99**

車、公交車和卡車司機是泰國人，而大多數維修人員及機器人員也是泰國人，可是在大多數情況下，這些技術和機械職業絕大多數是Chinese。

回到表9-1，它所反映最突出的現象，可能是Chinese集中在地位中下的職業，而泰國人則集中在地位最高的職業。有百分之六點二的泰國人從事地位最高職業，而ethnic Chinese只有百分之二點七；有百分之二十七點五的Chinese從事地位中下職業，而泰族只有百分之十二點九。如果只比較兩個種族的男性，這些差異會更得明顯。在地位中高和地位最低的職業，兩個種族的分佈較為接近，在前者，Chinese人數略多於泰國人，在後者，泰國人人數則略多於Chinese。

此整體職業分佈情況很容易與歷史背景連結。在進入現代社會前，泰國社會中最明顯的劃分是精英和大眾，而現代曼谷的泰國人，在社會職業地位等級的兩極化趨勢可以看作是十九世紀社會結構的自然結果。在進入現代社會前，Chinese處於主流社會所特有的精英與大眾的二元對立之外，承擔著泰國精英和大眾所必需的經濟職能，但與兩者都不相投。隨著Chinese地位提高，在很大程度上借助於上述政府政策（見第四章第三節），脫離Chinese社會和加入到泰國精英階層。因此，擔任最高職業地位的Chinese相對較少。在大蕭條前，曼谷Chinese社會普遍具有社會地位向上流動的特點，這意味在第一次世

表 9-3 Krungthep 按種族比例的職業分類 *

職業分類	每一個泰族人所對應的 Ethnic Chinese 人數		
	男	女	合計
Chinese nationals 佔絕大多數的職業			
織染工人	80.7	24.3	30.3
鞋匠	54.7	4.8	23.5
旅館和餐廳員工	21.4	1.3	7.6
珠寶工人	13.1	1.8	6.9
木匠和家具製造者	6.2	—	6.3
市場小販	15.3	0.84	6.2
金屬工人（普通金屬）	7.0	1.4	6.1
演員	18.3	0.32	4.7
建築工人	6.3	0.43	4.7
髮型師	3.2	—	3.2
各種手藝工人	6.4	0.87	2.8
業務擁有人及經理	6.1	1.1	2.4
海員和水手	2.4	—	2.4
各種技術人員	2.3	2.5	2.4
Ethnic Chinese 佔明顯多數的職業			
商業文員	2.6	0.34	1.9
裁縫師	26.4	0.84	1.5
維修人員、機器人員等	1.4	—	1.4
非技術勞工	1.5	0.53	1.2
Ethnic Chinese 和泰族數量大約相等的職業			
廚師、麵包師、食品製造工人	13.2	0.49	1.09
菜農	1.4	0.60	0.89
泰族佔明顯多數的職業			
辦公室高級職員	0.72	0.17	0.63
高級工業人員	0.51	—	0.52

半職業人士	0.58	0.15	0.38
低級家務及服務業	0.55	0.20	0.35
汽車、公交車和卡車司機	0.32	—	0.32
高級職業人士	0.27	0.09	0.26
理髮師	—	0.04	0.04
農民和漁民	0.01	0.00	0.00
政府職員	0.00	0.00	0.00
政府官員	0.00	0.00	0.00

* 本表完全以表 9-1 為基礎；族群比率是根據該表所提供的絕對數字計算出來的。當某一類別中某一性別的總人數低於 100 人時 （這種情況在女性方面出現過幾次，在男性方面出現過一次），Chinese 與泰國人的比例幾乎毫無意義且不可靠；這種情況在表中以破折號表示。

界大戰前後兩次主要的Chinese移民潮，許多移民及其後代的職業地位已經提高到中下級或中上級，從而加強了十九世紀Chinese在中等地位職業方面的特定地位。同時，戰後短期移民潮中的Chinese移民，以及越來越多來自泰國內陸的泰國人，滿足了對非技術和低地位勞動力的需求。一九四七年後，Chinese移民的數量迅速減少到微不足道的數量，但在一九四七年至一九五四年間，泰國境內移入Krungthep的泰國人，每年移入的人數至少為三萬七千八百人。[2]因此，在地位最低的職業上，泰國人的人數與Chinese的相等。

泰國人在中高階職業的代表性相對較高，這意味在過去半個世紀，泰國社會出現了相當大的社會流動性。廣義來說，泰國「中產階級」的發展主要基於兩個因素：一是通過教育使過去自由民的後代實現向上的社會流動；二是十九世紀Chinese移民後代的同化，只有少數是因為舊貴族和官僚階級的向下流動。無論如何，很明顯的是，泰國人強烈偏好中高階地位的職業，因為這些職業與舊泰國精英的職業較為相似，即更符合泰國人的價值觀，而不喜歡中下階地位的職業。也許除了司機、裁縫師、廚師和髮型師之外，相對少數從事中下階職業的泰族，大多都是具有類似職業地位的已同化 Chinese 後裔。

目前還無法證明曼谷是「真正的」階級組織社會。根據戈德斯密特（Goldschmidt）的說法，這樣的社會是：其中有聲望和地位的階級可以分成不同的群體，每個群體都有自己的社會、經濟、態度和文化特徵，每個群體在社區決策都有不同程度的權力。這些群體在社會上是分開的，其成員很容易辨認。[3]

戈德斯密特所構想的社會群體或多或少都是可識別的，而且它們在大多數規定的特徵上都有差異（儘管它們並不總是界限分明）。在這個意義上，曼谷社會可以說接近於階級體系。特別是在身份認同方面，曼谷的社會群體往往具有模糊的取向，或至少在客觀觀察者看來是如此。然而，如果我們利用核心 Chinese 和泰國人群體的概念，理解到有許多在當地出生的 Chinese 中間人，就可以從階級的角度討論社會結構。其目的不是要找出確定數量的不同階級，加以命名和分類，而是要以假設形式提出可能或明顯出現的階級排列，以供進一步研究。

社會體系頂層最明確的群體是傳統精英階級，主要由皇室貴族和舊時代的官僚家族組成。這個階層的特徵是：主要建立於房地產的財富、高度文明教育程度、高度和長期的尊重或威望，以及高尚的「文化」（即對古老精英傳統的奉獻）。以這些利益為基礎的自我認同是顯而易見的；而其他階級的成員進入傳統精英階層的機會則受到嚴格限制。一般而言，這個階級厭惡公開參與商業、金融或工業企業，但經濟壓力迫使其成員日益尋求受薪工作，或至少為了報酬而將自己的聲譽借給重要企業的董事會。除了地租收入的群體——根據泰國人口普查，這部分人大概不包括在職業人口內——其成員乃來自泰族欄中最高地位類別的頭三類職業階級（如表 9-1 所示）。儘管他們中有許多人身居政府要職，但作為一個階級並不擁有高度的政治權力；他們的政治角色更像是顧問、贊助人和指導人。他們只限於泰族人，許多人至少有部分 Chinese 血統。他們通常住在又大又舊的房子，有一群忠心的僕人為他們服務，與這些僕人維持著世襲式的保護人關係。在這個階級，有相對較少的泰國人繼續穿著傳統宮廷服裝，尤其是在儀式場合。這個階級的模範就是國王。

另一個可合理視為主要高地位的社會群體是新精英階級，其核心是前現代官僚階級的後裔，但也有來自前現代皇室貴族階級、自由民階級和 Chinese 商業階級的重要成員。

它的特點是以商業企業和國庫為基礎的財富、最高的政治權力、高度文明和崇高的聲望（憑藉權力地位而受到的尊重）。這個階級的大部分成員都是政府官員和企業家，也有重要的專業人士和少量的高級辦公室人員。因此，這個階級來自表 9-1 所列的所有地位最高職業群組。這也顯示出這個主要由地位較高的泰籍人士組成的新興階級，也包含了重要的 ethnic Chinese 分子，可能佔（如表 9-1 所示）最高職業地位的 ethnic Chinese 的五分之一。換句話說，政府官僚、軍隊高級人員、某些主要的 Chinese 商人和金融家，以及許多地位崇高的專業人士，在共同利益的驅動下逐漸形成聯合——這些利益包括對「財富帶來權力」與「權力創造財富」的高度認同，以及對文化西化趨勢的追求。這種階級結盟的證據，可見於軍方在政府政治與商業上的顯著角色，官僚與主要 Chinese merchants 結盟進入商業領域，以及這些群體透過都會俱樂部、私人派對、互用學校等進行的社交活動。新貴色彩將這個階級與傳統的精英階級明顯區分開來。這個階級最優秀的身份象徵就是大型美式汽車。在住房和服飾方面，新貴階級比曼谷社會的任何其他群體，都更加現代化和西方化。

在這些上層階級之下，似乎有兩個中產階級，或至少是兩個主要的中產階級群體——Chinese 和泰國人。這兩個中產階級在大部分層級上是重疊的，但 Chinese 中產階級的平均地位明顯較高。Chinese 中產階級由大多數從事最高和中高階職業的 Chinese 組成，即收入相對較高且不涉及體力勞動的職業。這個階級的骨幹和模範當然是 Chinese businessman，而主要的階級利益是商業財富和維持 Chinese 的生活方式。正是這個階級支持和爭取私立 Chinese 校制度，與 China 和東南亞其他地方的 Chinese 社區保持最密切聯繫。在某種程度上，這個階級以香港的上層和中產階級社會為典範——完全 Chinese 式，但又面向現代世界。與泰國的中產階級相比，福祉——住房、服裝、飲食、舒適的標準——其價值沒有財富，或甚至文明這麼高。Chinese 會社的大多數成員都來自這個階層。這個階層對權力的關注一方面僅限於階級內部的自我控制，另一方面則僅限於削弱泰國政治權力的力量。

泰國的中產階級主要由中高階職業（政府員工、小企業家、教師、新聞工作者、文員、秘書等）的人士所組成，是白領階級，衣著也幾乎都是白領。它的精神是典型的中產階級，或許還帶有異常強烈的民族主義。這個階級傾向新精英，而不是傳統精英。泰國中產階級中很少有人不渴望獲得較高或更高的政府職位，而他們中大多數人的工作都取決於人們對新精英的持續青睞。因此，他們的興趣集中在政治發展和當權者的行為；與新精英成員的關係是階級內提高聲望和非正式權力的來源。他們竭力追求生活的樂趣，尤其是閒暇時間的活動，高度重視各方面的福祉。

另一個似乎符合大多數階級標準的群體是 Chinese 技術工人、機器工人和工藝匠——Chinese 技術工人階級。這個階級的成員基本上都是 ethnic Chinese，從事中下地位的職業（見表 9-1）。技能似乎是最受推崇的價值，擁有較高的技能、財富和尊重有助於將這個階級與其他較低階級區別開來。他們也是傾向於 Chinese 的，但在這方面與 Chinese 中產階級不同，因為他們進入 Chinese 學校的機會有限，與其他國家 Chinese 的接觸也少得多。這個階級大多由體力勞動者組成，在聲望方面也與 Chinese 中產階級截然不同。儘管如此，Chinese 技術工人階級對外的主要興趣，還是集中在 Chinese 中產階級的活動和發展。

作者傾向於不給予從事中下階職業的泰裔人士獨立階級地位，理由是沒有階級認同的證據，而且這個群體的人數很少。而且，許多從事中下階職業的泰裔人士，如司機、技術人員、理髮師等，似乎都認同自己為泰國中產階級，而其他 Chinese extraction 人士則傾向於認同自己為 Chinese 技術工人階級。經進一步研究後，此類別中地位較低的人可能會認同自己為下層階級。

事實上，有相當多的證據顯示，泰國的下層階級正在興起，具有共同的利益和一定的階級意識。這個階級缺乏曼谷社會中大部分重要的價值觀，他們主要關心基本的福祉，即健康與安全。這個階級的某些成員，例如三輪車夫，是為了爭取團體利益而正式組織起來，而其他成員，例如家庭傭工和市場園丁，也非正式地組織起來。這個階級受到一些泰國政客的拉攏，希望能在選舉中獲得支持。這個階級中有很大一部分是來自內陸地區，特別是暹羅東北部的新移民，這提供了一個自然的基礎，讓他們可以與代表相關各府的國會議員達成某些工作安排。

低地位的 Chinese 勞工是否應被視為一個獨立的階級，是另一個需要進一步研究才能決定的問題。根據有限的證據，答案似乎是肯定。Chinese 小販、演員和理髮師都有相當好的組織，並有意識到群體間的共同利益；在某種程度上，他們因為都受到 Chinese 的不尊重而團結在一起。非技術 Chinese 勞工在戰後眾多的罷工，也表現出一定程度的團結，爭取更好的工資和工作條件。另一方面，有證據顯示，撇開種族對立不談，許多從事較低地位職業的 Chinese 認同，或主張認同自己與地位相近的泰國勞工屬於同一群體。然而，一九四八至一九五四年間有組織勞工的歷史，傾向於使一九四七年所宣布跨族裔勞工運動的承諾落空。但最近一、兩年的發展趨勢鞏固了 Chinese 和泰裔勞工的共同利益。同樣重要的是，一大部分非技術的 Chinese 勞工，具有向上流社會流動的心理特徵——從所有的跡象來看，Chinese 勞工比泰國勞工更為明顯。從微弱的預測來看，低地位的 Chinese 勞工最終會被泰國的下層階級同化，或者在分層系統中上升到 Chinese 技術工人階級。一方面，移民不再可能進一步補充 Chinese 勞動力，另一方面，過剩的泰國人口正穩定地從泰國內陸流入曼谷。整體而言，低階 Chinese 可能會繼續保持向上流動的歷史趨勢，而最底層的空白將在未來由非技術的泰國勞工填補。

前述的討論，雖是印象式的，且未經考證，但筆者認為可對曼谷社會的整體結構提供一些見解。值得特別注意的是，曼谷社會不是一個以種族為界線的種姓制度；階級的邊界絕非與種族群體的邊界一致，Chinese 和泰國人群體只顯示出有限的分層趨勢。在這方面，在其他東南亞國家的社會分析已被證明有用的社會結構和功能模型，尤其是富尼華的「多元社會」概念[4]，對曼谷乃至泰國社會的適用性顯得非常有限。在曼谷，西方人所扮演的角色不具有明顯的排他性，且其重要性遠低於有殖民歷史的東南亞國家。此外，泰國人與 Chinese 在經濟功能和社會職業地位的重疊，以及大量介於 Chinese 和泰國兩個社會的中間群體，讓「多元社會」這一概念在分析泰國社會時顯得意義有限。泰國社會在某些方面確實顯示出多元化的特徵，例如政府幾乎完全由泰人掌控。然而，不同族群的差異更多是表現在社會地位的高低，而不是按照職業或經濟功能來分開。尤其是在曼谷，泰人和 Chinese 之間的區別並沒有完全對應到從事的經濟活動或工作類型。

在泰國的每個主要城市和城鎮，Chinese 社會的地理核心很容易區分。在曼谷，它仍然是三聘街區（行政上稱為三攀他旺縣），而正如第六章所指出的，Chinese 的集中地從這個 Chinese 區向四面八方分散。三攀他旺縣是傳統與現代、地方主義與世界主義的混合體，但其本質上都是 Chinese 區。三聘街是皇城外興建的第一條道路，以及在三聘街和湄南河的區域，都散發出強烈的舊 Chinese 風味。這裡有傳統類型的商店、傳統的商業習慣，以及在很大程度上，傳統的潮州生活方式依然存在，Chinese 可以在這裡生活多年，幾乎與泰國人沒有任何密切接觸。近幾十年來，耀華力路和嵩越路貫穿了 Chinese 區，現代大都市的氣息在這兩條寬闊的大道上最為濃厚。沿著這些街道，可以看到大型的 Chinese 百貨公司、現代化的電影院，以及中泰銀行堂皇的門面。

在 Chinese 主要聚居的區域，街道兩旁通常都是一排排的 Chinese 店屋，通常有兩到三層高。這些建築物的內部，擠滿了擠迫的廉價公寓型房屋，整體而言日久失修，通風不良。即使是在以泰國人為主的城市區域，Chinese 店屋也遍布主要街道。儘管泰國社會沒有可與三攀他旺縣相媲美的單一地理核心，但泰國政府辦公室、泰國最宏偉的寺廟，以及其他泰國文化和泰國國家的象徵，都主要位於拍那空縣舊皇城及其東北面的區域。與 Chinese 經常把住宅和商店相結合的模式不同，泰國人傾向於居住在主要商業中心之外，獨立且更寬敞的房屋。一般而言，Chinese 集中在商業中心，其周圍地區則是泰國人居住的住宅區，這種模式可見於所有的內地城鎮。

儘管如此，居住模式正在迅速改變，不再像貧民窟那樣的分佈。隨著在當地出生的 Chinese 逐漸同化，他們對福祉的關注度也在提高，特別是明白到不太擁擠的獨立住房的價值。在曼谷郊區的新住宅區——特別是東部，但也包括北部、南部，以及河對岸的中心區以西——Chinese 與泰國人隨機地居住在一起，沒有鄰里隔離的跡象。在戰後時期，甚至以 Chinese 移民為戶主的家庭也遷移到這些郊區。這種不斷變化的模式，促進了 Chinese 與泰國精英之間的社會交往。

在家庭生活方面，與居住安排一樣，Chinese 的核心模式與泰國人截然不同。第一代 Chinese 比泰國人更嚴格遵守父母的婚姻安排。在泰國人中，私奔即使不是理想的模式，也是常見的實際模式，而對於第一代 Chinese 來說，私奔確實很少見。離婚在泰國人也不僅是常見的，而且是隨意的，而 Chinese 移民則持嚴格態度。Chinese 移民維持著大家庭的理想，而泰國人則傾向於較少數量的孩子。Chinese 仍然比泰國人更喜歡在同一個家庭實行一夫多妻制，而泰國人則更喜歡在不同的住所中安排未成年的妻子。由於這些差異，Chinese 的家庭規模比泰國人的大。表 9-4 總結了一九五四年經濟與人口調查在 Krungthep 的結果。母語為 Chinese 的戶主家庭的平均人數為六人，而母語為泰文的戶主家庭的平均人數為五人。

但在泰國的家庭以及生活的大多數其他方面，存在著介乎於 China 和泰國模式之間的多種安排，是當地出生的 Chinese 在同化過程中所遵循的。Chinese 往往居住在擠迫的區域，這常常迫使在當地出生的 Chinese 兒子建立獨立的家庭，即使父母更希望他和他的家人住在自己的屋簷下。婚姻習俗與 Chinese 的理想大相逕庭。即使雙方都是第二

表 9-4　1954 年 Krungthep 普通住戶數量（按住戶人數及戶主的母語劃分）*

住宅人數	所有住戶 ^		戶主的母語			
			泰文		Chinese	
	人數	%	人數	%	人數	%
1	8,160	6.1	5,400	7.2	2,480	4.2
2	11,680	8.7	7,600	10.2	3,760	6.5
3-4	33,080	24.5	19,720	26.4	12,760	21.9
5-6	33,600	24.9	17,640	23.7	15,560	26.8
7-9	31,320	23.2	15,520	20.8	15,480	26.6
10-14	14,160	10.5	7,200	9.7	6,800	11.7
15-	2,840	2.1	1,480	2.0	1,320	2.3
總人數	**134,840**	**100.0**	**74,560**	**100.0**	**58,160**	**100.0**

* 資料來源：Thailand, Central Statistical Office, Economic and Demographic Survey（Municipality of Bangkok,1954）, 1st Series, Table 17

^ 包括 2,120 戶家庭，其戶主的母語為 Chinese 或泰語以外的語言。

代Chinese，婚禮儀式通常也是泰式的；對於Chinese精英來說，婚禮通常是Chinese泰社交活動的場合，而主持婚禮儀式的人通常都是地位崇高的泰國人。許多在當地出生的富裕Chinese，會按照泰國人的生活方式養泰國情婦或第二位妻子；傳統Chinese式的一夫多妻制並不受他們的歡迎。當地出生的Chinese，通常比父母更重視福祉，更願意為了提高生活水準而限制家庭人數。當地出生的Chinese婦女，通常拒絕容忍Chinese移民的婆婆將她們視為從屬角色。

在宗教方面，Chinese和泰國人的核心模式也是截然不同。泰國人在佛寺（設有聖殿、講經堂、休息室、寺院等的宗教區域）拜佛，而Chinese移民則在自己的神廟拜神。泰國人在佛寺或火葬場進行火葬，而Chinese則埋葬在墓地。泰國人沒有祭祖的義務；Chinese則有義務在清明和新年時祭拜墳墓，在家中供奉祖先的牌位或神位。泰國人認為短期出家是所有男人的理想，而Chinese則將在佛寺出家視為極少數人的終身職業。

然而，在當地出生的Chinese卻選擇性地結合了這兩種傳統。他們很少人沒有在泰國佛寺拜佛，更少人還在家中供奉祖先的神位或牌位。也許唯一一個在泰國出生但仍認為自己是Chinese的傳統Chinese習俗，就是在農曆新年時祭拜祖先。Chinese傳統的祭拜日是農曆的初一和十五，而泰國人的敬佛日則是每週的月相。然而，這兩種曆法往往相差一天，同一個人前一天在泰國佛寺拜佛，第二天卻在 Chinese 廟宇拜神，這種情況並不罕見。在大多數印度教或泛靈論傳統的泰國寺院，當地出生的 Chinese 與泰國人一樣頻繁地參拜；對於供奉地方神和其他各種鬼神的鄉村神龕以及城市的國柱神廟（lak-mueang temples）都是如此。即使是第二代的 Chinese（尤其是其母親是泰國人的），他們也會在泰國的佛寺內當僧侶；在許多內陸城鎮，當地出生的 Chinese 子弟至少要當七天小沙彌，這已成為常規。筆者發現一位曾就讀於廈門大學的第二代 Chinese，在其父親居住的橫逸鎮上泰國佛寺中服務守夏節時，並不感到驚訝。

在葬禮和死亡習俗方面，在當地出生的 Chinese 所遵循的模式幾乎是多種多樣。即使是在 Chinese 墳場舉行的葬禮，也很少不包括泰國佛教僧侶的頌經儀式。最傳統的 Chinese 喪葬程序，通常會在火化前到泰國佛寺舉行小乘佛教儀式。大多數在當地出生的 Chinese 最終都會火化，而不是永久埋葬。他們遵循精心設計的妥協模式，其中最常見的方式是先土葬，兩三年後再掘墓火化，然後將骨灰安放在模擬的 Chinese 墳墓，或安放在佛寺內的泰式紀念墓，或安放在佛寺內的佛像後面，或安放在 Chinese 的祖先牌位架上。將火葬與 Chinese 傳統習俗，如七日祭或百日祭結合起來，並不被視為奇怪。在泰國，很難想像有哪種 Chinese 泰結合的喪葬形式，未曾被本地出生的 Chinese 採用過。

至於正式的社會和娛樂組織，情況也沒有什麼不同。Chinese 核心社會有大量自己的組織。語言族群、同鄉會和宗親會，都有特別為 Chinese 移民會員提供的社交功能。正式註冊為「友誼會」的 Chinese 俱樂部提供合法賭博的機會，也是主要 Chinese merchants 聚集、閱讀報紙、聽音樂、討論商業和社區問題的場所。泰國人一般沒有 Chinese 那麼熱衷於加入會社，但他們也有正式的社會組織，從校友會、運動俱樂部到佛寺管理委員會。另一方面，在當地出生的 Chinese 沒有自己的組織。他們與移民一起加入 Chinese 組織，同時加入泰國和 Chinese 泰協會。他們是泰國精英組織如律實（Dusit）高爾夫俱樂部，和是隆（Silom）俱樂部的會員，或是扶輪社、跑馬廳俱樂部和大都會俱樂部的會員。也有一些普通俱樂部，有意招募泰國人和 Chinese 為會員。曼谷最重要的組織是沙哈密俱樂部（Samosgn Sahamit），其中有許多在當地出生的著名 Chinese，與同等數目的泰國人一起消遣。此外，主要教會學校（逸三倉學校、曼谷基督教學校等）的活躍校友會也包括當地出生的 Chinese 和泰國人。

很明顯，雖然 Chinese 移民和泰國人，在泰國各有不同的社會，但第二代和第三代 Chinese 可以根據個人選擇進入其中任何一個社會。一般而言，其生活方式介於兩個核心社會的規範，但他們並沒有形成一個獨立的社會群體、階級或社會。

在戰後泰國的 ethnic Chinese 中，除了上述階級方面的社會經濟因素，語言族群的差異仍然是最重要的社會分野。但是，語言族群差異的重要性，自十九世紀末二十世紀初期間以來已發生了巨大變化。二十世紀的歷史事件，已造成語言族群差異最小化的效果：Chinese 民族主義的增長，而不是潮州人、廣東人和海南人的民族主義增長；China 在國民黨領導下變為統一；Chinese 通俗民族文學的發展和國語，作為 Chinese 民族語言的推廣；以及在泰國，anti-Chinese 情緒和措施的增長（如上文第五章所概述），迫使 Chinese 社會有一定程度的統一。如今的 Ethnic Chinese 毫無疑問地首先是 Chinese，其次才是潮州人、廣東人或其他任何人。

儘管如此，事實上，社會關係在同一個語言族群內的接觸頻率，遠高於各語言族群的頻率。這主要可以從職業結構、正式的組織結構中看出，也可以從教育、宗教和娛樂模式中看出。

在職業結構中，明顯的語言族群專門化經常發生。例如，在曼谷的工業和技術工人領域中，約百分之九十七的碾米匠是潮州人，百分之八十五的鋸木匠是海南人，百分之九十八的皮革店老板是客家人，百分之五十的機器店老板是廣東人。曼谷服務業的專門化也出現了比重不均，包括潮州人佔舊式藥材商的百分之九十二、客家人佔裁縫師的百分之九十、海南人佔理髮師的百分之五十、廣東人佔餐廳經營者的百分之五十。在商業方面，突出的專門化例子，包括福建人在橡膠出口商中佔百分之八十七，潮州人在當鋪和米商中幾乎都佔百分之百。表 9-5 列出曼谷各語言族群較重要的職業專門化。當分類的定義較狹窄時，通常會發現專門化的程度較高。因此，當銀匠依工作類型再細分時，面盆和皮帶製造商有百分之九十是客家人，鍊子和裝飾品製造商有百分之六十以上是潮州人，而在製造黑金鑲嵌品的 Chinese——很多甚至大部分黑金鑲嵌品的製造者都是泰國人——則有百分之五十以上是海南人。珠寶行業也是 Chinese 按縣份職業分工的好例子：金飾珠寶商會全體有二百四十三名個人會員，全都是潮州人，其中二百三十五名為土生土長的潮陽縣人。

很明顯，傳統的職業專門化在十九世紀末二十世紀初之前，就已經開始瓦解。主要的變化是由於潮州人穩步進軍傳統，由其他語言族群專門從事的職業。當然，這個趨勢是上文第二章和第六章概述的曼谷移民模式變化的自然結果。特別值得注意的是，在過去三十年間，廣東人在一系列重要職業中的地位迅速下降。廣東人在十九世紀末二十世紀初才進入碾米業，但到了一九二〇年代已在曼谷，及附近地區經營十一家大型碾米廠。在經濟蕭條的年代，潮州人碾米廠的競爭使這個數目在一九三七年降至四家，而戰後廣東人擁有的碾米廠並無復業。三十年前，廣東人幾乎壟斷了機器製造行業，但隨著海南人和潮州人的穩步發展，廣東人所佔的市場比例已降至一半左右。同樣地，廣東人在印刷和出版業也曾佔據首位，但後來被潮州人和客家人超越。在一九三〇年，超過一半的五金店是由廣東人經營，但現在只有兩家重要的五金店仍在曼谷。廣東人於一九一四年開始在曼谷經營保險業務，於一九二八年前，一直由廣東人主導，但在第二次世界大戰時已落入其他人手中，主要是潮州人。戰後復業的兩家廣東人保險公司最後也於一九五二年底倒閉。在三十年間，廣東人經營的酒店比例也從過半數下降到不足百分之五。當被問及這個趨勢時，現時的廣東人有時會提到廣東移民的比例下降，但他們更常強調的是，來自其他語言族群的競爭，其中潮州人特別勤奮、冒險、敏銳和節儉。

在廣東人衰落的同時，潮州人卻在各個階層的職業都有顯著擴張，這種擴張甚至影響到客家人和海南人。潮州人接管了越來越多的乾果業，而這行業一度是客家人主導。由於早期的教會醫院大多設立在廣東客家地區，客家人一度在西醫領域佔有主導地位，但現在潮州人佔有更多的市場分額。至於海南人，他們早年所壟斷的咖啡店市場，已有一部分店鋪由於潮州人的競爭而結業，不過即使在潮州人的店裡，磨咖啡和泡茶的負責人總是海南人。然而，整體來說，客家人和海南人不僅在傳統的職業中保持了自己的地

表 9-5 曼谷按 Chinese 語言族群劃分的職業專門化表

<table>
<tr><th>潮州人</th><th>客家人</th></tr>
<tr><td>銀行家
米商和出口商
保險經紀
金飾珠寶商
五金商
紡織品商
酒商
典當商
罐頭雜貨商
本地產品經銷商
木材商
橡膠製造商
書籍、文具商
中醫
中藥材商
宰豬戶
演員
碾米廠工人
碼頭工人</td><td>乾果雜貨商
報館工作人員
煙草製造商
裁縫師
銀飾匠
皮革廠廠主
鞋匠
襯衫匠
理髮師</td></tr>
<tr><th>海南人</th><th>廣東人</th></tr>
<tr><td rowspan="7">西藥商
鋸木廠主
冰廠廠主
旅館業主
匯款店老闆
裁縫師
機器店店主
承包商
咖啡店老闆
家具制造匠
金飾匠
旅館餐飲僱員
家務佣人
演員
修船匠
漁民
理髮師
駁運「苦力」
鋸木廠工人</td><td>印刷工人
機器店店主
綢緞商
裁縫師
餐館業業主
機器工人
汽車修理工
宰牛戶
建築工人
家具匠</td></tr>
<tr><th>福建人</th></tr>
<tr><td>橡膠出口商
茶商</td></tr>
<tr><th>江浙人（講普通話的人）</th></tr>
<tr><td>老師
家具商
家具製造匠
中醫</td></tr>
<tr><th>台灣人</th></tr>
<tr><td>茶商
日貨進口商</td></tr>
</table>

* 只有當某個語言群體從事某職業的比例，顯著高於該群體在總人口中的比例（並且這種差異通過了 0.01 顯著性水平的統計檢驗），該職業才會被列出。如果並不明顯，則以百分比差距的方法計算。原始統計資料由康納爾大學曼谷研究中心於 1952 至 1953 年收集。

位，還擴展到了其他地位較高的領域（但這通常在損害了廣東人利益的前提下進行）。

目前曼谷在職業專門化方面的情況仍然變化不定，但由於大規模移民已經停止，過去數十年的快速變化很可能不會重演。當然，專門化模式大大地揭示了語言族群的相對社會地位。表 9-5 顯示，海南人和潮州人比其他語言族群更專注於低地位的職業，其次是客家人和廣東人。在另一個極端，在金融業，即銀行業、保險業、當押業、黃金業，和利潤較高的商業行業中佔有很高比例的潮州人，以及較小的語言族群，福建人、說普通話者和台灣人，比其他語言族群更專門從事地位較高的職業。在中階職業，廣東人、客家人和海南人是專家，潮州人和說普通話者依序排在後面。

從這種職業專門化的普遍模式可以看出，潮州人在 Chinese 中產階級和 Chinese 下層階級中的代表性不成比例，廣東人和客家人在 Chinese 技術工人階級的比例最高，而海南人在 Chinese 技術工人階級和下層階級中的代表性不成比例。

語言族群差異持續存在的另一個證據是，除了兩個舊有的社區組織，即中華總商會和天華醫院外，各屬會館是 Chinese 社會中最重要的正式組織。每一位曼谷的 Chinese 都有資格加入七屬會館中的一個或多個。然而，只有客屬會館表示要以語言作為成為會員的條件。至於其他會館，則以地域為原則。因此，任何來自潮州的本地人，或其後裔都可以加入潮州會館，來自福建省的可以加入福建會館，來自廣州和肇慶的可以加入廣慶會館，來自海南的可以加入海南會館等。任何祖籍在廣東、福建或台灣以外的 Chinese，都有資格成為江浙會館的會員。然而，事實上，會館成員實際上只限於那些使用主導語言族群語言的人。因此，很少客家人屬於潮州會館或福建會館，而那些屬於潮州會館或福建會館的人可以說潮州話或福建話。由於七屬會館被認為代表了 Chinese 社會的所有次群體，因此，完整的社區代表性通常是透過在中華總商會的領導下，召開七屬會館會議來實現。較重要的會館經營學校、醫院或診所，以及公墓。然而，在戰後時期，各會館的診所和醫院已開放給所有病人，不再區分背景；同樣，些協會在曼谷所營運的學校也招收了大量非主辦語言群體的學生。這些變化表明了語言群體差異在逐漸淡化。

在宗教事務上，各語言族群之間的差異在戰後時代也迅速減少。曼谷大多數的廟宇都是由各語言族群所管理，但主要參拜者不一定是來自所贊助的族群。在曼谷，由於語言族群的比例與分佈改變，福建神廟大多位於潮州人與客家人聚居的區域，而其信眾也相對地改變。在泰國內陸，本頭公廟變成了 Chinese 廟，信徒來自各語言族群。雖然 Chinese 佛寺的僧侶，仍然不成比例地以客家人為主，但佛寺裡的信徒卻來自所有的語言族群。

在曼谷的Chinese社區，整體社會政治結構由正式的Chinese會社主導。這些會社的重要性，部分源於曼谷ethnic Chinese在泰國政府中沒有發揮直接作用。不持有泰國公民身分的Chinese，將被強制剝奪選舉權。一九五一年的《選舉法》規定，出生在泰國、父親是外國人的完全第二代，只有在泰國教育達到高中三年級（相當於十年級）或在政府工作至少五年，才可以有選舉權。《選舉法》亦要求政治職位候選人的父親是泰國人，即至少是完全的第三代。[5]由於ethnic Chinese在泰國政治沒有影響力，因此在政府議會和代表團體中幾乎沒有代言人。當政府的政策與Chinese的利益背道而馳，或有可能背道而馳時，Chinese社會就非常需要政府以外的團體保護，向其施加壓力。這些外交職能盡可能由較大的會社來履行。

Chinese會社在五十年代的福利職能，與在三十年代的一樣重要（見第六章）。公立學校和醫院幾乎沒有照顧到Chinese居民的特殊需求或願望。泰國政府尚未頒布全面的勞動法，而一九五五年開始實施的社會保障計劃，也因民眾反對而宣告結束。同時，營利企業開始無法滿足Chinese在這方面的需求。在這種情況，Chinese必須在非營利的基礎上，透過正式協會為自己提供福利機構。

社區內的社會控制和調解的需要，對於任何大群體來說顯然都很重要，同樣由於 ethnic Chinese 在泰國大社會中的特殊地位而加強了此需要。Chinese 社區內部的混亂、社會動盪或公開衝突，必然引起「外部」政府更嚴格的控制和鎮壓。社區內部的自我控制越有效，泰國人的干擾就越少。在大多數 Chinese 或其直系祖先所處的鄉村環境，社會控制主要在血統關係實行，並非正式地由鄉紳和鄉村長老執行。然而，在曼谷的城市環境中，大多數人沒有血統關係，故血統關係基本上並不存在或相對無效。因此，社會控制更多是以家庭外的社交層面而進行的。

保護和外交、福利和控制的職能由正式會社履行，而不是非正式會社，因為泰國法律及其執行規定，只有正式會社才能有效運作。警察局和國家文化院的規定都要求，任何籌集資金或招募會員的協會或團體都必須向政府登記。為了符合註冊要求，會社必須正式成立，並有負責人員和書面章程。從一九四九年開始，警方的調查和監督，使未登記的秘密會社變得難以運作。因此，履行主要社區職能的會社是正式和官方的，而不是非正式或非法的。

中華總商會仍然是曼谷和全國的 Chinese 社區組織，它是整個社區的主要外交和保護機構。總商會一直致力於在其當選理事，實現不同語言族群的比例代表權。對一九四六年至一九五七年（共六屆，每兩年一屆）民選委員會的分析表明，百分之六十一的委員是潮州人，百分之十一是客家人，百分之十是廣東人，百分之九是海南人，百分之四是福建人，百分之三是普通話地區的人，百分之二是台灣人。事實上，這與總人口中的語言族群分佈相當接近。

天華醫院是另一個主要的、屬於整個 Chinese 社區的組織，根據章程規定，必須包括指定數量的語言族群代表：八名潮州人，客家人、海南人和廣東人各三名，二名福建人，以及台灣人和講普通話的人各一名。這個規定可以追溯到一九四一年，當時它取代了原來的要求，即主席必須由五個主要語言族群輪流擔任，而財務主管必須始終是潮州人。自改革以來，客家人、海南人和廣東人擔任最高職位的比例也很高，任期也延長至兩年。

無論是在一九五六年還是在一九一〇年，這兩個組織仍然致力於將不同的語言族群整合為一個統一的組織。這方面的職能在四十年代末，由跨語言族群的學校委員會，例如黃魂學校委員會，得到補充。透過當選領袖兼任互相關聯的各種職務，五個主要語言族群協會的每一個都與中心組織聯繫起來。曼谷的主要 Chinese 公司，一個更為複雜的連鎖董事會系統，將相同的正式領袖聯合成一個經濟權力關係網。不到二百名 Chinese

領袖，對 Chinese 社區的領導結構至關重要，[6] 控制權和決策權都集中在同一個人手中，加強了整個戰後時期的穩定性。張蘭臣是潮州人，自一九四六年以來，每屆都連任中華總商會會長。他幾乎總是擔任其他幾個主要會社的理事，包括天華醫院和潮州會館。在商界，他的地位同樣突出。近年來，他曾擔任二十多家工業、金融和商業企業的董事長，並在曼谷其他五十多家公司的董事會任職。他曾接待過泰國官方使團團長和泰國政界要人，是多位高級官員的密友，受到泰國國王和 Chinese 國家主席的授勳。就泰國 Chinese 在泰國主權內構成的另一個主權而言，絕對是這個主權的領袖。

Chinese 社區為了應對泰國政府從一九四八年到一九五四年所採取的政策，以及 Chinese 社區內部的政治分歧，需要結構性團結所能提供的一切協調。在下一節，我們將聚焦在鑾披汶重新掌權以來的複雜政治發展。

第二節　Chinese 對政治氣氛變動的反應

第二屆鑾披汶政府接管泰國政府之際，overseas Chinese 對 Chinese 共產黨的支持情緒開始抬頭。從一九四八年春到一九五〇年夏，共產黨在泰國 Chinese 的威望和地方勢力不斷增強。隨著 Chinese 人民解放軍不斷取得勝利，控制了整個大陸，泰國 Chinese 的愛國熱情和希望明顯增強。隨著一九四九年十月一日新中央政府在北京成立，泰國的共產黨組織者第一次能以忠誠和民族主義吸引了所有 Chinese。自一九四六年以來，泰國 Chinese 共產黨一直以半公開和地下的方式運作，成為 Chinese 社會的主要政治力量，其發展似乎只受到泰國政府政策的阻礙。一九四八年七月，鑾披汶本人估計，泰國 Chinese 共產黨的人數約為五十萬人，[7] 但主要的核心人數可能從未超過五千人。

在 Chinese 正式組織結構，共產黨首先發展的顯然是工會。到一九四八年，中央工會的領導權明顯處於共產黨的控制，一九四八年至一九四九年間，各種職業的 Chinese 工人紛紛加入工會。一九四九年二月，中央工會加入了世界貿易工會聯盟，並於十一月派代表出席在北京舉行的聯盟會議。到一九五〇年，中央工會會員總數已達五萬人左右。相較之下，國民黨發起的工會甚至從未成為有規模的組織。[8]

共產黨的發展在Chinese學校也很明顯，學校老師和Chinese年輕知識分子一樣，總體上構成了接受和傳播新民主主義的先鋒隊。正式的Chinese會社逐一採取了中立立場，又採取了親北京的姿態。到了一九四九年，中華總商會的會議廳不再慶祝國民黨雙十週年紀念。隨著China鬥爭日益兩極化，China民主聯盟的立場，與Chinese共產黨的立場越來越相似，其活動也引起泰國的政府的反對。Chinese國民黨從大陸被趕到台灣後，發現有必要關閉四個內地領事館，一九五〇年後，他們前往曼谷的使團僅由臨時代辦或公使率領。總商會的潮州常委Yi Mei-hou，和瓊島會所主席鄒成赴京擔任共產黨overseas Chinese事務委員會委員。其他不太急於離開泰國的Chinese領袖對政治傾向更加謹慎，但整體傾向是明確無誤的。一九五〇年二月，由Chinese二級領袖組成的泰國忠誠代表團前往北京。代表團發表了一份讚揚性的報告，該報告於六月在曼谷共產黨報紙上發表。[9]

泰國Chinese的心態變化清晰反映在報紙。[10]一九四八年四月，有六家主要日報：三份政策中立的獨立報紙，以及共產黨、民主聯盟和國民黨各一份機關報。一九四八年六月，民主聯盟的《曼谷商報》遭到搜查，隨後停業。十一月，國民黨報紙《正言日報》因巨額財務虧損倒閉，而其繼任者《曼谷公報》則從一開始就經營不善。一九四九年間，

《華僑日報》採取了越來越親共的編輯政策，導致員工分裂，親國民黨的員工最終離職。一九四八年十月後，《中原報》也開始轉向親共產主義，當時它推出了社論政策偏左的晚報。共產黨官方機關報《全民報》的發行量在一九四八年七至一九四九年三月的八個月內翻了一倍，持續增長至一九五〇年一月，當時新的《星暹日報》及其晚上發行的《星泰晚報》進入市場。這些報紙都是胡文虎的《星報》系列旗下的最新成員，這些報紙當時採取其支持者的觀點，走親北京的路線。一九五〇年春，Chinese報紙中最右翼的是《光華報》，其立場是中間偏左，國民黨政權僅被稱為「台灣政府」。

同樣是在這兩年期間，鑾披汶政府的政策旨在嚴格控制所有Chinese活動，但沒有特別強調反共。第一個措施是針對Chinese教育。在Chinese大使館和領事館的鼓勵，再加上之前政府執法不嚴，《私立學校法案》一般受到蔑視，而這為鑾披汶提供了充足的法律依據，在一九四八年五月和六月期間進行一系列查封，和關閉學校的行動。教師和校長被捕的主要原因是，在未經特別許可的情況，即使出於教育目的公開捐款也是非法。Chinese會社也不能倖免。一九四八年六月十四日早晨，曼谷主要Chinese居住區——桑潘塔旺、曼萊和吞武里的部分地區——居民醒來後發現道路已封閉，警方正在進行大規模搜捕。三天內逮捕了六十名Chinese，包括勞工領袖、《曼谷商報》和《全民報》記者、老師以及各 Chinese 會社的董事和職員。警方查獲了一份有關共產黨工作的報告，宣稱他們制止了一場陰謀，類似 Chinese 恐怖分子已在馬來亞製造的騷亂。Chinese 勞工和青年組織，以及指控瓊島會所為顛覆活動掩護。[11]這次突襲搜查引發了共產黨周刊《晨華報》的指控，稱國民黨為警方充當線人。[12]該報的負責人邱及很快就遭到警方追捕，隨後作為泰國 Chinese 的代表前往北京，出席中國人民政治協商會議和世界貿易聯盟會議。一九四八年八月初，全國各地的搜查行動圍捕了約二百名 Chinese，被控加入未經註冊的會社，涉嫌向商人勒索錢財。[13]

與 Chinese 共產黨活動相比，任何認為鑾披汶政府，對國民黨活動更友善的想法，都因次年初在內陸發生的事件而被打消了。清邁親國民黨的清華學校被關閉，該鎮大約六十名最知名的親國民黨公民因非法募集資金而被捕，而親共產黨的星盛學校卻沒有受到干擾。在廊開，中立派和親共分子向警方通報，懸掛中華會社招牌的酒店是非法政治總部，引致該組織被有效鎮壓。

然而，這些舉措意義遠遠超出了任何不規則的偏袒。清邁清華學校的每一位負責職員都被逮捕。其中幾人被判處驅逐出境，其中只有四名最有影響力的人能夠獲得減刑，被流放到碧差汶。隨著其他地方的 Chinese 領導人，逐漸意識到這些事態發展的影響，在泰國內陸各地都可以看到人們紛紛辭去Chinese學校董事會和協會負責人的職務。在喃邦，當收到清邁事態發展的消息後，解散華僑俱樂部的執行委員會，和育華學校董事會。在得知流亡到碧差汶的清邁商人，索取學校經費的後果後，那裡的大中學校的董事主動關閉該校。一九四九年至一九五一年間，來自政府的威脅，加上左翼和右翼日益加劇的分歧，導致孔敬、素輦、武里南和撒空那空的中華總商會結束，程逸及Thalo的華僑公所關閉，以及橫逸府和馬哈沙拉堪的學校關閉。很多Chinese社區沒有正式組織，也沒有願意承擔社區工作責任的領袖。

在其他舉措，鑾披汶試圖引導泰國工人遠離Chinese和共產黨的影響。他上台後不久，泰國工會就成立了，而一九四八年至一九四九年，突擊搜查了對Chinese主導的工會，旨在揭露他們效忠於外國人，以及與政治顛覆活動的聯繫。[14]

一九四九年三月，鑾披汶將共產主義的威脅降到最低，表示相信政府的新聞審查制度，和驅逐從事非法組織活動的Chinese政策，能夠「充分遏制共產主義或其他外國人的滲透。」[15]一九四九年十月二日，鑾披汶總理在給泰國Chinese的廣播訊息，表明「爭吵對雙方都不利」的態度：「如果Chinese決定分裂成兩派……暹羅和暹羅人民當然不會干涉，因為這是Chinese內部事務。但如果Chinese……忘記他們住在暹羅並開始互相爭鬥，暹羅將會非常遺憾。」他要求「所有在暹羅的Chinese，無論他們的政治信念是什麼」，要記住，違反泰國法律是不被容忍。關於懸掛新的共產黨旗幟，他提醒Chinese，泰國尚未承認北京的新政權。[16]同年十月，Chinese領袖與泰國警方合作，走遍Chinese地區，敦促店主為了和平而拿下共產黨旗幟。面對「國民黨旗幟」將引來手榴彈的傳言，只有少數最勇敢的商人，在雙十那天懸掛國民黨旗幟。[17]一九四九年十月，政府發起成立了一個中泰委員會，以改善泰國兩個Chinese群體的關係，但很快就發現在該委員會任職的Chinese領導人嚴重親共，該計劃隨即被取消。

新China對少數泰國Chinese的關注引起了泰國政府的注意，一九五〇年一月，北京電台指責政府壓迫當地Chinese，抗議警察的殘酷行為和不公正的驅逐，要求保證此類待遇不會再次發生。此舉是在收到曼谷待驅逐Chinese囚犯的投訴後而採取，這是代表泰國「受苦的Chinese」啟動China整個政黨和群眾組織網絡的信號。由於鑾披汶政府針對Chinese採取法律行動，使「數十萬當地Chinese」「失去生計」以及「約二十萬Chinese青年」「被剝奪了教育機會的」，國民黨革命委員會對此表示同情。北京的另一個政治團體保守黨承諾「幫助那些受苦的Chinese，使他們能夠維護自己的正當權利」。中國民主聯盟在致泰國Chinese的聲明，對曼谷監獄中發生的嚴厲處罰和毆打表示痛惜，據稱已導致十多名 Chinese 死亡，宣稱「隨著新 China 的崛起，中華人民共和國政府絕不允許我們的同胞遭受這樣的壓迫。」[18] 在泰國，相對溫和的《中原報》評論道：「China 中央政府關注海外 Chinese 的正當權利、福利以及生命和財產的安全，受到了泰國 Chinese 社區的歡迎和感激。」[19]

泰國政府對此事態發展感到震驚，逐漸對 Chinese 共產主義，採取了更嚴肅的態度。當然，嚴厲的反共主義，與鑾披汶在一九五〇年間，對美國遠東政策的國際承諾是一致的。在與美國簽訂一系列教育交流、技術援助和軍事援助協議後，泰國以提供急需的大米，和遠征軍的形式支持聯合國介入朝鮮戰爭。隨著泰國參與朝鮮戰爭，鑾披汶表示，「本國與共產主義之間存在不宣而戰的狀態」。[20] 一九五〇年九月，十位富有的 Chinese 商人，包括幾位親共人士被迫每人向泰國遠征軍士兵的家屬捐助兩萬泰銖。內陸城鎮的政府官員仔細地向 Chinese 商人解釋，他們如何能為韓國的反共戰爭提供金錢捐助。[21] 在一九五〇至一九五一年間，政府嘗試消除共產黨對 Chinese 學校的影響，而共產黨對 Chinese 會社的滲透，也因嚴格控制募款而受到阻礙。

政府還特別注意減少當地 Chinese，與被共產黨控制大陸的聯繫。一九五〇年十一月，內政部宣佈，十八歲以上在泰國出生的 Chinese，如果希望到 China 留學，必須有「當地泰人」為其提供五千泰銖的保證，而且必須在二十一歲徵兵年齡前回國。[22] 十二歲以下的 Chinese 青少年，只有在父母的陪同才能前往 China；而十二至十八歲的青少年，只有在父母的許可下才能離開。試圖在沒有父母許可下前往 China 的學生會被趕下船。有幾次，學生透露共產黨總部安排他們出國。[23] 與此同時，警察總長宣佈，當局不允許任何人匯款到 China 購買軍火，以便對付在朝鮮的聯合國軍隊。一九五一年十二月，泰國銀行率先採取行動，控制海外匯款。

從一九五〇年六月到一九五一年底，政府加強了反共措施，對 Chinese 人民來說，這段時期是政治調整和重新考慮的時期。共產黨在朝鮮的挫敗，和國際社會對中國共產黨干預的不認同，在一定程度冷卻了親北京的熱情。自一九四九年，中國人民解放軍抵達到一九五〇年，south China 移民地區的消息一直相對樂觀，但在一九五一年卻呈現出更不祥的基調。在潮州移民的兩個縣——揭陽和普寧——土地改革已於一九五一年完成，而其他大多數地區的土地改革也在該年開始。得知自己幾十年來辛勤勞動、省吃儉用而獲得的土地，被分割的 overseas Chinese 並不高興，而更多的人不贊成對地主殘忍待遇。[24] 在曼谷，數以百計的 Chinese 都可以講述親友，被監禁或處決的情況。北京方面堅稱，「大多數 overseas Chinese 家庭和從海外歸來的 Chinese」認為土地改革政策「公平合理」，聲稱「揭陽縣一個普通 overseas Chinese 家庭的土地持有量因土地改革而增加了一倍」。[25]但是，泰國 Chinese 的感受，是共產黨當局是試圖敲詐。從一九五一年四月到十一月，泰國的潮州人和客家人收到了來自 China 親戚的絕望請求，催促他們匯更多的款項。曼谷商人收到了要求，向他在汕頭的岳母支付一千萬 JMP（約一萬泰銖）的請求。[26] Chinese 批發商為了讓廣東共產黨當局釋放他的母親，賣掉了他在曼谷的生意，但其母親在獄中感染肺結核，出獄幾天後就去世了，之後當地 Chinese 對此類要求的態度變得更加強硬。著名的客家領袖收到一封信，告訴他如果不寄出三十萬泰銖，其妻子就會被折磨和處死。[27]這些人陷入了痛苦的懷疑，不知道自己該怎麼做，但無論他們做了什麼決定，都發現自己對共產主義的熱情減退了。一九五一年二月，曼谷貨幣市場的圈子報導，匯往 China 的匯款減少了，而到了十月，對曼谷 Chinese 匯款商店的調查顯示，每月匯款的平均金額減少到四十港元以下。許多 Chinese 擔心，更大量的匯款可能會導致共產黨，把他們的家人和親戚當作「富農」，或向他們徵收較重的稅款。[28]

這些重新思考，反映在大多數 Chinese 報紙轉為中立傾向。共產黨的機關報《全民報》沒有表現出任何變化，但到一九五一年十月，《華僑日報》的親共熱情幾乎降到了零，更發表了一系列有關共產黨執政的「客觀」文章，新政權很不利。同月，《中原晚報》

仍將北京稱為新 China，但對大陸情況有利的文章卻在減少。中原的早報在編輯政策上已保持中立，簡單稱對立的政權為北京與台灣。一九五〇年秋天，胡文虎在廣州的萬金油碾米廠被沒收之後，其報紙對中國共產黨的態度變得冷淡了。到一九五一年底，《星暹日報》可以說是中立的，與台北政權相比，只對北京政權稍有偏袒。一九五〇年初至一九五一年底，《光華報》的政策略向右傾，對大陸的報導不太有利，甚至刊登一些中央社有關 China 共產黨狀況的報導。一九五一年三月，一份右派報紙《民主日報》在台灣和美國的資金，和其他幫助下成功創刊。然而，截至一九五一年底，它仍然是唯一一份將國民黨政權稱為「我們的政府」的 Chinese 日報。

一九五二年對泰國 Chinese 來說是關鍵的一年。這一年，中華總商會正處於歷史上最嚴重的危機，親共產黨和親國民黨陣營之間出現了嚴重的分裂。由於國民黨和共產黨都在新聞界，一九五二年筆戰的激烈程度達到了一個新的高峰。在幾乎所有的 Chinese 組織中，對立的兩派在這一年有殘酷的政治鬥爭。在 Chinese 分裂的同時，泰國政府再次對 Chinese 採取全面的遏制政策。一九五一年十一月二十九日發生的「內部」政變，使警察總監 Phao Siyanon 獲得政治聲望。此後，政府幾乎在各個方面都對 Chinese 發起全面攻擊。

第一項攻擊是提高外國人登記費，這引起了嚴重的政治反響。[29] 一九三九年，外國人登記費為每年四泰銖。一九四六年，政府將登記費提高到八銖，一九四九年提高到二十泰銖；現在又建議將這個費用提高到幾百泰銖。從新政府的觀點來看，大幅提高費用同時具有兩項好處，一是可以增加政府收入，但又不會提高有投票權人口的稅率，二是可以利用 anti-Sinitic 偏見。由發動十一月政變的軍國主義者選出來的議會來說，這似乎是個好主意，因此他們在一九五二年一月通過的立法，將財政部原先提案的上限從二百泰銖提高到四百泰銖。在新法律所規定的範圍內，費用的高低將由部長法令決定，而警察總監兼內政部副部長 Phao 堅持要最高的金額。當泰國 Chinese 得悉新法即將實施時，頓成一片抗議聲浪。然而，就在立法審議期間，中華總商會卻陷入了癱瘓，原因是主席張蘭臣早前因慶祝雙十慶典的政治問題而辭職，新幹事選舉也因投票舞弊而被推遲，而且總商會的首席秘書，於十二月下旬也因被指控從事共產黨間諜活動而被捕。到二月二十三日，總商會主席選舉成功舉行，張蘭臣重回主席之位，但政府的立場已經強硬起來。從二月到八月，Chinese 領袖的主要努力都是為了爭取減費，但他們只成功爭取到一些小小的豁免和讓步。政府正式將費用訂為每年四百泰銖，比以前增加了二十倍。

國民黨與共產黨的對立，使爭取減費的努力屢屢受阻。Chinese 代辦聲稱，增加費用會「為共產黨提供宣傳和進行顛覆活動的機會。」[30] 北京通過電台抗議加費，其中以二月二十九日的廣播最為激烈。泰國的共產黨人指責國民黨，和其美國朋友只是象徵性地反對加費，開始捕捉群眾的抗議運動。到了五月，有組織的貧窮 Chinese 團隊造訪了，Chinese 領袖的住所和辦公室、泰國行政辦公室、泰國國會議員（據信是同情他們的），以及泰國自由主義或君主主義政治家。六月十三日傍晚，群眾運動達到高潮，超過一萬名貧苦 Chinese 冒著大雨聚集在餐廳附近，當時張蘭臣正代表總商會招待三百多名泰國官員。群眾示威要求減費，直到帕府市長、警察總監和幾位 Chinese 領袖與他們談話後，群眾才散去。不久之後，警方又作出了一些讓步，以換取由中華總商會和七個語言族群會社簽署的通知，懇求合法和有秩序的行為。

儘管如此，幾支有組織的貧窮 Chinese 隊伍，仍計劃在六月二十四日泰國國慶日國會開幕時，向國會大廳進行大規模遊行。《民主日報》早在六月十九日就刊登了這一消息，暗示共產黨計劃煽動暴亂。Chinese 外交部副部長，在給泰國駐台北代辦的函件指出，國民政府不贊成六月二十四日的遊行。此外，國民黨大使館也聯絡了帕亞泰警署，要求警方提供特別保護。[31] 這些發展讓泰國警方有機會全面展示武力。消防隊和攜帶催淚彈的衛兵，在通往國會大廳的林蔭大道上駐紮，裝備布倫槍的警察，沿著 Chinese 區的耀華力路和 Jaroenkrung 路駐紮。Chinese 被禁止進入國會大廳周圍的公園，而接近該區的 Chinese 會被截停並檢查武器。這一天沒有發生任何事件。然而，兩天後，約二百名 Chinese 前往 Chinese 大使館，呼籲協助減費。警方阻止他們進入大使館大樓，並逮捕了其中三名領袖，他們被帶到國民黨代辦處接受審問。[32] Chinese「中立人士」和共產黨的報紙，自然對國民黨在這些事件中所扮演的角色抱有懷疑態度。

泰國政府試圖為外國人費上調一事劃上句號，於七月二十二日，泰國外交部回復 Chinese 大使館，和其他五個外交使團提出的正式抗議。政府拒絕進一步考慮減費。隨後幾年，泰國政府面臨著數以千計 Chinese 的消極抵抗和拒繳，因為他們無法支付如此高昂的稅款。[33]

三月初，在外國人費爭議最激烈的時候，曼谷 Saphan Lueang 區發生了災難性火災，摧毀了近二萬人的房屋，其中絕大多數是 ethnic Chinese。像往常一樣，Chinese 慈善團體和其他協會組織了出色的緊急救援工作，籌集了超過三百萬泰銖用於長期重建救援。然而，在此事件中，臨時救助委員會的成立卻因糾紛而破裂，整個事件惡化為一場政治鬥爭，Chinese 社會的壓力幾乎達到了崩潰的邊緣。

五家 Chinese 報紙——《華僑日報》因經濟原因於一九五二年春停刊——向賑災基金募捐，並與報德慈善會共同組成臨時賑災委員會。由於籌款將提高公眾聲望，委員會內的各家報紙對籌款數目非常重視，因此報紙之間的競爭非常激烈。從共產黨到國民黨的政治層面來看，截至五月十五日，Chinese 報紙募集到的款項如下：《全民報》募集到七十二萬泰銖；《中原報》募集到八十二萬五千泰銖；《星暹日報》募集到五百七十五泰銖；《光華報》募集到一百八十五萬泰銖；《民主日報》募集到一百五十萬五千泰銖[34]。這些比例可能是對當時 Chinese 社會政治取態的最佳估計：即約百分之三十親共產黨，百分之七親國民黨，其餘為「中立派」。這使得唯一親國民黨的《民主日報》處於最弱勢位置。向火災災民分配緊急救濟金之後，中立派提出一項計劃，向每位災民分配三百泰銖現金，撥出一百萬泰銖向業主租賃被夷為平地的火災區，以興建新的房屋，將剩餘款項用於未來的火災救濟。這個計劃是在《民主日報》的抗議下才被接受的，《民主日報》抗議說，只有在組織了一個常設委員會的情況，才可以採用這樣一個長期計劃，否則所有籌集到的資金應該立即分發給火災災民。國民黨黨員擔心，最好的情況是「中立派」和親共人士會如此分配資金，為自己爭取最大的功勞，最壞的情況是會將部分資金交由共產黨黨員支配；此外，報德慈善會並不會同情國民黨，立即分配資金可以將「中立派」從賑災中獲得的政治效果降到最低。委員會的改組也意味幾個親國民黨的協會將加入委員會，以及親國民黨的領袖將進入執行委員會，從而結束《民主日報》作為少數派的政治地位。然而，《民主日報》的計劃完全被否決。

由於無法影響和控制委員會，《民主日報》退出，發起了一場破壞委員會的運動。四份共產黨和中立派的報紙被指控侵吞了一百萬泰銖，甚至《光華報》也被指控為共產黨的代言人。只有胡文虎的報紙能在一定程度上遠離此爭議。這場新聞戰爭的每一方都組織和採訪了火災受害者，以「證明」對方的恐嚇行為。到五月底，《民主日報》指名道姓地指出一名共產黨特務是有關計劃的始作俑者，聲稱最初的計劃只要求向火災災民捐贈一百萬泰銖，另外的二百萬泰銖則由共產黨和報德會平分。

到七月初，臨時救濟委員會在壓力下發放了二百多萬泰銖的資金，手頭還剩下一百多萬泰銖。此時，與業主朱拉隆功大學就被夷為平地的租賃談判破裂，泰國警方要求救援委員會捐款三十二萬泰銖，用於購買消防車，後來增加到八十萬泰銖。當國民黨黨員贊成捐款時，一名報德會的員工聲稱，這項請求是由於《民主日報》的攻擊而引起，引起了警方對委員會財務狀況的關注。整個八月份，委員會一直拒絕遵守警方的要求，但在九月初，Chinese 報紙的編輯和經理被傳喚到警察總部，對委員會的財務狀況進行詳細盤問。第二天，反對消防車捐款的報德會員工被警方帶走並拘留審問。對此，《全民報》

也同意，為了促進與泰國的良好關係，委員會應該同意警方的要求。幾天後，委員會在警方官員的高度讚揚下送達三十二萬泰銖的支票。月底，在《全民報》、《中原報》和《光華報》的控訴，臨時救災委員會被解散，指責《民主日報》及其國民黨支持者破壞了救災工作。

由於 Saphan Lueang 火災事件的苦痛經歷仍在公眾記憶中，對立派系接下來為十月的「政治月」做準備，十月一日是北京政權的國慶日，十月十日是國民黨的國慶日，十月三十一日是蔣介石的生日。由於警方的警戒，十月一日的官方慶祝活動不可能舉行，而缺乏 Chinese 正式組織的支持也限制了國民黨大使館的職能。然而，國民黨 Overseas Chinese 事務委員會做出了最大的努力，宣布將於十月二十一日在台北召開一個不分黨派、屬於所有非共產黨 Overseas Chinese 的會議。曼谷國民黨黨員的目標，是盡量說服有影響力的領導人在十月訪問台灣。由於這樣的談判是很需要技巧的，共產黨的策略是公開國民黨的一舉一動，使其黨員煩擾每一位領袖。忠誠使團的組成證明了共產黨的成功，其中只包括了誓死效忠國民黨的黨員，而且張蘭臣未能擔任使團團長。

然而，共產黨的成功只是曇花一現，十一月十日，泰國警方在警察總監 Phao 的指揮下發動了一連串大規模的襲擊和逮捕行動，展開了對左派人士長達三個月的圍捕。警方聲稱存在一個大規模的共產黨推翻政府的陰謀，不僅涉及許多重要的泰國政府政治反對者，關於共產黨 Chinese 政府以及數以千計的當地 Chinese。在一九五二年十一月十日至一九五三年一月二十四日，曼谷發生最後一次大搜捕，超過二百五十名 Chinese 被捕，超過一百五十家 Chinese 公司，以及曼谷數十家 Chinese 會社和學校遭到搜捕。被搜捕的會社，包括瓊島會所（海南會館）和潮州會館，而被搜捕的學校則包括幾所最重要的學校：黃魂（Huang-hun）、裴瑩（P' ei-ying）、普齊（Pu-chih）和金德（Chin-te）。所有這些組織的負責人，幾個星期來都忙於保釋教職員，或以其他方式確保他們獲釋。警方為了調查被捕的 Chinese，傳召了幾位有影響力的 Chinese 領袖。有十多位重要 Chinese 領袖的公司被徹查。兩位著名的潮州人領袖被捕，另外兩人飛往香港。幾個月來，幾個會社的運作陷入癱瘓，許多學校關閉重組和進行人員調整。

在第一次搜捕後的第三天，警察總監 Phao 向議會提交了一份反共法案，匆忙通過了三讀，頒布了《Un-Thai Activities Act of B.E. 2495》，所有過程都在一天內完成。除此之外，法案規定對以下人士處以五至十年監禁：

> 煽動、勸導、強迫他人充當共產黨員或宣揚共產主義，與共產黨員聯繫或集結，或為共產黨員的共犯，或準備從事一些共產主義活動，或明知有人要犯本法規定的罪行，

但隱瞞而不向有關當局報告者……（第五條）

以下列方式支持任何共產主義組織或支持任何共產主義組織成員的人：（a）給他們提供住宿或聚會場所；（b）慫恿他人成為任何共產主義組織的成員；（c）資助該組織或提供任何其他援助……（第九條）

因襲擊或威脅襲擊他人、財產、榮譽、名譽或拘留他人或以任何方式引起恐懼的人，其目的是使他人按照共產主義組織的指示行事，或那些被發現根據共產主義組織宗旨行事的人……（第十一條）[35]

該法進一步規定（第十條），如果共產主義組織犯有該法規定的任何罪行，「該組織所屬的領袖、經理或幹事或曾經出席該組織舉行的會議的成員將受到判刑，猶如他們自己也犯了同樣的罪行。」

毫無疑問，這項全面的法案主要是針對 Chinese。十一月，警察總監 Phao 估計在泰國只有二千名泰裔共產黨員，但有超過一萬名 Chinese 共產黨員。[36]在十二月的親政府黨會議，他宣稱許多外國人（Chinese）會社都是共產黨，表示如果政府要逮捕所有違反

《Un-Thai Activities Act》的Chinese，人數將達到十萬人，甚至二十萬人。在同月月底，他向國民議會提出類似的論據，舉例說共產黨人一直在利用報德慈善會進行活動，利用其慈善基金資助他們的宣傳活動。

一九五二年十二月，《全民報》被勒令關閉，而僅六個月前創辦的共產黨晚報《南辰報》，也在隔月被關閉。警方也開始對《全民報》經銷商和訂閱者進行調查，十二月二十三日，警方開始在內陸搜捕《全民報》的經銷商。

很難判斷Chinese在所謂的共產黨，針對泰國政府陰謀所扮演的角色，因為只有四名Chinese疑犯受到過審判。在一九五三年二月被扣押的Chinese，大多數甚至從未被帶到檢察官面前，而是在未經審訊的情況被判遞解出境。幾乎所有因證據不足而被檢察官釋放的Chinese疑犯，也都被下令驅逐出境並押送回監獄。對包括四名Chinese在內的四十三名，最後增至五十四名，涉嫌同謀者的審判從一九五三年二月開始，一直持續到一九五五年三月。在審訊過程，警方證人作證，在一九五二年逮捕之前，Chinese共產黨人的資金，是通過曼谷的安達公司和法蘭特泰公司經由香港的商業機構寄出。一九五一至一九五二年，與《全民報》有關聯的當地Chinese共產黨人，試圖在各個碾米廠、種植園訓練破壞分子和武裝部隊。Chinese共產黨組織了秘密的Chinese婦女會，訓練和培養教師、護士。[37]

同時，在一九五三年至一九五四年間，根據《Un-Thai Activities Act》的規定而對 Chinese 的逮捕仍在繼續。曼谷大規模逮捕 Chinese 的事件，發生在一九五三年四月底（拘捕了三十六名嫌犯）和一九五四年六月中（拘捕了二十五名嫌犯），[38]而一九五四年期間，平均每月有八至十名，Chinese 共產黨疑犯在與馬來亞接壤的 jang wats 被捕。經過一些公眾的爭議後，鑾披汶和 Phao 於一九五四年年中達成共識，估計泰國仍有五千名已知的 Chinese 共產黨人在逃。他們告訴公眾，警方只會對那些明顯參與威脅國家安全活動的人採取行動。[39]

在此期間，泰國警方展現與國民黨 Chinese 合作反共的意願。一九五三年一月，開始對「忠於蔣介石委員長的當地 Chinese 居民」進行系統調查，以獲取有關 Chinese 共產黨人的動向資料。[40]三月，政府宣布了一項計劃，招募和訓練由當地 Chinese 公民組成的反共志願隊，此志願隊將在警察的指揮被派往邊境地區，協助鎮壓共產黨的行動。[41]已起草了相關法規，但該項目最終沒有實現。一九五四年，當台北政府宣布計劃組成 overseas Chinese 志願軍步兵師時，泰國內政部長表示在泰國的 Chinese 公民可以前往台灣，加入此步兵師。[42]

反共運動也導致戰時禁區政策短暫恢復。一九五四年，英國在馬來亞打擊叢林恐怖分子方面取得進展，迫使多達一百五十名共產主義遊擊隊員在泰國邊境附近避難。為了防止Chinese居民向恐怖分子提供援助，泰國政府命令所有外國人在一九五四年九月二十八日之前，離開勿洞縣和沙頭縣——分別在惹拉和宋卡——的指定地區。但隨著Chinese遷出，錫礦開採和橡膠開採幾乎陷入停滯，政府內閣重新審視該政策，並於十月十五日撤銷了該命令。[43]

在泰國政府積極反共的新政治氣候下，國民黨在泰國的影響力得到了很大的恢復。一九五二年底，它開始贊助泰國Chinese進行「來自遠方的祭祀」，以紀念據說在China遭受共產黨迫害的親屬。每個受害者的悲慘故事被廣泛宣傳，安排了大量官方及隆重的公眾悼念活動。此外，泰國所有的Chinese佛教組織也參加了紀念活動。在《全民報》和《南辰報》關閉之前，以完全不同的角度報導了有關事件，但到一九五三年一月，這種聲音就消失了。這些活動不僅在曼谷舉行，亦有在彭世洛府和萬磅舉行，有效地在情感上激發了人們對北京政權的排斥。

國民黨也能夠利用大眾對體育的熱情來贏得民眾支持。一九五二年十月，曼谷的國民黨分子組織了籃球隊，資助他們參加台灣的蔣介石生日錦標賽。隔年再次進行資助，為了增強其宣傳效果，該團隊的領袖是著名的潮州人，他在一九五〇至一九五二年被認為是熱心的親共分子。一九五三年十一月，台灣勁旅柯南籃球隊抵達泰國參加地區比賽，輕鬆獲勝。一九五四年泰國兩度接待台灣籃球隊，一九五五年三月，自由中國網球隊來到曼谷與當地冠軍隊交手。

作為國民黨攻勢的一部分，台灣也派出一系列知名官員和代表團來推動和宣傳國民黨事業。台灣 Overseas Chinese 事務委會的成員，分別於一九五三年五月和一九五四年九月訪問曼谷。[44] 一九五四年四月，七名反共戰俘訪問了泰國，一九五五年三月，Chinese 反共聯盟的一名代表也訪問了泰國。[45]

一九五三年，國民黨的進展在正式的 Chinese 會社顯而易見。最戲劇性的變化發生在客家會館，在一九五二年，客家會館刻意不慶祝雙十節，拒絕參加和共同發起以客家人名義舉行的「來自遠方的祭祀」活動。但隨著梅縣土地改革的進行，越來越多的曼谷客家人了解到一些個人悲劇，使客家人對共產黨政權產生了怨恨。許多客家領袖也擔心，因為由客家會館建立的金德學校校長在一九五二年底的反共襲擊失踪。在此背景下，於一九五八年二月，國民黨分子在客家會館的年會上發動政變，在任期屆滿前一年罷免了時任的官員，通過特別選舉選出了一位右翼的會長，其温和派的對手認為他是「法西斯份子」。此後，客家會館在Chinese社會堅定地發揮了親國民黨的作用。

中華總商會在這一年也清除了親共分子。早在一九五三年二月，總商會加入國民黨，作為官方的贊助者。四月，其最親共的官員被泰國警方逮捕。七月，國民黨曼谷支部的總書記被任命為總商會的秘書長。從一九五三年雙十節開始，總商會的禮堂可供所有國民黨節慶和慶祝活動使用。一九五三年十二月的總商會選舉，產生了自一九四六年以來最親國民黨的官員名單。張蘭臣主席此後成為國民黨在泰國的主要發言人之一。一九五四年五月，他率領忠誠使團前赴台灣。

一九五三年至一九五四年間，其他主要Chinese會社也被迫對國民黨的活動表現出一定興趣，即使只是為了投「反共保險」。福建會館副主席代表其會社公開表現出親國民黨的姿態。在堅決拒絕作出任何承諾後，潮州會館最終於一九五三年九月解散，與其他語言族群和總商會作出聯合聲明，即將在北京召開的Overseas Chinese會議，不會有任何來自泰國的代表團。[46]在一九五三年和一九五四年，曼谷雙十慶祝活動的主席團成員，包括了各大Chinese會社的領袖。

隨著共產黨報紙不再出版，《民主日報》的資助者允許其於一九五三年七月關閉。

當時，兩家最重要的 Chinese 報紙《中原報》和《星暹日報》都大力支持國民黨。例如，台灣被稱為「自由中國」。一九五三年，十二名 Chinese 報紙記者因發表據稱有利於共產主義的 May-day 社論而被捕，這刺激了他們的右傾浪潮，[47]使得社論政策屬中間偏右的《光華報》，成為曼谷最左翼的 Chinese 報紙。一九五三年和一九五四年，三份報紙都為雙十節發行了特刊，慶祝了這個國民黨節日。三份日報於一九五三年的發行量，顯示了社會風氣的變化。強烈支持國民黨的報紙《星暹日報》和《中原報》的發行量最大，各約一萬一千份，而《光華報》的發行量為五千份。然而，到了一九五四年十月，《光華報》和《中原報》都呈偏左的傾向。當月，《中原報》的發行量最大為一萬二千份，其次是堅定的親國民黨報紙《星暹日報》為一萬份，而《光華報》的發行量則增加至六千份以上。

一九五五年二月，張蘭臣在曼谷舉行的東南亞條約組織會議公開致詞：「泰國的絕大多數 Chinese……堅決支持暫居台灣的中華民國政府。」[48]這種說法有些誇張，但可以肯定地說，在一九五五年春，大多數在泰國有政治覺悟的 Chinese，都在某種程度反對共產主義和北京政權。儘管對台北政府沒有什麼真誠的熱情，實際上也沒有認真期望國民黨重返大陸，但國民黨代表了較嚴肅的反共分子可以團結在一起的唯一焦點。當然，影響泰國 Chinese 政治結盟的原因是，泰國實際上從未感受到北京政權的力量，此乃主要由於美國海軍駐守在 Chinese 水域，美國阻止 Chinese 大陸與東南亞的任何實質貿易，以及美國堅決不接納共產主義 China 加入國際社會。身為美國的被保護國，現在又作為東南亞條約組織的盟友，泰國一貫反對承認北京政權，或允許其加入聯合國。因此，北京作為泰國 overseas Chinese 保護者的潛在角色，在一九五〇年顯然是不祥之兆，但此角色開始在一九五五年得以實現。

在此背景下，一九五五年四月在萬隆召開的亞非會議，使泰國 Chinese 重新審視北京。這是北京首次出席大型國際論壇，人們普遍認為周恩來是理智而溫和的亞洲強國政治家，這為大陸政權帶來新的面貌。China 和印尼就海外 Chinese 達成的協議，提出了一個有趣的可能性，即如果在泰國的 Chinese 被承認為中華人民共和國公民，他們將獲得真正的保護。泰國和紅色中國的外交部長出席同一個會議本身就很有意義，但拉底親王與周恩來商討泰國 Chinese 的地位時，卻引起了泰國的一陣猜測和心理調整。為了抵消萬隆會議對海外 Chinese 的影響，台灣派出 Overseas Chinese 事務委員會副主席前往曼谷。他與 Chinese 主要會社的領袖協商，利用以他個人名義舉辦的晚宴作為台灣反駁周恩來論壇。[49] 四月五日，張蘭臣和國民黨長期領導人雲竹亭發表聯合聲明，警告亞洲和非洲的自由國家共產主義將威脅世界和平。[50]到了一九五五年五月，泰國感受到中共的貿易攻勢，價值約七千萬泰銖的大陸商品，透過香港和新加坡間接從 China 進口。[51]這些商品的優惠價格，使經銷該商品的 Chinese 商人在泰國市場獲得了競爭優勢。

一九五五年至一九五六年間，泰國國內發生的事件也刺激了 Chinese 政治傾向調整，開始遠離反共主義。於一九五五年三月，法院對一九五二年十一月至一九五三年一月的「紅色陰謀」案進行了判決。[52]受審的四名 Chinese 中的三人被定罪，並被判處二十年徒刑，但法院的判決對 Chinese 在「紅色陰謀」的角色處理得如此輕率，以至於警察總監 Phao 的反共運動顯得有些可笑。畢竟，四十九名被定罪的人中有四十六人是泰國人。如果警方有足夠證據指控的四名 Chinese 中有一名無辜者，那麼在一九五二年至一九五三年期間被捕，並被驅逐到 China 或流放到碧差汶的其他數百名 Chinese 又如何呢？鑑於這個邏輯，內政部於一九五五年四月釋放了自一九四九年以來，被流放到碧差汶的約一百二十八名 Chinese，以代替驅逐出境。一九五五年七月，在一次廣泛的國外訪問之後，鑾披汶宣布了一項為泰國實現全面民主的計劃。在八月的一系列迅速行動，警察總監 Phao——反共領袖、與一九五二年至一九五四年 anti-Chinese 政策關係最密切的政治家——被剝奪了多個政治和政府職位。十月，鑾披汶專門重新分配了兩位內政部副部長的職責，從而免除了警察總監 Phao 對 Chinese 事務的責任。一週後，Phao 本人必須在新聞發布會解釋說，政府對 Chinese 的新政策是「與友好的外國人建立更密切的關係」。[53]

對泰國人和 Chinese 來說，泰國政治自由的真正預兆，是政府在八月三十一日廢除了直接和間接的警察新聞審查制度，任命帕府市長為新聞官員，以接替前任者警察總監 Phao。[54]隨後一週內通過了立法，政黨組成變得合法化，促進了政黨的組成。現在可以支持與 China 大陸建立更密切的政治和經濟關係，一些新成立的反對黨也採取了這條路線。泰國籍的 Chinese 可以自由加入任何政黨。

到一九五五年十月，廉價的 Chinese 商品大量湧入，而泰國和 Chinese 商人不斷向泰國政府施加壓力，要求放寬與 China 大陸直接貿易的障礙。[55]有人認為，China 現在已經解決了其經濟問題，不僅提供廉價商品以降低泰國的生活成本，亦可以提供技術人員幫助泰國建立工業。泰國政界人士提出的這些論點，對當地長期受壓的 Chinese 產生自豪感。一九五六年初，一位泰國議員從共產 China 訪問歸來，為其同胞帶來了熱情贊揚的報告。泰國政府對其逮捕只增強了重新考慮泰國對共產 China 政策的政治壓力。[56]到一九五六年九月，泰國相關主要官員已表示商人可以直接與共產 China 進行貿易。

泰國政府對 China 政策的更大彈性，體現在另一項重大進展。一九五六年九月，鑾披汶宣布，應柬埔寨大使館的要求，泰國政府將歡迎共產 China 派往柬埔寨的官方經濟代表團，為其提供保護，該代表團計劃在曼谷過夜。泰國警方隨後安排中華總商會負責歡迎和接待代表團。事實上，總商會的正式代表團，曾前往機場迎接代表團，但代表團改變計劃，於三天後九月二十一日抵達，中途僅停留一個半小時。數百名 Chinese 在場以掌聲歡迎代表團的到來。

在一九五六年，警察明確否認曾在一九五二至一九五四年間對國民黨偏袒。六月，在警方的支持下成立了新的 Thai-Chinese 協會，其官員有大約二十七名 Chinese 領袖，其中大約一半是左翼分子。十月，警察的準將 Rat 表示，泰國警方絕不允許外國人在泰國進行政治活動，無論是國民黨還是共產黨。十一月，警察總監 Phao 告訴記者，警方正在密切監視一個新成立的國民黨秘密組織，該組織正在為台灣和駐緬甸的 Chinese 軍隊籌集資金購買武器。這一事態發展促使鑾披文在十一月十六日的新聞發布會公開表達了對國民黨不滿：「國民黨製造了太多麻煩：他們從事鴉片貿易，導致泰國在聯合國受到指責。」[57]

由於這些事態發展，萬隆會議過後的一年半內，泰國的 Chinese 政治輿論逐漸轉向中立和親北京的態度。隨著人們開始忘記土地改革的過度執行，和北京對 overseas Chinese merchants 的敲詐行為，這種可能性越來越大。每一份舊報紙都從一九五五年開始，刊登更多有關 China 大陸的新聞，《中原報》，尤其是《光華報》，已經轉向中間偏左的立場，對台灣不抱任何幻想，開始尊重北京政府。一九五五年七月，幾位 Chinese 知名領袖在警察總監 Phao 的贊助創辦了一份新的 Chinese 日報《世界日報》，該報在兩個月內遵循了親國民黨的路線。但該報在十月的內部重組導致反共編輯辭職，解僱了許多親國民黨的員工。新的社論作者是第三勢力的支持者，他從中立主義的角度發現，北京政權有許多值得推薦的地方。一九五六年一月，在《世界日報》第一任編輯和幾名工作人員的幫助，另一份 Chinese 日報《中國日報》開始出版。迄今為止，其政策是明確支持國民黨和反共產黨的。Chinese 日報於一九五六年中期的發行量——從右翼至左翼傾向的——為：《中國日報》（三千五百份）、《星暹日報》（七千份）、《世界日報》（三千五百份）、《中原報》（八千份）、和《光華報》（六千份）。因此，在報紙內容較為均衡且多樣化的情況，可以看出讀者群略微集中在政治光譜的左端。[58]

為了遏制其在泰國地位的惡化，台灣國民黨政府在一九五六年中期採取了新的行動。六月，外交部長葉公超率領友好代表團訪問泰國，旨在「加強泰中兩國政府和人民之間的傳統友誼」，與泰國政府領導人交換意見，「為海外同胞帶來祖國的關愛和慰問」。[59]九月，台北派杭立武博士出任駐曼谷新任使團團長，這是六年來第一位擔任大使級職務的人。國民黨的外交攻勢遭到泰國政府的冷待。葉外交部長向鑾披汶表示，希望 Chinese 與泰國政府的所有往來，都由 Chinese 大使館處理。在隨後的記者會上，總理謹慎地指出，由於 Chinese 與泰國人關係密切，長期與泰國政府有直接接觸，政府很難斷絕與他們的直接關係。在十月，當杭大使在其首個曼谷記者會表示，儘管曼谷與台北存在友好關係，但仍有一些未處理的問題時，鑾披汶很快回應稱，中泰關係如此密切和親切，看不出有什麼問題。一九五六年十一月，泰國政府指責國民黨非法募集武器彈藥資金，這一說法遭到 Chinese 大使館的強烈否認，先前的友好關係出現了突然的轉變。

同一時期，當地國民黨在逆勢上取得了更大成功。親國民黨份子熱烈歡迎新任大使，並在十月的「政治月」勇敢的掛起了國民黨的旗幟。總商會主席張蘭臣率領相當強大的忠誠代表團，前往台北參加雙十慶祝活動。三十人組成的代表團包括八位華人社區的高級領袖，以及其中三位的妻子、六位二級領袖和八位當地新聞工作者。

截至一九五六年底，沒有跡象顯示，在美國沒有採取任何行動的情況，泰國政府會承認北京政權，但種種跡象都表明，來自台灣的新大使將扮演困難的角色，而當地的國民黨份子亦將面臨一場艱苦的鬥爭，以維持他們在Chinese社區的影響力。

第三節　泰國經濟的力量

戰後泰國的主要出口產品依次序是大米、橡膠、錫和木材。一九五一年，這四種商品估全國出口總額的百分之八十六點五。[60]近年來，Chinese在這些主要產品的經濟過程地位，在幾個重要方面發生了變化，對大米來說尤其如此。大米是泰國生產、消費和出口的主要產品。

自一九四六年以來，泰國碾米廠的數量迅速增加。到一九五〇年，這一數字達到九百二十五家，目前估計為九百六十家。如果說二十年代碾米能力的增長，主要發生在曼谷地區，那麼戰後的增長則完全如此。自戰後以來，曼谷沒有建造任何一家碾米廠，其中幾家在二十、三十年代營運的碾米廠已永久停業。截至一九五六年，曼谷地區僅有大約五十家碾米廠，其中五、六家尚未投入營運。新的內陸碾米廠大部分位於一九三〇年以來，建造的公路和鐵路沿線，而最後一次大規模的碾米產能擴張已在一九三〇年結束。內陸碾米廠規模相對較小，大多數日產量在二十至八十五噸之間，通常為三十至四十噸。曼谷地區碾米廠的日碾谷量為六十至五百五十噸，平均產量約為二百至二百二十噸。

這種擴建後的碾米廠，仍然主要由 Chinese 擁有和經營。只有曼谷地區一家獨立碾米廠，以及泰國大米公司的七家碾米廠為泰族所有。泰國大米公司的股份，分別由泰國農民合作社和泰國私人持有百分七十四和二十六。然而，泰國大米公司的總經理，和七名碾米廠經理中的六名是泰國籍 ethnic Chinese。所有其他曼谷碾米廠，包括一家泰國人擁有的獨立碾米廠，都是由 Chinese 經營的。在內陸地區，只有不到百分之十五的碾米廠為泰族所有，而除一小部分，所有碾米廠均由 ethnic Chinese 經營。

在曼谷，碾米廠幾乎全由潮州人創辦，只有五家較小的碾米廠，由海南人或廣東人擁有和經營。在內陸地區，潮州人普遍佔主導地位，但在某些地區，海南人、廣東人和客家人也佔有一定的地位。然而，China 出生的碾米廠廠主，和管理者中所佔的比例多年來一直在穩步下降。在曼谷，不到五分之三的 Chinese 碾米廠廠主，和經營者是在 China 出生的，而內陸地區可能還不到一半。許多由當地出生的 Chinese 經營的內陸碾米廠都採用泰語，而不是 Chinese，並且逐漸被視為泰國企業，而不是 Chinese 企業。

戰後時期，碾米廠勞動力的組成發生了重大變化。只有曼谷仍然廣泛僱用 ethnic Chinese 勞動力，但即使在曼谷，非技術性的看管機器工人現在也主要是泰國人。曼谷碾米廠的其他非技術性勞動力大部分是由一九四六至一九四八年浪潮中的潮州移民所提供，但內陸的「苦力」勞動力則主要是由非 Chinese 所提供。在曼谷的碾米廠裡，工程師或機械師、鐵匠和木匠幾乎都是廣東人，但在內陸，這些高技術職位上的廣東人正逐漸被泰國人取代。然而，幾乎所有碾米廠的辦公室人員都是第一代和第二代 Chinese。

達成（Ta-cheng）碾米廠日產二百噸稻穀，其勞動力的組成是曼谷碾米廠的典型：經理和辦公室人員全部是潮州人，而三名高技術人員則由廣東人擔任。其他三十三名看管機器的工人都是泰國人，而三十二名室內和四十五名室外非技術工人都是潮州人，約百分之八十出生在 China。位於坤敬的泰伊訕（Thai Isan）碾米廠第二廠，產能約為七十噸稻穀，是典型的內陸碾米廠：那裡的經理和辦公室人員都是潮州人，大多是本地出生的，而所有技術和非技術工人。無論是室內或室外都是佬人（即東北部泰國人）。儘管管理階層普遍認為 Chinese 勞工更勤奮、更有效率，但由於薪資差異巨大，他們已被內陸當地人取代。Chinese 的月薪很少會低於四百、五百泰銖，而泰國人、佬人、柬埔寨人

（東北部南面各府）和卡穆人（Kamuks）（廣泛受僱於北暹羅的碾米廠）的月薪為二百泰銖。對整個泰國來說，絕大多數碾米廠工人，一九四九年有一萬二千八百三十七人[61]已不再是 ethnic Chinese。

碾米廠勞動力的泰國化，與戰後在碾米廠主和「泰國企業」發展的合作行銷安排也有對應方。在此過程中，泰國退伍軍人社旗下的企業之一他限沙目欺（Thahan Samakkhi），自一九五五年起稱為沙哈沙目欺（Saha Samakkhi）發揮了重要作用。一九四六年，烏汶府的 Chinese 碾米廠廠主王慕能開始在暹羅東北部，把 Chinese 碾米廠廠主組織起來。碾米廠廠主發現將米運送到曼谷非常困難;，為了獲得貨車的使用權，他們不得不向鐵路官員行賄，隨著各碾米廠相互競爭，賄賂的金額不斷增加。王慕能在爭取大米業務更大權力的過程，遭到了曼谷碾米廠和商人，以及某些泰國政客的反對。經過一年奮鬥，他終於組織二十位碾米廠廠主，成立了東北碾米協會的雛形。由於新組織需要一些勢力，王慕能找到了他限沙目欺的負責人屏．春哈旺上校，現為陸軍元帥，建議進行合併。屏．春哈旺上校的退伍軍人組織當時主要從事汽水業，經營狀況相當糟糕，他意識到合併的可能性，他限沙目欺於一九四七年至一九四八年期間重組，東北碾米協會的成員成為股東。舊組織的退伍軍人很高興進入利潤豐厚的大米貿易，而碾米廠廠主則在銷售和運輸大米的鬥爭得到了強大軍事人物的支持。事實上，這個聯盟是十分成功。到一九四九年，東北部已有七十家碾米廠加入了該協會，成為他限沙目欺公司的股東。很快，公司就完全控制了東北鐵路線的貨運車廂；壓榨被正規化並分配給各碾米廠廠主。該公司的碾米廠股東必須將至少一半的產量出售給他限沙目欺，他限沙目欺又將其出售給政府，以履行其對政府的出口承諾。一九五二年，在他限沙目欺的支持下，北暹羅的碾米廠廠主成立了北方碾米商協會。到當年年底，這兩個地區的一百三十二家碾米廠廠主都是這家泰國公司的股東。作為一九五一年十一月政變的領導人，屏・春哈旺元帥成為泰國六位最有權勢的政治家之一。從那時起，他限沙目欺就與泰國政府充分合作，其董事會和顧問委員會中都有重要的軍事人員和政府官員。它定期接受政府的財政援助；例如，一九五二年，它獲得了四千萬泰銖的政府貸款。

一九五四年一月，在兩個重要的稻米生產區，碾米廠廠主和政府官員的正式聯繫，因組織聯盟而更加緊密。烏隆、廊開、色軍、洛坤拍儂等府的所有碾米廠都組織了一個聯盟，由碾米廠和他限沙目欺出資一千萬泰銖。同時，清邁和喃邦的三十家碾米廠中，有二十九家組成了另一個聯盟，出資額為一千五百萬泰銖。該聯盟的十五人董事會幾乎全部由泰國人組成，並由陸軍上將沙立領導，他與陸軍上將屏・春哈旺和警察總監 Phao

是一九五一年十一月政變嶄露頭角的三巨頭。每家成員碾米廠，除七家外，其他均為Chinese-owned碾米廠，均與他限沙目欺一同為該聯盟的資本化作出了貢獻，並且均持有他限沙目欺的股份。他限沙目欺以多種方式協助聯盟，其中最為顯著的是向政府的鐵路組織，取得貨運車廂的使用權，以及安排大米銷售，以履行政府的出口承諾。

第二次世界大戰結束時，泰國政府宣布對大米貿易進行壟斷，以履行其對外國政府的承諾並控制國內零售價格。根據這項一直持續到一九五四年的安排，政府能夠從大米出口的高價中得到一大筆收入。[62]政府從碾米廠那裡購買大米，立即以高出約百分之二十的價格賣給出口商。透過利用官方匯率和公開市場匯率之間的差額，即一九五一年，官方匯率為一美元兌十二點五泰銖，公開市場匯率為二十一泰銖，並以外匯表示出口價格，政府因此能夠獲得巨大的潛在利潤。政府並沒有控制稻米的價格，但政府支付的稻米價格是長期固定的，因此農民比以前更清楚他們應該得到的稻米價格。儘管就世界市場的現行價格而言，這個價格過低，農民仍有能力持有他們的稻穀，以便與Chinese中間商爭取更好的價格，而Chinese中間商的利潤也因此減少。戰後，碾米業在稻米產區本身的擴展，也使得泰國內陸許多地區的稻米中間商逐漸被淘汰，因為農民直接將稻米送到碾米廠。人們普遍認為，「碾米廠廠主和中間商現在獲得的出口收入份額比以前小得多。」[63] 英格南（Ingram）認為，政府對大米貿易的壟斷持續到一九五四年，這增加了泰國中間商和出口商的數量：

大米局的固定收購價為稻米市場，帶來了一定程度的穩定性，並使泰國中間商能夠與 Chinese 競爭。以前，由於購買稻米的方式不同、季節變化以及涉及商品或貸款的交易較多，故稻米的價格在不同地方和月份之間會有很大的波動。在這種情況下，泰國中間商沒有營運資金、經驗或貿易能力與 Chinese 競爭。但當碾米廠的購買價格長期固定在狹窄的範圍內時，中間商的功能就大大簡化了。毫無疑問還涉及其他因素，但米業人士認為，更大穩定的大米價格對泰國中間商的崛起至關重要。[64]

一九五四年，泰國政府發現越來越難透過政府機構，以優惠價格出售大米，因而於年底宣布結束政府對大米貿易的壟斷。根據一九五五年一月一日生效的新安排，出口商向經濟部支付每噸二百至四百泰銖的溢價，向泰國國家銀行上繳外匯，金額根據等級從十四美元到八十四美元不等。從一九五五年八月十八日開始，大米和碎米的溢價分別提高到一千零五十泰銖和四百泰銖（截至一九五六年三月分別為九百三十五泰銖和三百八十泰銖），從此出口商被允許以自由市場匯率出售所有外匯。大米貿易自由化的實際效果，是加劇了 Chinese 碾米廠廠主和大米商的競爭。由於被剝奪了特權和相當穩定的稻穀價格保證，泰國中間商和出口商都遭受了損失。

儘管如此，面對無休止的政府牌照和許可需求，Chinese 大米出口商始終傾向於與泰國政府官員合作。一九五三年成立的兩家曼大米公司就是這趨勢的例證。兩者的資本和管理階層都是 Chinese，但董事會主席和幾位董事都是泰國警察和軍官，而且曼谷的六大大米組織在警察總監 Phao 的建議，嘗試組織泰國大米出口公司。泰國大米出口公司於一九五五年七月正式成立，由三個 Chinese 協會（曼穀碾米廠廠主、米商公會和北綫碾米廠廠主）和三家「泰國企業」（泰國大米公司、他限沙目欺公司和曼谷貿易公司）組成。主要理事們是著名的 Chinese 商人，而顧問則是以警察上校攀塞（Phansak Wisetphakdi）為首的著名泰國人。該公司是否可行仍有很大疑問，但它展示了近年來蓬勃發展的 Sino-Thai 商業合作。

自一九四七年以來，泰國的橡膠產量不斷擴大，遠高於戰前水準。然而，Chinese 在總產量中所佔的比例正在下降。一九四九年，在橡膠管理處登記為 Chinese 公民財產的橡膠園有七千六百一十處。[65]這個數字僅佔橡膠園園主總數的不到百分之十，但 Chinese 公民擁有的橡膠園面積卻佔總數的百分之二十五點八。一九四九年，Chinese 橡膠園的平均面積為六十一點七萊，而泰國國民的橡膠園的平均面積僅為十七點九萊。據估計，泰國國民登記的橡膠園，有三分之一到二分之一實際上是由 Chinese 擁有。

截至一九五四年一月一日的比較數據（最新數據）表明，Chinese 在橡膠園園主的地位正在下降。Chinese 公民擁有的橡膠園為七千六百十八個，幾乎沒有變化，但泰國公民擁有的橡膠園卻增加，使 Chinese 比例降至百分之七點五。一九五四年，Chinese 公民所擁有的橡膠園面積同樣下降至總面積的百分之二十，Chinese 公民擁有的橡膠園面積平均下降至四十二點三萊。在戰後高價格的推動，特別是一九五〇至一九五三年韓戰期間的高價推動，大量泰國人和馬來人加入小規模的橡膠業。然而，Chinese 在大種植園園主和橡膠園園主仍然佔主導地位。一九五四年，在所有五十萊（約二十英畝）或更大的土地中，百分之四十二的土地為 Chinese 公民所有。西方人在橡膠生產中所扮演的角色仍然微不足道。

泰國橡膠生產所僱用的割膠工人約有六萬人，[66]其中大部分是 ethnic Chinese。但在韓戰期間，Chinese 在總人數中所佔的比例大幅下降，因為 Chinese 移民實際在韓戰發生前已幾乎停止。高工資吸引了馬來人和泰國人成為割膠工人，而部分泰國人是來自內陸地區的。然而，在綢紗廠和熏制房的經營或加工橡膠的出口方面，當地原住民並沒有真正侵害 Chinese 的地位。客家人在割膠工人和種植工人佔主導地位，而福建人則在加工橡膠和加工產品的貿易佔主導地位。

戰後，Chinese在泰國錫礦業的地位下降。超過一半的錫礦開採投資資金來自歐洲，其中大部分是英國和澳洲。目前還沒有Chinese公司開始採用挖泥機採錫；一九五〇年，有二十五家使用挖泥機的公司，其中三家是泰國公司，其餘則是歐洲人公司。然而，一九五〇年，在約三百個礦場（並非使用挖泥機進行開採），絕大多數都是由Chinese擁有和經營。[67]與一九三〇年代一樣，歐洲和泰國錫礦的產量遠遠超過了Chinese錫礦。一九五〇年，這一差距與一九三八年的大致相同，即非Chinese錫礦的產量高出約百分之七十以上，但幾乎可以肯定，此後差距已經擴大，對Chinese不利。[68]

沒有任何戰後統計數據，可以與一九三七年礦工國籍的人口普查數據進行比較。然而，觀察家一致認為，在某些地區，泰族礦工的比例已增加到總數的四分之一。有證據表明，目前大多數ethnic Chinese礦工都是本地出生的泰國籍Chinese。[69]即使在今天，泰國南部採礦勞動力仍存在著明顯的、按地區劃分的語言族群專門化。據估計，在普吉島，大約五分之二的礦工是福建人，在童頌縣（在那坤是貪瑪叻府）和宋卡府，大多數錫礦工是客家人，而在惹拉府，大約三分之二的礦工是廣東人。目前，在南暹羅僱用的Chinese錫礦工人數量可能與戰前高峰期持平。

近年來，泰國沒有進行任何煉錫活動。然而，一九五四年，泰國政府宣布了一個建造煉錫廠的計劃，以煉製全國產出的錫。[70]這個行業將排除Chinese。近年來最大的新錫礦開採企業是川披錫礦公司（Chiang Phra Mining Company），這是一家由三菱公司大量投資的日泰合資公司。[71]在錫礦業中，Chinese資本家越來越無法與外國投資者和半政府的泰國企業競爭。

另一方面，在戰後時期，與歐洲人相比，Chinese在鋸木業的利益取得了相當大的進展。一九五六年，日產量二十立方米以上的柚木廠有十三家，其中十家是Chinese的。當然，曼谷和泰國，最大的兩家柚木廠都是由歐洲人所擁有，即英國公司孟買—緬甸（日產量二百立方米）和丹麥人的東亞公司（日產量一百立方米）。第三大柚木鋸木廠是泰國木材公司，這是國營企業，日產量約五十立方米。然而，Chinese十大鋸木廠的產量（約二百七十五立方米）幾乎總是高於歐洲和泰國鋸木廠的總產量。此外，曼谷還有約六十家Chinese柚木廠，每家的日產量介乎八至二十立方米之間。顯然，Chinese鋸木廠的柚木產量遠超過所有其他工廠的總和。

泰國全國有九百多家鋸木廠，對各種木材進行加工，[72]其中約一百八十家在曼谷。儘管沒有確切數字，但全國絕大多數的鋸木廠都是由ethnic Chinese所擁有的。在曼谷，海南人在這領域的專門化並沒有顯著改變。Chinese 十大柚木廠中只有四家是海南人的，但在首都及其週邊地區的小型鋸木廠，有百分之八十至百分之八十五的都是由海南人擁有。然而，在泰國內陸的許多地區，現時潮州人經營的鋸木廠數量，與海南人經營的大致相當。

與碾米廠的情況一樣，鋸木廠的勞動力近年來也越來越泰國化。在內陸，大多數非技術性的鋸木廠工人不再是 Chinese。即使是 Chinese 廠主，也會使用泰國人、佬人、卡穆人和柬埔寨人等當地勞工，因為短缺 Chinese 勞工，而且他們要求的工資也較高。在曼谷，規模較小的 Chinese 鋸木廠主要僱用 Chinese 勞工，其中約一半是本地出生的。然而，較大的 Chinese 鋸木廠所僱用的泰國非技術工人，與 Chinese 工人一樣多。例如，Chinese 最大的柚木廠所僱用的五十四名非技術工人，有三十名是泰裔，十名是泰籍 ethnic Chinese，十四名是在 China 出生的 Chinese。在歐洲和泰國的鋸木廠中，不到三分之一的非技術工人是 ethnic Chinese，其中大多數是本地出生的。儘管如此，在全國各地的技術性工人、工頭和辦公室職員，Chinese 仍佔主導地位。只有在由泰國人和歐洲人所擁有的鋸木廠，ethnic Chinese 在高薪職位才佔少數。

一般來說，Chinese 鋸木廠的辦公室職員與廠主均來自同一語言族群。然而，就技術工人和工頭而言，非海南廠主傾向於依賴海南人才。例如，在曼谷的一家潮州人鋸木廠，日產量為二十五立方米，經理是海南人，而八名技術工人中的六名也是海南人。在最大的客家人鋸木廠，日產量為三十立方米，所有技術工人都是海南人，而在最大的廣東人鋸木廠中，十二名技術工人有六名是海南人。

鋸木廠外，泰國的木材業幾乎沒有改變。Chinese 在林業經營中的角色，無論在企業主或勞工方面仍是微不足道。在行銷方面，Chinese 主導著對遠東的出口貿易，以及國內的分銷和零售。與鋸木廠廠主相反，絕大多數的木材商人都是潮州人。

那麼，Chinese 在泰國四大商品中所佔的地位可以概括如下。在原料的實際生產中，Chinese 勞動力在稻穀和木材方面並不重要，但在生產橡膠原料和錫礦石的勞動力，Chinese 分別佔了大多數和絕大多數。在這些原料的加工過程中，Chinese 勞動力佔碾米業不到一半，佔鋸木業約一半，而在橡膠加工業，所佔比例則遠超過一半。Chinese 資本和企業活動在稻穀生產，沒有發揮任何作用，在原木生產的作用微不足道，而在錫礦石生產中發揮重要但少數的作用，只有在生橡膠生產發揮主要作用。在這些原料的加工，Chinese 資本和企業家在碾米、鋸木和橡膠加工佔主要地位，其主導地位從高到低依序排列。在營銷方面，Chinese 在大米和木材的國內分銷佔主導地位，在所有四種產品的出口扮演主要角色。

如果我們現在從政府角色的角度，來觀察泰國近期的經濟發展，就會發現經濟民族主義自一九四八年以來，一直是政府的主要主題之一。鑾披汶重新掌權後不久，經濟泰化運動又重新興起，勢頭一直持續到一九五二年，一九五三年達到高峰，一九五四年平息，一九五五年才有意識地放鬆。經濟泰化運動的主要內容是：一、對泰族人提供經濟援助和職業教育；二、對外國人實施經濟限制；三、擴大國家在工業中所扮演的角色；及四、鼓勵商業和金融領域的半政府「泰國企業」。

政府鼓勵泰族更多參與國民經濟的積極政策，在很大程度上是人民黨在三十年代制定長期規劃的延續。為了減少對 Chinese 商人和稻米商人的債務，政府大力鼓勵合作運動。一九五二年，合作處升格為合作部，預算擴大。在鑾披汶第二屆政府的頭五年，光是信貸合作社的數量就從五千三百五十八個（會員九萬六千七百名）增加到八千八百五十六個（會員十六萬六千二百名）。[73]為了打破 Chinese 對大米貿易控制，三十年代有人提出發展大米銷售合作社。而疏浚湄南河河口的攔河壩，則可將所有大米出口引導至政府在孔提所經營的曼谷港（Khlong Toei），從而結束以駁船運載大米，在 Chinese 控制下到是倉島上貨。一九四八年以後，這兩方面都取得了長足的進展。

一九四七年至一九五二年間，大米和蔬菜銷售合作社的成員（無從得知個別數字）從二千七百人增加到四萬二千人。[74]一九五三年八月，政府決定向合作社提供大筆貸款，以開設大米銷售點，並在曼谷設立協調機構。[75]一九五四年二月，新疏浚完成的湄南河河道正式通航，其深度足以容納滿載一萬噸的船舶。[76]戰後，稻米產區的碾米廠迅速增長，政府壟斷稻米貿易的結果是價格變得更加穩定，而這兩點在降低 Chinese 稻米商人的作用，和刺激泰國人進入稻米貿易方面，可能比上述任何一項措施都更為重要。

為了與 Chinese 競爭，政府特別重視職業教育的發展，向泰國人提供在手工藝、工業和商業企業領域的專業知識。一九四七年至一九五四年間，職業學校的學生人數增加了四倍（從九千六百二十五人增加到四萬零九十三人）。[77]一九五三年，一所設備齊全的技術學院（設有商店和實驗室）在曼谷成立，用於培訓進階學生和泰國中學的畢業生。

另一項政府扶助泰國人對付外國人的措施是，在一九五三年三月成立由經濟事務部長領導的食品貿易促進委員會，其目的之一是鼓勵「泰國人成立貿易協會，接管外國人控制的機構」。[78]同年制定了一項計劃，將泰國商人遷入曼谷的 Chinese 商業區；內閣任命一個由內政部長領導的委員會，以確保泰國人在租賃新建店屋方面，獲得優先機會和良好條件。[79]經過多年的討論，政府提出一項全面的《泰國就業援助法》，並於一九五六年二月獲國會通過。根據其規定，任何僱用十人或以上的公司或商業組織，按照法令規定須僱用最多百分之五十的泰國國民，而所有空缺則須由泰國公民填補，以達到規定比例。迄今為止，尚未根據該授權條例頒布任何法令。

政府在採取各種積極措施的同時，也對外國人的經濟活動實施了更徹底的限制。一九四九年二月，政府頒布了新的《職業限制法》，禁止外國人從事十種職業，包括理髮、製鹽、金屬鑲嵌、公車駕駛、三輪車駕駛和機動三輪車駕駛。[80]一九五一年八月，又有六種職業不對外國人開放，包括計程車駕駛以及木炭、雨傘和袈裟的製造。[81]一九五二年，政府採取權宜之計，拒絕續領許可證，禁止外國人經營私人碼頭和商業捕魚。同年十月，警察總監 Phao 向國會報告稱，「目前泰國百分之百的漁民都是泰國人。」[82]一九五二年九月，政府又頒布了《職業限制法》，規定逐步禁止外國人從事婦女理髮、美髮和製衣工作。一九五二年十二月，國會通過了《鮮魚碼頭法》，旨在禁止外國人參與鮮魚銷售。這些是實際頒布和執行的主要職業保留條文，但列出這些保留條文只能說明一九五二年至一九五三年間 Chinese 外國人的生計情況並不穩定。國會議員曾經提議或政府曾考慮限制外國人從事碾米、大米批發、鋸木、橡膠生產、採礦、生豬屠宰、豬肉營銷、理髮店和鴉片館等行業。沒有一個 Chinese 外國人能夠確定他的生計不會受到威脅。

另一系列政府決定影響了 Chinese 的國內貿易。一九五二年，政府採取措施，剝奪外國人持有代理權，禁止他們批發由政府酒廠生產的 Maekhong 酒，和由政府煙草專賣公司生產的香煙。同年也制定了禁止外國人從事零售香煙、精製糖、油類、火柴、雨傘、布料、棉紗、帽子、鞋子等產品。然而，並非所有建議都得到了有效實施。

泰國政府實現經濟泰國化的第三個方法是政府參與工業和交通運輸。鐵路和電訊系統多年來一直屬於政府所有，而在一九五〇年，政府收購了曼谷電力公司，其資產包括曼谷的主要發電廠和電車系統。[83]各政府機構或政府擁有的公司，也壟斷了維及尼（Virginia）香煙的製造和進口、鴉片、泰國和 Chinese 撲克牌的製造、國內航空以及大部分懸掛泰國國旗的航運。[84]鑾披汶第一屆政府所創建的工業部，在一九四八年後得到擴大。到一九五三年，工業部在全國經營十六家釀酒廠和六家煉糖廠，還有一家紡織廠、一家製革廠和兩家造紙廠。[85]

一九五三年一月，工業部長在吞武府開設了一家新的玻璃工廠，旨在使泰國在玻璃瓶方面能夠自給自足。[86]於二月，計劃建立兩家麻袋工廠作為「泰國企業」，較大的一家將建在東北部並由工業部營運，較小的一家將建在北標府並由半官方的退伍軍人社營運。[87]一九五三年，政府也公佈了由工業部起草的大規模工業化計劃。截至一九五四年五月，該詳細計劃要求興建鋼鐵冶煉廠、明礬廠、陶瓷廠、化工廠、熏烤木材廠、繩索廠、人造奶油廠以及擴大工業部的造紙廠和織布廠。[88]一九五四年末，政府宣布計劃在曼谷建造和營運，一家製針廠以及製冰和冷藏廠。[89]由於缺乏資金來執行眾多工業項目，內閣重點支持一家資本達五千萬泰銖的大型工業公司，以促進泰國企業發展，事實上，幾乎全體內閣成員都加入了其董事會。泰國經濟發展有限公司，很快就從美國銀行獲得了二億泰銖的政府擔保貸款，開始實施建造大型麻袋和製糖廠的計劃，以及更遠期的造紙和橡膠廠的計劃。[90]

政府透過其全資機構交通局，在運輸業務方面取得了進展。一九五三年六月，交通局接管了曼谷港的所有卡車運輸；它允許泰國司機加入，但排除在港口外工作的外國卡車司機。[91]一個月後，交通局接管了曼谷的主要巴士路線。泰國私人巴士車主因此失去了特許權，組建了一家合資公司，在其他地方申請路線特許權；外國人車主被明確排除在外。[92]一九五三年十二月，國會批准了一項法案，賦予交通局對運輸車輛和船隻的完全控制權，警察總監Phao解釋，這將幫助政府從Chinese手中奪取服務控制權，將其轉入泰國人手中。[93]

政府經濟化泰國計劃的第四個主要面向，是試圖透過組織半政府金融和貿易公司，給予它們特權，藉以壟斷商業和金融的各個部門。鑾披汶重新掌權後不久就發動了商業攻勢。政府收購局可以按官方匯率取得外匯，於一九四八年重組，其活動範圍也擴大了。各府的貿易公司也恢復起來，負責分銷收購局較為便宜的產品，與內地的 Chinese 商人競爭。[94]所有政府部門最終都接到指示，必須透過收購局購買物資。一九五三年，收購局回應了關於它以高於現行市場價格，向政府機構出售商品的批評，表示作為一個政府機構，它不能採用普通商人的「詭計和狡滑」，使它能夠以較低的價格出售。[95]儘管如此，當經濟部在一九五五年五月宣布，進一步擴大各府貿易公司的網絡時，它將「幫助農村人口應對生活成本上升」作為目標，同時將經濟從外國人手中收回。當時，此類貿易公司分佈在三十個府，均受經濟部監管。[96]

退伍軍人社及其附屬公司一直是在商業領域，得到政府援助和特權的主要機構。一九四八年，退伍軍人社的主任訂立了一份參與「暹羅各方面經濟生活」的計劃，[97]在接下來的七年內實現了這一目標。退伍軍人社及其相關公司，曾擁有政府工廠生產的 Maekhong 酒和香煙的專利權，精製糖的獨家代理權，生豬銷售和生豬屠宰的壟斷權，以及向菲律賓出口牲畜的壟斷權。各項特權也使退伍軍人社的主要公司，他限沙山欺在從事大米行銷，以及外國商品的進口和零售方面處於有利地位。

一九五三年一月，國會通過了一項法律，賦予政府權力將政府收購局等半政府商業組織，轉變為正式政府組織，授權政府只需以法令宣布其存在，即可設立新的商業組織，毋須獲得議會的批准。警察總監 Phao 在介紹該法案時聲稱，該措施是必需的，是「為了將國家商業歸還給真正主人。」[98]此後不久，當被問及政府在商業中的角色時，鑾披汶告訴媒體，他的政府「只是暫時參與商業活動，是作為將泰國商業控制權從外國人手中奪回泰國人手中的一步。」他說，政府的唯一目的是「指明方向」。由於外國人（主要是 Chinese）牢牢控制著泰國的商業，泰國私營商人不可能立即接管。因此，政府政策是匯集泰國的金融資源，並「在官方援助下」發展泰國金融聯盟等組織。[99]

事實上，泰國金融聯盟是一個於一九五二年，由政府和半政府銀行組成的聯合組織，是一九五二年至一九五三年間，在政府支持下成立的一系列商業和金融聯盟的第一個。接下來是泰國黃金聯盟、豬肉聯盟和匯款聯盟。一九五三年十一月，內閣成立了經濟協調委員會，由屏元帥領導，協助泰國國民擴大私人貿易。它要求半政府的各府銀行（Monthon Banks）向泰國貿易商提供低利率貸款，要求鐵路部優先為泰國人運送產品到市場。然而，其主要目標，即全方位促進泰國聯盟在進出口、大米、橡膠和錫等領域的發展則未實現。[100]一九五五年四月，民助廳分別在Krungthep和吞武里開設了一家政府資助的當鋪，以打破Chinese在該領域的壟斷。作為由數百萬泰銖循環基金支持的福利組織，政府當鋪能夠提供比Chinese當鋪更好的條件，從而吸引客戶。[101]

這裡不打算評估政府促進經濟民族主義的措施對泰國民眾的影響。在許多方面，泰國國民獲得了真正的援助，但許多其他措施的效果，只是讓政府官員獲得中間人的利潤或回扣，從而提高了消費品的購買價格。對Chinese來說，其中一個重要的後果是，政府在商業中的角色擴大，助長了賄賂，而限制性措施則加劇了勒索的機會。一九五四年，經濟部爆發了一單醜聞，乃與發放大米出口許可證的廣泛腐敗情況有關。[102]正如中華總商會代表，在屏元帥召集的一次會議上微妙地指出：「如果一個商人熟悉經濟部的官員，就相對容易獲得一些進口許可證；如果他不太熟悉相關官員，就不太可能獲得許可證；如果他完全不認識相關官員，就沒有任何機會獲得許可證。」[103]一九五四年十月的政府聲明，明確闡述了對Chinese商人的期望行為，即政府不認為政府官員接受禮物是貪污行為。[104]在不提供細節的情況下，我們可以引述一九五五年八月警察審查制度結束後，泰國一家獨立報紙所刊登的文章，來說明警察勒索的可能性：

任何一個人聽到商人講述一些警察集團的行為時，都會感到驚訝，這些警察集團利用所擁有的影響力和權力，赤裸裸地、無恥地對 Chinese 進行榨取……在我們的國家，要榨取 Chinese 錢財是世界上最容易的事情。只需要給 Chinese 加上一個共產黨員或有共產黨傾向的罪名，就足以讓警方人員隨心所欲地從他們獲取巨額金錢。但對於印度或西方商人，警方卻無法使用這種手段，因為政府有能力保護其公民的權利和財產……Chinese 商店很容易收到有影響力的警察的邀請函或信件，要求刊登廣告或送禮，而且這些信件是源源不絕的。如果有人拒絕支付這些「賄賂」，那麼在不久的將來，他肯定會遇到麻煩。[105]

然而，政府的經濟泰國化計劃所帶來的後果，遠遠不只是 Chinese 有限度的撤退、泰國人不時的發展，以及貪污腐敗加劇。比上述後果都更重要的是，它促成了 Chinese 商人和泰國統治階級之間的聯盟。這是泰國歷史上最有趣的悖論之一，激進的經濟民族主義並沒有擊敗敵人，反而導致了對手之間的合作。

簡而言之，政府對 Chinese 商人的壓力迫使他們向能夠提供保護的人尋求保護——政府官員、警察和軍官。就一九四八年與鑾披汶一起上台的泰國軍國主義者和政治家而言，特別是那些在一九五一年十一月二十九日政變獲得政治聲望的人，都缺乏經濟基礎來鞏固其政治和軍事權力，使他們能夠參與競選。由於缺乏商業經驗，他們不能光靠經濟結構就能使其事業處於不敗之地。在這種情況下，出現了三個發展：一、Chinese 商人重組了他們的主要商業和金融公司，將政府高級官員和其他具有「良好關係」的泰國精英成員納入董事會；二、自一九五一年政變以來，泰國成立的大多數大型新企業都是中泰合作企業，Chinese 提供資金和創業技能，泰國官員則為 Chinese 提供「保護」、官方特權，在某些情況下也包括政府合約；三、半官方的商業和金融組織將本土出生和歸化的 Chinese，納入其董事會和員工隊伍，利用其管理技能和商業頭腦。這些發展於一九五二年順利進行，到一九五四年已發展成一個固定的系統。由於泰國統治集團內部的競爭，該制度的運作並不完善。一個政治集團不可能總是保護與其結盟的 Chinese 商人，使其免受其他政治集團的侵害。但總的來說，泰國統治集團在新的 Chinese 泰聯盟找到了令人滿意的、合法的財富和經濟力量來源，而 Chinese 商人則從該聯盟獲得政治保護和特權。

為了支持這些論述，我們可以引用事例說明：曼谷三十三家主要保險公司中有二十家的董事會成員，包括泰國精英和 Chinese 商人，十家主要非西方銀行和信托公司有八家也是如此。在二十七家主要進出口和航運公司，不包括西方公司，有十七家公司在正式層面上就展現出相同的種族間合作。曼谷所有的大型新電影院都是和 Chinese 泰合資的。至於半政府的「泰國企業」，沙哈沙目欺（前身為他限沙目欺）的董事會成員，包括四位著名的 Chinese，其董事長是文化部副部長。兩家新麻袋廠（分別由屏元帥和沙立上將領導）、清邁喃邦碾米聯盟（由沙立上將領導）、泰國金融聯盟和泰國經濟發展公司（其發起人包括屏元帥、Phao 上將和沙立上將）的董事會，都包括兩、三名著名的 Chinese 商人。泰國黃金聯盟、豬肉聯盟、烏隆府碾米聯盟和匯款聯盟，都是在泰國政府支持和高級官員充當顧問的情況成立，主要由 Chinese 組成，甚至政府屬下兩家當舖的經理也是 Chinese。截至一九五五年十月，在一百名最有影響力的 Chinese 領導人，至少有六十名與泰國政府官員，和有勢力的泰國精英建立了正式業務關係。[106]

自一九五五年六月，鑾披汶從國外巡迴訪問歸來起，商業和政治氣氛都得到了改善，至少從 Chinese 的角度來看是如此。政府對 Chinese 商的壓力已恢復正常，政府對 Chinese 商的過度介入正在受到遏制。政府官員在私人企業事務中的角色，也受到鑾披汶和公眾的譴責。[107]這些發展會在多大程度上，消除 Chinese 泰商業聯盟，自一九四八年以來形成的基本決定因素，目前尚無法確定。許多政府官員辭去私人公司的董事總經理職務，仍保留其在形式上責任較輕的職位和在這些企業的股份。[108]一九五五年十一月對

Chinese泰企業的檢查顯示，上述聯盟體系幾乎沒有受到任何影響。筆者猜測是，如果泰國統治階層不放棄經濟民族主義，也沒有出現其他的經濟基礎，那麼Chinese泰最高層的商業聯盟，仍將是泰國社會經濟結構的永久特徵。毫無疑問，許多Chinese商人已經與泰國官員達成協議，因為其關心泰國繼續掌權的統治集團。

Chinese匯款和Chinese對政府收入貢獻的重大變化仍有待討論。戰後，泰國向Chinese mainland的匯款增速明顯高於戰前，即使考慮到通脹因素也是如此。第七章的結論是，二十、三十年代Chinese的平均匯款金額可能遠低於每年二千萬泰銖。就戰後通脹而言，這意味每年約一億五千萬泰銖，或每月一千五百萬泰銖。然而，曼谷的匯款界估計，一九四六年至一九四八年間，從曼谷到China的平均每月匯款為二千五百至三千萬泰銖。此增長反映出人們急於向戰爭期間被忽視的家庭匯款，以及這些年新移民的大量湧入——新移民是最勤奮的匯款人。Nationalist China的通脹、中國中央銀行設定的匯率越來越不現實，以及共產黨軍隊逼近south China移民地區，所有這些因素都導致一九四八年至一九四九年間Chinese的匯款減少。

一九四九年秋共產黨接管south China地區後，儘管China方面最初出現行政混亂，但匯款有所復甦，而根據曼谷匯款界人士的估計，每月匯款額維持在一千至一千二百萬泰銖。匯款店繼續每週將包含所有匯款人信函的大包裹，郵寄至其在China的相應機構，而相當於信函中所述總額的款項則通過任何管道匯入到共產黨在香港的中國銀行。隨後，共產黨當局以當地貨幣JMP的形式，向該商店在China的代理機構提供等值的匯款。

如前所述，泰國Chinese對China共產黨政策和做法的反應導致一九五一年的匯款減少。共產黨對來自東南亞和美洲的匯款急劇減少感到憂慮，因此呼籲overseas Chinese要有更大的信心。一九五一年九月，北京華僑事務委員會主任何香凝在廣播中，熱情洋溢地報導了south China overseas Chinese家庭的新生活，號召overseas Chinese承擔「建國之責」。

> overseas Chinese及其家屬在參與國家建設時可以得到許多利益。第一，我們有自己的政府——人民政府及各部門，為overseas Chinese及其家屬提供全力幫助和指導，特別是生產、投資等方面。第二，沿海省份的自然資源極為豐富，如果致力於開發這些自然資源，將比出國打工賺錢得多。第三，土地改革實施後，overseas Chinese獲得了土地和其他生產材料。第四，政府為海外匯款提供一切便利。他們不會受到外幣貶值的影響。如果將這些匯款存入銀行，就能獲得可觀的利息。[109]

在接下來的九個月內，共產黨當局實際上承認了他們先前試圖強制從海外匯款的錯誤，進行了徹底的改革。到一九五二年下半年，來自曼谷的 Chinese 匯款再次開始增加。據估計，每月匯款額在一九五一年期間逐漸下降至僅五百萬泰銖，但在一九五二年秋季已恢復至約七百萬泰銖。

泰國政府於一九五二年開始對匯款業務施加嚴重壓力。一月，泰國銀行通知 Chinese 匯款店公會，每筆匯款必須向泰國銀行申報，申報表上必須填寫詳細資料，並蓋上匯款店的印章。三月，每戶家庭每月匯款限額為二千泰銖，泰國銀行要求匯款店必須取得外匯交易執照，即使匯款店本身並沒有外匯經紀的功能，此迫使匯款店停業一個月。在此期間，匯款給在 China 共產黨內的家人的做法不僅受到泰國各界的抨擊，也受到台灣華僑事務委員會的攻擊。儘管這次危機在與泰國財政部的妥協下得以解決，但另一次危機則在六月發生，當時財政部對寄往 China 的匯款信件實施審查。舊匯款系統遭受的致命一擊是發生在一九五三年一月：五家匯款店的經理因被指控與共產黨有聯繫而被捕，警方扣留了兩批匯款信件，總數超過二萬封。匯款店再次停業。

經過 Sino 泰兩個主要商業集團的混戰後，泰國的所有匯款店都成為了三個持牌企業之一的代理機構，組織成獨家授權向 China 匯款的匯款聯盟。[110] 自一九五三年四月起，所有商店均以匯款聯盟釐定的匯率接受匯款，每週將收到的款項交給匯款聯盟。然後，這筆錢透過曼谷的亞洲信託公司寄給共產黨在香港的中國銀行，然後再匯至China。[111]自一九五三年以來，來自泰國的匯款平均每月達七百至八百萬泰銖。直到一九五五年，除了養家糊口之外，幾乎沒有匯款用於其他目的，但隨著共產黨的商業攻勢，越來越多的大筆款項匯出，以支付經由香港和新加坡間接從China進口的商品。據估計，一九五五年最後五個月的匯款總額約為六千萬泰銖。

因此，從最可靠的估計來看，自共產黨接管以來，Chinese向China的匯款似乎每年平均不到一億泰銖，此匯款額遠低於一九四六年至一九四八年的水平，而且以可比貨幣計算，很可能大大低於戰前的水平。

我們無需嘗試估算Chinese對泰國政府收入的貢獻，就可以證明Chinese對泰國政府收入的貢獻一定超過了泰國Chinese匯往海外的總額。一九五五年，泰國政府透露其每年從鴉片專利中獲得的收入約為一點一七億泰銖，其中六千七百二十萬泰銖來自銷售鴉片給有執照的鴉片館，四千七百三十萬泰銖來自鴉片館執照的投標。[112]泰國絕大多數的鴉片館經營者都是Chinese，而一半以上的抽鴉片者都是ethnic Chinese。無從得知政府經營鴉片專利的支出，但不可能超過總收入的一小部分，因為鴉片供應主要來自從走私犯手中沒收的存貨，而鴉片館的經營開支由經營者支付。Chinese在鴉片專利方面，對政府收入的直接貢獻可能接近每年七千五百萬泰銖，而且無論如何也不會少於五千萬泰銖。

一九五二年外國人登記費上調，導致 Chinese 對泰國政府收入的直接貢獻大幅增加。政府從外國人登記費所得的收入：一九五三年為一點一六億泰銖，一九五四年為一點八六億泰銖，而一九五五年的估計是一點八億泰銖。[113]根據政府統計，居住在泰國的外國人中，Chinese 佔百分之九十三以上，[114]所以 Chinese 的比例至少佔總數的十分之九。以此假設，Chinese aliens 在一九五三年至少支付了一點零四億泰銖，在一九五四年至少支付了一點二二億泰銖，也就是說，每年的金額比 Chinese 可能的匯款總額還多。鑒於這些相對數字，近年來 Chinese 匯到國外的款項，不能合理地認為是對國家經濟的嚴重流失。

第四節　Chinese 教育的衰退

在鑾披汶的第一次執政時，他實際上廢除了 Chinese 學校教育體系，一九三八年約有一萬七千名學生透過該體系接受教育。但當他第二次擔任總理時，發現 Chinese 學校網絡完全復甦，規模更加強大，入學人數超過十七萬五千人。在一九三七／三八年度，只有約百分之一的 Chinese 就讀於 Chinese 學校，而在一九四八年初，大約每十二名 Chinese 就有一個就讀於 Chinese 學校。新政府對這種情況並不滿意，四月至六月間，新任教育部長挽功．蓬裕提上將採取了嚴厲措施扭轉此趨勢。

未依法註冊的 Chinese 學校不得在新學年（在泰國是四月底左右）開學，特別是所有 Chinese 中學的註冊申請均被拒絕。而自一九四八年五月起，Chinese 中學教育僅可作為泰國一兩所中學和曼谷少數 Chinese 夜校的選修課。註冊的 Chinese 學校自戰後首次，被迫遵守私立學校法規的每一項規定，陷入了行政混亂。課程必須重新安排，將 Chinese 教學限制在每天兩小時。更令 Chinese 震驚的是，教育部部長於五月十八日宣布的計劃，該計劃將全國 Chinese 學校總數減少至一百五十二所，即只剩下京畿府八所，吞武里、清邁、呵叻、烏汶四府各三所，其餘各府各兩所。減少學校數目的方法是永久關閉違反規定的學校，拒絕允許開辦任何新學校。隨著 Chinese 教育工作者消化了這一計劃的影響後，大部分頑固的董事會開始以適當方式註冊學校，遵守規定的字面意義。

這些舉措為教育部與 Chinese 學校的鬥爭奠定了基礎，這場鬥爭一直持續到一九五五年——在這七年的大部分時間裡，教育部的部長和副部長都由同一人擔任，這使得鬥爭的目的更加單一。政府的政策強調三類相互關聯的措施——旨在清除Chinese學校的政治影響力、泰化其員工和課程，以及限制其財政基礎。

一九四八年六月中旬，警方搜查了兩所Chinese學校，這只是一系列旨在消除利用學校達到政治目的和進行政治教導的行動的第一次。到一九五〇年四月左右，十四所Chinese學校因政治活動罪名而被永久關閉。[115] 一九五〇年五月中旬，曼谷三所最大的Chinese學校遭到搜查，共產黨的宣傳品和表明與Chinese共產黨有聯繫的信件被沒收。[116] 從一九五一年開始，教育部開始有系統地利用泰人校長——按照法律，所有私立學校都必須聘用泰人校長——來控制學校內部的思想。一九五一年八月一日，私立學校局處長召集Krungthep和吞武里Chinese學校的泰人校長開會，給了他們一份列有二十二本Chinese禁書的清單，指示他們密切關注Chinese教師和學生在學校的政治意識形態及活動。在九月，全國各地的Chinese學校禁止學生擁有或閱讀禁書。一九五二年十月，教育部頒布法令，只有泰人校長才能召集學生集會，發表說教演講，並且在泰人校長缺席的情況下不得舉行任何集會。一九五二年十二月，警方通知Chinese學校，聘請教師時，應特別注意候選人的「思想」；如僱用了左派教師，有關董事或校長將承擔全部責任。

一九五二年十一月警方開始的反共行動，並沒有放過 Chinese 學校。曼谷一所 Chinese 學校的校長和十一名教師，以及另一所 Chinese 學校的二十名 Chinese 教師在第一次搜查中被拘留。十二月二十三日，曼谷至少八所 Chinese 學校遭到搜查，其中包括最大的社區學校黃魂學校，以及潮州會館和客屬會館所開辦的學校。一九五八年一月，私立學校局處長要求被搜查的學校，將學校收到的所有印刷品送交該處檢查。[117]同月，清萊和信武里的 Chinese 學校，因共產黨活動而被勒令關閉。[118]《Un-Thai Activities Act》頒布後，教育部門開始調查所謂的「地下 Chinese 學校」——學生人數不超過七人的補習班，因此不受私立學校條例所限制。從一九五三年一月起，私立學校局要求 Chinese 學校在聘請新教師前，必須提交一份關於候選人的「背景和想法」的報告，再等待該局的批准。今年三月，私立學校局增加了督導員，以便每月至少對曼谷的每所 Chinese 學校進行一次巡查。同時，警方開始對 Chinese 學校進行檢查。[119]一九五三年十二月，教育部部長告訴 Chinese 學校的校長，有責任確保沒有學生將共產主義書籍帶到學校。[120]一九五四年三月通過的新私立學校法規規定中央調查署（C.I.D.），對所有非泰籍私立學校的教師進行篩選，為每所 Chinese 學校任命一名教育督導員，其職責是防止共產黨的顛覆活動。[121]截至十月，有關當局已向二十八所 Chinese 學校任命了此類督導員，其中大部分是退休警官。[122]一九五四年七月，教育部下令曼谷 Chinese 學校，開除因涉嫌同情共產黨而列入黑名單的一百五二名教師。[123] 一九五四年十月，為曼谷 Chinese 教師舉辦反共集訓會議。[124] 一九五五年一月，Chinese 學校被要求將泰人校長的職責，移交給教育部任命的督導員，而泰人校長則成為督導員的助理。[125]

在實施思想控制和政治清洗的同時，教育部強行實施了一系列措施，旨在將 Chinese 學校的課程和管理泰化。到一九五〇年為止，注意力都集中在遵守現有的法規上，這些法規將每週教授 Chinese 的時間限制在十小時，要求 Chinese 教師通過四年級的泰文考試。在一九四八至一九五〇年間，約有三十所學校因為輕視這類規定而被關閉。[126] 一九五一年，泰化運動大大加強。二月，Chinese 學校被命令必須依循年級制度，讓在某一年級學習 Chinese 的學生也要學習同樣年級的泰文。這項規定一開始只在一年級和二年級執行，後來擴展到所有級別，目的是確保所有學生的泰語知識至少與他們的 Chinese 知識相同。同年，補助制度擴大，誘使 Chinese 學校減少 Chinese 課時，規定只有每週教授外語少於六小時的學校才能獲得補助。許多財政拮据的學校（尤其是內陸的學校）被迫改變課程，以符合領取津貼的資格。

一九五一年四月，教育部下令全國 Chinese 學校使用統一的 Chinese 教科書，由曼谷十所 Chinese 學校組成的委員會負責編寫新書，強調對泰國的忠誠。一九五二年五月之後，所有 Chinese 學校都必須使用經批准的新教科書。同月，又下令 Chinese 學校在每天早上的升旗儀式上唱泰國國歌。一九五二年九月，私立學校局下令音樂和體育為泰文課程，應由泰籍教師專門教授。十二月，私立學校局指出，在非 Chinese 班的黑板上書寫 Chinese，或用 Chinese 解釋泰文甚至算術課，均屬嚴重違規。[127]

一九五三年八月，私立學校局宣佈計劃對外語教師的泰語能力要求提高到中學三年級的水平。但在教師嚴重短缺的情況下，這項要求於一九五四年七月得到放寬。[128]與此同時，教育部繼續計劃將 Chinese 課的最長時數縮減爲每天一節。一九五四年四月，泰國外交部長正式通知 Chinese 大使館有關削減課時的建議。[129] Chinese 大使館抗議此舉違反了一九四六年《中暹親善條約》的內容和精神，因此延遲了向 Chinese 學校發出正式命令，但在一九五五年六月，學校接到指示，將一年級學生的 Chinese 課時減至每週五點五小時。[130]

此時，Chinese 學校董事會的權責已流於形式。一九五二年五月，當局提醒各 Chinese 學校，泰人校長擁有全部行政責任，而非所謂的「Chinese 校長」，命令各 Chinese 學校按照 Chinese 教師的薪級表支付泰籍教師的薪資。同月，教育部堅持，為了學校的穩定，不能容忍在學校董事會或辦學團體重新選舉後，作出任何有關學校教職員的變動。上文已經提到，有關聘用教師的新規定，有效地免除了 Chinese 校長或董事會聘用和解僱教師的責任。正如一位教育部官員在安慰 Chinese 教育工作者時所言，警方從此將對其教師的活動負責，而非學校當局。[131] 隨著教育督導員被任命到 Chinese 學校，Chinese 校長和校董會董事的決策權受到許多否決，以至於無效。

因此，辦學的 Chinese 會社要為學校的運作提供資金，但卻無法控制學校。然而，由註冊 Chinese 會社經營的學校至少有穩定和合法的收入來源（即向辦學團體所繳納的會費）。由未經註冊的會社和董事會所經營的學校，或在沒有正式董事會的情況下運作的學校，在第二屆鑾披汶政府下面臨最大的困難。一九四八年在曼谷搜查被捕的教育工作者大多被控非法籌款，一九四九年清邁著名的清華學校倒閉事件，更讓 Chinese 教育界清楚地認識到，為 Chinese 學校的營運開支籌款是自找麻煩。無論如何，幾乎沒有 Chinese 願意自動為幾乎名存實亡的學校捐款。面臨無力償債的困境，這些學校大多將學費提高到許多 Chinese 家長無法或不願意支付的地步。由於政府嚴格的語言要求和政治限制，許多 Chinese 教師離開了這個行業，而且幾乎沒有來自 China 的新教師，Chinese 教師的工資也同時上升，超出了許多學校的支付能力。一九五〇年至一九五四年間，因財政原因而自願關閉的學校，可能比因政治活動或不符合其他規定，而被政府下令關閉的學校還要多。

教育部的政策結果對 Chinese 教育事業造成災難性影響。一九四八年至一九五六年間，泰國的 Chinese 學校總數從四百三十多所減至一百九十五所左右。[132] 教育部在一九四八年宣佈的計劃，在當時的 Chinese 看來是難以置信的，但在許多方面，其目標已經實現。該計劃要求將曼谷地區以外的 Chinese 學校減少到一百四十一所，到一九五六年，Chinese 學校的數目已減少到約一百三十所。該計劃允許清邁、烏汶和呵叻各有三所 Chinese 學校，而在一九五六年，上述三府的 Chinese 學校數目分別只有兩所、三所和一所。一九四八年，幾乎每個府都至少有一所 Chinese 學校，而根據教育部的計劃，所有縣都至少可以有兩所 Chinese 學校，但在一九五六年，至少有二十個府沒有任何 Chinese 學校。

此外，在其餘的學校中，平均註冊人數已降至一九四七年的二分之一至三分之一。每所內陸 Chinese 學校的學生人數，都遠低於教育部所批准的數目。例如，在一九五五年，北暹羅有八所 Chinese 學校在營運，合共批准招收二千零五十六名學生，但這八所學校實際上只有約一千四百名學生。一九五五至一九五六年，曼谷地區以外的所有 Chinese 學校只有二萬二千名學生。這意味內地每一 Chinese 學校平均只有一百六十八名學生，每七十五名 ethnic Chinese 只有一人在 Chinese 學校就讀。

在曼谷地區，Chinese 教育設施的減少幅度較小。在過去八年間，京畿和吞武里的學校數目從一百多所下降到六十三所。截至一九五六年初，總入學人數約為二萬七千人，也就是說，在 ethnic Chinese 總人口，大約每二十三人就有一人在 Chinese 學校就讀。儘管如此，在整個泰國，Chinese 學校的學生人數，在八年間從十七萬五千多人下降到不足五萬人，這對泰國 Chinese 的未來來說是一個巨大的變化。

當考慮到 Chinese 學校所提供的教育內容有所改變時，這種衰退就更加劇烈。在泰國，每所 Chinese 學校的泰語教師都比 Chinese 教師多。事情的真相是，曼谷最好的學校和幾個較大的城鎮外，只有一小部分在 Chinese 學校完成四年課程的學生能真正講國語，更不用說紮實的 Chinese 書寫基礎了。在泰國各地的學校，Chinese 老師和校長告訴筆者，他們的學生讀、寫、理解泰文的能力遠勝於 Chinese，而且對 Chinese 文化、Chinese 歷史和地理幾乎一無所知。即使每週有十小時可以用來上 Chinese 課，在四年的課程中也沒有足夠的時間涵蓋簡化和修訂版的 Chinese 課本。八年來沒有接受任何正規的 Chinese 中學教育，這意味在當地出生並步入成年的 Chinese 中，很少有人感受到 Chinese 文化的豐富性和光輝的傳統。

再一次和戰前一樣，大多數 ethnic Chinese 兒童甚至沒有接受過 Chinese 學校教育。然而，與戰前相比，在 China 插班學習幾乎是不可能。與此同時，自戰後，泰國學校的教育設施比泰國人口增長得更快。因此，越來越多的 Chinese 家長可以將子女送到泰國小學就讀，而泰國小學是免學費的，或其學費比 Chinese 學校低。現在絕大多數的第三代 ethnic Chinese 兒童都只在泰國學校接受教育，而即使是第二代 ethnic Chinese 兒童，在泰國學校就讀的人數，至少與在 Chinese 學校就讀的人數一樣多。與戰前相比，Chinese 精英對教會學校和外國學校的偏好更加強烈。一九五二年就曼谷 Chinese 領袖的研究顯示，其子女入讀 Chinese 學校的頻率低於其他學校。在一百三十五位著名領袖的子女，有二百九十位完全或部分在基督教會屬下的非 Chinese 學校接受教育，而只有約一百五十位子女部分或完全在當地 Chinese 學校接受教育。[133]

自一九五五年以來，泰國政府對 Chinese 教育的政策有軟化跡象。教育部與中華總商會經過五年的談判無果後，終於同意允許中華總商會在原中華中學舊址開辦一所中學；但一九五五年五月新開辦的華商中學，至少在第一年不允許教授任何 Chinese。[134] 五月，私立學校局放寬了對學費水平的限制。[135] 同月，警界人士提出一項計劃，允許開辦 Chinese 高等小學和中學，目的是打擊共產黨對 Chinese 青少年的影響。有人認為，提供有吸引力且受到嚴格控制的 Chinese 中學教育，將有助於控制由親共私人教師開辦的小型「地下班」，並可阻止源源不絕的青年前往China讀書，以及接受顛覆活動訓練。[136]這個計劃遭到教育部的強烈反對，[137]儘管有報導稱鑾披汶贊成重新開辦Chinese中學，仍未有任何結果。在此期間，為了希望最終能獲准教授Chinese，及緩解Chinese學生缺乏中學設施的問題，Chinese教育工作者在曼谷又建立了四所泰國中學（不包括中華總商會所辦的華商中學），兩所於一九五五年建立，另外兩所於一九五六年五月建立。一九五五年十月，為了與其全面民主計劃保持一致，鑾披汶表示反對在Chinese學校使用前警察作為教育監督。[138]自此以後，由於有關學校保證不進行政治活動，該制度被完全撤銷。

然而，這些徵兆不太可能預示著，政府對Chinese教育的目標將有任何基本的改變。一九四八年的學校縮減計劃仍然是官方的藍圖。沒有泰國政府心甘情願地默許共產黨滲入學校，或推翻成功的泰國化政策。毫無疑問，不那麼極端的管理制度正在醞釀；然而，輕微的放寬也很難使泰國Chinese教育從奄奄一息中恢復過來。

第五節　Sino-Thai 關係的變化

第二次世界大戰結束後的十年間，泰國對 Chinese 的政策從溫和、仁慈到嚴厲的遏制。一九四五至一九四七年的自由放任政策，在一九四七年底和一九四八年初有所收斂，而在鑾披汶政府的最初幾年則開始採用嚴格控制的政策。一九五一年十一月政變之後，政府的政策變得更加強硬，變成了完全的遏制政策。反 Chinese 熱潮在一九五四年首次出現放緩的跡象，而在一九五五年下半年，政府幾乎否定了反 Chinese 主義作為政治工具。一九五六年，一項旨在將 Chinese 融入泰國社會的仁慈政策開始出現。

上文已探討了在一九五三至一九五四年間，鑾披汶政府在政治、經濟和教育方面的反 Chinese 政策。然而，單單討論這些層面，無法表達泰國遏制政策的全面性。就對泰國 Chinese 的震撼效果而言，一九五二年和一九五三年，堪比一九三九年和一九四〇年的黑暗年代。一九五二年一月，外國人年費從二十泰銖增加到四百泰銖，開啟了遏制的新時代。同月，新內閣作出基本決定，在火車站、重要橋樑和新公路交叉口附近為泰國人保留土地（及其上的任何建築物），驅逐住在那裡的所有外國人。農業部、交通部和內政部負責執行這項決定。[139]交通部和鐵路組織在二月擬定計劃，拒絕續租外國人擁有的糧倉，強迫外國商人遷離鐵路組織的土地，防止泰國人將鐵路組織擁有的土地轉租給外國人。[140] Chinese 幾乎是唯一受影響的外國人（西方石油公司的設施得到特別豁免）。

儘管實際上執行這些計劃的命令，是在五月至八月間發出的，但幾個考慮因素結合在一起，使政府放慢了這些計劃的步伐。其中包括：政府在財務上無法接管華人糧倉、鐵路組織命令的法律依據存疑、禁止外國商人進入鐵路站周邊地區可能導致貿易癱瘓、泰國公眾對新商業機會的冷漠、北京電台的強烈譴責，以及國民黨 Chinese 大使館的官方抗議——所有這些因素都促使政府在一九五二年九月收回了計劃中較為嚴厲的部分。最後，Chinese 只被要求拆除鐵路組織土地上商店的 Chinese 招牌，而其他戰略設施附近的外國人，只被要求將業權轉讓給泰國公民。[141] 一九五二年，人們普遍擔心 Chinese 可能會進行破壞活動，這種恐懼在一項永久性立法中留下了印記。三月通過的《治安緊急法令》規定，一旦宣布緊急狀態，政府「有權以公告形式禁止外國人進入任何保障國家穩定，或安全所需的地方或任何戰略據點」。[142]

一九五二年間，政府也在其土地政策中加入了歧視 Chinese extraction 泰國公民的內容。一月，內政部命令各府政府審查每一宗土地租賃或收購案件，如果涉及外國人的金錢，則不予批准，目的是防止外國人通過泰籍親屬獲得土地。八月，各府當局奉命執行內閣決定，只有「純正」的泰國人，或擁有泰國公民身份的退伍軍人能夠租賃國家土地。於八月後期，當局接到指示，防止父親為外國人、仍使用外國人姓氏的泰國國民以任何形式獲得土地權。

在一九五三年的頭兩個月，新的立法明確否定了傳統制度，即在泰國出生的兒童，無論其出身如何，都不會受到歧視，而是鼓勵他們承擔作為正式泰國公民的義務和責任。一九五三年一月二十七日頒布的《兵役法》在不得服現役的人中增加了「父親為外國人的人」。由此可見，政府公開不信任其公民中的第二代 Chinese 的忠誠度。二月三日頒布的《國籍法》修正案廢除了「任何在泰國境內出生的人」天生就是泰國公民的長期規定，取而代之的是「任何在泰國境內由泰國父親……或泰國母親所生的人」。[143]因此，父母雙方均為 Chinese 公民的兒童，一出生即被剝奪了泰國公民身份。在審議該修正案時，警察總監 Phao 在國會上的發言表達了通過該修正案的精神。他說，既然 Chinese 國籍法將所有在任何地方由 Chinese 父母所生的人都視為 Chinese，為什麼「不讓在這裡由 Chinese 父母所生的 Chinese 直接被視為 Chinese，這樣泰國就只有純正的泰國人了。」[144]

一九五二年，已經通過了阻止入籍的立法：居住年限要求從五年提高到「連續居留期不少於十年」，並將「具備補充條例所規定的泰文知識」作為額外要求。[145]一九五三年六月，內政部要求各府當局提交詳細報告，說明他們允許外國人使用泰國姓名的理由。內政部聲明的目的是防止外國人使用泰國姓名，以方便入籍，從事為泰國人保留的職業。[146]對 Chinese 的合法同化已經被徹底遏制了。一九五三至一九五四年間，親政府的報紙回顧了一九四五年的耀華力街事件，「當時有許多已入籍的泰國公民背棄了友善的泰國」。報紙寫道：「這個國家歷史上令人難忘的插曲」應該成為一個提醒，「世界上最困難的事，莫過於努力將自己原本的國籍拋諸腦後。」[147]一九五三年十一月，Phao 在國會上強調「不可能吸收」Chinese 外國人。[148]

在一九五三年反 Chinese 運動的高峰期，泰國政府不放過任何細小事項。一月，Krungthep 市政廳發佈規定，泰國國民可優先獲得新的自來水管，而不供應予「那些有錢的外國人」。[149]六月，內政部下令停止使用擴音器播放外語廣告，因為「共產主義宣傳可能會滲入廣告業」。[150]同月晚些時候，內閣決定「禁止或控制外國人（特別是 Chinese）在被大火燒毀的地區居住。」[151]十二月，首都警察局長禁止在 Krungthep 市的公共場所表演中國戲曲。[152]

這些例子肯定足以證明，在一九五一年政變之後的幾年，政府持續不斷地執行各種政策，旨在對抗和疏遠第一代和第二代 Chinese，阻止 Chinese 同化，以及不顧後果地遏制任何被認為不可取的 Chinese 活動。但為什麼呢？是什麼驅使政府推行如此強烈的反 Chinese 政策呢？對共產主義和與共產國家開戰的恐懼肯定是一個重要因素。共產黨首先在 China 取得勝利，然後又在越南取得勝利，武裝的共產黨組織在緬甸和老撾繼續存在，武裝的共產黨恐怖分子在馬來亞和南暹羅的邊境叢林繼續存在，這些因素都促使國家領導人意識到軍事危機。此外，共產黨在國內的發展也威脅到執政黨本身的權力。由於暹羅國內的大部分共產黨員都是 Chinese，而 China 又是亞洲主要的共產黨勢力，因此居住在暹羅國內的 Chinese 既被視為潛在的政治力量，又被視為北京的潛在第五縱隊，備受忌憚。

然而，鑒於這些恐懼，泰國政府本可以採取更開明的措施來避免共產黨的威脅。泰國政府卻沒有這樣做，原因有二。首先，在一九五一年十一月政變掌權的寡頭政權主要由軍官組成，這些軍官是多次政變的老手，也就是武力專家。他們缺乏政治經驗，對政治技巧一無所知。以他們的經驗和背景，武力鎮壓是最自然不過的武器。其次，反共和 anti-Sinicism 可以在國內獲得政治利益。在警察總監 Phao 的領導，這兩個問題就像納粹政權下的反布爾什維主義和反猶太主義一樣，關係密不可分。與德國的同類問題一樣，這兩個問題都是鎮壓政治反對派的可取工具，也是維持不民主軍事統治的有力理據。自一九三八年以來，對 Chinese 的偏見有增無減。以曼谷為例，其嚴重程度遠高於紐約市的反猶太人偏見。畢竟，曼谷人民從未見證過任何官方對種族情誼的鼓勵，也未見過任何在成熟、實際層面改善「種族關係」的共同努力。曼谷的泰語媒體，除了少數例外，都將 anti-Sinitic 偏見掛在嘴邊。因此，尋求支持的政府依靠 anti-Chinese 措施，來喚起民眾的熱情。而那些被賦予 anti-Sinitic 色彩的措施，則較少受到批評。因此，政府對左派泰國保衛和平委員會的攻擊，是與反 Chinese 共產黨運動相關聯。即使是與 Chinese 商界精英結成的經濟聯盟，也是以從 Chinese 手中奪回經濟控制權為名而推行。大量帶有 anti-Chinese 標籤的措施，確保了政權的政策得到相當多民眾支持。

同樣值得注意的是，泰國政府之所以能將反 Chinese 政治做到如此極端，是因為特殊的國際形勢。一九四九年後，Chinese 國民政府無力為泰國 Chinese 提供任何真正的保護，而同時，美國的保護傘又使泰國政府免受北京勢力衝擊。總體而言，美國人對泰國政府反 Chinese 遏制政策的悲觀看法，因其反共產黨的願景而變得明朗起來。

早在一九五三年，一小群反對黨的國會議員就開始投票反對親政府立法研究小組所提出的反 Chinese 法案，這是政府遏制政策的第一個危險信號。然而，政府直到第二年才開始放寬這種政策。一九五四年六月，警察廳成立了新的外國人部門，該部門的目標包括協助被認為「適合作為泰國國民」的外國人歸化入籍，以及協助外國人「處理與他們有關的所有事務，尋求公正，謀生，以及處理與官員之可能發生的爭執（例如試圖壓迫他們，或試圖勒索金錢）」。[153]一九五四年十月，警察局請求內政部取消驅逐一百一十名，被流放到碧差汶的 Chinese 的命令，[154]一九五五年四月，拘禁在碧差汶的一百二十八名 Chinese 獲釋放。一九五五年五月，警察局發起了一項允許開辦 Chinese 中學的計劃。

如果警方這些舉動代表了 Phao 一些修復關係的做法，那麼他很快就被鑾披汶超越了。一九五五年六月，鑾披汶從國外巡迴訪問回來不到一個星期，就對當地 Chinese 說了一些好話。[155]在七月十五日的記者招待會，他宣佈政府計劃盡可能給予 Chinese 與泰國國民同等的權利，鼓勵 Chinese 同化，降低外國人登記費。[156]此聲明標誌著政府將以新態度對待 Chinese。遏制主義被否定，支持同化主義的政策重現。七月，政府宣佈希望入籍的外國人甚至不需要精通泰語。八月，鑾披汶建議有泰國妻子和孩子的 Chinese 歸化為泰籍。[157]到了九月，內政部幾乎是在懇求泰籍母親所生的 Chinese 申請入籍。[158]

在新政策頒布實施之前，鑾披汶向泰國公眾解釋說，由於在泰國的 Chinese 不能去台灣，也不能去紅色 China，他們發現自己陷入了困境；因此，他們應該得到泰國人民的體貼對待、同情以及政府「一切可能的援助」。[159]八月二十六日，頒布了《兵役法》

修正案，無論其血統為何，恢復所有泰國國民在徵兵方面的平等地位。[160]九月，政府宣布將降低一九五六年的移民費，可能降至目前水準的一半（一千泰銖）。[161]十月，頒布了規定，六類廣泛定義的外國人，可以申請豁免繳納外國人費。[162]在十月十四日的新聞發布會上，鑾披汶報告了當局修改《國籍法》的意圖是「奉行政府對Chinese的開放政策」，以便所有在泰國出生的人自動成為泰國公民。[163]十月十九日，鑾披汶以內政部長身份訓令：

> 所有有關當局盡可能為外國人提供便利。……總理認為這些機關過去的行為對外國人造成了極大的不便，使他們無法前來繳納登記費。總理強調，這些機關不但要以正當的態度對待泰國人，對待外國人時也應如此，不要使人感受到差異。[164]

一九五六年一月，政府正式頒布法令，將外國人的註冊費用從四百泰銖降至二百泰銖，並在某些寬鬆的情況下免收未繳付的註冊費。[165]一九五六年三月，頒佈了新的《選舉法》，賦予外籍父親所生的泰國國民，及歸化泰國公民參選國會的基本權利。與Chinese密切相關的立法自由化仍在推行。七月，內閣指示內政部考慮修改《國籍法》，允許外籍人士在泰國所生子女取得泰國公民身份。八月，內政部表示將提出新的入籍要求，將費用從四千泰銖降至二千泰銖，取消正式的教育要求。一九五六年九月，內閣批准了《驅逐出境法》草案，規定驅逐出境令正式下達和執行的時間須相隔十五天，保證有上訴的權利。

由於政策的轉變，親政府的媒體在Chinese問題展現出新的風氣。受到在萬隆達成的中印尼入籍協議所影響，親政府的《曼谷論壇報》發表了令讀者驚訝的社論，它們將泰國的Chinese稱為「對國家的商業發展作出特殊貢獻的少數民族」，並指出：「他們選擇在這裏生活，發揮所能，這是我們國家的榮幸。」[166]自此以後，親政府的媒體普遍堅持政府「與友好的外國人建立更密切的關係」的政策，而自一九五五年八月起，反對黨的媒體相對自由地抨擊政府過去的激烈政策，推動政府更全面地實現其新目標。

如果撇開鑾披汶總理在一九五五年四月至六月國外巡迴訪問後，親自提出的全面民主計劃，就無法完全理解泰國政府Chinese政策採取的新方針。此行之後，他的公開立場與美國新當選的改革州長幾乎沒有區別。大多數觀察家將這一改變解讀為爭取民眾支持，以收回一九五一至一九五二年間由一九五一年政變集團成員奪取的權力。根據這一觀點，鑾披汶對美國、幾個歐洲和亞洲國家的印象深刻，體會到真正的民望可以給國家領導人帶來巨大政治力量。如果仁慈的艾森豪爾方式，比壓迫的佛朗哥方式能帶來更大的政治安全和國際聲譽，為什麼不試一試呢？在這方面，這些觀察家注意到，這是鑾披汶自一九二〇年代末以來的首次出訪。無論總理轉向更民主統治的原因為何，新的方法必然意味對 Chinese 的惡意減少，因為限制泰國人民自由的大部分措施，都是以 anti-Sinicism 和反 Chinese 共產主義的名義而進行。

但政府對 Chinese 政策的改變，還有其他更明確的原因。一九五五年，泰國捲入遠東戰爭的可能性，似乎比一九五〇年以來的任何時候都要小。越戰已經結束，Chinese 共產黨在萬隆保證未來不會進行軍事活動，而泰國本身也在東南亞條約組織獲得了安全感。因此，對 Chinese 共產黨的顛覆活動和第五縱隊活動的恐懼減少了。一九五五年四月的萬隆會議，在其他幾方面影響了泰國政府。它使泰國代表團意識到，大多數亞洲人把共產 China 視為亞洲新強國。那拉親王本人對周恩來的外交技巧印象深刻。會議給大多數觀察家留下了深刻印象：北京政府將加入聯合國，以及幾乎所有歐亞國家都承認北京政權。印尼與紅色 China 的國籍協議，以及共產黨的貿易攻勢，都向泰國政府發出了警告：至少可以說，長期遏制 Chinese 政策是危險的。人們對 Chinese 共產黨在東南亞的潛在力量有了新的認識，同時也意識到和平爭取泰國 Chinese 忠誠的時期即將來臨，而泰國的未來和現任政府任期，可能在很大程度上取決於這次競爭結果。只有同心協力，將當地 Chinese 同化並融入泰國社會，才有成功的希望。最後，泰國民眾日益增長的中立情緒，源於對政府過度依賴美國的不滿，又來自於對政府推行經濟泰化政策過激行為的普遍反感，這些因素不可避免地促使對 Chinese 政策發生轉變，並對 Chinese 社群產生了深遠的影響。

現在可以評估戰後發展對泰國 Chinese 同化的影響，指出可能決定其未來發展的因素。有跡象顯示，Chinese 同化率在一九四六至一九四七年達到了歷史最低點。不僅第二代和第三代 Chinese 在幾乎所有情況下都認為自己是 Chinese，甚至出現了 Chinese 移民的曾孫子輩採用 Chinese 名字、學習 Chinese、偶爾認為自己是 Chinese 的情況。戰後不久，Chinese 同化的下降是對幾個相伴發展的回應。一九三八年至一九四四年，鑾披汶的遏制政策，有效地扼殺了許多第二代 Chinese 同化的希望，而一九四五年至一九四七年，各屆政府的自由放任政策則讓 Chinese 自由放縱反同化的希望。具體來說，不受限制的 Chinese 移民，使得在 China 出生的 Chinese 在其社區的比例急劇增加，並允許在 China 出生的婦女湧入，阻止了種族通婚。政府放寬對 Chinese 教育的壓力，使 Chinese 學校的學童人數增加到戰前高峰期的十倍。同樣重要的是，作為戰勝國五大強國之一，China 獲得新的國際地位，以及其在泰國設立 Chinese 外交和領事辦事處。

儘管自一九四八年以來，泰國的對 Chinese 政策搖擺不定，但在幾個方面，泰國始終是支持同化主義的。自一九四九年以來，泰國一直維持微不足道的 Chinese 移民配額，而對 Chinese 學校的不懈施壓則是 Chinese 教育式微的主要原因。移民和教育對於泰國 Chinese 同化的重要性，再怎麼強調也不為過。由於沒有來自 China 的移民補充，泰國的 ethnic Chinese 人口越來越以在泰國出生的人為主，而這些人大部分都沒有或很少有在 China 的親身經驗。Chinese 學校的泰國化，加上 Chinese 學校數量的減少，大大限制了學習 Chinese 的機會，使其不能更好地了解 Chinese 歷史和傳統。作者在泰國 Chinese 圈子工作了幾年，得出了兩個結論，證明了 Chinese 教育在這方面的重要性：在大多數的社會情況下，唯一能認同自己是 Chinese 的第三代 Chinese，是那些在泰國或海外的 Chinese 學校受過教育的人。唯一認同自己是 Chinese 的第四代 Chinese，同樣也是接受過 Chinese 教育。言下之意很清楚，如果沒有接受過 Chinese 教育，其移民的孫輩就會成為泰國人。

據作者所知，一九五二至一九五四年泰國的遏制政策，對 Chinese 的同化產生了特定的影響。總體而言，它加強了第一代和第二代 Chinese 的團結，粉碎了大多數第二代 Chinese 的同化傾向。然而，對第三代 Chinese 來說，可能大多數人都被鼓勵加快同化進程，從而逃避反 Chinese 仇恨和政府政策所帶來的影響。如上文所指，這種影響在那些在泰國擁有最大利益的精英 Chinese 商人——無論是哪一代——也很明顯。泰國人心理的有趣特徵是，無論對「那些 Chinese」的偏見有多強烈，泰國人從來不會排斥那些說話和行為像泰國人的 Chinese ancestry。

目前，泰國政府的政策幾乎在每個方面都是一貫的支持同化主義。教育和經濟政策的特點，是對 Chinese 施加堅定但溫和的壓力。與泰國公民身份相比，外國公民身份在法律上的劣勢仍然明顯，但對外籍公民後裔的歧視性法律已經消除。即使是在勞工政策方面，新的同化主義也是顯而易見的。由泰國政客和 Chinese 商人於一九五四年共同推動的泰國自由工人協會，從一開始就鼓勵民族間的團結。該協會目前約有一萬八千名會員，其中約三分之二為 Chinese，三分之一為泰國人。政府還宣佈了停止鴉片專賣的計劃，將在一九五七年一月一日前關閉一千零九十個領有執照的鴉片館。[167] 如果政府治療鴉片成癮者的計劃取得成功，那麼民族的重要分化因素將被消除；因為大多數泰國人將吸食鴉片視為 Chinese 的惡習，蔑視沉溺其中的 Chinese。

從歷史的角度來看，以泰國和 Chinese 文化以及泰國社會結構為前提，影響泰國 Chinese 同化率的主要因素是：一、當地出生的 Chinese 所接受的其教育的內容和數量；二、Ethnic Chinese 的性別比例；三、China 出生的 Chinese 佔 ethnic Chinese 人口的比例；四、首先，泰國國民與外國人在待遇和法律地位的差異性質和程度，其次，有直接接外國血統的泰國國民，與其他泰國國民在待遇和法律地位的差異性質和程度；五、Chinese 機構宣傳其民族主義的範圍和能力；及六、Chinese 政府在泰國的影響力。

所有這些因素都在某種程度上——在大多情況是很大程度——受到泰國政府政策所影響。在曼谷無法控制的相關因素，中華人民共和國的地位和作用最為關鍵，很可能發展到泰國別無選擇，只能承認北京，允許 China 共產黨在泰國設立外交和領事機構。這種發展或共產主義在東南亞的任何勝利肯定會延緩 Chinese 同化。然而，泰國政府有能力讓 Chinese 移民的後裔，完全同化並成為完全忠誠的公民。一九五六年的跡象顯示，泰國可能會選擇透過溫和、自由的方法，將 Chinese 融入泰國社會，從而解決 Chinese 問題。

1 一九四七年的人口普查記錄了八十二個類別的職業，分為九個主要類別。如表 9-1 所示，這些類別已完全重新分類與合併，以提供最具社會學意義的經濟清單。職業等級的社會地位分類是根據當地評價而進行的。應該特別注意的是，所有的企業東主和經理都包括在第二類和第六類中，而不列入在所擁有或管理的行業中。因此珠寶店的東主和經理並不包括在第十七類中，而第十七類幾乎完全由在不公開的工場中實際從事工匠勞動的個人所組成。Chinese 和泰國人對某些職業的評價略有不同，在這種情況下，職業類別中代表性最強的族群的評價就是分類的標準。其中三個較具包容性的分類已在身份類別中分割，即「政府官員」（第一類和第五類）、「企業主和經理」（第二類和第六類）以及「市場小攤販」（第二十類和第三十二類）。每個等級中地位高與地位低的成員比例，是根據線人的估計和作者的觀察所得；職業類別的每個子類別（按性別和種族群體分類）按照與整個類別相同的比例進行劃分。

在編制表 9-1 時做出了四個基本假設。第一個假定是，一九五二年各主要人口群體（如 Chinese 男性）的人口佔總人口的比例與五年前相同。然而，這些主要部分的相對規模是根據一九五二年的登記數字而釐定的。第二個假設是，除了「農民和漁民」和「其他農業者」（市場園丁）這兩個階層外，京畿府和包容性較差的 Krungthep 市的各種職業階層的比例是相等的。這個假設源於這樣一個事實：除了 Krungthep 本身之外，京畿府僅由六個主要是農村的縣份組成。據推測，百分之九十五的京畿府農民和漁民以及百分之七十五的京畿府市場園丁居住在市政範圍之外。在這方面，值得注意的是，大多數向曼谷供貨的海灣漁民根本不是京畿府的居民，而是北欖坡府、龍仔厝府和直接位於海灣的其他各府的居民。第三個假設是，一九五二年在曼谷登記的泰國國民中有三分之一實際上是當地出生的 Chinese。表 9-1 所使用的假設將泰國國民的登記人口按民族和地區劃分，得出僅 Krungthep 地區就有百分之三十五點九的泰籍 Chinese。如果有什麼不同的話，那就是表 9-1 的劃分低估了泰國國民中 Chinese 的比例。第四個基本假設是，這些當地出生的 Chinese 依照以下公式分佈在各個職業階層：

$$x = \frac{-ab}{a+b} - c$$

其中 x= 該職業類別中在當地出生的泰籍 Chinese 數目，a= 該職業類別中泰籍人口普查總數（a 包括 x），b= 該職業類別中 Chinese 人口普查總數，c 是使 xx 達到三分之一 xa 所需的常數。然後，對於每個職業類別，從 a 中減去 x 並添加到 b 中，分別給出泰族和 Chinese 的估計總數。所使用的公式比 x= 三分之一 a 更貼近已知的事實。舉例來說，如果估計人口普查中被列為政府官員的泰國人中有三分之一是 Chinese，那就太荒謬了。這個公式所反映的社會事實是，泰籍 Chinese 傾向於集中從事與 Chinese 相同的職業。

因此，所遵循的程序是嚴謹的，但卻是基於幾個尚未經過嚴格驗證的假設。這些假設和程序的整體有效性，似乎可以從曼谷最有見識的資料提供者那裡獲得的近似數據所證明。例如，理髮師工會的會長根據他的記錄估計，在 Krungthep 有一千一百名 Chinese 理髮師和一百多名泰裔理髮師，而將上述假設應用於一九四七年的人口普查數字，則得出一千零二十名 Chinese 理髮師和三百三十名泰裔理髮師。無論如何，表 9-1 的呈現只是為了讓文中有關社會經濟地位的陳述與結論的基礎更為明確，以取代一長串有關族群職業專業化的耗時陳述。表 9-1 並未假定正確設計和執行得宜的人口普查結果的有效性。

2 Thailand, Central Statistic Office, Economic and Demographic Survey 1954 (Bangkok, Municipality of Bangkok, 1955), Table 15-16.

3 Walter Goldschmidt, "Social Class in America-A Critical Review", American Anthropologist, No. 52 (October-December 1950): 491-492.

4 J. S. Furnivall, Colonial Policy and Practice (London: Cambridge University Press, 1948).

5 Electoral Law of B. E. 2494, Sections 14 and 16.

6 G. William Skinner, Leadership and Power in the Chinese Community of Thailand (Ithaca, N. Y.: Cornell University Press, 1958)，該書詳細分析了 Chinese 正式的組織結構。

7 New York Times, 25 July 1948.

8 G. William Skinner, Report on the Chinese in Southeast Asia, December 1950 (Ithaca, Department of Far Eastern Studies, 1951), p. 4.

9 G. William Skinner, Report on the Chinese in Southeast Asia, December 1950 (Ithaca, Department of Far Eastern Studies, 1951), pp. 12-13.

10 見 Hsieh Yu-jung, Hsin-pien hsien-lo kuo-chih (Bangkok: Yi pao-she, 1953), p. 321; G. William Skinner, Report on the Chinese in Southeast Asia, December 1950 (Ithaca, Department of Far Eastern Studies, 1951), pp. 9-11.

11 Liberty, 16-19 June 1948; Bangkok Post, 16-18 June 1948.

12 Liberty, 26 June, 2 July 1948.

13 New York Times, 18 August 1948.

14 Virginia Thompson and Richard Adloff, The Left Wing in the Southeast Asia (New York: Sloane, 1950), p.65; Liberty, 17-19 June 1948.

15 Virginia Thompson and Richard Adloff, The Left Wing in the Southeast Asia (New York: Sloane, 1950), p.60.

16 Standard, 8 October 1949, 6.

17 Standard, 14 October 1950（描述前一年的情況）。

18 Si-krung, 25 January 1950; Kiattisak, 1 February 1950; Maitri-san, 31 January, 4 February 1950.

19 Chung-yüan Pao, 30 January 1950.

20 "Political Alarms in Bangkok", World Today, No. 8 (February 1952): 66.

21 Bangkok Radio, Thai Harne Service, 2 December 1950.

22 Bangkok Times, 1 November 1950.

23 Liberty, 24 February 1951.

24 Ch'ao-chou Yüeh-pao, March 1951, p. 16.

25 NCNA, English Morse from Peking, 11 January 1952.

26 Bangkok Post, 16 July 1951.

27 Bangkok Post, 14 November 1951.

28 Bangkok Post, 16 February, 17 October 1951.

29 "Some Aspects of the Situation of the Chinese Minority in Thailand", Far Eastern Economic Review, No. 13 (23 October 1952): 528-529.

30 Bangkok Post, 6 February 1952.

31 Hsing-t'ai Wan-Pao, 10 July 1952; Kuang-hua Pao, 27 June 1952.

32 Kuang-hua Pao, 27 June 1952.

33 根據收到的收入，一九五三年和一九五四年分別只有約三十九萬名和三十四萬名外國人繳了外國人登記費。Bangkok Post, 25 August 1955.

34 Chung-yüan Pao, 10 April, 19 May 1952.

35 引自 Bangkok Post, 14 November 1952. 的譯文。

36 New York Times, 30 November 1952.

37 Bangkok Post, 19-20 May 1953., 1 February 1954.

38 Bangkok Tribune, 25 April, 29 April 1953; Bangkok Post, 21 June 1954.

39 Bangkok Post, 21 June, 30 June 1954; Bangkok Tribune, 1 July 1954.

40 Bangkok Post, 28 January 1953.

41 Bangkok Tribune, 29 March 1953; Bangkok Post, 30 March 1953.

42 Bangkok Post, 27 October 1954.

43 Bangkok Post, 5 August, 16 August, 13 September, 1 October, 15 October 1954.

44 Min-chu Jih-pao, 27 March 1953; Hsing-t' ai Wan-pao, 3 September 1954.

45 Kuang-hua Pao, 11 April 1954; Hsing-hsien Jih-pao, 1 March 1955.

46 Hsing-hsien Jih-pao, 3 September 1953.

47 Min-chu Jih-pao, 2 May 1953.

48 Bangkok Post, 25 February 1955.

49 Chung-yüan Pao, 16 April 1955; Hsing-hsien Jih-pao, 20 April 1955.

50 Hsing-hsien Jih-pao, 25 April 1955.

51 Thai-mai, 27 May 1955.

52 Bangkok Post, 15-16 March 1955.

53 Bangkok Post, 7 October, 14 October 1955.

54 Bangkok Tribune, 1 September 1955.

55 Bangkok Post, 17 October 1955.

56 New York Times, 3 March 1956.

57 Bangkok Post, 16 November 1956.

58 幾年來，另1份 Chinese 日報《新報》也在曼谷出版。但它只是最成功的黃色 Chinese 期刊，不值得與嚴肅的 Chinese 報紙一同看待。

59 Hsing-hsien Jih-pao, 26 June 1956.

60 James C. Ingram, Economic Change in Thailand Since 1850 (Stanford: Stanford University Press, 1955), p. 94.

61 Thailand, Department of the Secretary General of the Council of Ministers, Central Service of Statistic, Thailand Statistical Year Book (Bangkok, 1953), p. 400.

62 James C. Ingram, Economic Change in Thailand Since 1850 (Stanford: Stanford University Press, 1955), pp. 87-92. 描述並仔細分析了一九四五至一九五四年期間政府在大米貿易中的作用。

63 James C. Ingram, Economic Change in Thailand Since 1850 (Stanford: Stanford University Press, 1955), p. 89.

64 James C. Ingram, Economic Change in Thailand Since 1850 (Stanford: Stanford University Press, 1955), p. 92.

65 一九四九年和一九五四年按國籍登記的橡膠持有量統計資料由曼谷農業部橡膠局（the Rubber Division of the Department of Agriculture in Bangkok）提供。

66 James C. Ingram, Economic Change in Thailand Since 1850 (Stanford: Stanford University Press, 1955), p. 104.

67 James C. Ingram, Economic Change in Thailand Since 1850 (Stanford: Stanford University Press, 1955), p. 100.

68 一九五〇年，透過挖泥船生產了十一萬四千擔錫金屬，而透過其他方式生產了六萬四千二百四十擔（James C. Ingram, Economic Change in Thailand Since 1850 (Stanford: Stanford University Press, 1955), p. 100.）。錫礦石產量從一九五〇年的一萬四千五百零九噸增加到一九五四年的二萬二千二百四十噸（Thailand, National Economic Council, Central Statistical Office, Bulletin of Statistics (October-December 1954): 37）。

69 James C. Ingram, Economic Change in Thailand Since 1850 (Stanford: Stanford University Press, 1955), p. 101.

70 Bangkok Post, 3 March, 14 December 1954.

71 Bangkok Tribune, 8 April 1955.

72 根據 Thailand, Department of the Secretary General of the Council of Ministers, Central Service of Statistic, Thailand Statistical Year Book (Bangkok, 1953), p. 400.，泰國在一九四九年有九百零八家鋸木廠，一九五〇年有九百二十五家。

73 Thailand, Department of the Secretary General of the Council of Ministers, Central Service of Statistic, Thailand Statistical Year Book (Bangkok, 1953), pp. 326-329.

74 Thailand, Department of the Secretary General of the Council of Ministers, Central Service of Statistic, Thailand Statistical Year Book (Bangkok, 1953), pp. 326-329.

75 Chung-yüan Pao, 22 August 1953.

76 Bangkok Post, 24 February 1954.

77 Thailand, National Economic Council, Central Statistical Office, Bulletin of Statistics (October-December 1954): 10.

78 Bangkok Post, 17 March 1953.

79 Bangkok Tribune, 31 March, 23 May 1953.

80 其他則是：製作或鑄造佛像，泰文印刷，製作竹製用具，以及耕作（經營果園和蔬菜園除外）。

81 其他是駕駛三輪車（不包括出租）和採集樹脂。

82 Kuang-hua Pao, 29 February 1952; Hsing-t'ai Wan-pao, 27 November 1952.

83 "Business Information on Thailand", Far Eastern Economic Review, No. 9 (31 August 1950): 261.

84 "Foreign Investment in East Asian Countries, Thailand", Far Eastern Economic Review, (1952): 487.

85 Thailand, Department of the Secretary General of the Council of Ministers, Central Service of Statistic, Thailand Statistical Year Book (Bangkok, 1953), pp. 388-391.

86 Bangkok Post, 14 January 1953.

87 Bangkok Tribune, 21 February 1953.

88 Bangkok Tribune, 30 January, 16 May 1953.

89 Bangkok Tribune, 23 September 1954; Bangkok Post, 30 November 1954.

90 Bangkok Post, 6 November, 29 December 1954.

91 Min-chu Jih-pao, 29 May 1953; Bangkok Post, 1 June 1953.

92 Chung-yüan Wan-pao, 1 July 1953; Bangkok Post, 1 July 1953.

93 Bangkok Post, 24 December 1953.

94 "Economic Reports from Siam", Far Eastern Economic Review, No. 5 (29 September 1948): 330.

95 Bangkok Post, 3 April 1953.

96 Bangkok Tribune, 13 May 1955.

97 "Economic Reports from Siam", Far Eastern Economic Review, No. 5 (29 September 1948): 330.

98 Bangkok Tribune, 18 January 1953; Bangkok Post, 21 January 1953.

99 Bangkok Post, 26 February 1953.

100 Bangkok Post, 9 November 1953.

101 Bangkok Tribune, 20 June 1953; Bangkok Post, 31 January 1955; Bangkok Tribune, 3 May 1955.

102 Bangkok Tribune, 3 February 1954; Thammathipat, 21 July 1954.

103 Bangkok Post, 15 February 1955.

104 Bangkok Tribune, 12 October 1954.

105 Sathiraphap, 31 August 1955.

106 這項資料詳見於 G. William Skinner, Leadership and Power in the Chinese Community of Thailand (Ithaca, N. Y.: Cornell University Press, 1958).

107 特別參見：Bangkok Post, 19 July, 9 August, 11 August, 7 October, 13 October 1955; Siam Rath Weekly Review, 21 July, 6 October, 13 October 1955.

108 例如，Siam Rath Weekly Review, 20 October 1955.

109 北京電台國語廣播，一九五一年九月十五日下午八時四十五分。

110 詳情見於 Kuang-hua Wan-pao, 5 February, 6 February, 21 February 1953; Hsing~hsien Jih-pao, 5 March, 7 March 1953.

111 一九五六年九月，財政部終止了匯款公會的壟斷地位，理由是它一直在剝削 Chinese 匯款人。由匯款商店組成的十一家公司獲得了許可證。壟斷結束的消息一經公布，匯款率即開始下降。

112 Bangkok Post, 4 August 1955.

113 Bangkok Post, 25 August 1955.

114 截至一九五三年，在泰國登記的外國人有八十一萬九千四百九十六人，其中七十六萬五千一百六十七人是 Chinese 公民。數字由曼谷警察局外僑科提供。

115 Bangkok Post, 10 April 1950.

116 Liberty, 22 May 1950; Phim Thai, 23 May 1950; Sayam rat, 11 August 1950.

117 Hsing-t'ai Wan-pao, 28 January 1953.

118 Min-chu Wan-pao, 29 January 1953; Min-chu Jih-pao, 4 February 1953.

119 Hsing-hsien Jih-pao, 19 March 1953; Chung-yüan Pao, 20 March 1953; Min-chu Wan-pao, 24 March 1953; Hsing-t'ai Wan-pao, 31 March 1953.

120 Kuang-hua Pao, 25 December 1953.

121 Hsing-hsien Jih-pao, 3 July 1953.

122 Chung-yüan Wan-pao, 11 March, 1 July, 5 July, 10 July, 9 August 1954; Hsing-t'ai Wan-pao, 15 September, 16 October 1954.

123 Chung-yüan Pao, 24 July 1954; Hsing-hsien Jih-pao, 1 August 1954.

124 Hsing-t’ ai Wan-pao, 4 October 1954.

125 Kuang-hua Wan-pao, 14 January 1955.

126 Bangkok Post, 10 April 1950.

127 Chung-yüan Wan-pao, 30 December 1952.

128 Hsing-t'ai Wan-pao, 7 August 1953; Kuang-hua Wan-pao, 9 July 1954.

129 Hsing-hsien Jih-pao, 2 May 1954.

130 Kuang-hua Wan-pao, 30 June 1955.

131 Chung-yüan Wan-pao, 22 January 1953.

132 一九五五至一九五六年的 Chinese 教育統計資料，乃根據作者於一九五五年對泰國北部和曼谷的 Chinese 學校所做的廣泛現場調查，加上曼谷教育部私立學校處提供的泰國 Chinese 學校官方統計資料（截至一九五六年三月）。

133 關於 Chinese 領袖對 Chinese 學校的作用，G. William Skinner, Leadership and Power in the Chinese Community of Thailand 作出了詳細的論述。

134 Hsing-hsien Jih-pao, 19 January 1955; Hsing-t'ai Wan-pao, 17 May 1955.

135 Sayam rat, 12 May 1955.

136 Bangkok Post, 28 May 1955.

137 Chung yüan Wan-pao, 23 May 1955; Hsing-hsien Jih-pao, 16 July, 9 September 1955.

138 Chung-yüan Pao, 17 October 1955.

139 Chung-yüan Pao, 23 January 1952; Min-chu Jih-pao, 9 February 1952.

140 Ch’ üan-min Pao, 20 February 1952; Hsing-hsien Jih-pao, 23 February 1952.

141 Chung-yüan Pao, 9 September 1952; Hsing-t' ai Wan-pao, 20 September 1952; Hsing-hsien Jih-pao, 26 December 1952.

142 Emergency Administration Act of B. E. 2495, Section 12.

143 Nationality Act of B. E. 2496, Section 7.

144 Bangkok Post, 10 January 1953.

145 Nationality Act of B. E. 2495, Section 9.

146 Bangkok Tribune, June 13, 1953.

147 至於有代表性的報紙論述，見 Bangkok Tribune, 6 January, 11 January, 1953; 26 February, 1954.

148 Bangkok Post, 30 November 1953.

149 Bangkok Tribune, 14 January 1953.

150 Bangkok Tribune, 4 June 1953.

151 Bangkok Post, 16 June 1953.

152 Bangkok Post, 14 December 1953.

153 Bangkok Post, 23 April, 11 June 1954.

154 Bangkok Tribune, 17 October 1954.

155 Bangkok Post, 1 July 1955.

156 Bangkok Post, 15 July 1955.

157 Bangkok Post, 20 August 1955.

158 Bangkok Post, 15 July 1955; Bangkok Tribune, 29 September 1955.

159 Bangkok Tribune, 20 August 1955.

160 Military Service Act (No. 2) of B. E. 2498, Section 3.

161 Bangkok Post, 30 September 1955.

162 Government Gazette, 11 October 1955.

163 Chung-yüan Pao, 14 October 1955.

164 Bangkok Tribune, 20 October 1955.

165 Government Gazette, 12 January 1956.

166 Bangkok Tribune, 28 April 1955.

167 Bangkok Post, 22 August, 26 August 1955.

參考文獻

(1) 著作

- A. Cecil Carter, ed., The Kingdom of Siam.（《暹羅王國》） New York: G. P. Putnam's Sons, 1904.
- A. Gordon Angier, The Far East Revisited.（《再訪遠東》） London: Witherby &. Co., 1908.
- Adrien Launay, Documents Historiques.（《歷史文獻》） Vols.2. Paris: P. Tequi, 1920.
- Alexander Mac Donald, Bangkok Editor.（《曼谷編輯》） New York: Macmillan, 1949.
- Alexandre, Chevalier de Chaumont, Relation de l'ambassade de Monsieur le Chevalier de Chaumont à la Cour du Roy.（《梭蒙爵士出使暹羅記》） Amsterdam: Pierre Mortier, 1686.
- Arnold Wright and Oliver T. Breakspear, eds., Twentieth Century Impressions of Siam: Its History, People, Commerce, Industries and Resources.（《有關暹羅歷史、民族、工商業和天然資源等的二十世紀觀感》） London: Lloyd' s, 1908.
- Bruno Lasker, Asia on the Move.（《亞洲在變動中》） New York: Holt, 1945.
- Bruno Lasker, Human Bondage in Southeast Asia.（《東南亞的人身拘束》） Chapel Hill: University of North Carolina Press, 1950.
- C. F. Remer, A Study of Chinese Boycott s.（《中國抵制日貨的探討》） Baltimore: Johns
- Hopkins Press, 1933.
- C. R Boxer, ed., South China in the Sixteenth Century.（《16 世紀時的華南》） Hakluyt Society Publications, 2ds. No. CVl. London: Hakluyt Society, 1953.
- C. Yang, H. B. Hau, and others, Statistics of China's Foreign Trade during the Last Sixty-five years.（《近六十五年來中國對外貿易統計》） Monograph No. 4. National Research Institute of Social Sciences, Academia Sinica, 1931.
- Captain H. Burney, The Burney Papers.（《本尼文件集》） Bangkok: Vajiranana National Library, 1910.
- Carl Bock, Temples and Elephants.（《廟宇和象》） London: Sampson Low, Marston, Searle, and Rivington, 1884.
- Carle C. Zimmerman, Siam, Rural Economic Survey 1930-1931.（《1930-1931 年暹羅農村經濟調查》） Bangkok: Bangkok Times Press, 1931.
- Ch'en Su-ching, China and Southeastern Asia.（《中國與東南亞》） Chungking and New York: China Institute of Pacific Relations, 1945.
- Chao Phya Wongsa Nuprapath, History of the Ministry of Agriculture.（《農業部沿革》） [in Thai] Bangkok, 1941.
- Charles Gutzlaff, Journal of Three Voyages along the Coast of China in 1831, 1832, and 1833, with Notices of Siam, Corea, and the Loo-Choo Island, to Which is Prefixed an Introductory Essay on the Policy, Religion, etc., of China, by the Rev. W. Ellis.（1831、1832、1833 年三次航行中國沿岸日記，涉及暹羅、朝鮮、琉球群島等地》） London: Thomas Ward and Co., 1840.

- Chen Ta, Chinese Migrations with Special Reference to Labour Conditions.（《中國移民及其勞工情況》） Washington, U. S. Dept. of Labor, Bureau of Labor Statistics, Bulletin No. 340, 1923.
- Chen Ta, Emigrant Communities in South China, a Study of Overseas Migration and its Influence on Standards of Living and Social Change.（《南洋華僑與閩粵僑鄉》） New York: Institute of Pacific Relations, 1940.
- Chen Ta, Emigrant Communities in South China.（《南亞移民社會》） New York: Institute of Pacific Relations, 1940.
- Clément Niel, Condition des Asiatiques, Sujetset Protégés Francias au Siam.（《暹羅法國籍亞洲人、屬民和保護民的情況》） Paris, Sirey, 1907.
- Comte de Forbin, Mémoires de Comte de Forbin, Première Patie, 1675-1689.（《福爾賓公爵回憶錄第一部分 1675-1689）Paris, 1839.
- D. E. Malloch, Siam, Some General Remarks on Its Productions.（《關於暹羅物產的一般說明》） Calcutta, Baptist Mission Press, 1852.
- D. E. Malloch, Siam, Some General Remarks on Its Productions.（《暹羅一物產概論》） Calcutta, Baptist Mission Press, 1852.
- Daniel Harrison Kul p, Country Life in South China.（《華南農村生活》） New York: Bureau of Publication, Teachers' College, Columbia University, 1925.
- E. W. Hutchinson, Adventures in Siam in the Seventeenth Century.（《17 世紀暹羅探險 記》） London, Royal, Asiatic Society, 1940.
- Egon Freiherr Von Eickstedt, Rassendynamik Von Ostasian. China und Japan, Thai und Khmer Von der Urzeit bis Heute.（《東亞一中國、日本、泰國和吉蔑－民族運動的過去和現在》） Berlin, Gruyter, 1944.
- Engelbert Kaempfer, The History of Japan, Together with a Description of the Kingdom of Siam, 1690-1692.（《日本史，附暹羅王國記述，1690-1692》）translation by J. G. Scheuchzer, F. R S. First published as translated from the original manuscript in 1727 (Glasgow, James MacLehose and Sons), 1906.
- Erich H. Jacoby, Agrarian Unrest in Southeast Asia.（《東南亞的土地危機》） New York, Columbia University Press, 1949.
- Erik Seidenfaden, Guide to Bangkok, with Notes on Siam.（《曼谷指南，附有暹羅的說明》） Bangkok, Royal State Railways of Siam, 1928.
- Ernest Young, The Kingdom of the Yellow Robe.（《黃袍的土國》） Westminster, Archibald Constable and Co., 1898.
- Franco is Pallu, Relation abrégée des missions et des voyages des éveques francais, envoyez aux royaumes de la Chine, Cochinchine, Tonquin et Siam.（《派往中華帝國，交趾支那，東京和暹羅的法國使節和主教們的遊記概述》） Paris: Denys Bechet, 1668.
- Francois T. albé de choisy, Journal du Voyage de Siam Fait en 1685 et 1686.（1685 和 1686 年遊暹日記》） Paris: Chez Sebasti en Mabre-Cramoisy, 1687.
- Frederick Arthur Neale, Narrative of a Residence in Siam.（《一個駐暹羅官員的敘述》） London, Office of the National Illustrated Library, 1852.
- Friedrich Ratzel, Die Chinesische Auswanderung.（《中國移民》） Breslau: I. U. Kern's, 1876.
- G. William Skinner, Leadership and Power in the Chinese Community of The land.（《泰國華人社會的領導者及其權力》） Ithaca, N. Y. : Cornell University Press, 1958.
- G. William Skinner, Report on the Chinese in Southeast Asia, December, 1950.（《有關東南亞華人的報告，1950 年 12 月》）Ithaca,

Department of Far Eastern Studies, 1951.

- George B. Bacon, Siam, Land of the White Elephant.（《暹羅—白象之國》） New York, Scribner's, 1892.
- George B. McFarland, ed., Historical Sketch of Protestant Missions in Siam, 1828-1928.（《1828-1928年暹羅新基督教會史略》） Bangkok, Bangkok Times Press, 1928.
- George Finlayson, The Mission to Siam and Hué, the Capital of Cochin China, in the Years 1821-1822.（《1821-1822年出使暹羅和順化（安南首都）記》） London, John Murray, 1826.
- George Windsor Earl, The Eastern Seas, or Voyages and Discoveries in the Indian Archipelago in 1832-1833-1834.（《東海，1832-1833-1834年印度群島間的航行和發現》） London, W. H. Allen, 1837.
- H. G. Quaritch Wales, Ancient Siamese Government and Administration.（《暹羅古代政府與行政組織》） London, Bernard Quaritch, 1934.
- H. Gottwaldt, Die Uberseeische Auswanderung der Chinesen und ihre Einwirknug auf die weisse und gelbe Rasse.（《中國海外移民對白種及黃種移民的影響》） Bremen, 1903.
- H. Warington Smyth, Five Years in Siam.（《旅暹五年》） London, John Murray, 1898.
- A. Hale, The Adventures of John Smith in Malaya, 1600-1605.（《1600-1605年史密斯在馬來亞的探險》） Leyden, E. J. Brill, 1909.
- Hans Mosolff, Die Chinesische Auswanderung.（《華人移民》） Restock: Carl Hinstorffs, 1932.
- Harley F. MacNair, The Chinese Abroad, Their Position and Protection, A Study in International Law and Relations.（《華僑，其地位和保護：國際法和國家關係角度的研究》） Shanghai: Commercial Press, 1926.
- Helmut G. Callis, Foreign Capital in Southeast Asia.（《東南亞的外國資本》） New York, Institute of Pacific Relations, 1942.
- Henri Mouhot, Travels in the Central Parts of Indo-China (Siam), Cambodia, and Laos.（《暹羅、柬埔寨、老撾旅行記》） London: John Murray, 1864.
- Henry Norman, Peoples and Politics of the Far East.（《遠東的人民和政治》） London, T. Fisher Unwin, 1907.
- Holt S. Hallett, A Thousand Miles on an Elephant in the Shan States.（《撣邦千里騎象記》） Edinburgh and London: William Blackwood and Sons, 1890.
- Hsieh Yu-jung, Siam Gazetteer.（《暹羅國志》） Bangkok: Nan-hai t'ung-hsün-she, 1949.
- Ivon A. Donnelly, Chinese Junks and other Native Craft.（《中國帆船和其他本地船舶》） Shanghai: Kelly and Walsh, 1924.
- J. C. Barnett, Report of the First Annual Exhibition of Agriculture and Commerce.（《農業與商業第一次常年展覽會報告》） Bangkok, Ministry of Agriculture, 1910.
- J. G. D. Campbell, Siam in the Twentieth Century.（《二十世紀的暹羅》） London, Edward Arnold, 1902.
- J. S. Furnivall, Colonial Policy and Practice.（《殖民政策及實踐》） London, Cambridge University Press, 1948.
- J. Thomson, The Straits of Malacca, Indo-china, and China.（《馬六甲海峽、印度支那和中國》） New York: Harper, 1875.

- Jacob T. Child, The Pearl of Asia.（《亞洲的寶國》） Chicago: Donohue, Henneberry and Co., 1892.
- Jacob Tomlin, Missionary Journal and Letters, Written during Eleven Year's Residence and Travels among the Chinese, Javanese, Khassians, and Other Eastern Nations.（《十一年中在華人、爪哇人、卡西人及其他東方民族中居住及旅行所寫的傳教日記和書信》） London, J. Nisbet, 1844.
- James C. Ingram, Economic Change in Thailand Since 1850.（《1850 年以來泰國的經濟變遷》） Stanford: Stanford University Press, 1955.
- James C. Ingram, Economic Change in Thailand, 1850-1950.（《1850-1950 年泰國的經濟變遷》）Ithaca, Cornell University, 1952.
- James M. Andrews, Siam, 2nd Rural Economic Survey, 1934-1935.（1934-1935 年暹羅第二次農村經濟調查》） Bangkok: Bangkok Times Press, 1935.
- James McCarthy, Surveying and Exploring in Siam.（《暹羅的勘察和開發》） London: John Murray, 1902.
- Jean Poujade, Les Jonques des Chinors du Siam.（《暹羅華人的帆船》） Paris, Gauthier Villars, 1946.
- John Anderson, English Intercourse With Siam in the Seventeenth Century.（《17 世紀時的 英暹往來》） London: Kegan Paul, Trench, Trübner and Co., 1890.
- John Coast, Railroad of Death.（《死亡鐵路》） London: Commodore Press, 1946.
- John Crawfurd, "Reports to George Swinton, Esq. April 3, 1823". The Crawfurd Papers.（「1823 年 4 月 3 日呈遞給斯文頓．喬治爵士的報告書」，《克勞福文件集》） Bangkok: Vajiranana National Library, 1915.
- John Crawfurd, History of the Indian Archipelago, Containing an Account of the Manners, Arts, Languages, Religions, Institutions and Commerce of Its Inhabitans.（《印度群島史，包括其人民的風俗習慣，藝術，語言，宗教，機構和商業》） Edinburgh: A Constable, 1820.
- John Crawfurd, Journal of an Embassy from the Governor General of India to the Courts of Siam and Cochin China.（《印度總督派往暹羅及交趾支那王廷的一個使者的日記》） London: Henry Colburn and Richard Bentley, 1830.
- John De Francis, Nationalism and Language Reform in China.（《民族主義與與中國的語文改革》） Princeton: Princeton University Press, 1950.
- Karl Helbig, Am Rande des Pazifik, Studien zur Landes und Kultur-Kunde Sudostasiens.（《太平洋地區，東南亞土地和文化研究》） Stuttgart: Kohlhammer, 1949.
- Karl J. Pelzer, Die Arbeiterwanderungen in Sudostasien, eine wirtschafts und bevölkerungsgeographische Untersuchung.（《東南亞的勞工移民—管理及地域分布的探討》） Hamburg, 1935.
- Karl J. Pelzer, Population and Land Utilization.（《人口與土地利用》） Shanghai: International Secretariat, Institute of Pacific Relations, 1941.
- Kenneth P. Landon, Thailand in Transition.（《轉變中的暹羅》） Chicago: University of Chicago Press, 1939.
- Kenneth P. Landon, The Chinese in Thailand.（《泰國的華人》） New York: Institute of Pacific Relations, 1941.
- L. Carrington Goodrich, A Short History of the Chinese People.（《中華民族簡史》） New York. Harper, 1943.
- Louis Richard, Comprehensive Geography of the Chinese Empire and Dependencies.（《大清帝國及其屬地地理概要》） Shanghai: Tu-se-wei

Press, 1908.

- Luang Nathabanja, Extraterritoriality in Siam.（《暹羅的治外法權》） Bangkok: Bangkok Daily Mail, 1924.
- Ludovic, marquis de Beauvoir, Java, Siam, Canton.（《爪哇，暹羅，廣州》） Paris: Henri Pion, 1870.
- M. Turpin, History of the Kingdom of Siam.（《暹羅王國史》）published originally at Paris in 1771 and translated fr om the French by B. O. Cartwright. Bangkok: American Mission Press, 1908.
- M. V. Del Tufo, A Report on the 1947 Census of Population: Malaya. Comprising the Federation of Malaya and the Colony of Singapore.（《1947馬來亞聯合邦及新加坡殖民地人口調查報告》） London: Crown Agents for the Colonies, 1949.
- Malcolm Smith, A Physician at the Court of Siam.（《暹羅朝廷的一個醫生》） London: Century Life, 1947.
- Mary L. Cort, Siam, or the Heart of Father India.（《暹羅—大印度的心臟》） New York: Anson D. F. Randolph and Co., 1886.
- Mgr. Pallegoix, Déscription du Royaume Thai ou Siam.（《泰國或暹羅王國記》） Paris, 1854.
- Nicol Smith and Black Clark, Into Siam, Underground Kingdom.（《進入暹羅，神秘的王國》） Indianapolis and New York, Bobbs-Merrill, 1946.
- Nicolas Gervaise, The Nature and Political History of the Kingdom of Siam, A. D. 1688.（《公元1688年時暹羅王國的性質和政治史》）translaed from the French by H. S. O'Neill. Bangkok, 1928.
- Octave J. A Collet, Etude Politique et Economique Sur Le Siam Moderne.（《現代暹羅的政治經濟研究》） Bruxelles: Hayez, 1911.
- Père Guy Tachard, Voyage de Siam des pères Jésuites envoyés par le Roy aux Indes et à la Chine.（《國王派往印度和中國的耶穌教士在暹遊記》） Paris: Daniel Horthemels, 1686.
- Peter A. Thompson, Lotus Land, Being an Account of the Country and the People of Southern Siam.（《蓮花國境—南暹羅國土人民記》） London, T. Werner Laurie, 1906.
- Phra Sarasas, My Country Thailand.（《我的國家泰國》） Tokyo, Maruzen, 1942.
- R. A. D. Forrest, The Chinese Language.（《中國的語言》）） London: Faber and Faber, 1948.
- Reginald S. Le May, Siamese Tales Old and New.（《暹羅古今故事集》） London: Noel Douglas, 1930.
- Reinhold Werner, Die Preussische Expedition nach China, Japan und Siam 1860-1862.（《1860-1862年普魯士向中國，日本和暹羅的遠征》） Leipzig, 1873.
- Ruth Benedict, Thai Culture and Behavior.（《泰國文化與行為》）Ithaca: Department of Far Eastern Studies, 1952.
- Salvatore Besso, Siam and China.（《暹羅與中國》） translated fr om the Italian by C. Matthews. London: Simpkin, Marshall, Hamilton, Kent and Co., 1913.
- See Chong Su, The Foreign Trade of China.（《中國的對外貿易》） New York, Columbia University, Longmans, Green &. Co., 1919.
- Simon de la Loubère, A New Historical Relation of the Kingdom of Siam.（《暹羅王國的新歷史關係》）translated from the French by S. P. Gen. R.

S. S. London: Theodore Horne, 1693.

- Sir John Bowring, The Kingdom and People of Siam, with a Narrative of the Mission to that Country in 1855.（《暹羅王國及其人民—1855年出使暹羅記》） London: John W. Parker and Son, 1857.
- Sir Josiah Crosby, Siam, the Crossroads.（《暹羅要沖之地》） London: Holli s and Carter, 1945.
- Sun Fang Si, Die Entwicklung der Chinesischen Kolonisation in Südasien (Nan-yang) nach Chinesischen Quellen.（《中國史料中有關南洋華僑殖民的發展》）Jena, 1931.
- The Rev. Howard Malcom, Travels in South Eastern Asia, Embracing Hindustan, Malaya, Siam, and China, With Notices of Numerous Missionary Stations, and a Full Account of the Burman Empire.（《東西亞遊記，包括印度、馬來亞、暹羅和中國，附各教會據點的說明以及有關緬甸王國的詳細報導》）London: Charles Tilt, 1839.
- Thuan Kanchananaga, Comp., Report on Commercial and Economic Progress of Thailand, 1939-1940.（《1939-1940年泰國商業和經濟的進步年報》） Bangkok, Sataman Publishing House, 1941.
- Victor Purcell, The Chinese in Southeast Asia.（《東南亞的華人》） London: Oxford University Press, 1951.
- Virginia Thompson and Richard Adloff, The Left Wing in the Southeast Asia.（《東南亞的左翼》） New York: Sloane, 1950.
- Virginia Thompson, Labor Problems in Southeast Asia.（《東南亞勞工問題》） New Haven: Yale University Press, 1947.
- Virginia Thompson, Thailand, the New Siam.（《泰國，新暹羅》） New York: Macmillan, 1941.
- W. A. Graham, Siam, A Handbook of Practical, Commercial and Political Information.（《暹羅風俗習慣，商業和政治等情況手冊》）London: Alexander Moring, 1912.
- W. A. Graham, Siam.（《暹羅》） London, Alexander Moring, 1924.
- W. A. R. Wood, A History of Siam.（《暹羅史》） London: Fisher Unwin, 1926.
- W. A. R. Wood, Land of Smiles. （《歡樂之國》） Bangkok: Krungdebarnagar Press, 1935.
- W. D. Reeve, Public Administration in Siam.（《暹羅的地方行政》） London: Oxford University Press, 1951.
- W. S. W. Ruschenberger, A Narrative of a Voyage Round the World, during the Years 1835, 36 and 37, including a Narrative of an Embassy to the Sultan Muscat and the King of Siam.（《1835、1836及1837年間周遊世界及出使馬斯卡特蘇丹與暹羅王記》） London: Richard Bentley, 1838.
- Wilhelm Credner, Siam, das Land der Tai.（《暹羅，泰族的國家》） Stuttgart: J. Engelhorns, 1935.
- Wolfram Eberhard, A History of China.（《中國史》） Berkeley: University of California Press, 1950.

(2) 其他官方出版物

- Bangkok Calendar.（《曼谷紀年》） Bangkok: Press of the American Missionary Association, 1859-1872.
- Bangkok Calendar.（《曼谷紀年》） Bangkok: Press of the American Missionary Association, 1871.

- Die Völker des östlichen Asien.（《東亞人民》） Vol. 3, 1867.
- Directory for Bangkok and Siam.（《曼谷與暹羅指南》） Bangkok: Bangkok Times Press, 1907.
- Siam Dictionary.（《暹羅指南》）Bangkok: The Thai Company, 1947—1953.
- Siam Repository.（《暹羅文庫》） Bangkok: S. J. Smith's office, 1869—1874.
- Amendment Act (No. 3) of B. E. 2479 relative to the Electoral of B. E. 2475.（《佛曆 2479 年有關佛曆 2475 年選舉法修訂條例（《第三號》）》）
- Business Registration Act of B. E. 2479.（《佛曆 2479 年商業登記條例》）
- China, Inspectorate General of Customs, China Trade Returns.（《中國貿易報告》） Shanghai, 1865-1929.
- China, Inspectorate General of Customs, Chinese Customs Decennial Report.（《中國海關十年報告》） Shanghai, 1902-1911.
- China, Inspectorate General of Customs, Trade Report and Returns 1864-1928.（《中國貿易報告》） Statistical Series No. 3. Shanghai, 1865-1929.
- Electoral Law of B. E. 2475.（《佛曆 2475 年選舉法》）
- Emergency Administration Act of B. E. 2495.（《佛曆 2495 年治安緊急法令》）
- Great Britain, Foreign Office, Annual Diplomatic and Consular Report on the Trade of Kiungchow, 1876-1914.（《有關瓊州貿易的外交與領事年報，1876-1914 年》）London: Harrison and Sons, 1877-1916.
- Great Britain, Foreign Office, Annual Diplomatic and Consular Reports on the Trade of Amoy, 1862-1893.（《有關廈門貿易的外交及領事年報》） London: Harrison and Sons, 1863-1894.
- Great Britain, Foreign Office, Annual Diplomatic and Consular Reports on the Trade of Swatow.（《有關汕頭貿易的外交及領事年報》） London: Harrison and Sons, 1872.
- Great Britain, Foreign Office, Siam Consular Report, 1964-1913.(《有關暹羅貿易的外交和領事常年報告》） London: Harrison and Sons, 1865-1914.
- Great Britain, Foreign Office, Report on the Commercial Situation in Siam at the Close of the Year 1919. （《1919 年末暹羅商業情況報告》） London, 1920.
- Military Service Act (No. 2) of B. E. 2498.（《佛曆 2498 年徵兵條例（第 2 號）》）
- Nationality Act of B. E. 2495.（《佛曆 2495 年國籍法》）
- Nationality Act of B. E. 2496.（《佛曆 2946 年國籍法》）
- Occupational and Professional Assistance Act No. 2 of B. E. 2485.（《佛曆 2485 年第二號職業與專門職業扶助條例》）
- Thailand, Central Statistical Office, Economic and Demographic Survey.（《經濟和人口調 查》） Municipality of Bangkok, 1954; 1955.
- Thailand, Department of the Secretary General of the Council of Ministers, Central Service of Statistic, Thailand Statistical Year Book 1916-1953.（《泰國統計年鑒》） Bangkok, 1917-1954.

- Thailand, Ministry of Commerce and Communications, Commercial Directory for Siam. (《暹羅商業指南》) Bangkok, 1929.
- Thailand, National Economic Council, Central Statistical Office, Bulletin of Statistics. (《統計公報》) Vol. 1-3 (1952-1954).

(3) 報紙

- Bangkok Post. (《曼谷郵報》)
- Bangkok Tribune. (《曼谷論壇報》)
- Bangkok Times. (《曼谷時報》)
- Ch'ao-chou Yüeh-pao. (《潮州月報》)
- Ch'üan-min pao. (《全民報》)
- China Critic. (《中國評論》)
- Chung-yüan pao. (《中原報》)
- Chung-yüan Wan-pao. (《中原晚報》)
- Democracy. (《民主報》)
- Government Gazette. (《泰國政府公報》)
- Hsing-hsien Jih-pao. (《星暹日報》)
- Hsing-t'ai Wan-pao.(《星泰晚報》)
- Hua-ch'iao Jih-pao. (《華僑日報》)
- Kan-mueang. (《政治報》)
- Kuang-hua Pao. (《光華報》)
- Kuang-hua Wan-pao. (《光華晚報》)
- League of Nations Bulletin. (《國際聯盟公報》)
- Liberty. (《自由報》)
- Min-chu Jih-pao. (《民主日報》)
- Min-chu Wan-pao. (《民主晚報》)
- New York Times. (《紐約時報》)
- Phim Thai. (《屏泰報》)
- Prachamit. (《民友報》)
- Sathiraphap. (《永恒報》)

- Sayam-nikon.（《暹羅群眾報》）
- Sayam-rat.（《暹國報》）
- Siam Chronicle.（《暹羅紀事報》）
- Siam Rath Weekly Review.（《暹國周報》）
- Siam Today.（《今日泰國》）
- Si-krung.（《京華報》）
- Standard.（《標準周報》）
- Thai-mai.（《泰邁報》）
- Thammathipat.（《貪瑪鐵北報》）

(4) 論文

- "Business Information on Thailand". Far Eastern Economic Review, No. 9 (31 August 1950). （「泰國商業情況」，《遠東經濟評論》）
- "Chinese in South East Asia". Far Eastern Economic Review, No. 13 (July 1952).（「東南亞的華人」，《遠東經濟評論》）
- "Chinese in the South Area Pledge Support in War of Resistance". China Weekly Review, No. 96 (19 April 1941).（「抗戰中華僑對南方地區的支持」，《中國週刊》）
- "Chuangking 's Fifth Columnists Arrive in Thailand". Far Eastern Survey, No. 10 (2 June 1941) . （「重慶的第五縱隊到達泰國」，《遠東觀察》）
- "Economic Reports from Siam". Far Eastern Economic Review, No. 5 (29 September 1948) . （「暹羅經濟報導」，《遠東經濟評論》）
- "Emigration of Chinese Nationals to Siam」. International Labour Review, Vol. 58 (July 1948). （「華人向暹羅移民」，《國際勞工評論》）
- "Foreign Investment in East Asian Countries, Thailand". Far Eastern Economic Review, (1952).（「在東亞各國的外國投資：泰國」，《遠東經濟評論》）
- "L'emigration Asiatique". Revue Indo-Chinoise, No. 5 (15 April 1903). （「亞洲的移民」，《印度支那評論》）
- "Labor Condition in Thailand". Monthly Labor Review, No. 58 (June 1944). （「泰國的勞工情況」，《勞工月刊》）
- "Labor Conditions in Thailand". Monthly Labor Review, No. 58 (June 1944). （「泰國的勞工條件」，《勞工月刊》）
- "Les Chinois au Siam". Indochina Review (January 1907).（「暹羅的華人」，《印度支那評論》）
- , "Les Chinois du Siam". Revue Nationale Chinoise, No. 22 (14 June 1935). （「暹羅的華人」，《華僑評論》）
- `'Les négociations entre la chine et la Siam". Revue Nationale Chinoise, No. 22 (14 June 1935).（「中暹羅的談判」，《華僑評論》）
- "Marking the People". Siam Repository, Vol. 2 (1870). （「劃分人民的標幟」，《暹羅文庫》）
- "Mining", Siam, Nature and Industry. （「採礦業」，《暹羅的性質與工業》） Bangkok: Department of Commercial Intelligence, 1930.

- "Monograph on Sugar in Siam", The Record.（「論暹羅食糖」，《紀錄雜誌》） Bangkok, January 1922.
- "Notification on the Subject of the Triennial Taxation of the Chinese of Siam". Siam Repository, Vol. 2 (1870).（「有關暹羅華人三年繳納人口稅的報告」，《暹羅文庫》）
- "Political Alarms in Bangkok". World Today, No. 8 (February 1952).（「曼谷政治警報」，《當代世界》）
- "Rebellion」. Bangkok Calendar (1849), reprinted in Siam Repository, Vol. 1 (1869).(「叛亂」，《曼谷紀事》，轉載在《暹羅文庫》）
- "Siam Massacres Chinese". China Critic (1 March 1934).（「暹羅屠殺華人」，《中國評論》）
- "Sino-Siamese Miscellany". Standard (Bangkok), No. 145 (8 October 1949).（「中暹雜記」，《曼谷標準周報》）
- "Sino-Siamese Relations". China Critic, No. 17 (1 April 1937).（「中暹關係」，《中國評論》）
- "Some Aspects of the Situation of the Chinese Minority in Thailand", Far Eastern Economic Review, Vol. 13 (1952).（「泰國華族地位的一些特徵」，《遠東經濟評論》）
- "The Chinese Goodwill Mission in Siam". China Critic, No. 14 (9 July 1936).（「中國友好代表團在暹」，《中國評論》）
- "The Economic and Political Position of Siam". Far Eastern Economic Review, No. 2 (23 April 1947).（「暹羅的經濟和政治地位」，《遠東經濟評論》）
- "The Second Annual Report of the Morrison Education Society". China Repository. (October 1838).（「摩里遜教育學會第二次常年報告書」，《中國文庫》）
- "Triennial Tax", Siam Repository, Vol. 5 (1873).（「三年一次徵課的人頭稅」，《暹羅文庫》）
- "Wages in Siam, 1930-1931 ". Monthly Labor Review, No. 37 (October 1933).（「1930-1931 年暹羅的工資」，《勞工月刊》）
- "What the Chinese Think about Postwar Reconstruction". Foreign Policy Reports, No. 19 (1943).（「華人怎樣看待戰後重建」，《外交政策報告》）
- A Raquez, "Comment s'est Peuplé le Siam". L'Asie Francaise, No. 31 (October 1903).（「暹羅民族是怎樣形成的」，《法亞月刊》）
- B. O. Cartwright, "The Huey Lottery". Journal of the Siam Society. Vol. 18 (1924).（「花會賭博」，《暹羅學會學報》）
- Baron de Lapomarède, "The Setting of the Siamese Revolution". Pacific Affairs, Vol. 7 (September 1934).（「暹羅革命的背景」，《太平洋事務》）
- C. C. Chang, " Anti-Chinese Campaign in Thai". China Weeki y Review, No. 92 (30 March 1940).（「泰國的排華運動」，《中國周報》）
- C. C. Wu, "Chinese Immigration in the Pacific Area". Chinese Society and Political Science Review, No. 12 (1928).（「太平洋地區的中國移民」，《中國社會政治經濟學雜誌》）
- Captain H. Burney, "Report of the Mission to the phraya of Salang and the Chiefs on the Isthmus of Kraw」. The Burney Papers.（「奉派與薩蘭的披耶和克拉地峽各酋長接洽的報告書」，《本尼文件集》） Vol. 2. Bangkok: Vajiranana National Library, 1910.
- Ch'en Hung-mou, "Notice Reminding Merchants Trading Overseas that they are free to return Home, 1754". in Thomas F. Wade, Wen Chien Tzu Erh Chi, a Series of Papers Selected as Specimens of Documentary Chinese, and Key to the Tzy Erh Chi (London: Trübner, 1867).（「1754 年給海外商人通知他們可以自由回國的報告」，《皇清奏議集》）

- Charles A. Fisher, "The Thailand-Burma Railway」. Economic Geography, Vol. 23 (April 1947).（「泰緬鐵路」、《經濟地理雜誌》）
- Charles M. Garnier, "Bangkok, colonie chinoise, ou le secret du colosse jaune". Revue du Mois, Vol. 12 (August 1911)．（「曼谷—華人的居留地或黃種巨人的秘密」，《每月評論》）
- Charles Nelson Spinks, "Siam and the Pottery Trade of Asia". Journal of the Siam Society, No. 44 (1956).（「暹羅與亞洲的瓷器貿易」，《暹羅學會學報》）
- Charles Stuart Leckie, "The Commerce of Siam in Relation to the Trade of the British Empire". Journal of the Royal Society of Arts, No. 42 (8 June 1894).（「暹羅商業與英國貿易的關係」、《皇家藝術學會學報》）
- Chen Chun Po, "Chinese Overseas", The Chinese Year Book (1 935).（「華僑」、《中國年鑒》）
- Chen Han-se ng, "The Present Prospect of Chinese Emigration". Isaiah Bowman, ed., Limits of Land Settlement. New York, Council on Foreign Relations, 1937.（「中國移民現狀」、《定居地的限制》）
- Cheng Tze-Nan, "Chinese Want Thai Friendship". Asia, Vol. 40 (April 1940).（「華人希望與泰人交好」，《亞細亞》）
- Chowe Peeah Praklang Senah Body. "Letter of S. G. Bonham, Governor of Penang, 1843", The Burney Papers.（「檳榔嶼總督本亨的信禮 1843年」、《本尼文件集》）Vol. 4. Bangkok: Vajiranana National Library, 1910.
- Chutung Tsai, "Chinese Nationality Law". American Journal of International Law, Vol. 4 (1910).（「中國國籍法」、《美國國際法學報》）
- D. E. Malloch, "Private Journal, 1827". The Burney Papers.（「1827 年私人日記」、《本尼 文件集》）Vol. 2. Bangkok, Vajiranana National Library, 1910.
- Daniel B. Bradley, "Daniel B. Bradley 's journal for 1836". The Bangkok Calendar (1871）.（「布勒德利博士 1936 日記」，《曼谷紀事》）
- Dr. D. Richardson, "Journal of a Mission from the Supreme Government of India to the Court of Siam". Journal of the Asiatic Society of Bengal. Vol. 9 (1840).（「印度政府派遣出使暹羅王廷的日記」、《孟加拉英國皇家學會學報》）
- Eldon R. James, "Jurisdiction over Foreigners in Siam". American Journal of International Law, No. 16 (October 1922).（「暹羅對外僑的司法權」，《美國國際法學會》）
- Erik Seidenfaden, "An Analysis of 'Das Land der Tai". Journal of the Siam Society, Vol. 31 (March 1939).（「' 泰國土地' 」文的分析」，《暹羅學會學報》）
- Francis H. Giles, "A Critical Analysis of Van Vliet's Historical Account of Siam in the 17 Century". Journal of the Siam Society, No. 30 (1938).（「對凡．弗列氏的 '17 世紀時的暹羅歷史情況' 的評論」、《暹羅學會學報》）
- Francis Murphy, "Bangkok". Revue de Geographie, No. 52 (January 1903).（「曼谷」、《地理雜誌》）
- Francis Sayre, "Sam's Fight for Sovereignty". Atlantic Monthly, No. 140 (November 1927).（「暹羅為主權而鬥爭」、《大西洋月刊》）
- G. E. Gerini, "Historical Retrospect of Junkceylon Island". Journal of the Siam Society (1905).（「張克錫蘭島的歷史回憶」、《暹羅學會學報》）
- G. E. Gerini, "On Siamese Proverbs and Idiomatic Expressions". Journal of the Siam Society, No. 1 (1904).（「論暹羅諺語及成語」、《暹羅學會學報》）

- His Majesty King Mongkut, "The English Correspondence of King Mongkut". Journal of the Siam Society, Vol. 21 (1927).(「蒙谷王英文通信錄」，《暹羅學會學報》)
- Hsueh Fu-ch'eng, "Chinese Emigrants Abroad". Memorial to the Emperor, translated from the Shen Pao. China Review, No.21 (1894). （「中國海外僑民」，《中國評論》）
- J. J. L. Duyvendak, "The True Dates of the Chinese Maritime Expeditions in the Early 15th century". T'oung Pao, No. 34-35 (1939).（「15 世紀初中國海上航行的確切日期」，《通報》）
- Jeremias van Vliet, "Description of the kingdom of Siam". translated by L. F. von Ravenswaay. Journal of the Siam Society, No. 7 (1910).（「暹羅王國紀實」，《暹羅學會學報》）
- Joaquim de Campos, "Early Portuguese Accounts of Thailand". Journal of the Siam Society, No. 32 (September 1940). （「早期葡萄牙人關於暹羅的記載」,《暹羅學會學報》）
- John Crawfurd, "Report to George Swinton, Esq. April 3, 1823". The Crawfurd Papers.（「1823 年 4 月 3 日向喬治・宣敦爵士的報告節」，《克勞福文件集》） Bangkok: Vajiranana National Library, 1915.
- John K. Fairbank and S. Y. Teng, "On the Ch'ing Tributary System". Harvard Journal of Asiatic Studies, No. 6 (June 1941).(「論清朝貢使制度」，《哈佛亞洲研究學報》)
- L. Dudley Stamp, "Siam Before the War". Geographic Journal, No. 99 (1942).（「戰前的暹羅」，《地理雜誌》）
- Lawrence Palmer Briggs, "The Ancient Khmer Empire". Transactions of the American Philosophical Society, n. s. 41 (February 1951).（「古代的吉篾帝國」,《美國哲學學會新譯叢》）
- Legatus, "Die Chinesen in Siam; ein ausschnitt aus demchinesischen Problem der Gegenwart". Preussische Jahrbücher, No. 215 (1929).（「暹羅的華僑・:目前華僑問題ㄧ瞥」，《普魯士年報》）
- Leonard Unger, "The Chinese in Southeast Asia". Geographical Review, No. 34 (1944). （「東南亞的華人」，《地理雜誌》）
- Lin His-Chun, "Causes of Anti-Chinese Movement in Siam". China Critic, No. 12 (2 January 1936). （「暹羅排華的各種原因」，《中國評論》）
- Lin Yu, "The Chinese Overseas". The Chinese Year Book (1937).（「華僑」，《中國年鑒》）
- Lin Yu, "Twin Loyalties in Siam". Pacific Affairs, No. 9 (June 1936).（「暹羅的雙重效忠」，《太平洋事物》）
- Liu Hsing Hua, "The Importance of the Overseas Chinese to China". China Critic (July 1935).（「華僑對中國的重要性」，《中國評論》）
- M. F. Laseur, "L'émigration Chinoise ". Société de Géographie de Lille, Bulletin, Vol. 4 (1885). （「中國移民」，《里爾地理學會學報》）
- M. L. Manich Jumsai, "Compulsory Education in Thailand". UNESCO Studies on Compulsory Education. Vol. 8. Paris: UNESCO, 1951.（「暹羅的義務教育」,《聯合國文教會議義務教育研究》）
- M. R. Seni Pramoj, "Thailand and Japan". Far Eastern Survey, No. 12 (20 October 1943).（「泰國與日本」，《遠東觀察》）
- Malcolm Smith, "The Families of the Kings of Siam of the House of Chakri". Annals of Eugenics, No. 12 (1944).(「却克里朝的暹羅皇族」，《優生學記錄》)

- Mary R. Haas, "The Declining Descent Rule for Rank in Thailand, A Correction". American Anthropologist, Vol. 53 (December-October 1951).（「正在衰退的泰國官職繼承制度的改正方法」，《美國人類學雜誌》）
- Medhi Dulyachinda, "The Development of Labour Legislation in Thailand". International Labour Review, Vol. 60 (1949)．（「泰國勞工立法的發展」，《國際勞工評論》）
- Mrs. Noah A MacDonald, "The Chinese in Siam". Siam and Laos as Seen by Our American Missionaries. Philadelphia: Presbyterian Board of Publications, 1884.（「暹羅的華人」，《美國教士眼中的暹羅和老撾》）
- Nelson Annandale, "The Siamese Malay States". Scottish Geographical Magazine, No. 16 (1900)．（「暹羅的馬來人土邦」，《蘇格蘭地理雜誌》）
- O. Frankfurter, "King Mongkut". Journal of the Siam Society, No. 1 (1 904).（「蒙谷王」，《暹羅學會學報》）
- Owen Lattimore, "The Mainsprings of Asiatic Migration". in Limits of Land Settlement.（「亞洲移民的洪流」，edited by Isaiah Bowman. New York: Council on Foreign Relations, 1937.《居留地的限制》）
- P. S. Narasimham, "A Review of Labour Legislation in South East Asia". India Quarterly, No.4 (1948).（「東南亞勞工立法評介」，《印度季刊》）
- Percy Cross Standing, "Progress in Siam". Contemporary Review, No. 125 (June 1924).（「暹羅的進步」，《現代評論》）
- Philippe Mullender, "L'Evolution recente de la Thailande". Politique Etrangere, Vol. 15 (April/May 1950)．（「泰國的新衍變」，《外國政治》）
- Pinya, "A History of the French Mission to Siam". Imperial and Asiatic Quarterly Review, No. 13 (1902).（「暹羅法國教會史」，《皇家及亞洲季刊》）
- Prince Wan Waithayakon, "Thai Culture". Journal of the Siam Society, Vol. 35 (September 1944).（「泰族文化」，《暹羅學會學報》）
- Pyau ling, "Causes of Chinese Emigration". Annals of the American Academy of Political and Social Science, No. 39 (1912).（「華人移民的原因」，《美國政治與社會科學院年報》）
- R. Adey Moore, "An Early British Merchant in Bangkok". Journal of the Siam Society, II (1914-1915)．（「曼谷的一個早期英國商人」，《暹羅學會學報》）
- Reginald S. Le May, "A Visit to Sawankhalok". Journal of the Siam Society, No. 19 (1925).（「宋膠洛訪問記」，《暹羅學會學報》）
- Richard Kiliani, "Die Ausland-Chinesen in Sudostasian". Ostasiatische Rundschau, No. 7 (August 1926).（「東南亞的華僑」，《東亞評論》）
- Robert Gordon, "The Economic Development of Siam". Journal of the Royal Society of Arts, Vol. 39 (March 1891).（「暹羅的經濟發展」，《皇家藝術學會學報》）
- S. G. Ong, "Sino Siamese Problem and its Solution". China Weekly Review, No. 74 (9 November 1935).（「中暹問題及其解決办法」，《中國周報》）
- S. H. Parker, "Siam". Imperial and Asiatic Quarterly Review, No. 4 (July 1897).（「暹羅」，《皇家及亞洲季刊》）
- Siah U Chin, "The Chinese in Singapore". Journal of the Indian Archipelago and Eastern Asia, No. 2 (1848).（「新加坡的華人」，《印度群島及東南亞學報》）
- So Sreshthaputra, "Assimilation". Bangkok Daily Mail (17 September 1929). Reprinted in So Sreshthaputra, Retrospect.（「同化」，《曼谷郵報》，重見原著者：《回顧》）Bangkok: Krungdeb Barnagar Press, 1939.

- T. W. Freeman, "Recent and Contemporary Chinese Migrations". Comptes Rendus du XVe Congrès International de Géographie, No. 2 (1938). （「近代與現代的中國移民」，《國際第十五屆地理會議報告書》）
- W. L. Blythe, "Historical Sketch of Chinese Labour in Malaya". Journal of the Royal Asiatic Society, Malayan Branch, No. 20 (June 1947).（「馬來亞華工歷史概況」，《皇家亞洲學會馬來亞分會學報》）
- Walter Goldschmidt, "Social Class in America-A Critical Review". American Anthropologist, No. 52 (October-December 1950).（「美洲社會階級述評」，《美國人類學雜誌》）
- Wilbur Zelinsky, "The Indochinese Peninsula: A Demographic Anomaly". Far Eastern Quarterly, Vol. 9 (February 1950). （「中印半島人口的奇觀」，《遠東季刊》）
- William Nunn, "Some Notes upon the Development of the Commerce of Siam". Journal of the Siam Society, No. 15 (1922). （「暹羅商業發展概說」，《暹羅學會學報》）
- Y. H. Tsan, "Chinese in Siam". Chinese Press Weekly, No. 5 (1 September 1935). （「暹羅的華人」，《中國新聞周報》）
- Y. Tateyania, "A Japanese View of Thailand's Economic Independence". Pacific Affairs, Vol 14 (December 1941）. （「一個日本人對泰國經濟獨立的見解」,《太平洋事物》）
- Yang Hsin, "Siam's Anti-Chinese Measures and China's Boycott". China Critic, No. 12 (2 January 1936）.（「暹羅的排華措施和中國的抵制」，《中國評論》）

(5)中文

- Ch'en Yü-T'ai, "Cheng ho t'ung-shih t'ai-kuo k'ao". T'ai-kuo yen-chiu, Vol. 1 (Bangkok, 1940).
- 陳毓泰：《鄭和通使泰國考》，載《泰國研究》，第 1 期，曼谷，1940。
- Ch'en Yü-t'ai, "Cheng wang tsu-hsi". T'ai-kuo yen-chiu, No. 3 (Bangkok, 1941).
- 陳毓泰：《鄭王族系》，載《泰國研究》，第 3 期，曼谷，1941。
- Li P'iao-p'ing, "Hsien hua hsin-wen shih-yeh Hsiao-shih". Second Anniversary Publication of the Overseas Chinese Printers Association of Siam (Bangkok, 1948).
- 李飄萍：《暹羅新聞事業小史》，載《暹羅華僑印刷同業公會成立二周年紀念特刊》，曼谷，1948 年。
- Hsü Yün-ch'iao, Pei-ta-nien shih (Singapore: Nan-yang Book Company, 1946).
- 許雲樵：《北大年史》，新加坡南洋書店，1946 年。
- Huang Fu-luan, Hua-ch'iao yü, chung-kuo ke-ming (Hongkong, 1954).
- 黃福鑾：《華僑與中國革命》，香港，1954 年。
- Feng Yzu-yu, Hua-ch'iao ke-ming k'ai-kuo shih (Chungking, 1946).
- 馮自由：《華僑革命開國史》，重慶，1946 年。

- Chou Hung-chün, "Pen-so-chih hui-ku yü chan-wang". T'ai-ching chung-hua tseng-yi-so san-shih-liu chih san-shih-chiu nien-tu pao-kao-shu (Bangkok, 1950).
- 周鴻鈞：《本所之回顧與展望》，載《泰京中華贈醫所三十六至三十九年度報告書》，曼谷，1950 年。
- Feng Shao-wen, "Liu-shih-nien-lai-chih Kuang-chao hu-kuan yü ch'I shih-yeh". Hsien-ching kuang-chao hui-kuan liu-shih chou-nien chi-nien-k'an (Bangkok, 1937).
- 馮少文：《六十年來之廣肇會館與其事業》，載《暹京廣肇會館六十周年紀念刊》，曼谷，1937 年。
- Hsia Ting-hsün, "Min-ch'iao wu yang chi ch'I tzu-sun". Hua-ch'iao Hsin-yü, No. 11-12 (Bangkok, 1953).
- 夏昇勛：《閩僑吳陽之子孫》，載《華僑新語》，第 11-12 期，1953 年。
- Hsiao Sung-ch'in, "Ti-szu-shih-yi-chieh tung-shih-hui kung-tso chien-t'ao". T'ai-ching t'ien-hua Hospital of Bangkok (Bangkok, 1950).
- 蕭松琴：《第四十一屆董事會工作檢討》，載《泰京天華醫院第四十一屆董事會報告書》，曼谷，1950 年。
- T'an Chin-hung, "Kuang-chao yi-yüan chi fen-ch'ang". Hsien-ching Kuang-chao hui-kuan liu-shih chou-nien chi-nien-k'an (Bangkok, 1937).
- 譚金洪：《廣肇醫院及墳場》，載〈（暹京廣肇會館六十周年紀念刊》，曼谷，1937 年。
- Lan Wei-pin, "Ts'ung ch'ao-an wen-wu shuo-tao lü-hsien ch'ao-an t'ung-hsiang-hui-chih ching-shen". Lü-hsien ch'ao-an t'ung-hsiang-hui erh-shih-yi chou-nien chi-nien chi-nien t'e-k'an (Bangkok, 1949).
- 藍渭濱：《從潮安文物說到旅暹潮安同鄉會之精神》，載《旅暹潮安同鄉會二十一周年紀念特刊》，曼谷，1949 年。
- "Hui-kuan ti-ch'an shih-lüeh". Hsien-ching kuang-chao hui-kuan ch'i-shih chou-nien chi-nien t'e-k'an (Bangkok, 1947).
- 《會館地產史略》，載《暹京廣肇會館七十周年特刊》，曼谷，1947 年。
- "Hsien-lo kuang-chao-shu-chih chien-chu-yeh". Hsien-ching kuang-chao hui-kuan ch'i-shih chou-nien chi-nien t'e-k'an (Bangkok, 1947).
- 《暹羅廣肇屬之建築業》，載《暹京廣肇會館七十周年紀念特刊》，曼谷，1947 年。
- "Shou-jung pei-fu t'ung-pao chi-hsing". Hsien-ching kuang-chao hui-kuan ch'i-shih chou-nien chi-nien t'e-k'an (Bangkok, 1947).
- 《收容被俘同胞紀詳》，載《暹京廣肇會館七十周年紀念特刊》，曼谷，1947 年。
- "Shih-nien-lai-chih hui-kuan shih-lüeh". Hsien-ching kuang-chao hui-kuan ch'i-shih chou-nien t'e-k'an (Bangkok, 1947).
- 《十年來之會館史略》，載《暹京廣肇會館七十周年紀念特刊》，曼谷，1947 年。
- "Hsien-wang ts'an-kuan hua-ch iao hsüen-hsiao chih ching-kuo yü so-yin". Nan-yang yen-chiu, No. 2 (Shanghai, December 1928).
- 《暹王參觀華僑學校之經過與索隱》，載《南洋研究》，第 2 期，上海，1928 年。
- "Kuan-yü nan-yang hua-ch'iao chiao-yü ti t'ao-lun". Nan-yang yen-chiu, No. 1 (Shanghai, June 1928).
- 《關於南洋華僑教育討論》，見《南洋研究》，第 1 期，上海，1928 月 6 月 1。
- "Pen-hui tsu-chih yen-ke". Hsien-lo hua-ch'iao k'e-shu tsung-hui erh-shih chou-nien chi-nien-k'an (Bangkok, 1947).

- 《本會組織沿革》，載《暹羅華僑客屬總會二十周年紀念刊》，曼谷，1947 年。
- "Pen-hui-kuan shih-lüeh". Ch'ao-chou Yüeh-pao, No. 10 (February 1951).
- 《本會館史略》，載《潮州月報》，第 10 期，1951 年 2 月。
- "Pen-shu hsüeh-hsiao yen-ke". Hsien-lo hua-ch'iao k'e-shu tsung-hui erh-shih chou-nien chi-nien-k'an (Bangkok, 1947).
- 《本屬學校沿革》，載《暹羅華僑客屬總會二十周年紀念刊》，曼谷，1947 年。
- "Ts'ung kai-hsüan tao chiu-chih". Hua-shang (Bangkok: Hsien-lo chung-hua tsung-shang-hui, 1947).
- 《從改選到就職》．載（《華商》，曼谷中華總商會，1947 年。
- Su Tsung-tse, "Pen-hui-kuan shih-lüeh". Hsien-lo ch'ao chou hui-kuan ch'eng-li shih-chou-nien chi-nien t'e k'an (Bangkok, 1948).
- 蘇宗譯：《本會館史略》，載《暹羅潮州會館成立十周年紀念特刊》，曼谷，1948 年。
- T'ai-kuo hua-ch'iao kung-shang-yeh ch'üan-mao (Bangkok: Kung-shang chou-pao she, December 1951).
- 《泰國華僑工商業全貌》，曼谷工商周報社，1951 年 12 月。
- Liang Jen-hsin, "Ts'an-chia liu-shu hui-kuan lin-shih lien-ho pan-shih-ch'u ching-kuo". Hsien-ching kuang-chao hui-kuan ch'i-shih chou-nien chi-nien t'e k'an (Bangkok, 1947).
- 梁任信：《參加六屬會館臨時聯合辦事處經過》，載《廣肇會館七十周年紀念特刊》，曼谷，1947 年。
- 《義山亭史話》．潮州日報，19 期（1951 年 11 月）。
- 馬歡：《瀛涯勝覽》
- 費信：《星槎勝覽》
- 《海語》，1537
- 郁永河：《海上紀略》
- 明史卷三二五《渤泥傳》
- 《東西洋考》
- 《海國聞見錄》

各章重點

第一章：古代的暹羅Chinese

在十七世紀之前，Chinese 與泰國的互動主要建立在貿易和朝貢體系之上。早期的大陸商人經常往來於暹羅灣的港口，尋找貿易機會，並將東北亞商品帶進泰國。隨著貿易活動的增多，越來越多的 Chinese 選擇在泰國定居，形成了初期的 Chinese 社群，並逐漸在當地扎根。泰國統治者對 Chinese 的政策也促進了這一發展。為了從北方引進商品、獲取收入，同時擴大自身的國際影響力，泰國統治者不僅歡迎 Chinese 商人的進駐，還提供了一定的貿易特權，如免除部分稅收，進一步吸引 Chinese 來到泰國。隨著王室貿易壟斷的逐步實行，Chinese 商人面臨了新挑戰，但其豐富的航海經驗和廣泛的貿易網絡使他們迅速適應了新的制度，甚至成為王室貿易的重要參與者。部分 Chinese 商人還被提拔為高級官員，負責王室的貿易事務。在十七世紀的泰國，Chinese 社會呈現多元化的面貌。除商人外，還有學者、醫生、工匠和演員等不同職業的 Chinese 移民。他們在阿瑜陀耶成立了 Chinese 聚居區，擁有自己的管理機構和官員，負責社群事務並與泰國政府對接。

以下將通過幾個具體案例來說明泰國 Chinese 社群的早期發展歷程：

一、早期貿易與移民

早在十三世紀，Chinese 商人便已活躍於暹羅灣。周達觀在其著作中描述了在吳哥城經商的 Chinese，泰國史料也記載了每年來自大元．兀魯思的商船駐泊在馬來半島東海岸的港口，展現了 Chinese 商人在東南亞的貿易活動。

二、錫礦開採與Chinese工人

除了商品貿易，Chinese 商人還參與了泰國南部的錫礦開採。有學者認為，十四世紀之前 Chinese 工人便已在泰國南部發現錫礦並開始開採，這成為 Chinese 進一步拓展在當地經濟活動的契機。

三、文化交流與融合

Chinese 商人的到來不僅帶來商品和技術，也促進了泰元文化交流。十三世紀末，蘭甘亨大帝派遣使團前往大元．兀魯思，並引入陶工，其技術對當地陶瓷業發展產生了重要影響，成為泰元文化交融的象徵。

四、政治避難與融入

除了經濟原因，政治避難也是 Chinese 移民泰國的重要動機。蒙古帝國崩壞時，因躲避戰亂，一些 Chinese 也逃亡至暹羅。最為關鍵的時刻，則為大明國成立前後，互為競爭的各方勢力在敗北後，亦有前往暹羅尋求庇護的案例。

五、林道乾與北大年Chinese社群

十六世紀末，大明國海禁下，Chinese 海上商人多被視為「海盜」。其中重要領袖林道乾逃亡馬來半島北部，在北大年建立勢力。至今，當地 Chinese 仍流傳著他的故事，視其為華南而來的英雄人物，彰顯了 Chinese 在泰南的影響力。

六、王室貿易與Chinese商人角色

十七世紀，隨著歐洲各國來到泰國，貿易格局出現變化。葡萄牙、日本、英國、法國和荷蘭等國紛紛進入泰國，與Chinese商人競爭。然而，由於多重因素，這些各國最終退出泰國市場，剩餘的貿易份額重新由Chinese掌控。泰國王室的貿易政策對Chinese商人的命運影響深遠，一方面限制自由貿易，另一方面也倚重Chinese商人的航海和貿易網絡，委以高官職位並賦予特權。

七、泰清關係的演變

十七世紀後，大清國政府對海外貿易和移民加強了限制。然而，由於泰清貿易需求增加，加上泰國統治者對Chinese商人的依賴，Chinese移民和貿易活動持續進行。康熙帝得知泰國稻米豐足且價格低廉後，甚至下令從泰國進口稻米，以緩解大清國南方饑荒。後續的大清皇帝也採取了一系列鼓勵政策，進一步促進了泰清貿易的發展。

綜合來說，施堅雅認為泰國Chinese社群的早期發展是泰清兩國政治、經濟和文化互動的產物。從早期貿易到移民定居，再到逐步融入泰國社會，Chinese在泰國的歷史充滿挑戰和機遇。這段歷史不僅是泰國的一部分，也見證了Chinese海外移民的歷程。

十九世紀以前，泰清之間的私人與朝貢貿易與大清國（以至大明國）海禁的張弛，對於泰地 Chinese 人口、勢力及在地化過程起了關鍵影響。而 Chinese 商人及其通婚混血後裔在此貿易往來過程中，始終得以在泰地保持較高政經地位是一大特點，為日後的歷史發展奠定基調。

第二章：門戶開放與地域開放：一九一七年以前暹羅的Chinese移民及其人口增長

Chinese移民潮的興起與社群變遷

十九世紀的泰國 Chinese 社會經歷了急速變化，無論是在人口規模還是社群組成上都發生了顯著轉變，這與當時的航運技術進步和不同方言群體的移民模式密不可分。本文將以歷史資料為基礎，探討當時泰國 Chinese 移民潮的規模、動因，以及對泰國社會的深遠影響。華南移民南徙的關鍵推拉效應可從糧食供求失衡中看出，在十九世紀推動了大規模人口遷徙。除了政策和船運的便利，潮汕移民在經濟作物種植方面的優勢，尤其是在東南亞地區的適應力和競爭力，進一步突顯了其移民主力地位。與黑奴航運狀況相似，移民的經濟動因尤為突出。潮汕移民通過多種途徑與地方政策協作，借助船運擴展其分布版圖。鐵路線的興建進一步塑造了語言族群的地理空間和生產模式，使移民分布特徵更加多樣化。這些因素共同造就了十九世紀以來華南移民的獨特景觀。

從帆船到輪船：航運變革與移民模式的演進

十九世紀以前，Chinese 移民泰國主要依靠華南帆船，他們的移民目的地集中在暹羅灣沿岸，福建和廣東移民成為早期的主力。隨著泰清貿易的繁榮，方形帆船取代了華南帆船，泰國王室還建立了自己的方形帆船隊，並僱用潮州人掌舵，這使得潮州移民在泰國的比例逐漸上升。十九世紀下半葉，輪船的出現徹底改變了 Chinese 移民模式。一八七五年，汕頭至曼谷的定期輪船航線開通，航程大幅縮短、成本下降，吸引了更多潮州和客家移民前往泰國。相比之下，因廈門至曼谷缺乏定期航線，福建移民的比例逐漸減少。

賒票制度的盛行：移民潮的推波助瀾

隨著移民需求增加，Chinese 移民公司與中介迅速發展。輪船公司鼓勵代理人極力招募乘客，促使「賒票制度」盛行，即移民者可先賒欠船票，抵達泰國後再通過工作償還債務。此制度雖便利了移民，但也帶來了綁架和非自願移民等問題。一八七〇年，法國外交官 Huber 在汕頭觀察到，部分 Chinese 透過賒票制度前往泰國，抵達後被雇主帶往種植園償還債務。一九〇三年，為打擊競爭，德國北德意志勞埃德公司壓低船票價格至近乎免費，導致汕頭至曼谷的移民人數激增。

人口增長與移民影響

隨著大量移民湧入，十九世紀的泰國 Chinese 人口持續增長，甚至超越泰國總人口的增速。雖然到第一次世界大戰前泰國的 Chinese 人口尚不足百萬，但這些移民對泰國社會的影響深遠。大批 Chinese 移民為泰國帶來了勞動力與資本，促進了經濟發展。他們多從事農業、商業和礦業等行業，為泰國現代化進程做出貢獻。其次，Chinese 移民豐富了泰國的文化，如飲食、宗教和節慶。他們帶來的 Chinese 文化與泰國本土文化融合，形成了獨特的泰國 Chinese 文化。最後，Chinese 移民對泰國政治也產生了一定影響，他們積極參與政治活動，甚至出現了像鄭昭（鄭信）這樣具有 Chinese 血統的泰國國王。

十九世紀的航運變革與賒票制度的盛行促成了泰國的 Chinese 移民潮。這些 Chinese 不僅改變了泰國的社群組成，也為泰國經濟、文化和政治發展帶來了深遠的影響。泰國

Chinese 移民的歷史，是泰國多元文化和社會發展的重要組成部分。

第三章：異鄉謀生：拉瑪五世時期Chinese在泰國經濟中的地位

十九世紀至二十世紀，泰國經濟發展中出現了一個顯著現象——種族職業分工。泰國人主要從事農業、政府服務及自僱勞動，而 Chinese 移民及其後代則集中於商業、工業、金融及工資性工作。這一現象並非偶然，而是多重歷史與社會因素交織的結果。事實上，泰國社會在二十世紀初經歷重大轉型，族群分工和職業專門化顯著。泰國廢奴後，泰人多務農，而 Chinese 則佔據經商主導地位在施堅雅看來，Chinese 不僅格外勤奮，且在泰國享有特殊待遇，不受限制，情況可與柔佛的 Chinese 政策相比較。特別是一八七〇年代的產業轉型與都市化浪潮，使 Chinese 從苦力向專業領域過渡，語言族群（方言群）的分工進一步深化。此外，Chinese 在包稅業的角色亦發生轉變，從傳統稅務代理延伸至娛樂產業，並通過匯款文化形成跨區域經濟網絡。隨著資本主義市場改革，Chinese 不僅適應了泰國現代化進程，還成為其重要動力。

一、文化差異與經濟環境

Chinese 與泰國人在文化價值觀和經濟觀念上有顯著差異，這為 Chinese 在泰國社會中的角色奠定了基礎。華南的農民長期面對資源有限的環境，因而養成了勤勞節儉、追求經濟成功的特質。他們重視教育，期望藉商業致富以提升家族地位。相較之下，泰國土地資源豐富，人民生活較為安逸，追求物質財富的意願較低。泰國文化側重個人修行，對物質享受相對淡泊。隨著十九世紀華南沿海城市對外貿易的興起，當地形成了商業導向的價值觀。這些移民來到泰國後，也帶來了這些文化特質及商業經驗。彼時，泰國經濟正值發展初期，急需勞動力及商業人才，Chinese 移民恰好填補了這個需求。

二、泰國社會結構與政府政策

十九世紀的泰國社會等級森嚴，王室和貴族掌握絕對權力。泰國人需依附貴族並負擔勞役。然而，Chinese 移民被賦予了特殊待遇，他們免除繇役，可以自由遷徙並從事商業。這是因為泰國統治者希望 Chinese 藉其商業能力發展對外貿易，為國家創造收入。泰國政府政策進一步強化了 Chinese 在經濟中的地位。十九世紀中葉，英國迫使泰國簽訂《鮑林條約》，市場開放、皇室貿易壟斷被打破，Chinese 商人卻因此受益。他們憑藉既有的商業網絡與經驗，迅速適應了新的貿易環境，並在與西方勢力的競爭中取得了優勢。

三、Chinese在各行業的發展

在泰國經濟發展的不同階段，Chinese 扮演了至關重要的角色。十九世紀初期，Chinese 幾乎壟斷了泰國的對外貿易和航運。隨著西方勢力進入，Chinese 在航運方面的優勢受到挑戰，但在進出口貿易中仍保有一席之地，並逐步成為西方公司的合作夥伴。在工業和農業領域，Chinese 也取得了不小的成就。他們在稻米加工、鋸木業和建築業等行業中投入資金和人力，積極引進新技術，滿足泰國社會的需求。農業方面，Chinese 從事園藝及養豬業，逐漸填補了市場需求。此外，Chinese 還活躍於金融業，創辦多家銀行並提供資金支持，移民的匯款也為泰國經濟注入了活力。

歷史中不乏 Chinese 參與泰國經濟活動的案例，像是在錫礦開採、種植園經營、公共工程建設等領域，Chinese 展現了商業智慧及適應能力。他們的不懈努力成為泰國經濟成長的重要推動力。泰國 Chinese 的職業分工現象，是文化差異、歷史背景、社會結構、政府政策及經濟需求等多重因素綜合作用的結果。Chinese 的勤奮、節儉、商業才智及適應力，促成了泰國的經濟成長。然而，這一現象也帶來了一些社會問題，如族群隔閡及貧富差距等，亟需政府與社會各界的共同努力以促進整體社會和諧發展。

第四章：不穩定的類型

Chinese男性與泰國女性的跨族群婚姻

十九世紀的泰國，由於中國女性移民稀少，Chinese 男性移民與泰國女性通婚的現象十分普遍，這成為 Chinese 社會發展中的一大特色。當時，由於傳統的宗族觀念深厚，中國家庭通常不允許妻子隨丈夫出國，怕因此家庭分離，因此女性移民僅佔總移民數的百分之二至百分之三。這樣的情況下，許多 Chinese 男性選擇單身或與當地女性結婚。職業穩定的 Chinese，如務農者、商人和手工業者，較多與泰國女性通婚，而礦工、種植園勞工等高流動性的職業結婚率較低。富裕的 Chinese 商人甚至擁有多個妻子，有些還會從 China 迎娶。當時，Chinese 男性普遍勤奮、積蓄較多，經濟條件比當地男性優越，對泰國女性有吸引力。泰國女性在家庭中經常擔任商業角色，欣賞這類具有經濟保障的伴侶。此外，Chinese 移民發現與泰國女性結婚的成本遠低於 China。

泰—Chinese混血後代的身份認同

Chinese 男性與泰國女性的婚姻產生了大量混血後代，稱為「洛真」（ลูกจีน；Lukjin）。這些孩子在泰國文化中成長，既通泰語也懂父親的方言，擁有自由選擇認同 Chinese 或泰國文化的空間。當時泰國政府政策影響了他們的身份選擇。Chinese 需要繳納人頭稅，但免於繇役和兵役，而泰國男性則需依附貴族或政府。洛真的男性子代需決定是否繳人頭稅或接受泰國貴族庇護，難以在兩個身份間保持模糊立場。西方學者對洛真的身份認同有不同觀察。例如，一八三〇年代，Gutzlaff 注意到洛真漸漸剪去辮子，出家為泰僧，隨著幾代人融合，逐漸失去 Chinese 特徵。許多洛真的後代會捨棄 Chinese 文化而專注於泰國的社會生活。

Chinese文化的地方化融合

儘管保持部分文化獨立性，泰國的 Chinese 移民也逐漸吸收了當地文化，形成文化地方化現象。例如，許多 Chinese 改信泰國佛教，參拜泰國寺廟並佈施，甚至會出家修行。此外，Chinese 崇拜的「三寶公」（一說為鄭和）在泰國被視為守護神，由於「三寶」的發音與佛教的三寶（佛、法、僧）相同，Chinese將鄭和與泰國佛教信仰結合，在寺廟中以佛教儀式祭拜。

Chinese也接受了泰國的其他宗教習俗，如祭拜泰國城市守護神「叻勉／國柱」（lak-mueang），並將其與原鄉城隍信仰結合。喪葬方面，十九世紀的泰國Chinese多採火葬而非傳統土葬，這是因運回華南土葬或在當地尋覓風水寶地的成本高昂。此外，泰國文化認為土葬適用於意外亡者，Chinese的泰國妻子也多支持火葬，因此許多Chinese選擇在泰國寺廟火葬，由泰國僧侶誦經。

Chinese社會的階級流動與精英崛起

十九世紀的泰國Chinese社會階級流動性高，財富和對社區的貢獻是決定社會地位的主要因素。擁有大企業或稅收農場的商人地位最高，其次是新興工廠主和買辦，而小販、勞工、理髮師等則位於底層。Chinese移民重視商業，教育則被視為奢侈品，僅有財富地位後才會考慮。

Chinese移民的白手起家故事

許多十九世紀的 Chinese 移民從無到有，取得顯赫成就。例如，鄭正利公司創辦人張廷在一八七〇年代來到曼谷，負債十八泰銖，先後從事廚師、稻米加工和菜農，逐漸積蓄資本，最後創辦了自己的貿易公司，成為稻米、賭場和酒類專賣的大亨。陳子鴻也是如此，從海員起步，最終擁有自己的貿易公司和碾米廠，退休後將商業帝國交給在泰國出生的兒子。

拉瑪五世時期的 Chinese 移民，在泰國社會中形成了不可忽視的經濟地位。通婚、文化融合與經濟繁榮，使 Chinese 移民深深融入泰國社會，他們的足跡不僅見證了泰國經濟的崛起，也為多元文化發展奠定了基礎。另一方面，十九世紀馬來半島 Chinese 逐漸停止與本地女性通婚，宗教信仰差異可能是主要阻礙，而殖民與土邦政府的政策態度也在其中發揮作用。這種現象不僅反映了文化的邊界，也體現了社會制度的限制性影響。洛真人第二代之後為何積極選擇成為泰國人？施堅雅未充分探討其內因，特別是客觀利好因素，例如利益群體的位移，對身份選擇的驅動力。普通 Chinese 通過避稅等方式抵制政策，而富有 Chinese 則傾向於主動泰化，以鞏固其社會地位。這種分化顯示出既得利益者往往更傾向於順從，非既得利益者才會採取對抗性策略。施堅雅雖然意識並建構了泰地 Chinese 方言群分析框架，但行文中又常常將 Chinese 視為單一整體，這種分析過於籠統，難以解釋不同階層與族群間複雜的互動邏輯。

第五章：進入新時代：向民族主義和團結的過渡

隨著二十世紀初大清國在日清戰爭落敗，Chinese 民族情緒迅速高漲，並波及到包括泰國在內的東南亞 Chinese 社會。泰國也正處於民族主義崛起的階段，隨著西方教育的引入及西方對 Chinese 偏見的影響，泰國精英階層逐漸形成了對 Chinese 的刻板印象。一九一〇年，泰國 Chinese 舉行了大罷工，抗議政府廢除每三年一次的稅收制度，並要求 Chinese 繳納與泰國人相同的年度人頭稅。雖然最終罷工未能成功，但卻加深了 Chinese 與泰國人之間的對立情緒，雙方各自產生不同的思考與反應：

對 Chinese 而言，罷工暴露了傳統社團與秘密會社已無法有效發揮影響力，無力向泰國政府施壓；對泰國人而言，罷工暴露了泰國社會對 Chinese 商業的高度依賴，這引發了泰國民族主義者對 Chinese 經濟勢力的憂慮；隨後登基的拉瑪六世深受西方民族主義思想影響，對罷工事件尤為不滿，並撰寫了《東方的猶太人》一書，把Chinese比作猶太人，顯示出對Chinese的不信任及恐懼。隨著外部環境的變化，泰國的Chinese社會開始了內部的組織轉型，逐步從地下走向合法化、從分裂走向團結、從無序走向有序管理，進入了一個新的社區責任階段。

秘密會社的衰落與方言群體協會的興起

隨著泰國政府逐步廢除壟斷性特許經營制度，Chinese秘密會社失去了經濟基礎。一九一一年革命的成功也使這些會社的政治目標失去意義。一九一〇年Chinese罷工的失敗和政府的鎮壓，進一步削弱了秘密會社的影響力。泰國一方招安的努力也日益見效，如曾執秘密會社牛耳的鄭智勇在拉瑪六世時期被授予貴族頭銜，並獲得政府提供的豪宅，從此退出江湖。另一方面，各方言群體為滿足族群需求，紛紛成立協會，提供就業、宗教、社會與教育服務。協會的成立順序多與各群體的規模與資源成反比，規模較小的群體往往更早意識到組織的必要性。例如，廣東人協會於一八七七年成立，彼時廣東人是人數較少的方言群體，面臨生存危機，最終以建立「協會」作為掙扎的手段。

跨方言群體組織的建立與新一代Chinese領袖的崛起

二十世紀初，泰國 Chinese 社會中開始出現首批跨越方言界限的組織，如天華醫院及中華商會。這些組織的成立，標誌著 Chinese 社會開始從分散走向團結，以整個社區為中心，促進了族群間的合作。天華醫院由五個方言群體的代表共同籌建，並採用輪流擔任主席的制度，以保障各方言群體的參與與權益。來自客家、海南及潮州的吳佐南、尹祝庭與盧鐵船成為摯友，並在天華醫院及中華商會中合作無間，共同服務 Chinese 社區。隨著中華商會等跨群體組織的影響力擴大，新一代 Chinese 領袖逐漸嶄露頭角。他們大多支持革命運動，致力於團結各方言群體，消弭內部分歧，促進 Chinese 社會的凝聚力。

讀者需要注意的是，二十世紀初，泰國 Chinese 社會進入了重要的轉型期。民族主義的興起與「Chinese 問題」的浮現，推動了 Chinese 社會的合法化與團結，傳統的秘密會社逐漸式微，取而代之的是以方言群體協會及跨群體組織為主的新型態社會組織。新一代 Chinese 領袖的崛起，為 Chinese 社會的未來發展注入了新的活力，也為泰國社會的和諧發展鋪設了基礎。中國近現代民族主義（保皇黨與革命黨之爭）在泰國與英屬海峽殖民地之間有著深刻的聯繫，這種跨區域互動推動了前者在東南亞的傳播。另一方面，秘密會社在泰國 Chinese 社會內部的角色與地位開始被更具備現代性、多數具有中國民族主義色彩訴求的 Chinese 社團與會館組織所取代。新式教育的普及在語言使用上促進了 Chinese 社會的整合，但其真正意義在於助推一九一〇年代民族主義身份認同的初步完成。在這一過程中，泰國 Chinese 內部的政治遊戲規則發生了深刻轉變，從傳統的宗族與秘密社團組織轉向現代化的族群與語言認同結構。這種轉型不僅是泰國 Chinese 社會現代化的重要標誌，也意味著其內部的游戲規則開始改變，Chinese 政治成爲難以繞開的主軸。

第六章：移民的流入流出：一九一八至一九五五

一九一八至一九五五年間，泰國 Chinese 人口的移民模式、增長、地理分佈及社會組成發生了深刻變化。這些變化受泰國經濟發展、政府政策、移民潮及方言群體間互動等多重因素影響，構成了當時泰國 Chinese 社會的主要特徵。當時，由於中國移民流入泰國的數量遠低於英屬馬來亞，但這種有限的移民規模卻加速了本地 Chinese 群體的本土化進程。數據顯示，這一時期移民者的財富狀況和出身地域多樣，但整體與泰國社會形成了獨特的互動模式。移民人口與洛真人口的比例對泰國 Chinese 社會的發展具有深遠影響，而家庭結構和性別比例在推動同化過程中扮演關鍵角色。儘管同化未曾終止，但二、三代 Chinese 的身份認同卻難以定義，這也反映在政府粗糙的人口普查數據中。在空間分布上，Chinese 幾乎遍布泰國各地，這種多層次的移民模式，不僅展現了 Chinese 在泰國社會的適應與融合，也深化了其在本地化與民族認同之間的複雜關係。一九一八至一九五五年間，泰國 Chinese 移民經歷了三個明顯的發展階段：

一戰後的繁榮時期（一九一八至一九三一）

在這一階段，Chinese 大量湧入泰國，年均入境人數接近九萬五千人，而離境人數相對較低，僅為入境人數的百分之六二。泰國此時經濟繁榮，橡膠與錫礦業迅速發展，對勞動力及企業家技術需求高漲；而華南的動盪、農產減少等社會問題，推動了更多 Chinese 向泰國移民。比如，一九二四至一九二五年海南島連續遭颱風和乾旱，導致稻米產量銳減；潮州地區因土匪橫行和軍事衝突，耕地面積大幅縮減。

經濟蕭條與戰爭時期（一九三二至一九四五）

隨著全球經濟大蕭條的到來，泰國經濟衰退，錫礦和橡膠市場崩潰，對勞動力需求驟降，Chinese 移民人數明顯減少，年均入境人數僅約三萬三千八百人，且離境人數達到入境的百分之八十。泰國政府開始實施移民管制政策，提高移民費用，從而抑制了移民數量。一九三七至一九三八年間，泰國頒布新法，將居留費提高至二百泰銖，並要求移民具備獨立收入，移民人數因此大幅減少。

戰後復甦期（一九四六至一九五五）

二戰結束後，泰國經濟逐步復甦，Chinese 再次湧入。然而，泰國政府開始採取配額制度控制移民數量。一九四七年五月，Chinese 移民年度配額被限定在一萬人，一九四九年初則調至與其他國籍相同，每年僅允許二百人。一九五〇年的移民法進一步收緊配額，並將居留費調至一千泰銖，對移民設置了嚴格限制。一九四六至一九四七年間的移民高峰也與當時流傳的移民費用即將提高的傳言有關。

Chinese人口的增長

由於缺乏可靠數據，對泰國 Chinese 總數的估計存在差異。中國政府估計從一九一六年的一百五十萬人增加到一九四八年的二百五十萬人，之後則達到三百萬。德國學者也提出不同的數據，但多未考慮移民死亡率。泰國的四次全國人口普查也因 Chinese 對政府的懷疑情緒及普查時機而數據不準，例如一九一九年的普查正值政府控制 Chinese 教育時，規定泰語為必修課，要求 Chinese 教師通過泰語考試。

年齡與性別分佈

近三十五年來，泰國 Chinese 移民的顯著趨勢之一是女性移民數量增多，這促使純 Chinese 家庭數量增加，與泰國人通婚的比例迅速下降。在一戰後的移民潮前，女性比例從未超過百分之十；然而到了一九二〇年代後期，大多數男性移民已婚，三分之一以上的男性移民攜帶配偶遷居泰國。戰後，約有一半男性攜配偶移民，或在泰國成家立業。

地理分佈

Chinese 自一戰前開始向泰國內陸擴張，隨著鐵路建設，這一趨勢在接下來的數十年加速。一九一九至一九三七年間，北部地區的 Chinese 數量增加了一倍以上，東北部的增幅更達四倍，這主要因兩次世界大戰間泰國的大部分鐵路建設都集中於此區域。戰後，泰國 Chinese 人口的地理分佈進一步轉變，下暹羅地區 Chinese 比例上升，而其他地區的 Chinese 比例則有所下降。曼谷作為 Chinese 入境及交通樞紐，居住於曼谷五十英里內的 Chinese 約佔泰國 Chinese 總數的一半。

方言群體分佈

泰國Chinese主要由五個方言群體組成：潮州人、客家人、海南人、廣東人及福建人。潮州人佔Chinese總數的百分之五六，是最大的方言群體。客家人主要集中於泰國北部，海南人分佈於北部及南部地區，而廣東人與福建人分佈則較為分散。客家人在北部地區的強勢地位，部分歸因於來自廣東豐順的客家人詹財政在該地區經濟發展中的重要貢獻。

第七章：泰國Chinese社會變遷：經濟、教育與政治

本章主要探討了一九一〇年至一九三八年間泰國Chinese社會的變遷，特別聚焦於經濟、教育和政治三個面向。在這階段中，泰國政府針對國內Chinese所制訂的政策基本都不涉及洛真人，也給與China移民第二代、第三代通過歸化來規避政策的機會，很大程度上反映了土生與僑民在身份認同上的分歧。土生唐人傾向於與本地社會融合，而僑民則更多地保留對Chinese的情感與認同，這種認同差異貫穿於民族主義之間的衝突中。

施堅雅尤其強調 Chinese 民族主義對海外 Chinese 社區的深遠影響，這種影響不僅推動了 Chinese 商人社會的凝聚力，還通過後來被施堅雅稱為執事關聯的組織模式，將經濟活動與國族認同緊密結合。

一、經濟角力：泰國主要產業中的Chinese角色

在戰前，泰國四大主要產業：稻米、木材、錫和橡膠在一九一〇年至一九三八年間的發展，並詳細描述了 Chinese 在這些產業中扮演的角色。施堅雅指出，Chinese 在稻米產業中地位穩固，控制了大部分的碾米廠和稻米貿易。在木材產業，歐美公司仍然佔主導地位，但 Chinese 在木材加工和零售方面扮演重要角色。錫礦開採方面，西方資本的引入和挖泥船的使用嚴重影響了 Chinese 的地位，但 Chinese 勞工仍然是該產業的支柱。橡膠種植和加工在這一時期則主要由 Chinese 在各個層面主導。除了稻米生產主要由泰國人掌控外，Chinese 幾乎壟斷了泰國其他主要產業的運輸、加工、零售和出口，並提供了絕大多數的勞動力。

二、同化與壓制：泰國政府的Chinese教育政策

泰國政府在同時期的 Chinese 教育政策與新式 Chinese 學校在第一次世界大戰後迅

速發展，但與馬來西亞和印尼相比，泰國 Chinese 教育的發展相對滯後。施堅雅分析了造成這種差異的幾個原因，包括泰國 Chinese 中出生於 China 的比例較低、泰國政府對 Chinese 學校的管控更為嚴格等。泰國政府自一九一九年起頒布的一系列法令，例如《私立學校法》和《義務教育法》，以及這些法令對 Chinese 學校的限制。一九三二年革命後，泰國政府加強了對 Chinese 學校的管控，規定 Chinese 學校只能將 Chinese 作為外語教授，每周最多七小時，引發了 Chinese 社區的強烈反彈。施堅雅認為，泰國政府在執行政策時過於嚴苛，而 Chinese 方面也誇大了所遭受的不公，加劇了雙方的對立。

三、民族主義與政治動員：Chinese社群的政治參與

本章的最後一部分著重於分析 Chinese 社群的政治參與，特別是與 China 政治發展的關聯。施堅雅指出，一九一九年《私立學校法》的頒布，讓泰國的 Chinese 對大清政府的幻想破滅，轉而支持孫中山的革命運動。隨著國民黨在 China 的勝利，國民黨在泰國 Chinese 社區的影響力也日益增強，並通過報紙和秘密組織進行活動。施堅雅接著描述了一九二八年和一九三二年兩次反日抗爭的過程，指出泰國 Chinese 通過抵制日貨和籌集資金支持中華民國在第二次世界大戰，但這些活動也引發了泰國政府的警覺和壓制。

第八章：二戰後泰國Chinese處境的轉變

如果聚焦於第二次世界大戰及其後泰國 Chinese 社會的演化，我們可以看到這個時期所有針對 Chinese 的限制都是以國籍為基礎，而非種族，因此並沒有直接影響到絕大多數在當地出生的 Chinese。然而，對於 China 出生的 Chinese 而言，其經濟活動於一九三九年底所受的限制達到前所未有的程度，而且對他們而言也是不公道的。必須指出的是，上述立法都謹慎地避免只針對 Chinese，有關限制適用於任何國籍的外國人，而且在執行時一般都不偏袒任何一方。在抗日籌賑運動中，泰國 chinese 社會內部發生許多暴力血腥衝突，說明施堅雅所謂的國族團結並非全貌。Chinese 社會內部對抗日的分歧，也吊詭地致使日佔時期泰國 chinese 並未象英屬馬來亞一樣發生大量屠殺 Chinese 事件。在佔領期間，日本人比泰國人更照顧 Chinese，日本人向 Chinese 提供卡車和船隻，幫助他們遷移家屬和財產，戰後也沒有發生普遍的鋤奸事件，但中國的國共之爭在戰後的泰國 chinese 社會中卻白熱化。另一方面，泰國 Chinese 學校作為中國政治舞台的延伸，也同樣在戰後受到更嚴格的政府條例規範限制，卻促成 Chinese 社會中的泰文普及率的提高，更好地承載了施堅雅所謂的泰國 Chinese 同化進程。在本章，施堅雅以時間為脈絡，細緻地描述了皮文政府的排 Chinese 政策、日軍佔領期間 Chinese 的遭遇，以及戰後初期泰

Chinese 關係的演變。

經濟泰化與文化限制：皮文政府的Chinese政策（一九三八至一九四一）

一九三八年，泰國的鑾披汶·頌堪（Luang Phibun Songkhram）將軍上台，推動民族主義的「經濟泰化」政策，旨在削弱 Chinese 在泰國經濟中的影響力。透過一系列法令，皮文政府強制將 Chinese 排除出食鹽、煙草、屠宰、漁業、航運等產業。此期間，Chinese 的經濟活動受限，許多 Chinese 企業因此破產，甚至失去生計。此外，政策規定企業必須雇用超過百分之七五的泰籍勞工，進一步壓縮 Chinese 就業空間。除經濟限制外，皮文政府也採取文化壓制，強行限制 Chinese 子女的 Chinese 教育，規定七至十四歲的學童每週僅能學習兩小時 Chinese。政府加強對 Chinese 學校的監管，造成多數 Chinese 學校被迫關閉。同時，政府對 Chinese 招牌課以重稅，迫使商家以泰文取代 Chinese。

二次世界大戰的苦難（一九四一至一九四五）

一九四一年十二月，泰國與日本結盟後日軍移師泰國。自此，Chinese 社會遭到日軍與泰國政府雙重壓迫，包括強迫 Chinese 參與修建「死亡鐵路」，以支援日軍在東南亞的軍事行動，造成大量 Chinese 死於疾病、飢餓與虐待。同時，泰國政府以國防為名劃定禁區，強行將Chinese驅離中部、北部多個重鎮，迫使大量Chinese家庭流離失所。泰國政府與日軍排Chinese政策的影響，更遍及多個其他層面。以食鹽和煙草專賣法為例，Chinese商人經濟一度遭受重創；而在Chinese學校關閉及Chinese報刊的查禁中，Chinese文化的生存空間也大幅受限。

第九章：壓制與重新考量

聚焦於一九四八年至一九五六年披汶・頌堪二度執政期間，本書結尾站立於泰國Chinese社會在排Chinese政策下的困境與演變。此章主要從社會結構的角度分析，輔以歷史和數據，深入探討泰國政府的排Chinese政策、Chinese內部分化及其與泰人之間的經濟競爭。施堅雅的觀點基於對泰國社會結構的透徹理解，並結合歷史資料與統計數據，提供了深入的分析視角。

施堅雅以三大理論架構來剖析泰國Chinese社會的結構：

社會結構分析：施堅雅將泰國社會分為核心泰人與核心Chinese，分析其在職業分佈、社會地位和文化認同等方面的差異。儘管泰國社會中有文化融合的個體差異，整體呈現 Chinese 和泰人兩極分化的結構。這種社會分層與泰國歷史上的階層分化和政府政策密切相關。

歷史分析：回顧泰國 Chinese 社會的歷史變遷，施堅雅指出十九世紀末期的同化政策使部分 Chinese 精英融入泰國上層社會，導致當代 Chinese 在上層社會中代表性較低。歷史因素深刻影響了當代 Chinese 社會的結構特徵。

統計數據分析：施堅雅以一九四七年人口普查數據為基礎，分析曼谷地區 Chinese 和泰人的職業分佈，指出 Chinese 主導商業、金融和工業，而泰人則集中於政府和農業領域。這些數據支撐了施堅雅對 Chinese 在泰國經濟地位的論述。

施堅雅認為披汶政府的排 Chinese 政策加劇了 Chinese 社會的困境，在政府採取多項排 Chinese 措施下，Chinese 社會的恐懼感與 Chinese 與泰人之間的距離日益增加。限制 Chinese 教育、提高外僑稅、限制 Chinese 從事特定行業等，都無助於使作為民族國家的泰國重構昔日的多樣化社會。另一邊箱，Chinese 社會的內部分化加劇應對困境的難度。由於泰國 Chinese 社會內部因籍貫、職業分佈和組織結構而呈現出顯著分化，不同籍貫的 Chinese 職業分佈各異，國共兩黨的競爭也進一步導致 Chinese 內部分化，削弱了其應對外部壓力的能力。

在 Chinese 與泰人之間的經濟競爭加劇的背景下，施堅雅指出 Chinese 在泰國四大出口商品（稻米、橡膠、錫礦和木材）貿易中仍然佔有重要地位，但隨著泰國政府政策對泰人經濟活動的扶持，Chinese 經濟地位面臨挑戰。施堅雅認為披汶政府的排 Chinese 政策是基於對共產主義的恐懼和國家安全的擔憂。政府利用民眾的排 Chinese 心理來鞏固統治，但政策並非一成不變，當國際局勢和國內壓力有所變化時，政府也相應放寬限制，嘗試促進 Chinese 融入泰國社會。

本章在資料翔實、分析深入的基礎上，揭示了一九四八年至一九五六年泰國 Chinese 社會面臨的複雜處境。施堅雅不僅展現了泰國政府排 Chinese 政策的影響，也剖析了 Chinese 社會內部的局限，從客觀角度引導讀者理解泰國 Chinese 社會的歷史變遷及當代困境。施堅雅在書末提出了許多有趣的觀察總結，例如：泰國的社會結構並非以種族劃分階級，曼谷的 Chinese 與泰國人隨機居住且多有互動，特別是戰後 Chinese 家庭逐步遷往郊區，拉近了 Chinese 與泰國精英間的社會距離。這種融入並未形成獨立的社會群體，而是顯示出 Chinese 在經濟功能與社會地位上與泰國人的交織與共融。在經濟領域，

Chinese 在泰國四大商品（稻米、木材、橡膠與錫）的生產、加工與貿易環節中扮演重要角色，特別是在橡膠加工與出口方面佔據主導地位。然而，泰國政府推行的經濟民族主義政策加強了對 Chinese 商業活動的限制，導致貪腐增加，並促使 Chinese 商人與泰國統治階級形成了利益聯盟。這一聯盟顯示了經濟民族主義的悖論，政策雖旨在削弱 Chinese 經濟影響力，卻反而強化了彼此間的合作等等。在施堅雅看來，泰國 chinese 的商人社會屬性並非融合的阻力，反而是自古以來的助力。

另一方面，施堅雅對於泰國 Chinese 同化趨勢的觀點，也充分便現在他對 Chinese 學校的看法：一九四八年起，泰國的 Chinese 學校逐漸陷入困境，原因主要是資金短缺與政策壓力。註冊 Chinese 社團辦學的學校雖有穩定的會費收入，但仍無法完全擺脫政府的限制。而未註冊社團或無正式董事會經營的學校，更因非法籌款的指控而遭受打擊，例如一九四九年清邁清華學校的倒閉便是一個警示。籌款難題導致許多學校不得不提高學費，但這也削弱了 Chinese 家長的支持意願，進一步惡化了學校的財務狀況。教師短缺亦是困境之一，政府的語言政策與政治壓力令許多 Chinese 教師離職，而來自 China 的新教師更是寥寥無幾。這一系列問題使許多學校在一九五〇至一九五四年間因財政壓力而自願關閉，比因政治活動被迫關閉的數量還多。Chinese 教育的質量也受到影響。在泰國，許多 Chinese 學校的泰語教師人數超過 Chinese 教師，大多數學生的泰語能力遠勝於 Chinese。他們對 Chinese 文化、歷史和地理的瞭解極其有限，即使在曼谷的優質學校，能夠熟練掌握 Chinese 的學生也屈指可數。由於缺乏系統的 Chinese 中學教育，當地出生的 Chinese 青年對 Chinese 文化的感知日益淡薄。泰國政府對 Chinese 學校的持續施壓，加劇了 Chinese 教育的衰退。自一九四九年起，泰國一直保持極低的 Chinese 移民配額，這使得本地出生的 Chinese 成為主體，而他們大多缺乏對中國的直接經驗。隨著 Chinese 學校數量的減少和泰國化的推進，學習 Chinese 和瞭解 Chinese 歷史的機會被大大限制。研究表明，能夠認同自己是 Chinese 的第三代和第四代 Chinese，幾乎都接受過 Chinese 教育。這表明，沒有 Chinese 教育的支撐，Chinese 後代的文化身份認同將迅速消失，融入泰國社會成為不可避免的結果。

不過，作為結尾，本章也有些不足之處。施堅雅主要聚焦於披汶政府的政策，對其他時期的政府措施略有欠缺。對 Chinese 內部差異的分析也較為簡略，未深入探討不同籍貫、社會階層或政治立場的 Chinese 如何應對內外壓力。究竟 Chinese 是誰？包括哪些群體？界限何在？一旦我們嘗試脫離冷戰語境中西方思維的 Chinese，讀者未來需要思考的一系列問題，也就清晰浮現眼前。

1841
一八四一

泰地華人

「新南洋史」系列策劃人　孔德維
作　者　施堅雅 (G. William Skinner)
譯　者　Kenny C. H.
學術編注　莫家浩、陳冠妃、孔德維
責任編輯　緣二聿
文字校對　Jason
封面設計　吳為彥
內文排版　王氏研創藝術有限公司
出　版　一八四一出版有限公司
印　刷　博客斯彩藝有限公司

2025 年　1 月　初版一刷
定價　530 元
ISBN　9786269901753

一·八·四·一

社　長　沈旭暉
總編輯　孔德維
出版策劃　一八四一出版有限公司
地　址　臺北市大同區民生西路404號3樓
發　行　遠足文化事業股份有限公司
（讀書共和國出版集團）
郵撥帳號　19504465 遠足文化事業股份有限公司
電子信箱　enquiry@1841.co
法律顧問　華洋法律事務所 蘇文生律師

泰地華人 / 施堅雅(G. William Skinner)作；Kenny C. H.譯. -- 初版. -- 臺北市：一八四一出版有限公司出版：遠足文化事業股份有限公司發行, 2025.01

面；　公分
譯自：Chinese society in Thailand : an analytical history
ISBN 978-626-99017-5-3(平裝)

1.CST: 華僑史 2.CST: 移民 3.CST: 泰國

577.2382　　113020423

新南洋史